글로벌

재무회계원리

김기평 김문태 김승용 김안규
박길영 이춘의 조승제

博 英 社

책을 내면서

세상은 참으로 급속하게 변화되고 있으며, 그 변화는 바람직한 변화도 있고 그렇지 않은 변화도 있다. 과학기술도 변하고 사람들이 갖는 가치관도 크게 변화되고, 경제도 마찬가지로 변동되고 있다. 엊그제는 대통령이 취임하자마자 환율이 급속히 올라가서 국내의 경제가 요동을 치는가 했더니 그것이 정리되지도 않은 상태에서 세계적인 금융위기가 몰아 닥쳐와서 이 나라의 경제가 대혼돈 속으로 치달아 정신을 못 차릴 정도이니 말이다. 모든 세계의 정치인들이 이구동성으로 외치는 것이 있다면 경제문제일 것이다. 경제상태가 나빠지면 잘사는 사람들보다 가난한 우리의 이웃들의 살림살이가 더욱 어렵게 되는 것 같다. 이들에게 나누어 주고 희망을 주어야 하는데 우리가 가진 것이 없어서 안타깝기 그지없다.

세상이 변하는 정도가 초고속으로 변하고 있으니, 잠시라도 매스컴에 눈을 떼거나 책을 가까이 하지 않으면 금방 낙오자가 되어가는 정보의 홍수 속에서 우리는 살고 있다. 우리가 얻을 수 있는 정보의 원천은 매우 다양하며 너무나 많다. 매스컴을 통해서, 책을 통해서, 친구를 통해서, 선생님을 통해서 아니면 몸으로 부닥치는 체험을 통해서 참으로 다양한 통로를 통해서 정보를 얻게 된다. 많은 정보를 얻은 사람이 성공하는 삶을 산다는 것은 고금을 통해서 익히 알려져 있다. 우리 학생들은 학교에서 학우들, 교수님들, 친구들 그리고 책을 통해서 우리가 필요로 하는 정보를 얻고 학습한다. 그 학습한 내용들이 우리의 지식체계를 형성하게 되어 우리의 판단이나 결정을 바르게 이루어지게 한다.

많은 정보의 원천 중에서 가장 빨리 그리고 가장 많은 정보를 얻을 수 있는 원천은 학교에서 책과 교수님들로부터 얻는 것이다. 책 속에는 우리보다 앞선 수천 년 전부터 살았던 선인들의 경험을 집대성한 내용들이 기록되어 있다. 우리가 수천 년을 살지 않더라도 우리보다 앞서 난 사람들의 경험을 간접적으로 학습하고 이를 자신의 경험으로 만든다. 이것이 얼마나 효율적인 경험인가? 대학에서 강의를 듣지 못한 사람들은 경험을 학습하기 위해서는 생활 속에서 몸으로 체득하는 수밖에 없어서 아주 제한적이거나 적은 양의 경험을 할 수밖에 없다. 그 체득한 경험은 체계적이지도 못하여 자신의 판단이나 의사결정에 활용해야 할지 자신감이 없다. 그러나 우리는 얼마나 행복한가? 체계적인 경험을 할 수도 있고 교수님들의 도움도 받을 수 있으니 말이다.

회계학도 마찬가지로 14, 5세기 이래 앞선 사람들의 경험을 체계화한 것이다. 그 속에 우리가 필요로 하는 정보가 있다. 회계학의 연구를 통해 회계정보를 산출하고 이를 필요로 하는 정보이용자에게 제공하는 서비스도 함께 수행한다. 산출된 회계정보는 많은 정보 중에서도 가장 명확하고 신뢰성이 보장된 검증가능한 정보들이다. 개인이나 어떤 조직체나 다양한 경제적 의사결정을 한다. 그 의사결정은 미래 행동에 대한 현재의 결정이다. 그러나 미래는 불확실하고 급변하므로 그 불확실성을 저감시키기 위해 정보를 필요로 한다. 우리가 공부하는 회계정보가 그 정보 중에 하나이다.

그러나 많은 학생들이 회계학 과목의 수강을 기피한다. 공부하기 어렵고 공부해야 할 분량도 많으며 따라서 좋은 학점을 받기도 어렵다고 생각하기 때문이다. 그러나 경영학도라면 이 교과에 도전해야 한다. 쉬운 길은 누구나 가는 것이며, 세상은 그렇게 호락호락하지는 않다. 길흉화복이 교차하고 경쟁 또한 치열하다. 성경의 말씀에도 멸망으로 인도하는 문은 크고 그 길이 넓다고 하였다. 성공하는 인생은 앞에 우뚝 선 태산을 넘는 자에게 있다. 험준한 태산을 정복하는 자가 성공한다. 쉬운 길만 택하는 자는 경쟁에서 뒤지며 그의 인생은 만년 하류인생의 나락으로 떨어진다. 도전하기 바란다. 이곳에 성공의 열쇠가 있다.

글로벌화한 기업의 세계적 환경에 부응하여 1998년 외환위기 이래 꾸준히 검토되고 이를 우리의 기업회계기준서에 반영해 왔다. 그러나 우리 기업들과 이해관계를 갖는 세계인들의 요구와 우리의 적극적인 대응의 필요성 때문에 2007년 11월에 한국채택 국제회계기준을 공표하였다. 이는 국제회계기준 및 국제재무보고기준서에 의한 것이며, 관련 기업회계기준해석서도 함께 공표하고 있다. 이로써 우리나라는 명실 공히 국제적 수준의 선진화된 회계기준서를 갖게 된 것이다. 이 기준서는 2009년부터 적용 가능하며, 2011년부터는 모든 상장회사들은 의무적으로 적용하여 회계처리 및 보고를 하도록 하였다. 따라서 금번에 출간한 이 「글로벌 재무회계원리」는 회계원리에 적합한 수준으로 한국채택 국제회계기준을 반영하여 저술된 것이다. 이 책을 통해 만나는 모든 학생들에게 축하를 드리며, 많은 도움이 되기를 바라고, 학생들의 미래 성공을 간절히 기도한다.

끝으로 이 책이 나오기까지 물심양면으로 격려와 지원을 아끼지 않으신 박영사 황인욱 전무님과 편집과정에서 세심한 부분까지 검토에 검토를 마다하지 않으신 편집부의 김양형 선생님 그리고 편집부 관계자 여러분께 감사드린다. 또한 우리의 곁에서 격려해 주시고 도움을 아끼지 않으신 우리 학교 동료 교수님들에게도 감사드린다.

2009년 2월

저 자

목 차

제 1 부 재무회계의 기초개념

제 2 부 회계정보의 산출구조

제 4 부 재무자원의 운용

제 9 장 상품매매의 회계

제10장 재고자산회계

Principles of Financial Accounting

제 1 부

재무회계의 기초개념

For momentary, our light affliction is producing for us an eternal weight of glory far beyond all comparision.

– 2 Corinthians 4:17 –

우리의 잠시 받는 환난의 경한 것이 지극히 크고 영원한 영광의 중한 것을 우리에게 이루게 함이니.

제1장
회계의 의의 및 목적

제 1 장 회계의 의의 및 목적

제 1 절 조직과 회계정보

1.1 조직활동과 회계

"인간은 사회적 동물이다"라는 말이 있다. 그것은 인간은 독자적으로 세상을 영위할 수 없다는 것을 말하는 것이다. 여기서 '사회'라는 말은 '인간의 집단'을 의미한다. 따라서 사람은 독자적으로 생존할 수 없으며, 그들의 필요와 이해관계에 따라 사회적 집단을 구성하고 그 속에서 하나의 구성원으로서 기능하고 자신의 욕구를 충족시키며 살아간다. 이러한 사회적 집단을 '사회적 조직체(社會的 組織體),' '조직체' 또는 '조직'이라 하기도 한다.

한 국가나 사회는 다양한 사회적 조직체로 구성되어 있다. 마치 세포와 세포가 결합하여 하나의 인체를 형성한 것과 같다. 이 국가 · 사회 속에서 가장 작은 사회적 조직체가 가정이다. 국가 · 사회는 가정을 출발점으로 하여 다종 다양한 욕구와 이해관계(利害關係)에 따라 또 다른 사회적 조직체를 형성하고 이들이 상호 유기적 관계를 가지며 기능한다.

이러한 사회적 조직체는 각각이 명확한 목적을 갖고 있다. 그 목적이 영리를 목적으로 하는가 또는 아닌가에 따라서 영리조직과 비영리조직으로 분류하기도 한다. 후자로는 중앙정부기관, 지방자치단체, 사회복지재단, 각종 시민단체 등이 있으며, 전자는 병원, 기업체 등이 있다. 이 중에서 우리와 크게 그리고 중요하게 관련된 것이 영리조직이다. 그렇다고 비영리조직이 회계와 무관하다는 것은 아니다. 어떤 목적이냐에 관계없이 회계는 필수적인 것이기 때문이다.

조직은 각각의 목적을 갖고 있다고 하였다. 그 조직의 목적이 어떤 것인가에 따라 당해 조직체의 활동내용도 다르다. 조직체의 활동은 여러 활동으로 분류되어 그 활동에 적합한 인적 · 물적 자원을 배치하고 활동하도록 한다. 어떤 조직이라도 경제적 측면을 고려하지 않고는 조직목적을 달성할 수 없다. 여기서 경제적 측면이란 구체적으로는 재정적 측면을 말하며 더 구체적으로는 자금과 관련되는 것이다. 조직의 모든 활동에는 자금이 조달되고 각 활동에 따라 자금의 지출이 이루어진다.

이 자금의 유입과 유출을 추적하면 조직 전체 활동을 조망할 수 있다. 이 경제적 측면을 다루는 부문이 회계활동이다. 따라서 회계의 결과는 조직활동의 거울역할을 하게 되며, 그 거울을 통해 과거를 반성하고 미래를 전망하게 되는 것이다. 따라서 모든 조직체의 목적이 다양하고 그 활동내용도 다양하지만 그 중 공통적 · 필수적 활동이 회계활동이다. 회계의 결과로 인해 조직활동 목적의 달성을 촉진하고 달성의 정도를 확인하며, 구성원의 이해관계를 조정하고, 미래를 예측하여 계획하도록 하는 것이다.

1.2 의사결정과 회계정보

우리는 세상을 살아가는 동안 순간 순간을 판단하며 행동한다. 판단의 과정이 없이 행동할 수는 없는 것이다. 판단과정의 최종 결정의 행동을 의사결정(decision making)이라 한다. 개인이나 조직은 의사결정(意思決定)을 하지 않고는 미래를 살아가지 못한다. 이러한 의사결정은 미래의 행동에 대한 현재시점의 결정이고 미래지향적인 현재의 행동이며 그 미래는 불확실한 상황이다. 의사결정은 의사결정자의 직관 또는 경험에 기초하여 이루어지는 것이다. 이 중에서 직관에 의한 의사결정은 상당한 위험을 감수해야 하며, 한편 경험에 기초한 것은 그 위험을 줄일 수 있는 것이다.

직관(直觀)에 의한 결정은 자신의 오관(the five organs of sense)이나 오랜 기간 동안 형성되어 온 관념(觀念)에 기초한 것이기 때문에 다분히 주관적이어서 의사결정에 신뢰성이 상실되기 쉽기 때문이다. 물론 위험을 감수한 의사결정의 결과가 미래행동과 우연히 일치한다면 막대한 이익을 향유할 수 있으나 합리적인 의사결정자에게는 바람직한 것은 아니다. 그러나 검증 가능하고 객관적인 자료나 정보의 입수가 곤란하거나 입수했더라도 그것을 통한 의사결정의 신뢰성에 의문이 제기되는 경우에는 직관에 의한 의사결정이 바람직할 수도 있다.

그렇다면 합리적이고 이성적인 의사결정자는 무엇에 기초하여 의사결정을 내려야 할 것인가? 그것은 입수 가능한 경험적 증거에 입각한 의사결정인 것이다. 그 입수 가능한 경험적인 증거를 우리는 역사적 정보(historical information)라 한다. 정보는 의사결정 환경으로부터 입수한 자료(data)를 의사결정자의 의사결정모형(意思決定模型)에 투입 가능하도록 처리된 자료를 말한다. 인간 정보처리시스템은 이와 같은 과정을 거쳐 정보를 생산한다. 이것을 본뜬 것이 컴퓨터시스템이다. 즉 input(data)-process-output의 과정을 거쳐 생산된 것이 정보이다.

오늘날 우리를 둘러싼 환경으로부터 다양한 경험적인 정보를 입수할 수 있다. 그 정보는 양적인 정보(quantitative information)일 수도 있고 질적인 정보(qualitative information)일 수도 있다. 후자는 계량화되어 있지 않은 정보, 예를 들면, 노동조합의 파업, 남북불가침조약 체결, 종업원의 사기, 경영자의 사회적 명성, 기술수준 등으로서 비계량적 정보(non-quantitative information)를 말하며, 전자는 계량적으로 표현된 정보로서, 양적으로 표현하기 위한 척도가 사용되는데, m^2, m^3, 평, acre, km, yard 등의 길이나 넓이, kg, 근, Ton, *l*, g 등의 무게단위와 dollar($), pound(£), franc(F), yen(¥), won(₩) 등의 화폐단위가 있다.

경제사회에서 경제적 정보는 필요 불가결한 것이다. 여기에서 경제적 정보는 과거적인 정보일 수도 있고 미래의 정보일 수도 있으며, 계량적일 수도 있고 질적일 수도 있다. 미래의 정보는 아직 우리가 살지 않았기 때문에 불확실하여 추정에 의존하므로 신뢰성이 없는 주관적 정보일 가능성이 높다. 사실 우리의 한 치 앞도 알 수 없지 않은가? 질적인 정보 역시 계량화되어 있지 않기 때문에 그것을 의사결정모형에 투입하기가 용이하지 않고, 이를 토대로 한 의사결정은 매우 주관적이며 신뢰성을 상실할 수가 있다. 그렇다면 신뢰할 수 있는 객관적이고 검증 가능한 정보는 무엇인가? 그것은 과거 경험적인 정보로서 양적인 정보이다.

양적인 정보 가운데 측정척도가 화폐단위 이외의 척도에 의한 것은 경제적 의사결정에 문제가 있다. 그것은 비교 가능성(comparability)·양적 분석(quantitative analysis)하기가 곤란하다는 점이다. 조직체가 갖는 다양한 재화(측정척도가 다양함)를 동일한 가치의 척도인 화폐로 표현한다면 그 문제점은 해결될 수 있다. 양적 정보는 경제적 정보이고 그것을 화폐가치로 측정한 정보가 재무적 정보이며 이를 다시 회계정보시스템을 통해서 산출한 정보가 회계정보이다. 이와 같은 재무적 정보의 하나인 회계정보는 검증 가능하고 객관적이며 신뢰성 있는 정보를 제공하는 것이다.

1.3 기업활동과 회계정보

1.3.1 기업활동

기업의 활동은 업종에 따라 다양하다. 즉 생산, 판매, 구매, 인사, 조직, 마케팅, 재무, 회계 등이나 회계에서는 이를 영업활동, 투자활동, 재무활동으로 세분하여 다룬다. **영업활동**(營業活動)은 기업이 목적으로 하는 주된 활동으로서, 예를 들면 제조·판매업을 목적으로 하는 기업은 제품의 생산, 제품 및 용역의 구매와 판매 등의 주된 수익창출을 위한 직접·간접으로 수행하는 활동을 말한다. **투자활동**(投資活動)은 기업의 부수적인 활동으로서 주로 장기적 경영전략에 의해 기업의 여유자금을 활용하는 활동을 말한다. 즉 자금의 대여 및 대여금의 회수, 유가증권의 취득 및 처분, 영업에 사용할 목적이 아닌 유형자산의 취득 및 처분 활동을 말한다. 마지막으로 **재무활동**(財務活動)이란 기업이 필요로 하는 자금의 조달과 관련된 활동을 말한다. 기업자금의 조달 원천은 소유주로부터 조달과 채권자로부터의 조달이 있다. 전자는 보통주 또는 우선주를 발행하여 조달하며, 후자는 금융기관으로부터의 차입 또는 일반 투자자에게 사채를 발행하여 조달하는 것 등이 있다. 즉 주식의 발행 또는 감자, 배당금 지급, 사채의 발행 및 상환, 차입금 및 상환 등이다.

1.3.2 회계정보 역할

한 국가의 경제적 측면에서 중요한 위치를 차지하는 조직체가 기업체이고, 이는 국가의 경제적 중추 역할을 한다. 기업체의 조직형태는 개인기업, 합명회사, 합자회사, 유한회사, 주식회사 등의 형태가 있다. 우리나라를 비롯한 세계의 많은 국가에서 주식회사의 형태가 지배적인 기업 조직형태이다. 기업의 흥망성쇠(興亡盛衰)는 국가의 흥망성쇠를 좌우하며, 기업의 부(wealth)가 국가의 부를 상징한다 해도 과언이 아닌 것이다. 이와 같은 기업은 개인 또는 집단의 이윤동기(profit motive)에서 출현하며 동시에 노동의 창출, 부가가치 창출 등을 통해 사회적 책임을 수행한다.

기업에는 최고경영자를 정점으로 하여 중간경영자, 하위경영자, 종업원 등으로 조직체계를 갖는 인적·물적 결합체이다. 기업은 재화나 용역을 생산하고 판매하여 기업가치를 극대화하려는 노력을 계속한다. 여기에서도 전술한 바와 같은 의사결정이 끊임없이 이루어진다. 기업의 환경은 매우 복잡하며 다양하고 이들 환경과 상호 피드백(feedback)하며 이해관계를 조정하며 의사결정을 한다.

기업체 내에서 의사결정의 최종 결정자는 최고경영자이며 최고경영자로부터 위임된 권한과 책임을 수행하기 위한 의사결정 단위는 중간경영자 및 하위경영자가 있다. 이들 모두는 기업 내·외의 환경과 끊임없는 상호작용을 통해 의사결정을 한다. 그 의사결정의 효과가 기업 내에 영향을 미치는 경우도 있고 기업 외부에 영향을 미치는 경우도 있다.

기업 내의 각 계층의 경영자들은 의사결정에 필요로 하는 정보를 요구한다. 그 정보는 다양한 정보의 원천으로부터 입수 가능한 것이다. 그러나 가장 신뢰 가능하고 유용한 정보는 회계정보인 것이다. 또한 기업과 이해관계를 갖는 기업 외부 이용자들은 기업과 관련한 많은 의사결정을 한다. 이들이 입수 가능한 정보 역시 기업 내의 경영자들과 마찬가지이나 이들에게도 가장 신뢰 가능하고 유용한 정보는 회계정보이다. 전자의 기업 내의 의사결정과 관련한 회계정보 산출을 위한 학문적 영역을 관리회계라 하며, 기업 외부의 이해관계자에게 정보를 제공하기 위한 회계의 영역을 재무회계라 한다.

제 2 절 회계의 정의

회계는 그 학문적 연구의 결과 또는 시대의 변화에 따라 다양하게 정의되어 왔다. 그러나 오늘날 회계는 정보지향적 접근(information-oriented approach)의 정의가 통설로 받아들여지고 있으며, 회계를 사회과학의 한 영역으로 인식하고 있는 것이다. 이에 관한 중요한 정의들을 고찰하면 다음과 같다.

2.1 ATB No.1[1)]

> 회계는 재무적 성격의 거래나 사상을 화폐금액에 의해 의미 있는 방법으로 기록 · 분류 · 요약하고 그 결과를 해석하는 기술이다.

1941년 미국공인회계사회(American Institute of Certified Public Accountants: AICPA)는 회계용어공보(Accounting Terminology Bulletin: ATB) 제1호를

1) Committee on Terminology, *Accounting Terminology Bulletin No.*1, New York: AICPA, 1961, p.9.

통해 회계를 계산 기술(art)로 정의하였다. 이는 회계가 철학, 논리, 규범, 경제사회의 정의 실현, 기업의 윤리, 부의 공정분배 등의 개념에 입각한 사회과학(social science)이라기보다는 하나의 기술로 보는 것으로서 전통적인 회계사고 및 실무에 기초한 정의라 할 수 있다. 그러므로 회계는 부기(bookkeeping)의 계산 기술을 이용한 화폐적인 평가가 가능한 것만을 대상으로 한다는 것이다. 그러나 이는 회계의 단편적인 측면만을 고려한 정의로서 회계의 정의로 수용하기에는 합당하지 않은 정의라 할 수 있다. 여기에서 '재무적 성격'이란 '화폐금액으로 표시한'의 의미이다.

2.2 ASOBAT[2)]

회계는 정보이용자가 정통한 판단과 의사결정을 할 수 있도록 경제적 정보를 식별 · 측정 · 전달하는 과정이다.

1966년 미국회계학회(American Accounting Association: AAA)는 '기초적 회계이론에 관한 보고서'(A Statement of Basic Accounting Theory: ASOBAT)를 통하여 최초로 정보이론적 접근을 통한 회계의 정의를 하였다. 정보는 의사결정의 신뢰성을 확보하는 데 있어서 필요 불가결한 것이며, 이 정보 중 가장 검증 가능하고 신뢰할 수 있는 정보가 회계정보이며 회계는 이 회계정보를 산출하는 데 목적이 있다는 것이다. 여기에서 정보는 경제적 정보이며, 의사결정자들의 경제적 의사결정에 유용하도록 이를 측정하고 회계정보이용자에게 전달하는 과정이 회계라는 것이다.

오늘날의 회계는 비록 회계의 과정에 복식부기(double entry bookkeeping) 시스템이란 계산 기술을 이용하여 이루어지고 있으나, 그 기술이 회계의 중심이 아니며 그 중심은 각종 의사결정 목적에 적합한 정보의 산출과 그 제공에 있다는 것이다. ASOBAT의 정의에서 볼 수 있는 특징은 전술한 ATB No.1에서와 같이 회계가 단순한 계산 기술이 아니라는 점과 화폐적 정보에 한정하지 않고 있다는 점이다. 즉 포괄적으로 '경제적 정보(經濟的 情報)'라고 함으로써 반드시 화폐적 정보, 즉 양적 정보에 한정한 것이 아니라 비화폐적 · 비양적 정보도 지향하고 있

2) Committee to Prepare a Statement of Basic Accounting Theory, *A Statement of Basic Accounting Theory*, Evanston Ⅲ: American Accounting Association, 1966, p.1.

다는 것을 제시하고 있는 점이다.

2.3 APB Statement No.4[3)]

회계는 서비스 활동이다. 그 기능은 대체적 행위의 방법 중 합리적 선택을 하는 경제적 의사결정에 유용하도록 경제적 실체에 관한 양적 정보를 제공하는 것이며, 그 양적 정보는 기본적으로 재무적인 것이다.

1970년의 APB의 정의는 전술한 ASOBAT의 정의와 유사한 정의로서, 회계는 의사결정에 도움이 되도록 서비스하는 활동으로서 정보를 다루는 분야로 규정하고, 기본적으로는 양적 · 재무적 · 화폐적 정보를 제공하는 것으로 보는 정보지향적인 정의라 할 수 있다. 다만 이 정의는 양적 · 재무적 · 화폐적 정보에 국한하고, ASOBAT의 정의에서와 같이 비재무적 · 비화폐적 정보는 제외하고 있다는 점이 다르다. 오늘날 회계의 정의는 ASOBAT의 정보지향적 정의가 통설로서 받아들여지고 있다.

제3절 재무회계의 목적

회계의 목적(objectives of accounting)은 '재무회계의 목적'(objectives of financial accounting), '재무제표 목적'(objectives of financial statements) 또는 '기업재무보고의 목적'(objectives of financial reporting by business enterprises) 등으로 불리우기도 한다. 이는 회계에서 재무회계가 차지하는 위치가 중요하므로 이 같은 용어를 혼용해서 사용하는 경향이 있다. 이러한 회계의 목적은 학자 또는 연구자에 따라 다양하게 정의하고 있으나 본질적으로는 동일한 정의라 할 수 있는 것들이며, 그 중 중요한 정의를 소개하면 다음과 같다.

3) Accounting Principles Board, "Basic Concepts and Accounting Principles Underlying Financial Statements of Business Enterprises," *Accounting Principles Board Statement No.* 4, New York: AICPA, 1970, pars. 9 and 40.

3.1 미국회계학회(AAA)[4)]

> 회계의 목적은 다음 목적을 위하여 회계정보를 제공하는 것이어야 한다.
> 1. 한정된 자원의 이용, 중요한 의사결정 영역의 확인, 목적과 목표의 결정
> 2. 조직의 인적·물적 자원의 효율적인 지휘와 통제
> 3. 자원의 유지와 수탁책임에 관한 보고
> 4. 사회적 기능과 통제의 촉진

미국회계학회는 ASOBAT를 통한 회계목적에서 기본적으로 회계정보를 제공하는 것을 기본 목적으로 하고 구체적으로 4가지를 제시하고 있다. 이들의 구체적인 목적은 특정한 조직에 한정된 목적이 아니고 회계가 이루어지는 전반적인 조직의 회계목적으로 제시된 것이다.

제1의 목적은 어떤 조직이든지 보유되고 있는 인적·물적 자원은 한정되어 있으므로 이 한정된 자원의 최적배분(optimal distribution of resources)을 위해서는 의사결정이 필요하며, 회계가 그 결정에 필요한 정보를 제공할 수 있어야 한다는 것이다. 아울러 의사결정의 영역을 식별하고, 조직의 목적 및 목표를 결정하는 과정에도 회계정보를 제공해야 한다는 것이다. 이 목적은 모든 조직의 전반적인 의사결정과 관련된 목적이라 할 수 있다.

제2의 목적은 조직의 목적 및 목표를 달성하기 위해서는 계획을 수립하고 그 계획의 실행을 위해서는 인적·물적 자원을 합리적으로 배분하고 이를 효율적으로 지휘(directing)하고 통제(control)해야 하는데, 이때 회계정보가 필요하다는 것이다. 이 목적은 주로 경영관리적 차원, 즉 관리회계(management accounting) 차원의 회계정보 제공에 중심을 둔 목적이라 할 수 있다.

제3의 목적은 조직관리자의 수탁책임(stewardship responsibility)을 명백히 하기 위한 회계정보를 제공하도록 하는 것이다. 대부분의 조직은 특정인 또는 집단에게 당해 조직을 관리·운영하도록 위탁되어 있다. 주식회사의 경우는 소유주인 주주가 최고경영자 또는 이사진 등에게 경영을 위탁하고 있다. 그러므로 경영자는 위탁된 조직의 자원을 유지하고 관리한 결과를 이해관계자들에게 보고해야 할 책임이 있는 것이며, 보고를 받은 이해관계자들(interest parties)은 그 보고에 따라 수탁자에 대한 조직경영의 위탁 또는 해탁·교체를 결정하게 된다. 이러

---

4) A Statement of Basic Accounting Theory, *op. cit.*, p. 4.

한 과정에 회계정보를 제공해야 한다는 것이다. 따라서 이 목적은 재무회계(financial accounting) 영역에 관한 목적으로 볼 수 있다.

전술한 1, 2, 3의 목적이 미시적 관점의 목적이라면 **제4의 목적**은 거시적 관점의 회계목적이다. 회계는 특정한 조직에 한정된 활동이 아니라 회계정보의 제공을 통해 국가 · 사회 전반적인 복지수준의 향상에 기여해야 한다는 것이다. 즉 국가에 대한 과세자료 제공, 노사협약, 공공요금 결정, 공정거래 유지, 통제가격 결정, 공해방지, 국가 경제정책 수립 등에 회계정보를 제공해야 하는 것이다. 따라서 제4의 목적은 사회회계(social accounting)의 영역에 관한 거시적 관점의 목적이라 할 수 있다.

3.2 재무회계기준심의회(FASB)[5)]

1. 투자와 신용결정에 유용한 정보제공
2. 현금흐름 전망을 평가하는 데 유용한 정보제공
3. 기업의 자원과 그 청구권 및 이들의 변동에 관한 정보제공

미국의 재무회계기준심의회(Financial Accounting Standard Board: FASB)의 재무회계개념보고서 제1호(Statement of Financial Accounting Concepts: SFAC No. 1)는 재무보고의 목적(objectives of financial reporting)으로서 제공해야 할 구체적 정보를 열거하였다. 특히 실무적 관점, 즉 기업회계 관점을 중요시하는 재무보고의 목적을 제시하였다.

첫째의 목적은, 기업의 이해관계자 가운데 중요한 집단으로서 투자자와 채권자를 중요시하고 이들이 요구하는 정보, 즉 투자의사결정과 신용결정에 대한 회계정보를 제공해야 한다는 것이다. 이 투자자와 채권자는 현재적 · 잠재적 투자자, 채권자를 말한다.

둘째의 목적은, 오늘날 회계는 후술하는 발생주의(accrual basis)에 기초하여 이루어지고 있고, 이 발생주의(發生主義)에 의한 회계정보의 제공에는 한계점이 있으므로 이를 보완하도록 하는 회계정보이용자들의 정보욕구를 충족시키기 위해 제시된 것이다. 이 목적은 현금흐름에 관한 정보로서 이를 적용하기 위해서

---

5) Financial Accounting Standards Board, "Objectives of Financial Reporting by Business Enterprises," *Statement of Financial Accounting Concepts No.* 1, 1978, pars. 32-54.

현금주의(cash basis) 회계사고에 기초하여 정보를 산출 · 제공한다. 현금흐름(cash flow)은 현금의 유입(in-flow)과 유출(out-flow)을 의미하는 것으로서, 오늘날 회계정보이용자들이 중요시하며 대부분의 국가에서 이 정보를 제공하고 있다. 우리나라는 현금흐름표라는 보고서를 통하여 제공한다.

셋째의 목적은, 기업 경영자의 수탁책임을 명백히 하기 위한 목적으로서, 경영자는 위탁된 자원을 유지 · 관리하고 그 자원의 상태와 자원에 대한 청구권 및 변동에 관한 정보를 이해관계자들에게 제공해야 한다는 것이다. 따라서 이 목적은 기업에 대한 채권자지분(creditor's equity)과 소유주지분(owner's equity), 기업의 성과와 이익(enterprise performance and earnings), 유동성(liquidity), 지급능력(solvency), 자금흐름(funds flows) 등에 관한 정보제공과 경영설명 및 해석에 관한 정보를 제공하도록 하고 있다.

3.3 재무제표의 작성을 위한 개념체계의 재무제표 목적

2007년 11월 23일 한국회계기준원에서 공표한 한국채택 국제회계기준의 재무제표의 작성을 위한 개념체계에서의 재무제표의 목적은, 광범위한 정보이용자의 경제적 의사결정에 유용한 기업의 재무상태, 경영성과와 재무상태변동에 관한 정보를 제공하는 데 있다고 하였다. 이러한 목적에 따라 작성된 재무제표는 대부분 정보이용자의 공통적인 정보수요를 충족시킨다. 그러나 재무제표는 주로 과거 사건의 재무적 영향을 표시하는 것을 목적으로 하며 비재무적인 정보까지는 제공하지 못하므로, 정보이용자의 경제적 의사결정을 위해 필요할 수 있는 모든 정보를 제공하지는 못한다.

재무제표는 또한 위탁받은 자원에 대한 경영진의 수탁책임이나 회계책임의 결과를 보여준다. 경영진의 수탁책임이나 회계책임을 평가하려는 정보이용자의 목적은 경제적 의사결정을 하기 위해서이다. 예를 들면, 이러한 경제적 의사결정에는 기업의 투자지분을 계속 보유하거나 매도할지 또는 경영진을 재선임하거나 교체할지와 같은 결정이 포함될 수 있다. 구체적으로 다음의 목적을 제시하고 있다.

광범위한 범위의 정보이용자에게 경제적 의사결정에 유용한 기업의 재무상태, 경영성과와 재무상태변동에 관한 정보를 제공하는 것이다. 구체적으로 다음과 같은 정보를 제공하는 데 목적이 있다.

(1) 기업의 재무상태는 기업이 통제하는 경제적 자원, 기업의 재무구조, 유동

성과 지급능력, 영업환경 변화에 대한 적응능력에 의해 영향을 받는다. 기업이 통제하는 경제적 자원과 그 자원을 과거에 조정한 능력은 기업의 미래 현금 및 현금성자산의 창출능력을 예측하는 데 유용하다.

(2) 경영성과 특히 수익성에 관한 정보는 그 기업이 장래 통제하게 될 가능성이 높은 경제적 자원의 잠재적 변동가능성을 평가하는 데 유용하다.

(3) 기업의 재무상태변동에 관한 정보는 일정 회계기간 동안의 기업의 투자, 재무 및 영업활동을 평가하는 데 유용하다.

(4) 재무상태에 관한 정보는 주로 재무상태표를 통해 제공되며, 경영성과에 관한 정보는 주로 포괄손익계산서를 통해 제공된다. 재무상태변동에 관한 정보는 별도의 재무제표를 통해 제공된다.

(5) 재무제표는 주석과 부속명세서, 그리고 그 밖의 정보도 포함한다. 예를 들면, 이러한 주석 등은 재무상태표와 포괄손익계산서의 항목에 대하여 이용자의 정보수요에 목적적합한 추가 정보를 포함할 수 있다.

제 4 절 회계학의 학문적 분류

회계학은 연구영역을 크게 재무회계(financial accounting)와 관리회계(management accounting)로 나누고 있다. 이러한 분류의 관점은 회계정보의 보고대상이 누구인가, 그리고 각각의 회계목적이 무엇인가에 따른 분류로서, 회계정보이용자가 기업 외부 이용자인 경우를 재무회계(財務會計)라 하고, 기업 내부 이용자, 즉 경영자 등에게 제공하는 회계정보를 연구하는 회계분야를 관리회계라 한다. 최근에는 이 두 회계영역에 세무회계를 추가하여 회계의 영역을 세 가지로 분류하기도 한다. 이들의 구체적인 내용은 다음과 같다.

4.1 재무회계

재무회계(financial Accounting)는 그 보고대상이 기업 외부 회계정보이용자이며, 따라서 회계의 목적은 기업과 이해관계를 갖는 기업 외부의 정보이용자에게 회계정보를 제공하는 데 그 목적이 있다. 외부 회계정보이용자는 현재 및 잠재적 투자자(주주), 신용제공자(채권자), 노동조합, 정부관서, 세무서, 증권분석가, 재무분석가, 공인회계사 등이 있다. 이들은 직접 또는 간접적으로 경제적 또는 재무적 측면에서 기업과 이해관계를 갖고 있으므로 기업의 활동내용과 결과에 관한 회계정보를 필요로 한다. 따라서 기업은 사회적 책임으로서의 회계책임의 일환으로 그 정보를 제공해야 할 의무가 있다.

특히 기업은 많은 이해관계자들과 관계를 맺고 있으므로 기업의 정보를 기업만이 독점하게 해서는 안 되므로, 재무회계의 모든 과정은 각종 법령 등을 통해 그 회계행위(accounting behavior)[6]를 규제하고 있다. 이러한 규제의 법률 가운데 직접적으로 중요한 것은 '일반적으로 인정된 회계원칙'(General Accepted Accounting Principles: GAAP)이 있다. 우리나라는 '주식회사의 외부감사에 관한 법률'에 근거한 '기업회계기준,' '기업회계기준서' 등이 있다. 따라서 모든 기업은 기업회계기준 등에 의거하여 회계처리를 해야 하며, 그 결과를 공인회계사(Certified Public Accountant: CPA)로 하여금 감사하도록 하고 이를 외부에 공표하게 된다.

이 재무제표의 내용들은 과거적 정보, 즉 역사적 정보라 할 수 있는 것이다. 의사결정이 미래행동에 대한 현재시점의 결정이므로 회계정보이용자에게 더욱 유용한 정보는 미래적 정보일 것이다. 그러나 전술한 바와 같이 미래정보는 주관적이고 신뢰성이 매우 낮은 정보이므로 회계정보이용자들의 의사결정을 오도(misleading)할 가능성이 매우 높다. 따라서 역사적 정보를 중심으로 보고하게 된다. 회계정보는 1년에 1회 또는 2회로 보고하는 것이 일반적이며, 그 시점은 매 회계연도 말(annual report) 또는 회계연도 중간(semi-annual report)에 이루어진다.

4.2 관리회계

기업 내부의 최고경영자를 중심으로 한 경영진의 각종 경영관리적 의사결정에 요구되는 정보를 산출하여 제공하는 것을 관리회계(management accounting)라 한다. 따라서 관리회계(管理會計)는 내부보고 목적으로 이루어진다 할 수 있다. 이는 정보의 생산자로서의 책임자는 경영자이므로 경영자 등이 필요로 하는 정보는 형식과 종류에 구애되지 않고 작성 · 보고된다. 그러므로 전술한 재무회계에서와 같이 관리회계정보의 모든 과정에 일반적으로 인정된 회계원칙이 존재하지 않으며, 반드시 화폐적 정보에 의하지는 않고 필요시에 질적인 정보도 제공된다. 즉 법령에 의해 규제하지 않는다는 것이다. 이는 관리회계정보가 영향을 미치는 영역이 기업 내에 국한하기 때문이다.

6) 회계행위란 일반적으로 회계처리, 회계보고, 회계감사를 말한다.

이러한 관리회계정보는 반드시 과거 지향적일 필요는 없는 것이며, 다소 신뢰성이 없고 주관적인 정보라 할지라도 미래를 추정한 정보도 필요로 한다. 그러므로 관리회계정보는 과거 지향적 · 미래 지향적 정보라 할 수 있다. 회계정보 제공 수단인 재무제표의 종류나 형식도 없으며, 기업에서 필요한 것이면 어떤 형식과 종류의 회계보고서도 작성되며 의사결정에 이용된다. 회계정보의 보고시점도 재무회계에서와 받드시 같지 않고 필요하다면 일별 · 주별 · 월별 · 분기별 · 반기별 · 연도별로 작성되고 보고된다. 이 같은 관리회계는 다시 업적평가회계와 의사결정회계로 분류된다.

4.3 세무회계

세무회계(tax accounting)의 목적은 과세소득 결정을 위한 회계이다. 세금은 국가재정을 조달하는 수단으로서, 소득이 있는 곳이면 세금을 부과하게 되며, 기업은 그 중심에 있는 것이다. 세무서에서 세금, 즉 개인은 소득세, 법인은 법인세를 부과할 때 검증 가능하고 신뢰성 있는 과세자료(課稅資料)를 근거로 하여 소득세 또는 법인세 등을 부과한다. 그 과세자료가 회계정보이다. 과세자료 근거로 제출되는 회계정보는 재무회계과정에서 작성된 재무제표를 근간으로 하고 세법에 따라 조정하여 세무신고서를 작성하고 이를 세무서에 제출 및 세금납부를 한다.

세무조정계산서는 기본적으로 기업회계기준에 따라 작성된 재무상태표 또는 포괄손익계산서를 세법에 따라 사후적으로 작성된다. 세무조정을 하는 이유는 세무회계와 재무회계의 목적, 즉 기업회계기준의 목적과 세법의 목적이 다르기 때문이다. 세무회계에서 준수하는 것은 조세징수를 목적으로 하는 세법에 의하고, 재무회계에서 준수하는 것은 기업의 재무상태와 합리적인 기간손익의 결정을 목적으로 하는 것이다. 따라서 세무회계의 정보는 과거적 정보이며 관리회계에서와 같이 필요시에 작성되는 것이 아니라 매년도 말에 작성하는 것이다. 세무회계정보는 관리회계에서와는 달리 반드시 화폐적 정보에 의한다.

요 점 정 리

■ [1-1] 회계의 정의

(1) ASOBAT: 회계정보이용자가 사정에 정통한 후 판단이나 의사결정을 할 수 있도록 경제적 정보를 식별 · 측정 · 전달하는 과정

(2) APB Statement No.4: 회계는 서비스 활동이다. 그 기능은 대체적 행위의 방법 중 합리적 선택을 하는 경제적 의사결정에 유용하도록 경제적 실체에 관한 양적 정보를 제공하는 것이며, 그 양적 정보는 기본적으로 재무적인 것이다.

■ [1-2] 회계의 대상

거　래	1) 영업, 투자, 재무활동 자료
	2) 양적 측정(화폐측정) 가능한 자료
	3) 신뢰성 있게 측정 가능한 자료

■ [1-3] 회계학의 학문적 분류

재무회계	기업의 외부 회계정보이용자를 대상으로 한 회계정보의 산출 및 전달
관리회계	기업의 내부 회계정보이용자를 대상으로 한 회계정보의 산출 및 전달

■ [1-4] 재무회계의 목적

(1) 재무회계기준심의회(FASB)

① 투자와 신용 결정에 유용한 정보제공

② 현금흐름 전망을 평가하는 데 유용한 정보제공

③ 기업의 자원과 그 청구권 및 이들의 변동에 관한 정보제공

(2) 미국회계학회(AAA): 회계의 목적은 다음 목적을 위하여 회계정보를 제공하는 것이어야 한다.

① 한정된 자원의 이용, 중요한 의사결정 영역의 확인, 목적과 목표의 결정

② 조직의 인적 · 물적 자원의 효율적인 지휘와 통제

③ 자원의 유지와 수탁책임에 관한 보고
④ 사회적 기능과 통제의 촉진

■ [1-5] 회계상의 기업활동 분류

회계목적을 위한 기업활동의 분류는 영업활동, 투자활동 및 재무활동으로 분류한다.

영업활동은 기업이 목적으로 하는 주요 활동으로서, 판매활동, 제조활동 과정에서 상품의 매입, 매출, 원재료의 구입, 제품의 생산과 관련하여 발생되는 활동이다.

투자활동은 주된 영업활동에 관련하여 부수적으로 이루어지는 활동으로서의 재화의 구입 및 처분하는 활동이다. 즉 기계, 비품, 차량 운반구, 토지, 건물의 취득 및 처분, 자금의 대여 및 회수, 유가증권의 취득 및 처분에 관한 활동이다.

재무활동은 자금의 조달과 상환에 관한 활동으로서, 즉 자기자본의 조달과 관련된 활동과 타인자본의 조달과 관련한 활동으로서, 주식의 발행, 감자, 사채의 발행 및 상환, 차입금의 조달 및 상환, 배당금지급 등의 활동을 말한다.

■ [1-6] 경영자의 수탁책임과 회계책임

경영자는 일정한 수탁책임을 갖는다. 즉 기업의 경영을 위탁한 소유주에 대한 책임, 기업의 인적 · 물적 자원을 잘 유지 · 발전시킬 책임, 종업원에 대한 노동기회의 제공과 보수지급에 대한 책임, 경영 후계자를 양성할 책임, 국가의 경제발전에 기여할 책임 및 회계책임이 있다.

회계책임은 경영자의 주요 책임 중의 하나로서, 경영자는 진실하고 신뢰성 있는 회계처리의 결과를 재무제표를 통하여 회계정보이용자에게 제공하여 그들의 경제적 의사결정, 즉 자원의 효율적인 배분이 이루어지도록 해야 할 책임이 있다. 회계정보를 분식함으로써 회계정보이용자들의 의사결정을 오도해서는 안 된다.

■ [1-7] 발생주의의 장단점

발생주의란 현금주의와 대립되는 개념으로서 현금의 수지와는 무관하게 수익과 비용의 발생을 야기시키는 경제적 사건이 발생한 기간의 수익 및 비용으로 인식하는 것이다. 따라서 발생주의에 의한 회계처리의 결과는 기업의 수익력과 경영자의 경영업적 및 경영효율성을 평가하는 데 유용하다는 장점이 있는 반면에, 일정기간의 현금흐름에 관한 정보를 명확하게 보고할 수 없다는 단점을 지니고 있다. 이러한 이유로 인해 발생주의 회계정보와는 다른 현금주의 회계사고에 따른 현금흐름표라는 재무제표를 별도로 작성하여 보고하도록 하고 있다.

■ [1-8] 재무회계 과정의 규제 필요성

재무회계는 불특정 다수인에게 공공재인 회계정보를 제공하는 회계의 분야이다. 공공재는 불특정 다수인이 비용의 부담이 없이 재화를 이용할 수 있는 것이다. 그러나 그 재화가 불량품, 즉 분식된 회계정보일 경우는 많은 회계정보이용자의 의사결정을 오도하도록 하여 국가 · 사회적인 비용을 증대시키며 경제적인 불이익을 초래하게 할 수 있다. 따라서 공공재인 회계정보 산출과 보고 과정에 권위 있는 기관의 규제가 필요한 것이다. 그 규제의 수단으로서 주식회사의 외부감사에 관한 법률, 기업회계기준서 및 기업회계기준 등이 제정되어 이를 준수하도록 하고 있다.

■ [1-9] 회계학의 학문적 성격

일반적으로 회계학은 사회과학의 한 분야로 보고 있다. 학문이란 과학적 접근방법에 의해 명제를 도출하고 이를 현실세계에 적용하도록 하는 데 있다. 또한 사회과학이란 사회적 현상과 행동들을 과학적인 방법에 의해 연구하여 그 이론을 도출하고 또한 실무에 적용함으로써 사회적인 현상을 규명하고 이해하는 데 있는 것이다. 따라서 회계학은 경제사회의 재무적인 현상과 이해관계자들의 행동을 연구 · 규명하고 이해함으로써 사회적 발전에 기여하는 것이므로 사회과학으로서의 학문적 성격을 갖는 과학이라 할 수 있다.

제 2 장
회계의 기능과 회계정보이용자

제 2 장 회계의 기능과 회계정보이용자

제1절 회계의 기능과 회계정보시스템

1.1 회계의 기능

미국회계학회의 ASOBAT에서 회계를 정의할 때 '사정에 정통한 후 판단이나 의사결정을 할 수 있도록 경제적 정보를 식별 · 측정 · 전달하는 과정'이라고 하였으며, Paton[1]은 회계의 직능으로서 경제적 자료를 측정(測定)하고 분류 · 정리하는 것이며 그 결과를 이해관계자에게 전달하는 것이라 하였다. 따라서 경제적 정보를 산출하기 위해서는 거래를 식별하고, 이를 측정 · 처리하여 그 결과를 전달 · 보고하는 것이 회계의 중심적 기능이다.

1.1.1 측정기능

회계행위(accounting behavior)를 수행하는 경제적 조직체는 그 활동을 명백히 하여야 한다. 이를 위해 그 활동에 대한 원인과 결과를 추적하고 이를 화폐라는 가치척도에 의해 계량화(計量化)해야 한다. 이것이 회계가 담당해야 할 하나의 기능이다. 회계행위를 수행하는 경제적 조직체는 정부기관, 기업체, 복지단체, 사회단체, 교회, 병원 등이다. 이들 조직체는 그 조직의 목표를 위해 지속적으로 재화나 용역을 생산하고 이를 공급한다.

측정의 세부적인 과정은 인식 · 평가 · 분류(recognition · valuation · classification)의 세 가지의 활동을 포함한다. 여기서 인식은 측정 대상의 식별과 측정 내용이 귀속될 기간을 결정하는 과정을 말한다. 평가란 계량화 단위에 의해 측정된 결과에 화폐가치의 척도를 부여하는 과정이며, 마지막으로 분류는 측정된 결과

1) W.A. Paton, *Essentials of Accounting*, rev. ed., 1949, p.1.

를 일정한 기준, 즉 성질 및 내용 등에 따라 정리하는 과정을 말한다. 이들 세 가지의 요소들은 사실 하나 하나가 분리되어 이루어지는 것이 아니라 동시에 이루어진다 할 수 있다.

1.1.2 전달기능

전달은 측정된 결과를 이해관계자들에게 보고하는 것을 말한다. 이 보고는 '회계보고' 또는 '재무보고' 등으로 표현하기도 하는 것으로서 경제적 조직체의 활동을 집약한 것으로, 재무제표(financial statement)라는 수단에 의해 이해관계자에게 전달되는 것이다. 이해관계자들은 전달 · 보고된 회계정보를 자신들의 의사결정모형에 적합한 정보를 투입하여 의사결정을 내리게 된다. 그 보고대상을 기업 내부인으로 하는 회계의 영역을 관리회계, 기업 외부인을 대상으로 하면 재무회계라는 것은 전술한 바와 같다.

1.2 회계정보시스템

회계정보시스템(accounting information system)은 인간정보처리시스템과 유사한 것으로서 크게는 입력-처리-출력의 세 과정으로 구성된다. 입력은 회계자료를 수집하는 것이며, 이를 회계기술인 회계의 원리에 따라 처리하고 이를 분류정리하여 출력된 정보를 외부에 전달하는 것이다. 이 회계정보시스템이 일회적으로만 이루어지는 것이 아니며 매 회계연도마다 반복하여 이루어지므로 이를 **회계의 순환과정**(process of accounting cycle)이라고 한다. [그림 2-1]은 회계정보시스템을 도시한 것이며, [그림 2-2]는 세부 순환과정(循環過程)을 도시(圖示)한

그림 2-1 회계정보시스템

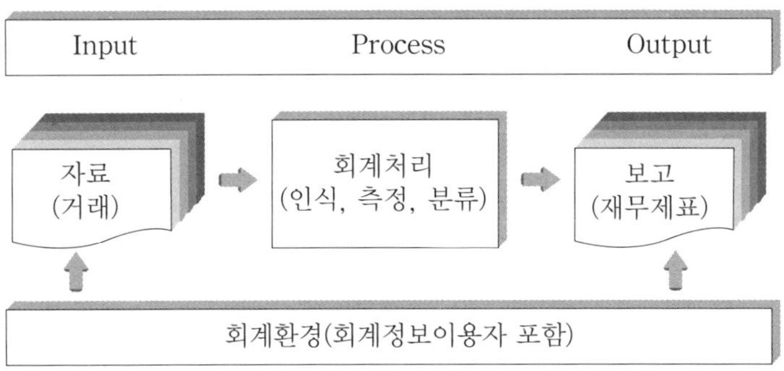

그림 2-2 세부 회계순환 과정

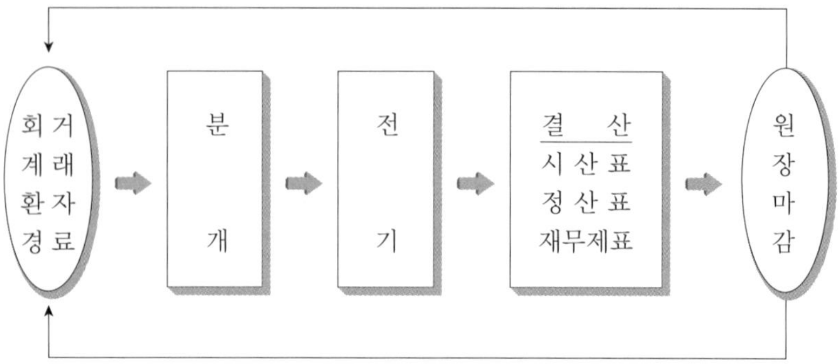

것이다.

제 2 절 회계정보이용자와 정보욕구

회계정보이용자는 경제적 조직체, 특히 기업체와 이해관계를 갖는 현재 및 잠재적 이용자를 말한다. 기업 내부에는 최고경영자를 비롯한 각 계층의 관리자가 있고, 기업 외부에는 투자자, 채권자, 노동조합, 재무분석가, 공인회계사, 소비자 단체, 정부관서, 세무서 등이 있다. 이들은 각기 자신이 필요로 하는 정보가 있다. 즉 각각은 기업체에 대한 정보욕구를 갖고 있으며, 이들이 의사결정을 하고자 하는 목적에 따라 다양한 정보에 대한 요구를 한다. 세무서는 재정수입을 확충하기 위한 과세과정에 필요한 정보를 필요로 할 것이며, 정부관서에서는 기업활동을 지원하고 통제하기 위한 정보를 필요로 한다. 또한 노동조합은 조합원의 복지수준 확대, 특히 임금수준 증진을 위한 임금협상 과정에 회계정보가 필요할 것이다. 그러나 기업과 이해관계를 갖는 많은 회계정보이용자들 가운데 특히 중요한 회계정보이용자는 투자자와 채권자이다.[2)]

투자자(investor)는 기업의 지분자본(equity capital) 소유주로서 기업의 기본적인 자본을 형성하게 한 주요 이해관계자이다. 투자자의 투자행위가 없다면 근본적으로 기업이 출현되지 않는다. 따라서 이들은 기업에 투자할 때는 기업에 관한 회계정보를 필수적으로 입수하여 분석한 후 투자의사결정(투자액 확대, 투자액 회수 등)을 한다. 또한 그들이 구성한 주주총회(株主總會)에서 기업경영에 관한 주

2) Statement of Financial Accounting Concepts No. 1, *op.cit.*, par. 30.

요 의결을 한다. 이들이 필요로 하는 주요 정보는 기업의 장래 수익력 예측, 현금흐름, 배당수익률, 주당순이익, 주가수익률 등이다.

채권자(creditor)는 기업에 제공한 지분자본(持分資本) 이외에 영구적이 아닌 추가적 자금의 필요를 충족시켜주는 신용제공자인 기업의 부채자본 제공자를 말한다. 이 채권자는 개인, 타 기업체, 정부, 금융기관 등이 있으나 이 중에서 가장 전형적이며 대표적인 채권자는 금융기관이다. 이들 채권자가 필요로 하는 구체적 회계정보는 기업의 유동성(liquidity), 지급능력(solvency), 재무적 탄력성(financial flexibility), 현금흐름(cash flow), 자본구조(capital structure), 기타 전반적 재무상태와 그 변동상황에 관한 정보 등이다.

회계정보이용자들이 필요로 하는 정보는 의사결정 목적에 적합한 다양한 정보를 필요로 하며, 이들이 요구하는 정보는 이용하고자 하는 목적의 상이함에 따라 상충된 정보욕구를 갖게 된다. 채권자는 양호한 현금흐름을 유지할 것을 요구하고, 투자자는 높은 수익률(rate of return)과 함께 많은 배당을 요구하게 된다. 이것만 보더라도 상충된 욕구를 갖고 있는 것이다. 기업체는 다양한 이해관계자의 정보욕구를 모두 충족시키는 회계정보를 제공하는 것은 불가능하게 된다. 따라서 기업은 이들의 욕구를 가장 적합하게 충족시킬 수 있는 최대공약수(the greatist common divisor)의 정보를 제공하게 된다. 이때 작성되는 회계정보 제공수단인 재무제표를 일반목적 재무제표(general purpose financial statements)라 한다. 이에 반한 재무제표가 특수목적 재무제표이다. 이는 일반적이고 공통적 정보욕구에 충족되는 정보내용을 갖는 재무제표가 아닌 특수한 목적, 즉 기업의 인수 · 합병, 기업의 청산 등의 목적에 적합하도록 작성되는 재무제표를 말한다.

한국채택 국제회계기준의 재무제표의 작성을 위한 개념체계에서 제시하고 있는 회계정보의 수요자들은 다음과 같다. 재무제표의 이용자는 현재 및 잠재적 투자자, 종업원, 대여자, 공급자와 그 밖의 거래 채권자, 고객, 정부와 유관기관, 일반대중 등을 포함한다. 이들은 서로 다른 다양한 정보수요를 충족하기 위하여 재무제표를 이용한다. 이러한 구체적인 정보수요는 제3장을 참고하기 바란다.

제 3 절 재무제표 요소와 주요 재무제표

재무제표 요소는 재무제표(財務諸表)에 기록되는 요소로서 이에는 자산, 부채, 자본, 수익, 비용의 5개 요소로 구성되어 있다. 이 중 자산, 부채, 자본은 재무상태표와 관련된 요소이고, 수익과 비용은 포괄손익계산서와 관련된 요소이다. 이에 대한 구체적 개념을 간략하게 기술하기로 한다.

3.1 제 요소의 개념

3.1.1 자산(assets)

자산은 일반적으로 기업이 보유한 재화와 권리로 정의하지만, 회계학에서의 자산개념은 '용역잠재력(service potentials)'[3] 또는 '미래의 경제적 효익(economic benefits)'[4]이라 정의하는 것이 통설로 받아들여지고 있다. 자산은 그 자체가 용역(srevice)을 잠재(potential)하고 있는 것으로서, 그 용역이 당해 자산을 보유하고 있는 미래시점에 개인, 기업체 또는 다른 조직체에 경제적 효익을 제공하는 것이다. 그러므로 기업의 자산은 미래에 기업체의 이익창출을 하는 데 있어서 효익(benefits) 또는 용역을 제공할 수 있는 것이어야 하며 그 효익 또는 잠재된 용역은 특정 실체만이 향유할 수 있는 배타적 권리를 가짐으로써 당해 기업실체의 자산으로 계상되는 것이다.

이와 같은 개념의 자산은 그것이 유형이냐 무형이냐에 따라 유형자산, 무형자산으로 분류하고, 당해 기업에 얼마 정도의 기간 동안 효익을 제공하느냐에 따라 유동자산, 고정자산으로 분류한다. 유동자산으로는 현금 및 현금성자산, 당좌예금, 매출채권(외상매출금, 받을어음), 유가증권, 소모품, 상품, 단기금융상품, 단기대여금 등이 있다. 고정자산은 크게 유형자산과 투자자산으로 분류하는데, 전자는 토지, 건물, 비품, 기계장치, 차량운반구, 선박, 건설중인 자산 등이 있으며, 후자는 장기금융상품, 투자유가증권, 장기대여금, 투자부동산, 보증금 등이 있다.

또한 무형자산은 자산이 유형의 실체가 존재하지 않은 무형의 자산으로서 영업상의 권리와 법률상의 권리가 있다. 전자는 영업권(good-will)이 있고, 후자는 산업재산권(특허권, 실용신안권, 상표권 등), 어업권, 광업권 등이 있다.

3.1.2 부채(liabilities)

부채는 일반적으로 타인 또는 타 조직체에 지급 또는 부담해야 할 의무, 즉 채무로 정의한다. 회계학적 정의는 "일반적으로 인정된 회계원칙에 따라 측정된

---

3) William J. Vatter, *The Fund Theory Accounting and Its Implications for Financial Reports*, Chicago: University of Chicago Press, 1947, p. 17.

4) FASB, "Elements of Financial Statements of Business Enterprises, "*Statement of Financial Accounting Concepts No.* 3, 1980, par. 19.

경제적 의무(economic obligation),"[5] 또는 "과거의 사상 및 거래의 결과로 인해 미래에 다른 실체(entities)에 자산을 이전 또는 용역을 제공하기 위하여, 특정실체(particular entity)의 의무로부터 발생하는 가능한 미래의 경제적 효익의 희생이다"[6]고 정의한다. 따라서 부채는 경제적 의무가 현재시점에서 특정실체에 존재해야 하며, 그 의무의 이행은 특정실체가 미래시점에 경제적 효익을 희생, 즉 자산을 사용·지출 또는 소멸할 것이어야 하는 것이다. 이러한 경제적 의무는 과거의 거래(transactions)나 사상(events)으로부터 나타나야 하는 것으로서 이는 부채의 자의적인 계상을 방지하여 확실성 있고 검증 가능한 부채를 계상하도록 하려는 것이다. 부채는 그 의무이행의 장단에 따라 유동부채와 비유동부채로 분류되고, 유동부채는 매입채무(외상매입금, 지급어음), 미지급금, 미지급비용, 단기차입금 등이 있으며, 비유동부채는 장기차입금, 장기성매입채무, 사채(bond) 등이 있다.

3.1.3 자본(capital)

자본은 순재산(net worth), 소유주청구권(stockholders' claim), 소유주지분(oweners' equity), 자기자본 등과 동의어로 사용되기도 하는 것으로서, "기업실체의 자산에서 부채를 차감하고 남은 잔여지분(residual interests)"[7]이라고 정의한다. 여기에서 지분이란 '몫', '청구권(請求權)'의 의미로서 소유주 또는 주주의 기업에 대한 소유권을 나타내는 것이다. 이 자본에는 자본금, 자본잉여금, 자본조정, 기타포괄손익누계액 및 이익잉여금으로 분류된다. 자본금은 보통주자본금, 우선주자본금이 있고, 자본잉여금에는 주식발행초과금, 감자차익 등이 있으며, 이익잉여금은 법정적립금, 임의적립금, 미처분이익잉여금(또는 미처리결손금) 등으로 구성되어 있다. 또한 미처분이익잉여금은 전기이월미처분이익잉여금, 회계정책변경누적효과, 전기오류수정, 중간배당액 및 당기순이익 등으로 구성되어 있다.

3.1.4 수익(revenues)

수익의 개념은 여러 가지로 정의하고 있다. 자산유입설, 자산유출설, 생산물설 등이 그것이다. 자산유입설(資産流入說)은 1948년의 AAA 정의에서, "기업체의 제품이나 용역의 판매로부터 나타나는 자산액 또는 청산된 부채액, 판매목적

---

5) Accounting Principles Board, "*Basic Concepts and Accounting Principles Underlying Financial Statements of Business Enterprises*," APB Statement No. 4, AICPA, 1970, par. 132.

6) Statement of Financial Accounting Concepts No. 3, *op.cit.*, par. 28.

7) APB Statement No. 4, *op.cit.*, par. 132.

이외의 자산을 처분한다든가 또는 교환으로부터 받아들이는 이득, 부채의 유리한 변제로부터 생기는 이득(gains)"으로 정의하고 있고, FASB에서는 "일정기간 동안에 재화의 생산·공급, 용역의 제공, 기타 실체의 중요한 중심적 활동으로부터 한 실체로의 자산유입 또는 기타의 자산 증가 또는 부채의 변제액"[8]으로 정의하고 있다. 이 정의는 수익이 구체적으로 실현되었을 때, 즉 구체적인 자산증가로 입증되거나 부채의 변제로 입증된 경우를 수익으로 보는 정의이다. 자산유입설은 회계실무에서 일반적으로 수용되고 있는 다수설(majority accepted theory)로 인정되고 있는 정의라 할 수 있다.

자산유출설(資産流出說)은 "기본적으로 고객에게 인도한 재화나 용역의 가치"[9]로서, 일정기간 동안 기업이 창출한 재화나 용역의 판매액이 수익이이라는 것이다. 이는 전술한 자산유입설보다는 한 단계 앞선 단계에서의 수익개념이며, 수익에 대한 본질적 정의는 수익의 과정을 중요시하는 관점에서 정의되어야 한다는 차원에서 정의한 것이다.

생산물설은 Paton과 Littleton이 정의한 것으로서, "수익은 기업의 생산물로써 고객으로부터 받은 새로운 자산금액에 의해 측정된다. 수익은 기업의 전 과정 또는 노력의 집약에 의해 획득되는 것으로 제품(생산물)이 현금자산 등으로 실현된다"[10]고 보는 것이다. 이 정의에서 수익은 특정의 시점(판매, 새로운 자산의 유입, 부채의 변제시점)에 발생되는 것이 아니고 수익활동(영업활동) 전 과정에서 생성되는 것이며 그 생성된 것이 수익이라는 것이다. 이 수익의 정의는 보다 본질적인 정의이며 이론적 정의라 할 수 있는 것이다. 나아가서 회계에서 측정문제를 중요시 다룬다는 관점에서 부차적으로 그 수익 측정은 재화나 용역을 외부에 제공함으로써 반대 급부인 현금자산 등의 실현액으로 측정한다고 한 것이다.

이상에서 고찰한 바와 같이 수익은 기업이 일정기간의 수익 창출활동(創出活動) 전 과정에서 발생되며, 그 금액은 새로운 자산의 유입액으로 측정된다. 이 수익은 매출수익, 용역수익, 이자수익 등이 있다. 한편 기업의 중심적이고 주된 영업활동과 관련이 없이 유입된 자산으로 유가증권처분이익, 유형자산처분이익, 외화환산이익 등은 수익이라기보다는 이득으로 볼 수 있는 것이다. 어느 것이든지 이들은 포괄손익계산서를 통해 보고된다.

8) Statement of Financial Accounting Concepts No. 3, *op.cit.*, par. 63.

9) N.M. Bedford, Income Determination Theory: *An Accounting Framework*, Addision-Wesley, 1965, p. 92.

10) W.A. Paton and A.C. Littleton, *An Introduction to Corporate Accounting Standards*, AAA Monograph No. 3, AAA, 1940, p. 46.

3.1.5 비용(expenses)

비용개념의 정의에는 소멸원가 개념, 자산유출 개념 등이 있다. ATB No. 4에서는 "비용이란 모든 소멸원가를 포함하고 있는 것으로 수익으로부터 차감되는 것이다. 비용은 포괄손익계산서에서 여러 유형의 소멸원가로 구별될 수 있는데 원가, 비용, 손실 등으로 분류될 수 있다"[11]고 하여 소멸원가 개념에 입각하여 정의하였다.

원가(原價)의 소멸은 수익활동 과정에서 재화나 용역의 사용 · 소비를 통해 기업으로부터 최종적으로 이탈되어 없어지는 것으로서, 수익활동에 아직 사용 · 소비되지 않은 것은 원가(cost)이며 수익활동 과정에 사용 · 소비되어 수익창출에 공헌한 부분을 비용(expense)이라 하고, 수익활동에 소극적이거나 공헌하지 못한 재화나 용역을 손실(loss)이라 한다. 이 정의는 회계의 구조적 관점에서 정의한 것으로 통찰력을 제공하는 정의이지만, 구체적으로 그 사용 · 소비액이 어떻게 측정되는가에 대해서는 제시하지 않고 있다.

또한 SFAC No. 3은 "비용은 실체의 계속적인 주요 중심적 활동에서 일정기간 동안 자산의 유출 · 사용 또는 부채의 발생(또는 양자의 결합), 용역의 제공 또는 수행액이다"[12]고 정의함으로써 자산유출 개념에 따른 정의를 하였다. 이 정의는 회계실무에서 다수설로 인정되고 있는 정의라 할 수 있다.

아무튼 비용은 기업의 영업활동 과정에서 일정기간 사용 · 소비된 재화나 용역으로써 구체적인 재화나 용역의 유출액 및 제공액으로 측정되는 것이다. 이러한 비용에는 판매비와 일반관리비로서 교통 · 통신비, 광고선전비, 보험료, 세금과 공과금, 법인세, 감가상각비, 복리후생비, 퇴직급여, 접대비, 경상개발비, 대손상각비, 이자비용 등이 있으며, 손실은 재해손실, 유가증권처분손실, 유형자산처분손실, 외화환산손실 등이 있다.

3.2 주요 재무제표

재무제표는 회계정보시스템의 최종산물로서 그 종류는 다양하며 각 나라에서 채택하는 재무제표 역시 다양하다. 그러나 대체적으로 가장 많이 작성하고 있는 재무제표는 재무상태표, 포괄손익계산서, 현금흐름표, 자본변동표 및 주석 등

11) Accounting Terminology Bulletin No. 4, *op.cit.*, par. 3.
12) Statement of Financial Accounting Concepts No. 3, *op.cit.*, par. 65.

이다. 우리나라의 경우 기업회계기준에서도 위의 재무제표를 기본재무제표로 작성하도록 하고 있다.

3.2.1 재무상태표

전통적으로 중요시되는 재무제표는 후술하는 포괄손익계산서와 재무상태표이다. 재무상태표(statement of financial position)는 일정시점의 재무상태를 보고하는 회계보고서이다. 일정기간 영업활동의 수행 결과 기업의 재무상태를 나타내는 보고서를 말한다. 따라서 특정한 시점의 재무적인 상태를 나타내는 정태보고서(static statement)이다. 이러한 재무상태표의 구성요소는 자산, 부채 및 자본이다.

구체적인 내용을 보면, 재무상태표의 대변에는 기업의 재무자원의 원천을 기록한다. 재무자원의 원천은 소유주와 채권자가 있다. 소유주로부터의 재무자원은 자본금, 자본잉여금 및 이익잉여금 등이 있고, 채권자로부터의 재무자원은 차입금 또는 사채 등이 있다. 한편 재무상태표의 차변은 소유주 또는 채권자로부터 조달된 자원의 운용상태를 나타내는 것으로서 각종 자산이 기록된다. 이 자산들은 조달된 자원을 어떻게 운용하고 있는가를 보이는 것이다. 따라서 다음과 같은 재무상태표 등식이 성립한다.

재무자원의 운용상태 = 재무자원의 원천
재무자원의 운용상태 = 지분(equity)
자산 = 채권자 지분 + 소유주 지분
자산 = 부채 + 자본

이와 같은 재무상태표의 유용성을 요약하면 다음과 같다.

① 기업실체의 일정시점의 재무상태에 관한 정보를 제공한다.
② 기업실체의 재무적 유동성(financial liquidity), 지급능력(solvency), 재무탄력성(financial flexibility) 등의 정보를 제공한다.
③ 소유주 및 채권자 지분에 관한 정보를 제공한다.
④ 기업실체의 자본구조와 그 상태에 관한 정보를 제공한다.

3.2.2 포괄손익계산서

포괄손익계산서는 일정기간의 경영성과를 나타내는 회계보고서로서 일정기간의 경영효율, 경영자의 경영업적 및 각종 경영계획 수립을 위한 정보를 제공한다. 이 같은 포괄손익계산서(comprehensive income statement: P/L 또는 I/S)의 구성요소는 수익(이득 포함), 비용(손실 포함), 기타포괄손익누계액 및 주당순이익(earning per share: EPS)이며, 이는 발생주의를 기초로 한 일정기간의 수익과 비용을 대응 표시함으로써 작성되는 일정기간의 영업활동 흐름을 보고하는 동태보고서(dynamic statement)이다. 이와 같은 포괄손익계산서 등식은 다음과 같다.

성과 − 노력 = 순성과
수익 − 비용 = 순이익(당기순이익)
비용 + 순이익 = 수익

포괄손익계산서의 유용성을 요약하면 다음과 같다.

① 일정기간의 경영성과(경영성적)에 관한 정보를 제공한다.
② 기업실체의 수익력을 평가하는 데 유용한 정보를 제공한다.
③ 이익계획 등의 경영계획 수립에 유용한 정보를 제공한다.
④ 배당정책, 세액결정에 유용한 정보를 제공한다.
⑤ 경영효율 및 경영자의 업적을 평가하는 데 유용한 정보를 제공한다.

3.2.3 기타의 재무제표

기타 재무제표는 이익잉여금처분계산서(또는 이월결손금처리계산서), 현금흐름표 및 자본변동표가 있다. 이익잉여금처분계산서(statement of appropriations of retained earning)는 흐름(flow) 개념에 의해 작성되는 보고서이므로 일종의 동태보고서이다. 이 보고서의 내용은 처분전이익잉여금, 이익잉여금처분액 그리고 차기이월이익잉여금으로 구성되어 있다. 즉 처분전이익잉여금은 전기이월이익잉여금과 당기의 증가 또는 감소액을 가감하고, 이익잉여금처분액은 각종 법정적립금, 임의적립금액, 사외로 유출되는 배당액 등이다. 따라서 이익잉여금처분계산서는 이익잉여금의 형성의 내용 및 구체적인 처분액을 기록하며 최종적으로 차기에 이월되는 이익잉여금에 관한 정보를 제공한다. 그러나 한국채택 국제회계기준에서는 이익잉여금처분계산서를 재무제표로 요구하고 있지 않으므로 이제는 이를 작성할 필요성이 없으며, 자본변동표가 이를 대신한다.

현금흐름표(statement of cash flow)는 일정기간의 현금유입과 현금유출에 관한 정보를 제공한다. 이 보고 역시 흐름 개념에 의해 작성되는 재무제표로서 그 내용은 영업활동으로 인한 현금흐름, 재무활동으로 인한 현금흐름, 투자활동으로 인한 현금흐름 및 기초와 기말의 현금을 기록하여 당해기간의 순현금흐름을 보고한다. 이 보고서를 통해 기업체의 부채 상환능력, 배당금 지급능력, 영업활동 이외의 투자 및 재무활동에 의한 현금흐름액, 당기순이익과 현금흐름과의 차이 원인 등의 정보를 제공한다.

제 4 절 재무회계의 기준

재무회계에서의 측정과 보고는 기업 외부에 있는 이해관계인과 직접적인 관련이 있음은 전술한 바와 같다. 따라서 기업실체 또는 회계실체의 재무회계과정이 바람직하게 이루어졌는가 여부에 따라 다수의 외부 회계정보이용자들의 의사결정에 중대한 영향을 미치게 된다. 그 영향이 긍정적인 영향이 아니고 부정적인 영향을 미치게 된다면 사회 · 국가 나아가서 세계적인 악영향을 미치게 되고 특정한 개인 또는 단체, 기업체에 막대한 손실을 입게 할 수 있어서 결국은 경제적인 혼란을 초래하게 되는 비극이 발생할 수도 있는 것이다. 따라서 재무회계의 전 과정은 국가기관 또는 민간기구에서 법률 또는 규칙 · 기준을 정하여 재무회계과정에서 준거하도록 강제하는 규제를 하고 있으며, 미국을 비롯한 세계의 모든 국가에서 유사한 규제를 하고 있다.

4.1 미국-일반적으로 인정된 회계원칙

미국은 회계의 선진국으로서 일반적으로 인정된 회계원칙을 제정 · 공표하여 모든 기업이 이를 준거하여 회계처리 · 보고한다. 재무회계의 기준으로서 '일반적으로 인정된 회계원칙(GAAP)'이란 다수의 권위 있는 학자, 연구기관, 공인회계사회 등의 회계전문직 단체 및 종사자, 회계관련 정부기관이 타당하다고 합의 · 도출한 회계행위 준거지침이라는 의미로서, 회계환경에 적합하고 공정 · 타당한 방법들을 회계행위의 준거지침으로 제정한 것이다. 재무회계의 과정은 경제환경 · 기업환경 · 회계환경과 밀접한 피드백(feedback)관계를 갖는 것이어서, 자연과학에서의 원칙 · 원리와 같이 정확한 수리적 전개 등에 의해 도출될 수 없는 것이므로 일반적으로 인정된 회계원칙이라는 용어를 사용하는 것이다.

미국의 GAAP(Generally Accepted Accounting Principles)는 정부주도형이 아

닌 민간주도형으로서 민간기구에서 일반적으로 인정된 회계원칙을 제정 · 공표하고 있다. 미국의 회계원칙은 회계전문직단체인 공인회계사회가 중심이 되어 회계절차위원회(Accounting Procedure Committee)에서 1938년에서 1959년까지 발표한 회계연구공보(Accounting Research Bulletin: ARB) 제43호에서 제51호, 회계원칙심의회(Accounting Principles Board: APB)에서 1962년부터 1973년까지 발표한 APB Opinion No. 1에서 No. 31, 1973년에 APB를 승계한 독립적 민간기구인 재무회계재단(Financial Accounting Foundation)을 설립하고, 이 재단 내에 재무회계기준심의회(FASB)에서 재무회계기준보고서(Statement of Financial Accounting Standard: SFAS)를 현재까지 공표하고 있다. 또한 민간기구에서 충족시키지 못하거나 국가 정책적 고려를 해야 할 필요가 있는 경우는 정부기관인 증권거래위원회(Securities Exchange Committee: SEC)에서 회계연속통첩(Accounting Series Release: ASR)이라는 준거지침을 공표하고 있다. 따라서 현재 미국의 기업들이 회계행위시 준거하는 지침으로서 일반적으로 인정된 회계원칙은 ARB, APB Opinions, FASB의 SFAS가 있다.

4.2 한국-기업회계기준

우리나라는 정부주도형으로서 1958년의 기업회계원칙 및 재무제표규칙을 제정 · 공표하여 몇 차례의 개정작업이 있은 후, 1984년 그 명칭을 기업회계기준으로 바꾸었으며, 그 후 회계환경의 변화로 인해 여러 차례 개정을 해 왔다. 1997년 말 외환위기(IMF 금융지원 등) 등의 경제적 환경변화를 계기로 전면적인 기업회계기준 개정과 아울러 각종 회계처리준칙 등의 제정 및 개정을 정부주도형에서 민간주도형으로 전환하였다.

1999년 9월 1일에 민간기구로 설립한 '회계연구원'에는 '회계기준위원회'를 두고, 이 위원회가 기업회계기준과 각종 회계처리준칙 및 기업회계기준 등에 관한 해석과 해석적용 사례를 주도적으로 제정 · 공표하고 있다.

현재 제정 · 공표되어 있는 것은 기업회계기준, 그 하위의 각종 준칙 및 기업회계기준서가 있다. 그 준칙은 건설업회계처리준칙, 리스회계처리준칙, 은행업회계처리준칙, 보험업회계처리준칙, 종합금융업회계처리준칙, 증권투자신탁업회계처리준칙, 기업인수 · 합병회계처리준칙, 반기재무제표준칙, 연결재무제표준칙, 기업집단재무제표준칙, 원가계산준칙 등이다.

2007년 11월 23일 한국회계기준원은 한국채택 국제회계기준을 공표하였다.

구체적으로는 기업회계기준서 제1001부터 41까지와 제1101부터 제1108호까지 그리고 기업회계기준해석서 제2101호부터 제2116호까지와 2010호부터 제2032호까지 공표하였다. 따라서 상장회사들은 2009년부터 이 기준을 사용할 수 있고 2011년부터는 의무적으로 이 기준을 사용해야 한다. 이 기준서에서의 재무제표는, 재무상태표, 포괄손익계산서, 자본변동표, 현금흐름표 및 주석과 부속명세서이다.

4.2.1 기업회계기준의 법률적 근거

기준의 제정 권한은 주식회사의 외부감사에 관한 법률 제13조 제1항의 규정에 의해 정부기관인 금융감독위원회에 부여되어 있으나, 주식회사의 외부감사에 관한 법률 제13조 제4항 및 동 시행령 제7조의 2 제1항의 규정에서 금융감독위원회는 회계연구원에 제정권한을 위탁한다고 명문화하고 있다.

4.2.2 회계기준원의 운영재정

주식회사의 외부감사에 관한 법률 제13조 제6항에서 금융감독원은 증권거래법 제206조의 8 제1항 제2호의 규정[13)]에 의해 징수하는 분담금의 100분의 5를 초과하지 아니하는 범위 내에서 대통령령이 정하는 바에 따라 회계기준원에 지원할 수 있으며, 주식회사의 외부감사에 관한 법률 시행령 제7조의 2 제3항에서 상기 분담금의 100분의 4를 한국회계기준원에 지원하도록 명시하고 있다. 따라서 회계기준원은 매기 4회에 걸쳐 지원받은 분담금의 50% 이상을 운영자금과는 별도로 기금으로 적립하도록 되어 있다. 이와 같이 미국 등과는 달리 운영자금조달이 공적자금에 의존하고 있는 것이다.

4.2.3 위임의 효력 및 수정 요구권의 범위

회계기준원에 위탁된 회계기준 제정의 위탁은 행정규정에서 정하고 있는 '민간위탁'의 정의에 의하여 그 효력을 이해할 수 있다. 행정규정의 '민간위탁'이란, '각종 법률에 규정된 행정기관의 사무 중 일부를 지방자치단체가 아닌 법

---

13) 증권거래법 제206조의 8(분담금) ① 다음 각 호의 1에 해당하는 자는 금융감독원의 운영경비의 일부를 분담하여야 한다.
1. 고객으로부터 위탁수수료를 받는 증권회사
2. 제8조의 규정에 의하여 금융감독위원회에 신고서를 제출하는 발행인
3. 이 법에 의하여 금융감독원의 검사를 받는 기관
4. 등록법인
② 제1항의 규정에 의한 분담금의 분담요율 · 한도 기타 분담금의 납부에 관하여 필요한 사항은 대통령령으로 정한다.

인 · 단체 또는 그 기관이나 개인에게 맡겨 그의 명의와 책임하에 행사하도록 하는 것을 말한다.' 따라서 금융감독위원회에 보고 여부와 관계없이 회계기준원은 회계기준위원회(會計基準委員會)의 심의를 거쳐 제정 · 공표할 수 있으며 그 기준의 효력이 발휘된다.

금융감독위원회는 회계처리기준의 제정 · 개정을 회계기준원에 위탁하였으나, 주식회사의 외부감사에 관한 법률 제13조 제5항에 근거하여 '이해관계인의 보호, 국제적 회계처리기준에의 합치 등을 위하여 필요하다고 인정되는 때에는 증권선물위원회의 심의를 거쳐 제4항의 규정에 의하여 업무를 위탁받은 민간법인 또는 단체에 대하여 회계처리기준의 내용을 수정할 것을 요구할 수 있다. 이 경우 회계처리 제정기관은 정당한 사유가 없는 한 이에 응하여야 한다.' 또한 회계기준원에 위탁되지 않은 업무, 즉 분기 · 반기재무제표준칙, 자산유동화회사회계처리기준, 펀드회계처리기준, 공시제도에 관한 업무(공시범위, 시기, 방법, 양식 등), 회계감사기준, 공시자료에 대한 조사 · 감리업무 등이다.

이와 같이 미국의 경우와 비교해 볼 때 상당히 앞선 독립성을 보장하고 있는 것으로서, 미국은 사실상 SEC의 승인이 없으면 FASB가 제정 · 공표한 회계기준이 효력을 발휘하지 못한다.

요 점 정 리

■ [2-1] 회계의 기능

(1) 측정기능: 경제적 · 재무적 정보를 식별, 측정, 전달하는 기능

(2) 전달기능: 사정에 정통한 후 판단이나 의사결정을 할 수 있도록 회계정보를 이해관계자에게 전달하는 기능

■ [2-2] 회계의 순환과정

거래 → 분개 → 원장에 전기 → 결산 → 원장마감 → 재무제표작성 및 보고

■ [2-3] 회계정보이용자의 정보욕구

(1) 투 자 자: 투자의사결정 정보(미래의 수익력, 현금흐름, 배당수익률, 주당순이익 정보 등)

(2) 채 권 자: 신용결정 정보(기업의 유동성, 지급능력, 재무탄력성, 현금흐름, 자본구조, 재산상태 등의 정보)

■ [2-4] 재무제표 요소의 개념

(1) 자　　산: 일반적으로 기업이 보유한 재화와 권리로 정의하지만, 회계학에서의 자산개념은 '용역잠재력(service potentials)' 또는 '미래의 경제적 효익(economic benefits)'이라 정의한다.

(2) 부　　채: 과거의 사상 및 거래의 결과로 인해 미래에 다른 실체(entities)에 자산을 이전 또는 용역을 제공하기 위하여, 특정실체(particular entity)의 의무로부터 발생하는 가능한 미래의 경제적 효익의 희생액

(3) 자　　본: 자본은 순재산(net worth), 소유주청구권(stockholders' claim), 소유주지분(stockholders' equity), 자기자본 등과 동의어로 사용되기도 하는 것으로서, '기업실체의 자산에서 부채를 차감하고 남은 잔여지분(residual interests)'

(4) 수　　익: 일정 기간 동안에 재화의 생산 · 공급, 용역의 제공, 기타 실체의 중요한 중심적 활동으로부터 한 실체로의 자산유입 또는 기타의 자산증가 또는 부채의 변제액

(5) 비　　용: 비용은 실체의 계속적인 주요 중심적 활동에서 일정기간 동안 자산의 유출 · 사용 또는 부채의 발생, 용역의 제공액, 즉 비용은 기업의 영업활동 과정에

서 일정기간 사용 · 소비된 재화나 용역이다.

■ [2-5] 재무제표(B/S, P/L)의 정의

(1) 재무상태표(balance sheet): 일정시점의 재무상태보고서로서 재무자원의 원천과 운용상태를 보고하는 보고서

(2) 포괄손익계산서(profit and loss statement): 일정기간의 영업성과(경영성적)의 보고서로서, 기업의 일정기간의 성과와 노력을 대비한 보고서이다.

■ [2-6] 일반적으로 인정된 회계원칙(GAAP)

재무회계 행위의 준거지침으로서, 일반적으로 다수의 권위에 의해 공정 · 타당하다고 지지를 받는 회계원칙을 말한다. 즉 다수의 학자, 연구기관, 공인회계사회 등의 회계전문직 단체 및 종사자, 회계관련 정부기관이 공정 · 타당하다고 인정한 준거지침이다.

(1) 미국의 GAAP: 회계연구공보(Accounting Research Bulletin: ARB) 제43호~제51호, 회계원칙심의회(Accounting Principles Board: APB)의 APB Opinion No. 1 ~No. 31, 재무회계기준심의회(FASB)의 1973년부터 현재까지 공표하고 있는 재무회계기준보고서(Statement of Financial Accounting Standard: SFAS), 증권거래위원회(Securities Exchange Committee: SEC)에서 회계연속통첩(Accounting Series Release: ASR) 등

(2) 한국의 GAAP: 기업회계기준, 각종 회계처리준칙, 기업회계기준 등에 관한 해석, 기업회계기준서 등

■ [2-7] 회계정보처리시스템과 인간정보처리시스템의 공통점

(1) 인간정보처리시스템: 인간의 정보처리과정은 자료의 입수, 자료의 처리를 통한 정보의 식별, 그리고 최종적으로 그 정보에 입각하여 미래에 대한 행동을 결정한다. 인간은 세상을 살아가는 동안 많은 정보를 처리하여 그들의 미래행동에 대한 결정, 즉 의사결정을 한다. 그러나 그들의 행동 결과가 당초에 기대했던 것과는 다르게 나타나는 경우가 많다. 이는 미래를 확실히 알 수 없기 때문이다. 미래 행동에 대한 의사결정을 할 때 미래에 대한 정보를 알 수 있다면 기대했던 결과와 실제가 정확히 일치하게 될 것이다. 그러나 미래의 정보는 정확히 알 수 없다. 따라서 과거의 경험들을 토대로 하여 미래를 예측하게 된다. 이는 특별한 상황이 발행하지 않는다면 미래에도 과거와 같은 사상(events)이 계속되리라는 기대에서 과거의 경험, 즉 정보를 통하여 미래를 예측하고 의사결정을 하는 것이다. 그러므로 과거의 경험으로써 정보는 유용한 것이다.

(2) 회계정보처리시스템: 회계정보처리시스템도 상기의 인간정보처리시스템과 동일하게 회계자료(거래 및 사상)를 입수하고, 이를 처리하여(인식, 측정, 분류), 최종적으로 회계정보(재무제표 정보 등)를 산출하며, 이 정보를 통하여 기업의 미래에 대한 현재시점의 결정을 내리게 된다. 따라서 기업과 관련한 의사결정 과정에서도 미래의 불확실성을 제거하기 위해 검증 가능한 회계정보가 필요하다. 그러나 회계정보 역시 역사적 정보이며, 이는 과거의 회계사상이 미래에도 계속되리라는 가정 하에서 정보로서의 유용성이 성립되는 것이다.

■ [2-8] 비용과 원가와의 차이

비용은 수익을 창출하는 영업활동 과정에서 최종적으로 사용 · 소비된(희생된) 재화나 용역을 말하며, 원가는 재화나 용역을 취득하기 위해 사용 · 소비된 재화나 용역이지만 아직 수익창출을 위해 최종적으로 사용 · 소비(희생)되지는 않은 것을 말한다. 이들 사용 · 소비된 재화나 용역은 원가로 집계되어 차기로 이월하며 차기에 가서 수익창출을 위해 최종적으로 희생되면 비용으로 인식하게 된다.

■ [2-9] 수익의 본질에 관한 견해

(1) 자산유입설: 영업활동 과정에서 타인에게 최종적으로 제공한 재화나 용역의 대가로 유입된 자산액

(2) 자산유출설: 기업이 창출한 재화나 용역을 최종적으로 고객에게 인도한 가치

(3) 생산물설: 기업이 창출한 재화나 용역을 타인(고객)에게 인도한 시점에 수익이 발생되는 것이 아니며, 수익은 전 영업활동 과정에서 점차 성숙되어 간다고 보고 그 부가된 가치를 수익으로 보는 것이다. 그러므로 수익의 본질 자체를 정의할 때는 수익의 측정은 별개의 문제로 보는 것이다.

제 3 장
재무회계의 개념체계

제 3 장 재무회계의 개념체계

제1절 정보이용자와 정보수요

재무제표의 이용자는 현재 및 잠재적 투자자, 종업원, 대여자, 공급자와 그 밖의 거래 채권자, 고객, 정부와 유관기관, 일반대중 등을 포함한다. 이들은 서로 다른 다양한 정보수요를 충족하기 위하여 재무제표를 이용한다. 이러한 정보수요는 다음을 포함한다.

(1) 투 자 자

투자자는 투자위험을 감수하는 자본제공자와 그들의 투자자문가는 투자에 내재된 위험과 투자수익에 대한 정보에 관심을 갖는다. 그들은 매수, 보유 또는 매도에 관한 의사결정을 위해 정보를 필요로 한다. 소유주는 또한 기업의 배당능력을 평가할 수 있는 정보를 필요로 한다.

(2) 종 업 원

종업원과 종업원을 대표하는 기구는 고용주인 기업의 안정성과 수익성에 대한 정보에 관심을 갖는다. 그들은 또한 기업의 보수, 퇴직급여 및 고용기회 제공능력을 평가할 수 있는 정보를 필요로 한다.

(3) 대 여 자

대여자는 대여금과 대여금에 대한 이자가 지급기일에 적절히 지급되는지를 결정하는 데 도움을 줄 수 있는 정보를 필요로 한다.

(4) 공급자와 그 밖의 거래 채권자

공급자와 그 밖의 채권자는 기업의 지급기일 내 지급능력을 결정하기 위한 정보를 필요로 한다. 거래 채권자는 당해 기업을 주 거래처로서 장기적인 관계를 유지할 목적이 아닌 한, 일반적으로 당해 기업에 대해 대여자보다는 단기적인 관심을 가질 가능성이 높다.

(5) 고 객

고객은 특히 특정 기업과 장기간 거래관계를 유지하고 있거나 의존도가 높은 경우에 그 기업의 존속가능성에 대한 정보에 관심을 갖는다.

(6) 정부와 유관기관

정부와 유관기관은 자원의 배분과 기업의 활동에 관심을 가진다. 이들은 기업활동을 규제하고 조세정책을 결정하며 국민소득이나 이와 유사한 통계자료의 근거로 사용하기 위해 정보를 필요로 한다.

(7) 일반대중

기업은 다양한 방법으로 일반대중에게 영향을 미친다. 예를 들면, 기업은 종업원의 고용과 지역 내 공급자의 양성과 같은 다양한 방법으로 지역경제에 상당한 기여를 할 수 있다. 일반대중은 재무제표에서 기업의 성장과 활동범위에 관한 추세와 현황에 대한 정보를 얻을 수 있다.

다양한 이용자의 정보수요가 재무제표를 통해 모두 충족될 수는 없지만, 모든 이용자에게 공통으로 필요한 정보수요가 존재한다. 투자위험을 감수하고 기업에 자본을 제공하는 투자자의 정보수요를 충족시키기 위해 제공되는 재무제표 정보는 또한 그 밖의 이용자의 정보수요도 상당부분 충족시킬 것이다.

경영진은 재무제표의 작성과 표시에 대한 1차적 책임을 진다. 경영진은 계획, 의사결정, 통제의 책임을 수행하는 데 도움이 되는 더 많은 관리와 재무정보에 접근할 수 있지만 재무제표에 포함된 정보에도 관심을 갖는다. 경영진은 필요에 따라 재무제표 외의 이러한 추가 정보의 형식과 내용을 결정할 수 있는 능력이 있다. 그러나 그러한 정보는 이 개념체계의 적용범위에는 포함되지 아니한다. 그렇지만 공표된 재무제표는 기업의 재무상태, 경영성과 및 재무상태변동에 대해 경영진이 이용한 정보에 기초하여 작성된다.

제2절 재무제표의 목적

재무제표의 목적은 광범위한 정보이용자의 경제적 의사결정에 유용한 기업의 재무상태, 경영성과와 재무상태변동에 관한 정보를 제공하는 것이다. 이러한 목적에 따라 작성된 재무제표는 대부분 정보이용자의 공통적인 정보수요를 충족시킨다. 그러나 재무제표는 주로 과거 사건의 재무적 영향을 표시하는 것을 목적으로 하며 비재무적인 정보까지는 제공하지 못하므로, 정보이용자의 경제적 의사결정을 위해 필요할 수 있는 모든 정보를 제공하지는 못한다.

재무제표는 또한 위탁받은 자원에 대한 경영진의 수탁책임이나 회계책임의 결과를 보여준다. 경영진의 수탁책임이나 회계책임을 평가하려는 정보이용자의 목적은 경제적 의사결정을 하기 위해서이다. 예를 들면, 이러한 경제적 의사결정에는 기업의 투자지분을 계속 보유하거나 매도할지 또는 경영진을 재선임하거나 교체할지와 같은 결정이 포함될 수 있다.

2.1 재무상태, 경영성과와 재무상태 변동

재무제표의 이용자가 경제적 의사결정을 하기 위해서는 기업의 현금 및 현금성자산의 창출 능력과 그 시기 및 확실성에 대한 평가가 필요하다. 이러한 능력은 예를 들어 기업의 종업원과 공급자에 대한 지급능력, 차입금의 이자 및 원금 지급능력과 소유주에 대한 배당금 지급능력을 궁극적으로 결정한다. 정보이용자에게 기업의 재무상태, 경영성과와 재무상태변동에 초점을 둔 정보가 제공된다면 이들은 기업의 현금 및 현금성자산의 창출능력을 보다 잘 평가할 수 있을 것이다.

기업의 재무상태는 기업이 통제하는 경제적 자원, 기업의 재무구조, 유동성과 지급능력, 영업환경 변화에 대한 적응능력에 의해 영향을 받는다. 기업이 통제하는 경제적 자원과 이러한 자원을 조절할 수 있는 기업의 과거 능력에 대한 정보는 기업의 미래 현금 및 현금성자산의 창출능력을 예측하는 데 유용하다. 재무구조에 대한 정보는 기업의 미래 자금차입수요에 대한 예측 및 미래이익과 현금흐름이 기업의 다양한 이해관계자들에게 어떻게 분배될 것인가를 예측하는 데 유용하다. 또한 기업이 더 많은 자금을 어떻게 성공적으로 조달할 수 있을지 예측하는 데 유용하다. 유동성과 지급능력에 대한 정보는 만기가 도래한 금융약정을 이행하는 기업의 능력을 예측하는 데 유용하다. 유동성은 가까운 미래기간의 금융약정을 고려한 후의 그 기간의 현금 가용성을 의미한다. 지급능력은 만기가 도래하는 금융약정을 이행하기 위한 보다 장기적인 현금 가용성을 의미한다.

경영성과 특히 수익성에 관한 정보는 그 기업이 장래 통제하게 될 가능성이 높은 경제적 자원의 잠재적 변동가능성을 평가하는 데 유용하다. 경영성과의 변동성에 관한 정보는 이 같은 관점에서 특히 중요하다. 경영성과 정보는 기업이 현재의 자원으로부터 현금을 창출할 수 있는 능력을 예측하는 데 유용하다. 또한 추가적인 자원을 효과적으로 동원할 수 있는지 판단하는 데도 유용하다.

기업의 재무상태변동에 관한 정보는 일정 회계기간 동안의 기업의 투자, 재무 및 영업활동을 평가하는 데 유용하다. 이러한 정보는 재무제표 이용자에게 기업의 현금 및 현금성자산의 창출능력과 기업의 현금흐름 사용 필요성에 대한 평가의 기초를 제공한다. 재무상태변동표를 작성할 때 사용되는 자금은 총재무자원, 운전자본, 유동자산 또는 현금 등 다양한 방법으로 정의할 수 있다. 이 개념체계에서는 자금을 특정하게 정의하지는 아니한다.

재무상태에 관한 정보는 주로 재무상태표를 통해 제공되며, 경영성과에 관한 정보는 주로 포괄손익계산서를 통해 제공된다. 재무상태변동에 관한 정보는 별도의 재무제표를 통해 제공된다. 재무제표의 구성요소들은 동일한 거래나 그 밖의 사건을 대상으로 서로 각각 다른 측면을 반영하고 있으므로 상호 연관성이 있다. 비록 각각의 재무제표는 그 밖의 재무제표와 차별적인 정보를 제공하지만 어떤 하나의 재무제표도 단일 목적만을 충족시키거나 이용자의 특정한 정보수요를 충족시키는 데 필요한 모든 정보를 제공하지 못할 가능성이 높다. 예를 들면, 포괄손익계산서는 재무상태표와 재무상태변동표를 동시에 이용하지 않는다면 경영성과에 대한 완전한 정보를 제공하지 못한다.

2.2 주석 및 부속명세서

재무제표는 주석과 부속명세서, 그리고 그 밖의 정보도 포함한다. 예를 들면, 이러한 주석 등은 재무상태표와 포괄손익계산서의 항목에 대하여 이용자의 정보수요에 목적적합한 추가 정보를 포함할 수 있다. 이와 같은 정보는 기업에 영향을 미치는 위험과 불확실성 및 재무상태표에 인식되지 않은 자원(예: 매장광물)과 의무에 대한 공시를 포함할 수 있다. 지역 또는 산업에 따른 부문별 정보와 기업에 영향을 미치는 물가변동 정보도 추가하여 제공될 수 있다.

제3절 회계의 기본가정

회계행위 또는 재무제표의 작성 · 공시(보고)하는 데 있어서 기본적으로 전제(basic assumptions)하는 것으로서, 회계학에서는 일반적으로는 회계공준(accounting postulates)이라고 한다. 이 기본가정은 재무회계뿐만 아니라 관리회계에도 적용된 기본 가정으로서 그 본질은 회계상의 가장 기본적인 전제사항이며, 회계에서 자명하고, 회계사고(accounting thoughts)의 기초가 되는 명제이며 회계의 개념적 틀(conceptual framework of accounting)[1)]에서 상부구조에 위치하며, 논리전개의 출발점이다. 이 기본가정은 논의 대상이 되지 않고 회계행위, 즉 재무제표의 작성 · 보고시에 당연한 것으로 받아들여지는 명제(proposition)[2)]이다. 이는 학자에 따라 여러 가지가 제시되고 있으며 이들 중 공통적으로 제시되고 있는 것은, 기업실체가정, 화폐단위 측정 가정, 계속기업 가정, 기간별 보고 가정 등이 있다. 우리나라에서 제정한 재무회계의 기초적 개념에서도 이 같은 명제를 전제하고 있다.

3.1 발생기준(accrual basis)

재무제표는 그 목적에 부합하기 위하여 발생기준을 적용하여 작성한다. 발생기준에서는 거래나 그 밖의 사건의 영향을 (현금이나 현금성자산의 수취나 지급 시점이 아니라) 발생한 기간에 인식하며 해당기간의 장부에 기록하고 재무제표에 표시한다. 발생기준을 적용하여 작성한 재무제표는 현금의 수지를 수반한 과거의 거래 뿐 아니라 미래에 현금을 지급해야 하는 의무와 현금의 수취가 기대되는 자원에 대한 정보를 이용자에게 제공한다. 따라서 재무제표는 과거의 거래와 그 밖의 사건에 대해 이용자의 경제적 의사결정에 가장 유용한 형태의 정보를 제공한다.

3.2 계속기업(going concern)

재무제표는 일반적으로 기업이 계속기업이며 예상 가능한 기간 동안 영업을

1) 회계의 개념적 틀의 계층구조는, 회계목적-회계공준-회계정보의 질적 특성-재무제표 요소-회계기준-규칙 · 절차-회계실무이다.
2) 명제는 참이냐 거짓이냐를 일의적으로 표현한 것을 말한다.

계속할 것이라는 가정하에 작성된다. 따라서 기업은 그 경영활동을 청산하거나 중요하게 축소할 의도나 필요성을 갖고 있지 않다는 가정을 적용하며, 만약 이러한 의도나 필요성이 있다면 재무제표는 계속기업을 가정한 기준과는 다른 기준을 적용하여 작성하는 것이 타당할 수 있으며 이때 적용한 기준은 별도로 공시하여야 한다.

제 4 절 재무제표의 질적 특성

질적 특성(qualitative characteristics of financial statements)이란 재무제표를 통해 제공되는 정보가 이용자에게 유용하기 위해 갖추어야 할 속성을 말한다. 네 가지의 주요한 질적 특성은 이해가능성, 목적적합성, 신뢰성 및 비교가능성이다.

4.1 이해가능성(understandability)

재무제표 정보가 갖추어야 할 필수적인 특성의 하나는 이용자가 그 정보를 쉽게 이해할 수 있어야 한다는 것이다. 이때 이용자는 경영 및 경제활동과 회계에 대한 합리적인 지식을 가지고 있으며 관련 정보를 분석하기 위하여 합리적인 노력을 기울일 의지가 있는 것으로 가정한다. 그러나 복잡한 내용의 정보이지만 다수 이용자의 경제적 의사결정 목적에 적합하여 재무제표에 포함될 필요가 있는 경우 단지 그 정보가 일부 이용자에게는 너무 어려워서 이해하기 어려울 것이라는 이유만으로 제외하여서는 아니 된다.

4.2 목적적합성(relevance)

정보가 유용하기 위해서는 이용자의 의사결정에 목적적합해야 한다. 목적적합한 정보란 이용자가 과거, 현재 또는 미래의 사건을 평가하거나 과거의 평가를 확인 또는 수정하도록 도와주어 경제적 의사결정에 영향을 미치는 정보를 말한다.

정보의 예측 역할과 확인 역할은 상호 관련이 있다. 예를 들면, 기업이 현재 보유하고 있는 자산규모와 그 구성에 관한 정보는 이용자가 기업의 기회활용능력과 위기대응능력을 예측하는 데 유용한 정보이다. 당해 정보는, 예를 들면, 기업의 예상 조직구조나 계획한 영업의 성과에 대한 이용자의 과거 예측이 적절하였는지를 확인하는 역할을 하기도 한다.

재무상태와 과거 경영성과에 대한 정보는 통상적으로 미래의 재무상태와 경영성과, 그리고 배당과 급여 지급능력, 주가변동, 기업의 의무이행능력과 같이 이용자와 직접적 이해관계가 있는 사안을 예측하는 기초 자료로 이용된다. 정보 자체가 명백한 예측의 형태를 갖추어야만 예측가치가 있는 것은 아니다. 그러나 과거 거래나 사건이 표시되는 방법에 따라 재무제표의 예측능력이 제고될 수 있다. 예를 들면, 수익이나 비용의 경상적 · 비정상적 그리고 비반복적인 항목이 구분 표시되는 경우 포괄손익계산서의 예측가치는 제고된다.

중 요 성

정보의 목적적합성은 정보의 성격과 중요성에 따라 영향을 받는다. 어떤 경우에는 정보의 성격 그 자체만으로 목적적합성을 충족한다. 예를 들면, 신규 사업부문에 대한 재무보고는 동 기간 중 해당 사업부문이 달성한 결과의 중요성에 관계없이 기업이 직면하고 있는 위험과 기회를 평가하는 데 영향을 미칠 수 있다. 어떤 경우에는 정보의 성격과 중요성이 모두 중요한데, 사업의 주요 부문별로 보유하고 있는 재고자산 금액을 예로 들 수 있다.

어떤 정보가 누락되거나 왜곡 표시되어, 재무제표에 기초한 이용자의 경제적 의사결정에 영향을 미친다면 이는 중요한 정보이다. 중요성은 정보의 누락이나 왜곡표시가 있는 특정상황에서 판단대상 항목이나 오류의 크기에 따라 결정된다. 따라서 중요성은 정보의 유용성을 충족하기 위한 주된 질적 특성이라기보다는 재무제표 표시와 관련된 임계치나 판단기준으로 작용한다.

4.3 신 뢰 성(reliability)

정보가 유용하기 위해서는 또한 신뢰할 수 있어야 한다. 신뢰성 있는 정보란 그 정보에 중요한 오류나 편의가 없고, 그 정보가 나타내고자 하거나 나타낼 것이 합리적으로 기대되는 대상을 충실하게 표현하고 있다고 이용자가 믿을 수 있는 정보를 의미한다.

목적적합한 정보일지라도 성격상 또는 표현상 신뢰성 부족으로 인하여 해당 정보를 인식하는 경우 잠재적으로 오해를 유발할 수 있다. 예를 들면 소송이 진행중인 손해배상요구액의 타당성과 그 금액에 대한 논란이 있다면, 해당 기업이 배상요구액과 진행상황을 공시하는 것은 적절할 수 있으나 배상요구액을 전액 재무상태표에 인식하는 것은 부적절할 수 있다.

4.3.1 충실한 표현

정보가 신뢰성을 갖기 위해서는 그 정보가 나타내고자 하거나 나타낼 것이 합리적으로 기대되는 거래나 그 밖의 사건을 충실하게 표현하여야 한다. 따라서 예를 들면, 재무상태표는 보고기간 말 현재 인식기준을 충족하여 기업의 자산, 부채 및 자본으로 귀결되는 거래나 그 밖의 사건을 충실하게 표현해야 한다.

대부분의 재무정보는 나타내고자 하는 대상을 충실하게 표현하지 못할 위험이 있다. 이는 측정에 따른 편의가 있기 때문이 아니라 측정하고자 하는 거래나 그 밖의 사건을 식별하는 데 어려움이 있거나, 그 거래나 그 밖의 사건에 부합되는 정보를 전달하기 위한 측정방법과 표시방법을 고안하고 적용하는 데 본질적인 어려움이 있기 때문이다. 경우에 따라서는 특정 항목의 재무적 영향에 대한 측정이 매우 불확실하기 때문에 기업이 일반적으로 그 항목을 재무제표에 인식하지 않을 수 있다. 예를 들면, 대부분 기업의 경우 시간의 경과에 따라 내부적 영업권이 발생하게 되는데 이와 같은 영업권은 일반적으로 신뢰성 있게 식별하거나 측정하기 어렵다. 그러나 어떤 경우에는 항목을 재무제표에 인식하고 관련된 인식과 측정에 따른 오류의 위험에 대해 공시하는 것이 더 목적적합할 수도 있다.

4.3.2 형식보다 실질의 우선

재무정보가 특정 거래나 그 밖의 사건에 대해 나타내고자 하는 바를 충실하게 표현하기 위해서는 거래나 그 밖의 사건을 단지 법률적 형식만이 아니라 그 실질과 경제적 현실에 따라 회계처리하고 표시하여야 한다. 거래나 그 밖의 사건의 실질은 법률적 형식이나 외관상의 형식과 항상 일치하지는 아니한다. 예를 들면, 특정 기업이 자산을 다른 기업이나 개인에게 처분하여 서류상으로는 자산의 법률적 소유권을 이전하지만 자산을 처분한 기업이 그 자산에 내재된 미래경제적 효익을 계속 향유하기로 합의할 수 있다. 이 경우 해당 거래를 자산의 매각으로 회계처리한다면 (거래가 실제로 있었더라도) 표현의 충실성을 충족한 것으로 볼 수 없다.

4.3.3 중 립 성

정보가 신뢰성을 갖기 위해서는 중립적이어야 한다. 즉, 편의가 없어야 한다. 미리 의도된 결과를 달성할 목적으로 특정 정보를 선택하거나 표시하여 이용자의 의사결정이나 판단에 영향을 미친다면 그 재무제표는 중립적이지 않다.

4.3.4 신 중 성

재무제표 작성자는 수취채권의 회수가능성, 공장시설과 설비의 경제적 내용연수, 제품보증청구의 예상 발생 건수와 같이 수많은 사건과 상황에 필연적으로 수반되는 불확실성에 직면한다. 이러한 불확실성은 불확실성의 성격과 범위를 공시하고 재무제표의 작성에 신중을 기함으로써 인식된다. 신중성은 불확실한 상황에서 요구되는 추정에 필요한 판단을 하는 경우, 자산이나 수익이 과대평가되지 않고 부채나 비용이 과소평가되지 않도록 상당한 정도의 주의를 기울이는 것을 말한다. 그러나 신중을 기하더라도 비밀적립금의 창출, 과도한 충당부채의 계상, 고의적인 자산 또는 수익의 과소평가, 부채 또는 비용의 과대평가는 재무제표의 중립성이 상실되어 신뢰성이 없을 수 있으므로 허용되지 아니한다.

4.3.5 완 전 성

재무제표 정보가 신뢰성을 갖기 위해서는 중요성과 원가를 고려한 범위 내에서 완전성을 갖추어야 한다. 정보가 누락되면 그릇되거나 오해를 유발하여 신뢰성이 상실되고 목적적합성을 충족하지 못하는 정보가 제공될 수 있다.

4.4 비교가능성(comparability)

이용자는 한 기업의 재무상태와 경영성과의 추세를 식별하기 위해 재무제표를 기간별로 비교할 수 있어야 한다. 이용자는 또한 다른 기업의 상대적인 재무상태와 경영성과 및 재무상태 변동을 평가하기 위해 기업 간 재무제표를 비교할 수 있어야 한다. 따라서 유사한 거래나 그 밖의 사건의 재무적 영향을 측정하고 표시할 때 한 기업 내에서 그리고 당해 기업의 기간별로 일관된 방법이 적용되어야 하며, 기업 간에도 일관된 방법이 적용되어야 한다.

비교가능성의 질적 특성이 가지는 중요한 의미는 이용자가 재무제표의 작성에 사용된 회계정책 및 회계정책의 변경과 그 영향에 대해 알 수 있다는 것이다.

이용자는 유사한 거래나 그 밖의 사건에 대해 한 기업이 기간별로 적용한 회계정책이나 기업 간에 적용한 회계정책의 차이점을 파악할 수 있어야 한다. 기업이 한국채택 국제회계기준을 준수하여 재무제표를 작성(사용한 회계정책의 공시 포함)한다면 비교가능성을 달성하는 데 도움이 될 수 있다.

비교가능성은 단순한 통일성과 혼동되지 않아야 하며, 개선된 회계기준의 도입에 장애가 되지 않아야 한다. 기업이 채택한 회계정책이 목적적합성과 신뢰성의 질적 특성이 확보되지 않았는 데도 특정 거래나 그 밖의 사건에 대해 동일한 방법으로 계속 회계처리하는 것은 적절하지 않다. 또한 목적적합성과 신뢰성을 제고할 수 있는 대체적 방법이 있음에도 기존의 회계정책을 유지하는 것도 적절하지 않다. 이용자는 특정 기업의 재무상태와 경영성과 및 재무상태변동에 대한 기간별 비교를 원하기 때문에 재무제표는 당해기간과 과거기간의 정보를 비교 표시하는 것이 중요하다.

4.5 목적적합하고 신뢰성 있는 정보에 대한 제약요인

4.5.1 적 시 성

만일 정당한 사유 없이 정보의 보고가 지체된다면 그 정보는 목적적합성을 상실할 수 있다. 경영진은 적시성 있는 보고와 신뢰성 있는 정보 제공의 장점에 대한 상대적 균형을 고려할 필요가 있다. 적시에 정보를 제공하기 위해서는 특정 거래나 그 밖의 사건의 모든 내용이 확인되기 전에 보고할 필요가 흔히 있을 수 있으며, 이로 인해 신뢰성이 훼손될 수 있다. 반면, 모든 내용이 확인될 때까지 보고를 지연할 경우 정보의 신뢰성은 매우 높아질 수 있으나 그 보고시점 이전에 의사결정을 해야 하는 이용자에게는 거의 유용하지 않은 정보가 될 수 있다. 신뢰성과 목적적합성이 균형을 이루기 위해서는 이용자의 경제적 의사결정 요구를 어떻게 최대한 충족시킬 수 있느냐를 우선 고려하여야 한다.

4.5.2 효익과 원가 간의 균형

효익과 원가 간의 균형은 질적 특성이라기보다는 포괄적 제약요인이다. 특정 정보에서 기대되는 효익은 그 정보를 제공하기 위하여 소요되는 원가보다 커야 한다. 그러나 효익과 원가에 대한 평가에는 상당 부분 판단이 필요하다. 더욱이 정보의 효익을 향유할 수 있는 이용자가 반드시 그 원가를 부담하지는 않는다. 정보의 제공 대상이 아닌 다른 이용자가 그 효익을 향유할 수도 있다. 예를 들면, 대여자에게 상세한 정보를 제공함으로써 기업의 차입원가를 낮출 수 있는 경우이다. 이 같은 이유로 어떤 특정 사례에 대해서는 원가-효익 분석을 적용하기가 쉽지 않다. 그럼에도 불구하고 재무제표의 작성자와 이용자 그리고 특히 기준제정자는 원가와 효익의 제약요인을 고려하여야 한다.

4.5.3 질적 특성간의 균형

실무에서는 때때로 정보의 질적 특성 간의 균형 또는 상충관계를 고려할 필요가 있다. 일반적으로는 재무제표의 목적을 달성하기 위해 질적 특성 간에 적절한 균형을 이루는 것을 목표로 한다. 서로 다른 사례에서 질적 특성의 상대적 중요성을 결정하는 문제는 전문적 판단사항이다.

4.6 진실하고 공정한 관점/공정한 표시

재무제표는 흔히 기업의 재무상태, 경영성과 및 재무상태변동을 진실하고 공정한 관점에서, 또는 공정하게 표시하고 있는 것으로 기술된다. 이 개념체계는 그 같은 개념을 직접 다루지는 않지만 재무제표의 작성에 있어 주요 질적 특성과 적절한 회계기준이 적용된다면 일반적으로 재무제표는 그러한 정보를 진실하고 공정한 관점에서, 또는 공정하게 표시하게 된다.

제 5 절 재무제표의 요소

재무제표는 거래나 그 밖의 사건의 재무적 영향을 경제적 특성에 따라 대분류하여 나타낸다. 이러한 대분류를 재무제표의 요소로 정의한다. 재무상태표에서 재무상태의 측정과 직접 관련된 요소는 자산, 부채 및 자본이다. 그리고 포괄손익계산서에서 경영성과의 측정과 직접 관련된 요소는 수익과 비용이다. 재무상태변동표는 일반적으로 재무상태표 요소의 변동과 포괄손익계산서 요소를 반영하므로 이 개념체계에서는 재무상태변동표의 고유한 요소에 대해 별도로 식별하지 아니한다.

재무제표의 요소가 재무상태표와 포괄손익계산서에 표시될 때 소분류의 과정을 거친다. 예를 들면, 자산과 부채는 기업이 영위하는 사업에서의 해당 항목의 성격이나 기능에 따라 이용자의 경제적 의사결정 목적에 가장 유용하도록 당해 정보를 나타내는 방법으로 분류할 수 있다.

5.1 재무상태

재무상태의 측정에 직접 관련되는 요소는 자산, 부채 및 자본이다. 이러한 요소의 정의는 다음과 같다.

① 자산은 과거 사건의 결과로 기업이 통제하고 있고 미래경제적 효익이 기업에 유입될 것으로 기대되는 자원이다.

② 부채는 과거 사건에 의하여 발생하였으며 경제적 효익이 내재된 자원이 기업으로부터 유출됨으로써 이행될 것으로 기대되는 현재의무이다.

③ 자본은 기업의 자산에서 모든 부채를 차감한 잔여지분이다.

위에서 기술한 자산과 부채의 정의는 그 본질적 특성을 식별하기 위한 것이지, 재무상태표에 인식하기 위해 충족될 필요가 있는 기준을 정하는 것은 아니다. 따라서 이러한 정의는 후술하는 재무제표 요소의 인식기준을 충족하지 못하여 재무상태표에 자산 또는 부채로 인식되지 못한 항목을 포괄한다. 특히 자산 또는 부채를 인식하기 전에 규정된 인식기준을 충족하려면 미래경제적 효익이 기업에 유입되거나 기업에서 유출될 것이라는 기대가 충분히 확실해야 한다.

특정 항목이 자산, 부채 또는 자본의 정의를 충족하는지를 판단할 때에 단순한 법률적 형식이 아닌 거래의 실질과 경제적 현실을 고려하여야 한다. 예를 들면, 금융리스 거래의 실질과 경제적 현실은 리스이용자가 리스자산의 공정가치 상당액과 관련 금융비용을 지급하는 의무를 부담하는 대가로서 내용연수의 대부분 기간 동안 리스자산의 사용에 따른 경제적 효익을 향유하는 것이다. 따라서 금융리스는 자산과 부채의 정의를 충족하는 항목을 발생시키며 리스이용자의 재무상태표에 관련 자산과 부채로 인식된다.

현행 한국채택 국제회계기준에 따라 작성되는 재무상태표에는 자산 또는 부채의 정의를 충족하지 못하면서 자본으로 표시되지 않는 항목이 있을 수 있다.

5.1.1 자산(asset)

자산에 내재된 미래경제적 효익이란 직접으로 또는 간접으로 미래 현금 및 현금성자산의 기업에의 유입에 기여하게 될 잠재력을 말한다. 이 잠재력은 기업의 영업활동의 일부인 생산과 관련될 수 있다. 또한, 현금이나 현금성자산으로의 전환 능력의 형태이거나 대체적인 제조과정의 도입으로 생산원가가 절감되는 경우와 같이 현금유출을 감소시키는 능력일 수도 있다.

기업은 일반적으로 고객의 요구를 충족시킬 수 있는 재화나 용역의 생산에 자산을 이용한다. 고객은 재화나 용역의 제공에 따른 요구충족의 대가를 지불할 것이므로 이로 인해 기업의 현금흐름이 창출된다. 현금은 그 밖의 자원에 대한 구매력을 가지므로 그 자체로 기업에 효익을 제공한다.

자산에 내재된 미래경제적 효익은 다양한 형태로 기업에 유입될 수 있다. 예를 들면, 다음과 같다.

① 자산은 기업이 판매하는 재화나 용역의 생산에 개별적으로 또는 그 밖의 자산과 복합적으로 사용된다.

② 자산은 다른 자산과 교환된다.

③ 자산은 부채를 상환하는 데 사용된다.

④ 자산은 기업의 소유주에게 배분된다.

유형자산을 포함한 많은 종류의 자산은 물리적 형태를 가지고 있다. 그러나 자산의 존재를 판단하기 위해서 물리적 형태가 필수적인 것은 아니다. 예를 들면, 특허권과 저작권도 미래에 그로부터 경제적 효익이 창출되어 기업에 귀속되고 기업이 통제한다면 자산이다.

수취채권과 부동산을 포함한 많은 종류의 자산은 소유권 등 법률적 권리와 관련되어 있다. 그러나 소유권이 자산의 존재를 판단함에 있어 필수적인 것은 아니다. 예를 들면, 기업이 리스계약에 따라 점유하고 있는 부동산에서 기대되는 경제적 효익을 통제할 수 있다면 그 부동산은 기업의 자산이다. 일반적으로는 경제적 효익에 대한 통제력은 법률적 권리의 결과이지만 경우에 따라서는 법률적 통제가 없어도 자산의 정의를 충족시킬 수 있다. 예를 들면, 기업이 개발활동에서 습득한 핵심지식은 이를 독점적으로 보유함으로써 그로부터 유입될 것으로 기대되는 효익을 통제한다면 자산의 정의를 충족할 수 있다.

기업의 자산은 과거의 거래나 그 밖의 사건에서 창출된다. 기업은 일반적으로 구매나 생산을 통하여 자산을 획득하지만 다른 거래나 사건도 자산을 창출할 수 있다. 그러한 예로는 지역의 경제성장을 장려하기 위한 정부의 프로그램에 따라 증여받은 자산이나 매장된 광물의 발견 등이 포함된다. 미래에 발생할 것으로 예상되는 거래나 사건 자체만으로는 자산이 창출되지 아니한다. 예를 들면, 재고자산을 구입하고자 하는 의도 그 자체는 자산의 정의를 충족하지 못한다.

일반적으로 지출의 발생과 자산의 취득은 밀접하게 관련되어 있으나 양자가 반드시 일치하는 것은 아니다. 따라서 기업이 지출을 한 경우 이는 미래경제적 효익을 추구했다는 증거가 될 수는 있지만 자산의 정의를 충족시키는 어떤 항목을 취득했다는 확정적인 증거는 될 수 없다. 마찬가지로 관련된 지출이 없더라도 특정 항목이 자산의 정의를 충족할 경우 재무상태표의 인식대상이 되는 것을 배제하지는 못한다. 예를 들면, 증여받은 재화는 자산의 정의를 충족할 수 있다.

5.1.2 부채(liability)

부채의 본질적 특성은 기업이 현재의무를 갖고 있다는 것이다. 의무란 특정 방법으로 실행하거나 수행할 책무 또는 책임을 말한다. 의무는 구속력 있는 계약이나 법규에 따라 법률적 강제력이 있을 수 있다. 제공받은 재화와 용역에 대한 미지급채무가 일반적인 예이다. 의무는 정상적인 거래실무, 관행 또는 원활한 거래관계를 유지하거나 공평한 거래를 하려는 의도에서 발생할 수도 있다. 만일 어떤 기업이 보증기간이 명백히 경과한 후에 발생하는 제품하자에 대해서도 수리해 주기로 방침을 정한 경우에 이미 판매된 제품과 관련하여 지출될 것으로 예상되는 금액은 부채이다.

현재의무와 미래의 약속은 구별되어야 한다. 미래에 특정 자산을 취득하겠다는 경영진의 의사결정 그 자체만으로는 현재의무가 발생하지 아니한다. 의무는 일반적으로 그 자산이 인도되는 때 또는 기업이 자산획득을 위한 취소불능계약을 체결하는 때 발생한다. 후자의 경우에 속하는 취소불능계약은 예를 들면, 의무불이행의 결과에 따른 상당한 위약금 때문에 거래상대방에 대한 자원의 유출을 회피할 여지가 거의 없는 계약을 말한다. 기업이 거래상대방의 요구에 따라 현재의무를 이행하기 위해서는 일반적으로 미래경제적 효익이 내재된 자원을 희생하게 된다. 현재의무는 다양한 방법으로 이행될 수 있는데, 그 예는 다음과 같다.

① 현금 지급
② 다른 자산의 이전
③ 용역의 제공
④ 다른 의무로 대체
⑤ 부채의 자본 전환

의무는 채권자의 권리포기나 권리상실 등 다른 방법에 의해서 소멸되기도 한다. 부채는 과거의 거래나 그 밖의 사건에서 발생한다. 예를 들면, 재화를 구입하거나 용역을 제공받는 경우 매입채무가 발생하며(선급 또는 인도와 동시에 지급이 이루어지지 아니한 경우), 은행대출을 받은 경우에는 상환의무가 발생한다. 또한 기업이 고객의 연간 매입액에 따라 미래에 지급할 환불액을 부채로 인식할 경우 고객에 대한 과거의 매출이 부채를 발생시키는 거래가 된다.

일부 부채는 상당한 정도의 추정을 해야만 측정이 가능할 수 있다. 이러한 부채는 충당부채라고도 한다. 일부 국가에서는 이러한 충당부채를 부채에서 제외하는데, 이는 부채를 추정의 필요 없이 확정할 수 있는 금액만 포함되도록 협의의 개념으로 정의하기 때문이다. 전술한 부채 정의는 광의의 접근법에 따른 것이다. 따라서 어떤 충당부채가 현재의무를 수반하며 부채의 나머지 정의를 충족한다면 금액을 추정해야 하더라도 부채이다. 그러한 예로는 제품보증에 따른 충당부채와 연금지급의무에 대한 충당부채가 있다.

5.1.3 자본(capital)

자본은 기업의 자산에서 모든 부채를 차감한 잔여지분으로 정의되지만 재무상태표에는 소분류하여 표시할 수 있다. 예를 들면, 주식회사의 경우 소유주가 출연한 자본, 이익잉여금, 이익잉여금 처분에 의한 적립금, 자본유지조정을 나타내는 적립금 등으로 구분하여 표시할 수 있다. 이러한 분류는 자본의 배당이나 그 밖의 활용에 대한 기업능력의 법률적 또는 기타의 제한을 표시함으로써 재무제표 이용자의 의사결정 목적에 적합할 수 있다. 또한 이러한 분류는 배당금 수령이나 자본의 환급과 관련하여 기업의 각 지분보유자들이 상이한 권리를 갖는다는 사실을 반영할 수도 있다.

때로는 손실의 영향으로부터 기업과 그 채권자를 보호하기 위한 추가 조치로서 정관이나 법규에서 적립금의 설정을 요구하는 경우가 있다. 또는 특정 적립금으로 전입되는 금액에 대해 세법상 면세 또는 감세혜택이 부여되는 경우에 해당 적립금이 설정될 수도 있다. 법률, 정관 그리고 세무 목적에 따라 설정되는 적립금의 존재와 규모에 대한 정보는 이용자의 의사결정 목적에 적합한 정보이다. 이와 같은 적립금으로 전입되는 금액은 비용이 아니라 이익잉여금의 처분에 해당한다.

재무상태표에 표시되는 자본의 금액은 자산과 부채 금액의 측정에 따라 결정된다. 일반적으로 자본총액은 그 기업이 발행한 주식의 시가총액, 또는 순자산을 나누어서 처분하거나 계속기업을 전제로 기업전체를 처분할 때 받을 수 있는 총액과 우연한 경우에만 일치한다.

상업, 산업, 사업활동이 때로는 개인사업, 파트너십, 신탁, 다양한 정부사업 등의 실체 형태로 수행된다. 이와 같은 실체에 적용되는 법률 및 감독 체계는 통상 일반 주식회사에 적용하는 체계와는 다르다. 예를 들면, 자본에 포함된 금액을 소유주나 그 밖의 수익자에게 분배하는 데 제한이 거의 없을 수 있다. 그럼에도 불구하고 자본의 정의와 자본을 다루는 이 개념체계의 다른 관점들은 이들 실체에 적합하다.

5.2 경영성과

이익은 흔히 성과의 측정치로 사용되거나 투자수익률이나 주당이익과 같은 측정치의 기초로 사용된다. 이익의 측정과 직접 관련된 요소는 수익과 비용이다. 수익과 비용의 인식과 측정, 그리고 그에 따른 이익은 부분적으로는 기업의 재무제표 작성에 적용된 자본과 자본유지개념에 의존한다. 그러한 개념은 후술하는 자본과 자본유지개념에서 논의한다.

수익과 비용은 다음과 같이 정의한다.

① 수익은 자산의 유입이나 증가 또는 부채의 감소에 따라 자본의 증가를 초래하는 특정 회계기간 동안에 발생한 경제적 효익의 증가로서, 지분참여자에 의한 출연과 관련된 것은 제외한다.

② 비용은 자산의 유출이나 소멸 또는 부채의 증가에 따라 자본의 감소를 초래하는 특정 회계기간 동안에 발생한 경제적 효익의 감소로서, 지분참여자에 대한 분배와 관련된 것은 제외한다.

위에서 기술한 수익과 비용의 정의는 그 본질적 특성을 식별하기 위한 것이지, 포괄손익계산서에 인식하기 위해 충족될 필요가 있는 기준을 정하는 것은 아니다. 수익과 비용의 인식기준은 제7장에서 설명한다. 경제적 의사결정에 목적적합한 정보를 제공하기 위하여 포괄손익계산서에 수익과 비용을 다양한 방법으로 표시할 수 있다.

예를 들면, 기업의 정상영업활동의 일환으로 발생하는 수익과 비용 항목 및 그렇지 않은 수익과 비용 항목을 구분하여 표시하는 것이 보통이다. 이와 같은 구분은 수익과 비용 항목의 원천이 기업의 미래 현금 및 현금성자산의 창출능력을 평가하는 데 목적적합한 정보라는 점에 근거한 것이다. 예를 들면, 장기투자자산의 처분과 같은 부수적인 활동은 일상적으로 반복될 가능성이 낮을 것이다.

수익과 비용 항목을 이와 같이 원천별로 구분할 때에는 기업과 그 경영활동의 성격을 고려할 필요가 있다. 어떤 기업에는 정상영업활동에서 발생하는 항목이 다른 기업에는 정상영업활동 이외에서 발생하는 항목일 수 있다.

수익과 비용 항목을 구분하거나 다양하게 결합하면 기업의 성과를 여러 가지 측정치로 표시할 수 있다. 결과적으로 이 같은 측정치는 포괄하는 범위가 서로 다르다. 예를 들면, 포괄손익계산서는 매출총이익, 세전정상영업손익, 세후정상영업손익과 당기순손익으로 구분 표시될 수 있다.

5.2.1 수익(revenue)

광의의 수익의 정의에는 수익과 차익이 모두 포함된다. 수익은 기업의 정상영업활동의 일환으로 발생하며 매출액, 수수료수익, 이자수익, 배당수익, 로열티수익 및 임대료수익 등 다양한 명칭으로 구분된다. 차익은 광의의 수익의 정의를 충족하는 그 밖의 항목으로 기업의 정상영업활동의 일환이나 그 이외의 활동에서 발생할 수 있다. 차익도 경제적 효익의 증가를 나타내므로 본질적으로 수익과 차이가 없다. 따라서 이 개념체계에서는 차익을 별개의 요소로 보지 아니한다.

예를 들면, 차익은 비유동자산의 처분에서 발생한다. 또한 광의의 수익의 정의는 시장성 있는 유가증권의 재평가나 장기성 자산의 장부금액 증가로 인한 미실현이익을 포함한다. 차익을 포괄손익계산서에 표시하는 경우 일반적으로 구분표시하는 데 의사결정자가 이를 알면 경제적 의사결정에 도움이 되기 때문이다. 차익은 흔히 관련 비용을 차감한 금액으로 보고된다.

수익의 발생에 따라 다양한 자산이 수취되거나 증가될 수 있는데, 제공하는 재화나 용역의 대가로 받은 현금, 수취채권 및 재화나 용역이 그 예이다. 수익은 또한 부채의 상환에 따라 발생할 수도 있는데 예를 들면, 기업이 차입금의 상환의무를 이행하기 위해 대여자에게 재화나 용역을 제공하는 경우가 이에 해당한다.

5.2.2 비용(expense)

광의의 비용의 정의에는 기업의 정상영업활동의 일환으로 발생하는 비용뿐만 아니라 차손도 포함된다. 기업의 정상영업활동의 일환으로 발생하는 비용은 예를 들면, 매출원가, 급여 및 감가상각비 등이다. 비용은 일반적으로 현금 및 현금성자산, 재고자산 또는 유형자산과 같은 자산의 유출이나 소모의 형태로 나타난다.

차손은 비용의 정의를 충족하는 그 밖의 항목으로 기업의 정상영업활동의 일환이나 그 이외의 활동에서 발생할 수 있다. 차손도 경제적 효익의 감소를 나타내므로 본질적으로 다른 비용과 차이가 없다. 따라서 이 개념체계에서는 차손을 별개의 요소로 보지 아니한다.

예를 들면, 차손은 화재나 홍수와 같은 자연재해 또는 비유동자산의 처분에서 발생한다. 또한 비용의 정의는 미실현손실도 포함하는데, 예를 들면 기업의 외화차입금에 관련된 환율상승의 영향으로 발생하는 미실현손실이다. 차손을 포괄손익계산서에 표시하는 경우 일반적으로 구분 표시하는 데 의사결정자가 이를 알면 경제적 의사결정에 도움이 되기 때문이다. 차손은 흔히 관련 수익을 차감한 금액으로 보고된다.

제 6 절 재무제표 요소의 인식

인식은 재무제표 요소의 정의에 부합하고 다음에서 설명하는 인식기준을 충족하는 항목을 재무상태표나 포괄손익계산서에 반영하는 과정을 말한다. 이 과정은 해당 항목을 서술하는 계정명칭과 화폐금액으로 기술하고 그 금액을 재무상태표 또는 포괄손익계산서 총계에 산입하는 것을 포함한다. 인식기준을 충족하는 항목은 재무상태표나 포괄손익계산서에 인식되어야 한다. 관련된 회계정책의 공시, 주석 또는 설명 자료만으로는 그러한 항목의 인식누락을 정당화할 수 없다.

재무제표 요소의 정의에 부합하는 항목이 다음 기준을 모두 충족한다면 재무제표에 인식되어야 한다.

① 그 항목과 관련된 미래경제적 효익이 기업에 유입되거나 기업으로부터 유출될 가능성이 높다.

② 그 항목의 원가 또는 가치를 신뢰성 있게 측정할 수 있다.

어떤 항목이 이러한 기준을 충족하여 재무제표에 인식해야 하는지를 평가할 때 전술한 중요성을 고려할 필요가 있다. 재무제표의 요소 간 상호연관성은 특정 요소의 정의 및 인식기준을 충족하는 항목, 예를 들면 자산을 인식하는 경우 수익이나 부채 같은 다른 요소가 자동적으로 인식되어야 하는 것을 의미한다.

6.1 미래경제적 효익의 발생가능성

인식기준에는 특정 항목과 관련된 미래경제적 효익이 기업에 유입되거나 기업에서 유출될 불확실성의 정도를 의미하는 확률의 개념이 사용된다. 이 확률개념은 영업활동이 수행되는 기업환경의 특성을 반영하는 불확실성을 고려하고자 하는 것이다. 미래경제적 효익의 유입과 유출에 대한 불확실성 정도의 평가는 재무제표를 작성할 때 이용가능한 증거에 기초하여야 한다. 예를 들면, 기업이 보유하는 특정 매출채권과 관련하여 대손가능성에 대한 증거가 없고 회수가능성이 높다면 해당 매출채권을 자산으로 인식하는 것이 정당화된다. 그러나 다수의 매출거래처가 존재한다면 어느 정도 대손이 발생할 가능성이 높은 것이 일반적이므로 예상되는 경제적 효익의 감소를 나타내는 비용을 인식하여야 한다.

6.2 측정의 신뢰성

어떤 항목의 인식을 위한 두 번째 기준은 이 개념체계의 회계정보의 질적 특성에서 설명하고 있는 신뢰성 있는 측정이 가능한 원가 또는 가치를 갖고 있어야 한다는 것이다. 많은 경우에 원가 또는 가치가 추정되어야 하는데, 이 경우 재무제표를 작성할 때 합리적인 추정을 사용해야 하며 합리적 추정이 신뢰성을 훼손하지는 않는다. 그러나 합리적인 추정을 할 수 없는 경우 해당 항목은 재무상태표나 포괄손익계산서에 인식될 수 없다. 예를 들면, 소송으로부터 예상되는 배상금이 자산과 수익의 정의에 부합하고 인식을 위한 확률기준을 충족한다 하더라도 그 금액을 신뢰성 있게 측정할 수 없는 경우에는 이를 자산이나 수익으로 인식할 수 없다. 그러나 이와 같은 배상금의 존재는 주석, 설명 자료 또는 부속명세서에 공시될 수 있다.

특정 시점에서는 인식기준을 충족하지 못하는 항목이더라도 그 후에 후속 상황이나 사건의 결과에 따라 인식기준을 충족할 수도 있다. 어떤 항목이 재무제표 요소에 부합하는 본질적 성격을 가지고 있으나 인식기준을 충족하지 못하는 경우에도 해당 항목은 주석, 설명 자료 또는 부속명세서에 공시될 수 있다. 이러한 공시는 재무제표의 이용자가 기업의 재무상태, 경영성과 및 재무상태변동을 평가할 때 해당 항목에 대한 정보가 목적적합하다고 판단되는 경우에 적절하다.

6.3 자산의 인식

자산은 미래경제적 효익이 기업에 유입될 가능성이 높고 해당 항목의 원가 또는 가치를 신뢰성 있게 측정할 수 있을 때 재무상태표에 인식한다. 지출이 발생하였으나 당해 회계기간 후에는 관련된 경제적 효익이 기업에 유입될 가능성이 높지 않다고 판단되는 경우에는 재무상태표에 자산으로 인식하지 아니한다. 대신에 그러한 거래는 포괄손익계산서에 비용으로 인식한다. 이와 같은 회계처리는 경영진이 그 지출과 관련하여 미래경제적 효익을 창출하려는 의도가 없었거나 의사결정이 잘못되었다는 것을 의미하지는 않는다. 이는 단지 당해 회계기간 후 관련된 경제적 효익이 기업에 유입될 가능성의 정도가 자산의 인식을 정당화하기에는 불충분하다는 것을 의미할 뿐이다.

6.4 부채의 인식

부채는 현재 의무의 이행에 따라 경제적 효익이 내재된 자원의 유출가능성이 높고 결제될 금액에 대해 신뢰성 있게 측정할 수 있을 때 재무상태표에 인식한다. 실무에서는 주문 후 아직 인도되지 않은 재고자산에 대한 부채와 같이 동일한 비율로 미이행된 계약상의 의무는 일반적으로 재무제표에 부채로 인식하지 아니한다. 그러나 그러한 의무도 때로는 부채의 정의에 부합할 수 있으며 특정한 상황에서 인식기준이 충족된다면 재무제표에 인식될 수 있다. 이와 같은 상황에서는 부채의 인식과 동시에 관련 자산이나 비용도 인식된다.

6.5 수익의 인식

수익은 자산의 증가나 부채의 감소와 관련하여 미래경제적 효익이 증가하고 이를 신뢰성 있게 측정할 수 있을 때 포괄손익계산서에 인식한다. 이는 실제로 수익의 인식이 자산의 증가나 부채의 감소에 대한 인식과 동시에 이루어짐을 의미한다. 예를 들면, 재화나 용역의 매출에 따라 자산의 순증가가 인식되며 미지급채무의 면제에 따라 부채의 감소가 인식된다.

실무에서 일반적으로 사용하는 수익인식의 절차, 예를 들면, 수익이 가득되어야 한다는 요건은 이 개념체계에서 제시하는 인식기준을 적용한 것이다. 그러한 절차는 일반적으로 신뢰성 있는 측정이 가능하고 충분히 확실한 항목들만을 한정하여 수익을 인식하기 위한 것이다.

6.6 비용의 인식

비용은 자산의 감소나 부채의 증가와 관련하여 미래경제적 효익이 감소하고 이를 신뢰성 있게 측정할 수 있을 때 포괄손익계산서에 인식한다. 이는 실제로 비용의 인식이 부채의 증가나 자산의 감소에 대한 인식과 동시에 이루어짐을 의미한다. 예를 들면, 종업원급여의 발생에 따라 부채의 증가가 인식되며 설비의 감가상각에 따라 자산의 감소가 인식된다.

비용은 발생된 원가와 특정 수익항목의 가득 간에 존재하는 직접적인 관련성을 기준으로 포괄손익계산서에 인식한다. 수익에 원가를 대응시키는 과정에는 동일한 거래나 그 밖의 사건에 따라 직접 그리고 공통으로 발생하는 수익과 비용을 동시에 또는 통합하여 인식하는 것이 포함된다. 재화의 판매에 따라 수익이 발생됨과 동시에 매출원가를 구성하는 다양한 비용요소가 인식되는 것이 그 예이다. 그러나 이 개념체계하에서 대응개념을 적용한다 하더라도 자산이나 부채의 정의를 충족하지 못하는 항목을 재무상태표에 인식하는 것은 허용되지 아니한다.

경제적 효익이 여러 회계기간에 걸쳐 발생할 것으로 기대되고 수익과의 관련성이 단지 포괄적으로 또는 간접적으로만 결정될 수 있는 경우 비용은 체계적이고 합리적인 배분절차를 기준으로 포괄손익계산서에 인식된다. 이러한 비용인식 절차는 유형자산, 영업권, 특허권과 상표권 같은 자산의 사용과 관련된 비용을 인식하기 위하여 자주 필요하다. 이러한 경우에 관련된 비용은 감가상각비 또는 상각비로 표시된다. 이 배분절차는 해당 항목과 관련된 경제적 효익이 소비되거나 소멸되는 회계기간에 비용을 인식하는 것을 목적으로 한다.

미래경제적 효익이 기대되지 않는 지출이거나, 미래경제적 효익이 기대되더라도 재무상태표에 자산으로 인식되기 위한 조건을 원래 충족하지 못하거나 더 이상 충족하지 못하는 부분은 즉시 포괄손익계산서에 비용으로 인식되어야 한다. 제품보증에 따라 부채가 발생하는 경우와 같이 자산의 인식을 수반하지 않는 부채가 발생하는 경우에는 포괄손익계산서에 비용을 동시에 인식한다.

제 7 절 재무제표 요소의 측정

측정은 재무상태표와 포괄손익계산서에 인식되고 평가되어야 할 재무제표 요소의 화폐금액을 결정하는 과정이다. 측정은 특정 측정기준의 선택과정을 포함한다. 재무제표를 작성하기 위해서는 다수의 측정기준이 다양한 방법으로 결합되어 사용된다. 그러한 측정기준의 예는 다음과 같다.

(1) 역사적 원가

자산은 취득의 대가로 취득 당시에 지급한 현금 또는 현금성자산이나 그 밖의 대가의 공정가치로 기록한다. 부채는 부담하는 의무의 대가로 수취한 금액으로 기록한다. 어떤 경우(예: 법인세)에는 정상적인 영업과정에서 그 부채를 이행하기 위해 지급할 것으로 기대되는 현금이나 현금성자산의 금액으로 기록할 수도 있다.

(2) 현행원가

자산은 동일하거나 또는 동등한 자산을 현재시점에서 취득할 경우에 그 대가로 지불하여야 할 현금이나 현금성자산의 금액으로 평가한다. 부채는 현재시점에서 그 의무를 이행하는 데 필요한 현금이나 현금성자산의 할인하지 아니한 금액으로 평가한다.

(3) 실현가능(이행)가치

자산은 정상적으로 처분하는 경우 수취할 것으로 예상되는 현금이나 현금성자산의 금액으로 평가한다. 부채는 이행가치로 평가하는데, 이는 정상적인 영업과정에서 부채를 상환하기 위해 지급될 것으로 예상되는 현금이나 현금성자산의 할인하지 아니한 금액으로 평가한다.

(4) 현재가치

자산은 정상적인 영업과정에서 그 자산이 창출할 것으로 기대되는 미래 순현금유입액의 현재할인가치로 평가한다. 부채는 정상적인 영업과정에서 그 부채를 상환할 때 필요할 것으로 예상되는 미래 순현금유출액의 현재할인가치로 평가한다.

재무제표를 작성할 때 기업이 가장 보편적으로 채택하고 있는 측정기준은 역사적 원가이다. 역사적 원가는 일반적으로 다른 측정 기준과 함께 사용된다. 예를 들면, 재고자산은 통상 역사적 원가와 순실현가능가치를 비교하여 저가로 평가되고, 시장성 있는 유가증권은 시가로 평가되기도 하며 연금부채는 현재가치로 평가된다. 일부 기업은 비화폐성자산에 대한 가격변동효과를 반영하지 못하는 역사적 원가 모형에 대한 대응책으로 현행원가기준을 사용하기도 한다.

제 8 절 자본과 자본유지의 개념

8.1 자본의 개념

대부분의 기업은 자본의 재무적 개념에 기초하여 재무제표를 작성한다. 자본을 투자된 화폐액 또는 투자된 구매력으로 보는 재무적 개념하에서 자본은 기업의 순자산이나 지분과 동의어로 사용된다. 자본을 조업능력으로 보는 자본의 실물적 개념하에서는 자본은 예를 들면, 1일 생산수량과 같은 기업의 생산능력으로 간주된다.

기업은 재무제표 이용자의 정보요구에 기초하여 적절한 자본개념을 선택하여야 한다. 따라서 재무제표의 이용자가 주로 명목상의 투하자본이나 투하자본의 구매력 유지에 관심이 있다면 재무적 개념의 자본을 채택하여야 한다. 그러나 이용자의 주된 관심이 기업의 조업능력 유지에 있다면 실물적 개념의 자본을 사용하여야 한다. 비록 자본개념을 실무적으로 적용하는 데는 측정의 어려움이 있을 수 있지만 선택된 자본개념에 따라 이익의 결정 목표가 무엇인지 알 수 있게 된다.

8.2 자본유지개념과 이익의 결정

(1) 재무자본유지

재무자본유지 개념하에서 이익은 해당 기간 동안 소유주에게 배분하거나 소유주가 출연한 부분을 제외하고 기말 순자산의 재무적 측정금액(화폐금액)이 기초 순자산의 재무적 측정금액(화폐금액)을 초과하는 경우에만 발생한다. 재무자본유지는 명목화폐단위 또는 불변구매력단위를 이용하여 측정할 수 있다.

⑵ 실물자본유지

실물자본유지개념하에서 이익은 해당 기간 동안 소유주에게 배분하거나 소유주가 출연한 부분을 제외하고 기업의 기말 실물생산능력이나 조업능력(또는 그러한 생산능력을 갖추기 위해 필요한 자원이나 기금)이 기초 실물생산능력을 초과하는 경우에만 발생한다.

자본유지개념은 기업이 유지하려고 하는 자본을 어떻게 정의하는지와 관련된다. 자본유지개념은 이익이 측정되는 준거기준을 제공함으로써 자본개념과 이익개념 사이의 연결고리를 제공한다. 자본유지개념은 기업의 자본에 대한 투자수익과 투자회수를 구분하기 위한 필수요건이다. 자본유지를 위해 필요한 금액을 초과하는 자산의 유입액만이 이익으로 간주될 수 있고 결과적으로 자본의 투자수익이 된다. 따라서 이익은 수익에서 비용(필요한 경우 자본유지조정액을 포함)을 차감한 후의 잔여액이다. 만일 비용이 수익을 초과한다면 그 초과액은 손실이다.

실물자본유지개념을 사용하기 위해서는 현행원가기준에 따라 측정해야 한다. 그러나 재무자본유지개념은 특정한 측정기준의 적용을 요구하지 아니한다. 재무자본유지개념하에서 측정기준의 선택은 기업이 유지하려는 재무자본의 유형과 관련이 있다.

재무자본유지개념과 실물자본유지개념의 주된 차이는 기업의 자산과 부채에 대한 가격변동 영향의 처리방법에 있다. 일반적으로 기초에 가지고 있던 자본만큼을 기말에도 가지고 있다면 이 기업의 자본은 유지된 것이며, 기초 자본을 유지하기 위해 필요한 부분을 초과하는 금액이 이익이다.

자본을 명목화폐단위로 정의한 재무자본유지개념하에서 이익은 해당 기간 중 명목화폐자본의 증가액을 의미한다. 따라서 기간 중 보유한 자산가격의 증가 부분, 즉 보유이익은 개념적으로 이익에 속한다. 그러나 보유이익은 자산이 교환거래에 따라 처분되기 전에는 이익으로 인식되지 않을 것이다. 만일 재무자본유지개념이 불변구매력 단위로 정의된다면 이익은 해당 기간 중 투자된 구매력의 증가를 의미하게 된다. 따라서 일반물가수준에 따른 가격상승을 초과하는 자산가격의 증가 부분만이 이익으로 간주되며, 그 이외의 가격증가 부분은 자본의 일부인 자본유지조정으로 처리된다.

자본을 실물생산능력으로 정의한 실물자본유지개념하에서 이익은 해당 기간 중 실물생산능력의 증가를 의미한다. 기업의 자산과 부채에 영향을 미치는 모든 가격변동은 해당 기업의 실물생산능력에 대한 측정치의 변동으로 간주되어 이익이 아니라 자본의 일부인 자본유지조정으로 처리된다.

측정기준과 자본유지개념의 선택에 따라 재무제표의 작성에 있어 사용되는 회계모형이 결정된다. 각각의 회계모형은 상이한 목적적합성과 신뢰성을 나타내며, 경영진은 다른 경우와 마찬가지로 목적적합성과 신뢰성 간에 균형을 추구하여야 한다. 이 개념체계는 다양한 회계모형에 적용가능하며 선택된 모형하에서 재무제표의 작성과 표시에 대한 지침을 제공한다. 현재 한국회계기준위원회는 초인플레이션하에 있는 통화로 보고해야 하는 기업의 경우와 같은 예외적 상황을 제외하고는, 특정한 모형의 사용을 규정하려는 의도를 가지고 있지는 않다. 그러나 이러한 의도는 사회의 발전에 따라 재고될 것이다.

요 점 정 리

■ [3-1] 회계의 기본가정(accounting postulates)

(1) 기업실체 가정: 경제적 실체

(2) 화폐측정 가정: 화폐가치 안정 전제

(3) 계속기업 가정: 기간계산 및 기간별 보고

■ [3-2] 회계정보의 질적 특성(qualitative characteristics)

(1) 주요 특성

① 목적적합성(relevance) – 피드백가치, 예측가치, 적시성 확보

② 신뢰성(reliability) – 검증 가능성, 불편성, 표현의 충실성 확보

③ 비교 가능성(comparability) – 계속성, 통일성 전제

④ 실질 우선(substance over form) – 법률적 형식보다는 경제적 실질에 따라 회계처리 및 보고

(2) 제약조건: 회계정보의 질적 특성을 제약하는 특성으로서, 효익 · 비용의 균형, 중요성 등이 있다.

■ [3-3] 수익 · 비용의 대응

(1) 대응의 개념: 기간손익을 결정하기 위해 일정 기간의 수익과 인과관계가 있는 비용을 보고하는 과정

(2) 대응의 방법

① 직접대응 – 직접적인 인과관계가 있는 수익 · 비용항목을 대조함.

② 간접대응 – 불완전 대응으로서 직접적인 인과관계를 찾기 곤란한 항목으로서 발생기간에 보고한다.

■ [3-4] 발생주의 개념

발생주의(accrual basis)란 수익과 비용을 인식할 때 현금의 수입 · 지출을 기준으로 인식하는 것이 아니라, 특정 실체의 재화나 용역의 변동을 야기시키는 원인이 발생한 시점(기간)에 인식하는 것을 말한다.

■ [3-5] 실현주의 개념

수익은 실현시기를 기준으로 인식하고 미실현수익은 당기 포괄손익계산서에 산입하지 않는다는 개념으로서, 그 실현의 판단기준은 다음과 같다.

① 수익이 가득되고,

② 수익이 측정 가능하고,

③ 그 측정이 시장거래를 기준으로 입증 가능하고 또 객관적으로 이루어질 수 있고

④ 관련 비용을 비교적 정확하게 추산할 수 있는 경우

■ [3-6] 당기업적주의

당기업적주의(current operating concept of income)는 손익계산서의 작성 목적을 기업의 수익력 측정, 경영능률 평가, 경영효율 측정, 경영업적을 평가하는 목적에 적합하도록 해야 한다고 본다. 따라서 이들의 목적에 부합하지 않은 항목(비경상 또는 비정상적 항목)은 손익계산서에서 제외해야 한다는 것이다.

■ [3-7] 포괄주의

포괄주의(all-inclusive concept of income)에 따르면, 포괄손익계산서는 모든 손익의 흐름을 반영하여 배당 가능한 기업의 이익을 파악할 수 있도록 작성해야 한다는 데에 목적을 두며, 경상적이든지 이상적이든지, 간헐적이든지 반복적이든지, 정상적이든지 비정상적이든지 자본거래를 제외한 소유주지분에 증감을 가져오는 모든 손익항목을 포괄손익계산서에 망라해야 한다는 것이다.

■ [3-8] 주요 자산 평가기준

(1) 역사적 원가(historical cost): 취득당시의 원가

(2) 현재가치(present value): 미래 현금흐름의 현재시점의 가치

(3) 공정시장가치(fair market value): 시장에서 정상적으로 공정하게 형성된 가격

■ [3-9] 완전공시 개념

(1) 의　　의: 완전공시(full disclosure)는 특정 회계정보를 자의적인 판단에 의해 은폐하거나 고의적으로 누락시키지 말고 완전히 공개해야 한다는 것

(2) 목　　적: ① 이익 조작 방지, ② 의사결정 오도 방지

■ [3-10] 비용인식과 수익인식의 차이점

(1) 비용은 발생주의에 의해 인식하고, 수익은 실현주의에 의해 인식한다.

(2) 비용은 빨리 인식하고, 수익은 늦게 인식한다.
(3) 비용은 가능한 많이 인식하고, 수익은 적게 인식한다.
(4) 비용과 수익인식의 차이 이유: 미래는 불확실성에 기초한 보수주의 회계관습 때문이다.

[3-11] 화폐측정의 가정과 물가변동의 문제

회계측정 가정이란 화폐라는 가치의 공통척도에 의해 측정 · 평가하여 회계장부에 기장하고, 이를 기초로 하여 회계정보를 산출 · 보고해야 한다는 기본전제를 말한다. 그러나 그 화폐의 구매력은 경제적 환경의 변화에 따라서 시시로 변동되는 것이므로 구매력이 변동될 경우에는 어떻게 할 것인가? 회계에서는 구매력이 변동되어도 일정기간 안정적이라는 전제하에 화폐로 측정 · 평가하는 것이다.

만일 구매력 변동을 고려해야 한다면 매일 매일 회계처리의 내용을 구매력 변동을 반영하여 수정해야 하는 것이다. 그렇게 되면 회계실무의 수행이 합리적으로 이루어지지 않고, 그렇게 하기 위해서는 많은 회계정보의 산출비용이 지출되어서 효익 · 비용의 균형이 이루어지지 않고 바람직한 회계실무가 이루어지지 않는 것이다. 따라서 예외적인 경우를 제외하고는 화폐의 구매력 변동을 반영하여 회계처리를 하지 않는다.

[3-12] 질적 특성의 제약조건

회계정보의 질적 특성을 제약하는 조건으로는 비용 · 효익의 균형, 중요성이 있다. 회계정보는 목적적합하고 신뢰성이 있으며 완전공개원칙에 의해 보고하도록 하고 있다. 그러나 합리적인 회계처리 및 보고가 이루어지도록 하기 위해서는 그러한 질적 특정을 제약해야 하는 경우도 있다.

즉 아무리 목적적합하고 신뢰성 있는 정보라 하더라도 비용 · 효익의 관점을 고려할 때 그 균형을 이루지 못한다면 그 정보의 생산은 제약되는 것이며, 또한 아무리 목적적합성, 신뢰성의 특성을 충족하는 회계정보이더라도 중요하지 않은 정보라면 그 정보는 공개(보고)하지 않아야 한다는 것이다. 즉 어떤 정보를 제공했을 경우와 제공하지 않았을 경우에 회계정보이용자들의 의사결정 결과에 아무런 차이를 발생시키지 않는다면 그 정보는 중요하지 않은 정보로 판단하고 그 정보를 생략하거나 유사한 항목에 포함하여 보고해야 한다는 것이다.

Principles of Financial Accounting

제 2 부

회계정보의 산출구조

Then you will know the truth, and the truth will set you free.

– John 8:32 –

진리를 알지니 진리가 너희를 자유케 하리라.

제 4 장
거래의 결합관계와 계정

제 4 장 거래의 결합관계와 계정

제 1 절 거래와 결합관계

1.1 회계상의 거래와 종류

1.1.1 회계상의 거래

거래(transaction)는 일반 사회에서의 거래와 회계상의 거래는 다소 차이가 있다. 일반 사회의 거래는 거래의 상대방이 존재하고 또한 부정적인 내용보다는 긍정적인 내용으로서의 사건들(events), 또는 재무적 영향을 미치지 않은 사건들을 모두 포함하여 거래라 한다. 그러나 회계상의 거래는 순자산의 변동을 가져오는 재무적 사건 및 그 사건들이 기업에 부정적이든지 긍정적이든지 모두를 거래라 한다. 그 사례를 요약하면 다음과 같다.

【4-1 회계사례】

거래의 예	○/×
1. 판매용 도자기 ₩10,000을 현금으로 구입하다.	○
2. 현대건설과 건물 100평을 ₩10,000,000에 건축하기로 계약하다.	×
3. (주)대우에 구제금융으로 현금 ₩500,000,000을 대여하기로 계약하다.	×
4. (주)세형에 대한 외상매출액 ₩500,000이 회수불능하게 되다.	○
5. (주)망신살은 정월 보름날 공장 ₩100,000,000이 화재로 소실되다.	○
6. 김삼(주)는 본사에 도둑이 들어 유가증권 ₩1,000,000을 도난당하다.	○
7. 홍수로 인해 보관중인 컴퓨터 100대가 모두 침수되었다.	○
8. 꽃동네의 불우한 사람을 돕기 위해 현금 ₩10,000,000을 기부하다.	○

거래의 예	○/×
9. 여직원이 고객 예탁금 ₩500,000,000을 횡령하여 애인과 함께 도주하다.	○
10. 미국 k사에 수출용 원재료 $1,000,000를 주문하다.	×
11. 노동조합의 파업으로 인해 기계 ₩800,000,000이 파손되다.	○
12. 김우중과 함께 ₩100,000,000을 투자하여 회사를 설립하기로 하다.	×
13. 김정일과 신의주 공단 조성계약을 하고 $10를 투자하기로 하다.	×

1.1.2 거래의 종류

회계상의 거래는 교환거래, 손익거래, 혼합거래가 있다. 교환거래는 자산, 부채, 자본의 변동 즉 재무상태표 항목간의 결합으로 이루어진 거래를 말하며, 손익거래는 수익과 비용의 발생을 일으키는 거래, 즉 포괄손익계산서 항목이 나타나는 거래이다. 또한 혼합거래는 교환거래와 손익거래가 혼합된 거래를 말한다. 그 예를 들어보면 다음과 같다.

【4-2 회계사례】

(교환거래의 예)

① 상품을 매입하고 매입대금 ₩50,000을 현금으로 지급하다.
② 현금 ₩5,000,000과 건물 ₩10,000,000을 투자하여 영구(주)를 설립하다.
③ 전환사채 ₩4,500,000을 자본금으로 전환하다.
④ 외상매입금 ₩350,000을 수표를 발행하여 상환하다.
⑤ 현금 ₩8,000,000을 장기 차입하다.

(손익거래의 예)

① 상품을 ₩500,000에 현금매출하다.
② 수수료 ₩30,000을 현금으로 받다.
③ 보험료 ₩70,000을 현금으로 지급하다.
④ 종업원이 퇴직하여 퇴직금 ₩9,000,000을 수표를 발행하여 지급하다.
⑤ 기계에 대한 감가상각비 ₩560,000을 계상하다.
⑥ 종업원에 대한 급료 ₩2,500,000을 수표를 발행하여 지급하다.

(혼합거래의 예)

① 유가증권 원가 ₩300,000을 ₩350,000에 현금처분하다.

② 기계 ₩1,000,000을 ₩600,000에 처분하고 대금은 현금으로 받다.

③ 대여금 ₩100,000과 그 이자 ₩30,000을 수표로 받다.

④ 구형 컴퓨어 ₩2,000,000을 최신형 ₩3,000,000과 교환하고 추가로 현금 ₩1,500,000을 지급하다.

1.2 대차개념과 대차평균의 원리

1.2.1 거래의 이중성

모든 거래는 원인과 결과의 이중성(duality)을 갖고 있다. 예를 들어 '상품을 외상매입하였다'면, 기업실체에 상품이라는 자산이 증가하고 다른 한편으로는 매입처에 대해 장래 지급해야 할 외상매입금이라는 부채가 증가한다. 또 다른 예를 들면, 광고료를 현금으로 지급했다면, 현금이라는 자산이 감소하며 다른 한편 광고료라는 비용이 발생한다. 이와 같이 항상 이중적인 요소를 내포하고 있다. 이러한 이중적인 측면을 거래의 이중성이라 한다.

1.2.2 차변과 대변

상기의 거래의 이중성에 따라 장부에 기록할 경우 어느 한쪽(왼쪽)을 **차변**(debtor: Dr.), 다른 상대쪽(오른쪽)을 **대변**(creditor: Cr.)으로 구분한다. 그래서 모든 거래는 거래의 이중성에 따라 차변과 대변의 동일한 증감 · 변동액을 기록한다. 그러므로 회계에서 모든 장부의 왼쪽은 차변 금액란, 그리고 오른쪽에는 대변 금액란이 있다.

1.2.3 대차평균의 원리

단식부기(single entry bookkeeping)에서는 상기의 이중성을 갖는 거래의 두 가지 측면 중 한쪽의 면만을 기록한다. 그러나 오늘날 기업회계에서 이용되는 복식부기(double entry bookkeeping)에서는 이중적인 두 가지 측면의 변동액을 동시에 기록한다. 따라서 거래의 이중성에 따라 대차에 동일한 금액의 변동액을 기록하므로 모든 기록 내용을 합하면 대차의 금액이 일치하게 된다. 이를 대차평균의 원리(principle of equilibrium)라 한다.

복식부기시스템하에서는 이러한 대차평균의 원리에 의해 모든 장부를 검산할 수 있다. 단식부기에서는 장부의 정오(true-false)를 검증하기 위해 모든 원시기록에서부터 최종단계의 기장까지 재계산하고 기장 내용을 일일이 검토해야 한다. 그러므로 많은 시간과 노력 및 비용이 소비되는 비효율적 기장을 하게 된다. 그러나 복식부기시스템에서는 전기의 거래의 이중성 및 대차평균의 원리에 따른 기장을 하기 때문에 대변과 차변의 합계로 기장의 정오를 판단하게 된다. 이는 기장된 장부 자체의 합계나 잔액에 대한 차변과 대변을 비교하며 기장의 정확성 여부를 알 수 있는 것이다. 대차의 금액이 일치하지 않으면 기장의 역순으로 검토하면 된다. 이와 같은 이유로 복식부기시스템은 자기검증기능(self verification function)을 갖는다고 말한다.

1.3 거래의 결합관계

모든 거래는 이중성을 갖고 있으며 그 이중적인 측면을 모두 기장한다고 하였다. 그 이중성의 한 측면을 차변, 다른 한 측면을 대변이라 하며 이 대차의 변동액(증가 또는 감소)은 동일하다는 것을 살펴보았다. 그러나 거래가 반드시 차변의 한 요소 또는 대변의 한 요소에만 증감변동을 야기하는 것은 아니며 하나 또는 그 이상의 요소(재무제표 요소)에 증감의 영향을 미치기도 한다. 그러므로 거래는 하나 또는 그 이상의 요소와 결합된 형태로 구성되는 것이다. 이를 거래의 결합관계라고 하며, 결합관계의 형성이 어떻게 된 것인가를 알기 위해서는 다음의 순서에 따라 수행하는 것이 좋다. [표 4-1]은 거래의 8요소의 결합관계를 도시(圖示)한 것이다.

표 4-1 **거래의 8요소 결합관계**

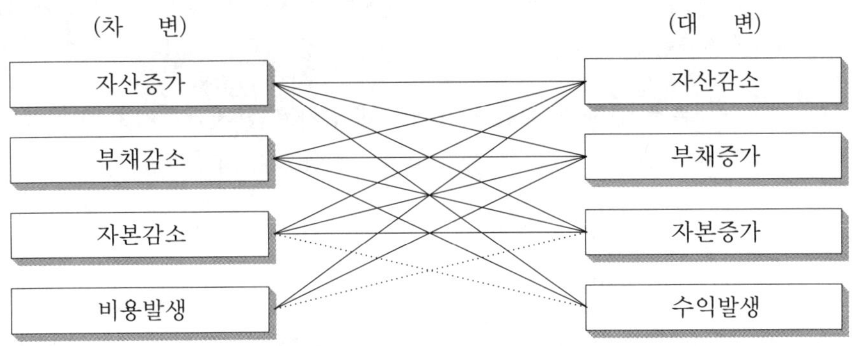

✎ 점선으로 된 비용발생과 자본증가 및 수익발생과 자본감소의 결합관계는 실무에서 빈번하게 나타나지는 않음.

■ 순 서 ■

① 거래나 사건을 일으킨 증거 또는 증빙서류(송품장, 영수증, 계약서 등)를 입수한다. 이 증빙서류 또는 증거에 의해 거래의 내용을 정리하여 기술한다.

② 기술된 거래의 내용에 의해 재무제표 요소 중 어떤 재무제표 요소에 영향을 미치는 것인가를 확인하며 동시에 그 금액을 측정한다.

③ 구체적으로 거래가 어떤 결합관계로 형성되는 것인가를 파악하고 결합관계를 표시한다.

【4-3 회계사례】

✎ '자본감소 - 자본증가,' '자본감소 - 부채증가'는 본 재무회계 기초의 강의 범위를 넘는 것이므로 예시를 생략한다.

● 1/ 3 무등녹차의 판매를 목적으로 현금 ₩500,000,000과 건물 ₩150,000,000을 출자하여 유통업체인 (주)세상천지를 설립하였다(회계연도: 1/ 1 -12/31).

(결합관계)

자산증가 ₩650,000,000	-------	자본증가 ₩650,000,000

✎ 거래의 이중성에 따라서 차변에 일정한 금액을 기록하면 대변에 이와 동일한 금액을 기록한다. 그로 인해 대차의 금액이 동일 금액으로 일치(평균)되는 것이다. (주)세상천지의 입장에서 볼 때, 본 거래로 인해 현금과 건물이 증가되었다. 그러므로 [표 4-1]에서와 같이 자산증가 ₩650,000,000을 차변에 기록하며, 이들 현금과 건물이 (주)세상천지의 자본금이 된다. 즉 자본금이 증가하여서, 자본증가 ₩650,000,000을 대변에 기록한다.

● 1/ 4 사무용 건물을 매월 ₩50,000의 임차료를 지급하기로 임차계약을 하고 임차보증금 ₩10,000,000을 현금으로 지급하였다.

(결합관계)

자산증가 ₩10,000,000	-------	자산감소 ₩10,000,000

✎ 임차계약은 기업실체의 순자산에 아무런 변동을 일으키지 않으므로 거래는 아니다. 그러나 보증금을 현금으로 지급했으므로 현금이라는 자산이 감소하였고, 한편으로는 임차보증금이란 자산이 증가하였다. 임차보증금 명목으로 지급한 현금은 임대인에게 소유권이 이전되는 것이 아니라 임차기간이 만료되면 다시 보증금을 건물주로부터 회수하게 되므로 소유권을 (주)세상천지가 갖는다. 그 권리를 나타내는 것

이 임차보증금이라는 자산이다. 다시 말하여, 현금이란 자산이 임차보증금이란 자산으로 바뀐 것이다. 그러므로 임차보증금이라는 자산증가는 차변에, 현금이란 자산은 감소되었기 때문에 대변에 기록되는 결합관계를 갖는다.

● 1/ 5 사무용 책상 ₩70,000과 컴퓨터 ₩5,000,000을 구입하고 현금으로 대금을 지급하였다.

(결합관계)

자산증가 ₩5,070,000	-------	자산감소 ₩5,070,000

✎ 사무용 책상과 컴퓨터는 사무실에서 이용하는 자산으로서 비품이다. 기업실체는 이 비품을 사용함으로써 효익을 얻는다. 본 거래에서 비품을 구입했으므로 기업체에 비품이 새로 생겨났다. 즉 비품이라는 자산의 증가를 가져온 것이다. 자산이 증가하면 상기의 결합관계 표에서와 같이 차변에 기록한다. 한편 비품을 구입하고 그 대금으로 현금을 지급했으므로 현금이 감소하였다. 따라서 자산감소는 대변에 기록한다.

● 2/10 상품(무등녹차) ₩7,000,000을 매입하고 대금 중 ₩3,500,000은 현금으로 지급하고 잔액은 외상으로 하였다.

(결합관계)

자산증가 ₩7,000,000	-------	자산감소 ₩3,500,000
		부채증가 ₩3,500,000

✎ 이 회사는 유통업을 하는 회사로서 무등녹차를 판매하고 있다. 따라서 무등녹차는 상품이다. 상품을 매입하였으므로 무등녹차라는 자산이 증가되어 차변에 기록하고, 그 대금 중 일부는 현금을 지급했으므로 현금자산이 감소되어 대변에 기록하고 나머지는 후일에 지급하기로 한 것이므로 기업체는 후일에 ₩3,500,000을 지급해야 할 의무가 존재한다. 따라서 지급해야 할 의무인 부채가 생겨났으므로 부채가 증가된 것이다. 상기의 결합관계의 표에서와 같이 부채증가는 대변에 기록한다.

● 3/20 상기 상품 중 ₩5,000,000을 ₩6,500,000에 매출하고 대금은 수표로 받았다.

(결합관계)

자산증가 ₩6,500,000	-------	자산감소 ₩5,000,000
		이익발생 ₩1,500,000

✎ 타인이 발행한 수표는 현금과 동일하게 지급수단으로 사용되는 자산이다. 그러

므로 자산이 증가한 것이며, 상품을 판매하여 ₩6,500,000의 매출수익이 발생하였다. 이 매출수익은 희생된 상품 ₩5,000,000과 매출이익 ₩1,500,000으로 구성된 것이다. 따라서 자산증가는 차변에, 수익발생은 대변에 기록한다.

● 4/ 6 3개월분 사무원 급료 ₩2,400,000을 현금으로 지급하였다.

(결합관계)

비용발생 ₩2,400,000	-------	자산감소 ₩2,400,000

✎ 사무원을 채용하여 사무에 종사하도록 함으로써 급료라는 인건비, 즉 비용이 발생하는 것이다. 급료라는 비용은 매일 매일 발생하지만 매일 또는 매시간에 발생한 급료를 계산하여 기록하고 지급하기는 매우 복잡하고 번잡스럽다. 그러므로 그 급료를 지급할 때 급료라는 비용이 발생한 것으로 인식한다. 비용발생은 차변에 기록하는 한편, 급료를 현금으로 지급했으므로 현금이 기업실체의 입장에서는 감소한 것이다. 현금은 자산이므로 자산이 감소되어 대변에 기록한다.

● 5/ 7 광주은행과 당좌거래 계약을 체결하고 현금 ₩250,000,000을 당좌예금하였다.

(결합관계)

자산증가 ₩250,000,000	-------	자산감소 ₩250,000,000

✎ 기업체에서 현금이 은행으로 나갔다. 즉 현금이 감소하였다. 그러나 다른 한편으로는 은행에 당좌예금을 하였으므로 예금이라는 자산이 증가되었다. 기업체는 대금지급이 필요할 때는 언제든지 수표를 발행하여 이 당좌예금을 인출할 수 있는 것이다. 그러므로 당좌예금 자산의 증가는 차변에, 현금자산의 감소는 대변에 기록한다.

● 5/20 무등에너지(주)에 현금 ₩100,000,000을 대여하였다(이자율: 연 10%, 만기: 2004. 5/19, 매년 말 이자지급 조건).

(결합관계)

자산증가 ₩100,000,000	-------	자산감소 ₩100,000,000

✎ 현금을 다른 사람에게 일정기간 빌려주는 것을 대여한다고 한다. 일정기간이 경과하면 다시 대여한 원금을 회수하게 되며, 회수 이전의 기간에는 일정한 이자를 받는다. 그 회수할 권리를 나타내는 것이 대여금이라는 자산이다. 5/20일에 현금을 대여했으므로 일정기간 회수할 권리가 생겨나서 자산이 증가한 것이다. 대여금이라는 권리를 발생시키기 위해서 현금이라는 자산이 희생되었다. 즉 현금 자산이 감소된

것이다. 즉 이 거래로 인해 현금이라는 자산이 대여금이라는 자산으로 전환된 것이다. 따라서 자산증가는 차변에, 자산감소는 대변에 기록한다.

● 6/30 건물 임차료 ₩300,000을 현금으로 지급하였다.

(결합관계)

비용발생 ₩300,000	-------	자산감소 ₩300,000

✎ 건물 임차(빌리는 행위)계약을 체결하고 건물을 사용하면 그 사용료를 지급해야 한다. 그 사용료로서의 임차료는 사용하는 날부터 발생해 간다. 그런데 이번에 그 발생된 임차료 ₩300,000이 지급되어 비용이 발생하였다. 비용이 발생하는 한편에는 현금이라는 자산(현금)이 건물 주인에게 지급되었으므로 자산이 감소한 것이다. 그러므로 비용발생은 차변에 그리고 자산감소는 대변에 기록하게 된다.

● 7/15 상품 ₩2,000,000을 ₩2,700,000에 매출하고 대금으로 2개월만기 약속어음을 받았다.

(결합관계)

자산증가 ₩2,700,000	-------	자산감소 ₩2,000,000
		이익발생 ₩700,000

✎ 상품을 매출하여 매출이라는 수익이 발생하였으므로 이를 대변에 기록한다. 대변의 수익발생을 상품자산의 감소와 수익총액에서 원가를 차감한 이익발생의 두 가지로 구분하여 결합관계를 표시하기도 한다. 이의 자세한 내용은 후술하는 상품매매에 관한 기장에서 다루기로 한다. 매출대금으로는 받은 약속어음은 일정기간 후에 대금을 지급할 것을 약속하는 증서로서 그 약속어음을 소지하고 있는 사람(어음을 받은 사람)이 그 어음대금을 수취할 권리가 있다. 그러므로 약속어음을 발행한 사람은 채무자가 되지만 어음을 받은 사람은 채권자가 된다. 이 채권이 받을어음이라는 자산이며, 이 거래에서는 어음자산이 증가한 것이므로 차변에 기록한다.

● 8/20 상품 ₩3,500,000을 매입하고 대금을 3개월 만기 약속어음을 발행하여 지급하였다.

(결합관계)

자산증가 ₩3,500,000	-------	부채증가 ₩3,500,000

✎ 이 거래는 7/15일 거래와는 반대입장의 약속어음에 관한 것이다. 기업체는 일정기간 후에 상품 매입대금을 지급할 것을 약속하는 증서로 어음을 작성하여 교부하

였다. 그러므로 채무자가 된 것이다. 이 채무를 나타내는 자산이 지급어음이다. 상품을 매입함으로 인해 어음상의 채무, 즉 부채가 증가한 것이므로 대변에 기록한다. 어음상의 채무를 부담하는 한편에는 상품이라는 자산이 증가하게 되므로 차변에 기록한다.

● 9/10 상품 중 ₩100,000을 접대용으로 사용하기 위해 창고에서 인출하였다.

(결합관계)

자산증가 ₩100,000	-------	자산감소 ₩100,000

✎ 유통업을 하는 (주)세상천지에서 취급하는 상품은 무등녹차이다. 이 회사는 접대용 무등녹차가 필요하므로 판매용으로 매입한 상품(무등녹차) 일부(₩100,000)를 접대용으로 대체한 것이다. 따라서 판매할 상품인 무등녹차가 감소되고 접대용 소모품이 증가한 것이므로 소모품자산 증가는 차변에, 상품자산 감소는 대변에 기록한다.

● 9/16 소지하고 있던 어음의 만기가 되어 그 대금 ₩2,700,000을 현금으로 회수하였다.

(결합관계)

자산증가 ₩2,700,000	-------	자산감소 ₩2,700,000

✎ 전기 7/15일에 받은 어음의 만기가 되어 그 어음대금의 지급인으로부터 현금으로 회수하였다. 그러므로 현금자산이 증가하고, 어음채권(자산)이 감소한 것이다.

● 10/25 외상매입금 ₩3,000,000을 수표를 발행하여 지급하였다.

(결합관계)

부채감소 ₩3,000,000	-------	자산감소 ₩3,000,000

✎ 전기 2/10일의 외상채무(외상매입금) ₩3,500,000 중 ₩3,000,000을 상환하기 위해 수표를 발행하였다. 당좌예금을 인출하기 위해서는 수표를 발행해야 한다. 오늘 ₩3,000,000을 지급하기 위해 수표를 발행하여 교부했으므로 그 수표를 수취한 사람(매입처)은 언제든지 필요할 때 그 수표를 은행에 제시하여 (주)세상천지의 당좌예금에서 인출해 간다. 그러므로 (주)세상천지는 수표를 발행할 때 당좌예금을 감소시키는 회계처리를 한다. 따라서 외상매입금(부채)을 상환했으므로 감소된 부채는 차변에 기록하고, 한편 수표를 발행했으므로 감소된 당좌예금은 대변에 기록한다.

● 10/26 외상매입금 ₩300,000을 장기어음으로 대체하였다.

(결합관계)

부채감소 ₩300,000 (단기)	-------	부채증가 ₩300,000 (장기)

✎ 외상매입금은 유동부채이다. 그러나 외상매입금 상환이 단기간에는 어려우므로 상대 채권자와 협의하여 장기부채로 그 상환기한을 연장하였다. 그러므로 유동부채인 외상매입금은 감소(차변기록)하고, 비유동부채인 장기지급어음이 증가(대변기록)하게 된다.

● 11/20 약속어음 대금 중 ₩2,500,000을 현금으로 지급하였다.

(결합관계)

부채감소 ₩2,500,000	-------	자산감소 ₩2,500,000

✎ 전기 8/20일에 발행하였던 약속어음 중 ₩2,500,000을 현금으로 지급하였다. 그러므로 어음대금을 지급해야 할 어음채무가 ₩2,500,000만큼 감소하고, 다른 한편으로는 현금자산이 감소하였다. 따라서 부채가 ₩2,500,000이 감소되고(차변기록), 현금이 ₩2,500,000 감소(대변기록)하였다.

● 11/21 사채의 발행가액 중 ₩500,000을 주식으로 전환하여 동액의 주식을 발행하여 교부하였다.

(결합관계)

부채감소 ₩500,000	-------	자본증가 ₩500,000

✎ 사채는 회사가 장기자금을 조달하기 위해 발행된 부채이다. 이 사채를 상환하는 대신 주식회사의 자본조달 방법인 주식을 발행하여 교부하였다. 그러므로 상환해야 할 사채라는 부채는 감소하고 주식을 발행한 만큼의 자본금이 증가한 것이다. 따라서 부채감소는 차변에 자본증가는 대변에 기록한다.

● 12/05 대여금에 대한 이자 ₩3,500,000을 현금으로 받았다.

(결합관계)

자산증가 ₩3,500,000	-------	수익발생 ₩3,500,000

✎ 5/20일의 거래에서 ₩100,000,000을 대여한 바 있다. 이 대여금에 대한 이자를 매년 말 받기로 하였으나 5/20일 이후 12/5일까지 경과된 이자 중 일부를 받은 것이

다. 아무튼 현금이 증가되었으므로 차변에 증가된 것을 기록하며, 한편으로는 그 경과기간 동안 발생된 이자수익을 인식하기 위해 대변에 기록한다.

● 12/10 장기지급어음으로 전환한 금액 중 ₩100,000을 현금 ₩80,000에 조기 상환하였다.

(결합관계)

부채감소 ₩100,000	-------	자산감소 ₩80,000
		수익발생 ₩20,000

✎ 본래 어음은 만기에 상환하기로 되어 있으나 기업체의 재무적 형편이 개선되어 만기 이전에 상환한 것이다. 만기 상환시에는 ₩100,000을 지급해야 하나 만기 이전에 상환한 것이므로 이자 상당액만큼 적게 지급한 것이다. 따라서 그 차액 ₩20,000의 상환이익이 발생한 것이다. 자산감소와 이익발생은 대변에 기록한다. 이익은 수익의 개념과는 다르지만 결합관계에서는 수익과 동일하게 처리한다.

● 12/28 종업원 급료 ₩4,800,000 및 임차료 ₩100,000을 수표를 발행하여 지급하였다.

(결합관계)

비용발생 ₩4,900,000	-------	자산감소 ₩4,900,000

✎ 급료와 임차료는 모두 비용이다. 그간 발생된 비용을 현금으로 지급할 때 인식한 것이다. 따라서 비용발생은 차변에 기록하며, 수표를 발행했으므로 당좌예금이 감소된다. 왜냐하면 발행된 수표는 그 소지인이 은행에 제시하여 (주)세상천지의 당좌예금에서 현금으로 인출해 가기 때문이다.

제2절 계 정

2.1 계정 및 계정과목

2.1.1 계정의 의의

회계처리의 대상은 거래(transaction)나 사건(events)이다. 기업체에서 발생된 거래나 사건은 매우 다종 다양하게 발생된다. 이와 같은 회계의 대상을 일정한 분류 또는 구분단위에 따른 기장을 하지 않고 단순히 날짜순으로 나열하는 것은 회계처리의 의미를 상실한다. 단식부기에서는 일정한 구분단위에 따른 기장을 하지 않고 주로 현금의 입금 · 출금의 내용만을 기장한다. 가정에서 작성하는 가계부가 그 대표적인 예이다. 그러나 이와 같은 기장은 현금의 입출(入出)에 관한 내용은 명확히 파악할 수는 있으나, 그 현금의 입출을 야기시키는 구체적 내용의 파악은 어렵게 된다.

그러나 복식부기에서는 거래의 내용을 원인과 결과로 나누어 기장하므로 현금의 입출뿐만 아니라 그 원인에 관한 내용도 파악이 가능하게 기장하는 것이다. 따라서 현금을 비롯한 일정한 분류 또는 구분을 하여 기장할 필요가 있다. 그렇게 함으로써 재무상태나 경영성과를 명확히 일목요연하게 파악할 수 있게 된다. 계정(account: a/c)은 이와 같은 구분단위, 즉 계산단위라 할 수 있다. 간단한 예를 들어보자.

〈일 기 장〉

1/ 1 현금 ₩5,000,000으로 상품매매업을 위한 회사를 설립하였다.
1/ 8 사무실을 임차하고 임차보증금 ₩200,000을 현금으로 지급하였다.
1/10 현금 ₩3,000,000을 은행에 당좌예금하였다.
1/20 사무원 급여 ₩150,000을 현금으로 지급하였다.
1/25 상품 ₩600,000을 현금매입하였다.
1/26 사무용 소모품 ₩50,000을 현금으로 구입하였다.
1/28 사무실 임차료 ₩30,000을 수표를 발행하여 지급하였다.
1/30 상품 ₩400,000을 ₩700,000에 현금매출하였다.

이상의 거래 내용이 일기장에 날짜순으로 기록되었다.

현금출납장

날 짜	적 요	수 입	지 출	잔 액
1/ 1	출 자 금	5,000,000		5,000,000
1/ 8	임 차 보 증 금		200,000	4,800,000
1/10	당 좌 예 입		3,000,000	1,800,000
1/20	사 무 원 급 여		150,000	1,650,000
1/25	상 품 구 입		600,000	1,050,000
1/26	사무용소모품		50,000	1,000,000
1/30	상 품 매 출	700,000		1,700,000
1/31	차 월 이 월		1,700,000	
		5,700,000	5,700,000	
2/ 1	전 월 이 월	1,700,000		1,700,000

그러나 이러한 일기장만으로는 회계의 목적을 달성할 수 없다. 따라서 가장 간단한 방법으로 기장하는 방법이 상기와 같은 현금출납장을 작성하는 것이다. 상기의 현금출납장을 통해서 1개월 동안의 재산변동 내용 중 현금에 관한 내용은 명확히 잔액이 ₩1,670,000이며, 수입총액은 ₩5,700,000이고 지출총액은 ₩4,030,000이라는 사실은 파악할 수 있다. 그러나 그 밖의 내용은 용이하게 파악하기가 곤란하며 파악을 위해 많은 시간과 노력이 많이 소요된다. 따라서 일정한 계산단위를 설정하고 그 계산 단위별로 기장함으로써 구체적인 내용을 쉽게 알 수 있다.

그 계산단위, 즉 계정은 현금, 임차보증금, 출자금, 상품, 임차료, 소모품, 매출, 당좌예금, 급여 등의 계정으로 구분하여 기록함으로써 구체적인 정보내용을 효율적으로 파악할 수 있는 것이다. 예를 들면 상품의 내용은 다음과 같이 기장하고 그 내용을 쉽게 알 수 있다. 즉 상품계정을 설정하여 기장함으로써 상품의 총매입액은 ₩600,000이며 매출은 ₩400,000이고 그 결과 현재의 잔액은 ₩200,000이라는 사실을 알 수 있다.

상 품

증 가		감 소	
1/25	600,000	1/30	400,000

2.1.2 계정과목 및 분류

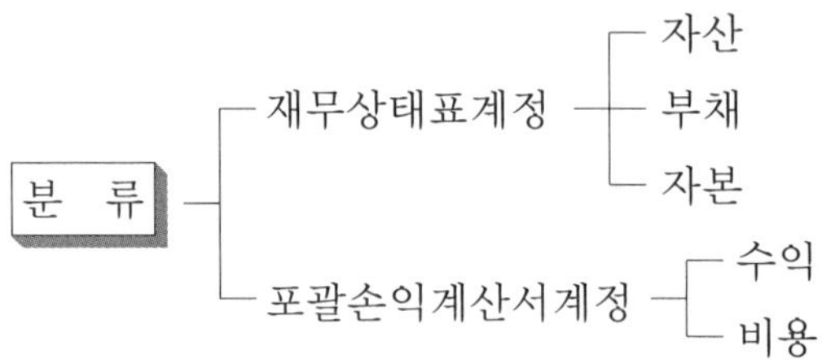

계정과목이란 각 계정의 내용을 식별할 수 있는 명칭을 말한다. 즉 계정의 고유명사라 할 수 있다. 이 계정과목은 회계실체 또는 각 나라에 따라 다른 계정과목을 사용할 수 있으나, 회계정보의 비교가능성을 제고하여 회계정보의 유용성을 높이기 위해 가능한 한 통일적인 계정과목을 사용하는 것이 바람직하다. 따라서 각 나라에서는 회계기준을 통하여 가장 중요하고 빈번하게 설정되는 계정과목을 통일적으로 정하여 사용하고 있다. 비록 회계기준에 계정과목을 규정하고 있다 할지라도 당해 기업이 속하는 업종의 특성을 고려하여 계정과목을 달리할 수도 있다.

계정의 분류는 크게 재무상태표계정과 포괄손익계산서계정으로 대분류(大分類) 하고, 다시 전자를 자산계정, 부채계정, 자본계정으로 그리고 후자를 수익계정과 비용계정으로 중분류(中分類)하기도 한다. 그 구체적인 계정의 종류는 다음과 같다.

(1) 자산계정

현금, 당좌예금 정기예금, 단기대여금, 단기금융상품, 유가증권, 매출채권(외상매출금 및 받을어음), 미수금, 가지급금, 상품, 제품, 반제품, 재공품, 소모품, 영업권, 산업재산권, 광업권, 비품, 차량운반구, 기계장치, 토지, 건물, 투자유가증권, 장기금융상품, 장기대여금, 장기성매출채권, 투자부동산 등

(2) 부채계정

단기차입금, 매입채무(외상매입금 및 지급어음), 미지급법인세, 미지급금, 가수금, 장기차입금, 사채 등

(3) 자본계정

자본금(출자금), 자본잉여금(주식발행초과금, 감자차익 등), 자본조정, 기타포괄손익누계액, 이익잉여금(법정적립금, 임의적립금, 미처분이익잉여금 등)

(4) 수익계정

매출, 이자수익, 배당금수익, 임대료, 외환차익, 외화환산이익, 자산수증이익, 채무면제이익, 보험차익 등

(5) 비용계정

급여, 퇴직급여, 복리후생비, 임차료, 접대비, 감가상각비, 세금과 공과, 대손상각비, 광고선전비, 연구비, 이자비용, 외환차손, 외화환산손실, 재해손실, 법인세비용 등

2.2 계정의 양식

계정의 양식은 표준식과 잔액식이 있으며 그 양식의 내용은 다음과 같다. 이

계정의 양식은 실제 각 기업에서 당해 기업의 특성 및 실정에 맞는 양식을 택하고 또한 변형할 수도 있다. 회계학을 공부하거나 실무의 연습 등을 위해서 계정의 양식은 간단하게 'T'형을 사용한다. 이를 'T 계정'이라 한다.

(표 준 식)

○○ 계정 (1)

날 짜		적 요	분면	차 변	날 짜		적 요	분면	대 변

(잔 액 식)

○○ 계정 (1)

날 짜		적 요	분면	차 변	대 변	차 또는 대	잔 액

(T 계 정)

○○ 계정 (1)

제 3 절 회계의 등식과 재무제표

3.1 회계등식

기업의 회계는 독특한 시스템을 활용하여 체계적이고 조직적인 구조 속에서 이루어진다. 즉 복식부기시스템을 이용한 회계처리를 통하여 기업의 재무상태나 영업성적 그리고 이익잉여금의 변동내역과 현금흐름에 관한 정보를 제공한다. 이들 정보의 제공수단을 재무제표라 하며 제2장에서 다루었다. 재무제표에 기록하는 요소들은 자산, 부채, 자본이 그 기본을 이루며 여기에 수익과 비용이 추가되어 기록된다.

각 재무제표 요소들간에는 체계적 · 조직적으로 상호 유기적인 연계성을 갖게 되며, 동시에 이들을 기록하는 재무제표들간에도 유기적인 관계 속에서 작성된다. 유기적인 관계를 갖게 하는 것은 거래의 이중성에서 비롯되는 것이며 그 결과 대차가 평균되어 회계처리의 자기검증기능을 갖게 하는 것이다. 회계처리의 결과인 재무제표 상호간의 연계성이 강제되는 현상을 집약한 것이 바로 회계의 등식인 것이다.

3.1.1 기본등식으로서 회계등식

기업에서의 영업활동에 기반이 되는 것은 자산, 부채 및 자본이다. 부채와 자본은 재무자원의 원천을 나타내는 것으로서, 부채는 타인자본 즉 채권자지분, 자본은 자기자본 즉 소유주지분을 말하며, 이들 채권자와 소유주를 원천으로 하여 자본이 조달·형성되고, 자본에 의해 형성된 재무자원은 자산이란 형태로 구체화되어 운용된다. 즉 재무자원의 원천으로부터 조달된 자원을 운용한 것이 자산으로 측정하여 기록되기 때문에 재무자원의 운용상태, 즉 자산의 합계는 당연히 재무자원의 원천에 의해 조달된 자금의 합계와 동일하게 되는 것이다. 이를 등식화한 것이 회계의 기본등식인 **회계등식**이다. 이 등식은 다음과 같다.

자산 = 부채 + 자본

이 등식의 요소들은 모두 재무상태표에 기재되는 요소들로 구성되어 있다. 즉 재무상태표의 차변(등식의 왼쪽)에는 자산을, 대변(등식의 오른쪽)에는 부채와 자본을 기재하는 형식이므로, 회계등식을 **재무상태표 등식**이라고도 한다. 이의 구체적인 내용을 보면 [표 4-2]와 같다.

표 4-2 재무상태표 등식의 구체적 내용

재무자원의 운용상태		재무자원의 원천	
자 산(assets)		= 부 채(liabilities)	+ 자 본(capital)
현 금	당좌예금	단기차입금	자본금
외상매출금	받을어음	외상매입금	자본잉여금
상 품	차량운반구	지급어음	이익잉여금
기계장치	건 물	장기성매입채무	(당기순이익 포함)
토 지	대여금	미지급금	
비 품	소모품	선수금	
재 산		타인자본 채권자지분	자기자본 소유주지분
재무상태표 요소(항목)			

표 4-3 **재무상태표**

자산		부채와 자본	
현금	250,000	단기차입금	650,000
당좌예금	630,000	외상매입금	380,000
외상매출금	180,000	지급어음	220,000
받을어음	90,000	장기성매입채무	550,000
상품	330,000	미지급금	120,000
소모품	20,000	선수금	80,000
대여금	150,000	자본금	1,200,000
차량운반구	560,000	자본잉여금	540,000
기계장치	320,000	이익잉여금	132,000
건물	860,000	당기순이익	478,000
비품	60,000		
토지	900,000		
	4,350,000		4,350,000

[표 4-3]의 재무상태표의 금액에 의해 회계등식을 표시하면 다음과 같다.

₩4,350,000 = ₩2,000,000 + ₩2,350,000

3.1.2 회계등식의 활용

상기의 회계등식을 활용하여 여러 요소들을 계산할 수 있다. 즉 회계등식에서 부채를 이항하면 다음과 같은 등식이 유도된다. 이는 자본을 계산하는 등식이므로 **자본등식**이라고도 한다.

자산 − 부채 = 자본

₩4,350,000 − ₩2,000,000 = ₩2,350,000

이와 동일한 방식으로 부채의 산출식은 부채 = 자산 − 자본이다. 기업은 재무상태표 요소들을 바탕으로 하여 영업활동을 시작하며 그 결과 기말 결산일에는 자본이 증가하거나 감소하며, 동시에 동액의 자산이 증가하거나 감소하게 된다. 기말의 자본을 기말자본이라 하며, 기말의 자산 및 부채를 기말자산, 기말부채라 한다. 그러므로 당기순이익이 발생하였다면 기말자본에서 기초자본을 차감함으로써 계산할 수 있고, 당기순손실이 발생하였으면 음(−)의 수로 계산된다. 이를 식으로 제시하면 다음과 같다.

기말자본 > 기초자본이면, 기말자본 − 기초자본 = 당기순이익
기말자본 < 기초자본이면, 기말자본 − 기초자본 = −당기순이익
(당기순손실)

위 재무상태표에 의한 당기순이익은 다음과 같이 계산한다.
기말자본 ₩2,350,000 > 기초자본 ₩1,872,000이므로,

₩2,350,000 − ₩1,872,000 = ₩478,000이다.

기초자본은 [표 4-3]을 통해 알 수 있다. 즉 자본금 ₩1,200,000 + 자본잉여금 ₩540,000 + 이익잉여금 ₩132,000 = ₩1,872,000이다.

3.2 포괄손익계산서 등식

재무상태표는 결산일 현재의 재무상태로서 최종 결과만을 반영한 보고서이며, 일정기간의 영업활동의 구체적인 내용은 포괄손익계산서를 통해서 보고된다. 따라서 일반적으로 포괄손익계산서를 일정기간의 **영업성적표** 또는 **경영성과표**라고도 하며, 재무상태표는 일정 시점의 재무상태, 즉 일정시점의 재무자원의 원천과 운용상태를 나타내는 보고서이다. 당기순이익 또는 순손실의 계산을 최종결과인 기말자본과 기초자본의 비교에 의하여 계산할 수도 있고 포괄손익계산서를 통해서 계산할 수도 있다. 전자를 **재산법**, 그리고 후자를 **손익법**이라 하며, 각각 두 가지 방법으로 계산한 결과도 동일하게 되는 것은 재무제표의 연계성 때문에 가능한 것이다. 즉 포괄손익계산서를 통해 계산된 당기순손익은 재무상태표의 이익잉여금에 포함되어 기말자본을 구성한다. 이와 같은 포괄손익계산서는 그 기재되는 요소가 수익과 비용으로 구성되어 있다. 이의 개념 정의는 제2장에서 기술하였다.

당기순(손)익의 계산은 수익과 비용에 의해 계산하며, 이들의 총계를 총수익 및 총비용이라 한다. 이를 식으로 표시하면 다음과 같다.

총수익 > 총비용이면, 총수익 − 총비용 = 당기순이익
총수익 < 총비용이면, 총수익 − 총비용 = 당기순손실

위 식을 총수익 또는 총비용을 중심으로 정리하면 다음과 같으며 이 두 식을 **포괄손익계산서 등식**이라 한다. 왜냐하면 등식에서의 요소는 손익계산에 기재되는 요소들이며, 등호의 왼쪽은 포괄손익계산서의 차변이 기재되고 오른쪽은 대변에 기재되는 것이기 때문이다.

표 4-4 포괄손익계산서 등식의 구체적 내용

총비용			당기순이익		총수익	
급여	1,750,000				상품매출이익	1,400,000
광고선전비	200,000	+	478,000	=	용역수익	790,000
보험료	57,000				이자수익	250,000
잡비	33,000				임대료	78,000
	2,040,000		478,000			2,518,000

표 4-5 포괄손익계산서

비용		수익	
급여	1,750,000	상품매출이익	1,400,000
광고선전비	200,000	용역수익	790,000
보험료	57,000	이자수익	250,000
잡비	33,000	임대료	78,000
당기순이익	478,000		
	2,518,000		2,518,000

총비용 + 당기순이익 = 총수익

총비용 = 총수익 + 당기순손실

[표 4-4]의 자료에 의해 등식을 나타내면 다음과 같다.

₩2,040,000 + ₩478,000 = ₩2,518,000

재무상태표 등식과 포괄손익계산서 등식을 결합한 다른 계산을 할 수 있다. 기초자본을 계산하면 아래와 같으며, 기말자본의 계산은 이 식의 부호를 역으로 계산하면 된다.

기말자본 − 당기순이익 = 기초자본

또는

기말자본 + 당기순손실 = 기초자본

이다. 금액을 이용한 등식은 다음과 같다.

₩2,350,000 − ₩478,000 = ₩1,872,000

연 습 문 제

■ [4-1] 거래의 종류를 열거하고 그 예를 하나씩 드시오.

■ [4-2] 다음을 간단히 설명하시오.

1. 거래의 이중성
2. 대차평균의 원리
3. 거래의 요소(재무제표 요소)
4. 계정

■ [4-3] 다음 자료에 의해 계정과목을 분류하시오.

(자 료)

1) 미 수 금	6) 감가상각누계액	11) 자 본 금	16) 비 품
2) 차량운반구	7) 대손충당금	12) 대 여 금	17) 매 입
3) 여비교통비	8) 소 모 품	13) 매출채권	18) 상품매출이익
4) 이자수익	9) 장기차입금	14) 매 출	19) 상 품
5) 기 부 금	10) 미지급금	15) 매입채무	20) 이자비용

(계정과목 분류)

자 산	부 채	자 본	수 익	비 용	기 타

■ [4-4] 다음 거래의 결합관계를 표시하시오.

1. 상품을 ₩460,000에 외상매출하였다.
2. 자기회사에서 발행한 주식 ₩330,000을 현금으로 취득하였다.
3. 지급어음의 만기가 되어 ₩1,790,000을 수표를 발행하여 지급하였다.
4. 대여금의 이자 ₩220,000을 현금으로 영수하였다.
5. 컴퓨터용역(주)는 컴퓨터를 수선하고 대금 ₩20,000을 현금으로 받았다.
6. 현금 ₩2,000,000과 건물 ₩8,800,000을 출자하여 영업을 시작하였다.
7. 차입금의 이자 지급일에 현금 ₩45,000을 현금으로 지급하였다.

8. 비품 장부금액 ₩690,000을 처분하고 현금 ₩600,000을 받았다.
9. 화재가 발생하여 재고자산 ₩10,000,000이 소실되었다.
10. 업무용 차량운반구 ₩12,000,000을 구입하고 대금은 6개월 후에 지급하기로 하였다.

(결합관계)

	차 변	대 변
1		
2		
3		
4		
5		
6		
7		
8		
9		
10		

■ [4-5] 다음 결합관계에 의해 거래를 추정하시오.

(결합관계)

	차 변	대 변
1	자산증가	자산감소
2	자산증가	부채증가 자본증가
3	자산증가	수익발생
4	자산증가 비용발생	자산감소
5	부채감소	자산감소
6	부채감소 비용발생	자산감소
7	부채감소	부채증가

(거래추정)

	거 래 추 정
1	
2	
3	
4	
5	
6	
7	

■ [4-6] 다음의 빈 칸을 메우시오.

기초자산	기초부채	기초자본	기말자본	총수익	총비용	순(손)익
1)	50,000	2)	300,000	3)	650,000	20,000
715,000	4)	465,000	5)	835,000	6)	(125,000)
80,000	10,000	7)	70,000	8)	432,000	0
9)	500,000	5,000	10)	980,000	830,000	11)
480,000	12)	420,000	13)	860,000	740,000	14)

■ [4-7] 다음 각 계정의 잔액에 의해 자본금을 계산하고, 회계등식을 표시하시오.

(계정잔액)

계 정	금 액	계 정	금 액	계 정	금 액
외상매입금	440,000	건 물	1,300,000	단기차입금	120,000
당 좌 예 금	880,000	지 급 어 음	625,000	미 지 급 금	115,000
자 본 금	?	현 금	730,000	상 품	320,000
이익잉여금	1,000,000	차량운반구	1,400,000	비 품	670,000

1) 자 본 금: ₩ ______________________

2) 회계등식: ₩ ______________________

■ [4-8] 다음 자료에 의해 기말자본을 구하시오.

재무상태	기 초 자 산	3,350,000	기 초 부 채	350,000
손익상황	상품매출이익	874,000	보 험 료	96,000
	이 자 비 용	79,000	이 자 수 익	290,000
	용 역 수 익	145,000	감가상각비	62,000
	임 대 료	200,000	수 선 비	430,000
	소 모 품 비	150,000	잡 이 익	15,000
	수 도 광 열 비	54,000	광 고 선 전 비	300,000

기말자본: ₩ ______________________

■ [4-9] 다음 재무상태와 손익상황에 의해 상품매출이익을 구하시오.

재무상태	기 말 자 본	570,000	기 초 자 본	470,000
손익상황	상품매출이익	(?)	수수료수익	60,000
	운 송 비	164,000	보 험 료	71,000
	잡 비	17,000	화 재 손 실	260,000
	이 자 수 익	80,000	임 대 료	73,000
	비품처분이익	280,000	교 통 통 신 비	32,000

상품매출이익: ₩ ______________________

■ [4-10] 다음 자료에 의해 기초자본을 계산하시오.

손익상황	수 익 총 액	920,000	비 용 총 액	1,520,000
기 말	차 량 운 반 구	25,000,000	선 수 이 자	595,000
재무상태	외 상 매 출 금	385,000	현 금	680,000
	지 급 어 음	15,000,000	장 기 차 입 금	54,500,000
	건 물	156,000,000	당 좌 예 금	1,500,000
	대 여 금	740,000	장 기 미 지 급 금	14,000,000
			선 급 금	390,000

기초자본: ₩___________________

■ [4-11] 다음 자료에 의해 현금을 계산하시오.

손익상황	수 익 총 액	2,000,000	비 용 총 액	1,550,000
기 말	비 품	280,000	선 수 이 자	100,000
재무상태	받 을 어 음	865,000	현 금	(?)
	지 급 어 음	170,000	장 기 차 입 금	1,135,000
	기 초 자 본 금	3,550,000	당 좌 예 금	970,000
	건 물	2,440,000	미 수 이 자	130,000
	대 여 금	500,000	선 급 금	80,000

현 금: ₩___________________

■ [4-12] 다음 자료에 의해 회계등식을 나타내시오.

상 품	400,000	매 입 채 무	600,000	건 물	2,000,000
소 모 품	50,000	단 기 차 입 금	300,000	비 품	500,000
현 금	700,000	미 지 급 금	70,000	원 재 료	255,000
단기금융상품	200,000	이 자 수 익	180,000	상품매출이익	3,777,000

회계등식: ₩___________________

■ [4-13] 다음 자료에 의해 포괄손익계산서 등식을 나타내시오.

보 험 료	60,000	임 대 료	125,000	상품매출이익	1,955,000
용 역 수 익	150,000	단 기 금 융 상 품	408,000	이 자 수 익	245,000
당 좌 예 금	565,000	미지급이자비용	20,000	매 출 운 임	50,000
광 고 선 전 비	70,000				

포괄손익계산서 등식: ₩___________________

■ [4-14] 다음 자료에 의해 포괄손익계산서 등식을 나타내시오.

화 재 손 실	2,500,000	세금과 공과	265,000	상품매출이익	560,000
보 험 료	40,000	매 출 운 임	10,000	이 자 수 익	350,000
급 여	1,204,000	용 역 수 익	195,000	통 신 비	60,000
배당금수익	370,000	매 입 운 임	5,000		

포괄손익계산서 등식: ₩ ______________________________

■ [4-15] 다음 거래에 의해 결합관계를 표시하시오.

1. 상품 ₩10,000을 ₩15,000에 매출하고 ₩10,000은 약속어음을 받고 잔액은 외상으로 하다.
2. 외상매출했던 상품대금 ₩500,000 중 원가 ₩10,000이 반품되다.
3. 상품 ₩150,000을 현금으로 매입하면서 ₩6,000을 할인받다.
4. 차입금 ₩1,000,000의 상환기한이 되어 채권자와 협의하여 기한을 2년 연장하고 대신 약속어음을 발행하여 교부하다.
5. 상품매입계약을 채결하고 계약금 ₩40,000을 현금으로 지급하다.
6. 소유주가 투자했던 출자금 ₩5,000,000중 ₩700,000을 인출하다.
7. 창업멤버였던 k씨로부터 토지 공정시가 ₩70,000,000을 증여받다.
8. 개인회사의 소유주 개인의 차입금 ₩500,000을 회사계좌에서 대신 지급하였다.
9. 약속어음의 만기가 되어 액면 ₩2,000,000과 그 이자 ₩50,000을 소유하고 있던 약속어음 ₩2,000,000을 배서양도하고 ₩50,000은 현금을 지급하다.
10. 매출채권 ₩780,000을 회수하기 위해 채무자가 소유하고 있던 공정시가 ₩780,000의 컴퓨터를 압수하고 이를 사무용으로 사용하기로 하다.

(결합관계)

	차 변	대 변
1		
2		
3		
4		
5		
6		
7		
8		
9		
10		

제 5 장
분개와 전기

제 5 장 분개와 전기

제 1 절 분개와 분개장

1.1 분개의 의의

분개(journalizing)의 과정은 회계실무 과정에서 장부에[1] 기록하는 첫 번째 작업이다. 따라서 중요한 단계라 할 수 있다. 이 분개(分介)는 거래나 회계사건을 식별하고 측정 · 평가[2]하여 어떤 계정의 어떤 곳에 얼마를 기록할 것인가를 명확히 하는 것이다. 분개라는 용어는 둘로 쪼개어 나눈다는 의미로서, 모든 회계상의 거래는 이중성을 가지고 있어서 그 이중성, 즉 원인(原因)과 결과(結果)를 분리하여 기록해야 한다. 즉 측정 · 평가된 결과를 둘로 나누어 명백히 해야 할 필요가 있다.

그러므로 어느 계정의 어디에 얼마를 기록할 것인가가 결정된다. 따라서 분개는 일종의 '지시문(指示文)'이라 할 수 있다. 분개를 하기 위해서는 우선 전술한 제4장 거래의 결합관계 8요소를 잘 암기해 둘 필요가 있다. 이 결합관계(結合關係)를 이용하여 어느 계정의 차변 또는 대변에 얼마를 기록하는 것인가를 명확히 한다.

1) 회계에서의 장부는 주요부와 보조부가 있으며, 주요부는 분개장과 총계정원장이며, 보조부는 각 계정의 내용을 상세하게 기록한 장부로서 현금출납장, 매입장, 매출장, 제조원가명세서, 유가증권명세서 등이 있다.

2) 측정은 식별된 거래나 사건을 계량화하는 과정이며, 이 측정과정은 협의의 측정과정과 평가과정을 포함한 개념으로서, 측정은 측정대상에 수(number)를 부여하는 과정이며, 평가는 부여된 수에 화폐가치를 부여하는 과정이라 할 수 있다. 그러나 실제로는 측정과정과 평가과정이 분리해서 이루어지지 않으며 동시에 이루어지므로 측정 · 평가라는 표현을 하는 경우가 많다.

1.2 분개의 방법

분개는 전술한 거래의 결합관계와 재무제표 요소(財務諸表 要素)의 개념을 이해하면 용이하게 수행할 수 있다. 재무제표 요소(자산, 부채, 자본, 수익, 비용)의 개념적인 이해가 없이는 분개에 어려움이 있다. 왜냐하면 재무제표 요소의 개념적 정의에 합당한 것만을 측정 · 평가하여 회계처리(분개)해야 하기 때문이다. 그러므로 모든 거래가 분개되는 것이 아니라, 재무제표 요소의 개념 정의에 합치되는 것이 분개의 대상이며 동시에 그 요소들이 측정 가능해야 한다. 마지막으로 측정 가능하더라도 회계정보(會計情報)의 질적(質的) 특성(特性)인 목적적합성과 신뢰성을 확보한 것이 분개의 대상인 것이다. 분개의 요령은 다음 순서에 따라 한다.

■ 순 서 ■

①	거래나 사건을 일으킨 증거 또는 증빙서류(송품장, 영수증, 계약서 등)를 입수한다. 이 증빙서류 또는 증거에 의해 거래의 내용을 정리하여 기술한다.	결합관계
②	기술된 거래의 내용에 의해 재무제표 요소 중 어떤 재무제표 요소에 영향을 미치는 것인가를 확인하며 동시에 그 금액을 측정한다.	
③	구체적으로 거래가 어떤 결합관계로 형성되는 것인가를 파악하고 결합관계를 표시한다.	
④	표시된 결합관계가 파악되면 당해 결합관계에 해당되는 적절한 계정과목을 설정한다.	분 개
⑤	표시된 결합관계를 설정된 계정과목과 측정된 금액으로 대체하면 분개가 완성된다.	

이에 관한 구체적인 예를 제4장에서 기술한 【4-3 회계사례】를 활용하기로 한다. 【4-3 회계사례】에서 결합관계의 표시까지는 전술한 분개의 순서 중 ①, ②, ③을 거쳐서 이루어진 것이므로 여기에서는 ④와 ⑤의 순서를 밟으면 된다. 제4장에서의 기술된 거래의 내용과 결합관계를 다시 표시하고 여기에 추가로 분개의 순서 ④와 ⑤를 수행하면 다음과 같다.

【5-1 회계사례】

● 1/ 3 2001년에 무등녹차의 판매를 목적으로 현금 ₩500,000,000과 건물 150,000,000을 출자하여 유통업체인 (주)세상천지를 설립하였다(회

계연도: 1/ 1-12/31).

(결합관계)

자산증가 ₩650,000,000	-------	자본증가 ₩650,000,000

▽

(분 개)

차변) 현 금 ₩500,000,000	대변) 자 본 금 ₩650,000,000
건 물 ₩150,000,000	

✎ 상기의 결합관계에서 차변에 자산증가 ₩650,000,000이 표시되었는데 분개할 때는 구체적으로 어떤 자산인가를 명확하게 계정과목으로 나타내어야 한다. 기술된 거래를 보면 (주)세상천지의 입장에서 현금이란 자산이 ₩500,000,000 그리고 건물이라는 자산이 ₩150,000,000 증가된 것이다. 그러므로 차변 결합관계의 '자산증가 ₩650,000,000을 현금 ₩500,000,000과 건물 ₩150,000,000으로 대체하면 차변의 분개가 완성된다. 다음으로 (주)세상천지에 현금과 건물이 출자되어 이것을 토대로 하여 영업활동을 하게 되므로 자본이 된다.

그러므로 결합관계의 '자본증가 ₩650,000,000'를 '자본금 ₩650,000,000'으로 대체하면 대변의 분개가 완성된다. 즉 현금과 건물이 출자되므로 인해 자본이 형성되어 원인(현금과 건물의 출자)과 결과(자본금형성)가 분개로 나타나게 된다. 자본을 나타내는 계정과목이 자본금이다. 이 결과 계산단위인 계정은 현금계정, 건물계정, 자본금계정이 설정된다. 각각의 내용을 파악하기 위해서는 파악하고자 하는 계정을 검토하면 되는 것이다.

● 1/ 4 사무용 건물을 매월 ₩50,000의 임차료를 지급하기로 임차계약을 하고 임차보증금 ₩10,000,000을 현금으로 지급하였다.

(결합관계)

자산증가 ₩10,000,000	-------	자산감소 ₩10,000,000

▽

(분 개)

차변) 임차보증금 ₩10,000,000	대변) 현 금 ₩10,000,000

✎ 임차료를 지급하기로 하고 임차계약을 체결하는 것은 거래가 아니므로 분개의 대상이 아니며, 임차보증금을 지급하므로 인해 순자산의 변동을 야기한 것이므로 임차보증금을 지급한 사실이 분개대상이 된다. 따라서 상기의 결합관계를 계정과목을 설정하여 대체하면 분개가 완성된다. 설정된 계정과목은 임차보증금과 현금계정이다.

● 1/ 5 사무용 책상 ₩70,000과 컴퓨터 ₩5,000,000을 구입하고 현금으로 대금을 지급하다.

(결합관계)

자산증가 ₩5,070,000	-------	자산감소 ₩5,070,000

▽

(분 개)

차변) 비 품 ₩5,070,000	대변) 현 금 ₩5,070,000

✎ 책상과 컴퓨터는 사무용으로 사용되는 자산으로서 내구성을 갖는 자산이다. 증가된 자산을 책상계정과 컴퓨터계정을 설정하여 기장할 수 있으나 실무적 편의에 의해서 이 두 가지를 합하여 '비품계정(備品計定)'에 기장하고 그 상세한 종류별 내용은 비품명세를 작성하는 것이 일반적이다. 한편 비품을 구입하기 위해 현금이란 자산을 사용하였으므로 현금계정에 현금의 감소를 기장한다.

● 2/10 상품(무등녹차) ₩7,000,000을 매입하고 대금 중 ₩3,500,000은 현금으로 지급하고 잔액은 외상으로 하였다.

(결합관계)

자산증가 ₩7,000,000	-------	자산감소 ₩3,500,000
		부채증가 ₩3,500,000

▽

(분 개)

차변) 상 품 ₩7,000,000	대변) 현 금 ₩3,500,000
	외상매입금 ₩3,500,000

✎ 이 거래는 상품이란 자산이 증가하고, 다른 한편으로는 상품을 매입하기 위해 현금이란 자산을 사용하였으며 동시에 외상매입금이라는 부채를 부담하게 된 것이다. 따라서 상품, 현금, 외상매입금의 세 계정에 구분해서 기장해야 하므로 분개는 위의 결합관계에 상기의 계정을 대입하여 상기와 같이 분개한다. 외상매입금계정을 설정하지 않고 '매입채무'라는 계정을 설정하기도 한다. 매입채무계정[3]에는 외상매입금뿐만 아니라 지급어음도 함께 기장한다.

3) 매입채무는 지급어음과 외상매입금을 포함한다고 규정하고 있다. 따라서 재무상태표에 공시할 때는 매입채무로 표시해야 한다. 그러나 당해 기업의 총계정원장에 반드시 매입채무계정만을 설정해야 한다는 것은 아니다. 기업실체의 실무적 편의나 분석의 필요 등에 의해 외상매입금 또는 지급어음계정을 설정하여 당해 채무을 구분하여 처리할 수 있는 것이다. 자산인 매출채권의 경우도 마찬가지이다.

● 3/20 상기 상품 중 ₩5,000,000을 ₩6,500,000에 매출하고 대금은 수표로 받았다.

(결합관계)

자산증가 ₩6,500,000	-------	자산감소 ₩5,000,000 수익발생 ₩1,500,000

▽

(분 개)

차변) 현 금 ₩6,500,000	대변) 상 품 ₩5,000,000 상품매출이익 ₩1,500,000

✎ 상품의 매출로 인해 상품이란 자산이 감소하고, 한편으로는 매출대금으로 수표를 받았다. 수표는 통화대용증권으로서 수표를 수취했을 때는 현금과 동일하게 취급한다. 이 거래에서는 원가가 ₩5,000,000의 상품이 ₩6,500,000에 매출되었으므로 매출수익이 ₩6,500,000 발생하였다. 결합관계의 대변을 상품의 감소액 ₩5,000,000과 매출수익에서 상품원가 감소액 ₩5,000,000을 차감하여 상품매출이익 ₩1,500,000 부분으로 나누어 회계처리하기도 하며 두 부분으로 구분하지 않고 매출수익발생으로 기장하기도 한다.

이에 관해서는 후술하는 '제 8 장 상품매매(商品賣買)의 회계'에서 다루기로 한다. 여기에서는 수익과 이익이 동일하게 회계처리된다는 점만을 기억하길 바란다. 왜냐하면 이익도 수익과 같이 기업의 순자산 증가를 가져오기 때문이다. 따라서 본 거래는 상기에 표시된 결합관계에 차변에는 현금계정, 대변에는 상품계정 및 상품매출이익계정으로 구분하여 대체하면 상기와 같은 분개가 완성된다.

● 4/ 6 3개월분 사무원 급료 ₩2,400,000을 현금으로 지급하였다.

(결합관계)

비용발생 ₩2,400,000	-------	자산감소 ₩2,400,000

▽

(분 개)

차변) 급 여 ₩2,400,000	대변) 현 금 ₩2,400,000

✎ 사무원을 고용하여 업무를 처리하였으므로 사무원이 근무한 만큼 인건비인 급여라는 비용이 발생한다. 발생된 비용을 지급하였으므로 결합관계의 '비용발생'의 분개를 위해 '급여' 라는 계정과목을 설정하여 대체하고, 대변은 현금계정으로 대체하면 된다.

● 5/ 7 광주은행과 당좌거래 계약을 체결하고 현금 ₩250,000,000을 당좌예금하였다.

(결합관계)

자산증가 ₩250,000,000	-------	자산감소 ₩250,000,000

▽

(분　　개)

차변) 당좌예금 ₩250,000,000	대변) 현　　금 ₩250,000,000

✎ 은행에 현금을 제공하여 당좌예금을 하였으므로 현금이 감소하고 당좌예금이라는 자산이 증가한다. 은행에의 예금액은 예금자가 언제든지 필요하면 현금으로 인출해서 사용할 수 있으므로 자산인 것이다. 여기에서 설정되는 계정은 당좌예금 및 현금계정이다.

● 5/20 무등에너지(주)에 현금 ₩100,000,000을 대여하였다(이자율: 연 10%, 만기: 2004. 5/19, 매년 말 이자 지급조건).

(결합관계)

자산증가 ₩100,000,000	-------	자산감소 ₩100,000,000

▽

(분　　개)

차변) 장기대여금 ₩100,000,000	대변) 현　　금 ₩100,000,000

✎ 현금을 대여하였으므로 차입자에게 현금이 제공되어 현금이 감소하였다. 한편 현금을 대여하였으므로 만기에 대여한 현금을 회수할 권리가 존재하게 된다. 따라서 설정될 계정은 장기대여금 및 현금계정이다. 대여기간이 단기(1년 이내)이면 단기대여금계정을 설정해야 한다. 즉 단기와 장기의 구분이 회계정보의 활용에서 필요하기 때문이다.

● 6/30 건물의 임차료 ₩300,000을 현금으로 지급하였다.

(결합관계)

비용발생 ₩300,000	-------	자산감소 ₩300,000

▽

(분 개)

차변) 임 차 료 ₩300,000	대변) 현 금 ₩300,000

✎ 비용계정인 임차료와 현금계정에 의해 분개된다.

● 7/15 상품 ₩2,000,000을 ₩2,700,000에 매출하고 대금으로 2개월 만기 약속어음을 받았다.

(결합관계)

자산증가 ₩2,700,000	-------	자산감소 ₩2,000,000
		이익발생 ₩700,000

▽

(분 개)

차변) 받 을 어 음 ₩2,700,000	대변) 상 품 ₩2,000,000
	상품매출이익 ₩700,000

✎ 상품을 매출했으므로 매출수익이 발생하였다. 따라서 발생된 수익은 상품원가의 대금 ₩2,000,000과 이익발생액 ₩700,000으로 구성되었다. 그러므로 상품 감소액과 상품매출이익 발생을 기장하고, 한편으로는 매출대금으로 약속어음을 수취했으므로 어음상의 채권인 받을어음계정을 설정하여 분개한다. 받을어음은 외상매출금과 함께 매출채권에 해당하므로 받을어음계정 대신 매출채권계정을 설정하여 분개하기도 한다.

● 8/20 상품 ₩3,500,000을 매입하고 대금을 3개월 만기 약속어음을 발행하여 지급하였다.

(결합관계)

자산증가 ₩3,500,000	-------	부채증가 ₩3,500,000

▽

(분 개)

차변) 상 품 ₩3,500,000	대변) 지급어음 ₩3,500,000

✎ 이 거래에서 설정될 계정은 상품계정과 지급어음계정이다. 약속어음을 현금을 지급하는 대신 발행하여 교부했으므로 일정한 기간 후에 약속어음면에 기입된 금액(매입액)을 지급해야 할 의무가 존재하게 된다. 이 이행해야 할 부채를 지급어음이라

한다. 지급어음은 전술한 바와 같이 외상매입금을 포함하여 매입채무계정을 설정하여 분개할 수도 있다.

● 9/10 상품 중 ₩100,000을 접대용으로 사용하기 위해 창고에서 인출하였다.

(결합관계)

자산증가 ₩100,000	-------	자산감소 ₩100,000

▽

(분 개)

차변) 소 모 품 ₩100,000	대변) 상 품 ₩100,000

✎ 판매용 상품을 접대용으로 사용하기로 하고 창고에서 상품을 인출하였으므로 판매용 상품에서 접대용 소모품으로 용도가 전환된 것이다. 그러므로 소모품은 증가하고 한편으로는 판매용 상품은 ₩100,000이 감소한 것이다. 따라서 소모품계정과 상품계정을 설정하여 기장한다.

● 9/16 소지하고 있던 어음의 만기가 되어 그 대금 ₩2,700,000을 현금으로 회수하였다.

(결합관계)

자산증가 ₩2,700,000	-------	자산감소 ₩2,700,000

▽

(분 개)

차변) 현 금 ₩2,700,000	대변) 받을어음 ₩2,700,000

✎ 어음상의 채권자로서 어음을 소지한 자는 자산계정인 받을어음의 차변에 그 채권을 표시한다. 그런데 이 소지하고 있는 어음의 만기가 되어 어음대금을 현금으로 회수한 것이므로 받을어음이 감소되고 현금이 증가한 것이다.

● 10/25 외상매입금 ₩3,000,000을 수표를 발행하여 지급하였다.

(결합관계)

부채감소 ₩3,000,000	-------	자산감소 ₩3,000,000

▽

(분　　개)

차변) 외상매입금 ₩3,000,000	대변) 당좌예금 ₩3,000,000

✎ 매입채무를 수표를 발행하여 상환했으므로 당좌예금을 감소시켜야 한다. 왜냐하면 수표거래를 위해서 예금한 것이 당좌예금이기 때문이다. 수표를 발행하여 교부하면 그 수취인은 그 수표를 은행에 제시하여 당좌예금에서 인출해 감으로써 당좌예금을 감소시켜야 한다. 따라서 기장될 계정은 외상매입금과 당좌예금계정이다.

● 10/26 외상매입금 ₩300,000을 장기성어음으로 대체하였다.

(결합관계)

부채감소 ₩300,000	-------	부채증가 ₩300,000

▽

(분　　개)

차변) 외상매입금 ₩300,000	대변) 장기지급어음 ₩300,000

✎ 외상매입금과 지급어음은 동일한 매입채무이다. 이 채무는 단기매입채무, 즉 1년 이내에 상환되는 부채이다. 이 회사의 매입채무인 외상매입금의 상환일이 다가와서 상환해야 하는데, 상환할 현금이 없거나 부족하면 상활할 수 없게 되므로 채권자와 협의하여 그 기간을 연장할 수가 있다. 채무상환연장(債務償還延長)을 확실히 하기 위해 그리고 어음의 유통을 통해 유동성을 확보할 차원에서 어음의 발행을 요구할 수 있다. 이 거래는 바로 이러한 예에 해당된다. 그리고 어음의 상환기간을 1년 이내로 하지 않고 장기, 즉 1년 이상으로 한 것이다. 따라서 단기채무인 '지급어음'이 아니라 장기채무인 '장기지급어음'이라는 계정을 설정하여 외상매입금을 장기지급어음으로 대체한 것이다. 그러므로 외상매입금계정과 장기지급어음계정을 설정하여 분개한다.

● 11/20 약속어음 대금 중 ₩2,500,000을 현금으로 지급하였다.

(결합관계)

부채감소 ₩2,500,000	-------	자산감소 ₩2,500,000

▽

(분　　개)

차변) 지급어음 ₩2,500,000	대변) 현　　금 ₩2,500,000

✎ 상환의무가 있는 어음상의 채무를 상환했으므로 지급어음계정과 현금계정을 설정하여 분개한다. 즉 어음상의 채무인 지급어음을 감소시키고 한편으로는 현금을 감소시킨다.

● 11/21 사채의 발행가액(액면발행) 중 ₩500,000을 주식으로 전환하여 동액의 주식을 발행(액면발행)하여 교부하였다.

(결합관계)

부채감소 ₩500,000	-------	자본증가 ₩500,000

▽

(분 개)

차변) 사 채 ₩500,000	대변) 자 본 금 ₩500,000

✎ 장기부채를 조달하기 위해 발행된 사채를 기장하기 위해 부채계정인 사채라는 계정을 설정하여 분개하고, 또한 자본조달을 위해 발행된 주식은 자본금이라는 계정을 설정하여 분개한다. 여기에서 사채(社債)는 이미 발행시에 부채증가로 대변에 분개하여 기장했으나, 이번에 주식으로 전환하였으므로 사채라는 부채가 감소되므로 차변에 분개하여 사채의 감소를 기장해야 한다. 따라서 사채권자가 소유주로 전환되었으므로 당해 기업실체는 사채를 상환할 의무가 없어지게 되는 것이다.

● 12/ 5 대여금 이자 ₩3,500,000을 현금으로 받았다.

(결합관계)

자산증가 ₩3,500,000	-------	수익발생 ₩3,500,000

▽

(분 개)

차변) 현 금 ₩3,500,000	대변) 이자수익 ₩3,500,000

✎ 이자를 받았을 때는 이자수익이라는 수익계정을 설정하여 분개한다. 따라서 본 거래는 현금계정과 이자수익계정으로 분개한다.

● 12/10 장기지급어음으로 전환한 금액 중 ₩100,000을 현금 ₩80,000으로 만기 이전에 조기 상환하였다.

(결합관계)

부채감소 ₩100,000	-------	자산감소 ₩80,000 수익발생 ₩20,000

▽

(분 개)

차변) 장기지급어음 ₩100,000	대변) 현 금 ₩80,000 어음상환이익 ₩20,000

✎ 어음채무를 상환했으므로 장기지급어음계정과 현금계정으로 분개하고 동시에 채무액과 상환액의 차이는 절약된 금액이므로 이익으로 인식하여 어음상환이익계정에서 처리해야 한다.

● 12/28 종업원 급여 ₩4,800,000 및 임차료 ₩100,000을 수표를 발행하여 지급하였다.

(결합관계)

비용발생 ₩4,900,000	-------	자산감소 ₩4,900,000

▽

(분 개)

차변) 급 여 ₩4,800,000 임 차 료 ₩100,000	대변) 당좌예금 ₩4,900,000

✎ 이 거래는 급여(給與)라는 비용과 임차료(賃借料)라는 비용이 발생한 거래이다. 그러나 결합관계에서와 같이 하나로 묶어서 분개해서는 안 되며 급여계정 및 임차료계정으로 구분해서 분개하고 총계정원장에 기장해야 한다. 이는 급여와 임차료는 그 성격이 다르기 때문이다. 따라서 차변에는 급여 및 임차료계정을 설정하여 비용발생 분개를 하고, 한편으로는 수표를 발행하였으므로 당좌예금계정 대변에 기록하여 당좌예금을 감소시켜야 하므로 대변에 당좌예금을 분개해야 한다.

1.3 분개장의 양식과 기장 예

1.3.1 양 식

분 개 장 (1)

날짜		적 요	원면	차 변	대 변

✎ 우상단의 (1)은 분면으로써 분개장 면수를 나타내고, 원면란은 총계정원장의 면수를 기록하는 난이다. 또한 적요란에는 분개의 내용을 기장한다.

1.3.2 기장 예

분개는 학습하거나 시험을 볼 때, 시간 또는 노력 등을 절약하기 위해서 약식(略式)으로 분개한다. 지금까지 행한 분개는 약식분개를 하였다. 그러나 실제로 기업에서 분개할 때는 분개장(journal)에 분개하거나 전표(slip)를 사용하여 분개한다. 전표에 의한 분개는 후술(後述)하기로 하고 분개장에 분개하는 요령을 기술(記述)하기로 한다.

(거 래)

- 6/30 김윤식에 대한 대여금〔대여금 ₩2,000,000, 만기 2년, 연이율 5%(매년 8월 20일 수취)〕의 이자 1년분을 수표로 영수하였다.
- 8/20 비봉유통(주)는 판매용 상품인 TV수상기 10대를 형통(주)로부터 @₩1,000,000에 매입하고 대금 중 반액은 수표 #143을 발행하여 지급하고 잔액은 외상으로 하였다.

(약식분개)

6/30	차변) 현 금	₩100,000	대변) 이 자 수 익	₩100,000

8/20	차변) 상 품	₩10,000,000	대변) 당 좌 예 금	₩5,000,000
			외상매입금	₩5,000,000

(분개장 기장)

분개장 (1)

날짜		적 요	원면	차 변	대 변
6	8	(현 금)		100,000	
		(이 자 수 익)			100,000
		김윤식으로부터의 이자 1년분 수취			
8	20	(상 품) 제 좌		10,000,000	
		(당 좌 예 금)			5,000,000
		(외상매입금)			5,000,000
		TV수상기 10대 매입, @₩1,000,000			

✎ 약식분개에서는 화폐단위인 '₩'을 표시하였으나 정식분개장에서는 금액 앞에 '₩' 표시를 할 필요가 없다. 이는 차변 또는 대변란이 금액을 표시하는 난이기 때문이다.

적요란(摘要欄)에 기입하는 요령은 먼저 적요란의 중앙을 중심으로 하여 왼쪽에는 차변의 계정과목을 그리고 오른쪽은 대변의 계정과목을 줄을 달리하여 기입한다. 이 계정과목에 해당하는 금액은 금액란에 기입한다. 다음으로는 거래의 내용 중 중요한 사항만을 간단히 기입하고, 다음의 분개와 쉽게 구분되도록 괘선을 그으면 한 거래의 분개가 완료된다. 계정과목이 차변, 대변에 각각 한 개씩만 분개된 경우가 아니고 어느 한쪽에라도 2개 이상의 계정과목으로 분개된 경우에는 그 복수(複數)의 계정과목 위에 '제좌'라는 표시를 한다. 이에 대한 예가 8/20일의 대변의 분개이다.

제2절 총계정원장과 전기

2.1 총계정원장의 의의

총계정원장(general ledger)은 원장(元帳)이라고도 하며, 분개장과 함께 주요부(主要簿)의 하나이다. 기업실체에 설정된 각각의 계정을 집합한 장부를 일컫는다. 따라서 총계정원장에는 기업체가 설정한 모든 자산, 부채, 자본계정과 수익, 비용계정이 모여 있다. 기업체에 발생한 모든 거래나 사건들을 분개장 또는 전표에 기록한 것만으로는 기업의 각 계정에 대한 구체적 정보, 재무상태, 경영성과 그리고 현금흐름 등에 관한 정보를 분개장 등으로부터 입수하기란 매우 힘들고,

비록 있다 하더라도 비효율적이고 부정확한 것이다. 그러므로 분개장 또는 전표에 기록된 내용을 총계정원장의 각각 해당계정에 별도로 정리해 둘 필요가 있는 것이다.

사실 분개장에 분개하거나 전표에 기표하는 행위는 결국 총계정원장의 해당계정의 어느 곳에 얼마를 기록할 것인가를 사전에 명확히 해 두는 일인 것이다. 그러므로 회계에서 분개란 매우 중요한 일이며, 회계학(會計學)을 공부하는 학생들의 입장에서도 분개 과정이 매우 중요하며 어려운 과정이라 할 수 있는 것이다. 분개 과정이 완료되면 그 다음의 과정은 용이하게 접근될 수 있는 절차라 할 수 있다. 이제 분개장에의 분개 요령을 학습했으므로 이 결과를 총계정원장에 전기하는 과정을 밟아야 한다.

2.2 총계정원장에의 전기

2.2.1 전기의 의의

전기(posting)란 분개장으로부터 총계정원장의 해당 계정에 그 내용을 옮기는 작업을 말한다. 분개장에 분개하는 것은 총계정원장의 어떤 계정의 어디(차 또는 대)에 얼마의 금액을 기록할 것인가를 지시해 주는 지시문이라는 것을 전술한 바 있다. 그러므로 이 지시문(指示文)에서 지시한대로 기록하면 되는 것이다. 총계정원장의 각 계정의 양식은 전술한 바와 같이 표준식과 잔액식이 있다. 이 중에서 표준식(標準式)이 많이 사용되며, 잔액식(殘額式)은 규모가 작고 거래가 빈번하지 않은 경우에 또는 각 계정의 잔액을 수시로 파악해야 하는 경우에 이용된다.

2.2.2 전기의 방법

(1) 불완전한 전기

그러면 전기의 방법을 살펴보자. 예를 들어, 2/27 차변) 상품 ₩500,000 대변) 외상매입금 ₩500,000이란 분개가 분개장에 분개되어 있다고 하자. 이를 총계정원장에 전기하면, 먼저 차변에 분개된 '상품 500,000'은 '총계정원장의 상품계정 차변에 ₩500,000을 기록하라'는 것이므로 그대로 상품계정에 기록하면 된다. 이제 차변을 전기했으므로 대변을 전기할 차례이다. 대변 역시 분개의 내용대로 외상매입금계정의 대변에 ₩500,000을 기록하면 된다. 편의상 T계정을 사용하여 전기하면 다음과 같다.

상 품

500,000	

외상매입금

	500,000

상기의 전기에서 상품계정의 차변에 ₩500,000이 기록되어 있으므로 현재 상품이 ₩500,000어치가 잔액으로 남아 있다는 것을 알 수 있고, 외상매입금계정을 보면 향후 지급해야 할 외상대금이 ₩500,000이 있다는 것을 알 수 있다. 그러나 이것으로 완전한 전기가 되었다고는 볼 수 없다. 왜냐하면 상품계정은 자산계정으로서 차변에 잔액이 있으므로 상품의 잔액이 ₩500,000 있다는 것은 알 수 있으나, 그 상품이 어떻게 기업에 들어온 것인가를 밝혀주지는 못하고 있다. 한편 부채계정으로서 외상매입금계정을 보면 대변에 잔액이 있으므로 앞으로 상환해야 할 금액이 ₩500,000 있다는 것을 알 수는 있어도 어떻게 그 부채를 부담하게 된 것인가는 알려주지는 못한다. 더욱 완전한 내용을 알고자 할 경우에는 2/27일자의 기장내용을 대조하여(여기에서는 상품계정과 외상매입금계정) 파악해야 한다는 불편함이 있다.

(2) 완전한 전기

상기의 방법에 더하여 한 가지 추가해야 할 것은 총계정원장(總計定元帳)의 각 계정 적요란에 상대편 쪽 계정과목을 기록하는 일이다. 상대 계정과목을 기록함으로서 상품계정에는 '외상매입금'을 외상매입금계정에는 '상품'을 기록한다. 그렇게 되면 다음 계정기록에서 보듯이 해당 계정의 내용이 더욱 명확해진다. 즉 자산계정으로서 상품계정의 차변에 ₩500,000이 있으므로 상품이란 자산이 ₩500,000 존재하고 있으며 이 상품은 외상으로 매입한 것이라는 것을 알 수 있다. 한편 외상매입금계정을 보면 대변잔액이므로 앞으로 갚아야 할 금액이 ₩500,000 있으며 이 부채는 상품매입으로 인해 발생한 부채라는 것을 알 수 있다. 전기의 예는 다음과 같다.

상 품

2/27	외상매입금	500,000	

외상매입금

	2/27	상 품	500,000

위를 분개장과 표준식 계정양식에의 전기를 보이면 다음과 같다.

분 개 장 (1)

날짜		적 요	원면	차 변	대 변
2	27	(상 품)	7	500,000	
		(외상매입금)	12		500,000
		오성식에서 @₩500 1,000개 매입			

총계정원장

상 품 (7)

날짜		적 요	분면	차 변	날짜		적 요	분면	대 변
2	27	외상매입금	1	500,000					

외상매입금 (12)

날짜		적 요	분면	차 변	날짜		적 요	분면	대 변
					2	27	상 품	1	500,000

이상의 전기에서 보듯이 총계정원장의 각 계정에 전기할 때는 반드시 상대쪽의 계정과목을 기입하고 동시에 차변 또는 대변에 금액을 기입해야 한다. 그 다음으로 계정에 전기한 내용의 분개가 분개장의 어떤 면(page)에 분개된 것인가를 원장의 각 계정 분면란에 분면을 기입하고, 최종적으로 분개장에 있는 원면란에 전기된 원장의 계정 면수(面數)를 기입한다. 이같이 원면(元面)과 분면을 cross-check하도록 기입함으로써 이중전기 또는 전기(轉記)의 누락(漏落) 등을 방지할 수 있다.

2.3 분개와 전기의 사례

【5-2 회계사례】

- 1/ 5 김미란 등은 2001년에 자동차 유리 관련 제품인 '프리그래스'의 판매를 목적으로 「(주)오토그래스」를 설립하기로 한바, 오늘 주식 1,000주(1주 액면 ₩10,000)를 주당 ₩13,000에 발행하고 납입금을 전액 현금으로 납입받았다. 급료는 매 6개월마다 후급하기로 하고, 이 회사의 회계연도는 1년이며 1/1~12/31일이다.
- 1/10 사무용 건물을 임차하고 임차보증금 ₩1,000,000을 현금으로 지급하였다. 연 임차료 ₩100,000, 매년 11/30일 임차료 지급하기로 약정함.
- 1/15 (주)오토그래스는 기계장치 구입자금의 부족으로 인해 ₩5,000,000을 (주)조국으로부터 차입하였다. 차입이자율 연 5%, 이자지급일 매년 10/30, 상환일 2006. 1/15일이다.
- 2/10 한성은행과 당좌거래계약을 체결하고 현금 ₩10,000,000을 당좌예입하였다.
- 2/12 거성문구에서 소모품 ₩120,000을 구입하고 대금은 현금을 지급하였다.
- 3/ 2 천성가구상사로부터 업무용 소파, 책상 및 의자 ₩300,000과 영지상사로부터 컴퓨터 등을 ₩700,000에 구입하고 대금 중 영지상사에 대하여는 ₩700,000을 수표 #1을 발행하여 지급하고, 천성가구상사에 대한 ₩300,000은 1개월 후에 지급하기로 하였다.
- 4/ 2 천성가구상사에 미지급액 ₩300,000을 수표 #2를 발행하여 지급하였다.
- 4/13 M프리그래스 제조회사로부터 프리그래스 1,000장 @₩800에 매입하고 대금은 수표 #3을 발행하여 지급하였다.
- 5/20 프리그래스 500장을 (주)현대자동차에 @₩1,500에 매출하고 대금 중 ₩300,000은 자기앞수표로 받고 잔액은 외상으로 하였다.
- 6/ 2 (주)기아에 프리그래스 300장을 @₩1,700에 매출하고 대금은 약속어음(만기 9/30)을 받았다.
- 6/30 사무원 급료 6개월분 ₩1,800,000을 수표 #4를 발행하여 지급하였다.
- 7/12 두회충에게 ₩3,000,000을 수표 #5를 발행하여 대여하였다. 연 이

자율 10%, 이자지급일 매년 9/30, 만기 2004. 9/30일이다.

- 8/10 전기 (주)현대자동차로부터 외상매출대금 중 ₩400,000을 당좌수표로 영수하였다.
- 9/29 (주)기아로부터 약속어음 ₩510,000 중 ₩300,000은 회수하여 즉시 당좌예입하고, 잔액은 어음 기한을 6개월간 연장해 주었다.
- 9/30 두회충으로부터 대여금 이자 3개월분 ₩75,000을 수표로 영수하였다.
- 10/30 (주)조국에 차입금이자 ₩250,000을 현금으로 지급하였다.
- 11/10 보험료 ₩40,000, 광고선전비 ₩100,000을 수표 #6을 발행하여 지급하였다.
- 11/30 건물 임차료 ₩100,000을 수표 #7을 발행하여 지급하였다.
- 12/15 프리그래스 1,200장을 퍼펙트상사로부터 @₩900에 매입하고 대금은 약속어음(만기 3개월)을 발행하여 교부하였다.
- 12/31 사무원 급료 5개월분 ₩1,500,000을 수표 #8을 발행하여 지급하였다.

분 개 장 (1)

날짜		적 요	원면	차 변	대 변
1	5	(현 금) 제 좌	1	13,000,000	
		(자 본 금)	13		10,000,000
		(주식발행초과금)	14		3,000,000
		주식 1,000주를 @₩13,000발행			
〃	10	(임차보증금)	8	1,000,000	
		(현 금)	1		1,000,000
		임차보증금 지급			
〃	15	(현 금)	1	5,000,000	
		(장기차입금)	12		5,000,000
		(주)조국으로부터 차입			
2	10	(당 좌 예 금)	2	10,000,000	
		(현 금)	1		10,000,000
		한성은행에 예입			
〃	12	(소 모 품)	6	120,000	
		(현 금)	1		120,000
		거성문구에서 구입			
		다음 면으로		29,120,000	29,120,000

(2)

날짜		적 요	원면	차 변	대 변
		앞면에서		29,120,000	29,120,000
3	2	(비 품) 제 좌	9	1,000,000	
		(당 좌 예 금)	2		700,000
		(미 지 급 금)	11		300,000
		컴퓨터, 책상 등 소파 구입 수표 #1			
4	2	(미 지 급 금)	11	300,000	
		(당 좌 예 금)	2		300,000
		천성가구상사 미지급액 수표 #2			
〃	13	(상 품)	5	800,000	
		(당 좌 예 금)	2		800,000
		M프리그래스사, 수표 #3 지급			
5	20	제 좌			
		(현 금)	1	300,000	
6	2	(외상매출금) 제 좌	3	450,000	
		(상 품)	5		400,000
		(상품매출이익)	15		350,000
		(주)현대자동차, @₩1,500, 500장			
〃	30	(받 을 어 음) 제 좌	4	510,000	
		(상 품)	5		240,000
		(상품매출이익)	15		270,000
7	12	(주)기아, @₩1,700, 300장 판매			
		(급 여)	17	1,800,000	
		(당 좌 예 금)	2		1,800,000
8	10	6개월분 급료 지급, 수표 #4			
		(장기대여금)	7	3,000,000	
		(당 좌 예 금)	2		3,000,000
9	29	두회충 대여, 연이율 10%, 수표 #5			
		(현 금)	1	400,000	
		(외 상 매 출 금)	3		400,000
〃	30	(주)현대자동차 매출채권 회수			
		(당 좌 예 금)	2	300,000	
		(받 을 어 음)	4		300,000
10	30	(주)기아 매출채권(어음) 회수			
		(현 금)	1	75,000	
		(이 자 수 익)	16		75,000
		다음 면으로		38,055,000	38,055,0003

(3)

날짜		적 요	원면	차 변	대 변
		앞면에서		38,055,000	38,055,000
		두회충 이자 3개월분			
11	10	(이 자 비 용)	21	250,000	
		(현 금)	1		250,000
		(주)조국에 대한 이자지급			
		제 좌 (당 좌 예 금)	2		140,000
		(보 험 료)	18	40,000	
		(광고선전비)	19	100,000	
		보험료, 광고선전비, 수표 #6			
〃	30	(임 차 료)	20	100,000	
		(당 좌 예 금)	2		100,000
		건물 임차료 지급, 수표 #7			
12	15	(상 품)	5	1,080,000	
		(지 급 어 음)	10		1,080,000
		프리그래스 @₩900, 1,200장 매입			
12	31	(급 여)	17	1,500,000	
		(당 좌 예 금)	2		1,500,000
		급여 5개월분,수표 #8			
				41,125,000	41,125,000

총계정원장

현 금

(1)

날짜		적 요	분면	차 변	날짜		적 요	분면	대 변
1	5	제 좌	1	13,000,000	1	10	임차보증금	1	1,000,000
〃	15	장기차입금	1	5,000,000	2	10	당 좌 예 금	1	10,000,000
5	20	제 좌	1	300,000	〃	12	소 모 품	1	120,000
8	10	외상매출금	2	400,000	10	30	이 자 비 용	2	250,000
9	30	이 자 수 익	2	75,000					

상 품

(5)

날짜		적 요	분면	차 변	날짜		적 요	분면	대 변
4	13	당좌예금	1	800,000	5	20	제 좌	1	400,000
12	15	지급어음	2	1,080,000	6	2	받을어음	2	240,000

당좌예금 (2)

날짜		적요	분면	차변	날짜		적요	분면	대변
2	10	현금	1	10,000,000	3	2	비품	1	700,000
9	29	받을어음	2	300,000	4	2	미지급금	1	300,000
					〃	13	상품	1	800,000
					6	30	급여	2	1,800,000
					7	12	장기대여금	2	3,000,000
					11	10	제좌	2	140,000
					〃	30	임차료	2	100,000
					12	31	급여	3	1,500,000

외상매출금 (3)

날짜		적요	분면	차변	날짜		적요	분면	대변
5	20	제좌	1	450,000	8	10	현금	2	400,000

받을어음 (4)

날짜		적요	분면	차변	날짜		적요	분면	대변
6	2	제좌	2	510,000	9	29	당좌예금	2	300,000

소 모 품 (6)

날짜		적요	분면	차변	날짜		적요	분면	대변
2	12	현금	1	120,000					

장기대여금 (7)

날짜		적요	분면	차변	날짜		적요	분면	대변
7	12	당좌예금	2	3,000,000					

임차보증금 (8)

날짜		적요	분면	차변	날짜		적요	분면	대변
1	10	현금	1	1,000,000					

비 품 (9)

날짜		적 요	분면	차 변	날짜		적 요	분면	대 변
3	2	제 좌	1	1,000,000					

지급어음 (10)

날짜		적 요	분면	차 변	날짜		적 요	분면	대 변
					12	15	상 품	2	1,080,000

미지급금 (11)

날짜		적 요	분면	차 변	날짜		적 요	분면	대 변
4	2	당좌예금	1	300,000	3	2	비 품	1	300,000

장기차입금 (12)

날짜		적 요	분면	차 변	날짜		적 요	분면	대 변
					1	15	현 금	1	5,000,000

자 본 금 (13)

날짜		적 요	분면	차 변	날짜		적 요	분면	대 변
					1	5	현 금	1	10,000,000

주식발행초과금 (14)

날짜		적 요	분면	차 변	날짜		적 요	분면	대 변
					1	5	현 금	1	3,000,000

상품매출이익 (15)

날짜		적 요	분면	차 변	날짜		적 요	분면	대 변
					5	20	제 좌	1	350,000
					6	2	받을어음	2	270,000

이자수익 (16)

날짜		적 요	분면	차 변	날짜		적 요	분면	대 변
					9	30	현 금	2	75,000

급 여 (17)

날짜		적 요	분면	차 변	날짜		적 요		대 변
6	30	당좌예금	2	1,800,000					
12	31	당좌예금	3	1,500,000					

보 험 료 (18)

날짜		적 요	분면	차 변	날짜		적 요	분면	대 변
11	10	당좌예금	2	40,000					

광고선전비 (19)

날짜		적 요	분면	차 변	날짜		적 요	분면	대 변
11	10	당좌예금	2	100,000					

임 차 료 (20)

날짜		적 요	분면	차 변	날짜		적 요	분면	대 변
11	30	당좌예금	2	100,000					

이자비용 (21)

날짜		적 요	분면	차 변	날짜		적 요	분면	대 변
10	30	현 금	2	250,000					

연 습 문 제

■ [5-1] 다음을 간단히 설명하시오.

1. 분개의 목적
2. 분개의 순서
3. 전기의 의의 및 순서

■ [5-2] 다음 거래를 분개하시오.

(거 래)

1. 상품 ₩700,000을 매입하고 대금은 현금을 지급하였다.
2. 현금 ₩1,000,000과 건물 ₩5,000,000을 투자하여 공산품 대리점을 개설하였다.
3. 현금 ₩500,000과 차입금 ₩1,000,000으로 무등유통상사를 설립하였다.
4. 종업원 급료 ₩1,500,000을 현금으로 지급하였다.
5. 현금 ₩400,000을 대여하였다.
6. 대여금에 대한 이자 ₩50,000을 현금으로 영수하였다.
7. 건물의 외벽 도장을 하고 그 대금 ₩300,000을 현금으로 지급하였다.
8. 차입금의 이자 ₩100,000을 현금으로 지급하였다.
9. 기계장치를 수선하고 그 비용 ₩70,000을 현금으로 지급하였다.

(분 개)

	차 변	대 변
1		
2		
3		
4		
5		
6		
7		
8		
9		
10		

■ **[5-3]** 문제 [5-2]를 원장에 전기하시오.

상 품		현 금	

건 물		자 본 금	

대 여 금		차 입 금	

급 여		이자비용	

수 선 비		이자수익	

■ **[5-4]** 다음 원장의 기록에 의해 거래를 추정하시오.

현 금

1/5	자 본 금	5,000,000	4/6	외상매입금	150,000
4/4	비 품	40,000	7/2	보 험 료	200,000
			8/8	미지급금	2,000,000

상 품

3/7	외상매입금	150,000			

건 물

3/4	미지급금	2,450,000			

자 본 금

			1/5	현 금	5,000,000

비 품

2/9	미지급금	100,000	4/4	현 금	40,000

미지급금

8/8	현 금	2,000,000	2/9	비 품	100,000
			3/4	건 물	2,450,000

외상매입금

4/6	현 금	150,000	3/7	상 품	150,000

보 험 료

7/2	현 금	200,000	

■ [5-5] 다음 분개에 의해 거래를 추정하시오.

9/10	차변) 기 계 장 치	200,000	대변) 현 금	200,000
9/22	차변) 현 금	50,000	대변) 임 대 료	50,000
10/ 7	차변) 차량운반구	25,000,000	대변) 현 금	15,000,000
			미 지 급 금	10,000,000
11/ 6	차변) 접 대 비	150,00	대변) 현 금	150,000
12/ 3	차변) 현 금	30,000	대변) 상 품	470,000
	외상매출금	500,000	상품매출이익	60,000

(거래 추정)

9/10	
9/22	
10/ 7	
11/ 6	
12/ 3	

■ [5-6] 다음 거래를 분개장에 분개하시오.

1/ 8 현금 ₩20,000,000과 건물 ₩20,000,000 및 차입금 ₩5,000,000으로 Dream Market를 설립하였다.
1/12 (주)광주은행과 당좌거래 계약을 체결하였다.
1/25 사무용 소모품 ₩100,000을 현금으로 구입하였다.
2/20 현금 ₩20,000,000을 당좌예금하였다.
3/14 사무용 컴퓨터 ₩2,000,000을 구입하고 대금은 1개월 후에 지급하기로 하였다.
4/15 사무용 컴퓨터에 대한 미지급액 ₩2,000,000을 현금으로 지급하였다.
5/ 9 상품 ₩4,000,000을 매입하고 반액은 수표를 발행하고 잔액은 외상으로 하였다.
5/10 차입금 ₩3,000,000을 수표를 발행하여 지급하였다.
6/27 상품 ₩500,000을 ₩750,000에 외상매출하였다.
6/28 상품의 외상매입대금 ₩2,000,000을 수표를 발행하여 지급하였다.
7/15 종업원 급여 ₩7,000,000 중 ₩6,000,000은 수표를 발행하고 잔액은 현금을 지급하였다.
8/29 사장이 현금 ₩1,000,000을 인출하였다.

분개장

날짜		적 요	원면	차 변	대 변

■ [5-7] 다음 분개에 의해 부채의 증가와 자산의 감소액을 계산하시오.

번호	차 변		대 변	
1	현 금	5,000,000	자 본 금 차 입 금	4,000,000 1,000,000
2	외상매입금	700,000	현 금	700,000
3	차 입 금	200,000	당 좌 예 금	200,000
4	자 본 금	300,000	현 금	300,000
5	대 여 금	500,000	현 금	500,000
6	미 지 급 금	100,000	현 금	100,000
7	현 금	750,000	이 자 수 익	750,000
8	현 금	200,000	자 본 금	200,000
9	광고선전비	3,000,000	미 지 급 금 현 금	1,000,000 2,000,000
10	차량운반구	20,000,000	미 지 급 금 현 금	500,000 19,500,000

1) 부채 증가액: ₩ ______________________

2) 자산 감소액: ₩ ______________________

■ [5-8] 다음 결산일 현재 각 계정과 계정잔액에 의해 빈칸을 메우시오. 단, 기초 자본금은 ₩5,640,000이다.

각 계정 잔액

현 금	((1))	매입채무	400,000
당좌예금	2,000,000	단기차입금	1,000,000
매출채권	700,000	미지급금	150,000
대 여 금	1,200,000	자 본 금	((3))
상 품	((2))	상품매출이익	1,700,000
비 품	600,000	이자수익	30,000
건 물	3,500,000		
보 험 료	80,000		
광고선전비	290,000		
	((4))		((4))

현 금

1/ 1	전기이월	500,000	6/ 7	((5))	((6))
2/20	상 품	1,200,000	7/31	매입채무	((7))
			12/31	차기이월	500,000

미지급금

6/ 7	((8))	((9))	1/ 1	전기이월	240,000
12/31	차기이월	((10))			

(1)	(2)	(3)	(4)	(5)
(6)	(7)	(8)	(9)	(10)

■ [5-9] 다음 분개 중 미완성부분을 추정하시오.(거래의 이중성에 따른 대차평균의 원리 응용)

번호	차 변		대 변	
1			자 본 금	1,500,000
2	현 금	500,000	상 품	400,000
3	소 모 품	85,000	현 금	50,000
4	차량운반구	7,500,000	현 금 당 좌 예 금	2,000,000 5,000,000
5	현 금	300,000	비 품	365,000
6	상 품	660,000	매 입 채 무	500,000
7	차 입 금	9,500,000	현 금	10,000,000
8	현 금	4,500,000	대 여 금	4,450,000
9	당 좌 예 금	260,000		

10			차 입 금 자 본 금	850,000 3,000,000

[5-10] 다음 분개에 의해 거래를 추정하시오.

번호	차 변		대 변	
1	현 금 건 물 비 품	100,000 50,000 20,000	자 본 금 차 입 금	130,000 40,000
2	미 지 급 금	190,000	차 입 금	190,000
3	매 입 채 무	450,000	장기차입금	450,000
4	미 수 금	200,000	비 품	200,000
5	당 좌 예 금	330,000	대 여 금 이 자 수 익	300,000 30,000
6	현 금	50,000	선수이자수익	50,000
7	선급임차료	15,000	현 금	15,000
8	현 금 당 좌 예 금	30,000 410,000	선 수 금 매 출 채 권	60,000 380,000
9	기 계 장 치 원 재 료	5,000,000 100,000	당 좌 예 금 현 금	4,800,000 300,000
10	정 기 예 금	70,000	이 자 수 익	70,000

[5-11] 다음 부분 총계정원장에 의해 거래를 추정하시오.

당좌예금

	전기이월	500,000	8/ 8	매입채무	50,000
6/ 1	자 본 금	1,000,000			
6/20	미 수 금	400,000			

매출채권

	전기이월	2,700,000	7/10	대 여 금	2,000,000

매입채무

8/ 8	제 좌	300,000		전기이월	850,000

미 수 금

	전기이월	600,000	6/20	당좌예금	400,000

대 여 금

7/10	매출채권	2,000,000			

차입금

8/20	현 금	175,000		전기이월	350,000
			8/ 8	전기이월	250,000

■ [5-12] 다음 거래의 의해 분개할 때 설정해야 할 계정과목을 쓰시오.

1. 비품을 장부금액보다 높은 가액으로 현금처분하다.
2. 이자를 받아서 즉시 정기예금하다.
3. 사업주가 토지와 현금을 추가출자하다.
4. 대여금의 만기가 되어 이자와 함께 현금으로 회수하여 즉시 당좌예금하다.
5. 매출채권의 기한이 되어 회수하려 했으나 거래처의 요구로 1년 더 연장하고 대신 차용증서를 받음.
6. 이자를 현금으로 회수하다.
7. 차량운반구를 구입하고 그 대금의 반액은 현금으로 잔액은 후일 지급하기로 하다.
8. 판매용 녹차세트 1박스를 접대용으로 사용하기로 하다.
9. 화재보험에 가입하고 보험료를 수표를 발행하여 지급하다.
10. 사무용컴퓨터를 구입하고 대금은 정기예금을 인출하여 지급하다.

■ [5-13] 영업개시연도 1월의 거래를 분개한 결과 1월말의 분개장 합계는 ₩8,215,000이다. 누락된 거래를 추정하시오.

날짜	차 변		대 변	
1/ 4	비 품	600,000	현 금 미 지 급 금	400,000 200,000
1/ 5	당 좌 예 금	1,000,000	현 금	1,000,000
1/ 6	상 품	2,000,000	당 좌 예 금 매 입 채 무	500,000 1,500,000
1/10	현 금	780,000	상 품 상품매출이익	700,000 80,000
1/16	소 모 품 비	20,000	현 금	20,000
1/20	수도광열비	15,000	현 금	15,000
1/25	급 여	300,000	당 좌 예 금	300,000
1/27	현 금	500,000	수수료수익	500,000
1/30	매 입 채 무	1,000,000	당 좌 예 금	1,000,000

■ [5-14] 상기 [5-13]을 다음 계정에 전기하시오. 비품, 당좌예금, 현금, 상품, 급여, 수수료수익, 상품매출이익, 매입채무

비　　품

당좌예금

현　　금

상　　품

급　　여

수수료수익

상품매출이익

매입채무

■ [5-15] 개인기업인 H상사의 영업 개시 후 1월 말의 총계정원장 잔액은 다음과 같다. 또한 1월 말의 분개장 차변합계(현금을 제외한 것임)는 ₩13,910,000이며, 총계정원장 대변합계는 ₩17,175,000이다. 기초자본금과 기말자본금 및 1월 동안 수취한 총 현금은 얼마인가?

각 계정잔액(1월)

용역수익	170,000	잡비	5,000
단기차입금	350,000	당좌예금	1,640,000
현금	765,000	상품	966,000
차량운반구	1,500,000	비품	444,000
보험료	250,000	매입채무	1,450,000
상품매출이익	650,000	매출채권	555,000
자본금	(?)	소모품비	20,000
이자비용	35,000		

심 · 화 · 학 · 습

전 표 제 도

Ⅰ. 전표제도

1. 전표제도의 의의

분개를 반드시 분개장에만 분개하는 것은 아니다. 분개장에 분개하는 대신 분개장을 응용한 전표(slip)를 사용할 수도 있다. 전표는 전산시스템의 발달로 인해 공부할 필요가 없다는 주장도 있다. 그러나 전산시스템은 이 전표제도를 활용하여 프로그램화한 것이므로 전표제도의 근본 시스템에 대한 이해가 없어서는 프로그램의 개발, 개선 및 발전을 가져올 수는 없다. 많은 교과서에서는 전표에 관한 기술들이 생략되고 있으나 이는 회계학 발전에 도움이 되지 못한다고 생각된다.

전표제도에서의 전표는 1거래 또는 1과목을 분개한 작은 종이쪽지를 말한다. 실제로 기업체에서 많이 사용하는 것이 전표이다. 기업의 규모가 소규모인 경우는 분개장을 사용해도 큰 불편이 없이 업무처리 및 회계처리가 가능하지만 일정한 규모 이상의 기업에서는 분개장만을 사용하는 것은 그 효율성을 보장할 수 없다.

이 전표제도(傳票制度)를 이용하는 장점으로는 다음과 같은 것을 들 수 있다.

첫째, 업무의 승인 내지는 내부의 커뮤니케이션(communication)의 수단으로 활용된다.

둘째, 내부견제제도(內部牽制制度)의 일환으로 활용된다. 기업 내의 업무는 상호 견제하고 동시에 기장의 오류를 제거할 수 있다. 업무를 한 사람에 의해 전적으로 처리되도록 하지 않고 여러 사람에 의해 분담하도록 하는 것이 일반적이며 전표를 여러 단계에 걸쳐 승인받아서 처리되도록 함으로써 업무의 승인 내지는 상호 견제의 효과를 거둘 수 있다.

셋째, 전산회계처리에 적합한 회계처리가 가능하게 한다. 즉 컴퓨터를 이용하여 회계처리하는 경우에 전표의 양식에 의해 입력되도록 프로그램이 만들어지는 경우가 일반적이므로 그 활용도가 높다.

넷째, 전표를 이용하므로 여러 담당 부서에서 동시에 업무처리 및 회계처리가 가능하다. 분개장을 사용할 경우에는 어떤 부서에서 분개장을 사용할 경우 다른 부서에서는 그 순서를 기다려야 하는 경우가 많다. 그러나 전표를 이용하면 동시에 처리가 가능하게 된다.

2. 전표의 종류 및 작성

전표의 종류는 주로 입금전표, 출금전표, 대체전표의 3종류로 분류한다. 이 3전표가 전표의 핵심이다. 그러나 필요에 따라 이 전표를 4종류로 분류하여 사용하기도 하는데, 이는 대체전표(對替傳票)를 차변대체전표(또는 대체입금표)와 대변대체전표(또는 대체출금표)로 나누어 사용하는 경우이다. 또한 전기 3종의 전표에서 매입과 매출에 관한 거래를 별도로 분리하여 각각 매입전표, 매출전표를 사용하기도 하여 5종의 전표를 사용하기도 한다.

그러나 전표의 본질적 종류는 3종(입금, 출금, 대체전표)이다. 따라서 여기에서는 이 3종의 전표를 이용하기로 한다. 이 3종의 전표를 분류하고 집계하여 원장에 전기하기 용이하도록 하기 위해서 전표의 색상을 다르게 하는 것이 일반적이다. 즉 입금전표는 적색(赤色), 출금전표는 청색(青色), 대체전표는 흑색(黑色)으로 인쇄하여 사용한다.

초기의 전표는 1거래 1표제도에 의해 하나의 거래를 한 장의 전표에 기표하는 방식이었다. 그러나 전표제도의 발전에 따라 1표 1과목제도, 즉 하나의 전표에 하나의 계정과목만 기표하는 전표제도로 발전되었다.

1 입금전표

입금전표는 현금으로 수취하는 거래를 분개할 때 사용된다. 다음의 전표 양식에서 No.는 전표발행 번호를, 날짜는 현금이 입금된 날짜를, 과목은 현금이 입금된 상대쪽 계정과목 즉 대변계정과목을, 항목은 현금이 입금된 거래처의 명칭, 그리고 적요란은 당해 입금거래의 내용을 요약하여 기록한다. 전표에 분개의 내용을 기록하는 것을 기표(記票)한다고 한다. 그리고 맨 오른쪽은 당해 거래의 승인 · 결제란이다. 입금전표의 양식은 아래와 같으며, 각 기업은 당해 기업의 실정 및 특성에 맞게 적절히 변형하기도 한다. 또한 학습, 연습 등을 위해 약식을 사용하기도 한다.

(1) 입금전표 양식

입금전표				No.	
20××년 월 일				사장	
과목		항 목		부장	
적 요			금 액		
				과장	
				담당	
합 계					

(2) 약 식

입금전표	
과 목	
금 액	

(3) 작성의 예

● 7/ 5 상품 원가 ₩500,000을 원가에 매출하고 대금은 현금을 수취하였다.

입금전표	
과 목	상 품
금 액	500,000

● 7/ 1 자금 ₩1,000,000과 차입금 ₩700,000으로 유통상사를 설립하였다.

(분 개)

차변) 현 금	1,700,000	대변) 자 본 금	1,000,000
		차 입 금	700,000

(분개의 분할)

① 차변) 현 금	1,000,000	대변) 자 본 금	1,000,000
② 차변) 현 금	700,000	대변) 차 입 금	700,000

위의 분개는 대변이 2개의 과목으로 분개되어 있으므로 차변을 2개로 분할하여 2장의 입금전표를 작성한다. 따라서 다음과 같이 기표한다.

입금전표	
과 목	자 본 금
금 액	1,000,000

입금전표	
과 목	차 입 금
금 액	700,000

2 출금전표

출금전표는 현금을 지급한 거래를 기표하는 데 사용한다. 다른 것은 입금전표와 동일하고 과목란에 차변계정과목을 기록한다는 점이 다르다.

(1) 출금전표 양식

<table>
<tr><td colspan="5">출금전표 No.</td></tr>
<tr><td colspan="4">20××년 월 일</td><td>사장</td><td></td></tr>
<tr><td>과목</td><td></td><td>항 목</td><td></td><td rowspan="2">부장</td><td rowspan="2"></td></tr>
<tr><td colspan="3">적 요</td><td>금 액</td></tr>
<tr><td colspan="3"></td><td></td><td rowspan="2">과장</td><td rowspan="2"></td></tr>
<tr><td colspan="3"></td><td></td></tr>
<tr><td colspan="3"></td><td></td><td rowspan="2">담당</td><td rowspan="2"></td></tr>
<tr><td colspan="3">합 계</td><td></td></tr>
</table>

(2) 약식 출금전표

출금전표	
과 목	
금 액	

(3) 전표작성의 예

- 8/30 종업원에 대한 1개월분 급여 ₩3,000,000을 현금으로 지급하였다.

출금전표	
과 목	급 여
금 액	3,000,000

● 9/10 차입금 ₩1,000,000의 만기가 되어 그 이자 ₩50,000과 함께 현금을 지급하였다.

(분 개)

차변)	차 입 금	1,000,000	대변)	현 금	1,050,000
	이자비용	50,000			

이 거래도 입금전표에서와 마찬가지로 2개의 거래로 보고 2장의 출금전표를 작성하면 된다. 즉 다음의 분개를 각각 기표하면 된다.

(분개의 분할)

① 차변)	차 입 금	1,000,000	대변)	현 금	1,000,000
② 차변)	이자비용	50,000	대변)	현 금	50,000

출금전표	
과 목	차 입 금
금 액	1,000,000

출금전표	
과 목	이자비용
금 액	50,000

3 대체전표

대체전표에 기록하는 거래는 대체거래, 즉 현금의 수입과 지출이 없는 거래를 말한다. 그러나 경우에 따라서는 일부 현금이 입금되거나 일부 현금이 출금되는 거래도 있다. 전표제도가 1표 1과목 제도로 발전됨에 따라 대체전표가 차변대체전표, 대변대체전표로 분화(分化)되었다. 그러나 근본적인 원리는 동일하므로 여기에서는 분화되기 전의 대체전표를 사용하기로 한다. 대체거래 중에는 일부입금 대체거래와 일부출금 대체거래, 그리고 전부대체거래가 있다.

전부대체거래(全部對替去來)는 현금의 수지가 전혀 포함되지 않은 거래로서, 기표시에는 대체전표 차변과 대변에 그대로 분개의 내용을 기록하면 된다. 일부출금 대체거래는 현금을 지급한 부분과 현금이 지급되지 않은 대체거래 부분으로 나누어 기표한다. 즉 출금전표 1장과 대체전표 1장을 기표하면 된다. 일부입금 대체거래도 일부출금 대체거래와 마찬가지로 입금거래 부분과 대체거래 부분으로 분할하여 1장은 입금전표에, 나머지는 대체전표에 기표하면 된다.

(1) 대체전표 양식

출금전표			No.		
			사장	부장	과장	담당
20××년 월 일						

과 목	적 요	금 액	과 목	적 요	금 액
	합 계			합 계	

(2) 약식 대체전표

대체전표			
과 목	금 액	과 목	금 액

(3) 작성의 예

① 전부대체거래

● 9/15 업무용 건물 ₩50,000,000을 구입하고 대금은 3개월 후에 지급하기로 하였다.

대체전표			
과 목	금 액	과 목	금 액
건 물	50,000,000	미지급금	50,000,000

● 9/18 월하상사로부터 기계 ₩500,000과 공구 ₩100,000을 매입하고 대금 중 ₩250,000을 1개월 후에 지급하기로 하고 ₩350,000은 약속어음을 발행하여 교부하였다.

대체전표			
과 목	금 액	과 목	금 액
기 계	500,000	지급어음	350,000
공 구	100,000	미지급금	250,000

② 일부출금 대체거래

● 9/20 기계장치를 ₩6,000,000에 구입하고 대금 중 ₩4,000,000은 현금을

지급하고 잔액은 3개월 후에 지급하기로 하였다.

(분 개)

차변) 기계장치 6,000,000 대변) 현 금 4,000,000

미지급금 2,000,000

(분개의 분할)

차변) 기계장치 4,000,000 대변) 현 금 4,000,000

차변) 기계장치 2,000,000 대변) 미지급금 2,000,000

출금전표	
과 목	금 액
기계장치	4,000,000

출금전표			
과 목	금 액	과 목	금 액
기계장치	2,000,000	미지급금	2,000,000

③ 일부입금 대체거래

● 10/ 2 상품을 ₩3,500,000에 매출하고 ₩2,000,000은 현금으로 수취하고, 잔액은 외상으로 하였다.

(분 개)

차변) 현 금 2,000,000 대변) 매 출 3,500,000

외상매출금 1,500,000

(분개의 분할)

차변) 현 금 2,000,000 대변) 매 출 2,000,000

차변) 외상매출금 1,500,000 대변) 매 출 1,500,000

입금전표	
과 목	매 출
금 액	2,000,000

대체전표			
과 목	금 액	과 목	금 액
외상매출금	1,500,000	매 출	1,500,000

II. 전표집계표 및 일계표

1. 전표집계표 작성 요령

거래를 전표에 기표한 후 전표집계표(傳票集計表)를 작성하고 다시 집계표를 토대로 하여 일계표를 작성한다. 전표집계표는 전표를 작성하자마자 작성하는 것이 아니라 일정한 시간간격 또는 일자별 또는 월별로 작성한다. 이는 업무의 효율성을 위해서이다. 거래가 빈번하고 복잡한 업종의 경우에는 하루의 일과를 마치고 난 후에 집계표를 작성하는 것이 일반적이나, 거래가 빈번하지 않고 복잡하지 않은 경우에는 주별 또는 월별로 집계하는 것이 더 효율적이다. 전표집계표의 작성은 입금전표 집계표, 출금전표 집계표, 대체전표 집계표로 분류하여 작성한다. 대체전표를 차변대체전표와 대변대체전표로 분리하여 기표한 경우에는 차변대체전표 집계표 및 대변대체전표 집계표를 작성한다.

1 입금 및 출금전표 집계표

입금 및 출금전표 집계표의 작성시에는 일자순으로 보관된 전표철(傳票綴)에서 입금전표 또는 출금전표를 골라내고 다시 각 입금전표 및 출금전표에 기록된 계정과목별로 분류한다. 그리고 분류된 계정과목별 입금전표의 매수와 금액을 합계하여 입금전표 집계표에 기록하고, 출금전표의 매수와 금액을 각 계정과목별로 합계하여 출금전표 집계표에 기록한다. 입금전표 집계표 작성 순서를 요약하면 다음과 같다. 출금전표도 이와 동일하며 양식은 다음과 같다.

① 전표철에서 입금전표를 골라낸다.
② 골라낸 입금전표에서 각 계정과목별로 분류한다.
③ 분류된 각 계정과목별 금액과 전표 매수를 합계한다.
④ 합계한 내용을 입금전표 집계표에 기록한다.
⑤ 입금전표 집계표의 금액란 총계를 계산 · 기록한다.

2 대체전표 집계표

입금전표와 출금전표에 기록된 계정과목은 각각 대변 및 차변 계정과목이다. 그러나 대체전표는 대체분개를 그대로 기록한 것이다. 대체전표의 왼쪽은 차변과목이고, 오른쪽에 기록된 과목은 대변과목이다. 전표철에서 입금 및 출금전표 집계표를 작성하기 위해 입금전표와 출금전표를 골라냈으므로 나머지는 대체전표만 남게 된다.

따라서 대체전표에 기록된 차변과목을 계정과목 종류대로 매수와 금액을, 그리고 대변과목도 동일한 방법으로 매수와 금액을 합계하여 대체전표 집계표의 차변과 대변에 각각 기록하고 이의 총계를 계산 · 기록하면 된다. 따라서 입금 및 출금전표와는 다르게 한 번 분류하여 사용한 전표는 더 이상 집계의 대상이 되는 것이 아니라, 두 번 이상 다시 사용된다. 왜냐하면 대체전표에는 두 개 이상의 계정과목이 차변 또는 대변에 기록되기 때문이다. 이의 순서는 다음과 같다.

① 차변전표(대체전표의 왼쪽)를 각 계정과목별로 분류한다.

② 분류된 각 계정과목별 금액 합계와 매수를 대체전표 집계표 차변과목과 금액란 및 매수란에 기입한다.

③ 대변전표(대체전표 오른쪽)를 각 계정과목별로 분류한다.

④ 분류된 각 계정과목별 금액 합계와 매수를 대체전표 집계표 대변과목과 금액란 및 매수란에 기입한다.

⑤ 차변 및 대변의 금액 총계를 산출하여 기입한다.

3 전표집계표의 양식

(1) 입금전표 집계표

입금전표 집계표

No. ××～××　　　　20××년　월　일

사장		부장		과장		담당	

계정과목	매수	금액

(2) 출금전표 집계표

<table>
<tr><td colspan="7" align="center">출금전표 집계표</td></tr>
<tr><td colspan="3">No. ××～××</td><td colspan="4" align="right">20××년 월 일</td></tr>
<tr><td></td><td>사
장</td><td></td><td>부
장</td><td></td><td>과
장</td><td></td></tr>
<tr><td></td><td colspan="6">담
당</td></tr>
<tr><td>계 정 과 목</td><td colspan="2">매 수</td><td colspan="4">금 액</td></tr>
<tr><td></td><td colspan="2"></td><td colspan="4"></td></tr>
<tr><td></td><td colspan="2"></td><td colspan="4"></td></tr>
<tr><td></td><td colspan="2"></td><td colspan="4"></td></tr>
</table>

(3) 대체전표 집계표

<table>
<tr><td colspan="6" align="center">대체전표 집계표</td></tr>
<tr><td colspan="3">No. ××～××</td><td colspan="3" align="right">20××년 월 일</td></tr>
<tr><td colspan="6" align="right">사장 | 부장 | 과장 | 담당</td></tr>
<tr><td>차변과목</td><td>매 수</td><td>금 액</td><td>대변과목</td><td>매 수</td><td>금 액</td></tr>
<tr><td></td><td></td><td></td><td></td><td></td><td></td></tr>
<tr><td></td><td></td><td></td><td></td><td></td><td></td></tr>
<tr><td></td><td></td><td></td><td></td><td></td><td></td></tr>
</table>

2. 전표 및 전표집계표 작성 예

전표 및 전표집계표 작성은 제5장에서 제시한 【5-2 회계사례】를 이용하며, 편의상 회계사례를 다시 열거하면 다음과 같다.

【5-2 회계사례】

- 1/ 5 김미란 등은 2001년에 자동차 유리 관련 제품인 '프리그래스'의 판매를 목적으로 「(주)오토그래스」를 설립하기로 한바, 오늘 주식 1,000주(1주 액면 ₩10,000)를 주당 ₩13,000에 발행하고 납입금을 전액 현금으로 납입받았다. 급료는 매 6개월마다 후급하기로 하고, 이 회사의 회계연도는 1년이며 1/1~12/31일이다.
- 1/10 사무용 건물을 임차하고 임차보증금 ₩1,000,000을 현금지급하였다. 연 임차료 ₩100,000, 매년 11/30일 임차료 지급하기로 약정함.
- 1/15 (주)오토그래스는 기계장치 구입자금의 부족으로 인해 ₩5,000,000을 (주)조국으로부터 차입하였다. 차입이자율 연 5%, 이자지급일

매년 10/30, 상환일 2006. 1/15일이다.

- 2/10 한성은행과 당좌거래계약을 체결하고 현금 ₩10,000,000을 당좌예입하였다.
- 2/12 거성문구에서 소모품 ₩120,000을 구입하고 대금은 현금을 지급하였다.
- 3/ 2 천성가구상사로부터 업무용 소파, 책상 및 의자 ₩300,000과 영지상사로부터 컴퓨터 등을 ₩700,000에 구입하고 대금 중 영지상사에 대하여는 ₩700,000을 수표 #1을 발행하여 지급하고, 천성가구상사에 대한 ₩300,000은 1개월 후에 지급하기로 하였다.
- 4/ 2 천성가구상사에 미지급액 ₩300,000을 수표 #2를 발행하여 지급하였다.
- 4/13 M프리그래스 제조회사로부터 프리그래스 1,000장 @₩800에 매입하고 대금은 수표 #3을 발행하여 지급하였다.
- 5/20 프리그래스 500장을 (주)현대자동차에 @₩1,500에 매출하고 대금 중 ₩300,000은 자기앞수표로 받고 잔액은 외상으로 하였다.
- 6/ 2 (주)기아에 프리그래스 300장을 @₩1,700에 매출하고 대금은 약속어음(만기 9/30)을 받았다.
- 6/30 사무원 급료 6개월분 ₩1,800,000을 수표 #4를 발행하여 지급하였다.
- 7/12 두회충에게 ₩3,000,000을 수표 #5를 발행하여 대여하였다. 연 이자율 10%, 이자지급일 매년 9/30, 만기 2004. 9/30일이다.
- 8/10 전기 (주)현대자동차로부터 외상매출대금 중 ₩400,000을 당좌수표로 영수하였다.
- 9/29 (주)기아로부터 약속어음 ₩510,000 중 ₩300,000은 회수하여 즉시 당좌예입하고, 잔액은 어음 기한을 6개월간 연장해 주었다.
- 9/30 두회충으로부터 대여금이자 3개월분 ₩75,000을 수표로 영수하였다.
- 10/30 (주)조국에 차입금이자 ₩250,000을 현금으로 지급하였다.
- 11/10 보험료 ₩40,000, 광고선전비 ₩100,000을 수표 #6을 발행하여 지급하였다. 연 임차료 ₩100,000, 매년 11/30일 임차료 지급하기로 약정함.
- 11/30 건물 임차료 ₩100,000을 수표 #7을 발행하여 지급하였다.

- 12/15 프리그래스 1,200장을 퍼펙트상사로부터 @₩900에 매입하고 대금은 약속어음(만기 3개월)을 발행하여 교부하였다.
- 12/31 사무원 급료 5개월분 ₩1,500,000을 수표 #8을 발행하여 지급하였다.

1 전표의 작성

1월 5일

입금전표 No.

2001년 1월 5일

과 목	자 본 금	항 목	주식발행
적 요		금 액	
1,000주(@₩10,000) ₩13,000 발행		10,000,000	
합 계		10,000,000	

사장	부장	과장	담당

입금전표 No.

2001년 1월 5일

과 목	주식발행초과금	항 목	주식발행
적 요		금 액	
1,000주(@₩10,000) ₩13,000 발행		3,000,000	
합 계		3,000,000	

사장	부장	과장	담당

1월 10일

출금전표 No.

2001년 1월 10일

과 목	임차보증금	항 목	
적 요		금 액	
사무용 건물 임차		1,000,000	
합 계		1,000,000	

사장	부장	과장	담당

1월 15일

입금전표 2001년 1월 15일				No.	
				사장	
과 목	장기차입금	항 목	(주)조국	부장	
적 요		금 액			
만기 2006.1.15, 연이율 5%		5,000,000		과장	
				담당	
합 계		5,000,000			

2월 10일

출금전표 2001년 2월 10일				No.	
				사장	
과 목	당좌예금	항 목	한성은행	부장	
적 요		금 액			
한성은행 예입		10,000,000		과장	
				담당	
합 계		10,000,000			

2월 12일

출금전표 2001년 2월 12일				No.	
				사장	
과 목	소 모 품	항 목	거성문구	부장	
적 요		금 액			
문구 구입		120,000		과장	
				담당	
합 계		120,000			

3월 2일

대체전표 2001년 3월 2일			No.		
			사장 / 부장 / 과장 / 담당		
과 목	적 요	금 액	과 목	적 요	금 액
비 품	컴퓨터 등	1,000,000	당좌예금	#1	700,000
			미지급금	1개월 후	300,000
	합 계	1,000,000		합 계	1,000,000

4월 2일

대체전표 2001년 4월 2일			No.		
			사장 / 부장 / 과장 / 담당		
과 목	적 요	금 액	과 목	적 요	금 액
미지급금	천성가구	300,000	당좌예금	수표 #2	300,000
	합 계	300,000		합 계	300,000

4월 13일

대체전표 2001년 4월 13일			No.		
			사장 / 부장 / 과장 / 담당		
상 품	적 요	금 액	과 목	적 요	금 액
상 품	프리그래스	800,000	당좌예금	수표 #3	800,000
	합 계	800,000		합 계	800,000

5월 20일

입금전표 5월 20일	
과 목	금 액
상 품	300,000

대체전표 5월 20일			
과 목	금 액	과 목	금 액
외상매출금	450,000	상 품	100,000
		상품매출이익	350,000

6월 2일

대체전표 6월 2일			
과 목	금 액	과 목	금 액
받을어음	510,000	상 품	240,000
		상품매출이익	270,000

6월 30일

대체전표 6월 30일			
과 목	금 액	과 목	금 액
급 여	1,800,000	당좌예금	1,800,000

7월 12일

대체전표 7월 12일			
과 목	금 액	과 목	금 액
장기대여금	3,000,000	당좌예금	3,000,000

8월 10일

입금전표 8월 10일	
과 목	금 액
외상매출금	400,000

9월 29일

대체전표 9월 29일			
과 목	금 액	과 목	금 액
당좌예금	300,000	받을어음	300,000

9월 30일

입금전표 9월 30일	
과 목	금 액
이자수익	75,000

10월 30일

출금전표 10월 30일	
과 목	금 액
이자비용	250,000

11월 10일

대체전표 11월 10일			
과 목	금 액	과 목	금 액
보 험 료	40,000	당좌예금	140,000
광고선전비	100,000		

11월 30일

대체전표 11월 30일			
과 목	금 액	과 목	금 액
임 차 료	100,00	당좌예금	100,000

12월 15일

대체전표 12월 15일			
과 목	금 액	과 목	금 액
상 품	1,080,000	지급어음	1,080,000

12월 31일

대체전표 12월 31일			
과 목	금 액	과 목	금 액
급 여	1,500,000	당좌예금	1,500,000

2 집계표 작성 예

집계표는 입금전표 집계표, 출금전표 집계표, 대체전표 집계표로 나누어 종류별로 집계한다. 이의 예는 다음과 같다.

(1) 입금전표 집계표

입금전표 집계표

No. ××~××　　　　2001년 12월 31일

	사장		부장		과장		담당	

계정과목	매 수	금 액
자 본 금	1	10,000,000
주식발행초과금	1	3,000,000
장 기 차 입 금	1	5,000,000
외 상 매 출 금	1	400,000
상 품	1	300,000
이 자 수 익	1	75,000
합 계	6	18,775,000

(2) 출금전표 집계표

출금전표 집계표

No. ××~××　　2001년 12월 31일

사장		부장		과장		담당	

계정과목	매 수	금 액
임 차 보 증 금	1	1,000,000
당 좌 예 금	1	10,000,000
소 모 품	1	120,000
이 자 비 용	1	250,000
합 계	5	11,370,000

(3) 대체전표 집계표

대체전표 집계표

No. ××~××　　2001년 12월 31일

사장		부장		과장		담당	

차변과목	매수	금 액	대변과목	매수	금 액
비 품	1	1,000,000	당 좌 예 금	8	8,340,000
미 지 급 금	1	300,000	미 지 급 금	1	300,000
상 품	1	1,880,000	상 품	2	340,000
외상매출금	1	450,000	상품매출이익	2	620,000
받 을 어 음	1	510,000	받을어음	1	300,000
급 여	2	3,300,000	지급어음	1	1,080,000
장기대여금	1	3,000,000			
당 좌 예 금	1	300,000			
보 험 료	1	40,000			
광고선전비	1	100,000			
임 차 료	1	100,000			
합 계	13	10,980,000	합 계	15	10,980,000

3. 일계표 작성

일계표는 입금전표 집계표, 출금전표 집계표, 대체전표 집계표를 토대로 하여 작성한다. 이 일계표(日計表)는 매일매일 작성하기도 하며 주별 또는 연도별로 작성하기도 한다는 점은 전술한 바와 같다. 일별로 작성된 경우는 일계표, 그리고 주별, 월별, 연도별로 작성하면 각각은 주계표, 월계표, 연계표라고 해야 할 것이다.

그러나 대부분은 일계표가 작성되는 것이 일반적이다. 일계표는 다음에서 보는 바와 같이 중앙에 계정과목과 원면이 있고, 좌우로 차변 및 대변이 있다. 이 차변과 대변은 총계정원장의 각 계정 차변 및 대변에 기록해야 할 금액을 전표집계표를 기초로 하여 기입한다. 일계표의 차변, 대변에 각각 현금, 대체, 합계란이 있다.

일계표의 작성 순서는 먼저 대체전표 집계표의 각 계정과목의 금액을 일계표의 해당 계정과목의 차변 및 대변에 옮겨 기입한다. 그리고 입금전표 집계표 및 출금전표 집계표에 기록된 금액 중 입금전표에 기록된 각 계정과목의 금액을 일계표 현금란의 해당 계정과목의 대변에, 그리고 출금전표의 금액은 해당 계정과목 차변의 일계표 현금란에 옮긴다. 마지막으로 입금전표의 합계액과 출금전표의 합계액과의 차액을 일계표의 당일현금란 차변 또는 대변에 기록한다. 즉 입금전표의 금액이 출금전표의 금액보다 많으면 그 차액을 일계표 당일현금란 차변에 그리고 그 반대이면 일계표 당일현금란 대변에 기입한다. 그런 후 일계표의 현금 및 대체란의 합계를 산출 · 기입하여 총합계를 산출하면 그 합계는 대차가 일치하게 된다.

다음 예시는 2001년 1월 1일부터 12월 31일의 전표를 집계하였다. 따라서 정확한 표현은 일계표라 하지 않고 '연계표(年計表)'라고 해야 한다. 그러나 본 예에서는 편의상 '일계표'라 하기로 한다. 일계표를 통해 각 계정별로 전표의 작성내용을 일견할 수 있고 동시에 총계정원장에 전기해야 할 금액을 확인할 수 있다. 또한 일계표를 작성함으로써 전표의 작성이 정확한지 여부를 파악할 수 있다. 즉 본 예시에서 일계표의 당일현금의 차변금액이 ₩7,405,000이 기입되며, 그 결과 최종합계 금액이 차변과 대변이 각각 ₩29,755,000으로 일치해서 전표의 작성이 정확히 작성되었다고 보는 것이다. 이와 같은 일계표를 작성하면 다음과 같다.

No. 1

일 계 표

2001년 12월 31일 작성자: 손 영 희

차변			계정과목	원면	대변		
합 계	대 체	현 금			현 금	대 체	합 계
10,300,000	300,000	10,000,000	당 좌 예 금	2		8,340,000	8,340,000
450,000	450,000		외상매출금	3	400,000		400,000
510,000	510,000		받 을 어 음	4		300,000	300,000
1,880,000	1,880,000		상 품	5	300,000	340,000	640,000
120,000		120,000	소 모 품	6			
3,000,000	3,000,000		장기대여금	7			

차변			계정과목	원면	대변		
합 계	대 체	현 금			현 금	대 체	합 계
1,000,000		1,000,000	임차보증금	8			
1,000,000	1,000,000		비 품	9			
			지 급 어 음	10		1,080,000	1,080,000
300,000	300,000		미 지 급 금	11		300,000	300,000
			장기차입금	12	5,000,000		5,000,000
			자 본 금	13	10,000,000		10,000,000
			주식발행초과금	14	3,000,000		3,000,000
			상품매출이익	15		620,000	620,000
			이 자 수 익	16	75,000		75,000
3,300,000	3,300,000		급 여	17			
40,000	40,000		보 험 료	18			
100,000	100,000		광고선전비	19			
100,000	100,000		임 차 료	20			
250,000		250,000	이 자 비 용	21			
22,350,000	10,980,000	11,370,000	소 계	1	18,775,000	10,980,000	29,755,000
7,405,000		7,405,000	당 일 현 금		0	0	0
29,755,000	10,980,000	18,775,000	총 계		18,775,000	10,980,000	29,755,000

III. 총계정원장에 전기

일계표로부터 총계정원장으로의 전기는 분개장에서 전기하는 경우와는 다르게 일괄하여 전기한다. 원장의 각 계정양식에서 No.는 일계표의 번호를 기입하고 적요란은 일계표라고만 기입한다. 그리고 일계표의 원면란에는 원장의 해당 계정의 면수를 기입한다.

1. 일계표 현금의 전기

현금계정에 전기할 금액은 소계란의 차변 및 대변의 현금란 소계를 전기한다. 일계표의 차변 현금란에는 출금전표의 금액이 기입되었으므로 그 합계액은 현금지급액이 되며 이를 현금계정 대변에 전기해야 하고, 일계표의 대변 현금란에 기입된 금액은 입금전표의 금액이 기입되었으므로 그 합계액은 현금계정 차변에 기입한다.

2. 일계표 대체란의 전기

일계표의 대체란에 기입된 금액은 각 계정별 차변금액과 대변금액을 총계정원장의 각 계정 차변 및 대변에 기입하면 되며, 적요란에 '일계표'라고 기입하고, No.는 일계표 번호를 그리고 일계표의 원면은 총계정원장의 각 계정 면수를 기입한다.

3. 예 시

〈부분 총계정원장〉

현 금 (1)

날짜		적 요	No.	차 변	날짜		적 요	No.	대 변
12	31	일 계 표	1	18,775,000	12	31	일 계 표	1	11,370,000

당좌예금 (2)

날짜		적 요	No.	차 변	날짜		적 요	No.	대 변
12	31	일 계 표	1	10,300,000	12	31	일 계 표	1	8,340,000

미지급금 (11)

날짜		적 요	No.	차 변	날짜		적 요	No.	대 변
12	31	일 계 표	1	300,000	12	31	일 계 표	1	300,000

Ⅳ. 결산 및 재무제표

기말 결산일에 행해지는 결산절차 및 재무제표 작성은 분개를 전표에 기표하는 것 이외에는 전술한 분개장에 분개하는 경우와 다를 바가 없다. 따라서 결산절차 및 재무제표 작성은 생략하며, 제6장 결산회계 및 제8장 발생주의와 기말수정을 참고하기 바란다.

심 화 학 습 문 제

■ **[5-1]** 전표제도의 장점을 열거하시오.

■ **[5-2]** 전표의 종류를 열거하고 그 내용을 간단히 설명하시오.

■ **[5-3]** 다음 거래에 의해 약식 입금전표를 작성하시오.

(거 래)

2/ 8 수표를 발행하여 현금 ₩200,000을 인출하였다.

2/20 상품 ₩900,000을 매출하고 대금 중 ₩700,000은 현금으로 영수하고 잔액은 1개월 후에 받기로 하였다.

3/10 보유하고 있던 비품(취득원가 ₩500,000, 감가상각누계액 ₩400,000)을 매각하고 그 대금 ₩80,000을 현금으로 영수하였다.

4/17 대여금에 대한 이자 ₩300,000을 현금으로 영수하였다.

4/30 외상매출금 ₩450,000을 당좌수표로 회수하였다.

■ **[5-4]** 다음 거래에 의해 약식 출금전표를 작성하시오.

(거 래)

2/10 건물 ₩4,600,000을 구입하고 대금 중 ₩2,000,000은 어음을 발행하여 지급하고, 잔액은 현금을 지급하였다.

3/23 사무용 컴퓨터를 구입하고 대금 ₩1,800,000을 현금으로 지급하였다.

3/26 종업원에 대한 급여 ₩7,000,000을 현금으로 지급하였다.

4/18 업무용 차량에 대한 자동차 보험료 ₩500,000을 현금으로 지급하였다.

5/30 접대비 ₩900,000을 현금으로 지급하였다.

6/ 7 어음의 만기가 되어 현금 ₩800,000을 지급하였다.

■ **[5-5]** 다음 거래에 의해 약식 대체전표를 작성하시오.

1/12 업무용 토지를 구입하고 대금 중 ₩6,000,000은 현금을 지급하고 잔액 ₩3,000,000은 3개월 후에 지급하기로 하였다.

1/20 판매용 상품 ₩5,600,000을 매입하고 대금 중 ₩4,000,000은 약속어음을 발행하고 잔액은 외상으로 하였다.

2/ 4 영걸(주)의 주식 ₩360,000을 취득하고 대금을 10일 후에 지급하기로 하였다.

2/13 고객 지원 센터에서 사용 중인 컴퓨터(취득원가 ₩2,000,000, 감가상각누계액

₩1,200,000)를 처분하고 대금은 후일에 받기로 하였다.

■ [5-6] 다음의 전표에 의해 거래를 추정하시오.

입금전표 8월 20일	
과 목	금 액
매 출	500,000

대체전표 8월 20일			
과 목	금 액	과 목	금 액
외상매출금	700,000	매 출	700,000

대체전표 9월 12일			
과 목	금 액	과 목	금 액
기계장치	5,000,000	당좌예금	3,000,000
		미지급금	2,000,000

출금전표 10월 4일	
과 목	금 액
광고선전비	400,000

(거래추정)

8/20	
9/12	
10/ 4	

■ [5-7] 다음 일계표를 통해 총계정원장에 전기하시오.

No. 1			일 계 표 2001년 12월 31일				작성자: 손 영 희
차 변			계정과목	원면	대 변		
합 계	대 체	현 금			현 금	대 체	합 계
600,000	500,000	100,000	당 좌 예 금			70,000	70,000

차 변			계정과목	원면	대 변		
합 계	대 체	현 금			현 금	대 체	합 계
900,000	900,000		외상매출금		500,000		500,000
1,300,000	1,300,000		단기매매금융자산			850,000	850,000
1,620,000	1,620,000		상 품		480,000	240,000	720,000
·	·	·	·		·	·	·
·	·	·	·		·	·	·
14,484,000	6,784,000	7,700,000	소 계		8,140,000	6,784,000	14,924,000
440,000		440,000	당 일 현 금				
14,924,000	6,784,000	8,140,000	총 계		8,140,000	6,784,000	14,924,000

(계 정)

현 금

당좌예금

외상매출금

단기매매금융자산

상 품

제 6 장
결산회계

제 6 장 결산회계

제1절 결산의 의의

결산(closing)이란 기업의 모든 업무를 중단하고 일정한 기간 동안의 재무상태나 경영성과를 측정하여 보고서를 작성(재무제표 작성)하는 활동을 말한다. 오늘날 회사조직의 전신이라 할 수 있는 14세기경 중세 유럽의 Commenda는 그 영업형태가 오늘날과 같이 계속성을 갖는 것이 아니고, 모험적 · 간헐적인 영업형태를 가짐으로 인해 일정한 기간을 구분하여 계산할 필요는 없고 영업이 종결되었을 때 계산하여 손익을 분배하면 되었다.

그러나 오늘날은 계속기업(going concern)을 전제로 하여 영업을 하기 때문에 기간단위별(期間單位別)로 계산할 필요가 있게 된다. 따라서 회계연도 말에는 모든 업무를 마감하고 그간의 성과와 재무상태 등을 계산 · 정리해야 하며 이 같은 일련의 활동을 결산이라 한다. 그 결과 재무상태 또는 경영성과 및 현금흐름을 파악하고 다음 영업연도의 경영의사결정 자료로 활용하고, 이익도 분배하게 된다. 또한 외부 회계정보이용자에게도 동일 정보를 제공하여 그들의 의사결정(意思決定)을 돕는 것이다.

- 결산절차
  - 예비절차
    - 시산표 작성
    - 정산표 작성
  - 본 절 차
    - 장부마감
    - 재무제표 작성

결산(決算)은 영업연도 말(회계연도 말)에 이루어지며, 이 날을 결산일이라 한다. 결산일에 즈음하여 기업은 시산표를 작성하여 총계정원장의 기장이 정확한가 여부를 파악하고, 다음으로는 본격적인 결산의 본절차를 밟는다.

제 2 절 시산표 및 정산표

2.1 시산표의 목적 및 작성원리

2.1.1 시산표의 목적

시산표(trial balance) 작성은 후술하는 정산표와 함께 '결산 예비절차'에 해당하는 작업 중의 하나이다. 시산표의 어의는 시산(試算)하는 표(表)라는 의미로서 시험적으로 계산하는 표라는 말이다. 기말 결산일에 즈음하여 결산을 정확하게 수행할 수 있도록 하기 위해서는 결산의 토대가 명확히 정리되어 있어야 한다. 그 토대가 되는 것이 총계정원장으로서 총계정원장의 기록 내용들이 정확히 이루어질 필요가 있는 것이다. 따라서 결산 본절차에 착수하기 전에 총계정원장의 기록 내용들이 정확한가 여부를 평가하기 위해서 작성되는 계산서가 시산표(試算表)이다.

2.1.2 시산표 작성원리

시산표를 총계정원장의 기록이 정확한지 여부를 평가하는 수단으로 이용하는 이유는 복식부기의 대차평균(貸借平均)의 원리(原理) 때문이다. 복식부기는 거래의 이중성을 포착하여 회계처리하므로, 분개의 경우 차변에 일정한 금액을 분개하면 대변도 동일한 금액을 분개하게 되고, 그 결과 분계장의 총합계 또는 전표제도에서의 일계표 총합계가 차변 및 대변이 일치하게 된다. 그러한 분개장 또는 일계표의 내용을 총계정원장의 각 계정 차변과 대변에 전기하므로 총계정원장의 각 계정 총합계도 차변과 대변의 금액이 일치한다는 원리에 입각하여, 시산표를 통해 총계정원장의 기장 정확 여부를 검증하는 것이다. 총계정원장의 각 계정 합계금액뿐만 아니라 그 잔액은 차변과 대변을 각각 합계하여도 대차가 일치하게 되는 것이다.

2.1.3 시산표의 종류 및 작성

시산표의 종류로는 합계시산표, 잔액시산표, 합계잔액시산표의 3종류가 있다. 이 중에서 시산표의 본질적인 면에서 볼 때 잔액시산표(殘額試算表)가 가장 중요하며 가장 널리 이용되는 시산표이다. 이는 단순한 합계금액보다는 각 계정의 잔액을 산출함으로써 더욱 정교한 검증을 할 수 있다는 점이고, 나아가서 각종 정보의 산출과정에서 근본적인 지표가 각 계정 잔액이기 때문이다. 그러나 총계정원장의 합계 또는 잔액의 일치함에도 불구하고 총계정원장 정확성 여부를 평가할 수 없는 경우도 있다. 그 경우는 ① 전기할 때 대차 반대로 전기한 경우, ② 대차 동액의 기장오류(記帳誤謬), ③ 하나 또는 둘 이상의 전기의 누락(漏落) 등이다.

(1) 합계시산표

합계시산표

○○상사 2001년 12월 31일

차 변	원면	계정과목	대 변
××××		현금 및 현금성자산	××
×××		단기금융상품	×
		·	
×		매입채무	××
×		자본금	××××
		·	
		이자수익	××
		·	
×		임차료	
×××××		합계	×××××

합계시산표(合計試算表)는 총계정원장의 각 계정의 차변합계와 대변합계에 의해 작성되는 계산서로서, 각 계정을 총합계(total sum)한 금액도 대변과 차변이 일치함을 근거로 총계정원장의 정확성 여부를 검증한다. 기록된 합계시산표를 관찰하면 자산계정과 비용계정은 언제나 차변쪽이 많으며, 부채계정, 자본계정, 수익계정의 합계는 언제나 대변이 많다. 이는 거래의 결합관계에서 자산증가, 비용발생은 차변에 그리고 감소 또는 소멸은 그 대변에 기록하기 때문이며, 부채증가, 자본증가, 수익발생은 대변에 그리고 그 감소 또는 소멸은 차변에 기록하기 때문이다. 합계시산표의 양식은 상기와 같다.

(2) 잔액시산표

잔액시산표

○○상사 2001년 12월 31일

차 변	원면	계정과목	대 변
××		현금 및 현금성자산	
×		단기금융상품	
		·	
		매입채무	×
		자본금	×××
		·	
		이자수익	××
		·	
×		임차료	
×××××			×××××

잔액시산표는 전술한 합계시산표의 각 계정 대차 합계액의 차액을 기입하여 작성한다. 예를 들어 유가증권계정의 차변합계가 ₩580,000이고 대변합계가 ₩300,000이라면, 이들 합계가 합계잔액시산표의 차변 및 대변에 각각 기록되며, 잔액시산표에는 대차의 차액인 ₩280,000만 잔액시산표에 기입된다. 합계시산표와는 다르게 잔액시산표에는 차변 또는 대변 중 어느 한쪽에만 잔액이 기록된다.

상기의 예에서 합계금액이 차변이 ₩280,000 더 많으므로 잔액시산표의 차변에 ₩280,000을 기록한다. 따라서 자산계정과 비용계정은 차변에 잔액이, 그리고 부채계정, 자본계정, 수익계정은 대변에 잔액이 있다고 말하며 이 잔액을 잔액시산표의 대변에 기록한다. 이렇게 하여 기록된 각 잔액을 차변 또는 대변별로 합계하면 대차가 일치하고 이로써 총계정원장이 정확하게 기록되었다는 것이 검증된다. 잔액시산표 양식은 상기와 같다.

(3) 합계잔액시산표

합계잔액시산표(合計殘額試算表)는 전술한 합계시산표 및 잔액시산표를 하나로 묶은 계산서이다. 이의 양식은 다음과 같다.

합계잔액시산표

○○상사 2001년 12월 31일

차변 잔액	차변 합계	계정과목	대변 합계	대변 잔액
××	××××	현금 및 현금성자산	××	
××	××××	단기금융상품	××	
		·		
	×	매입채무	×××	××
	×	자본금	××××	×××
		·		
		이자수익	××	××
		·		
×	×	임차료		
×××××	×××××		×××××	×××××

(4) 작성 사례

전기의 제5장에서의 【5-2 회계사례】에 의해 분개장에 분개하고 이를 총계정원장에 전기한 바 있다. 이 전기된 총계정원장을 기초로 하여 앞에서 기술한 결산의 예비절차에 따라 각종 시산표를 작성해 보기로 한다.

1) 합계시산표의 예

합계시산표

(주)오토그래스 2001년 12월 31일

차변	원면	계정과목	대변
18,775,000	1	현금	11,370,000
10,300,000	2	당좌예금	8,340,000
450,000	3	외상매출금	400,000
510,000	4	받을어음	300,000
1,880,000	5	상품	640,000
120,000	6	소모품	
3,000,000	7	장기대여금	
1,000,000	8	임차보증금	
1,000,000	9	비품	
	10	지급어음	1,080,000
300,000	11	미지급금	300,000
	12	장기차입금	5,000,000
	13	자본금	10,000,000

	14	주식발행초과금	3,000,000
	15	상품매출이익	620,000
	16	이자수익	75,000
3,300,000	17	급여	
40,000	18	보험료	
100,000	19	광고선전비	
100,000	20	임차료	
250,000	21	이자비용	
41,125,000			41,125,000

2) 잔액시산표의 예

잔액시산표

(주)오토그래스 2001년 12월 31일

차 변	원면	계정과목	대 변
7,405,000	1	현금	
1,960,000	2	당좌예금	
50,000	3	외상매출금	
210,000	4	받을어음	
1,240,000	5	상품	
120,000	6	소모품	
3,000,000	7	장기대여금	
1,000,000	8	임차보증금	
1,000,000	9	비품	
	10	지급어음	1,080,000
	11	미지급금	0
	12	장기차입금	5,000,000
	13	자본금	10,000,000
	14	주식발행초과금	3,000,000
	15	상품매출이익	620,000
	16	이자수익	75,000
3,300,000	17	급여	
40,000	18	보험료	
100,000	19	광고선전비	
100,000	20	임차료	
250,000	21	이자비용	
19,775,000			19,775,000

3) 합계잔액시산표의 예

합계잔액시산표

(주)오토그래스상사 2001년 12월 31일

차변		계정과목	대변	
잔액	합계		합계	잔액
7,405,000	18,775,000	현 금	11,370,000	
1,960,000	10,300,000	당 좌 예 금	8,340,000	
50,000	450,000	외 상 매 출 금	400,000	
210,000	510,000	받 을 어 음	300,000	
1,240,000	1,880,000	상 품	640,000	
120,000	120,000	소 모 품		
3,000,000	3,000,000	장 기 대 여 금		
1,000,000	1,000,000	임 차 보 증 금		
1,000,000	1,000,000	비 품		
		지 급 어 음	1,080,000	1,080,000
	300,000	미 지 급 금	300,000	0
		장 기 차 입 금	5,000,000	5,000,000
		자 본 금	10,000,000	10,000,000
		주 식 발 행 초 과 금	3,000,000	3,000,000
		상 품 매 출 이 익	620,000	620,000
		이 자 수 익	75,000	75,000
3,300,000	3,300,000	급 여		
40,000	40,000	보 험 료		
100,000	100,000	광 고 선 전 비		
100,000	100,000	임 차 료		
250,000	250,000	이 자 비 용		
19,775,000	41,125,000		41,125,000	19,775,000

2.2 정산표의 의의 및 종류

시산표가 완성되어 총계정원장의 기장이 정확한 것으로 검증되면 기말 결산일에 수행할 발생주의 수정사항(修正事項)에 의해 원장의 내용을 수정하고 재무제표를 작성하게 된다. 이와 같은 일련의 절차를 한 표에 모은 것이 정산표(精算表)이다. 정산표는 결산의 복잡한 제 절차를 하나의 표에 의해 수행하여 전반적인 내용을 일견하여 파악하고 제 절차를 수행하는 과정에서의 오류를 용이하게 파악하여 바로 잡을 수 있는 편리한 도구로 사용된다. 정규적인 결산서류(決算書類)에는 포함되지 않지만 많은 기업에서 실무적으로 작성하고 있는 것으로 중요한 것이다.

정산표는 6위식, 8위식, 10위식 등의 종류가 있다. 6위식은 가장 간단한 정산표로서 금액란이 잔액시산표, 재무상태표 그리고 포괄손익계산서에 각각 차변과 대변의 6개의 칸으로 구성되었을 때 6위식 정산표라 하며, 8위식은 6위식 정산표에 수정사항란이 추가된 것을 말한다. 수정사항은 기말 결산일에 발생주의 회계를 위해 수정해야 할 사항을 기입한다. 10위식 정산표는 8위식 정산표에 수정후시산표(修正後試算表)란(칸)이 추가된 경우를 말한다. 일반적으로 학습할 때는 8위식을 사용하며, 이에 대해서는 후술하는 제8장 발생주의와 기말수정에서 예시하기로 한다. 정산표의 양식은 다음과 같다.

2.2.1 6위식 정산표

정 산 표

계정과목	잔액시산표		포괄손익계산서		재무상태표	

2.2.2 8위식 정산표

정 산 표

계정과목	잔액시산표		수정사항		포괄손익계산서		재무상태표	

2.2.3 10위식 정산표

정 산 표

계정 과목	잔액시산표		수정사항		수 정 후 시 산 표		포괄손익 계산서		재무상태표	

2.3 정산표의 작성 예(6위식)

6위식에서는 잔액시산표의 금액을 정산표의 잔액시산표에 옮기고 이 중 재무상태표 항목은 재무상태표란의 차변 또는 대변에 옮겨 기입하고, 포괄손익계산서 항목인 수익(收益)과 비용(費用)은 포괄손익계산서란의 대변 또는 차변에 옮겨 기입한다. 재무상태표의 차변은 자산항목의 금액을, 대변은 부채와 자본항목의 금액을 옮겨 기입한다.

그 다음으로는 포괄손익계산서의 대차 합계액을 계산하고 그 차액이 대변에 있으면 포괄손익계산서의 차변에 당해 차액을 기입하고 대차금액을 일치시킨다. 그리고 차액을 기입한 난의 계정과목란에 당기순이익(當期純利益) 또는 당기순손실(當期純損失)이라 기입하며, 동시에 그 차액을 재무상태표 대변에 옮겨 기입한 후 재무상태표의 대차합계액을 계산하면 그 금액이 일치한다. 포괄손익계산서의 대변에 차액이 있으면 당기순이익이라 기입하고, 포괄손익계산서의 차변에 그 금액을 기입하며 동시에 재무상태표에는 동액을 대변에 기입한다. 포괄손익계산서 차액이 차변에 있으면 당기순손실이므로 당기순이익과 반대로 기입하면 된다.

다음 정산표작성의 예는 【5-2 회계사례】의 자료를 기초로 하여 작성한 것이다. 정산표에서 포괄손익계산서의 차변합계가 대변합계보다 ₩3,095,000이 많으므로 계정과목란에 당기순손실이라 기입하고, 당해 난의 포괄손익계산서 대변에 ₩3,095,000을 기입하여 포괄손익계산서 대차합계를 일치시킨다. 동시에 당해 금액을 재무상태표의 차변에 기입한다. 그 결과 재무상태표의 대차합계도 ₩19,080,000으로 일치되어 정산표가 완성된다.

정 산 표

(주)오토그래스 2001년 12월 31일

계정과목	잔액시산표		포괄손익계산서		재무상태표	
현 금	7,405,000				7,405,000	
당 좌 예 금	1,960,000				1,960,000	
외 상 매 출 금	50,000				50,000	
받 을 어 음	210,000				210,000	
상 품	1,240,000				1,240,000	
소 모 품	120,000				120,000	
장 기 대 여 금	3,000,000				3,000,000	
임 차 보 증 금	1,000,000				1,000,000	
비 품	1,000,000				1,000,000	
지 급 어 음		1,080,000				1,080,000
미 지 급 금		0				
장 기 차 입 금		5,000,000				5,000,000
자 본 금		10,000,000				10,000,000

주식발행초과금		3,000,000				3,000,000
상품매출이익		620,000		620,000		
이 자 수 익		75,000		75,000		
급 여	3,300,000		3,300,000			
보 험 료	40,000		40,000			
광고선전비	100,000		100,000			
임 차 료	100,000		100,000			
이 자 비 용	250,000		250,000			
	19,775,000	19,775,000				
당기순손실				3,095,000	3,095,000	
			3,790,000	3,790,000	19,080,000	19,080,000

✎ 당기순손실 또는 당기순이익은 주기(朱記)한다.

제 3 절 결산 본절차

결산의 본절차에는 장부를 마감하고 이 장부를 토대로 하여 재무제표를 작성하는 일이다. 이때 장부란 주요부로서 분개장과 총계정원장을 말하며, 이 주요부의 마감과 동시에 보조장부, 즉 보조원장 및 보조기입장도 함께 마감한다. 이 보조원장과 보조기입장(補助記入帳)은 후술하기로 한다. 분개장은 대차를 합계하여 마감하면 되지만, 총계정원장의 마감은 분개장보다는 복잡하다.

총계정원장과 분개장의 마감은 결산일 현재 발생주의 수정사항 및 기타사항을 수정하기 위한 분개와 이 분개에 의한 총계정원장의 수정이 이루어진 후에 마감절차를 밟는다. 장부의 마감 순서는 분개장을 마감하고 다음으로 총계정원장을 마감한다. 총계정원장의 마감도 먼저 수익과 비용계정을 마감한 후 자산 · 부채 · 자본계정을 마감하는 순서로 한다.

3.1 수익과 비용계정 마감

3.1.1 수익 · 비용을 먼저 마감하는 이유

수익과 비용은 포괄손익계산서 항목이다. 수익은 기업의 순자산을 증가시키는 효과가 있고 비용은 순자산을 감소시키는 효과가 있다. 즉 수익과 비용은 자본의 증감효과를 갖는 것이다. 그러므로 포괄손익계산서 항목인 수익과 비용을 마감하여 당기순이익 또는 당기순손실을 계산하고 이를 자본계정(資本計定)에 대체하여 자본을 증감시켜야 할 필요가 있다. 이것이 재무상태표 항목보다는 포괄손익계산서 항목을 먼저 마감하는 이유이다. 당기순손익을 자본계정에 대체할 때 구체적인 계정과목은 자본금계정이다.

소규모 개인기업(個人企業)에서는 기업주가 투자한 자본금의 일부를 인출해 갈 수 있고, 회계 담당자는 기말 결산의 결과 당기순(손)익이 계산되면 이를 자본금계정에 대체하여 자본금의 증감하는 회계처리를 한다. 그러나 법인형태의 기업체에서는 개인회사와 같이 임의대로 주식회사(株式會社)의 주주 또는 기타 법인조직(法人組織)의 사원이 자본금을 임의로 인출하거나, 회계 담당자가 당기순(손)익에 따른 자본금을 임의로 증감시킬 수 없다. 이는 이사회, 주주총회 또는 사원총회의 의결절차를 밟은 후에 그 의결 결과에 의해 자본금 또는 자본계정의 증감회계처리를 할 수 있는 것이다. 따라서 본장에서는 자본금계정에 대체하는 방법을 사용하기로 한다.

3.1.2 집합손익계정 설정

수익과 비용계정을 마감하기 위해 기말에 집합손익(또는 손익)계정을 총계정원장에 새로 설정한다. 이는 총계정원장(總計定元帳)의 수익계정 잔액과 비용계정의 잔액을 이 계정에 집합시켜 당기순(손)익 발생 여부를 파악하기 위해서이다. 수익 · 비용을 집합손익계정(集合損益計定)에 대체하기 위해서는 대체분개를 해야 한다. 회계에서 어떤 계정에 있는 금액을 다른 계정으로 옮기는 경우는 반드시 분개를 해야 하며, 이때의 분개를 '대체분개'라 하고 분개한 것을 총계정원장에 기입하는 것을 '대체기입'이라 한다. 대체분개(代替分介)는 분개장에 해야 하며 발생주의 수정사항 분개 및 기타 수정사항을 분개하고 시산표를 작성한 후 분개장을 마감한 다음에 결산일자로 대체분개를 한다. 새로 설정한 집합손익계정의 차변은 비용계정 잔액을, 대변은 수익계정의 잔액을 대체한다. 이 집합손익계정은 후에 포괄손익계산서 작성의 기초를 제공하게 된다.

집합손익

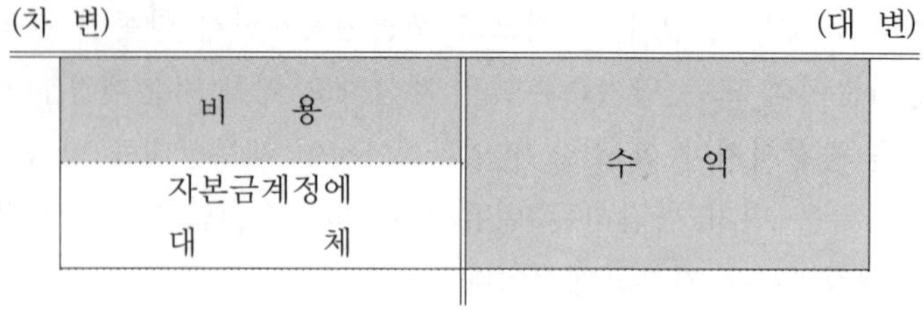

3.1.3 수익 · 비용의 대체분개

(1) 수익계정

1) 대체분개 방법

거래의 결합관계(結合關係)에서 수익발생은 대변이라고 공부하였다. 수익의 발생이 대변이면 발생된 수익의 소멸은 차변이라는 것을 알 수 있다. 그러므로 수익의 소멸은 언제나 발생된 수익의 범위 내에서 이루어지므로 수익계정의 잔액은 언제나 대변에 있다. 즉 수익계정은 언제나 대변의 금액이 더 많다는 것이다. 그러므로 대변에 있는 잔액을 다른 계정, 즉 집합손익계정으로 대체하면 집합손익계정의 대변에 기입된다. 어떤 계정으로 대체하든지간에 잔액이 차변에 있으면 다른 계정의 차변에 대체되고, 대변에 잔액이 있으면 다른 계정에도 대변에 대체된다.

우리는 분개의 과정과 그 결과를 총계정원장에 전기하는 공부를 하였다. 전기하는 과정을 보면 어떤 계정의 차변에 전기하기 위해서는 분개도 차변에 분개되어야 하고 어떤 계정의 대변에 전기하려면 분개도 대변에 분개되어야 한다는 것을 터득(攄得)하였을 것이다. 그러므로 본절에서의 대체분개도 이를 응용하여 수행하면 된다. 예를 들어 이자수익계정 대변잔액이 ₩500,000인데 이를 기말 결산일에 집합손익계정에 대체하면, 차변) 이자수익 500,000, 대변) 집합손익 500,000이라는 대체분개가 된다. 이를 대체기입하면 다음 그림과 같다.

이자수익

12/31	집합손익	500,000	7/29	현 금	500,000

집합손익

			12/31	이자수익	500,000

앞의 그림에서 보는 바와 같이 어떤 계정의 금액이 타 계정으로 대체되면 그 대체한 계정의 잔액이 영(zero)이 된다는 점이다. 상기 예에서는 이자수익계정이 그 예이다.

이와 같이 모든 수익계정의 금액은 모두 대변잔액이어서 집합손익계정의 대변에 기장되어야 하므로 **'대변) 집합손익'**이라고 분개하며, 수익계정 잔액을 집합손익계정의 대변으로 대체하고 나면 그 계정잔액은 영(zero)이 되어야 한다. 그러므로 모든 수익계정 대체분개의 차변은 **'차변) ××수익계정'**이라고 분개해야 한다.

2) 대체분개 과정

차변)	상품매출이익	620,000	대변)	집합손익	620,000
	이 자 수 익	75,000		집합손익	75,000

▽

차변)	상품매출이익	620,000	대변)	집합손익	695,000
	이 자 수 익	75,000			

✎ 여기에서 집합손익계정에 대체분개 및 대체기입은 동일날짜 및 동시에 행하므로, 대변의 계정과목을 반복해서 '집합손익'이라고 할 필요가 없고 한 번만 사용하며 그 금액은 합계하여 분개한다.

(2) 비용계정

1) 대체분개 방법

비용계정은 거래의 결합관계에서 비용발생은 차변이라는 것을 공부하였다. 그러므로 비용의 발생액 내에서 비용이 소멸할 수도 있으므로 비용의 소멸은 그 반대인 대변에 분개된다. 따라서 비용계정은 언제나 차변금액이 더 많다. 즉 비용계정의 잔액은 차변에 있는 점이 수익계정과 다른 점이다. 어떤 계정의 차변에 있는 잔액을 다른 계정으로 대체하면 반드시 다른 계정에서도 차변에 기입된다는 점을 이미 수익계정 대체에서 살펴보았다. 결산일에 보험료계정 차변잔액이 다음과 같이 ₩350,000이라면, 차변) 집합손익 350,000, 대변) 보험료 350,000이라고 대체분개하며 다음과 같이 대체기입한다. 따라서 보험료계정은 잔액이 영(zero)이 되고 집합손익계정에 보험료가 ₩350,000 기입된다.

보 험 료

날짜	계정	금액	날짜	계정	금액
4/ 3	현 금	150,000	12/31	집합손익	350,000
8/10	당좌예금	200,000			

집합손익

날짜	계정	금액	날짜	계정	금액
12/31	보 험 료	350,000			

2) 대체분개 과정

【5-2 회계사례】의 사례에 따른 총계정원장에서 비용계정을 대체분개하면 다음과 같다. 동일한 결산일의 분개이므로 반복하여 '집합손익'을 분개하는 것은 비효율적이다. 따라서 대변의 분개는 하나의 집합손익계정을 설정하고 그 금액을 합계한 것으로 분개한다.

차변)		대변)	
집합손익	3,300,000	급 여	3,300,000
집합손익	40,000	보 험 료	40,000
집합손익	100,000	광고선전비	100,000
집합손익	100,000	임 차 료	100,000
집합손익	250,000	이 자 비 용	250,000

▽

차변)		대변)	
집합손익	3,790,000	급 여	3,300,000
		보 험 료	40,000
		광고선전비	100,000
		임 차 료	100,000
		이 자 비 용	250,000

⑶ 부분 분개장 및 총계정원장 기입

【5-2 회계사례】에 의해 결산일 현재 수익과 비용을 마감하기 위해 분개장에 결산분개를 행하고, 이를 총계정원장의 수익과 비용계정에 대체 기입하면 다음과 같다.

1) 부분 분개장

분 개 장 (3)

날짜		적 요	원면	차 변	대 변
		(결 산 분 개)			
12	31	제 좌			
		(상품매출이익)	15	620,000	
		(이 자 수 익)	16	75,000	
		(집 합 손 익)	22		695,000
		수익계정 잔액을 집합손익에 대체			
〃	〃	(집 합 손 익) 제 좌	22	3,790,000	
		(급 여)	17		3,300,000
		(보 험 료)	18		40,000
		(광고선전비)	19		100,000
		(임 차 료)	20		100,000
		(이 자 비 용)	21		250,000
		비용계정 잔액을 집합손익에 대체			
〃	〃	(자 본 금)		3,095,000	
		(집 합 손 익)			3,095,000
		집합손익에서 자본금계정에 대체			
				7,580,000	7,580,000

2) 부분 총계정원장

상품매출이익 (15)

날짜		적 요	분면	차 변	날짜		적 요	분면	대 변
12	31	집합손익	3	620,000	5	20	제 좌	1	350,000
					6	2	받을어음	2	270,000
				620,000					620,000

이자수익 (16)

날짜		적 요	분면	차 변	날짜		적 요	분면	대 변
12	31	집합손익	3	75,000	9	30	현 금	2	75,000

보 험 료 (18)

날짜		적 요	분면	차 변	날짜		적 요	분면	대 변
11	10	당좌예금	2	40,000	12	31	집합손익	3	40,000

급 여 (17)

날짜		적 요	분면	차 변	날짜		적 요	분면	대 변
6	30	당좌예금	2	1,800,000	12	31	집합손익	3	3,300,000
12	31	당좌예금	3	1,500,000					
				3,300,000					3,300,000

광고선전비 (19)

날짜		적 요	분면	차 변	날짜		적 요	분면	대 변
11	10	당좌예금	2	100,000	12	31	집합손익	3	100,000

임 차 료 (20)

날짜		적 요	분면	차 변	날짜		적 요	분면	대 변
11	30	당좌예금	2	100,000	12	31	집합손익	3	100,000

이자비용 (21)

날짜		적 요	분면	차 변	날짜		적 요	분면	대 변
10	30	현 금	2	250,000	12	31	집합손익	3	250,000

집합손익 (22)

날짜		적 요	분면	차 변	날짜		적 요	분면	대 변
12	31	급 여	3	3,300,000	12	31	상품매출이익	3	620,000
〃	〃	보 험 료	3	40,000	〃	〃	이 자 수 익	3	75,000
〃	〃	광고선전비	3	100,000	〃	〃	자 본 금	3	3,095,000
〃	〃	임 차 료	3	100,000					
〃	〃	이 자 비 용	3	250,000					
				3,790,000					3,790,000

자 본 금 (13)

날짜		적 요	분면	차 변	날짜		적 요	분면	대 변
12	31	집합손익	3	3,095,000	1	5	현 금	1	10,000,000

(4) 집합손익계정에서 자본금계정에 대체

상기 총계정원장의 집합손익계정을 보면 대변의 합계(수익)보다 차변의 합계(비용)가 더 많음을 알 수 있다. 이는 당기순손실이 발생하였다는 것을 보여주는 것이다. 당기순손실이 발생하면 자본이 감소하는 영향을 미치므로 자본금계정의 차변에 대체해야 한다. 거래의 결합관계에서 자본감소는 차변이라고 공부한 바 있다.

다음은 집합손익계정에서 자본금계정에 대체한 결과를 도시(圖示)한 것이다. 본 예에서 당기순손실이 발생하여 기초에 투자했던 자본금이 기말에는 감소하였음을 보여주고 있다.

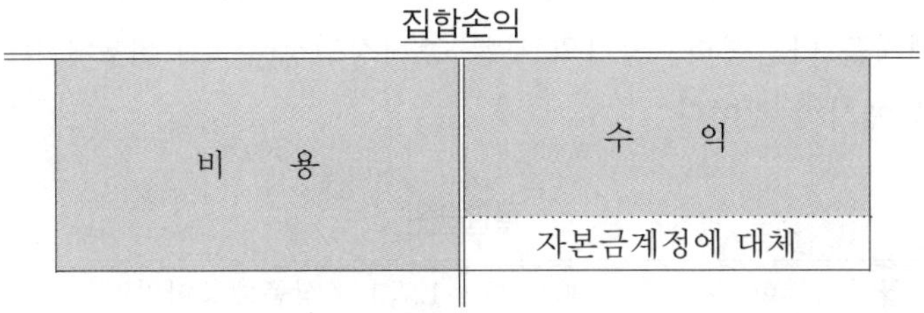

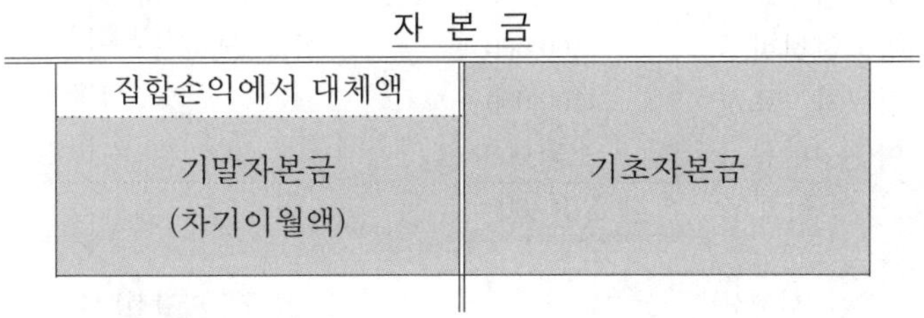

⑸ 집합손익에서 자본금계정에 대체

1) 대체분개

수익과 비용을 대체분개하는 요령으로 집합손익계정에서 자본금계정으로 대체하는 분개를 한다. 【5-2 회계사례】에 의한 총계정원장의 집합손익계정을 보면 수익(대변)은 ₩695,000이고 비용의 합계는 ₩3,790,000이다. 따라서 비용이 ₩3,095,000 더 많아서 당기순손실이 ₩3,095,000 발생하였다. 이는 기초자본금을 감소시키는 것이다. 그러므로 다음과 같은 대체분개를 한다.

차변) 자 본 금 3,095,000	대변) 집합손익 3,095,000

2) 자본금계정과 집합손익계정에 대체기입

상기 대체분개를 집합손익계정 대변에 '자본금 3,095,000', 자본금계정의 차변에는 '집합손익 3,095,000'을 기입하고 집합손익계정과 총계정원장의 각 비용과 수익계정을 합계하여 마감하면 된다. 상기 부분 총계정원장 및 부분 분개장은 대체기입 및 원장마감(元帳磨勘)을 한 것이다.

수익과 비용을 마감하면 다음으로는 자산 · 부채 · 자본계정을 마감해야 할 차례이다. 모든 장부를 마감할 때는 합계선(한줄)을 긋고 그 밑에 합계를 기입한다. 이 합계선은 차변과 대변이 동일한 선상에서 그어야 한다. 합계를 기입했으면 그 합계금액 밑에 마감선을 그어야 한다. 그 마감선(磨勘線)은 기장의 종결을 뜻하는 것으로 두 줄을 긋는다. 자본금계정에 대체기입을 한 후 총계정원장의 수익과 비용계정을 마감한다. 상기의 부분 총계정원장(수익과 비용계정)은 마감까지 완료한 것을 예시한 것이다.

집합손익

12/31	급 여	3,300,000	12/31	상품매출이익	620,000
〃	보 험 료	40,000	〃	이 자 수 익	75,000
〃	광고선전비	100,000	〃	자 본 금	3,095,000
〃	임 차 료	100,000			
〃	이 자 비 용	250,000			
		3,790,000			3,790,000

(합계선) (마감선)

자 본 금

12/31	집합손익	3,095,000	1/ 5	현 금	10,000,000

3.2 자산 · 부채 · 자본계정 마감

3.2.1 이월기입과 개시기입

재무상태표의 항목인 자산 · 부채 · 자본계정은 수익과 비용계정을 마감한 결과 자본금 또는 자본계정에 순손익(집합손익계정의 대차 차액)을 대체한 다음 자본계정을 비롯한 자산 및 부채계정을 마감한다. 자산 · 부채 · 자본계정을 마감하는 방법은 대륙식과 영미식이 있다. 대륙식(大陸式)은 이월잔액 및 개시잔액을 분개장에 분개의 과정을 통해 마감하는 방법이다. 그러나 복잡한 분개과정을 거쳐야 하므로 실무상 번잡하여 실무계에서는 대륙식보다 영미식을 많이 사용한다. 따라서 본장에서도 영미식을 사용하여 마감하기로 한다.

영미식(英美式)은 영미쪽에서 발달한 마감방법으로서 이월기입과 개시기입만을 통해 마감한다. **이월기입**(移越記入)이란 계정의 대차 합계를 산출하고 그 대차 합계액에 의해 차액을 구하면 그것이 당해 계정의 잔액이다. 잔액을 산출하여 합계금액이 적은 쪽(부족한 쪽)에 **'차기이월'**이라 기입하는 것이 이월기입이다. 이는 잔액을 차기로 이월한다는 의미이다. 왜냐하면 차기에도 계속해서 영업을 해야 하기 때문이다. 차기이월이라고 기입할 때 글자의 색상을 빨강색으로 해야 하는데 이를 주기(朱記)한다고 한다. 색상을 다르게 하는 이유는 다른 기입 내용들과 용이하게 식별하기 위한 것이다.

거래의 결합관계에서 자산증가는 차변이고 자산감소는 대변이라는 것을 공부하였다. 감소는 증가액의 범위 내에서 감소되므로 자산계정은 언제나 차변쪽이 많다. 즉 차변잔액이라는 것이다. 그러므로 부족한 쪽은 그 반대쪽인 대변이 된다. 부채와 자본계정은 증가는 대변이고 감소는 차변이므로 언제나 대변의 합계액이 더 많다. 따라서 대변잔액을 부족한 쪽인 차변에 이월기입을 한다. 따라서 모든 자산계정의 이월기입은 대변, 모든 부채와 자본계정은 차변에 이월기입을 한다.

이월기입을 한 후 차변과 대변의 합계금액은 일치하게 된다. 따라서 합계선을 긋고 합계를 기록한 다음 마감선을 그으면 마감이 완료된다. 그러나 이로써 장부마감이 모두 끝나는 것이 아니고 다음 회계연도의 기장을 위해 개시기입(開始記入)을 해야 한다. 즉 마감한 다음 칸에 개시기입을 해야 한다. **개시기입**이란 다음 회계연도 최초일자로 이월된 잔액을 이월기입의 반대쪽에 **'전기이월'**이라고 기입하는 것을 말한다. 이월기입과 개시기입을 예시하면 다음 그림과 같다.

<u>자산계정</u>

	·	차변금액		·	대변금액
			12/31	차기이월	××
		××××			××××
1/ 1	전기이월	××			

<u>부채 및 자본계정</u>

	· ·	차변금액		·	대변금액
12/31	차기이월	××			
		××××			××××
			1/ 1	전기이월	××

3.2.2 자산 · 부채 · 자본계정 마감

【5-2 회계사례】에 의한 분개와 전기 및 손익항목의 마감 후 총계정원장의 자산 · 부채 · 자본계정을 마감하기 위해 이월기입과 개시기입을 한다. 전술한 바와 같이 모든 자산계정은 대변에 이월기입을 하고 차변에 개시기입을 하며, 모든 부채와 자본계정은 차변에 이월기입을 하고 대변에 개시기입을 한다. 다음은 이월기입과 개시기입을 완료한 것이다.

(부분 총계정원장)

현 금 (1)

날짜		적 요	분면	차 변	날짜		적 요	분면	대 변
1	5	제 좌	1	13,000,000	1	10	임차보증금	1	1,000,000
〃	15	장기차입금	〃	5,000,000	2	10	당 좌 예 금	1	10,000,000
5	20	제 좌	〃	300,000	〃	12	소 모 품	1	120,000
8	10	외상매출금	2	400,000	10	30	이 자 비 용	2	250,000
9	30	이 자 수 익	〃	75,000	12	31	차 기 이 월		7,405,000
				18,775,000					18,775,000
1	1	전 기 이 월		7,405,000					

당좌예금 (2)

날짜		적 요	분면	차 변	날짜		적 요	분면	대 변
2	10	현 금	1	10,000,000	3	2	비 품	1	700,000
9	29	받 을 어 음	2	300,000	4	2	미 지 급 금	〃	300,000
					〃	13	상 품	〃	800,000
					6	30	급 여	2	1,800,000
					7	12	대 여 금	〃	3,000,000
					11	10	제 좌	〃	140,000
					〃	30	임 차 료	〃	100,000
					12	31	급 여	3	1,500,000
					〃	31	차 기 이 월		1,960,000
				10,300,000					10,300,000
1	1	전 기 이 월		1,960,000					

외상매출금 (3)

날짜		적 요	분면	차 변	날짜		적 요	분면	대 변
5	20	제 좌	1	450,000	8	10	현 금	2	400,000
					12	31	차기이월		50,000
				450,000					450,000
1	1	전기이월		50,000					

받을어음 (4)

날짜		적 요	분면	차 변	날짜		적 요	분면	대 변
5	2	제 좌	1	510,000	9	29	당좌예금	2	300,000
					12	31	차기이월		210,000
				510,000					510,000
1	1	전기이월		210,000					

상 품 (5)

날짜		적 요	분면	차 변	날짜		적 요	분면	대 변
4	13	당좌예금	1	800,000	5	20	제 좌	1	400,000
12	15	지급어음	3	1,080,000	6	2	받을어음	2	240,000
					12	31	차기이월		1,240,000
				1,880,000					1,880,000
1	1	전기이월		1,240,000					

소 모 품 (6)

날짜		적 요	분면	차 변	날짜		적 요	분면	대 변
2	12	현 금	1	120,000	12	31	차기이월		120,000
1	1	전기이월		120,000					

장기대여금 (7)

날짜		적 요	분면	차 변	날짜		적 요	분면	대 변
7	12	당좌예금	2	3,000,000	12	31	차기이월		3,000,000
1	1	전기이월		3,000,000					

임차보증금 (8)

날짜		적 요	분면	차 변	날짜		적 요	분면	대 변
1	10	현 금	1	1,000,000	12	31	차기이월		1,000,000
1	1	전기이월		1,000,000					

비　　품 (9)

날짜		적 요	분면	차 변	날짜		적 요	분면	대 변
3	2	제 좌	1	1,000,000	12	31	차기이월		1,000,000
1	1	전기이월		1,000,000					

지급어음 (10)

날짜		적 요	분면	차 변	날짜		적 요	분면	대 변
12	31	차기이월		1,080,000	12	15	상 품	2	1,080,000
					1	1	전기이월		1,080,000

미지급금 (11)

날짜		적 요	분면	차 변	날짜		적 요	분면	대 변
4	2	당좌예금	1	300,000	3	2	비 품	1	300,000

장기차입금 (12)

날짜		적 요	분면	차 변	날짜		적 요	분면	대 변
12	31	차기이월		5,000,000	1	15	현 금	1	5,000,000
					1	1	전기이월		5,000,000

자 본 금 (13)

날짜		적 요	분면	차 변	날짜		적 요	분면	대 변
12	31	집합손익		3,095,000	1	5	현 금	1	10,000,000
″	″	차기이월		6,905,000					
				10,000,000					10,000,000
					1	1	전기이월		6,905,000

주식발행초과금 (14)

날짜		적 요	분면	차 변	날짜		적 요	분면	대 변
12	31	차기이월		3,000,000	1	5	현 금	1	3,000,000
					1	1	전기이월		3,000,000

3.3 이월시산표 작성

3.3.1 이월시산표의 의의

이월시산표(移越試算表)는 총계정원장의 자산 · 부채 · 자본계정의 마감과 관련하여 작성하는 것이다. 자산 · 부채 · 자본계정을 영미식으로 마감할 때는 분개의 과정을 거치지 않고 곧바로 총계정원장의 각 계정의 면에서 이월기입과 개시기입을 하기 때문에, 그 이월기입 또는 개시기입이 정확히 이루어진 것인지 여부를 확인하기 위해 작성하는 것이다.

전술한 시산표, 즉 잔액시산표 등에 기입되는 항목은 모든 재무제표 요소(자산, 부채, 자본, 수익, 비용)가 기입되는 것이지만, 이월시산표는 자산 · 부채 · 자본계정의 마감과 관련해서 작성되는 것이기 때문에 수익과 비용은 제외하고 자산, 부채, 자본계정의 이월기입액을 이월시산표에 집합시키는 것이다. 이와 같은 이월시산표는 재무상태표 작성의 기초를 제공하게 된다.

3.3.2 이월시산표 작성

이월시산표

자 산		부채와 자본	
현 금	7,405,000	지 급 어 음	1,080,000
당 좌 예 금	1,960,000	미 지 급 금	0
외 상 매 출 금	50,000	장 기 차 입 금	5,000,000
받 을 어 음	210,000	자 본 금	6,905,000
상 품	1,240,000	주식발행초과금	3,000,000
소 모 품	120,000		
장 기 대 여 금	3,000,000		
임 차 보 증 금	1,000,000		
비 품	1,000,000		
	15,985,000		15,985,000

제 4 절 재무제표 작성

재무제표의 목적은 광범위한 정보이용자의 경제적 의사결정에 유용한 기업의 재무상태, 경영성과와 재무상태변동에 관한 정보를 제공하는 것이다. 이러한 목적에 따라 작성된 재무제표는 대부분 정보이용자의 공통적인 정보수요를 충족시킨다. 그러나 재무제표는 주로 과거 사건의 재무적 영향을 표시하는 것을 목적으로 하며 비재무적인 정보까지는 제공하지 못하므로, 정보이용자의 경제적 의사결정을 위해 필요할 수 있는 모든 정보를 제공하지는 못한다.

재무제표는 또한 위탁받은 자원에 대한 경영진의 수탁책임이나 회계책임의 결과를 보여준다. 경영진의 수탁책임이나 회계책임을 평가하려는 정보이용자의 목적은 경제적 의사결정을 하기 위해서이다. 예를 들면, 이러한 경제적 의사결정에는 기업의 투자지분을 계속 보유하거나 매도할지 또는 경영진을 재선임하거나 교체할지와 같은 결정이 포함될 수 있다.

따라서 지금까지 발생된 거래를 분개장에 분개하고 원장에 전기했으며, 기말 결산일에 수익과 비용을 마감하고 자산 · 부채 · 자본계정을 마감한 후 이월시산표를 작성하였다. 이제 재무회계 과정의 최종 결과물, 즉 재무회계 과정의 꽃이라 할 수 있는 재무제표를 작성해야 할 차례이다. 재무제표(財務諸表)는 근본적으로 총계정원장을 토대로 하여 작성하는 것이다. 재무제표는 전술했던 바와 같이 회계정보를 필요로 하는 회계정보이용자들의 경제적 의사결정에 유용하도록 회계정보를 제공하는 보고의 수단이다.

재무제표의 종류에는 여러 가지가 있으며 우리나라에서는 기본적인 재무제표로서 대차대조표, 손익계산서, 이익잉여금처분계산서 또는 결손금처리계산서 및 현금흐름표를 작성하도록 하고 있다. 이 중에서 대차대조표, 손익계산서는 전통적으로 가장 많이 작성 및 이용되어 온 재무제표이며, 최근에는 현금흐름표가 주목을 받고 있는 재무제표라 할 수 있다. 20011년부터 상장회사가 의무적으로 준수해야 하는 한국채택 국제회계기준(회계기준서 1101-1108, 1001-1041, 기업회계기준해석서 2101-2032)에서 재무제표는 재무상태표, 포괄손익계산서, 자본변동표, 현금흐름표, 주석 및 부속명세서를 작성하도록 하고 있다. 본 장에서는 이들 재무제표 중에서 재무상태표와 포괄손익계서를 간략하게 설명하고 그 외는 후술하기로 한다.

4.1 재무상태표

재무상태표(Financial Position)는 전통적으로 가장 오랫동안 이용되어 온 중요 재무제표이며, 특히 과거 독일 상법의 영향에 의해 채권자를 보호한다는 입장에서 중요시되는 재무제표이다. 재무제표는 일정시점의 재무상태를 나타내는 회계보고서라는 것을 이미 설명한 바 있다. 이와 같은 재무상태는 총계정원장의 자산, 부채 및 자본계정에 그 정보가 기입되어 있다. 그러나 그 재무상태에 관한 결과물이 기말 결산일에 이월시산표라는 계산서류에 집약되어 있다. 그러므로 재무상태표(財務狀態表)는 이월시산표를 토대로 하여 작성하는 것이다. 그러면 【5-2 회계사례】에 의해 작성했던 이월시산표를 토대로 하여 학습을 목적으로 간단한 계정식으로 작성한 재무상태표는 다음과 같다.

4.1.1 재무상태표(1)

재무상태표

2001년 12월 31일 (주)오토그래스

과 목	금 액	과 목	금 액
현 금	7,405,000	지 급 어 음	1,080,000
당 좌 예 금	1,960,000	미 지 급 금	0
외 상 매 출 금	50,000	장 기 차 입 금	5,000,000
받 을 어 음	210,000	자 본 금	6,905,000
상 품	1,240,000	주식발행초과금	3,000,000
소 모 품	120,000		
장 기 대 여 금	3,000,000		
임 차 보 증 금	1,000,000		
비 품	1,000,000		
자 산 합 계	15,985,000	부채, 자본합계	15,985,000

상기 재무상태표(1)은 기말자본금 ₩6,905,000을 재무상태표(1)의 대변에 표시하고 있다. 이는 당기에 순손실 ₩3,095,000이 발생하였기 때문이다. 본래는 원초에 투하된 자본금은 특별한 감자절차를 밟지 않은 한 자본금계정의 금액을 증감해서는 안 되며 재무상태표의 자본금은 기초자본금 ₩10,000,000을 표시하고 그 대신 차변에 당기순손실(또는 이월결손금) 3,095,000을 표시하는 것이 바람직하다. 그러므로 결국 기말 결산일 현재의 자본금은 기초자본금 ₩10,000,000－당기

순손실 ₩3,095,000 = ₩6,905,000이다. 아래의 재무상태표(2)는 이를 고려하여 나타낸 것이다.

4.1.2 재무상태표(2)

재무상태표

2001년 12월 31일 (주)오토그래스

과 목	금 액	과 목	금 액
현 금	7,405,000	지 급 어 음	1,080,000
당 좌 예 금	1,960,000	미 지 급 금	0
외 상 매 출 금	50,000	장 기 차 입 금	5,000,000
받 을 어 음	210,000	**자 본 금**	**10,000,000**
상 품	1,240,000	주식발행초과금	3,000,000
소 모 품	120,000		
장 기 대 여 금	3,000,000		
임 차 보 증 금	1,000,000		
비 품	1,000,000		
당 기 순 손 실	**3,095,000**		
자 산 합 계	19,080,000	부채, 자본합계	19,080,000

※ 고딕체는 주기(朱記)한 것임.

본 예에서는 당기순손실이 발생한 경우의 예이다. 만약 당기순손실이 아닌 당기순이익이 ₩5,000,000 발생했다면 '기초자본금 + 당기순이익'은 ₩15,000,000으로서 증가된 기말자본금이 된다. 그러므로 재무상태표 대변의 자본금은 ₩10,000,000으로 표시하고 별도로 대변에 당기순이익 또는 이월이익잉여금 ₩5,000,000을 표시하는 것이다.

이상의 재무상태표(1)과 (2)는 전기한 이월시산표와 대동소이하다. 그러나 실제로는 회계정보이용자의 재무상태표에 대한 이해 가능성을 제고하기 위하여 여러 가지 분류에 의해 각 과목을 배열하여 작성한다. 다음은 한국채택 국제회계기준서에서 제시하고 있는 내용을 토대로 하여 작성한 재무상태표를 나타낸 것이다.

4.1.3 재무상태표(3) - 요약식

재무상태표

(제10기: 2007. 12. 31. 현재, 제11기: 2008. 12. 31. 현재)

자 산	금 액				부채 및 자본	금 액			
	제10기		제11기			제10기		제11기	
자 산					부 채				
유동자산					Ⅰ. 유동부채				
1. 금융자산		xxx		xxx	1. 금융부채		xx		xx
현 금	xx		xx		단기매매금융부채	x		x	
단기매매금융자산	xx		xx		당기손익인식금융부채	x		x	
당기손익인식금융자산	x		x		매입채무	x		x	
매출채권	x		x		단기차입금	x		x	
단기대여금	x		x		미지급금	x		x	
미 수 금	x		x		미지급비용	x		x	
제 예 금	x		x			·		·	
·	·		·		2. 선 수 금		x		x
2. 선급비용		x		x	3. 선수수익		x		x
3. 선급금		x		x	4. 미지급법인세		x		x
4. 재고자산		x		x	5. 미지급배당금		x		x
5.		·		·	6. 제품보증충당부채		·		·
비유동자산					7.				
1. 유형자산		xxx		xxx	Ⅱ. 비유동부채				
생물자산	xx		xx		1. 비유동금융부채		xx		xx
(감가상각누계액)	(x)		(x)		장기차입금	xx		xx	
토 지	xx		xx		사 채	xx		xx	
건 물	xx		xx		(사채할인발행차금)	(x)		(x)	
(감가상각누계액)	(x)		(x)		전환사채	xx		xx	
기계장치	xx		xx		(사채할인발행차금)	(x)		(x)	
(감가상각누계액)	(x)		(x)		(전환권조정)	(x)		(x)	
차량운반구	xx		xx		장기차입금	xx		xx	
(감가상각누계액)	(x)		(x)		(현재가치할인차금)	(x)		(x)	
구 축 물	xx		xx		장기성매입채무	xx		xx	
(감가상각누계액)	(x)		(x)		(현재가치할인차금)	(x)		(x)	
선 박	xx		xx		장기미지급금	xx		xx	
(감가상각누계액)	(x)		(x)		(현재가치할인차금)	(x)		(x)	
건설중인 자산	xx		xx		상환우선주	xx		xx	
·	·		·		·	·		·	
3. 무형자산		xxx		xxx	2. 장기성충당부채		xx		xx
특 허 권	x		x		1) 퇴직급여충당부채	x		x	
실용신안권	x		x		2) 하자보수충당부채	x		x	
광 업 권	x		x		3) 복구충당부채	x		x	
영 업 권	x		x		·	·		·	
·	·		·		부채총계		xx		xx

4. 투자자산		××		××	자 본				
매도가능금융자산	×		×		Ⅰ. 자 본 금		××		××
만기보유금융자산	×		×		1. 보통주자본금	×		×	
관계기업투자주식	×		×		2. 우선주자본금	×		×	
투자부동산	×		×		Ⅱ. 자본잉여금		××		××
장기성매출채권	×		×		1. 주식발행초과금	×		×	
(현재가치할인차금)	(×)		(×)		2. 감자차익	×		×	
장기대여금	×		×		3. 자기주식처분이익	×		×	
기타투자자산	×		×		4.	·		·	
·	·		·		Ⅲ. 자본조정		××		××
5. 이연법인세자산		×		×	1. 자기주식	×		×	
6. 매각예정비유동자산		×		×	2. 전환권대가	×		×	
7.					3. 주식선택권	×		×	
8.					4. 출자전환채무	××		××	
					5. 미교부주식배당금	××		××	
					6. 주식할인발행차금	×		×	
					7. 감자차손	×		×	
					8. 자기주식처분손실	×		×	
					9.	·		·	
					Ⅳ. 기타포괄손익누계액		××		××
					1. 매도가능금융자산평가손익	××		××	
					2. 해외사업환산손익	××		××	
					3. 위험회피 파생상품평가손익	××		××	
					4. 재평가잉여금	×		×	
					5. 보험수리적손익	×		×	
					6.	·		·	
					Ⅴ. 이익잉여금		××		××
					1. 이익준비금	×		×	
					2. 기타법정적립금	×		×	
					3. 임의적립금	×		×	
					4. 미처분이익잉여금	×		×	
					자본총계		××		××
					1. 소수주주자본	×		×	
					2. 지배기업소유주자본	×		×	
자산총계		×××		×××	부채와 자본 총계		×××		×××

* 재분류조정액을 기타포괄손익에서 차감한 순액으로 표시하고 그 분석내용을 주석으로 공시할 수 있다.

4.1.4 보고서식 및 과목 배열법

재무상태표의 보고서식은 계정식과 보고식이 있다. 계정식(計定式)은 T계정의 형식을 취한 서식으로서 차변과 대변으로 나누어 작성하는 것이다. 이는 회계학적인 전문적 지식이 없이는 그 내용을 이해하기가 곤란하다는 점이 있다. 보고식(報告式)은 T계정 형식을 취하지 않고 상하로(위에서 아래로 나열하는 형식의 서식이다) 단순히 상하의 금액을 가감하여 작성하는 것으로 일반 다수의 정보이용자에게 계정식보다는 보고식이 더 유용할 수 있다. 보고식은 자산, 부채, 자본의 순서로 작성한다. 우리나라에서는 이 두 가지 서식을 모두 인정하고 있다.

재무상태표 과목의 배열도 무질서하게 배열하는 것보다는 일정한 원칙을 가지고 배열하는 것이 회계정보이용자들에게 유용하다. 이 배열방법은 유동성배열법(流動性配列法)과 고정성배열법(固定性配列法)이 있으며, 후자는 비유동자산 및 비유동부채를 먼저 기입하고 다음으로 유동자산 및 유동부채의 순서로 배열해가는 방법이다. 이 방법은 고정항목의 비중이 특별히 중요한 기업에서 채택할 수 있다. 전자인 유동성배열법은 유동항목, 즉 용이하게 현금으로 전환 가능한 자산 및 부채를 먼저 배열하고 점차 유동화가 어려운 순서로 배열하는 방법이다.

2011년부터 적용하는 한국채택 국제회계기준에서는 유동성 순서에 따른 표시방법이 신뢰성 있고 더욱 목적적합한 정보를 제공하는 경우를 제외하고는 유동자산과 비유동자산, 유동부채와 비유동부채로 재무상태표에 구분하여 표시한다. 유동성 순서에 따른 표시방법을 적용할 경우 모든 자산과 부채는 유동성의 순서에 따라 표시한다. 어느 표시방법을 채택하더라도 자산과 부채의 각 개별 항목이 다음의 기간에 회수되거나 결제될 것으로 기대되는 금액이 합산하여 표시되는 경우, 12개월 후에 회수되거나 결제될 것으로 기대되는 금액을 공시한다. 자산은 다음의 경우에 유동자산으로 분류한다.

① 기업의 정상영업주기 내에 실현될 것으로 예상하거나, 정상영업주기 내에 판매하거나 소비할 의도가 있다

② 주로 단기매매 목적으로 보유하고 있다.

③ 보고기간 후 12개월 이내에 실현될 것으로 예상한다.

④ 현금이나 현금성자산으로서, 교환이나 부채 상환 목적으로의 사용에 대한 제한 기간이 보고기간 후 12개월 이상이 아니다. 그 밖의 모든 자산은 비유동자산으로 분류한다.

부채는 다음의 경우에 유동부채로 분류한다.

① 정상영업주기 내에 결제될 것으로 예상하고 있다.

② 주로 단기매매 목적으로 보유하고 있다.

③ 보고기간 후 12개월 이내에 결제하기로 되어 있다.

④ 보고기간 후 12개월 이상 부채의 결제를 연기할 수 있는 무조건의 권리를 가지고 있지 않다. 그 밖의 모든 부채는 비유동부채로 분류한다.

4.2 포괄손익계산서

포괄손익계산서(Comprehensive Income Statement)는 일정한 기간의 성과를 나타내는 동태보고서(動態報告書)라 할 수 있다. 전술한 바와 같이 포괄손익계산서는 일정기간의 성과와 노력을 대응하여 순손익을 계산한 회계보고서이다. 포괄손익계산서는 재무상태표와 함께 전통적으로 대표적인 재무제표이며 동시에 회계정보이용자들이 선호하는 보고서이다. 투자자들은 포괄손익계산서를 재무상태표보다 중요시하는 경향이 있다. 이는 포괄손익계산서를 통해 당기의 성과를 파악하고 배당가능액(配當可能額)을 추정하며 미래수익력(未來收益力)을 예측하는 수단으로 활용할 필요성이 증대되었기 때문이다. 포괄손익계산서도 총계정원장의 수익과 비용계정을 토대로 하여 작성한다. 그러나 총계정원장의 손익항목의 계정잔액이 기말 결산일에 집합손익계정에 집합되어 있으므로 전기의 집합손익계정을 토대로 하여 작성하면 된다.

4.2.1 포괄손익계산서(1)

포괄손익계산서(약식)

2001. 1. 1~12. 31

과 목	금 액	과 목	금 액
급 여	3,300,000	상품매출이익	620,000
보 험 료	40,000	이 자 수 익	75,000
광고선전비	100,000	당 기 순 손 실	3,095,000
임 차 료	100,000		
이 자 비 용	250,000		
	3,790,000		3,790,000

4.2.2 포괄손익계산서(2)

상기의 포괄손익계산서(1)은 총계정원장의 집합손익계정과 매우 흡사하게 작성되었다. 우리가 학습할 때는 상기의 방법에 의해 작성하곤 한다. 그러나 일반 회계정보이용자들의 이해 가능성(理解可能性)을 높여주기 위해서는 다양한 분류에 의해 작성할 필요가 있다. 한국채택 국제회계기준 제1001호에서는 손익계산서에 표시하는 정보의 내용을 이전의 영업수익, 영업외수익, 매출원가, 판매비와 관리비, 영업외비용 등의 항목으로 분류하는 것이 아니라, 비용을 성격별 또는 기능별로 분류하도록 하고 있다.

성격별 분류는 당기손익에 포함된 비용은 그 성격(예: 감가상각비, 원재료의 구입, 운송비, 종업원급여와 광고비)별로 통합하며, 기능별로 재배분하지 않는다. 비용을 기능별 분류로 배분할 필요가 없기 때문에 적용이 간단할 수 있다.

두 번째 형태는 기능별 분류법 또는 '매출원가'법으로서, 비용을 매출원가, 그리고 물류원가와 관리활동원가 등과 같이 기능별로 분류한다. 이 방법에서는 적어도 매출원가를 다른 비용과 분리하여 공시한다. 이 방법은 성격별 분류보다 재무제표이용자에게 더욱 목적적합한 정보를 제공할 수 있지만 비용을 기능별로 배분하는 데 자의적인 배분과 상당한 정도의 판단이 개입될 수 있다. 포괄손익계산서에 관한 구체적인 작성 예는 제시되지 않으며 다음과 같은 기본 분류내용을 토대로 하여 각 기업이 자의적으로 작성한다. 이의 예는 다음과 같다.

(성격별 분류의 예)

수익	××	×××
기타수익	××	
제품과 재공품의 변동	×	(××)
원재료와 소모품의 사용액	×	
종업원급여비용	×	
감가상각비와 기타 상각비	×	
기타비용	×	
법인세비용차감전순이익		××

(기능별 분류의 예)

수 익		×××
매 출 원 가		×
매 출 총 이 익		××
기 타 수 익		××
물 류 원 가	×	(××)
관 리 비	×	
기 타 비 용	×	
법 인 세 비 용 차 감 전 순 이 익		××

* 기능별 분류의 경우 감가상각비, 기타 상각비, 종업원급여비용 등의 정보를 추가로 공시해야 한다.

4.2.3 보고서식

포괄손익계산서의 보고서식은 재무상태표와 마찬가지로 계정식과 보고식이 있다. 계정식은 역시 T계정 형식으로 작성하는 것으로서 차변은 비용을, 대변은 수익을 기입하여 작성한다. 그러나 이 서식도 회계정보이용자들의 정보의 이해를 돕기 위해서는 적합성이 떨어지는 것이다. 따라서 상하 가감 형식인 보고식으로 작성할 필요가 있다. 이 서식은 먼저 이익 또는 수익을 기록하고 다음으로 비용 또는 손실을 기입하여 차감하는 형식으로 작성하고 최종적으로 당기순이익 또는 당기순손실을 산출 · 표시하는 서식이다. 2011년부터 의무적으로 적용해야 하는 한국채택 국제회계기준에서는, 해당 기간에 인식한 모든 수익과 비용 항목은 다음 중 한 가지 방법으로 표시한다.

① 단일 포괄손익계산서
② 두 개의 보고서

당기순손익의 구성요소를 배열하는 보고서(별개의 손익계산서)와 당기순손익에서 시작하여 기타포괄손익의 구성요소를 배열하는 보고서(포괄손익계산서)를 작성하도록 하고 있다. 또한 기업은 비용의 성격별 또는 기능별 분류방법 중에서 신뢰성 있고 더욱 목적적합한 정보를 제공할 수 있는 방법을 적용하여 당기손익으로 인식한 비용의 분석내용을 표시해야 한다. 포괄손익계산서의 비용의 표시에 대해 기준서는 성격별 또는 기능별로 분석내용을 표시할 수 있다. 기능별 분류가 정보이용자들에게 더 목적적합할 수 있다. 포괄손익계산서와 비용의 분석내용을 기능별로 분류하여 작성하는 양식을 예시하면 다음과 같다.

포괄손익계산서

(제10기: 2007. 1. 1~2007. 12. 31, 제11기: 2008. 1. 1~2008. 12. 31)

과 목	금 액			
	제10기		제11기	
Ⅰ. 매출액		×××		×××
Ⅱ. 매출원가		(×)		(×)
1. 기초상품재고액	×		×	
2. 당기매입액	×××		×××	
계	××		××	
3. 기말상품재고액	(×)		(×)	
Ⅲ. 매출총이익		×××		×××
Ⅳ. 기타수익		××		××
이자수익	×		×	
임대료수익	×		×	
매도가능금융자산처분이익	×		×	
당기손익인식금융자산처분이익	×		×	
자산수증이익	×		×	
외환차익	×		×	
외화환산이익	×		×	
.	.		.	
Ⅴ. 비용(손실)				
1. 관리활동원가		××		××
종업원급여*	×		×	
퇴직급여	×		×	
감가상각비*	×		×	
광고선전비	×		×	
접 대 비	×		×	
대손상각비	×		×	
소모품비	×		×	
조세공과금	×		×	
.	.		.	
2. 물류원가		××		××
종업원급여*	×		×	
감가상각비*	×		×	
운 송 비	×		×	
창 고 료	×		×	
.	.		.	
3. 금융비용		××		××
이자비용	×		×	

외화환산차손	×		×	
외화차손	×		×	
·	·		·	
4. 지분법손실		×		×
5. 재해손실		×		×
6.		·		·
법인세비용차감전계속영업순(손)익		××××		××××
계속영업순(손)익법인세비용		(×)		(×)
계속영업순(손)이익		××××		××××
중단영업(손)익		×		×
당기순(손)이익		×××		×××
1. 소수주주의 순이익	×		×	
2. 지배기업의 소유주순이익	××		××	
기타포괄손익누계액		××		××
1. 매도가능금융자산평가손익	××		××	
재분류조정**	(×)		(×)	
2. 해외사업외화환산손익	××		××	
재분류조정**	(×)		(×)	
3. 현금흐름 위험회피 파생상품평가손익	××		××	
재분류조정**	(×)		(×)	
4.	·		·	
총포괄(손)이익		×××		×××
1. 소수주주의 총포괄손익	×		×	
2. 지배기업의 총포괄손익	××		××	

* 상기 포괄손익계산서는 비용을 기능별로 분류한 것이다. 따라서 감가상각비, 종업원 급여 등에 대한 추가 정보를 제공하기 위한 것이다.

** 재분류조정액을 기타포괄손익에서 차감한 순액으로 표시하고 그 분석내용을 주석으로 공시할 수 있다.

연 습 문 제

■ [6-1] 다음 약식 원장에 의해 결산분개, 대체기입 및 원장을 마감하시오. 단, 회계연도는 1월 1일부터 12월 31일까지임.

(총계정 원장)

현 금 (1)	
143,000	

상 품 (2)	
700,000	

비 품 (3)	
450,000	

선급보험료 (4)	
60,000	

소 모 품 (5)	
40,000	

외상매출금 (6)	
236,000	

외상매입금 (7)	
	34,000

단기차입금 (8)	
	350,000

미지급급료 (9)	
	150,000

자 본 금 (10)	
	500,000

이자비용 (11)	
30,000	

광고선전비 (12)	
150,000	

여비교통비 (13)	
15,000	

용역수익 (14)	
	460,000

상품매출이익 (15)	
	244,000

잡 수 익 (16)	
	86,000

집합손익 (17)	

(결산분개)

날짜	차 변		대 변	

■ [6-2] 상기 [6-1]의 자료에 의해 합계잔액시산표를 작성하고, 재무상태표와 포괄손익계산서를 작성하시오.

합계잔액시산표

차 변		원면	계정과목	대 변	
잔 액	합 계			합 계	잔 액

■ **[6-3]** 다음 계정의 잔액에 의해 6위식 정산표를 완성하시오.

(계정 잔액)

현 금	500,000	소 모 품	105,000
당 좌 예 금	940,000	여 비 교 통 비	36,000
소 모 품 비	72,000	외 상 매 입 금	6,940,000
단 기 차 입 금	3,000,000	이 자 수 익	620,000
상 품	4,283,000	이 자 비 용	300,000
비 품	2,270,000	외 상 매 출 금	690,000
차 량 운 반 구	3,500,000	세금과 공과금	280,000
대 여 금	5,550,000	접 대 비	350,000
건 물	7,500,000	교 통 통 신 비	64,000
자 본 금	10,000,000	상품매출이익	5,880,000

■ **[6-4]** 다음 시산표의 오류를 바로 잡고 빈 칸을 채우시오. 또한 포괄손익계산서를 작성하시오.

잔액시산표

차 변	계정과목	대 변
40,000	현 금	
125,000	상 품	
	정 기 예 금	823,000
266,000	단 기 매 매 금 융 자 산	
	매 출 채 권	180,000
	비 품	324,000
20,000	소 모 품	
1,000,000	단 기 차 입 금	
416,000	매 입 채 무	
	미 지 급 법 인 세	140,000
	장 기 차 입 금	895,000
	자 본 금	( )
	단 기 매 매 금 융 자 산 처 분 이 익	74,000
250,000	상 품 매 출 이 익	
33,000	잡 수 익	
650,000	급 여	
	광 고 선 전 비	775,000
	수 선 비	7,000
	접 대 비	98,000

80,000	이 자 비 용	
3,388,000		3,388,000

포괄손익계산서

과 목	금 액	

■ [6-5] 다음 잔액시산표를 바르게 고치고 괄호 안의 금액을 계산하시오.

잔액시산표

과 목	금 액	과 목	금 액
현 금	40,000,000	보 험 료	28,000,000
매 입 채 무	240,000	차 입 금	8,000,000
대 여 금	2,800,000	미 지 급 금	920,000
상 품	5,000,000	자 본 금	( )
비 품	4,000,000	이 자 수 익	300,000
차 량 운 반 구	12,000,000	상 품 매 출 이 익	36,834,000
건 물	80,000,000	용 역 수 익	1,300,000
미 수 금	65,000,000	임 차 료	180,000
이 자 비 용	360,000	매 출 채 권	3,350,000
상 품 매 출 손 실	580,000	접 대 비	330,000
운 임	92,000	당 좌 예 금	1,500,000
임 대 료	78,000		
	( )		( )

잔액시산표

과 목	금 액	과 목	금 액

	( )		( )

■ [6-6] 다음 약식분개장의 기록에 의해 다음의 T계정에 전기하시오.

날짜		적 요	원면	차 변	대 변
7	1	(현 금)		100,000	
		(당좌예금)			100,000
		현금을 인출함			
		제 좌 (자 본 금)			950,000
7	7	(현 금)		700,000	
		(비 품)		250,000	
		영업을 개시함.			
		(상 품)		1,000,000	
7	10	(매입채무)			1,000,000
		A상품 @₩1,000, 1,000개			
		(보 험 료)		120,000	
7	15	(현 금)			120,000
		건물 화재보험료 1동			
		(매입채무)		500,000	
7	20	(당좌예금)			500,000
		부상상회 매입채무			
		(매출채권) 제 좌		3,600,000	
7	25	(상 품)			2,800,000
		(상품매출이익)			800,000

현 금

당좌예금

매입채무

자 본 금

매출채권

상품매출이익

보 험 료

상 품

■ [6-7] 2003년 1월 1일부터 12월 31까지가 회계연도인 (주)태양에너지의 손익내용은 다음과 같다. 2002년 12월 31일 현재의 자본금이 ₩1,500,000일 때 기말자본은 얼마인가?

손익내용(2003.1/1~2003.12/31)

과 목	금 액	과 목	금 액
운 반 비	78,000	보 험 료	220,000
급 여	750,000	용 역 수 익	480,000
미 지 급 비 용	32,000	대 손 상 각 비	51,500
감 가 상 각 비	73,000	상 품 매 출 이 익	725,000
수 선 비	15,000	비 품 처 분 손 실	637,000
시 험 연 구 비	286,000	선 수 수 익	34,000
수 도 광 열 비	83,000	이 자 비 용	150,000
건 물 처 분 이 익	777,000		

기말자본금: ₩____________________

■ [6-8] 2003년 12월 31일 당기순이익을 보고하게 될 (주)청죽산업의 손익상황은 다음과 같다. 2003년 1월 1일 현재의 자본금이 ₩750,000일 때, (1) 집합손익계정을 완성하고, (2) 기말자본금을 구하시오.

집합손익(2003.1/1~2003.12/31)

과 목	금 액	과 목	금 액
급 여	950,000	용 역 수 익	785,000
광 고 선 전 비	1,200,000	상 품 매 출 이 익	2,373,000
대 손 상 각 비	37,000	이 자 수 익	120,000
감 가 상 각 비	52,000	((1))	(₩)
보 험 료	220,000		
수 선 비	13,000		

시 험 연 구 비	650,000		
여 비 교 통 비	128,000		
유형자산처분손실	46,000		
	3,296,000		3,296,000

(1) 집합손익계정 완성: (　　　　　　) ₩____________________

(2) 기말자본금: ₩__________________

■ [6-9] 다음 이월시산표와 자본금계정 및 집합손익계정에 의해 빈 칸을 채우시오.

이월시산표

과 목	금 액	과 목	금 액
현 금 과 예 금	560,000	단 기 차 입 금	1,720,000
상 품	2,890,000	매 입 채 무	815,000
비 품	3,000,000	장 기 미 지 급 금	16,497,000
차 량 운 반 구	7,000,000	((1))	((2))
기 계 장 치	8,000,000		
	(3)		(4)

집합손익

과 목	금 액	과 목	금 액
급 여	320,000	용 역 수 익	107,000
광 고 선 전 비	200,000	상 품 매 출 이 익	1,030,000
대 손 상 각 비	87,000	이 자 수 익	77,000
감 가 상 각 비	((5))		
보 험 료	20,000		
수 선 비	43,000		
시 험 연 구 비	110,000		
여 비 교 통 비	8,000		
이 자 비 용	76,000		
((6))	((7))		
	(8)		(9)

자 본 금

과 목	금 액	과 목	금 액
12/31 차기이월	2,418,000	1/ 1 전기이월	2,220,000
		12/31 집합손익	198,000
	2,418,000		2,418,000
		1/ 1 전기이월	2,418,000

(1)		(2)	₩	(3), (4)	₩
(5)	₩	(6)		(7)	₩
(8), (9)	₩				

■ [6-10] 다음 이월시산표 중 잘못된 부분을 바르게 하고 기초자본금을 계산하시오. 단 수익총액 ₩1,733,000, 비용총액 ₩1,630,000임.

이월시산표

차 변		대 변	
현금 및 현금성자산	480,000	매입채무	855,000
차입금	695,000	미수이자수익	64,000
비품	740,000	감가상각누계액	550,000
차량운반구	1,200,000	대손충당금	34,000
대여금	560,000	매출채권	360,000
미지급이자비용	70,000	자본금	( )
시험연구비	150,000	임대료	60,000

■ [6-11] 다음 집합손익계정을 바르게 하여 완성하고, 기말 결산일에 행할 대체분개를 하시오.

집합손익

차 변		대 변	
보험료	40,000	대손충당금	54,000
광고선전비	375,000	감가상각누계액	274,000
소모품비	47,000	매입채무	140,000
접대비	99,000	상품매출이익	76,000
상품매출손실	7,000	이자수익	28,000
감가상각비	120,000	용역수익	430,000
대손상각비	16,000	미수이자수익	36,500
미지급이자비용	88,000		
자본금	( )		

■ [6-12] 다음 6위식 정산표를 바르게 작성하시오. 또한 당기순이익과 기말자본금은 얼마인가?

정 산 표

과 목	시 산 표		포괄손익계산서		재무상태표	
현금 및 현금성자산	1,350,000		1,350,000			
대 여 금	845,000		845,000			
상 품 매 출 이 익		294,000			294,000	
매 출 채 권	270,000					270,000
매 입 채 무		645,500			645,500	
단 기 차 입 금		369,000				369,000
차 량 운 반 구	920,000					920,000
이 자 비 용	76,000					76,000
선 급 이 자 비 용	20,000					20,000
상 품 매 출 손 실	147,000		147,000			
이 자 수 익		84,000		84,000		
자 본 금		(　　)				
수 수 료 수 익		163,000	163,000			
보 험 료	495,000		495,000			
감 가 상 각 비	41,000		41,000			
대 손 충 당 금		10,500			10,500	
장 기 차 입 금		998,000			998,000	
	4,164,000	4,164,000				
당 기 순 (손) 익						

■ [6-13] 다음 결산일 현재의 계정 잔액을 해당 계정에 기입하여 마감하고, 결산일의 다음 계정과 관련된 것만 결산일의 분개를 하시오(순이익 대체분개 포함). 회계연도: 1/1~12/31.

계정잔액(12/31)

과 목	금 액	과 목	금 액
현금 및 현금성자산	150,000	미 지 급 세 금	7,000
장 기 차 입 금	350,000	상 품 매 출 이 익	269,000
매 입 채 무	30,000	매 출 운 임	13,000
매 출 채 권	50,000	잡 비	2,000
보 험 료	6,000	상 품	120,000
광 고 선 전 비	96,000	대 여 금	100,000
자 본 금	450,000	비 품	80,000
토 지	500,000	이 자 비 용	4,000
이 자 수 익	15,000		

현금 및 현금성자산

장기차입금

광고선전비

토　　지

매출채권

매입채무

상품매출이익

이자비용

자 본 금

미지급세금

(분　　개)

일자	차　　변		대　　변	

■ [6-14] 다음 2003년 말 계정잔액에 의해 재무상태표와 포괄손익계산서를 작성하시오. 회계연도: 1/1~12/31.

계정잔액(2003. 12. 31)

과 목	금 액	과 목	금 액
현 금	556,000	당 좌 예 금	1,340,000
매 입 채 무	180,000	미 지 급 금	250,000
단 기 차 입 금	700,000	소 모 품 비	4,000
이 자 수 익	150,000	대 손 상 각 비	21,000
자 본 금	6,660,000	감 가 상 각 비	60,000
광 고 선 전 비	222,000	이 자 비 용	36,000
수 수 료 수 익	38,000	매 출 채 권	720,000
매 출 운 임	9,000	대 여 금	3,600,000
비 품	645,000	상 품 매 출 이 익	429,000
상 품	1,300,000	임 대 료	106,000

재무상태표(2003. 12. 31)

과 목	금 액	

포괄손익계산서

과 목	금 액	

■ [6-15] 다음의 이월시산표에 의해 제시된 계정을 완성하고 마감하시오. 회계연도: 1/1~12/31. 단, 당해연도의 수익총액: ₩2,365,000, 비용총액: ₩1,700,000임.

이월시산표

차 변		대 변	
현 금	284,000	매 입 채 무	288,000
당 좌 예 금	593,000	장 기 차 입 금	100,000
매 출 채 권	335,000	선 수 금	44,000
상 품	234,000	대 손 충 당 금	16,000
비 품	350,000	미 지 급 금	95,000
미 수 금	67,000	자 본 금	1,450,000

선 급 금	130,000		
	1,993,000		1,993,000

비 품

1/ 1	전기이월	368,000			

장기차입금

			1/ 1	전기이월	160,000
			4/ 1	현 금	500,000

매입채무

7/ 6	당좌예금	400,000	1/ 1	전기이월	982,000

자 본 금

			1/ 1	전기이월	

상 품

1/ 1	전기이월	134,000		매출채권	150,000
3/15	당좌예금	750,000		( )	( )
			( )	( )	( )
( )	( )	( )			

Principles of Financial Accounting

제 3 부

기간손익의 결정

Children, obey your parents in the Lord, for this is right. "Honor your father and mother – which is the first commandment with a promise – that it may go well with you and that you may enjoy long life on the earth."

– Ephesians 6:–3 –

자녀들아 너희 부모를 주 안에서 순종하라 이것이 옳으니라, 네 아버지와 어머니를 공경하라 – 이것이 약속 있는 첫 계명이니 – 이는 네가 잘 되고 땅에서 장수하리라.

제 7 장
수익과 비용의 인식

제 7 장 수익과 비용의 인식

제1절 수익의 인식

수익의 본질과 이와 관련한 발생주의 및 실현주의는 제3장 및 제7장에서 고찰하였다. 명확하고 합리적인 수익인식을 위해서는 발생주의 및 실현주의 개념과 수익의 본질에 대한 이해가 선결문제이다. 수익의 인식은 발생사실과 그 발생된 수익의 실현에 근거하여 인식해야 한다. 여기에서 인식(recognition)이란 특정의 항목을 측정하고 특정 연도의 재무제표에 반영하는 행위를 말한다. 특히 수익은 후술하는 비용과 함께 인식의 문제를 명확히 하지 않고서는 특정 기간의 손익결정에 중대한 오류를 범하게 되어 종국적으로는 이익정보를 왜곡하여 보고하게 되고 나아가서 회계정보이용자들의 의사결정을 오도하게 된다. 따라서 본절에서는 구체적인 수익실현의 시점, 즉 수익인식의 기준을 고찰하고자 한다.

1.1 수익의 인식기준

수익의 인식은 특정 항목의 수익을 언제 얼마의 금액으로 포괄손익계산서에 보고할 것인가를 결정하는 것으로서, 인식의 명확성 여부에 의해 기간손익의 명확성 내지 합리성이 결정되며 그 결과 회계정보이용자들의 의사결정 결과에 의미 있는 차이를 발생시킨다. 수익은 실현주의에 의해 인식하는 점은 전술한 바와 같다. 그러나 수익의 실현과정은 여러 단계를 거쳐 완성되므로 구체적으로 어느 시점을 실현시점으로 보아야 할 것인가의 문제가 중요하다. 각국은 이 실현의 시점을 구체적으로 규정하여 회계담당자 또는 회계실체의 자의적인 판단을 허용하지 않음으로 인해 회계정보의 비교가능성 상실 및 이익조작을 방지하고 있다. 우리나라의 경우에도 기업회계기준서에 구체적인 수익의 인식기준을 제시하고 있다.

1.2 거래 형태별 수익인식 기준

1.2.1 재화의 매출수익인식 기준

현행 기업회계기준서 4호 수익인식에서는 영업수익인 재화의 매출수익을 인식하는 기준을 제시하고 있다. 이는 다음과 같이 요약할 수 있다.

① 재화의 소유에 따른 위험과 효익의 대부분이 구매자에게 이전되고,

② 판매자는 판매한 재화에 대하여 소유권이 없을 때, 통상적으로 행사하는 정도의 관리나 효과적인 통제를 할 수 없고,

③ 수익의 금액을 신뢰성 있게 측정할 수 있으며,

④ 경제적 효익의 유입 가능성이 매우 높으며,

⑤ 거래와 관련하여 발생하였거나 발생할 거래원가와 관련 비용을 신뢰성 있게 측정할 수 있을 때 인식한다.

이 기준은 근본적으로 실현주의에 기초한 수익의 인식에 대한 구체적인 기준이며 실현주의의 예외로 제시된 것은 아니다. 따라서 재화의 매출수익은 실질적으로 경제적 효익의 유입, 즉 기업으로 자산이 유입되고 동시에 수익의 금액과 관련비용을 신뢰할 수 있게 측정 가능할 때 매출수익을 인식한다. 나아가서 당해 재화에 대한 실질적인 관리와 통제가 가능하지 않게 되었을 때, 그 재화가 고객에게 인도된 것으로 보고 수익을 인식한다.

그러나 실제로 기업에서의 매출형태는 정형화되어 있는 것이 아니며 판매전략, 기업체 및 당해 재화의 특성에 따라서 다양한 형태로 매출이 이루어지게 된다. 따라서 위의 인식기준을 충족한 시점을 합리적으로 결정하여 수익을 인식해야 한다. 그 매출형태는 일반적인 매출, 할부매출, 위탁매출, 시용매출 등 여러 형태가 있다.

(1) 일반적 형태의 매출

일반적으로 기업이 창출한 재화나 용역을 인도(판매)한 시점에 매출수익을 인식하며, 그 밖의 특수한 판매형태에 따라 인도시점 이전, 대금 회수시점 등에 의해 인식하기도 한다. 물론 이러한 인식시점을 달리하는 경우에도 상기의 인식기준을 충족하는 것으로 보는 것이다. 일반적으로 재화의 매출과정은 구체적으로 주문 또는 계약단계-상품의 출고지령서 발급-출고-인도 및 송품장 출하-대금회수일 도

래-대금회수 등의 단계를 거쳐 완성된다. 이 중에서 일반적으로 송품장(invoice) 또는 송장(送狀) 출하일(出荷日)에 매출수익이 실현되는 것으로 보며, 이를 **인도기준** 또는 **판매기준**이라 한다. 송품장은 상품의 출고 및 발송과 함께 매입자에 인도되는 서류로서 상품의 명세에 관한 내용이 기록되며 기타 거래의 주요 내용이 기록된다. 동시에 발송된 상품에 대한 대금청구서로서의 기능도 수행하는 서류이다.

◀ 예시 7-1 ▶ 매출 일반

● 2002. 5. 9 성지서적판매(주)는 서석대학에 전공서적 ₩500,000을 매출하고 대금은 외상으로 하였다.

차변) 외상매출금 500,000	대변) 매 출 500,000

상기의 예시에서 매출수익의 인식시점은 거래처에 상품을 인도한 시점(송품장 출하일)이며, 이로 인해 새로운 경제적 효익인 매출채권이 유입되었다. 또한 인도함으로써 당해 상품에 대한 실질적인 통제권도 상실하게 된다.

(2) 할부매출

할부매출(installment sales)은 재화(상품)를 고객에게 인도한 후 그 매출대금은 수회에 걸쳐서 회수하는 매출형태를 말한다. 이 경우 매출수익의 인식시점은 일반상품의 매출의 경우와 같이 인도한 시점에 매출수익을 인식한다. 상품의 인도시점은 수익 및 이와 관련된 비용을 신뢰성 있게 측정할 수 있는 시점이며, 상품을 고객에게 인도함으로 인해 당해 상품에 대한 실질적인 통제권을 행사할 수 없고, 나아가서 매출로 인한 새로운 경제적 효익, 즉 자산이 현금 또는 매출채권의 형태로 확보·유입되는 것이며, 그 매출채권은 당장에 현금으로 회수되는 것은 아니지만 회수 가능성이 높기 때문에 인도시점에 당해 수익을 인식한다.

그러나 할부기간이 장기인 경우는 대금의 회수가 불확실한 경우에는 당해 불확실성이 해소되는 시점까지 수익의 인식을 연기할 수 있다. 이때 현금의 회수는 불확실성이 확실히 해소되는 시점이며, 현금의 회수시에 수익으로 인식하는 것을 **회수기준**이라고 한다. 또한 할부기간이 장기인 경우 판매대가의 공정가치(현재가치)과 명목가액이 차액은 회수기간에 걸쳐 유효이자율법에 의해 이자수익으로 인식해야 한다.

◀ 예시 7-2 ▶ 할부매출

- 2002. 1. 1 무정환경(주)는 먹보제빵(주)에 지하수 정화장치 ₩9,000,000을 장기 할부매출하였다. 대금의 회수는 매년 말에 ₩3,000,000씩 3년에 걸쳐 회수하기로 하였으며, 매출시 시장이자율은 7%였다. (3년, 7% 정상연금 현재가치: 2.6243).
- 2002. 12. 31 상기의 할부매출액 중 약정액 ₩3,000,000을 당좌수표로 회수하였다.

(2002. 1. 1)

차변)	할부외상매출금	9,000,000	대변)	매 출	7,872,900
				현재가치할인차금	1,127,100*

(2002. 12. 31)

차변)	현 금	3,000,000	대변)	할부외상매출금	3,000,000
	현재가치할인차금	551,103		이 자 수 익	551,103**

* 현재가치: ₩3,000,000 × 2.6243 = ₩7,872,900
현재가치할인차금: ₩9,000,000 − 7,872,900 = ₩1,127,100
** ₩7,872,900 × 0.07 = 551,103

부분 재무상태표

과 목	금 액	
·	·	·
·	·	·
매 출 채 권	6,000,000	
현재가치할인차금	575,997	5,424,003
·	·	·
·	·	·

상기의 예시에서 장기할부매출에 의해 매출채권 및 매출액 ₩9,000,000의 공정가치, 즉 실질가치로서 현재가치가 ₩7,872,900이므로 ₩9,000,000과의 차이 ₩1,127,100을 현재가치할인차금으로 회계처리하고 향후 3년간에 걸쳐 유효이자율법에 의해 이자수익으로 인식한다. 따라서 제1차연도인 2002. 12. 31일에 ₩7,872,900에 유효이자율 7%(0.07)를 곱한 ₩551,103을 이자수익으로 인식한다. 한편 포괄손익계산서에 매출액은 ₩7,872,900, 재무상태표의 매출채권은 현재가

치할인차금 상각후 잔액 ₩575,997을 차감하여 ₩5,424,003을 표시한다. 이에 관한 부분 재무상태표는 상기와 같다.

(3) 시용매출

시용매출(sales on approval)은 일차적으로 상품을 발송하고 그 상품을 수취한 예상 고객이 당해 상품을 시험해 보고 구매 여부를 결정하도록 하는 형태의 매출이다. 그러므로 상대방에게 상품을 인도하였다고 하여 당해 상품에 대한 관리 및 통제권이 상실되는 것이 아니며, 수익과 관련비용을 신뢰성 있게 측정할 수 있는 것도 아니다.

더욱이 당해 활동으로 인해 새로운 자산의 유입이 있는 것도 아니므로 상품을 예상고객에게 인도하였다고 하여 매출수익으로 인식해서는 안 된다. 따라서 수익의 인식요건을 충족하는 시점은 상대방으로부터 구매의사의 표명이 있을 때이다.

◀ 예시 7-3 ▶ 시용매출

- 2002. 7. 20 벤처기업인 Yeco. Co.는 음성인식열쇠인 Digital Key를 개발하였다. 서울건설(주)에 10Box(원가: 1Box당 ₩200,000, 판매가: 1Box당 ₩250,000)를 시송하였다.
- 2002. 10. 13 서울건설(주)로부터 상기의 Digital Key의 구입승락서를 받았다. 동시에 20Box의 추가주문을 받았다.

(2002. 7. 20)

차변) 시 송 품	2,000,000	대변) 제 품	2,000,000

(2002. 10. 13)

차변) 외상매출금	2,500,000	대변) 시송품매출	2,500,000

(결 산 일)

차변) 시송품매출원가	2,000,000	대변) 시 송 품	2,000,000

상기 예의 회계처리는 Yeco Co.에서 보유하고 있는 상품과 출고되어 타인이 점유하고 있는 상품을 구분하기 위해 시송품계정을 설정하고 당해 시송액을 제

품액 또는 재고자산계정에서 차감하는 회계처리이다. 위의 방법 이외에 구매의사 표명시 분기법을 사용하여 회계처리할 수 있다. 이에 대한 회계처리를 예시하면 다음과 같다.

(2002. 7. 20)

차변)	시 송 품	2,000,000	대변) 제 품	2,000,000

(2002. 10. 13)

차변)	외상매출금	2,500,000	대변) 시 송 품	2,000,000
			시송품매출이익	500,000

(4) 위탁매출(consignment sales)

목표시장에 대한 시장정보가 없거나 그 시장이 원격지인 경우에는 현지의 거래처에 상품매출의 위탁을 하여 상품을 매출하기도 한다. 상품매출 위탁의 계약을 체결한 후 상품을 적송(積送)하며, 현지의 거래처(수탁자)는 당해 상품을 인수하여 상품을 판매한다. 수탁자는 상품을 판매한 후 매출계산서를 작성하고 일정한 수수료를 공제한 잔액과 함께 위탁자에게 발송한다.

상품을 수탁자에게 적송하였다고 하여 위험과 효익을 상대방에게 이전한 것은 아니며, 당해 수익과 관련비용을 신뢰성 있게 측정할 수도 없고, 새로운 경제적 효익이 유입되는 것도 아니므로 위탁품을 인도한 시점에 수익을 인식해서는 안 된다. 이러한 판매형태의 경우 매출수익의 인식시점은 수탁자가 상품을 판매한 시점 또는 보조적으로 매출계산서가 도착했을 때 인식한다.

◀ 예시 7-4 ▶ 위탁매출

- 2002. 3. 9 죽향유통상사(주)는 부산 영도상사와, 담양 죽세공예품 ₩5,000,000의 판매를 위탁하고 이를 적송하였다(위탁판매수수료: 매출액의 10%로 약정함).
- 2002. 11. 10 부산상사로부터 상기 상품을 ₩8,100,000에 판매했다는 사실과 함께 매출계산서를 받았다. 수수료를 차감한 실수금은 수일내로 계좌이체하기로 함.

(2002. 3. 9)

차변)	적 송 품	5,000,000	대변) 매 입	5,000,000

(2002. 11. 10)

차변)	적송외상매출금	7,290,000	대변)	적송품매출	8,100,000
	지 급 수 수 료	810,000			

(결 산 일)

차변)	매 출 원 가	5,000,000	대변)	적 송 품	5,000,000

(5) 수출매출(export sales)

수출의 경우 수출매출수익의 인식은 다양한 수출조건(인도조건)에 따라 수출이 이루어진다. 그러나 본선인도가격(free on board: FOB), 운임, 보험료 포함가격(cost, insurance and freight: CIF)이 일반적이다. FOB조건의 경우에도 도착지본선인도가격(FOB destination)과 선적지본선인도가격(FOB shipping point)이 있다. 도착지본선인도조건이나, 목적지에 도착하기까지의 모든 비용과 위험을 부담하는 조건인 CIF의 경우에도 수출항구의 본선에 선적완료시점(인도시점)에 수출자의 위험과 효익의 대부분이 수입자에게 실질적으로 이전되는 것으로 본다. 따라서 선적기준에 의해 수출매출수익을 인식하는 것이다.

◀ 예시 7-5 ▶ 수출매출

● 2002. 8. 31 무등산상사는 미국 Chicago Trade Co.에 FOB Destination 조건으로 상품 $10,000를 수출하기로 하고 금일 선적을 완료하였다. 선적 완료에 따른 본선 선장으로부터 본선수취증(mate's receipt)을 발부받아 운송회사로부터 선하증권(bill of lading; B/L)을 받았다. 당일의 환율은 $1 : ₩1,000이다.

차변)	수출외상매출금	10,000,000	대변)	매 출	10,000,000

상기의 예시에서 무역조건(또는 가격조건)이 FOB Destination 또는 CIF 조건이라 하더라도 수출항에서 선적이 완료되므로 인해 수익을 인식한다. 수출매출수익은 해외 거래처에 상품을 인도한 시점은 선적이 완료된 시점으로 보며, 이로 인해 새로운 경제적 효익인 매출채권 또는 화환취결 등에 의해 거래 은행으로부

터 수출대금을 수취함으로써 자산이 유입되며, 수출품을 선적함으로써 당해 선적 수출품에 대한 실질적인 통제권도 상실하게 되는 등으로 인해 수익인식의 요건을 충족하게 된다.

1.2.2 용역수익의 인식기준

용역(service)을 제공하는 경우에는 거래 당사자와 계약에 의해 당사자를 구속할 수 있는 권리, 용역제공의 대가, 대금의 정산방법과 조건 등을 명확하게 합의해야 한다. 이러한 계약에 의해 용역을 제공하는 경우에 아래의 인식기준을 충족하면 용역수익을 인식한다.

① 거래 전체의 수익금액을 신뢰성 있게 측정할 수 있으며,

② 경제적 효익의 유입 가능성이 매우 높으며,

③ 진행률을 신뢰성 있게 측정할 수 있으며,

④ 이미 발생한 원가와 거래를 완료하기 위해 추가로 발생할 원가를 신뢰성 있게 측정할 수 있을 때

즉, 거래 전체 금액(수익의 금액)의 신뢰성 있는 측정 가능성, 경제적 효익의 유입 가능성이 매우 높은 경우, 진행률의 신뢰성 있는 측정 가능성 및 관련 원가의 신뢰성 있는 측정 가능성 등을 요건으로 하여 수익을 인식한다. 따라서 용역수익은 구체적으로 진행기준에 따라 인식한다.

용역수익의 경우는 재화의 판매와는 다르게 소유에 따른 위험과 효익의 이전 여부를 고려할 필요가 없다. 왜냐하면 용역제공 거래에서는 용역의 생산과 동시에 고객에게 제공되며, 그 대금 등 거래조건은 사전에 약정되기 때문이다. 따라서 용역수익의 인식은 일반적으로 진행기준에 따른다.

여기에서 진행기준이란 거래의 완성 정도에 따라 용역이 제공되는 회계기간에 걸쳐 수익을 인식하는 방법을 말한다. 진행기준을 적용하여 수익을 인식하기 위해서는 진행률을 측정해야 하며, 진행률은 용역제공의 특성에 적합한 방법을 선택하여 계산해야 한다. 따라서 진행률 계산에 고려될 수 있는 것으로는 작업량, 작업시간, 제공한 용역의 양, 용역수행에 소요되는 원가 등을 계산요소로 사용할 수 있다. 이에 대한 계산의 식은 다음과 같은 방식을 고려할 수 있다.

$$\text{진행률} = \frac{\text{실제 작업량}}{\text{총예상 작업량}}$$

$$\text{진행률} = \frac{\text{실제 작업시간}}{\text{총예상 작업시간}}$$

$$진행률 = \frac{실제\ 발생원가}{총예상\ 원가}$$

이상과 같은 용역은 프랜차이즈용역(창업지원용역, 운영지원용역, 설비와 기타 유형자산 제공을 포함), 기업컨설팅, 도급공사, 기술용역, 운송용역, 광고제작용역, 의료 · 법률 · 회계용역 등이 있으며, 이 중에서 진행기준 적용의 전형적인 것은 도급공사용역의 경우이다. 도급공사의 경우에 대한 간단한 예는 다음과 같다.

◀ 예시 7-6 ▶ 도급공사-진행기준

- 2002. 7. 1 월드컵종합건설(주)는 다음과 같은 히딩크(주)의 기숙사 건설용역을 도급받았다.

  용역계약의 내용;

  총도급계약액: ₩300,000,000

  총추정공사원가: ₩230,000,000

  준공예정일: 2006. 6. 30

- 2002. 12. 31 결산일 현재 월드컵종합건설(주)의 실제로 지출한 공사비 총액은 ₩29,900,000이다. (1) 2002 회계연도 중에 지급한 공사비 지출액(모두 현금 지급) 및 (2) 2002. 12. 31일의 공사수익 인식에 관한 회계처리는?

(1) 도급계약체결(2002. 7. 1)

회계처리 없음

(2) 공사비 지출(2002년도 중)

차변)	미성공사	29,900,000	대변)	현 금	29,900,000

(3) 결산일(2002. 12. 31)

차변)	공사미수금	39,000,000	대변)	공사수익	39,000,000
	공사원가	29,900,000		미성공사	29,900,000

공사진행률; $\frac{29,900,000}{230,000,000} = 0.13(13\%)$

공사수익; $300,000,000 \times 0.13 = 39,000,000$

1.2.3 자산을 타인에게 사용하게 함으로써 발생하는 수익

타인에게 자산을 제공하여 사용하게 하여 수익을 얻는 경우의 예로는, 현금 자금의 대여 또는 채무증권의 취득에 의한 이자수익, 지분자본에 투자함으로써 얻는 배당금수익과 상표권, 특허권 등의 산업재산권 및 음반저작권, 영화필름 등의 무형자산 제공에 의한 사용료인 로열티수익 등이 있다. 이와 같은 경우의 거래에서 발생하는 수익은 다음의 요건을 충족하는 경우에 인식한다.

① 수익금액을 신뢰성 있게 측정할 수 있으며,
② 경제적 효익의 유입 가능성이 매우 높을 때

(1) 이자수익

이자수익은 현금, 현금성자산 또는 받을 채권의 사용대가로서 상기의 요건을 충족하는 경우에 인식하며, 특히 채무증권의 취득에 의한 경우에는 유효이자율을 적용하여 발생기준에 따라 이자수익을 인식한다.[1)]

(2) 배당금수익

배당금수익은 지분투자에 대하여 받는 분배금액으로서, 배당금을 받을 권리가 확정되는 시점에 인식한다. 대체적으로 주식회사의 경우 주주총회에서 배당선언이 있을 때 배당금수익을 인식한다.

(3) 로열티수익

로열티수익은 무형자산의 사용대가로서, 계약에서 정한 실질적인 내용에 따라 발생기준에 의해 수익을 인식한다. 따라서 라이선스(license) 사용자가 특정 기간 동안 특정 기술을 사용할 권리를 갖는 경우, 계약기간 동안 정액법으로 수익을 인식한다.

◀ 예시 7-7 ▶ 로열티수익

● 2002. 7. 1 월드컵드림(주)는 생산공정에 사용할 불량품 색출 소프트웨어를 사강월드컵(주)로부터 3년간 제공받기로 계약을 체결하고, 그

1) 채무증권의 이자수익은 최초 장부금액과 만기가액간의 할인, 할증 또는 기타 차이에 대한 상각액을 포함한다. 즉 최초 장부금액은 유효이자율에 의한 현재가치 계산액이 되며, 차액은 현재가치할인차금으로서 유효이자율로 상각하게 되고 이 상각액이 이자수익에 포함된다.

로열티수수료를 매년 ₩700,000씩 받기로 하였다. 2002. 12. 31일 결산일의 회계처리는?

(2002. 12. 31)

차변) 미수로열티수익 350,000	대변) 로열티수익 350,000

1.2.4 기타의 수익

① 수익가득 과정이 완료되었거나 실질적으로 거의 완료되었을 때,
② 수익금액을 신뢰성 있게 측정할 수 있을 때,
③ 경제적 효익의 유입 가능성이 매우 높을 때

재화의 판매, 용역제공, 이자, 배당금, 로열티로 분류할 수 없는 기타의 수익은 상기의 요건을 충족하는 경우 발생기준에 따라 합리적인 방법으로 수익을 인식한다.

제2절 보고상 수익의 분류

일정기간에 실현된 수익은 관련 비용과 함께 포괄손익계산서에 보고해야 한다. 전통적으로는 수익을 영업수익, 영업외수익, 특별이익 등으로 분류하여 보고하였으나, 한국채택 국제회계기준에서는(기준서 1001호) 전통적인 방법에 따른 분류를 하지 않고, 수익(주된 영업수익) 그리고 기타수익으로 분류하여 보고하도록 하고 있다. 그러나 이들 수익의 종류가 다수이면 그 세부 구성내용을 각각 구분하여 보고하는 것이 이용자의 의사결정 과정에서 기업의 경영성과를 분석하는데 유용할 수 있다.

제 3 절 비용의 인식기준과 분류

3.1 비용의 인식

비용(expenses)의 본질은 수익을 창출하는 과정에서 사용 · 소비되어 희생된 경제적 효익이라는 것은 전술한 바와 같다. 그러므로 비용은 반드시 창출된 수익과의 대응(matching) 관점에서 인식하게 된다. 즉 수익이 보고되는 기간에 그 수익과 인과관계를 갖는 경제적 효익의 희생액을 비용으로 인식하는 것이다. 이와 같은 비용의 측정은 일반적으로 영업활동의 결과로 발생하였거나 발생할 현금 유출액으로 측정한다.

주의해야 할 점은 비용은 반드시 현금 등의 유출액만을 비용으로 인식하는 것만은 아니라는 점이다. 현금 등의 지출이 없어도 수익과 관련하여 발생했으면 비용으로 인식하는 경우가 많다. 그러한 예로는 대손상각비, 감가상각비 등이 대표적인 것이다. 이는 오늘날의 회계가 발생주의에 그 근간을 두고 회계처리하기 때문이다. 따라서 비용의 인식요건은 경제적 효익이 유출 · 소비 · 발생해야 하며, 그 금액은 신뢰성 있게 측정 가능해야 한다.

비용과 관련한 **손실**이 있다. 손실은 재화나 용역의 사용 · 소비, 즉 경제적 효익의 희생이 있었으나 수익의 창출에 공헌하지 못한 부분을 비용과 구분하여 손실이라 하는 것이다. 그러나 이러한 손실은 영업활동 과정에서 부득이하게 발생하는 것으로 실무적 편의상 넓은 의미의 비용으로 보고 영업외비용으로 분류되는 것이다.

3.2 보고상 비용의 분류

수익은 실현주의에 의해 인식하는 한편 비용은 발생주의에 인식한다. 그러므로 수익은 발생의 사실 만으로는 인식되지 않으며 결정적인 경제적 사건(critical events)에 의한 수익실현의 증거가 있을 때 인식하지만 비용은 발생의 사실만으로 인식한다는 점에서, 일관성은 없으나 이는 보수주의적인 회계처리에 충실한 것이라 할 수 있다. 수익 · 비용대응원칙에 의해 포괄손익계산서에 수익이 보고되면 수익과 인과관계를 갖는 비용을 보고함으로써 기간손익을 결정할 수 있다. 이때 보고하는 비용의 분류는 포괄손익계산서를 통해 발생가능성, 비용의 빈도 및 예측가능성 측면에서 서로 다를 수 있는 경영성과의 구성요소를 강조하기 위해 세분류하여 보고한다. 그러므로 기업은 비용의 성격별 또는 기능별 분류방법 중에서 신뢰성 있고 목적적합한 정보를 제공할 수 있는 방법을 선택 · 적용하여 당기손익으로 인식한 비용의 분석내용을 포괄손익계산서에 표시한다. 성격별 분류방법은 비용의 성격, 즉 감가상각비, 제품 및 재공품의 변동, 원재료 및 소모품의 사용액, 운송비, 종업원 급여, 광고비 등으로 집계하며 기능별로 재분류하지 않는다.

비용을 기능별로 배분할 필요가 없으므로 간단할 수 있다. 또한 기능별 분류방법은 매출원가법이라고도 하는 것으로서, 비용을 매출원가, 물류원가, 관리활동원가 등과 같이 기능별로 분류한다. 이 방법은 적어도 매출원가를 다른 비용과 분리하여 표시한다. 이 방법은 회계정보이용자에게 더 목적적합한 방법이지만, 기능별로 분류하는 데 자의적인 판단에 의한 배분이 이루어질 수 있다는 점이 있다. 기능별로 분류하는 경우에 기업은 감가상각비, 기타 상각비, 종업원 급여 등에 대한 비용의 성격에 대한 추가정보를 제공해야 한다.

이는 미래의 현금흐름을 예측하는 데 있어서 성격에 대한 정보가 더 유용하기 때문에 기능별로 분류하는 경우에 성격별 추가정보의 제공을 요구하는 것이다. 예를 들면 기능별 분류에서 물류원가는 그 구성 내용이 차량운반구 감가상각비, 인건비, 연료비, 소모품비 등의 분석내용을 통합하여 물류원가로 집계하여 보고하므로 이에 추가하여 성격별 내용을 공시해야 하는 것이다.

연 습 문 제

■ [7-1] 매출수익의 인식기준을 쓰시오.

■ [7-2] 영업외비용 및 특별손실의 의의 및 종류를 열거하시오.

■ [7-3] 판매비와 관리비의 의의 및 종류를 열거하시오.

■ [7-4] 영업외수익 및 특별이익의 의의 및 종류를 열거하시오.

■ [7-5] 다음을 회계처리하시오.

3/10	상품을 매입하고 그 대금 ₩1,200,000과 매입운임 ₩15,000을 현금으로 지급하였다.
3/29	판매용 상품 ₩3,600,000을 외상으로 매입하였다.
5/20	상품을 매출하고 그 대금 ₩400,000을 외상으로 하였다.
6/15	상품을 ₩860,000에 매출하기로 약정하고 그 상품 매출대금의 일부인 ₩100,000을 현금으로 받았다.
7/ 7	전기의 계약금을 받았던 상품을 오늘 열차편으로 발송하였다.
9/10	상품을 ₩1,000,000에 매출하고 그 대금 중 반액은 현금으로 수취하였다. 외상의 조건은 2/10, n/30이다.

(회계처리)

날짜	차 변		대 변	
3/10				
3/29				
5/20				
6/15				
7/ 7				
9/10				

■ [7-6] 1/ 4 (주)건국상사는 가정용 정미기 10대를 1대당 ₩3,200,000에 매출하였다. 매출대금 중 ₩200,000은 매출일에 현금으로 받고 잔액은 3년간에 걸쳐 회수하는 장기할부로 하였다. 회수일은 매년 말이며, 매출 당시의 당해 채권과 유사한 채권의 이자율은 6%이다. 12/31일 할부금 ₩1,000,000을 현금으로 회수하였

다. 12/31일 현재 재무상태표에 계상할 매출채권과 포괄손익계산서에 보고할 관련 수익의 금액은 얼마인가?

(1) B/S상의 매출채권: ₩________________

(2) P/L상의 할부매출수익, 이자수익: ₩________________, ₩________________

■ **[7-7]** 다음의 특수매매에 관한 거래를 회계처리하시오.

7/30	(주)시스템엔지니어링은 새로 개발된 공장시스템제어용 소프트웨어를 개발하여 특허를 출원하였고 그 결과 제품을 생산하여 강원철강제조(주)에 발송하고 구매의사를 타진하였다. 동 소프트웨어 1개당 매출가격은 ₩7,500,000이다(제조원가 ₩7,000,000). 또한 발송비 ₩12,000을 현금으로 지급하였다.
8/ 2	(주)시스템엔지니어링은 서울의 드림소프트유통(주)와 위탁매출계약을 체결하고 소프트웨어 50개를 발송하였다. 수탁수수료는 대당 ₩100,000으로 하였으며, 소프트웨어 발송비 ₩30,000은 현금을 지급함.
8/26	강원철강제조(주)로부터 7/30일에 발송한 소프트웨어를 구매하겠다는 의사표를 팩스로 받았다.
12/31	결산일 현재까지 드림소프트유통(주)으로부터 소프트웨어 20개를 1대당 ₩7,200,000에 매출하였고 수수료 ₩1,000,000을 제외한 금액은 당회사의 당좌예금 계좌에 입금하였다는 통지를 받았다.

(회계처리)

날짜	차 변		대 변	
7/30				
8/ 2				
8/26				
12/31				

■ **[7-8]** 다음을 회계처리하시오.

(1) 지난 7월 1일에 대여하였던 ₩1,500,000에 대한 이자를 이자수취일인 결산일(12/31)에 ₩150,000을 현금으로 수취하였다. 단, 약정이자율은 연 8%이다.

(2) (주)백제건설로부터 투자액에 대한 배당금 ₩9,500,000을 당좌수표로 받았다.

(3) 2003. 7. 1 (주)시드니는 (주)호주에게 지문인식 출입통제기 소프트웨어를 사용하도록 공급 설치하고 매년 ₩800,000의 로열티를 3년간 받기로 하였다. 결산일 현재의 로열티수익을 인식하시오.

(4) (주)환타지백화점은 상품권을 발행한 바 있다. 이 중에서 금일에 회수된 상품권은 ₩650,000이다.

(5) 2003. 1. 10 빛고을광학(주)는 LCD Projector ₩30,000,000을 6개월 할부로 매출하였으며, 발송비 ₩30,000을 현금으로 지급하였다.

(회계처리)

번호	차 변		대 변	
(1)				
(2)				
(3)				
(4)				
(5)				

■ **[7-9]** 다음 거래에 의한 수익인식에 관한 회계처리를 하시오(수익의 종류: 채무면제익, 자산수증이익, 보험차익, 전기오류수정손익).

3/ 9 전년도의 손익계산과정에서 감가상각비의 계상액이 ₩340,000이었으나 당해 연도에 들어와서 전기의 감가상각액이 계산상의 오류로 인해 ₩140,000이 과대 계상되었음을 발견하였다.

5/10 채권자인 (주)광주은행으로부터 대출채권 ₩8,800,000을 면제받았다.

6/20 화재보험에 부보된 건물 ₩75,000,000(감가상각누계액 ₩5,000,000)이 소실되어 보험회사에 즉시 고지하고 보험금을 청구하였다(미결산계정을 설정함).

7/27 (주)미래상사는 창업자인 김억대 명예회장으로부터 토지 ₩7,000,000을 증여받았다.

8/10 보험회사로부터 전기의 보험금 청구에 보험금 ₩75,000,000의 지급확정이 되었음을 통지받았다.

12/31 결산일에 산업재산권의 회계처리 과정에서 전년도의 산업재산권의 상각액 ₩550,000이 기장 누락되었음을 확인하였다.

(회계처리)

날짜	차 변		대 변	
3/ 9				
5/10				
6/20				
7/27				

날짜	차 변		대 변	
8/10				
12/31				

■ [7-10] 2003. 12. 31 결산일에 수정 전 계정잔액과 조사결과 자료에 의해 당기에 인식할 수익과 비용을 계산하시오.

수정 전 계정잔액		기말 조사결과	
이자수익	1,230,000	미경과액	380,000
보 험 료	725,000	미지급액	25,000
소모품비	83,000	미사용액	40,000
이자비용	250,000	미지급액	80,000

(1) 수익인식액: ₩ ____________

(2) 비용인식액: ₩ ____________

■ [7-11] 다음 자료에 의해 2003년도의 매출수익을 계산하시오.

(1) 수출선적 완료액 ₩96,000,000(FOB Shipping Point 조건)

(2) 시송품 ₩1,500,000 중 구매의사표시액 ₩800,000

(3) 위탁매출 계약에 의한 적송품 ₩23,000,000 중, 매출계산서 도착분의 금액 ₩15,000,000

(4) 할부매출액 ₩5,000,000 중 당기의 회수액 ₩1,000,000(인도기준에 의함)

(5) 매출계약을 체결하고 계약금 ₩50,000을 영수한 바 있던 계약 물품 인도액 ₩150,000

2003년도 매출수익 인식액 ₩ ____________

■ [7-12] 다음 위탁매출거래를 회계처리 하시오.

2000. 6/8 글로벌유통상사(주)는 평양상사와 가전제품 100박스의 위탁매출계약을 채결하다. 1박스당 원가는 ₩500,000이며, 매출액에 대한 8%의 매출수수료를 지급하기로 하다.

2000. 6/15 상기의 위탁품을 발송하고 발송비 ₩70,000을 현금으로 지급하다.

2000. 10/5 평양상사로부터 매출계약서가 도착했으며, 그 매출내용은 20박스 ₩14,000,000이다. 따라서 매출액에서 수수료를 제외한 금액은 후일 송금하기로 하다.

2000. 12/31 결산일에 즈음하여 평양상사에 그동안의 매출액을 확인한 결과 매출계산서 작성일 이후 10박스를 ₩6,500,000에 매출하였음을 확인하다.

(분 개)

날짜	차 변		대 변	
6/ 8				
6/15				
10/ 5				
12/31				

■ **[7-13]** 다음 2005년의 수출매출거래를 회계처리 하시오.

7/ 1, 미국 부시땅상사로부터 L/C가 도래하여 상품 수출을 위한 상품 ₩45,000,000을 매입하고 대금은 수표를 발행하여 지급하고 매입운임 ₩200,000은 현금을 지급하다. L/C의 내용은 다음과 같다.

1) 금액: $60,000, 2) 선적기일: 2000. 12/10, 3) 가격조건: CIF, 4) 일람불 어음

7/13, 서해해운 및 제일해상보험(주)와 운송계약 및 해상보험에 부보하고 각각 ₩700,000, 500,000을 현금으로 지급하다.

7/16, 상기의 수출품의 수출신고를 하여 수출면장을 교부받고 선적을 완료하였다. 따라서 서해해운으로부터 선하증권을 교부받음. 환율 $1: ₩1,000

7/20, 수출품에 대한 화환어음($60,000)을 발행하고 선적서류와 함께 외환은행에 제시하고 매입의뢰를 하였다. 그 결과 매입통보와 함께 상기 어음금액을 당좌예금에 입금했다는 통지를 받다. 당일의 환율은 $1: ₩1,050

(회계처리)

날짜	차 변		대 변	
7/ 1				
7/13				
7/16				
7/20				

■ **[7-14]** 다음 용역수익과 관련한 거래를 회계처리 하시오.

2005. 7/ 1, 조선경상건설(주)는 조선대학교로부터 기숙사 건설용역을 도급받았다. 도급내용은 다음과 같다.

총 도급금액: ₩70,000,000

총 추정원가: ₩45,000,000

예정 준공일: 2008. 6/30

2005. 7/10, 공사착수금으로 ₩500,000을 당좌수표로 영수하다.

2005. 8/20, 공사 인건비 ₩1,800,000, 철근 및 시멘트 등 ₩450,000을 구입하고

대금은 수표를 발행하여 지급하다.

2006. 2/ 5, 공사 중도금 ₩5,000,000을 수표로 받다.

(회계처리)

날짜	차 변		대 변	
7/ 1				
7/13				
7/16				
7/20				
2006. 2/ 5				

■ **[7-15]** 대망세계(주)의 결산 결과 당기순이익 ₩8,700,000이 계산되었다. 당해기간동안 자본변동에 관한 내용은 다음과 같으며, 1주당 순이익을 계산하시오.

(자본변동) 1/1 현재 유통 보통주식 1,000주(1주 액면 ₩20,000)

7/1 신주발행(보통주 발행가: 주당 ₩25,000) 500주

1) 사외유통 보통주수 ________주

2) 주당순이익 ₩________________

심 화 학 습

주당이익(Earning Per Share)

Ⅰ. 목적 및 적용

회계기준위원회는 국제적 정합성을 고려하여 주당이익의 산정 및 공시방법을 개선하기 위하여 이 기준서를 제정하였다. 특히, 기업회계기준서 제21호 "재무제표의 작성과 표시 I"에 따라 포괄손익계산서에서 계속사업손익을 계속사업손익법인세비용이 차감된 금액으로 표시하고 중단사업손익을 구분표시하는 내용과 부합하도록 주당이익의 산정방법을 정하였다. 또한 주당이익과 관련된 용어를 체계적으로 정비하고 희석효과 등의 개념을 명확히 하였으며, 주당이익을 산정하기 위한 이익과 보통주식수의 계산방법을 보다 구체적으로 정하였다.

이 기준서의 목적은 주당이익의 산정방법 및 공시에 필요한 사항을 정하는 데 있다. 주당이익은 정보이용자가 특정 기업의 경영성과를 기간별로 비교하고, 동일기간의 경영성과를 다른 기업과 비교하는 데 유용한 정보를 제공한다.

이 기준서는 주식회사의 외부감사에 관한 법률의 적용대상 기업의 주당이익 계산 및 공시에 적용하되, 주권을 상장하고 있는 기업이나 상장절차를 진행하고 있는 기업이 아닌 경우에는 주당이익을 공시하지 않을 수 있다.

Ⅱ. 주당이익계산

1. 기본주당이익

기본주당이익=계속사업이익−우선주배당금/가중평균유통보통주수

보통주에 귀속되는 특정 회계기간의 계속사업이익(또는 계속사업손실) 또는 당기순이익(또는 당기순손실)에 대하여 기본주당이익(또는 기본주당손실)을 계산한

다. 기본주당계속사업이익(또는 기본주당계속사업손실)은 보통주에 귀속되는 특정 회계기간의 계속사업이익(또는 계속사업손실)을 그 기간에 유통된 보통주식수를 가중평균한 주식수(이하 "가중평균유통보통주식수"라 한다)로 나누어 산출한다. 기본주당순이익(또는 기본주당순손실)은 보통주에 귀속되는 특정 회계기간의 당기순이익(또는 당기순손실)을 그 기간의 가중평균유통보통주식수로 나누어 산출한다.

기본주당계속사업이익을 계산하기 위한 계속사업이익은 포괄손익계산서상의 계속사업이익에서 우선주 배당금 등을 차감하여 산출한다. 기본주당순이익을 계산하기 위한 당기순이익은 포괄손익계산서상의 당기순이익에서 우선주 배당금 등을 차감하여 산출한다.

기본주당이익을 계산하기 위한 보통주식수는 그 기간의 가중평균유통보통주식수로 한다. 이때 "유통"이라 함은 주식이 발행된 후 재취득되지 않은 상태를 말한다.

자본의 실질적 변동을 유발하지 않으면서 유통보통주식수의 변동을 가져오는 무상증자, 주식배당, 주식분할, 주식병합(이하 "무상증자 등"이라 한다)과 같은 사건이 발생한 경우에는, 재무제표에 보고되는 회계기간 중 최초 회계기간의 기초에 그러한 사건이 발생한 것으로 보아 각 회계기간의 유통보통주식수를 비례적으로 조정하여, 포괄손익계산서에 그 회계기간과 비교표시되는 모든 회계기간에 대한 가중평균유통보통주식수를 계산한다. 다만, 기중에 유상증자로 발행된 신주에 대하여 무상증자 등이 실시된 경우에는 당해 유상증자의 주금납입기일에 무상증자 등이 실시된 것으로 보아 유통보통주식수를 조정한다.

보통주에 귀속되는 특정 회계기간의 계속사업이익(또는 계속사업손실) 또는 당기순이익(또는 당기순손실)에 대하여 희석주당이익(또는 희석주당손실)을 계산한다. 희석주당이익을 계산하기 위해서는 모든 희석효과가 있는 잠재적보통주(이하 "희석성 잠재적보통주"라 한다)의 영향을 고려하여 기본주당이익의 계산에 사용된 계속사업이익, 당기순이익, 유통보통주식수를 조정하여야 한다.

2. 희석주당이익

$$\text{희석주당이익} = \frac{\text{계속사업이익} - \text{우선주배당금} + \text{잠재적보통주 비용, 배당금}}{\text{가중평균유통보통주수} + \text{희석성잠재적보통주식수}}$$

희석주당이익을 계산하기 위해서는 기본주당이익의 계산에 사용된 당기순이익(또는 계속사업이익)을 다음의 사항에서 법인세효과가 있는 경우, 이를 차감한 금액만큼 조정한다.

① 기본주당이익의 계산에 사용된 당기순이익(또는 계속사업이익)을 계산할 때 차감한 희석성 잠재적보통주에 대한 배당금(재가산)

② 희석성 잠재적보통주와 관련하여 그 회계기간에 인식한 이자비용(가산)

③ 희석성 잠재적보통주를 보통주로 전환하였다면 발생하지 않았을 그 밖의 손익(가감)

희석주당이익을 계산하기 위한 보통주식수는 기본주당이익의 계산에 사용된 가중평균유통보통주식수에 모든 희석성 잠재적보통주가 전환될 경우에 발행되는 보통주의 가중평균유통보통주식수를 가산하여 산출한다. 희석성 잠재적보통주는 회계기간의 기초에 전환된 것으로 보되 당기에 발행된 것은 그 발행일에 전환된 것으로 본다.

잠재적보통주는 보통주로 전환된다고 가정할 경우 주당계속사업이익을 감소시키거나 주당계속사업손실을 증가시킬 수 있는 경우에만 희석성 잠재적보통주로 취급한다.

희석주당이익을 계산할 때 희석효과가 있는 옵션이나 신주인수권 등 희석성 잠재적보통주에 대한 권리는 행사된 것으로 가정한다. 이 경우 권리행사에서 예상되는 현금유입액은 보통주식을 공정가치로 발행하여 유입된 것으로 가정한다. 그 결과 권리를 행사할 때 발행하여야 할 보통주식수와 공정가치로 발행한 것으로 가정하여 환산한 보통주식수의 차이는 무상으로 발행한 것으로 보아 희석주당이익을 계산하기 위한 보통주식수에 포함한다.

회사의 선택에 따라 보통주 또는 현금으로 결제할 수 있는 계약을 한 경우에 회사는 그 계약이 보통주로 결제될 것으로 가정하고 그로 인한 잠재적보통주가 희석효과를 가진다면 희석주당이익의 계산에 포함한다. 계약상대방의 선택에 따라 보통주 또는 현금으로 결제하게 되는 계약의 경우에는 보통주결제와 현금결제 중 희석효과가 더 큰 방법으로 결제된다고 가정하여 희석주당이익을 계산한다.

유통되는 보통주식수나 잠재적보통주식수가 무상증자 등으로 증가하였거나 감소하였다면, 비교표시되는 모든 포괄손익계산서의 기본주당이익과 희석주당이익을 소급하여 수정한다. 만약 이러한 사건이 재무상태표일과 재무제표가 사실상 확정된 날 사이에 발생하였다면 당기와 그 이전 회계기간의 주당이익을 새로운 유통보통주식수에 근거하여 재계산한다. 주당이익을 계산할 때 이와 같은 유통보통주식수의 변동을 반영하였다면 그러한 사실을 주석으로 기재한다. 또한, 회계변경과 오류수정에 관한 기업회계기준에 따라 처리한 중대한 오류의 수정 및 회계정책의 변경의 소급적용에 따른 효과를 반영하여 비교표시되는 모든 포괄손익계산서의 기본주당이익과 희석주당이익을 수정한다.

기본주당이익과 희석주당이익을 계속사업이익과 당기순이익에 대하여 계산하고 포괄손익계산서 본문에 표시한다. 희석주당이익이 기본주당이익과 동일하다면 한 줄로 표시할 수 있으나, 비교표시되는 포괄손익계산서 중 희석주당이익이 별도로 표시되는 회계기간이 포함되어 있으면 비교표시되는 나머지 회계기간의 포괄손익계산서에도 희석주당이익을 별도로 표시한다.

기본주당이익과 희석주당이익이 부의 금액(즉, 손실)인 경우에도 포괄손익계산서에 표시한다.

다음의 사항을 주석으로 기재한다.

① 당기순이익(또는 계속사업이익)에 대한 조정사항 및 가중평균유통보통주식수의 계산내역을 포함한 기본주당이익 산정내용

② 당기순이익(또는 계속사업이익)에 대한 조정사항 및 가중평균유통보통주식수의 계산내역을 포함한 희석주당이익 산정내용

③ 당기에는 반희석효과로 인하여 희석주당이익을 계산할 때 고려하지 않았지만 앞으로 희석효과가 발생할 가능성이 있는 잠재적보통주의 내용

중단사업이익(또는 중단사업손실)이 있는 경우에는 중단사업에 대한 기본주당이익과 희석주당이익을 주석으로 공시하여야 한다.

Ⅲ. 용어정의

반희석효과

잠재적보통주에 부여된 권리가 행사되거나 계약 조건 등이 충족된다고 가정하는 경우 주당계속사업이익이 증가하거나 주당계속사업손실이 감소하는 효과

보 통 주

이익배당이나 잔여재산 분배에 있어 제한이나 우선권이 주어지지 아니한 주식

잠재적보통주

보통주를 발행받을 수 있는 권리가 소유자에게 부여된 금융상품 또는 계약 등으로서 그 예는 다음과 같음.

(1) 보통주로 전환할 수 있는 채무증권(예: 전환사채) 또는 지분증권(예: 전환우선주)
(2) 옵션과 신주인수권
(3) 계약상 합의(예: 사업결합 또는 자산취득)에 따라 조건이 충족되면 발행될 보통주

조건부발행보통주
조건부주식약정에 명시된 특정 조건이 충족된 경우에 현금 등의 납입이 없이(또는 거의 없이) 발행하게 되는 보통주

조건부주식약정
특정 조건이 충족되면 주식을 발행하기로 하는 약정

(주식)풋옵션
일정기간 동안 정해진 가격으로 주식을 팔 수 있는 권리를 보유자에게 부여하는 계약

희석효과
잠재적보통주에 부여된 권리가 행사되거나 계약 조건 등이 충족된다고 가정하는 경우 주당계속사업이익이 감소하거나 주당계속사업손실이 증가하는 효과

Ⅳ. 회계사례

1. 가중평균유통보통주식수

회사의 20×1년 보통주식수의 변동에 따른 가중평균유통보통주식수의 계산은 다음과 같다.(1년을 365일로 가정한다)

가. 유통보통주식수의 변동

일 자	변 동 내 용	발행주식수	자기주식수	유통주식수
20×1. 1. 1	기 초	2,000	300	1,700
20×1. 5. 1	유상증자(납입기일)	800		2,500
20×1. 6. 3	자기주식 매각		(100)	2,600
20×1. 8. 4	유상증자(납입기일)	300		2,900
20×1. 12. 1	자기주식 취득		250	2,650
20×1. 12. 31	기 말	3,100	450	2,650

나. 가중평균유통보통주식수의 계산

유통기간	항 목	주 식 수	유통주식수	유통일수	적 수
1.1~4.30	기초의 유통주식	1,700	1,700	120일	204,000
5.1~6.2	유상증자	800	2,500	33일	82,500
6.3~8.3	자기주식 매각	100	2,600	62일	161,200
8.4~11.30	유상증자	300	2,900	119일	345,100
12.1~12.31	자기주식 취득	(250)	2,650	31일	82,150
합 계				365일	874,950

가중평균유통보통주식수: 874,950÷365=2,397주

2. 무상증자

회사가 20×1년 10월 1일에 실시한 무상증자에 따른 주당순이익의 계산은 다음과 같다. 단, 회사가 발행한 우선주는 없다.

가. 상 황

20×0년 당기순이익 180,000원

20×1년 당기순이익 600,000원

20×1년 9월 30일 현재 유통보통주식수 200주

20×1년 10월 1일 무상증자 실시: 20×1년 9월 30일 현재 유통보통주식 1주에 대하여 2주의 보통주를 무상으로 지급함

나. 주당이익의 계산

유통보통주식수: 200주+(200주×2)=600주

20×1년 주당순이익: 600,000원÷600주=1,000원

20×0년 조정된 주당순이익: 180,000원÷600주=300원

무상증자의 경우, 자본의 실질적 변동을 유발하지 않으면서 유통보통주식수의 변동을 가져오므로 재무제표에 보고되는 회계기간 중 최초 회계기간의 기초에 그러한 사건이 발생한 것으로 보아 주당이익을 계산한다.

3. 권리발행

가. 손익상황 및 자본의 변동사항

	20×0년	20×1년	20×2년
당기순이익	110,000원	150,000원	180,000원

권리발행 전 유통보통주식수 500주(단, 회사가 발행한 우선주는 없다)

권리발행의 내용

- 유통보통주식 5주당 신주 1주(신주는 총 100주)
- 발행금액: 500원
- 유상증자일(납입기일): 20×1년 4월 1일
- 권리행사일 전(권리락 전일)의 시장가격: 1,100원

나. 권리행사 후의 이론적 주당공정가치의 계산

$$\frac{\text{권리행사 직전 총유통보통주식의 공정가치} + \text{권리행사로 수취하는 총금액}}{\text{권리행사 직전 유통보통주식수} + \text{권리행사로 발행된 주식수}}$$

$$= \frac{(1{,}100\text{원} \times 500\text{주}) + (500\text{원} \times 100\text{주})}{500\text{주} + 100\text{주}} = 1{,}000\text{원}$$

다. 조정비율의 계산

$$\frac{\text{권리행사 직전의 주당공정가치}}{\text{권리행사 후의 이론적 주당공정가치}} = \frac{1{,}100}{1{,}000} = 1.1$$

라. 주당순이익의 계산

구　　분	계 산 식	20×0	20×1	20×2
20×0년 주당순이익	110,000원÷500주	220원		
권리발행으로 재계산된 20×0년 주당순이익	$\frac{110{,}000\text{원}}{500\text{주} \times 1.1}$	200원		
20×1년 주당순이익	$\frac{150{,}000\text{원}}{(500\text{주} \times 1.1 \times 90/365) + (600\text{주} \times 275/365)}$		255원	
20×2년 주당순이익	180,000원÷600주			300원

4. 옵　　션

가. 손익상황 및 옵션에 관한 사항

20×1년 당기순이익 12,000,000원

20×1년 가중평균유통보통주식수 50,000주(회사가 발행한 우선주는 없다)
20×1년 보통주 1주의 평균시장가격 2,000원
20×1년 옵션이 행사될 경우 발행될 보통주식수 10,000주
20×1년 옵션의 행사가격 1,500원

나. 주당순이익의 계산

	이 익	주 식 수	주당이익
20×1년 당기순이익	12,000,000		
20×1년 가중평균유통보통주식수		50,000	
기본주당순이익	12,000,000	50,000	240
옵션이 행사될 경우 발행될 보통주식수		10,000	
평균시장가격으로 발행되었을 경우의 보통주식수: (10,000주×1,500원)÷2,000원		(7,500)	
희석주당순이익	12,000,000*	52,500	229

* 희석주당순이익을 계산하기 위한 보통주식수는 대가없이 발행된 것으로 간주하는 주식수(2,500주)만큼만 증가하므로 이익은 조정하지 않는다.

5. 종업원주식선택권의 행사가격 결정

가. 종업원주식선택권의 내용

가득되지 않은 주식선택권의 현금행사가격	1,500원
가득되지 않은 주식선택권의 종업원 1인당 평균수량	1,000개
주식선택권의 대가로 제공하는 종업원의 용역에 대하여 잔여가득기간에 인식할 종업원 1인당 보상원가	120,000원

나. 조정행사가격의 계산

종업원 1인당 제공해야 할 용역의 공정가치	120,000원
주식선택권 1개당 제공해야 할 용역의 공정가치 (120,000원÷1,000개)	120원
주식선택권의 총행사가격 (1,500원+120원)	1,620원

6. 전환사채

가. 손익상황 및 전환사채에 관한 사항

당기순이익 1,004,000원

유통보통주식수 1,000주(단, 회사가 발행한 우선주는 없다)

기본주당순이익 1,004원

전환사채 발행금액 100,000원

전환사채 발행금액 10,000원당 보통주 3주로 전환가능

전환사채의 부채요소에 대한 이자비용 10,000원

이자비용에 대한 법인세효과 4,000원

나. 희석주당순이익의 계산

조정후 당기순이익 1,004,000원+10,000원−4,000원=1,010,000원

전환사채의 전환으로 발행될 신주의 수 30주

희석주당순이익 계산에 이용될 보통주식수 1,000주+30주=1,030주

희석주당순이익 1,010,000원÷1,030주=981원

7. 조건부발행보통주

20×1년에 회사의 유통보통주식수는 1,000,000주이고 유통되고 있는 전환증권 및 우선주는 없다.(1년을 365일로 가정한다)

회사는 최근의 사업결합과 관련하여 다음의 조건에 따라 보통주를 추가로 발행하기로 합의하였다.

- 영업점 조건: 20×1년에 새로 개점되는 영업점 1개당 보통주 5,000주 발행
- 이익 조건: 20×1년의 당기순이익이 2,000,000원을 초과하는 경우
  매초과액 1,000원에 대하여 보통주 1,000주 발행

회사는 20×1년 5월 1일과 9월 1일에 각각 1개의 새로운 영업점을 개점하였으며, 회사의 분기별 누적세후순이익은 다음과 같다.

20×1년 3월 31일 1,100,000원

20×1년 6월 30일 2,300,000원

20×1년 9월 30일 1,900,000원(중단사업손실 450,000원 포함)

20×1년 12월 31일 2,900,000원

가. 기본주당순이익의 계산

구 분	1분기	2분기	3분기	4분기	전 체
분 자	1,100,000원	1,200,000원	(400,000)원	1,000,000원	2,900,000원
분 모					
유통보통주식수	1,000,000주	1,000,000주	1,000,000주	1,000,000주	1,000,000주
영업점 조건	0	3,352[a]	6,630[b]	10,000	5,027[c]
이익 조건[d]	0	0	0	0	0
총주식수	1,000,000주	1,003,352주	1,006,630주	1,010,000주	1,005,027주
기본주당순이익	1.10원	1.20원	(0.40)원	0.99원	2.89원

a. 5,000주×61/91

b. 5,000주+(5,000주×30/92)

c. (5,000주×245/365)+(5,000주×122/365)

d. 이익 조건의 경우 조건기간이 종료될 때까지 조건의 충족여부가 확실하지 않으므로 (조건기간이 종료되기 전에 단순히 초과이익을 달성했다는 사실이 모든 조건을 충족시킨 것은 아님) 기본주당순이익에 영향을 미치지 않는다.

나. 희석주당순이익의 계산

구 분	1분기	2분기	3분기	4분기	전 체
분 자	1,100,000원	1,200,000원	(400,000)원	1,000,000원	2,900,000원
분 모					
유통보통주식수	1,000,000주	1,000,000주	1,000,000주	1,000,000주	1,000,000주
영업점 조건	0	5,000[e]	10,000	10,000	10,000[f]
이익 조건	0[g]	300,000[h]	0[i]	900,000[j]	900,000[k]
총주식수	1,000,000주	1,305,000주	1,010,000주	1,910,000주	1,910,000주
희석주당순이익	1.10원	0.92원	(0.40)원[l]	0.52원	1.52원

e. 각 분기별 희석주당순이익을 계산할 때, 조건부발행보통주는 분기의 기초에 전환된 것으로 간주한다.

f. 연간 희석주당순이익을 계산할 때 조건부발행보통주는 회계기간초에 전환된 것으로 간주한다.

g. 회사의 20×1년 3월 31일 현재 세후순이익은 2,000,000원을 초과하지 않고 있다. (기준서에서는 미래 이익수준을 예측하여 조건부발행보통주의 조건충족여부를 판단하는 것을 인정하지 않는다.)

h. [(2,300,000원−2,000,000원)÷1,000원]×1,000주=300,000주

i. 누적세후순이익이 2,000,000원 미만이다.

j. [(2,900,000원−2,000,000원)÷1,000원]×1,000주=900,000주

k. 연간 희석주당순이익을 계산할 때 조건부발행보통주는 회계기간초에 전환된 것으로 간주한다.

l. 3분기의 순손실 400,000원은 중단사업손실 450,000원에 기인한 것이므로 희석효과 판단의 기

준인 계속사업이익은 양의 값이다. 그러므로 희석주당순이익을 계산할 때 잠재적보통주로 인한 효과를 포함시킨다.

8. 희석성 잠재적보통주를 포함시키는 순서

가. 손익상황 및 잠재적보통주에 관한 사항

이익

계속사업이익	16,400,000원
우선주배당금	(6,400,000)원
보통주에 귀속되는 계속사업이익	10,000,000원
중단사업손실	(4,000,000)원
보통주에 귀속되는 당기순이익	6,000,000원

유통보통주식수	2,000,000주
보통주의 평균시장가격	75원

잠재적보통주

옵션	100,000개(행사가격 60원)
전환우선주	800,000주(주당 배당금 8원, 주당 보통주 2주로 전환 가능)
전환사채	100,000,000원 (액면발행, 이자율 연 5%, 액면 50원당 보통주 1주로 전환 가능, 전환권대가 및 상환할증금은 없다고 가정함)

법인세율 40%

나. 잠재적보통주의 전환으로 인하여 보통주에 귀속되는 이익의 증분 계산

구 분	이익의 증분 ①	보통주식수의 증분 ②	①÷②
옵 션	0	20,000[a]	0
전환우선주	6,400,000[b]	1,600,000[c]	4.00
전환사채	3,000,000[d]	2,000,000[e]	1.50

a. 100,000개×(75원－60원)÷75원
b. 800,000주×8원
c. 800,000주(전환우선주식수)×2(전환비율)
d. 100,000,000원×5%×(1－0.4)
e. 100,000,000원÷50원(액면금액)

일반적으로 희석성 잠재적보통주를 포함시킬 때 각 잠재적보통주에 대하여 이익의 증분을 보통주식수의 증분으로 나눈 비율이 작은 것부터 고려한다. 그러므로 이 사례의 경우에는 옵션, 전환사채, 전환우선주의 순으로 고려한다.

다. 희석주당계속사업이익의 계산

	계속사업이익	보통주식수	주당이익	희석효과
보고수치	10,000,000	2,000,000	5.00	
옵 션	—	20,000		
	10,000,000	2,020,000	4.95	희 석 성
전환사채	3,000,000	2,000,000		
	13,000,000	4,020,000	3.23	희 석 성
전환우선주	6,400,000	1,600,000		
	19,400,000	5,620,000	3.45	반희석성

전환우선주를 고려할 경우 희석주당계속사업이익이 증가(3.23에서 3.45로)하므로 전환우선주는 반희석성이며, 희석주당계속사업이익의 계산에 포함시키지 않는다. 따라서 희석주당계속사업이익은 3.23이다.

라. 주당이익

	기본주당이익	희석주당이익
계속사업이익	5.00	3.23
중단사업손실	(2.00)[a]	(0.99)[b]
당기순이익	3.00[c]	2.24[d]

a. (4,000,000)원÷2,000,000주=(2.00)원
b. (4,000,000)원÷4,020,000주=(0.99)원
c. 6,000,000원÷2,000,000주=3.00원
d. (6,000,000원+3,000,000원*)÷4,020,000주=2.24원

* 전환사채까지 희석효과를 가지므로 전환사채의 전환으로 인하여 증가하는 이익

제 8 장
발생주의와 기말수정

제 8 장 발생주의와 기말수정

제1절 기중과 기말의 회계처리

거래를 분개하고 총계정원장에 전기하는 기중(期中)의 회계처리는 현금주의(現金主義)에 의한 회계처리라 할 수 있다. 즉 기중에는 현금의 수입과 지출에 관한 부분만을 회계처리한다. 이는 그 수수한 현금이 당해 기간에 발생된 금액을 수수한 것인지의 여부를 판단하여 회계처리하는 것이 아니라, 현금의 수입 및 지출액의 전액을 수익과 비용으로 일차적으로 회계처리를 하는 것이다. 이는 단순히 실무적 편의에 따른 것이라 할 수 있다. 복잡한 기중의 회계처리 과정에서 구체적으로 얼마가 발생한 것인가를 파악한다는 것이 실무적으로 비효율적이거나, 어떤 수익과 비용은 그 속성상 발생액에 관하여 기말에 파악해야 하는 것도 있기 때문이다. 그러므로 기말 결산일에는 당해 기간에 발생된 수익과 비용이 얼마인가를 명확히 파악해서, 기중에 회계처리했던 결과를 발생액으로 수정해야 명확한 기간손익(期間損益)을 결정할 수 있다.

발생주의와 현금주의를 비교하면, 발생주의에서는 현금의 수입 · 지출과는 무관하게 수익과 비용의 회계처리가 이루어지지만, 현금주의에서는 오직 현금의 수입과 지출에 의해서만 수익과 비용을 계상한다는 점이 다르다. 현금주의 회계정책을 택하면, 기업 또는 경영자는 자의적으로 기간손익을 조작할 수 있게 된다. 즉 의도적으로 현금의 지출을 억제하여 비용을 적게 계상하는 한편, 의도적으로 현금의 수입만을 증대시키려는 회계정책 또는 경영전략을 구사하여 수익을 증대시킴으로써 이익을 과대하게 보고할 수 있게 하는 것이다. 그러므로 경영성과 또는 경영업적을 평가하는 오늘날의 기업환경하에서는 현금주의 회계처리가 적합하지 않은 것이며, 발생주의 회계처리가 기업의 성과나 업적을 평가하기 위해서는 유용한 방안이라는 것을 알 수 있다. 발생주의와 현금주의에서의 수익과 비용의 관계는 다음과 같다.

〈발생주의와 현금주의의 비교〉

발생주의	현금수입	≒	수 익
	현금지출	≒	비 용
현금주의	현금수입	=	수 익
	현금지출	=	비 용

이와 같은 발생주의 회계처리하에서 기말에 수행해야 하는 회계처리 사항은 여러 가지가 있다. 기말 결산일에 수정해야 할 수정사항이 있는가 하면, 기말에서만이 수행해야 할 평가사항이 있다. 후자의 평가사항의 예로는 유형자산의 감가상각비 계상, 매출채권의 대손추정, 채권 · 채무의 평가, 외화자산 및 부채의 평가, 유가증권의 평가 등이 있다. 한편 수정사항으로는 수익의 이연 및 예상, 비용의 이연 및 예상, 소모품의 회계처리, 기타 사항이 있다. 전자의 평가사항, 감가상각 및 대손상각에 관하여는 후술하기로 하고 여기에서는 수익과 비용의 수정사항을 중심으로 기술하고자 한다. 이상과 같은 결산일의 수정사항 또는 평가사항은 발생주의에 의한 기간손익을 합리적으로 결정하기 위한 것이다.

제 2 절 비용 · 수익의 예상

비용의 회계처리는 기중에는 현금의 지출액을 비용의 발생액으로 보고 해당 비용계정의 차변에 기장하며, 기말에는 당해 비용계정의 기장과 관련한 증빙서류(證憑書類)들을 조사 · 분석하여 기중의 현금지출과는 상관없이 당기에 발생한 비용이 얼마인가를 파악한다. 파악된 당기 발생비용과 비용계정의 기장 내용을 비교하여, 발생액보다 비용계정의 기장 금액이 더 적으면 그 금액을 추가로 계상해야 한다. 즉 미지급액을 추가로 비용발생 기장을 하고, 한편으로는 미지급비용계정을 설정하여 부채로 계상해야 한다. 수익의 경우도 당기에 수취한 수익의 금액이 당기에 발생한 수익의 금액에 미달할 때는 이의 미수액을 계상하고 추가로 수익발생 기장을 해야 하며, 한편으로는 미수수익계정을 설정하여 차기로 이월해야 한다. 이를 수익 및 비용의 예상이라 한다.

2.1 비용의 예상

◀ 예시 8-1 ▶ 비용예상

- 6/30 차입금이자 ₩300,000을 현금으로 지급하였다. 단, 2001년 1월 1일에 광주은행으로부터 현금 5,000,000을 차입하였으며, 이자지급일은 매년 12월 31일, 연이율 10%, 만기일은 2004년 1월 7일이다.
- 12/31 결산일 현재 이자비용 미지급액이 ₩200,000임(이자비용 당기 발생액이 ₩500,000임).

(수정분개)

12/31	차변) 이 자 비 용	200,000	대변) 미지급이자	200,000

(재대체분개)

2002 1/ 1	차변) 미지급이자	200,000	대변) 이 자 비 용	200,000

이자비용

6/30	현 금	300,000	12/31	집 합 손 익	500,000
12/31	미지급이자	200,000			
		500,000			500,000
			1/ 1	미지급이자	200,000

미지급이자

12/31	차기이월	200,000	12/31	이자비용	200,000
1/ 1	이자비용	200,000	1/ 1	전기이월	200,000

2001. 6/30일에 차입금이자 ₩300,000을 지급했으므로 이 지급액을 이자비용계정 차변에 기장하였다. 따라서 결산일에 즈음하여 이자비용계정을 보면 ₩300,000이 있으므로 이 금액이 당기의 발생액인지 아닌지를 파악해야 한다. 조사결과 당해 차입금의 연이자 발생액은 10%이므로 ₩500,000이며, ₩200,000이 미지급액이라는 사실을 알게 되었다. 따라서 이 금액을 수정분개하여 이자비용계정을 ₩500,000으로 수정하고 한편으로는 '미지급이자'라는 부채를 계상해야 한다.

따라서 이자비용은 집합손익계정의 차변에 ₩500,000이 대체기입되고, 미지급이자 ₩200,000은 부채로서 차기로 이월하는 장부마감을 해야 한다. 그러나 영업활동은 계속되어야 하므로 차기, 즉 2002년의 회계처리를 위하여 2002년의 최초일인 1월 1일자로 미지급이자계정에 기록된 금액을 다시 이자비용계정의 대변으로 대체해야 하며, 또한 미지급이자 ₩200,000은 2001년의 미지급액이며 2002년의 미지급액은 아니기 때문이다. 이것이 재대체이며 재대체 분개는 수정분개를 역으로 하면 된다. 상기의 이자비용 및 미지급이자계정의 기장 내용은 결산일의 모든 회계처리를 예시한 것이다.

2.2 수익의 예상

◀ 예시 8-2 ▶ 수익예상

- 6/30 2001년 1월 1일에 건물을 임대하고 연 임대료를 ₩700,000씩 받기로 한 바 있으며, 임대료는 매년 말 정산하기로 하였다. 6/30일에 임대료의 일부 ₩400,000을 수표로 받았다.
- 12/31 결산일 현재 임대료 미수액 ₩300,000임이 조사되었다.

(수정분개)

	차변		대변	
12/31	미수임대료	300,000	임 대 료	300,000

(재대체분개)

	차변		대변	
2002 1/1	임 대 료	300,000	미수임대료	300,000

임 대 료

12/31	집 합 손 익	700,000	6/30	현 금	400,000
			12/31	미수임대료	300,000
		700,000			700,000
1/ 1	미수임대료	300,000			

미수임대료

12/31	임 대 료	300,000	12/31	차기이월	300,000
1/ 1	전기이월	300,000	1/ 1	임 대 료	300,000

결산일 이전의 임대료 수익계정을 보면 기중에 임대료의 일부 ₩400,000을 현금으로 수취한 사실을 알 수 있다. 그러나 이 금액이 당기에 발생된 임대료 수익인지 아니면 일부인지를 기말 결산일에 조사해야 한다. 조사결과 임대차계약을 체결할 때 연 임대료를 ₩700,000으로 약정하였다는 사실을 알게 되었다. 따라서 당기에 수취해야 할 임대료는 ₩700,000이므로 임대료 미수액은 ₩300,000임을 확인하였다.

그러므로 결산일에 임대료 미수액 ₩300,000에 대한 수정분개를 하여 임대료수익계정의 대변잔액이 당기 발생액 ₩700,000이 되도록 수정하고 '미수임대료'라는 자산계정을 설정하여 기장한다. 수정분개와 수정기입이 완료되면 장부를 마감한다. 임대료계정 잔액 ₩700,000을 집합손익계정에 대체하고, 미수임대료계정 차변의 금액은 차기로 이월하여 마감한다. 마감이 완료된 직후 차기 최초의 일자로 미수임대료계정의 금액을 임대료계정으로 재대체해야 한다. 상기 계정은 수정기입 및 재대체까지를 예시한 것이다.

제 3 절 수익 · 비용이연

기간손익을 합리적으로 결정하기 위해서는 당해 기간에 발생한 수익과 비용을 당해 기간에 인식해야 한다. 이것이 발생주의이다. 발생주의는 발생된 기간에 수익과 비용을 인식하여 기간의 성과를 명확히 측정해야 하는데, 실제로 발생된 기간에 수익과 비용이 온전히 지급되거나 수입되는 것만은 아닌 경우가 있다. 그러나 기중에는 일차적으로 현금 등의 지급액 또는 수입액을 발생된 비용 또는 수익으로 보고 회계처리하여 총계정원장에 기장해야 한다. 그런 후 기말 결산일에는 총계정원장의 기장내용이 명확히 당해 기간에 발생된 금액으로 기장되어 있는지를 증빙서류 등에 의해 확인하고, 발생액보다 많은 금액을 지급했거나 수취했을 경우에는 그 원장의 내용을 수정해야 한다. 그렇지 않으면 발생액이 아닌 현금으로 지급했거나 수입된 금액이 집합손익계정에 대체되어 결국 기간손익의 계산을 왜곡(歪曲)되게 한다.

따라서 이연이란 비용의 지급이 발생액보다 많은 경우, 그리고 수익의 경우는 발생액보다 많은 금액을 수취했을 경우에 그 금액을 차기로 이연하여 그 이연된 금액만큼을 수익 또는 비용으로 인식하는 것을 연기해야 한다. 즉 차기에 인식되도록 해야 하는데 이를 이연(移延)이라 한다. 이연할 때 설정되는 계정은 비용의 경우에는 선급비용계정(先給費用計定)을, 수익의 경우는 선수수익계정(先受收益計定)을 설정한다.

3.1 비용의 이연

◀ 예시 8-3 ▶ 비용이연

- 6/30 2001년 1월 1일에 경성화재보험(주)와 건물의 화재보험계약을 체결하였고, 6/30일에 보험료 ₩180,000을 현금지급하였다(보험계약의 내용: 연 보험료 ₩150,000, 화재 발생시에 건물에 대한 평가액 전액을 보전해 주기로 함).
- 12/31 결산일에 당기 보험료는 ₩150,000임을 확인하였으며, 따라서 보험료선급액이 ₩30,000임.

(수정분개)

12/31	차변) 선급보험료 30,000	대변) 보 험 료 30,000

(재대체분개)

2002 1/ 1	차변) 보 험 료 30,000	대변) 선급보험료 30,000

건물을 화재보험에 부보하고 연 보험료를 ₩150,000으로 계약하였다. 그러나 기말 결산일에 보험료계정의 차변잔액은 ₩180,000(6/30일에 지급함)이 기록되어 있어서, 당기의 보험료 발생액 ₩150,000보다 ₩30,000을 초과하여 현금으로 지급하였음을 알 수 있다. 그러므로 보험료계정 잔액을 ₩150,000으로 수정해야 한다. 그렇지 않으면 보험료계정에 기록된 ₩180,000이 집합손익계정에 대체되고 그 결과 포괄손익계산서에 보험료가 ₩180,000이 기록되어 보고된다. 이렇게 되면 ₩30,000만큼 비용이 과대하게 계상되는 결과를 낳게 되고, 포괄손익계산서에 의한 당기의 성과가 왜곡된다. 그러므로 기말에 '선급보험료' 또는 '미경과보험료'계정을 설정하여 그 차변에 ₩30,000을 기장하고, 보험료계정의 대변에 ₩30,000을 기록하여 집합손익계정에 대체되는 보험료를 ₩150,000으로 수정해야 한다. 수정이 완료되면 이 장부를 마감하고 동시에 차기 최초일자로 재대체를 해야 한다. 재대체는 전술한 바와 같이 수정분개를 역분개하면 된다.

보 험 료

6/30	현 금	180,000	12/31	선급보험료	30,000
			〃	집 합 손 익	150,000
		180,000			180,000
1/ 1	선급보험료	30,000			

선급보험료

12/31	보 험 료	30,000	12/31	차기이월	30,000
1/ 1	전기이월	30,000	1/ 1	보 험 료	30,000

3.2 수익의 이연

◀ 예시 8-4 ▶ 수익이연

- 8/31 2001년 1월 1일에 현금 ₩10,000,000을 대구물산(주)에 대여하였다 (연이율 10%, 만기 2005년 12/21, 이자수취일은 매년 8/31일임). 8/31일에 대구물산으로부터 이자 ₩1,500,000을 송금수표로 받음.
- 12/31 결산일에 대여계약 내용을 조사한 결과 당기의 이자수익 발생액은 ₩1,000,000임이 확인됨.

(수정분개)

12/31 차변) 이자수익 500,000 대변) 선수이자수익 500,000

(재대체분개)

2002 1/ 1 차변) 선수이자수익 500,000 대변) 이자수익 500,000

이자수익

12/31	선수이자수익	500,000	8/31	현 금	1,500,000
〃	집합손익	1,000,000			
		1,500,000			1,500,000
			1/ 1	선수이자수익	500,000

선수이자수익

12/31	차기이월	500,000	12/31	이자수익	500,000
1/ 1	이자수익	500,000	1/ 1	전기이월	500,000

이자수익계정의 결산일 현재의 잔액은 ₩1,500,000이다. 이 금액이 당기에 발생된 이자수익인지를 확인한 결과 당기 발생액 ₩1,000,000을 초과하여 이자를 수취했음을 확인하였으므로, 그 초과액을 이자수익계정에서 차감하고 부채계정인 선수이자수익을 설정하여 그 대변에 기장하고 차기로 이월한다. 이를 수익의 이연이라 한다. 즉 당해 기간에 이자수취액 ₩1,500,000 전액을 수익으로 인식하지 않고 당기의 발생액 ₩1,000,000만 인식하고 나머지 ₩500,000은 당기의 수익으로 인식하지 않고 차기로 그 인식을 연기하는 것이다. 한편 당기에서는 수익을 이연하였지만 차기의 입장에서는 이연이 아니며 차기의 수익을 수취하는 것이 되므로 차기 최초일자로 재대체를 해 두어야 한다.

제 4 절 소모품 및 기타의 회계처리

4.1 소모품 회계처리

소모품(消耗品)은 일회적이며 단기간에 사용되어 소모되는 자산으로서 그 금액이 적으며 개별적으로 중요성이 낮은 자산이다. 따라서 수종의 소모품을 구입하면 일괄하여 회계처리하고, 기중에 당해 소모품을 사용할 때마다 사용액만큼 소모품비의 발생액으로 회계처리하는 것은 번거롭고 비효율적이다.

따라서 기중에는 소모품을 사용하고 그 사용액에 따른 회계처리를 개별적으로 하지 않으며, 기말 결산일에 소모품 미사용액 또는 사용액을 조사하여 일괄하여 소모품비 발생에 관한 회계처리 및 미사용액의 차기이월에 관한 회계처리를 한다. 이러한 관계로 소모품을 구입하는 단계에서의 회계처리 방법이 자산증가로 회계처리하는 방법과 비용발생으로 회계처리하는 방법이 있다. 따라서 그에 따른 기말 결산일의 회계처리도 다르게 된다.

4.1.1 자산처리 방법(제 1 법)

소모품은 원래 자산으로서 구입시에 일반 자산과 동일하게 소모품이란 자산계정에 기록할 경우는, 기말 결산일에 그 사용액(또는 미사용액)을 조사하여 사용한 금액만큼 소모품비계정의 차변에 대체하고 이 대체액이 비용으로서 집합손익계정에 대체되도록 회계처리해야 한다. 이와 같은 회계처리를 하는 경우에는 수정분개 후에 재대체하는 회계처리는 불필요하다.

◀ 예시 8-5 ▶ 소모품-자산처리법

- 3/10 수종의 소모품 2001년도분을 일괄하여 구입하고 대금 ₩290,000을 수표를 발행하여 지급하였다.
- 12/31 기말 결산일에 소모품 미사용액은 ₩80,000이다.

(구입시 분개)

3/10 차변) 소 모 품 290,000 대변) 당좌예금 290,000

(수정분개)

12/31 차변) 소모품비 210,000 대변) 소 모 품 210,000

소 모 품

3/10	당좌예금	290,000	12/31	소모품비	210,000
			〃	차기이월	80,000
		290,000			290,000
1/ 1	전기이월	80,000			

소모품비

12/31	소 모 품	210,000	12/31	집합손익	210,000

4.1.2 비용처리 방법(제 2 법)

상기 자산처리 방법의 사례를 이용하여 비용처리의 방법에 의한 회계처리를 예시한다. 이 방법은 전기의 비용의 이연과 동일하게 회계처리하는 방법으로서 일종의 실무적 편의에 의한 방법이라 할 수 있으며, 구입시에 비용계정인 소모품비로 회계처리한다.

◀ 예시 8-6 ▶ 소모품-비용처리법

(구입시의 분개)

3/10	차변) 소모품비 290,000	대변) 당좌예금 290,000

(수정분개)

12/31	차변) 소 모 품 80,000	대변) 소모품비 80,000

(재대체분개)

2002 1/ 1	차변) 소모품비 80,000	대변) 소 모 품 80,000

소모품비

3/10	당좌예금	290,000	12/31	소 모 품	80,000
			〃	집합손익	210,000
		290,000			290,000
1/ 1	소 모 품	80,000			

소 모 품

12/31	소모품비	80,000	12/31	차기이월	80,000
1/ 1	전기이월	80,000	1/ 1	소모품비	80,000

✎ 구입시에 비용으로 처리했으므로 기말 결산일에 미사용액을 파악하여 소모품계정 차변에 기장하고 그만큼 소모품비계정에서 차감한다. 또한 차기 최초일자로 수정분개를 역분개하여 재대체해야 한다.

4.2 기타의 회계처리 방법

각종 비용의 회계처리에서 기중에 비용지출액에 대한 회계처리를 할 때 일차적으로 비용발생 기장을 하고 기말에 이를 수정 · 정리하는 방법을 지금까지 고찰하였다. 그러나 기중에 지급할 경우 그 금액이 선급한 것인지, 아니면 당기에 발생한 것인지를 명확히 구분하여 선급한 금액은 선급비용을 설정하여 회계처리하고, 당기 발생액은 비용발생 기장을 하는 방법과 실무적 편의에 따라 전기한 바와 같이, 지급할 때 일차적으로 모두 선급한 것으로 보고 선급비용계정을 설정하여 회계처리한 후, 기말에 이를 수정 · 정리하는 방법도 있다. 모든 비용계정은 이와 같은 회계처리를 할 수 있는 것이며, 그 대표적인 계정은 선급이자, 선급보험료, 선급임차료, 선급급여, 선급수수료 등이다. 다음은 선급비용으로 처리하는 방법을 예시한 것이다.

◀ 예시 8-7 ▶ 기타의 회계처리

- 1/ 1 공장의 건물과 기계를 재해보험에 부보하고, 2년분의 보험료 ₩70,000을 현금으로 지급하였다.
- 12/31 결산일이 되어 선급보험료계정을 수정하였다(1년분 발생액 ₩35,000).

(보험료 지급)

1/ 1	차변) 선급보험료	70,000	대변) 현 금	70,000

(수정분개)

12/31	차변) 보 험 료	35,000	대변) 선급보험료	35,000

선급보험료

1/ 1	현 금	70,000	12/31	보 험 료	35,000
			〃	차기이월	35,000
		70,000			70,000
1/ 1	전기이월	35,000			

보 험 료

12/31	선급보험료	35,000	12/31	집 합 손 익	35,000

✎ 선급보험료는 보험료를 지급한 기중에 설정되는 것이며, 보험료계정은 기말 결산일에 설정된 것이다. 비용의 지출시에 선급비용계정을 설정하여 회계처리하는 경우에는 기말 수정 후 재대체하는 회계처리는 필요하지 않다.

제 5 절 수정 후 시산표 및 정산표

5.1 수정 후 시산표

다음의 수정 전 잔액시산표와 기말 수정사항의 자료에 의해 수정 후 잔액시산표를 작성하여 보기로 한다.

5.1.1 수정 전 잔액시산표

수정 전 잔액시산표

(주)오토그래스 2001년 12월 31일

차 변	원면	계정과목	대 변
6,405,000	1	현 금	
2,460,000	2	당 좌 예 금	
550,000	3	외 상 매 출 금	
210,000	4	받 을 어 음	
1,240,000	5	상 품	
120,000	6	소 모 품	
3,000,000	7	장 기 대 여 금	
1,000,000	8	임 차 보 증 금	
1,000,000	9	비 품	
	10	지 급 어 음	900,000
	11	미 지 급 금	180,000
	12	장 기 차 입 금	5,000,000
	13	자 본 금	10,000,000
	14	주 식 발 행 초 과 금	3,000,000
	15	상 품 매 출 이 익	620,000
	16	이 자 수 익	75,000
3,300,000	17	급 여	
40,000	18	보 험 료	
100,000	19	광 고 선 전 비	
100,000	20	임 차 료	
250,000	21	이 자 비 용	
19,775,000			19,775,000

5.1.2 기말 수정사항 및 수정분개

(수정 사항)

1) 이자 미수액 ₩43,000
2) 미지급 급여액 ₩200,000
3) 보험료 선급액 ₩5,000
4) 광고선전비 미지급액 ₩50,000
5) 이자비용 선급액 ₩30,000

(수정분개)

	차 변		대 변	
1)	미수이자수익	43,000	이자수익	43,000
2)	급 여	200,000	미지급 급여	200,000
3)	선급보험료	5,000	보 험 료	5,000
4)	광고선전비	50,000	미지급 광고선전비	50,000
5)	선급이자비용	30,000	이자비용	30,000

5.1.3 수정 후 잔액시산표

수정 후 잔액시산표

(주)오토그래스 2001년 12월 31일

차 변	원면	계정과목	대 변
6,405,000	1	현 금	
2,460,000	2	당 좌 예 금	
550,000	3	외 상 매 출 금	
210,000	4	받 을 어 음	
1,240,000	5	상 품	
120,000	6	소 모 품	
3,000,000	7	장 기 대 여 금	
1,000,000	8	임 차 보 증 금	
1,000,000	9	비 품	
	10	지 급 어 음	900,000
	11	미 지 급 금	180,000
	12	장 기 차 입 금	5,000,000
43,000	22	미 수 이 자 수 익	
5,000	23	선 급 보 험 료	
30,000	24	선 급 이 자 비 용	

	25	미지급급여	200,000
	26	미지급광고선전비	50,000
	13	자본금	10,000,000
	14	주식발행초과금	3,000,000
	15	상품매출이익	620,000
	16	이자수익	118,000
3,500,000	17	급여	
35,000	18	보험료	
150,000	19	광고선전비	
100,000	20	임차료	
220,000	21	이자비용	
20,068,000			20,068,000

5.2 수정 후 정산표

기말 결산일에 결산을 위한 총계정원장의 정확 여부를 판단하기 위해 시산표를 작성하며 이에 대해서는 앞장에서 살펴보았다. 총계정원장의 정확성이 확인되면 다음으로는 발생주의 회계 개념에 의한 기말 수정을 해야 한다.

정산표(8위식)

과목	잔액시산표		수정사항		포괄손익계산서		재무상태표	
	차변	대변	차변	대변	차변	대변	차변	대변
현금	6,405,000						6,405,000	
당좌예금	2,460,000						2,460,000	
외상매출금	550,000						550,000	
받을어음	210,000						210,000	
상품	1,240,000						1,240,000	
소모품	120,000						120,000	
장기대여금	3,000,000						3,000,000	
임차보증금	1,000,000						1,000,000	
비품	1,000,000						1,000,000	
지급어음		900,000						900,000
미지급금		180,000						180,000
장기차입금		5,000,000						5,000,000
자본금		10,000,000						10,000,000
주식발행초과금		3,000,000						3,000,000

상품매출이익		620,000				620,000		
이자수익		75,000		43,000		118,000		
급 여	3,300,000		200,000		3,500,000			
보 험 료	40,000			5,000	35,000			
광고선전비	100,000		50,000		150,000			
임 차 료	100,000				100,000			
이자비용	250,000			30,000	220,000			
	19,775,000	19,775,000						
미수이자수익			43,000				43,000	
미지급급여				200,000				200,000
선급보험료			5,000				5,000	
미지급광고선전비				50,000				50,000
선급이자비용			30,000				30,000	
당기순손실						3,267,000	3,267,000	
			328,000	328,000	4,005,000	4,005,000	19,330,000	19,330,000

지금까지 수정분개와 전기 및 재대체분개와 기입에 대해서 고찰하였다. 이를 종합한 계산서류가 8위식 정산표이다. 즉 8위식 정산표는 수정 전 잔액시산표의 금액을 기말 수정사항에 의해 수정하고, 재무상태표 및 포괄손익계산서를 작성하는 계산서류이다. 이 계산서를 작성함으로써 기말의 수정내용, 재무상태표 및 포괄손익계산서를 일목요연하고 효율적으로 작성할 수 있게 한다. 상기의 예시에서는 수정 후 시산표를 정산표에 표시하는 10위식을 작성하지 않고 8위식을 작성한 것이다.

연 습 문 제

■ [8-1] 2003년 12월 31일 백두산업설비(주)의 기말 결산일의 수정사항과 부분 잔액시산표에 의해 결산일의 분개를 하시오.

(수정사항)

	과 목	당기 발생액
1)	이 자 수 익	₩367,000
2)	급 여	₩3,270,000
3)	교 통 통 신 비	₩137,000
4)	광 고 선 전 비	₩687,000
5)	보 험 료	₩375,000

(부분 잔액시산표)

잔액시산표

차 변	원면	계정과목	대 변
·		·	·
		상 품 매 출 이 익	4,290,000
		이 자 수 익	325,000
		용 역 수 익	3,088,000
2,620,000		급 여	
460,000		보 험 료	
817,000		광 고 선 전 비	
130,000		교 통 통 신 비	
405,000		이 자 비 용	

(분 개)

	차 변	대 변
1)		
2)		
3)		
4)		
5)		

■ [8-2] 다음 기말 수정사항에 의해 관련 계정을 설정하고 소모품계정과 함께 마감을 하시오(수정사항: 결산일 현재 소모품 사용액 ₩180,000).

소 모 품

3/20	당좌예금	680,000	

(　　　　　)

(분　　개)

차　　변	대　　변

■ [8-3] 상기 [8-2]를 비용처리법에 의해 회계처리하시오.

(　　　　　)

(　　　　　)

(분　　개)

차　　변	대　　변

■ [8-4] 다음 수정사항에 의해 보험료계정과 관련 계정을 설정하고 마감하시오(수정사항: 보험료 미경과액 ₩150,000).

보 험 료

7/ 1	현　금	380,000	

(　　　　　)

■ [8-5] 다음 잔액시산표와 기말 수정사항에 의해 수정 후 잔액시산표를 작성하시오.

잔액시산표(수정 전)

차 변	원면	계정과목	대 변
3,340,000		현금 및 현금성자산	
2,850,000		당좌예금	
480,000		외상매출금	
6,700,000		상품	
		단기차입금	2,500,000
		외상매입금	720,000
		자본금	12,000,000
		상품매출이익	1,950,000
		용역수익	800,000
3,600,000		급여	
550,000		접대비	
325,000		보험료	
125,000		이자비용	
17,970,000			17,970,000

(수정사항)

1) 용역수익 미회수액 ₩90,000
2) 급여 미지급액 ₩500,000
3) 접대비 미지급액 ₩30,000
4) 보험료 선급액 ₩25,000
5) 이자비용 선급액 ₩17,500

잔액시산표(수정 후)

차 변	원면	계정과목	대 변
		현금	
		당좌예금	
		외상매출금	
		상품	
		단기차입금	
		외상매입금	
		자본금	
		상품매출이익	
		용역수익	
		급여	

	접 대 비	
	보 험 료	
	이 자 비 용	

■ [8-6] 다음 기말 수정사항에 의해 8위식 정산표를 작성하시오.

(기말 수정사항)

1) 상품을 외상으로 매입하고 당해 매입채무 ₩100,000을 장기차입금으로 기장함.
2) 교통통신비 선급액 ₩30,000
3) 이자비용 ₩15,000 미지급함.
4) 추가 출자한 현금 ₩1,000,000 및 자본금계정의 기장이 누락됨.
5) 급료 미지급액 ₩500,000
6) 수도광열비 미지급액 ₩50,000
7) 보험료 선급액 ₩45,000

<u>정 산 표</u>

과 목	잔액시산표		수정사항		포괄손익계산서		재무상태표	
	차 변	대 변	차 변	대 변	차 변	대 변	차 변	대 변
현 금	340,000							
당 좌 예 금	1,620,000							
외상매출금	240,000							
받 을 어 음	170,000							
상 품	2,350,000							
장기대여금	700,000							
비 품	480,000							
미 지 급 금		107,000						
장기차입금		2,100,000						
자 본 금		4,000,000						
매 출 이 익		964,000						
이 자 수 익		179,000						
급 여	400,000							
보 험 료	160,000							
광고선전비	300,000							
이 자 비 용	350,000							

수도광열비	170,000							
교통통신비	70,000							
	7,350,000	7,350,000						

■ [8-7] 다음 용역수익계정과 수정사항에 의해 분개 및 장부마감을 하시오(수정사항: 용역수익 미수액 ₩185,000).

용역수익

	8/20	당좌예금	760,000

■ [8-8] 다음 결산절차에 착수하기 직전의 수익과 비용계정 및 수정 후 잔액시산표에 의해 기말 수정사항을 추정하여 분개하시오.

잔액시산표(수정 후)

차 변	원면	계정과목	대 변
72,000		현 금	
134,000		당 좌 예 금	
305,000		외 상 매 출 금	
1,219,000		상 품	
70,000		미 수 용 역 수 익	
43,000		미 수 임 대 료	
129,000		선 급 이 자 비 용	
100,000		선 급 보 험 료	
		미 지 급 접 대 비	25,000
		미 지 급 급 여	500,000
		단 기 차 입 금	85,000
		외 상 매 입 금	304,000
		자 본 금	900,000
		상 품 매 출 이 익	766,000
		용 역 수 익	280,000
		임 대 료	43,000
650,000		급 여	

45,000	접 대 비	
110,000	보 험 료	
26,000	이 자 비 용	
2,903,000		2,903,000

(수익 · 비용계정)

용역수익

			8/20	당좌예금	120,000
			11/ 5	현 금	90,000

급 여

7/30	현 금	150,000	12/ 5	당좌예금	300,000
11/30	미급급료	300,000			

접 대 비

10/10	현 금	20,000			

보 험 료

7/ 1	현 금	210,000			

이자비용

12/ 3	현 금	155,000			

(분 개)

	차 변	대 변
1)		
2)		
3)		
4)		
5)		
6)		

■ [8-9] 다음 2003년 12월 31일의 이월시산표(수정 후)와 수정 전 집합손익계정에 의해 (1) 기말 수정사항을 추정하고, (2) 수정 후 집합손익계정을 작성하시오. 단, 소모품 사용액은 ₩20,000이다.

(2003년 12월 31일) 이월시산표

자산		부채 및 자본	
현금 및 예금	1,270,000	단기차입금	2,500,000
매출채권	260,000	매입채무	1,005,000
매도가능증권	945,000	미지급금	630,000
대여금	880,000	대손충당금	75,000
상품	2,330,000	감가상각누계액	1,430,000
소모품	90,000	미지급보험료	60,000
비품	2,370,000	미지급수선비	40,000
차량운반구	3,450,000	선수이자	30,000
선급급여	1,000,000	자본금	6,000,000
선급이자	90,000	이익잉여금	985,000
미수임대료	30,000		
	12,715,000		12,715,000

(2003년 12월 31일 수정 전) 집합손익

비용		수익	
매출원가	6,560,000	상품매출이익	9,600,000
급여	4,000,000	단기매매증권처분익	120,000
보험료	340,000	이자수익	180,000
수선비	160,000	임대료	150,000
이자비용	280,000	유형자산처분이익	580,000
		이월이익잉여금	750,000
	11,380,000		11,380,000

(1) 기말 수정사항

	수정사항
1)	
2)	
3)	
4)	
5)	
6)	
7)	

8)	
9)	

(2) 수정 후 집합손익계정

집합손익

비 용		수 익	

■ [8-10] 다음 정산표의 내용이 잘못된 것을 바르게 고치시오.

정 산 표

과 목	잔액시산표		수정사항		포괄손익계산서		재무상태표	
	차 변	대 변	차 변	대 변	차 변	대 변	차 변	대 변
현 금	186,000						186,000	
당 좌 예 금	530,000						530,000	
매 출 채 권	247,000						247,000	
대 여 금	550,000						550,000	
상 품	830,000						830,000	
비 품	424,000						424,000	
건 물	600,000						600,000	
차량운반구	334,000						334,000	
단기차입금		620,000						620,000
선 수 금		87,000					87,000	
매 입 채 무		156,000						156,000
미 지 급 금		280,000						280,000
대손충당금		17,300		10,000				27,300
감가상각누계액		260,000		75,000				235,000
자 본 금		( )						( )
이익잉여금		534,300				534,000		
급 여	780,000			40,000	40,000			
보 험 료	32,000			3,000	32,000			

접 대 비	71,700				71,700			
소 모 품 비	12,000			2,000	10,000			
여 비	32,500				32,500			
운 반 비	7,400				7,400			
이 자 비 용	36,000		3,000		39,000			
상품매출이익		740,000				740,000		
이 자 수 익		100,000		50,000		150,000		
유형자산처분익		602,000				602,000		
임 대 료		176,000		4,000		180,000		
	4,672,600	4,672,600						
대손상각비			10,000		10,000			
감가상각비			75,000		75,000			
미 급 급 여			40,000					40,000
소 모 품			2,000					2,000
선 급 이 자				3,000			3,000	
선 수 이 자				50,000				50,000
미수임대료			4,000			4,000		
미지급보험료			3,000		3,000			

■ [8-11] 다음 수정 후 이월시산표와 집합손익계정에 의해 기초자본금, 차량운반구의 취득원가, 당해연도 감가상각비 계상액, 대손 추정액, 당기순이익 또는 당기순손실을 계산하시오.

이월시산표

자 산	과 목	부채 및 자본
764,000	현 금	
1,630,000	당 좌 예 금	
372,000	매 출 채 권	
(40,000)	대 손 충 당 금	
580,000	대 여 금	
930,000	상 품	
420,000	비 품	
1,777,000	차 량 운 반 구	
(340,000)	감 가 상 각 누 계 액	
6,500	미 수 이 자 수 익	
12,500	선 급 보 험 료	
	매 입 채 무	860,000
	미 지 급 이 자 비 용	20,000
	단 기 차 입 금	960,000

	자 본 금	4,000,000
	이 월 이 익 잉 여 금	272,000
6,112,000		6,112,000

집합손익

비 용		수 익	
보 험 료	30,000	상 품 매 출 이 익	517,000
이 자 비 용	70,000	용 역 수 익	42,000
광 고 선 전 비	280,000	이 자 수 익	185,000
감 가 상 각 비	170,000		
대 손 상 각 비	16,000		
소 모 품 비	6,000		
( )	( )		

1) 기초자본금: ₩____________________

2) 차량운반구 취득원가: ₩____________________

3) 감가상각비 계상액: ₩____________________

4) 대손 추정액: ₩____________________

5) 당기순손실 또는 이익: ₩____________________

■ [8-12] 다음 이월시산표와 집합손익계정에 의해 수정 전 잔액시산표를 작성하시오.

이월시산표

자 산		부채 및 자본	
현 금 과 예 금	645,000	매 입 채 무	343,000
매 출 채 권	183,000	선 수 금	120,000
대 손 충 당 금	(16,000)	미 지 급 금	1,145,000
대 여 금	584,000	미 지 급 이 자 비 용	15,000
상 품	1,360,000	단 기 차 입 금	1,950,000
소 모 품	45,000	자 본 금	1,771,800
비 품	750,000		
건 물	2,395,000		
감 가 상 각 누 계 액	(625,000)		
미 수 이 자 수 익	16,500		
선 급 보 험 료	7,300		
	5,344,800		5,344,800

집합손익

비용		수익	
보험료	145,000	상품매출이익	2,333,940
대손상각비	12,000	용역수익	336,000
감가상각비	310,000	이자수익	23,360
광고선전비	1,785,000	임대료	73,000
소모품비	15,000		
접대비	230,000		
이자비용	97,500		
자본금	171,800		
	2,766,300		2,766,300

수정전 잔액시산표

차변		대변	

■ [8-13] 다음 재무상태표와 포괄손익계산서에 의해 수정사항 및 수정전 잔액시산표를 작성하시오.

재무상태표

차변		대변	
자산		부채 및 자본	
현금 및 현금등가물	929,500	매입채무	885,000
매출채권	2,612,760	선수금	105,000
대손충당금	(146,760)	미지급금	1,322,000
대여금	720,000	선수이자수익	20,000
선급금	78,000	미지급이자비용	140,000
상품	3,347,000	장기차입금	2,500,000
비품	1,250,000	자본금	8,000,000
건물	7,500,000	당기순이익	1,028,200
감가상각누계액	(2,460,000)		

소 모 품	91,200		
선 급 보 험 료	4,500		
미 수 용 역 수 익	74,000		
	14,000,200		14,000,200

포괄손익계산서

과 목	금 액	
Ⅰ. 수 익		
상품매출이익	1,860,000	
용역수익	177,960	
이자수익	75,000	
임 대 료	43,000	2,155,960
Ⅱ. 비 용		
보 험 료	19,200	
대손상각비	100,760	
감가상각비	700,000	
이자비용	250,000	
임 차 료	27,000	
소모품비	30,800	1,127,760
Ⅲ. 당기순이익		1,028,200

1) 수정사항

1)	
2)	
3)	
4)	
5)	
6)	
7)	

2) 수정전 잔액시산표

차 변		대 변	

■ [8-14] 다음 이월시산표와 포괄손익계산서에 의해 제시된 계정을 추정하고 완성하시오.

이월시산표

차 변		대 변	
현금 및 현금등가물	521,000	매입채무	292,000
매출채권	734,400	단기차입금	1,388,000
대손충당금	(14,400)	선수금	74,000
대여금	450,000	미지급급여	180,000
상품	1,344,000	미지급보험료	3,000
비품	1,080,000	자본금	1,952,000
감가상각누계액	(240,000)		
미수이자수익	14,000		
	3,889,000		3,889,000

포괄손익계산서

차 변		대 변	
매출운임	17,000	상품매출이익	580,000
창고료	23,000	수수료수익	76,000
교통 · 통신비	74,000	이자수익	45,000
접대비	300,000	당기순손실	51,000
보험료	39,000		
소모품비	40,000		
대손상각비	14,000		
감가상각비	80,000		
이자비용	130,000		
잡비	35,000		
	752,000		752,000

보 험 료

			12/31	집합손익	39,000

비 품

			12/31	차기이월	

감가상각누계액

12/31	차기이월				

대손충당금

12/31 차기이월	

자 본 금

	1/ 1 전기이월

■ [8-15] 다음 수정 전 잔액시산표와 수정사항에 의해 수정 후 잔액시산표를 작성하시오.

1. 잔액시산표(수정 전)

차변		대변	
현금 및 현금등가물	1,164,000	매입채무	1,357,000
정기예금	1,800,000	미지급금	520,000
매출채권	1,647,000	장기차입금	2,000,000
대손충당금	(2,410)	자본금	2,542,590
선급금	60,000	상품매출이익	1,016,000
미수금	158,000	용역수익	238,000
소모품	79,000	임대료	46,000
비품	630,000		
감가상각누계액	(20,000)		
차량운반구	1,480,000		
감가상각누계액	(607,000)		
보험료	110,000		
광고선전비	785,000		
임차료	126,000		
이자비용	50,000		
세금과 공과금	260,000		
	7,719,590		7,719,590

2. 기말 수정사항

1) 보험료 당기 발생액 ₩170,000	5) 비품 감가상각비 당기 계상액 ₩20,000
2) 이자비용 당기 발생액 ₩80,000	6) 차량운반구 감가상각비 계상액 ₩140,000
3) 광고선전비 당기 발생액 ₩700,000	7) 용역수익 당기 발생액 ₩250,000
4) 임차료 당기 발생액 ₩120,000	8) 당기 대손추정액 ₩16,000

심 화 학 습

화폐의 시간가치 · 유효이자율법

I. 화폐의 시간가치

화폐(money)는 시간(time)에 따라 가치가 다르며 변한다. 예를 들면 현재시점에서 현금 ₩10,000을 연 10%의 이자율로 은행에 예금했을 때 5년이 경과한 후의 가치, 즉 현재시점에서 볼 때 5년 후의 가치는 ₩16,105이 된다. 이 금액은 원금 ₩10,000과 이자 ₩6,105로 구성된 것이다. 이와 반대로 생각하면, 미래시점, 즉 5년 후의 현금가치인 ₩16,105은 현재시점의 가치로는 ₩10,000이라는 것과 같다. 이상과 같이 화폐는 시간의 경과에 따라 그 가치가 변하는 것으로서, 전기의 예에서 5년 후의 가치 ₩16,105는 미래가치(FV: future value)라 하며, 5년 후의 가치 ₩16,105의 현재시점의 가치 ₩10,000을 현재가치(PV: present value)라 한다. 이상에서 알 수 있는 바와 같이 화폐의 시간가치를 측정하기 위해서는 3가지 요소를 알고 있어야 한다. 즉 현금흐름, 기간, 할인율(이자율)이 그것이다.

1. 미래가치

미래가치(未來價値)의 개념은 전술한 바와 같으나 미래가치를 측정하는 경우에 현금흐름의 행태가 어떤 것인가에 따라 그 계산방법이 다르다. 현재시점에서 현금흐름이 일시에 이루어지는 경우, 즉 일시에 현금이 유출(out flow)된 후 일정기간이 경과되는 경우와, 현금흐름(현금유출)이 일시에 이루어지는 것이 아니라 매년 연속적으로 일어나는 경우가 있다. 전자의 경우에 계산한 미래가치를 단일금액미래가치(future value)라 하며, 후자의 경우 미래가치를 연금미래가치(annuity future value)라 한다.

단일금액미래가치: $FV(t, r)=(1+r)^t$

t: 기간, r: 할인율

상기의 계산식은 이자계산을 복리로 계산한 것이다. 이자를 단순하게 원금에 대한 이자만을 계산하는 경우와 원금과 이자의 합에 대해 연속적으로 이자를 계산하는 복리이자가 있다. 화폐의 시간가치를 계산할 때는 복리이자(複利利子)를 사용한다. 따라서 상기의 계산식은 원금에 이자를 합한 금액에 기간만큼 제곱한 단일금액의 미래가치를 계산한 것이다.

한편 연금미래가치는 단일한 1회의 현금흐름(cash flow)이 아닌 연속적인 현금흐름이 이루어질 때의 미래가치를 말한다. 예를 들면 매년 ₩10,000씩 연속하여 5년간 적금을 불입하며 이자율이 연 10%라고 가정하면 연금미래가치는 ₩61,051이 된다. 연금미래가치는 또한 그 현금흐름의 행태에 따라 정상연금미래가치(ordinary annuity future value), 이상연금미래가치(annuity due future value)가 있다. 정상연금미래가치는 현금흐름이 매년 말에 이루어지는 경우이며, 매년 말에 현금흐름이 이루어지므로 $t-1$기간의 이자에 원금을 합산하여 계산하게 된다. 즉 매 $t-1$기의 미래가치를 합산한 것이며, $t-1$기간만의 이자를 합한 이유는 마지막 연도의 현금흐름에는 이자가 발생하지 않기 때문이다.

이상연금미래가치는 현금흐름이 매년 초에 이루어지는 경우의 미래가치이다. 즉 현재의 시점부터 현금흐름이 이루어지므로 $t-1$기의 정상연금미래가치에서 1을 차감하여 계산한다. ₩1에 대한 이들의 계산식은 다음과 같다.

$$\text{정상연금미래가치: } FVa(t,\ r) = \sum_{t=1}^{t}[(1+r)^{-t}] = \frac{[1-(1+r)^{-t}]}{r}$$

$$\text{이상연금미래가치: } FVad(t,\ r) = \sum_{t=1}^{t+1}(1+r)^{t-1} = \frac{[(1+r)^{t+1}-1]}{r-1}$$

2. 현재가치

전술한 바와 같이 현재가치(現在價値)는 일정 기간 후의 화폐가치에 대한 현재시점에서의 가치로서, 미래가치 금액에서 이자액만큼 할인한 금액, 즉 미래가치의 역으로 생각하면 된다. 따라서 현재가치의 계산은 미래가치의 역수로 계산한다. 여기에서도 현금흐름의 행태에 따라 단일금액현재가치(present value)와 연금현재가치(annuity present value)가 있다. 전자는 미래 특정 시점의 화폐금액에 대한 현재시점의 가치를 말하며, 후자는 현금흐름이 일정한 기간 동안 연속적이고 정기적으로 이루어지고, 그 현금흐름에 의해 미래 특정시점까지 형성된 화폐금액에 대한 현재시점의 가치를 말한다. 예를 들어보자.

현금흐름액 ₩1, 기간 5년 그리고 이자율 연 10%일 때, 상기 미래가치 식에 의해 계산한 미래가치는 ₩1.6105이다. 동일한 조건에 의한 미래가치 ₩1.6105에 대한 현재시점의 가치는 1/1.6105=₩0.6209이다. 따라서 단일금액 ₩1의 현재가치 계산식은 다음과 같다.

$$\text{현재가치: } PV(t,\ r)=\frac{1}{(1+r)^t}=(1+r)^{-t}$$

현금흐름이 매년 일정한 금액으로 이루어지더라도 그 행태, 즉 연도 초에 이루어지느냐 아니면 연도 말에 이루어지느냐에 따라 정상연금현재가치(ordinary annuity present value)와 이상연금현재가치(annuity due present value)가 있다. 여기에서도 미래가치의 경우와 같이 현금흐름이 매년 말에 이루어지는가 아니면 매년 초에 이루어지는가에 따라서, 전자의 경우를 정상연금현재가치 그리고 후자를 이상연금현재가치라 한다. 특히 이상연금현재가치는 $t-1$기의 정상연금현재가치에 1을 더하여 계산한다. 왜냐하면 최초 연도의 현금흐름은 연도 초인 현재시점이므로 그 금액 자체가 현재가치이기 때문이다.

$$\text{정상연금현재가치: } PVa(t,\ r)=\sum_{t=1}^{t}[(1+r)^{-t}]=\frac{[1-(1+r)^{-t}]}{r}$$

$$\text{이상연금현재가치: } PVad(t,\ r)=\sum_{t=1}^{t}\left[\frac{1}{(1+r)^{t-1}}\right]=\frac{1+[1-(1+r)^{-(t-1)}]}{r}$$

3. 화폐의 시간가치 계산표의 활용

상기와 같은 계산의 논리에 따라 미래가치 및 현재가치 등을 계산하지만 각각의 경우에 일일이 계산하기에 번거롭고 복잡하기 때문에 미리 계산한 표(이하 현가표라 함)를 이용하는 것이 일반적이다. 이 현가표에 의해 화폐의 시간가치를 계산하기 위해서는 ⓐ 우선 미래가치인가 현재가치인가의 계산목적을 확인하고, ⓑ 다음으로는 현금흐름의 행태를 파악한다. ⓒ 파악된 내용에 따라 미래가치, 정상연금미래가치, 이상연금미래가치, 현재가치, 정상연금현재가치, 이상연금현재가치를 현가표에서 찾는다. 찾는 요령은 상단의 좌에서 우로 기록된 이자율과 상에서 하로 기록된 연도가 교차되는 점의 계수가 계산하고자 하는 계수이다. 이 계수들은 현금 ₩1에 대해 계산한 것이므로 교차점의 계수에 계산하고자 하는 금액을 곱하면 원하는 가치를 측정할 수 있다. 현가표는 부록에 제시되었다. 예를 들어보자.

매년 말에 ₩55,000씩 10년 동안 연리 7% 이자율의 적금에 가입하였다면, 현금흐름은 매년 ₩55,000, 이자율은 7%, 기간은 10년이므로 현가표 중에서 정상연금미래가치표를 찾아 그 표의 기간 10년과 이자율 7%가 교차되는 점의 계수를 찾으면 된다. 이때의 교차점의 현가계수는 13.816이다. 이를 적용하면, ₩$\frac{55,000}{13.816}$=₩759,880이다. 따라서 10년 후에 ₩759,880의 적금을 타게 된다. 10년 후의 ₩759,880이 현재시점의 가치로는 얼마인가? 이는 이자율 7%와 기간 10년이 교차되는 점을 단일금액현가표에서 찾는다. 이 교차점의 현가계수는 0.5083이다 이 계수를 ₩759,880에 곱하여 10년 후의 ₩759,880에 대한 현재시점의 가치는 ₩$\frac{759,880}{0.5083}$=₩386,247이다.

우리나라 기업회계기준에서도 현재가치에 의한 평가를 허용하는 규정들이 있다. 이를 요약하면, 장기연불조건의 매매거래 및 이와 유사한 거래에서 발생한 채권 · 채무, 사채발행가액의 결정 및 할인발행차금의 상각 및 환입, 명목이자율과 사장이자율의 차이로 그 차이가 현저히 상이한 경우의 어음의 평가, 리스자산의 평가 및 리스료 산정, 채권 · 채무의 재조정 등이 있다.

II. 유효이자율법

1. 유효이자율의 의의 및 측정

현행 기업회계기준서나 한국채택 국제회계기준에서는 모든 이자비용 또는 이자수익은 유효이자율에 의해 인식하도록 하고 있다. 유효이자율에 인식된 이자비용 및 이자수익은 포괄손익계산서에 표시되며, 동시에 관련 금융자산 및 금융부채의 장부금액이 결정되어 재무상태표에 표시되는 것이다. 유효이자율이 적용되어 수익 및 비용을 인식하는 대상항목은 향후 공부하게 될 각종 금융자산과 금융부채, 즉 대여금, 차입금, 매출채권, 매입채무, 사채, 충당부채, 기타 수취채권 · 채무 등 다양한 항목에 걸쳐 활용되는 이자율이다. 따라서 본 심화학습을 통해 잘 학습해 둘 필요가 있는 것이다.

유효이자율(effective interest rate)이란 미래의 현금 유출액 또는 유입액의 현재가치를 금융자산 또는 금융부채의 순장부금액을 일치시키는 이자율을 말한다. 유효이자율을 측정할 때 당해 금융상품의 모든 계약조건을 고려하여 미래의 현금흐름을 추정하여야 한다. 이때 미래의 신용위험[1]에 따른 손실은 고려하지 않는다. 또한 유효이자율을 측정할 때 계약 당사자 사이에서 지급하거나 수취하는 수수료, 거래원가, 기타 할증액 및 할인액 등을 고려한다.

일반적으로 금융상품 또는 유사한 금융상품의 집합의 현금흐름과 예상 만기는 신뢰성 있게 추정할 것으로 가정한다. 그러나 금융상품에 대한 현금흐름 또는 예상만기를 신뢰성 있게 추정할 수 없는 경우는 전체 계약기간에 걸친 계약상의 현금흐름을 사용하여 유효이자율을 측정한다.

유효이자율은 투자자 입장에서는 자금의 투자로부터 기대되는 수익률이 되며, 채무자의 입장에서는 계약 등에 의해 채무자가 부담하는 실질이자 부담률이 된다. 그러므로 유효이자율에 의한 수익 및 비용을 인식하도록 하는 것은 실질이자를 인식하도록 하기 위한 것이다. 실제로 금융자산 및 부채에 대한 계약이 이루어질 때 양 당사자의 기대수익률 또는 부담률에 의한 미래 현금흐름과 일치되도록 계약 채결시점에서 금융상품의 가격이 결정된다.

정확한 유효이자율의 측정을 상기에 기술한 요소들을 고려하여 측정해야 한다. 시장이자율을 사용하기 위해서는 그 시장이자율에 전술한 요소들을 고려하여 증감시켜 유효이자율을 측정한다. 그러나 일반적으로 실무에서는 유효이자율의 측정상의 번거로움 내지는 곤란성 때문에 시장이자율을 유효이자율로 사용하는 경향이 있다. 여기서 시장이자율은 자본시장에서 자금의 수요와 공급의 균형이 이루어지는 점에서 결정되는 이자율을 말한다.

2. 유효이자율법

유효이자율법이란 금융상품 및 부채의 계약에 의한 미래의 현금흐름액(유입 및 유출)과 미래 현금흐름의 현재가치와의 차이를 일치시켜 주는 유효이자율이 측정되면, 이 유효이자율을 금융상품의 장부금액에 곱하여 유효이자를 계산하여 이자수익 또는 이자비용을 인식하며, 동시에 관련금융자산 또는 금융부채의 장부금액을 조정하여 그 결과를 재무상태표 및 포괄손익계산서에 보고하는 방법을 말한다. 계약상의 이자율, 즉 명목이자율(표시이자율)에 의해 이자비용 또는 이자수익을

1) 금융상품의 당사자 중 일방이 의무를 이행하지 않아 상대방에게 재무적 손실을 입힐 위험을 말한다.

인식해서는 안 된다. 이는 미래 현금흐름액에 대한 실질이자를 반영하지 못하는 것이므로 재무상태 및 경영성과를 적절하게 표시할 수 없게 하는 것이다. 그러므로 명목이자율은 수익 및 비용의 인식과정에서 적절한 이자율이라 할 수 없는 것이다.

3. 유효이자율법 예시

◀예시 1▶ 장기차입금

● 2009. 1. 1 (주)2MB토건은 국내 건설시장의 침체로 인해 자금이 부족하여 (주)DJ비전뱅크로부터 현금을 차입함에 있어서 만기에 ₩350,000,000을 상환하기로 하고 현금 ₩333,193,000을 수취하다. 유효이자율법에 의해 회계처리하시오. 이자는 현금으로 매년 약정일에 지급함. 차입조건: 만기일 2011. 12. 31, 이자율 연 10%(매년 말 지급), 차입일 현재 유효이자율 연 12%

2009. 12. 31(결산일)

차변)			대변)		
	현금	333,193,000		장기차입금	350,000,000
	현재가치할인차금	16,807,000			

✎ 3년 12%의 단일금액 ₩1의 현재가치: 0.7118, 정상연금현재가치: 2.4018
₩350,000,000 × 0.7118 = ₩249,130,000(A), (350,000,000 × 0.1) × 2.4018 = ₩84,063,000(B)
(A) + (B) = ₩333,193,000

2009. 12. 31(이자지급)

차변)			대변)		
	이자비용	39,983,160		현금	35,000,000
				현재가치할인차금	4,983,160

* ₩333,193,000 × 0.12 = ₩39,983,160

2009. 12. 31(이자지급일)

차변)			대변)		
	이자비용	40,581,139		현금	35,000,000
				현재가치할인차금	5,581,139

2009. 12. 31(이자비용 인식)

차변)			대변)		
	이자비용	41,242,701		현금	35,000,000
				현재가치할인차금	6,242,701

(차입금 상환)

차변) 장기차입금 350,000,000	대변) 현 금 350,000,000

2009. 1. 1 현재 차입에 대한 현재가치를 계산하여야 한다. 이 차입금과 관련한 미래의 현금흐름의 행태는 두 종류이다. 그 하나는 만기에 차입금 상환, 나머지는 매년 이자지급하는 것이다. 차입금의 상환은 만기(2011. 12. 31)에 일시 상환하며, 이자는 매년 말 ₩30,000,000씩 3년간 연속적으로 지급한다. 따라서 차입금 상환액은 일시금(단일금액)현재가치, 그리고 매년 연속으로 지급하는 이자에 대해서는 정상연금현재가치를 적용하여 각각 계산된 현재가치를 합한 금액이 이 차입금의 현재가치이다.

따라서 명목금액 ₩350,000,000과 현재가치 ₩333,193,000과의 차액 ₩16,807,000을 현재가치할인차금으로 회계처리하고 매년 말 이자비용을 인식할 때 유효이자율법에 의해 상각금액을 계산하여 이를 현재가치할인차금에서 차감하는 회계처리를 하고, 동시에 장부금액을 상각금액만큼 증액시킨다. 현재가치할인차금은 미래의 기간에 이자비용으로 인식될 금액이다. 현재는 아직 기간이 경과되지 않았으므로 이 계정에서 처리하고 기간이 경과하면(결산일) 그에 해당하는 현재가치할인차금을 상각하여 이자비용으로 인식한다. 유효이자(포괄손익계산서에 표시할 이자비용)는 매년 기초 장부금액에 유효이자를 적용하여 계산하고, 명목이자는 차입금 명목금액 ₩350,000,000에 표시이자율 연 10%를 곱하여 계산한다. 유효이자에서 표시이자를 차감한 금액이 현재가치할인차금 상각금액이다.

현재가치할인차금 상각표(유효이자율법)

연월일	유효이자	명목이자 (현금이자)	현재가치할인 차금 상각액	현재가치할인 차금 잔액	기말 장부금액
2009. 1. 1				16,807,000	333,193,000
2009. 12. 31	39,983,160	35,000,000	4,983,160	11,823,840	338,176,160
2010. 12. 31	40,581,139	35,000,000	5,581,139	6,242,701	343,757,299
2011. 12. 31	41,242,701*	35,000,000	6,242,701	0	350,000,000

* 2011년의 유효이자는 조정한 금액이다. 이는 ₩1의 현재가치가 소수 4자리까지 이용했기 때문에 정확하게 맞지 않으므로 마지막 연도에 조정한다.

◀ 예시 2 ▶ 장기성매출채권

● 2002. 1. 1 성지 Electronics Co. Ltd.는 평양교역상사에 Digital Camera 20대를 판매하고 그 대금으로 이자부약속어음 ₩5,000,000(표시이자율 8%, 만기일 2006. 12. 31)을 받았다. 당시의 시장이자율은 11%였다.

2002. 1. 1.

차변) 장기성매출채권	5,000,000	대변)	매 출	4,445,860
			현재가치할인차금	554,140

① ₩5,000,000 × 0.5935 = ₩2,967,500
② ₩400,000 × 3.6959 = ₩1,478,360, ① + ② = ₩4,445,860(어음의 현재가치)

2002. 12. 31(이자수취)

차변) 현 금	400,000	대변) 이 자 수 익	489,045
현재가치할인차금	89,045		

₩4,445,860 × 0.11 = ₩489,044.6

표 1 현재가치할인차금 상각 – 유효이자율법

연 도	① 유효이자 수 익	② 명목이자 수 익	현재가치할인차금 ③ 상각액	현재가치할인차금 ④ 잔 액	⑤ 장부잔액
기초잔액				554,140	4,445,860
2002. 12. 31	489,044.6	400,000	89,044	465,096	4,534,904
2003. 12. 31	498,839.4	400,000	98,839	366,257	4,633,743
2004. 12. 31	509,711.7	400,000	109,711	256,546	4,743,454
2005. 12. 31	521,779.9	400,000	121,779	134,767	4,865,233
2006. 12. 31	535,176.0	400,000	135,177	0	5,000,000

⑤ × 0.11 = ①, ① − ② = ③, ① − ③ = ④,
₩5,000,000 − ④ = ⑤ 또는 직전 장부잔액 + ③ = ⑤

유동자산에 속하지 아니하는 일반적 상거래에서 발생한 장기의 외상매출금 및 장기성받을어음은 기타비유동자산으로 분류한다. 따라서 이 매출채권의 명목상의 금액과 현재가치가 중요한 경우에는 현재가치로 평가하고 그 차액을 상환기간에 걸쳐서 유효이자율법으로 상각하여 이자비용 또는 이자수익으로 인식한다.

장기성대여금, 장기성매출채권 등 장기채권의 명목의 금액과 현재가치와의 차이가 있는 경우는 그 차액을 현재가치할인차금(명목금액에 미달하는 금액) 또는 현재가치할증차금(명목금액을 초과하는 금액)으로 회계처리하고 상환기간에 걸쳐 유효이자율법으로 상각 또는 환입한다. 이때 환입액은 이자수익으로 상각액은 이자비용으로 인식한다. 매기 인식할 이자수익은 매결산일에 현재가치액에 유효이자율(시장이자율)을 곱하여 인식한다.

따라서 만기일에 현재가치할인(증)차금의 잔액은 '0'이되며 동시에 당해 채권의 장부잔액은 명목금액(액면금액)과 일치하게 된다. 이와 같은 방식으로 회계처리하지 않으면 매 회계연도의 이자수익과 이자비용은 과소 또는 과대하게 계상되고 만기일에 가서 일시에 수익과 비용을 인식하게 되므로 불완전한 수익 · 비용의 대응이 이루어지고, 이로 인해 기간손익을 합리적으로 측정하게 하는 데 문제가 있게 된다. 포괄손익계산서에는 유효이자율법에 의한 이자수익 또는 이자수익을 보고하고 재무상태표에는 장기성매출채권금액에 현재가치할인차금 또는 할증차금을 차감 또는 부가하는 형식으로 기재하여 보고한다.

Principles of Financial Accounting

제 4 부

재무자원의 운용

Love is patient, love is kind, and is not jealous; love does not brag and is not arrogant, does not act unbecomingly; it does not seek its own, is not provoked, does not take into account a wrong suffered, does not rejoice in unrighteousness, but rejoices with the truth, bears all things, believes all things, hopes all things, endures all things.

– 1 Corinthians 13 : 3 ~ 7 –

사랑은 오래 참고, 사랑은 온유하며, 투기하는 자가 되지 아니하며, 사랑은 자랑하지 아니하며 교만하지 아니하며, 무례히 행치 아니하며, 자기의 유익을 구치 아니하며, 성내지 아니하며, 악한 것을 생각지 아니하며, 불의를 기뻐하지 아니하며, 진리와 함께 기뻐하고, 모든 것을 참으며, 모든 것을 믿으며, 모든 것을 바라며, 모든 것을 견디느니라.

제 9 장
상품매매의 회계

제 9 장 상품매매의 회계

본장에서는 재고자산 중에서 상품(merchandise)에 관한 매매거래(賣買去來)를 중심으로 기술하고자 한다. 상품매매거래(商品賣買去來)의 회계처리방법은 기업의 규모 및 업종의 특성 등의 환경에 따라 다양한 방법을 사용할 수 있으나, 본장에서는 분기법(分記法)과 총기법(總記法) 및 3분할법(三分割法)(3분법), 5분법을 중심으로 기술한다.

제1절 분 기 법

상 품

차변		대변	
전기이월	××	매출액(원가)	××
당기매입	××	기말재고액(차기이월액)	××

✎ 매출액은 ₩×××××이고 그 원가는 ₩××이므로 ₩××은 상품계정에 대기하고 나머지 ₩×××은 상품매출이익으로서 상품매출이익계정에 대기한다.

상품매출이익

차변	대변
	매출시 이익의 인식액 ×××

상품매매거래의 회계처리 중 분기법(分記法)은 지금까지 우리가 회계처리해 온 방법이다. 즉 상품을 매입할 때는 **상품계정**에 기장하지만 상품을 매출할 때는 **매출(손)익계정**을 별도로 설정하여 회계처리하는 방법이다. 상품을 매출할 때 두

개의 계정으로 분리하여 회계처리한다 하여 분기법이라 한다. 이 방법은 기업의 규모가 작거나 취급하는 상품의 종류가 다양하지 않은 고가품 취급업종, 즉 귀금속, 골동품, 악기류 등을 취급하는 업종에서 유용한 방법이라 할 수 있다.

1.1 기중의 매매거래 회계처리

상품을 매입하면 자산계정인 상품계정(商品計定)을 설정하여 차기(借記)한다. 매입시에 발생된 부대비용(附帶費用)은 상품의 매입원가에 가산한다. 부대비용을 원가에 가산하는 것은 상품뿐만 아니라 모든 자산의 취득시에도 동일하다. 상품을 매출했을 때는 매출된 상품의 원가를 파악하고 파악된 원가를 상품계정에 대기(貸記)하며, 동시에 매출액과 원가의 차이는 상품매출이익 또는 상품매출손실의 과목으로 회계처리한다. 또한 매출에누리, 매출할인을 했을 때는 매출채권과 상품매출이익에서 그만큼 차감한다. 또한 매출된 상품이 결함이 있어서 환입(還入), 즉 반품되었으면 매출시에 회계처리했던 대변의 계정과목(상품 및 상품매출이익)에서 환입된 비율만큼 감액처리를 해야 한다.

1.2 결산일의 회계처리

분기법에서는 매출시에 원가 및 매매손익을 파악하여 회계처리하므로, 기말 결산일에는 별도로 상품매매에 관련한 회계처리는 없다. 즉 기말 결산일에 매출원가의 계산 및 회계처리 그리고 매출손익의 계산을 위한 회계처리는 필요없게 된다. 다만 총계정원장을 마감할 때 상품매출손익계정의 금액을 집합손익계정에 대체하는 회계처리만 하면 된다.

◀예시 9-1▶ 분 기 법

- 1/ 1 (주)조선교역의 상품 전기이월액은 ₩120,000이다.
- 3/17 A상품 100상자를 ₩8,000,000에 매입하고 대금은 수표를 발행하여 지급하였다. 단, 상품의 인수운임 ₩50,000을 현금으로 지급하였다.
- 9/20 서울백화점(주)에 상기 A상품 50상자를 ₩5,100,000에 매출하고 대금은 2개월 후에 받기로 하였다.

● 9/30 서울백화점(주)에 매출했던 상품에 하자(瑕疵)가 있어서 매출대금의 일부 ₩100,000을 에누리해 주었다.

1) 상품매입시 회계처리

3/17	차변) 상　　품	8,050,000	대변) 당 좌 예 금	8,000,000
			현　　금	50,000

2) 상품매출시 회계처리

9/20	차변) 외 상 매 출 금	5,100,000	대변) 상　　품	4,025,000
			상품매출이익	1,075,000
9/30	차변) 상품매출이익	100,000	대변) 외 상 매 출 금	100,000

✎ 외상매출했던 상품의 일부가 하자(瑕疵)가 있어서 에누리의 요구가 있으면 검토한 후 값을 깎아 주어야 한다. 이의 회계처리는 매출채권과 상품매출이익을 에누리액만큼 감소시키면 된다. 만일 매출시 계상했던 상품매출이익보다 매출에누리액이 많으면 그 차액을 '상품매출손실'로 처리한다.

3) 결산일의 회계처리

12/31	차변) 상품매출이익	975,000	대변) 집 합 손 익	975,000

4) 기장내용

상　품

1/ 1	전기이월	120,000	9/20	외상매출금	4,025,000
3/17	제　좌	8,050,000	12/31	차 기 이 월	4,145,000

상품매출이익

9/30	외상매출금	100,000	9/20	외상매출금	1,075,000
12/31	집 합 손 익	975,000			

제2절 총 기 법

총기법(總記法)은 상품의 매매에 관한 회계처리를 위해서 상품이란 단일의 과목으로만 회계처리한다. 그러므로 분기법과 다르게 상품계정은 일종의 혼합계정이 된다. 왜냐하면 상품계정의 차변에는 매입원가 그리고 대변에는 매출액(수익)이 혼합되어 기장되기 때문이다. 결산일에는 상품매출손익을 산출하는 회계처리를 추가로 해야 한다.

따라서 상품계정을 통해서는 기말상품재고액(期末商品在庫額)을 파악할 수 없는 것이 분기법의 상품계정과는 다르다. 총기법에서의 상품계정 잔액은 차변 또는 대변의 어느 쪽에도 나타나며 상품계정의 잔액이 차변에 있다고 하더라도 그 금액이 기말상품재고액이라 할 수 없다. 따라서 기말 결산일에는 상품의 기말재고액이 얼마인지를 파악하는 것이 선결문제이다.

상 품

전기이월액	××	매 출 액 (매출가격)	×××××
당기매입액	××		
상품매출이익에 대체	×××	기말재고액	××

상품매출이익

		상품계정에서 대체	×××

✎ 분기법에서와는 다르게 상품매출이익 또는 상품매출손실계정은 기말에 설정한다.

2.1 기중의 매매거래 회계처리

분기법에서와 같이 매출했을 때 매출손익계정을 별도로 설정하지 않고 상품계정의 대변에 기장한다. 그러므로 상품의 매출이익 또는 매출손실을 기중에는 파악하기가 곤란하다. 또한 매출손익을 알기 위해서는 기말상품의 재고액이 얼마인지를 조사하여 파악한 후에 일정한 회계처리를 통해서만이 알 수 있는 것이다.

2.2 결산일의 회계처리

2.2.1 이월기입 후 매출(손)을 측정하는 방법

총기법에 의한 회계처리를 할 경우 기말 결산일이 도래(到來)하면 우선적으로 기말상품재고액을 파악해야 한다. 기말상품재고액은 상품계정을 통해서는 파악할 수 없다. 왜냐하면 총기법의 상품계정은 기중에는 혼합계정으로서 그 대차 차액이 아무런 의미가 없는 차액이기 때문이다. 그러므로 결산일이 되면 **상품매출(손)익**을 인식하기 위해서 (1) 상품재고장, 송품장(invoice) 등을 통하거나 창고에 보관되어 있거나 점포에 진열된 상품의 재고액을 실제 조사하여 파악해야 한다. (2) 파악된 기말상품재고액을 상품계정 대변에 **'차기이월 ××'**라고 이월기입을 한 후 상품계정의 대차 차액을 구하여 상품매출(손)익을 인식한다. (3) 다음으로는 인식된 상품매출이익 또는 상품매출손실을 상품매출이익계정 또는 상품매출손실계정을 설정하여 대체기입한다.

상품계정의 구체적인 기장내용은, 차변에는 상품매입액 및 전기이월액(기초상품재고액), 그리고 매출상품의 에누리 및 환입액이 기장된다. 상품계정 대변의 기장내용은 매출액, 매입에누리 및 환출액 그리고 기말에 파악된 상품재고액(이월기입액)이 기장된다. 마지막으로 인식된 상품매출(손)익을 상품매출손실 또는 상품매출이익계정에 대체한 후, 다른 여러 손익항목과 함께 집합손익계정에 대체하여 마감한다. 다음은 대체분개의 예시이다.

1) 매출이익의 경우

결산일, 차변) 상 품	××	대변) 상품매출이익	××

2) 매출손실의 경우

결산일, 차변) 상품매출손실	××	대변) 상 품	××

◀ 예시 9-2 ▶ 총기법(분기법의 회계처리 예시에 의함)

일자	차변	금액	대변	금액
3/17	차변) 상 품	8,050,000	대변) 당 좌 예 금	8,000,000
			현 금	50,000
9/20	차변) 외상매출금	5,100,000	대변) 상 품	5,100,000
9/30	차변) 상 품	100,000	대변) 외 상 매 출 금	100,000

12/31	차변) 상　　품	975,000		대변) 상품매출이익	975,000
〃	차변) 상품매출이익	975,000		대변) 집 합 손 익	975,000

상　품

1/ 1	전 기 이 월	120,000	9/20	외상매출금	5,100,000
3/17	제　　좌	8,050,000	12/31	차 기 이 월	4,145,000
9/30	외 상 매 출 금	100,000			
12/31	상품매출이익	975,000			

✎ 기말 결산일에 상품 재고조사를 한 결과 ₩4,145,000임을 파악하였다. 다음으로는 파악된 기말재고액을 상품계정 대변에 12/31일자로 차기이월 ₩4,145,000이라 기장한 후 상품계정의 차변합계와 대변합계를 계산한다. 그 결과 대변금액이 ₩975,000 많음을 알게 되었다. 상품계정이 대변이 많으면 '상품매출이익', 차변이 많으면 '상품매출손실'로서 인식한다. 인식된 금액을 해당되는 계정, 즉 본 예에서는 상품계정 대변잔액을 상품계정에서 상품매출이익계정 대변에 ₩975,000 대체한다.

상품매출이익

12/31	집합손익	975,000	12/31	상　　품	975,000

2.2.2 매출손익을 측정한 후 이월기입하는 방법

기말 결산일의 매출손익(賣出損益)을 인식(認識)하는 다른 방법으로서, 먼저 매출손익을 측정하여 인식하고 다음으로 상품계정에 이월기입하는 방법이 있다. 매출손익을 측정하기 위해서는 매출원가 및 매출손익을 측정하는 공식을 이용한다. 우선 기말상품재고액을 파악한 후 매출원가를 측정하고, 다음으로 매출(손)익을 측정한다. 측정된 매출손익을 상품계정과 상품매출손실 또는 상품매출이익계정에 대체기입한다. 매출손실이 측정되면 상품계정의 대변과 상품매출손실계정의 차변에 기입하고, 상품매출이익이 측정되면 상품계정의 차변과 상품매출이익계정의 대변에 기입한다.

기초상품재고액＋당기매입액＝판매가능가액
판매가능가액－기말상품재고액＝매출원가
당기매출액－매출원가＝매출(손)익

✎ 당기매입액 및 당기매출액은 순매입액 및 순매출액이다.

(상품매출손실의 경우) 상 품

차변	금액	대변	금액
전기이월액	××	매 출 액 (매출가격)	×××××
당기매입액	××	기말재고액	××
		상품매출손실계정에 대체	

상기의 예에서 전기이월액 ₩120,000 그리고 당기매입액은 ₩8,050,000으로서 판매가능액이 ₩8,170,000이다. 그리고 상품재고조사를 통해서 기말재고액이 ₩4,145,000로 파악되었다. 또한 매출액은 본래 ₩5,100,000이었으나 매출에누리액이 ₩100,000이 있으므로 이를 차감하면 순매출액은 ₩5,000,000이다. 따라서 다음과 같이 계산한다.

₩120,000 + ₩8,050,000 = ₩8,170,000 … 판매가능가액
₩8,170,000 − ₩4,145,000 = ₩4,025,000 … 매출원가
(₩5,100,000 − ₩100,000) − ₩4,025,000 = ₩975,000 … 상품매출이익

위 식에서 계산된 상품매출이익 ₩975,000을 상품계정 차변과 상품매출이익계정 대변에 각각 기장하기 위한 분개를 '차변) 상품 975,000 대변) 상품매출이익 975,000'라고 분개하여 기장한다. 그러한 후에 상품계정 차변과 대변을 합계하면 상품계정의 차변이 ₩4,145,000 많아서 이 금액이 상품의 잔액이 되므로 상품계정 대변에 '차기이월 4,145,000'이라고 이월기입하면 된다. 그러므로 이월기입 및 상품매출이익을 상품계정 및 상품매출이익계정에 기장하는 순서(順序)가 전술한 방법과는 다르다는 점에 유의해야 한다.

제 3 절 상품계정의 분할-3분법

전술한 분기법 및 총기법은 상품의 매입 및 매출 또는 매출원가 등을 기장하기 위해서 하나의 상품계정을 사용하여 회계처리하였다. 이미 고찰한 바와 같이 상품계정에 포함하여 회계처리하는 내용은 상품의 매입, 매출, 매출에누리, 매출환입, 매입운임, 매입에누리, 매입환출, 매출할인 등이 있다.

기업의 규모가 크고 거래의 양도 많은 기업의 경우 이들 모두를 하나의 계정에 기록하고 이를 통하여 매입, 매출정책 및 관리를 위한 정보를 입수하기는 비효율적이며 용이하지 않다. 그러므로 이들 항목들을 상품계정에서 분리하여 별도의 계정을 설정하고 회계처리하는 것이 바람직한 경우가 많다. 따라서 상품계정의 분할은 기업의 규모, 거래량, 취급상품의 특성 및 기업의 환경 등을 고려하여 분할한다. 상품계정의 분할은 3분할법에서 9분법, 10분법까지 다양하나 그 핵심적이고 중심적인 것은 3분할법이다.

상품계정을 매입, 매출, 상품(또는 이월상품)[1]의 3개의 계정에 걸쳐 회계처리하는 방법을 3분할법 또는 3분법이라 한다. 3분할법에서 매입계정(買入計定)은 상품매입액, 매입부대비용, 매입에누리 및 환출액, 매입할인 등을 기장하고, 매출계정(賣出計定)은 매출액, 매출에누리 및 환입액을 기장한다. 그리고 상품계정(商品計定)은 상품의 전기이월액(기초상품재고액) 및 차기이월액(기말상품재고액)을 기장한다. 따라서 기중에는 상품의 매출원가 또는 매출손익을 계산하여 회계처리할 필요가 없고, 기말 결산일에 매출원가, 매출(손)익 등을 계산하여 회계처리한다.

3.1 기중의 회계처리

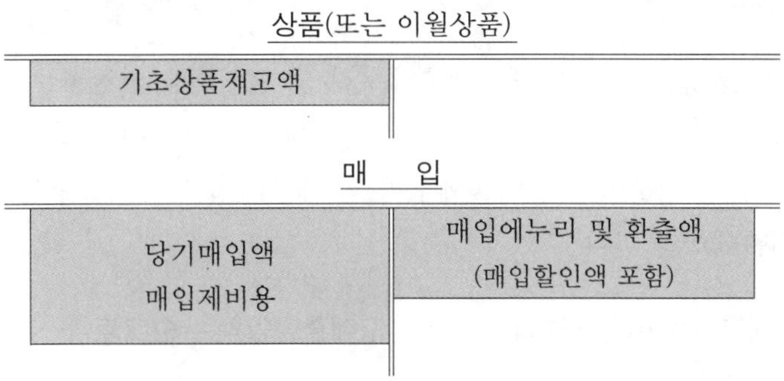

1) 기업회계기준에서는 재무상태표의 재고자산 항목에 '상품'이란 과목으로 표시하도록 규정하고 있다. 그러나 전술한 매출채권 및 매입채무의 경우와 같이 총계정원장에도 반드시 상품계정을 설정하여 회계처리해야 한다는 것은 아니다. 3분법에서 상품계정은 전기이월액과 차기이월액만을 기장하므로 이 계정과목을 이월상품(移越商品)이라고 설정하여도 된다. 그러나 재무상태표에는 이를 '상품'으로 표시해야 한다.

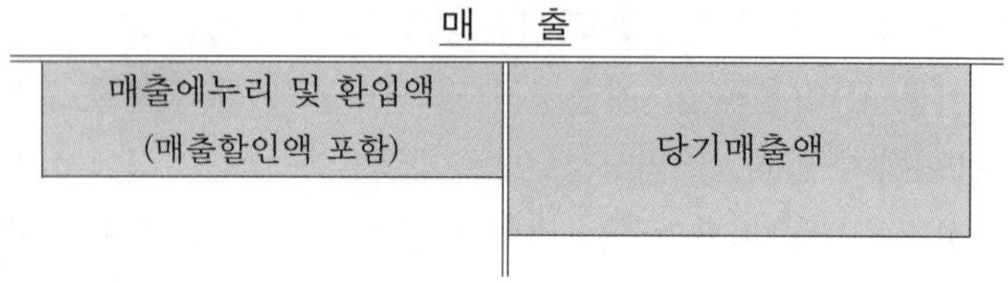

3분할법은 상품계정을 매입, 매출, 상품(또는 이월상품)의 3개의 계정에 걸쳐 회계처리하는 방법을 말한다. **매입계정**(買入計定)은 상품매입액, 매입부대비용, 매입에누리 및 환출액, 매입할인 등을 기장하는 계정이다. 매입부대비용(제비용)은 상품의 매입원가를 구성하는 비용으로서 비용발생의 기장을 하지 않고, 매입계정에 합산하는 것으로서 매입계정의 차변에 기장한다.

또한 매입에누리 및 매입환출액은 매입액을 감소시키는 것이므로 매입계정의 대변에 기장한다. 매입할인 역시 매입액을 감소시키는 항목이므로 매입에누리와 같이 매입액에서 차감한다. 매입액 중에서 매입에누리 및 매입환출을 하였거나 매입할인을 하였을 때, 회계처리는 전술한 바와 같이 매입계정의 대변에 기장하여 매입액을 감소시키는 한편, 상대방에 대한 매입채무가 그 만큼 감소되는 것이므로 매입채무를 감소시키는 회계처리를 하여야 한다. 따라서 총매입액에서 매입에누리 및 환출액, 매입할인액을 차감한 가액을 순매입액(純買入額)이라 한다.

총매입액 − 매입에누리 및 환출, 매입할인액 = 순매입액

매출계정(賣出計定)은 매출액, 매출에누리 및 환입액을 기장하는 계정으로서, 대변에는 매출액을, 그리고 그 차변에는 매출에누리 및 매출환입액과 매출할인액을 기장한다. 총매출액에서 매출에누리 및 매출환입액과 매출할인액을 차감한 가액을 순매출액이라 한다.

총매출액 − 매출에누리 및 환입액, 매출할인액 = 순매출액

그리고 **상품계정**(商品計定)은 상품의 전기이월액(기초상품재고액) 및 차기이월액(기말상품재고액)만을 기장한다. 상품계정의 기장은 기중에는 이루어지지 않고 기말 결산일에 와서 행해진다. 또한 상품매출과 관련한 매출원가 또는 매출(손)익은 기중에는 측정하지 않으며, 기말 결산일에 와서 이루어진다. 그러므로 매출원가 및 매출(손)익을 측정하기 위해서는 기말 결산일에 즈음하여 기말상품재고액을 파악해야 한다. 이상과 같은 세 계정의 기장내용은 상기의 그림과 같으며 구체적 회계사례는 다음과 같다.

◀ 예시 9-3 ▶ 3분할법

- 1/ 1 기초상품재고액은 ₩100,000이다.
- 4/10 B상품 1,000개를 @₩5,000에 영등포무역으로부터 매입하고 대금은 외상으로 하였다. 또한 인수운임 ₩20,000은 현금으로 지급하였다.
- 4/25 외상매입하였던 상품 중 ₩100,000을 매입에누리하였다.
- 8/14 영도상사에 B상품 원가 ₩1,150,000을 ₩1,200,000에 매출하고 대금은 외상으로 하였다.
- 9/20 영도상사로부터 외상매출했던 상품 ₩200,000이 환입되었다.
- 10/ 7 (주)월출에 B상품 원가 ₩3,070,000을 ₩3,200,000에 매출하고 대금은 수표로 받았다.
- 12/31 재고조사를 한 결과 기말상품재고액은 ₩1,000,000이다.

(기중의 회계처리)

일자	차변	금액	대변	금액
4/10	차변) 매 입	5,020,000	대변) 외상매입금	5,000,000
			현 금	20,000
4/25	차변) 외상매입금	100,000	대변) 매 입	100,000
8/14	차변) 외상매출금	1,200,000	대변) 매 출	1,200,000
9/20	차변) 매 출	200,000	대변) 외상매출금	200,000
10/ 7	차변) 현 금	3,200,000	대변) 매 출	3,200,000

3.2 결산일의 회계처리

3.2.1 매출원가의 측정

결산일에 즈음하여 기말상품재고액이 파악되면 매출원가를 측정해야 한다. 매출원가는 일정한 계산공식에 의해 측정하는 것이 아니라 계산공식을 응용하여 계정을 통해 측정해야 한다. 계정을 통하여 측정하기 위해서는 결산일에 기초재고액과 기말재고액을 대체분개하고 이를 매입계정 및 상품계정에 대체기입하여 매입계정의 차변잔액을 산출하면 그 차변잔액이 매출원가(賣出原價)이다. 즉 기초재고액은 상품(또는 이월상품)계정의 차변에 '전기이월'이라고 기입되어 있는 금액이므로 매입계정의 차변에 있는 순매입액에 가산하기 위해서는 '차변) 매입 ××대변) 상품 ××'이라고 대체분개한 후 이를 해당계정에 기입하면 된다.

매입계정의 차변에는 매입액과 기초상품재고액이 기입되어 두 항목(매입액, 기초재고액)이 가산되어 있으므로, 이들 두 항목의 금액을 합산한 가액에서 기말상품재고액을 차감하면 매출원가가 측정된다. 매입계정의 차변 가액(價額)에서 기말상품재고액을 차감하려면 매입계정의 대변에 기장해야 한다. 한편 상품계정은 현재 잔액이 영(zero)으로 되어 있으나 재고조사 결과 기말상품재고액이 있으므로 상품계정의 차변에 기장해야 한다. 왜냐하면 자산계정의 잔액은 언제나 차변에 있기 때문에 상품계정도 기말재고액만큼 차변이 더 많아야 하기 때문이다. 그러므로 그 기말재고액을 상품계정의 대변에 차기로 이월하는 이월기입을 할 수 있게 된다. 기말재고액의 대체분개는 차변) 상품 ×× 대변) 매입 ××이다.

이제 매입계정의 차변에는 매입액과 매입제비용, 기초상품재고액, 그리고 대변에는 매입에누리 및 매입환출과 매입할인액, 기말상품재고액이 기입되어 있어서 대차합계를 구하면 차변금액이 더 많은 차변잔액이 된다. 이 차변잔액이 매출원가이다. 즉 매출원가의 계산식 '기초상품재고액 + 당기매입액 − 기말상품재고액'을 그대로 매입계정에 적용하여 매출원가를 산출하는 것이다.

3.2.2 매출손익의 측정(총액법)

전술한 바와 같이 매입계정에서 측정된 매출원가를 어떻게 처리하여 매출손익을 산출하는가에 따라 총액법과 순액법이 있다. 총액법은 산출된 매출원가를 집합손익계정의 차변에 대체하는 방법을 말한다. 그리하여 매출손익을 집합손익계정에서 파악하는 방법이다. 이에 관한 계정체계 및 기장내용을 제시하면 다음과 같다.

상품(또는 이월상품)

차변	대변
기초상품재고액	매입계정에 대체
기말상품재고액	차기이월액

매 입

차변	대변
당기 매입액 매입 제비용	매입에누리 및 환출액 (매입할인액 포함)
	기말상품재고액
기초상품재고액	집합손익계정에 대체액 (매출원가)

매 출

차변	대변
매출에누리 및 환입액 (매출할인액 포함)	매 출 액
집합손익계정에 대체 (순매출액)	

집합손익

차변	대변
매입계정에서 대체액 (매출원가)	매출계정에서 대체액 (순매출액)

매입계정에서 측정한 매출원가, 즉 매입계정 차변잔액은 비용으로서 집합손익계정의 차변에 대체해야 하며, 매출계정의 대변잔액, 즉 순매출액은 집합손익계정의 대변에 대체해야 한다. 집합손익계정에 매출손익의 측정을 위한 계산요소를 총액으로 대체하여 계산한다 하여 **총액법**이라 한다. 즉 매출원가계산요소에 의해 매출원가를 계산한 후 그 매출원가를 집합손익계정에 대체하는 방법이다. 총액법에 의한 매출손익 산출을 위한 기말의 대체분개는 다음과 같다.

매출원가 대체 – 차변) 집합손익 ×× 대변) 매 입 ××
매출수익 대체 – 차변) 매 출 ×× 대변) 집합손익 ××

✎ 매출수익 대체분개의 금액은 순매출액이다.

이상과 같이 매출원가를 집합손익계정에 대체하고 집합손익계정의 대변에는 매출액을 대체하여, 대변과 차변의 금액을 비교하여 매출이 더 많으면 매출이익, 그리고 매출원가가 더 많으면 매출손실을 계산하게 된다. 이에 관한 예시는 다음과 같다.

◀예시 9-4▶ 총 액 법

◀예시 9-3▶의 자료에 의함.

(대체분개)

	차변		대변	
12/31	차변) 매 입	100,000	대변) 상 품	100,000
〃	차변) 상 품	1,000,000	대변) 매 입	1,000,000

〃	차변) 집합손익	4,020,000		대변) 매 입	4,020,000
〃	차변) 매 출	4,200,000		대변) 집합손익	4,200,000

상 품

1/ 1	전기이월	100,000	12/31	매 입	100,000
12/31	매 입	1,000,000	〃	차기이월	1,000,000
		1,100,000			1,100,000
1/ 1	전기이월	1,000,000			

매 입

4/10	제 좌	5,020,000	4/25	외상매입금	100,000
12/31	상 품	100,000	12/31	상 품	1,000,000
			〃	집 합 손 익	4,020,000
		5,120,000			5,120,000

매 출

9/20	외상매출금	200,000	8/14	외상매출금	1,200,000
12/31	집 합 손 익	4,200,000	10/ 7	현 금	3,200,000
		4,400,000			4,400,000

집합손익

12/31	매 입	4,020,000	12/31	매 출	4,200,000

✎ 순매출액 ₩4,200,000과 매출원가 ₩4,020,000과의 차액 ₩180,000이 매출총이익이다.

3.2.3 매출손익의 측정(순액법)

순액법(純額法)은 매출손익의 측정을 집합손익계정에서 측정하는 것이 아니라, 즉 총액법에서와 같이 매출손익의 계산요소들을 모두 집합손익계정에 대체하고 이 계정에서 매출손익을 측정하는 것이 아니라, 매출계정에서 매출손익을 측정하고 집합손익계정에 대체하는 것은 그 결과물인 매출손익만을 대체한다. 즉 총액을 대체하는 것이 아니라 순액(매출이익 또는 매출손실)을 대체하는 것이다. 이의 분개는 다음과 같다.

매출원가 대체 - **차변) 매　　출** ×× 　　**대변) 매　　입** ××

매출수익 대체 - **차변) 매　　출** ×× 　　**대변) 집합손익** ××

✎ 매출수익 대체분개의 대변) 집합손익은 매출이익을 대체한 것임. 만일, 매출손실이 발생한다면, 차변) 집합손익 ×× 대변) 매출××으로 분개해야 한다.

<u>상품(또는 이월상품)</u>

차변	대변
기초상품재고액	매입계정에 대체
기말상품재고액	차기이월액

<u>매　　입</u>

차변	대변
당기 매입액 매입 제비용	매입에누리 및 환출액 (매입할인액 포함)
	기말상품재고액
기초상품재고액	매출계정에 대체액 (매출원가)

<u>매　　출</u>

차변	대변
매출에누리 및 환입액 (매출할인액 포함)	매 출 액
매입계정에서 대체액 (매출원가)	
집합손익계정에 대체 (매출이익)	

<u>집합손익</u>

차변	대변
	매출계정에서 대체액 (매출이익)

◀ 예시 9-5 ▶ 순 액 법

◀예시 9-3▶의 자료에 의함.

(대체분개)

12/31	차변) 매 출	4,020,000	대변) 매 입	4,020,000
〃	차변) 매 출	180,000	대변) 집합손익	180,000

기초 및 기말상품재고액의 회계처리는 동일하므로 생략함.

매 입

4/10	제 좌	5,020,000	4/25	외상매입금	100,000
12/31	매 입	100,000	12/31	상 품	1,000,000
			〃	매 출	4,020,000
		5,120,000			5,120,000

매 출

9/20	외상매출금	200,000	8/14	외상매출금	1,200,000
12/31	매 입	4,020,000	10/ 7	현 금	3,200,000
12/31	집 합 손 익	180,000			
		4,400,000			4,400,000

집합손익

			12/31	매 출	180,000

제 4 절 상품계정의 분할-5분법

5분할법 또는 5분법은 전술한 3분법의 세 계정과 매입계정에서 매입에누리 및 환출을 그리고 매출계정에서 매출에누리 및 환입을 분리하여 별도의 계정으로 설정하고 회계처리한다. 따라서 5분법에서 설정하는 계정은 상품, 매입, 매출, 매입에누리 및 환출, 매출에누리 및 환입으로서 5개의 계정이다. 5분법 이외에 7분법으로 회계처리할 수도 있는데, 5분할법의 매입계정에서 매입에누리와 환출을, 매출계정에서 매출에누리와 환입을 분리하여 상품, 매입, 매출, 매입에누리, 환출, 매출에누리, 환입계정을 설정한다. 상품매매에 관한 회계처리를 위해 아무리 많은 계정을 분할 설정하여 회계처리를 한다고 하더라도 기말 결산일에는 전술한 3분할법의 세 계정으로 압축되므로 보다 근본적인 것은 3분할법이라 할 수 있다.

4.1 기중의 회계처리

기중의 회계처리는 전술한 3분할법과 동일하나, 다른 점은 매입에누리 및 환출액과 매출에누리 및 환입액의 회계처리가 3분할법과 다르다. 매입에누리 및 환출이 있으면, '차변) 외상매입금 ×× 대변) 매입에누리 및 환출 ××'라고 회계처리하며, 매출에누리 및 환입이 있으면 '차변) 매출에누리 및 환입 ×× 대변) 외상매출금 ××'라고 회계처리한다. 전술한 3분할법의 사례를 이용하여 기중의 회계처리를 하면 다음과 같다.

◀예시 9-6▶ 5분할법-대체분개

◀예시 9-3▶의 자료에 의함.

날짜	차변	금액	대변	금액
4/10	차변) 매입	5,020,000	대변) 외상매입금	5,000,000
			현금	20,000
4/25	차변) 외상매입금	100,000	대변) 매입에누리 및 환출	100,000
8/14	차변) 외상매출금	1,200,000	대변) 매출	1,200,000
9/20	차변) 매출에누리 및 환입	200,000	대변) 외상매출금	200,000
10/ 7	차변) 현금	3,200,000	대변) 매출	3,200,000

4.2 결산일의 회계처리

결산일이 도래하면 매입에누리 및 환출계정의 대변잔액을 매입계정 대변으로 대체하여 매입액에서 차감하도록 하며, 매출에누리 및 환입계정의 차변잔액을 매출계정의 차변으로 대체하여 매출총액에서 차감되도록 해야 한다. 그 다음은 전술한 3분법의 결산일 회계처리와 동일하게 회계처리한다. 전기의 3분할법의 회계처리 예시에서 사용한 거래를 이용하여 5분할법의 회계처리를 예시하면 다음과 같다. 이 예시에서 매출원가 및 매출손익에 관한 회계처리(분개)는 생략하며, 3분할법과 동일하므로 참고하길 바란다.

◀ 예시 9-7 ▶ 5분할법-결산일의 계정예시

상 품

일자	적요	금액	일자	적요	금액
1/ 1	전기이월	100,000	12/31	매 입	100,000
12/31	매 입	1,000,000	12/31	차기이월	1,000,000
		1,100,000			1,100,000
1/ 1	전기이월	1,000,000			

매 입

일자	적요	금액	일자	적요	금액
4/10	제 좌	5,020,000	12/31	매입에누리 및 환출	100,000
12/31	상 품	100,000	12/31	상 품	1,000,000
			12/31	집 합 손 익	4,020,000
		5,120,000			5,120,000

매 출

일자	적요	금액	일자	적요	금액
12/31	매출에누리 및 환입	200,000	8/14	외상매출금	1,200,000
12/31	집 합 손 익	4,200,000	10/ 7	현 금	3,200,000
		4,400,000			4,400,000

매출에누리 및 환입

일자	적요	금액	일자	적요	금액
9/20	외상매출금	200,000	12/31	매 출	200,000

매입에누리 및 환출

일자	적요	금액	일자	적요	금액
12/31	매 입	100,000	4/25	외상매입금	100,000

집합손익

일자	적요	금액	일자	적요	금액
12/31	매 입	4,020,000	12/31	매 출	4,200,000

✎ 매출에누리 및 환입계정과 매입에누리 및 환출계정의 금액을 매출계정과 매입계정에 대체하는 분개는 다음과 같다.

12/31	차변) 매 출	200,000	대변) 매출에누리 및 환입	200,000
〃	차변) 매입에누리 및 환출	100,000	대변) 매 입	100,000

연 습 문 제

■ [9-1] 다음 상품매매에 관한 자료에 의해 매출원가를 계산하시오.

(자 료)

상품 전기이월액 ₩300,000	현금매출액 ₩300,000
외상매입액 ₩560,000	매출에누리 ₩37,000
외상매출액 ₩750,000	매출채권회수액 ₩400,000
매입채무상환액 ₩310,000	매입운임 ₩4,500
매입환출액 ₩50,000	상품 차기이월액 ₩20,000

(매출원가) ₩＿＿＿＿＿＿＿＿＿＿

■ [9-2] 다음 거래를 분기법 및 총기법에 의해 회계처리하시오.

2/12 상품 ₩100,000을 매입하고, 인수운임 ₩10,000과 함께 현금을 지급하였다.

2/15 상품 원가 ₩21,000을 ₩46,000에 외상매출하였다.

2/20 상품 ₩50,000을 외상매입하였다.

2/27 상품 ₩40,000을 ₩73,000에 매출하고 대금 중 ₩50,000은 수표로 수취하고 잔액은 외상으로 하였다.

(회계처리)

	분 기 법		총 기 법	
	차 변	대 변	차 변	대 변
2/12				
2/15				
2/20				
2/27				

■ [9-3] 다음 자료를 총기법에 의해 상품계정의 기말 결산일(2/28일)의 회계처리 및 마감을 하고 매출손익을 계산하시오.

(자 료)

1) 기초상품재고액 ₩30,000

2) 당기총매입액 ₩600,000

3) 당기총매출액 ₩500,000

4) 기말상품재고액 ₩350,000

상 품

상품매출(손)익

(대체분개)

차 변	대 변

상품매출이익(손실) ₩＿＿＿＿＿＿＿＿

■ **[9-4]** 다음 대륙유통상사(컴퓨터 판매 전문)의 거래를 3분할법에 의해 분개하시오.

5/ 2 개인용 데스크탑 컴퓨터 10대 ₩30,000,000을 매입하고 ₩20,000,000은 수표를 발행하여 지급하고 잔액은 외상으로 하였다.

5/10 상기 컴퓨터의 매입시 인수운임 ₩70,000을 현금으로 지급하였다.

5/13 노트북 20대를 매입하고 대금 ₩40,000,000을 당좌수표를 발행하고, ₩20,000,000은 외상으로 하였다. 또한 인수운임 ₩100,000을 현금으로 지급하였다.

5/20 노트북 5대를 ₩20,000,000에 외상매출하였다.

5/21 전기의 데스크탑 PC 1대가 중대한 결함이 발생하여 반품하였다.

5/25 외상으로 매입했던 노트북 2대에 결함이 발견되어 ₩750,000을 에누리받았다.

(분 개)

	차 변	대 변
5/ 2		
5/10		
5/13		
5/20		
5/21		
5/25		

■ **[9-5]** 다음 상품에 관한 자료에 의한 3분법에 의해 계정을 마감하시오(총액법).

(자 료)

1) 상품 전기이월액 ₩170,000

2) 당기매입액 ₩865,000

3) 인수운임 ₩40,000

4) 당기매출액 ₩980,000

5) 기말상품재고액 ₩250,000

상 품

매 입

매 출

집합손익

(대체분개)

	차 변	대 변
1)		
2)		
3)		
4)		

■ **[9-6]** 문제 [9-5]의 자료를 이용하여 순액법으로 회계처리하시오.

상 품

매 입

매 출

집합손익

(대체분개)

	차 변	대 변
1)		
2)		
3)		
4)		

■ **[9-7]** 다음 계정을 대체분개하고 마감하시오. 단, 기말상품재고액은 ₩100,000 이다.

이월상품

전기이월 75,000	

매 입

현 금	330,000	매입할인	46,000
매입채무	415,000		

매 출

매출에누리	6,000	현 금	300,000
		매출채권	140,000

매출원가

집합손익

(대체분개)

대체내용	차 변		대 변	

■ [9-8] 다음 상품매매에 관한 자료에 의해 총기법으로 계정에 기입하고 매출(손)익을 산출하시오.

(자 료)

1. 전기이월액 ₩200,000
2. 당기총매입액 ₩600,000
3. 당기총매출액 ₩500,000
4. 매출에누리 및 할인액 ₩120,000
5. 기말상품재고액 ₩10,000

(계정기입)

상 품

상품매출(손)익

(대체분개)

차변) 대변)

■ [9-9] 다음 미완성 계정기입에 의해 부분 포괄손익계산서를 작성하시오.

상 품

1/ 1	전기이월	280,000	12/31	매 입	280,000
12/31	매 입	65,000			

매 출

4/20	매출환입	23,000	4/10	현 금	730,000
4/25	매출할인	30,000			

집합손익

12/31	매 입	858,000			

부분 포괄손익계산서

과 목	금 액	
Ⅰ. 매출액		
Ⅱ. 매출원가		
1. 기초상품재고액		
2. 당기매입액		
계		

3. 기말상품재고액		
Ⅲ. 매출총이익		
Ⅳ. 영업외비용		
.		
.		

■ [9-10] 다음 집합손익계정과 상품계정에 의해 포괄손익계산서를 작성하고, 집합손익계정과 상품계정을 마감하시오. 단, 상품매매의 기장은 3분할법에 의한 것임.

집합손익

과 목	금 액	과 목	금 액
매 입	( )	매 출	2,720,000
광 고 선 전 비	420,000	이 자 수 익	285,000
급 여	600,000	유형자산처분이익	720,000
접 대 비	140,000	자 산 수 증 이 익	900,000
소 모 품 비	30,000	잡 이 익	27,000
대 손 상 각 비	25,000		
감 가 상 각 비	164,000		
매도가능금융자산처분손실	79,000		
이 자 비 용	65,000		
자 본 금	1,084,000		

상품(또는 이월상품)

과 목	금 액	과 목	금 액
1/ 1 전기이월	1,328,000	12/31 매 입	1,328,000
12/31 매 입	971,000		

포괄손익계산서

과 목	금 액	
Ⅰ. 매출액		2,720,000
Ⅱ. 매출원가		
1. 기초상품재고액		
2. 당기매입액		
계		
3. 기말상품재고액		
Ⅲ. 매출총이익		

Ⅳ. 제 비 용 1. 2. 3.		

■ [9-11] 다음 자료에 의해 총기법으로 상품매매손익을 계산하고, 상품계정을 마감하시오.

상품매매 관련 자료

기초상품재고액	130,000	기말상품재고액	350,000
상품매입액(현금)	865,000	매입에누리	13,000
매입운임	47,000	매입환출액	68,000
매출에누리	80,000	매입할인	100,000
매출환입액	100,000	상품매출액(현금)	1,850,000

상 품

차 변		대 변	

1) 마감분개

차변) 대변)

2) 상품매매(손)익: ₩＿＿＿＿＿＿＿＿

■ [9-12] 다음 잔액시산표와 기말 수정사항에 의해 8위식 정산표를 작성하시오.

1. 잔액시산표(수정 전)

차 변		대 변	
현금 및 현금성자산	13,880	매 입 채 무	4,600
매 출 채 권	17,550	선 수 금	950
대 손 충 당 금	(180)	단 기 차 입 금	7,450

정 기 예 금	30,000	장 기 차 입 금	21,300
대 여 금	14,000	미 지 급 금	7,200
매도가능금융자산	1,400	자 본 금	65,000
선 급 금	1,000	매 출	43,550
이 월 상 품	760	용 역 수 익	5,440
비 품	9,500	이 자 수 익	600
비품 감가상각누계액	(1,800)	임 대 료	320
차 량 운 반 구	27,200	유형자산처분이익	1,600
차량 감가상각누계액	(6,000)		
매 입	39,950		
매 출 운 임	170		
광 고 선 전 비	8,540		
여 비 교 통 비	870		
소 모 품 비	800		
이 자 비 용	300		
매도가능금융자산처분손실	70		
	158,010		158,010

2. 기말 수정사항

1) 기말상품재고액 ₩8,700

2) 매출채권에 대한 3%의 대손예상

3) 비품 감가상각비 계상(잔존가치: ₩500, 내용연수: 10년, 정액법)

4) 차량운반구 감가상각비 계상(잔존가치: ₩7,200, 내용연수: 20년, 정액법)

5) 이자비용 당기 발생액 ₩2,300

6) 이자수익 당기 발생액 ₩700

7) 임대료 당기 발생액 ₩300

8) 소모품 미사용액 ₩100

정 산 표

과 목	잔액시산표		수정기입		포괄손익계산서		재무상태표	
	차 변	대 변	차 변	대 변	차 변	대 변	차 변	대 변
현금 및 현금성자산	13,880							
매 출 채 권	17,550							
대 손 충 당 금		180						
정 기 예 금	30,000							
대 여 금	14,000							
매 도 가 능 금 융 자 산	1,400							
선 급 금	1,000							
이 월 상 품	760							

비품	9,500							
비품 감가상각누계액		1,800						
차량운반구	27,200							
차량 감가상각누계액		6,000						
매입	39,950							
매출운임	170							
광고선전비	8,540							
여비교통비	870							
소모품비	800							
이자비용	300							
매도가능금융자산처분손실	70							
매입채무		4,600						
선수금		950						
미지급금		7,200						
단기차입금		7,450						
장기차입금		21,300						
자본금		65,000						
매출		43,550						
용역수익		5,440						
이자수익		600						
임대료		320						
유형자산처분이익		1,600						
	165,990	165,990						
대손상각비								
비품 감가상각비								
차량운반구 감가상각비								
미지급이자비용								
미수이자수익								
선수임대료								
소모품								
당기순이익								

(수정분개)

번호	차변		대변	
1)				
2)				
3)				
4)				
5)				

6)				
7)				
8)				

■ [9-13] 다음 수정 전 잔액시산표와 집합손익계정에 의해 기말 수정사항을 추정, 포괄손익계산서 작성 및 잔액시산표와 집합손익계정의 빈칸을 메우시오.

잔액시산표

차 변		대 변	
현금 및 현금성자산	1,550,000	매입채무	444,500
매출채권	940,000	선수금	82,500
대손충당금	(14,500)	미지급금	340,000
매도가능금융자산	1,080,000	장기차입금	1,000,000
소모품	40,000	자본금	1,500,000
이월상품	((1))	이월이익잉여금	500,000
비품	878,000	매출	2,550,000
감가상각누계액	(160,000)	매도가능금융자산처분이익	120,000
매입	1,440,000	임대료	148,000
광고선전비	696,500	유형자산처분이익	315,000
이자비용	100,000		
임차료	49,000		
세금과 공과금	206,000		
	7,000,000		7,000,000

집합손익

비 용		수 익	
매입	1,500,000	매출	2,550,000
대손상각비	13,700	매도가능금융자산처분이익	120,000
감가상각비	103,500	임대료	130,000
광고선전비	620,000	유형자산처분이익	315,000
이자비용	80,000	수수료수익	25,000
임차료	55,000		
세금과 공과금	220,000		
((2))	((3))		
	3,140,000		3,140,000

포괄손익계산서

과 목	금 액	

■ [9-14] 다음 재무상태표와 포괄손익계산서에 의해 기말수정사항을 추정하고, 수정 전 잔액시산표를 작성하시오.

재무상태표

과 목	금 액		과 목	금 액	
자 산			부 채		
1. 유동자산			1. 유동부채		
현금과 예금	1,031,500		매입채무	230,000	
매도가능금융자산	370,000		미지급금	500,000	
매출채권	748,000		선 수 금	35,000	
대손충당금	(28,000)		미지급이자	110,000	
소 모 품	16,500		선수용역수익	150,000	1,025,000
선급광고선전비	72,000		2. 비유동부채		
선급보험료	1,500		장기차입금		2,500,000
미수임대료	20,000				
상 품	235,000	2,466,500	자 본		
2. 비유동자산			1. 자 본 금	1,200,000	
비 품	899,000		2. 이월이익잉여금	733,000	1,795,500
감가상각누계액	(300,000)				
건 물	1,540,000				
감가상각누계액	(240,000)				
차량운반구	1,136,000				
감가상각누계액	(181,000)	2,854,000			
		5,320,500			5,320,500

포괄손익계산서

과 목	금 액	
Ⅰ. 매 출 액		1,670,000
Ⅱ. 매출원가		
1. 기초상품재고액	111,000	
2. 당기매입액	1,084,000	
계	1,194,000	
3. 기말상품재고액	235,000	960,000
Ⅲ. 매출총이익		710,000
Ⅳ. 수 익		
1. 용역수익	730,000	
2. 임 대 료	39,000	769,000
Ⅴ. 비 용		
1. 보 험 료	18,500	
2. 광고선전비	286,000	
3. 급 여	781,500	
4. 대손상각비	22,000	
5. 감가상각비	341,000	
6. 이자비용	160,000	
7. 소모품비	3,500	
8. 잡 비	4,000	1,616,500
Ⅵ. 당기순손실		137,500

2. 수정 전 잔액시산표

자산, 비용		부채, 자본, 수익	

[9-15] 다음 수정후 부분 잔액시산표에 의해 다음의 매입계정의 내용을 기재하고 마감하시오. 또한 부분 포괄손익계산서를 작성하시오. 단, 기초상품재고액은 ₩300,000 수익총액 ₩533,000, 비용총액 ₩120,000임.

차 변		대 변	
현 금	1,600,000	매 입 채 무	920,000
·	·	·	·

이 월 상 품	150,000	·	·
·	·	자 본 금	2,000,000
매 입	720,000	이월이익잉여금	330,000
광 고 선 전 비	470,000	매 출	1,320,000
·	·	·	·
·	·	·	·

매 입

현 금		12/31	
12/31		〃	

포괄손익계산서

과 목	금 액	
Ⅰ. 매 출 액		1,320,000
Ⅱ. 매출원가		
1. 기초상품재고액		
2. 당기매입액		
계		
3. 기말상품재고액		
Ⅲ. 매출총이익		
Ⅳ. 수 익		
Ⅴ. 비 용		
Ⅵ. 당기순이익		

심 화 학 습

매출원가계정 마감법

Ⅰ. 매출원가계정

전술한 상품계정 분할방법(3분법, 5분법 등)의 기말 결산일에 매출원가를 산출하기 위한 마감분개는 매입계정에서 산출하도록 하는 방법이다. 즉 기말 결산일에 즈음하여 기말상품재고액(장부재고 또는 실지재고액)이 파악되면, 매입계정의 차변에 기초상품재고액 그리고 매입계정 대변에 기말상품재고액을 대체하여 매입계정의 차변잔액인 매출원가를 계산하고 이를 집합손익계정에 대체하는 방법이다.

상품계정을 아무리 많은 계정에 분할하여 기장하더라도 결산일에는 매입계정 및 매출계정으로 재대체한 후 매출원가를 산출하기 위한 마감분개를 한다. 즉 매입운임, 매입에누리, 매입환출, 매입할인 등은 매입계정 차변 또는 대변에 대체하고, 매출에누리, 매출할인, 매출환입 등은 매출계정의 차변에 대체된 후 마감분개를 한다.

그러나 매입계정에서 매출원가를 산출하면 매입계정이 순수한 매입액 산출을 하는 기능 외에 매출원가도 산출하게 되기 때문에 다소 혼란스러울 수 있다. 이러한 점을 해소하기 위해서 매입계정은 매입액에 관한 것만 기장하고, 매출계정은 매출액에 관한 사항만을 기장하도록 하여 순매입액 및 순매출액을 산출하도록 하고, 별도로 매출원가계정을 설정하여 이 계정에서 매출원가를 산출하도록 하는 방법이 실무에서는 많이 이용되고 있다. 매출원가계정 설정방법에서는 기말 결산일에 매출원가의 차변에는 기초재고액 및 당기순매입액을 대체하고, 대변에는 기말재고액을 대체한다. 이 대체는 전술한 매입계정에 대체하는 것을 대신하여 이루어진다. 이렇게 대체한 후 매출원가계정은 차변잔액이 산출되는데, 이것이 산출하고자 하는 매출원가이며 이 금액은 최종적으로 집합손익계정에 대체되어 집합손익계정의 대변에 대체된 매출액에 대응된다.

II. 계정체계와 마감

1. 계정체계

매출원가

① 기초상품재고액	③ 기말상품재고액
② 당기매입액	④ 매출원가

집합손익

④ 매출원가	⑤ 매 출

①은 이월상품(또는 상품)계정의 전기이월액을 대체한 것이다.

②는 매입계정의 차변잔액인 순매입액을 대체한 것이다.

③은 장부재고액 또는 실지재고조사액을 대체한 것이다.

④는 ①~③까지 대체한 결과 산출된 차변잔액인 매출원가를 집합손익계정에 대체한 것이다.

⑤는 매출계정에서 대체된 순매출액이다. 따라서 매출액과 매출원가의 차액이 매출총(손)익이 된다.

2. 대체분개

[1] 기초상품재고액 대체

차변)	매출원가	××	대변)	이월상품 (또는 상품)	××

2 기말상품재고액 대체

차변)	이월상품 (또는 상품)	××	대변)	매출원가	××

3 순매입액 대체

차변)	매출원가	××	대변)	매 입	××

4 매출원가 대체

차변)	집합손익	××	대변)	매출원가	××

5 순매출액 대체

차변)	매 출	××	대변)	집합손익	××

Ⅲ. 예 시

다음 자료에 의해 기중의 거래내용을 분개하고 각 계정계좌에 전기한 후 기말 결산일의 마감을 위한 대체분개, 대체기입 및 원장의 마감을 하시오.

(자 료)

거래내역	금 액	거래내역	금 액
1) 기초상품재고액	235,000	7) 매출에누리	7,000
2) 당기매입액	876,000	8) 매입할인액	13,000
3) 당기매출액	1,140,000	9) 매출할인액	9,000
4) 매입환출액	30,000	10) 매입운임(현금지급)	25,000
5) 매출환입액	20,000	11) 기말상품재고액	174,000
6) 매입에누리	3,000		

✎ 매입, 매출과 관련된 거래는 외상거래임.
이월상품, 매입, 매출, 매출원가계정을 설정하여 기장함.

1 기중 거래의 분개

거래내용	차 변		대 변	
2) 당기매입	매 입	876,000	매입채무	876,000
3) 당기매출	매출채권	1,140,000	매 출	1,140,000
4) 매입환출	매입채무	30,000	매 입	30,000
5) 매출환입	매 출	20,000	매출채권	20,000
6) 매입에누리	매입채무	3,000	매 입	3,000
7) 매출에누리	매 출	7,000	매출채권	7,000
8) 매입할인	매입채무	13,000	매 입	13,000
9) 매출할인	매 출	9,000	매출채권	9,000
10) 매입운임	매 입	25,000	현 금	25,000

2 원장기입 및 마감

(분 개)

대체내용	차 변		대 변	
기초재고액	매출원가	235,000	이월상품	235,000
순 매 입 액	매출원가	855,000	매 입	855,000
기말재고액	이월상품	174,000	매출원가	174,000
매 출 원 가	집합손익	916,000	매출원가	916,000
순 매 출 액	매 출	1,104,000	집합손익	1,104,000

(부분 원장 마감)

이월상품

전기이월	235,000	매출원가	235,000
매출원가	174,000	차기이월	174,000
	409,000		409,000
전기이월	174,000		

매 입

매입채무	876,000	매입채무	30,000
현 금	25,000	매입채무	3,000
		매입채무	13,000
		매출원가	855,000
	901,000		901,000

매 출

차변	금액	대변	금액
매출채권	20,000	매출채권	1,140,000
매출채권	7,000		
매출채권	9,000		
집합손익	1,104,000		
	1,140,000		1,140,000

매출원가

차변	금액	대변	금액
이월상품	235,000	이월상품	174,000
매 입	855,000	집합손익	916,000
	1,090,000		1,090,000

집합손익

차변	금액	대변	금액
매출원가	916,000	매 출	1,104,000

제10장
재고자산회계

제10장 재고자산회계

제1절 재고자산의 의의

'재고자산(inventory)'은 정상적인 영업과정에서 판매를 위하여 보유하거나 생산과정에 있는 자산 및 생산 또는 서비스 제공과정에 투입될 원재료나 소모품의 형태로 존재하는 자산이라고 기업회계기준서에서는[1] 정의하고 있다. 즉 재고자산은 기업이 목적으로 하는 주된 영업활동 목적, 정상적인 활동과정, 판매 또는 제조과정에서 사용되는 자산을 제조 또는 매입하여 보유하거나 생산중인 자산이며, 또한 생산과정에 투입하여 사용할 목적으로 보유하고 있는 자산을 말한다.

기업은 업종에 따라서 취급하는 재고자산의 종류가 다르기 때문에 어떤 기업에서는 재고자산(在庫資産)이지만 다른 기업에서는 유형자산이 될 수도 있는 것이다. 예를 들면 부동산 매매를 영업목적으로 하는 기업에서는 토지 또는 건물이 상품으로서 재고자산이지만 일반 기업에서는 유형자산으로 분류한다. 한편 동일한 기업 내에서도 보유하는 목적이 변경되면 그 변경된 목적에 따라 자산을 분류해야 하는데, 그 예를 들면, 컴퓨터를 판매하는 업종의 기업에서는 매입된 컴퓨터는 재고자산이지만 매입된 재고자산 중 일부를 업무용으로 사용할 목적, 즉 사무실에서 사용할 목적으로 사무실에 들여놓았다면 그것은 이제 더 이상 재고자산이 아니라 비품으로 분류되고 비품으로 분류된 만큼 재고자산의 감소를 기장해야 하는 것이다.

일반적으로 제조 · 판매업을 영위하는 기업체의 재고자산 종류는 주로 매입한 상품, 미착상품, 적송품, 제조 완료된 제품, 부산물, 제조과정에 투입될 원료와 재료, 제조과정에서 사용되는 윤활유(潤滑油) 및 기타 유류(油類), 소모성 벨트,

1) 기업회계기준서 제10호, 용어의 정의 4.

표 10-1 재고자산의 종류

업 종	종 류
상품 매매업	상품, 미착상품, 적송품
제품 제조업	제품, 반제품, 부산물, 원재료, 재공품, 저장품(투입될 부분품, 수선용 부분품, 윤활유, 유류, 소모품, 소모공구기구 등)

나사, 못 등의 저장품, 제조과정 중에 있는 재공품 등이다. 이들 재고자산 중 일부는 직접 판매의 대상이 되기도 하고, 제조과정에서 제품에 혼합 · 가공되어 판매되는 재고자산도 있다. 이상을 요약하면 [표 10-1]과 같다.

제 2 절 취득원가의 측정

재고자산은 그 취득원가를 재무상태표 가액으로 한다. 이때 취득원가란 재고자산의 매입원가 또는 전환원가를 말한다.

2.1 매입원가

상품매매기업에서는 타인이 생산 · 수집한 자산을 매입하여 이를 수요자에게 공급하는 것을 영업목적으로 한다. 이런 기업의 재고자산 매입원가는 매입가액에 매입운임, 하역료 및 보험료 등 취득과정에서 정상적으로 발생한 부대비용을 가산한 금액이다. 매입과 관련된 할인, 에누리 및 기타 유사한 항목은 매입원가에서 차감한다. 성격이 상이한 재고자산을 일괄하여 구입한 경우에는 총매입원가를 각 재고자산의 공정가치 비율에 따라 배분하여 개별 재고자산의 매입원가를 결정한다.

2.2 전환원가

제품, 반제품 및 재공품 등 재고자산의 전환원가는 재무상태표일까지 제조과정에서 발생한 직접재료비, 직접노무비, 제조와 관련된 변동 및 고정제조간접비의 체계적인 배부액을 포함한다. 전환원가 계산에 관한 자세한 내용은 원가회계 과목에서 학습하길 바란다.

2.2.1 고정제조간접비

고정제조간접비는 생산설비의 정상조업도에 기초하여 제품에 배부하며, 실제 생산수준이 정상조업도와 유사한 경우에는 실제 조업도를 사용할 수 있다. 단위당 고정제조간접비 배부액은 비정상적으로 낮은 조업도나 유휴설비로 인하여 증가하여서는 아니 된다. 그러나 실제 조업도가 정상조업도보다 높은 경우에는 실제 조업도에 기초하여 고정제조간접비를 배부함으로써 재고자산이 실제 원가를 반영하도록 한다. 변동제조간접비는 실제 생산량에 기초한 합리적인 배부기준에 따라 각 생산단위에 배부한다.

2.2.2 공통원가 배분

단일 생산공정을 통하여 여러 가지 제품을 생산하거나 주산물과 부산물을 동시에 생산하는 경우에 발생한 공통원가는, 각 제품을 분리하여 식별할 수 있는 시점이나 완성한 시점에서 개별 제품의 상대적 판매가치를 기준으로 하여 배부한다. 다만, 경우에 따라 생산량기준 등을 적용하는 것이 더 합리적이라고 판단될 때에는 그 방법을 적용할 수 있다. 중요하지 않은 부산물은 순실현가능가액을 측정하여 동 금액을 주요 제품의 원가에서 차감하여 처리할 수 있다.

2.3 재고자산 원가에 포함되지 않는 항목

재고자산 원가에 포함시키지 않고 발생기간의 비용으로 인식하여야 하는 원가항목이 있다. 그 예는 다음과 같다.

① 재료비, 노무비 및 기타의 전환원가 중 비정상적으로 낭비된 부분
② 추가 생산단계에 투입하기 전에 보관이 필요한 경우 외의 보관비용
③ 판매비와 관리비

또한 서비스기업의 재고자산 원가는 서비스의 제공에 직접 종사하는 인력의 인건비와 기타 직접 관련된 재료비와 경비로 구성된다. 서비스 제공과 직접 관련이 없는 판매 및 일반관리 업무에 종사하는 인력의 인건비와 기타 관련 경비는 재고자산 원가에 포함되지 않으며 발생한 기간의 비용으로 인식한다.

2.4 금융비용 자본화

재고자산의 구입 및 제조에 장기간이 소요되는 경우, 취득과정에서 발생한 금융비용, 즉 이자비용 등이 전환원가에 포함되어 재고자산의 취득원가를 구성한다. 이에 대한 구체적 내용은 중급회계에서 다룬다.[2)]

제 3 절 재고자산의 기록방법

상품의 매매를 통하여 실현된 매출수익을 알기 위해서는 기말재고액을 파악해야 한다. 기업이 채택하는 상품매매의 기장방법이 단일계정, 특히 분기법에 의한 경우가 아니면 기말상품재고액 및 매출원가와 매출(손)익을 파악하기가 용이하지 않다. 그러므로 우선 기말재고액을 파악하기 위해서는 기말재고수량을 파악해야 한다. 왜냐하면 **기말재고수량×상품의 단가＝기말재고액**이 되기 때문이다. 이러한 관점에서 재고수량을 계산하는 적절한 방법을 채택해야 하며, 그 방법에는 계속기록법(繼續記錄法)과 실지재고조사법(實地在庫調査法)이 있으며 이들 두 방법을 결합한 방법으로서 절충재고조사법(折衷在庫調査法)이 있다. 이와 같은 방법에 의해 재고수량이 파악되면 여기에 단가를 적용하여 기말재고액을 계산한다.

3.1 계속기록법

재고수량을 계산하는 방법 중 하나인 계속기록법(perpetual inventory system)은 장부재고조사법(帳簿在庫調査法), 장부기록법이라고도 하는 방법으로서, 이는 장부상 즉 재고자산계정에 계속적으로 재고자산(상품)의 입고(入庫)와 출고(出庫) 그리고 잔고수량(殘高數量)을 기록해 가는 방법이다. 이 방법은 언제라도 재고수량을 파악할 수 있어서 재고자산의 관리 및 판매전략을 적절히 그리고 적시에 구사(驅使)할 수 있다는 점에서 유용하다. 이 방법은 장부기록을 통하여 기말재고수량이 파악되기 때문에 이를 이용하여 매출원가 및 상품의 매출(손)익을 측정할 수 있는 것이다. 즉 다음과 같은 식에 의해 설명되는 것이다.

2) 기업회계기준서 제7호 "금융비용자본화."

기초상품재고량 + 당기매입량 − 매출상품량 = 기말상품재고량

상기의 식에서와 같이, 상품의 매입 및 매출량을 계속적으로 기록하기 때문에 재고수량은 쉽게 계산할 수 있다. 또한 재고상품의 단가를 곱하면 금액이 산출되어 매출원가를 측정할 수 있으며, 이 매출원가를 매출액에서 차감하면 얻고자 하는 매출(손)익을 측정할 수 있다. 이 방법에 의하면 재고자산을 관리하는 과정에서 멸실되었거나 훼손된 재고수량이나 도난 또는 분실 등에 의한 감모(減耗)된 재고수량은 파악할 수 없으며, 단지 장부상 재고수량에 관한 정보만 얻을 수 있다. 그로 인해 재고자산이 과대하게 계상될 위험이 있다. 계속기록법에 의한 회계처리 방법을 예시하면 다음과 같다.

◀ 예시 10-1 ▶ 계속기록법의 예시

● 다음에 의해 계속기록법에 의한 회계처리를 하시오.

(자 료)

날짜	적 요	거 래 내 역			비 고
		수 량	단 가	금 액	
1/ 1	기초재고	500	1,200	600,000	
4/10	외상매입	300	1,200	360,000	
5/20	외상매출	450		810,000	@₩1,800
6/30	기말재고	350	1,200	420,000	차액 ₩24,000 (감모손실액)
〃	실지재고량	330	1,200	396,000	

(기중의 회계처리)

4/10	차변) 재고자산	360,000	대변) 매입채무	360,000
5/20	차변) 매출채권	810,000	대변) 매 출	810,000
	매출원가	540,000	재고자산	540,000

(기말의 회계처리)

6/30	차변) 집합손익	540,000	대변) 매출원가	540,000
〃	차변) 매 출	810,000	대변) 집합손익	810,000

3.2 실지재고조사법

계속기록법을 사용할 경우에는 계속적으로 입·출을 장부상에 기록해야 하므로 번거롭고 비효율적인 측면이 있다. 특히 상품이 저가품이며 대량으로 취급하는 업종의 경우에는 더욱 그러하다. 따라서 매번 장부상의 기록을 생략하고 최소한 기말에 한 번은 정기적으로 장부가 아닌 현장(창고, 점포의 진열장 등)에서 재고조사를 실시하여 그 수량을 파악하는 실지재고조사법(periodic inventory system)을 고려하게 된다. 이 방법은 **실사법**(實査法)이라고도 하는 방법으로서, 다음과 같은 식으로 설명되는 방법이다.

기초상품재고량 + 당기매입량 − 기말상품재고량 = 매출상품량

상기 식에 재고자산의 단가를 곱하면 금액을 계산할 수 있고 동시에 매출원가 및 매출(손)익을 측정할 수 있다. 상기 식에서 기말상품재고량은 실지재고조사량 즉 실사량을 말한다. 실지재고조사법은 전술한 계속기록법과 같이 재고자산을 과대하게 계상할 위험은 없으나 감모손실량(減耗損失量)을 파악할 수 없는 점에서는 동일하다. 실사법에서의 회계처리에 있어서는 계속기록법에서와는 다르게 재고자산(상품)에 기중의 증감액을 기록하지 않으며 매입과 매출을 별도의 계정인 매입 · 매출계정에 기록하여 매입액과 매출액(판매가액)을 파악하며, 기말의 재고량(액)은 실사를 통해서 파악한다.

이상과 같은 두 가지 방법 중에서 기업의 환경 및 취급하는 상품의 특성 등을 고려하여 적절히 선택할 필요가 있다. 일반적으로 계속기록법은 소량 · 고가품을 취급하는 업종에 적합하며, 실사법은 대량 · 저가품의 취급업종에 적합한 방법이라 할 수 있다. 전술한 바와 같이 각각의 방법들은 장단점을 갖고 있으며 특히 감모량을 파악할 수 없음을 고려하여 두 방법을 절충한 방법을 사용하는 경우가 일반적이다. 즉 장부에 계속해서 기록하기도 하면서 정기적으로 실지재고조사도 하여 장부상의 재고량과 실지재고량을 비교하여 감모량(감모손실량)을 파악하고, 실지재고량이 기말재고량으로 파악되어 차기로 이월되도록 하는 방법이다. 이러한 방법을 **절충재고조사법**(compromised inventory method)이라 한다. 기업회계기준은 이 방법을 따르고 있다.

실지재고조사법에 의한 회계처리 방법과 기업회계기준에 의한 회계처리 방법을 예시하면 다음과 같다.

◀ 예시 10-2 ▶ 실지재고조사법의 예시

● 상기 ◀예시 10-1▶의 계속기록법의 예시에 의해 실지재고조사법에 의한 회계처리를 하시오. 단, 결산일에 3분법-총액법에 따라 마감하시오.

(기중의 회계처리)

4/10	차변) 매 입	360,000	대변) 매입채무	360,000
5/20	차변) 매출채권	810,000	대변) 매 출	810,000

(기말의 회계처리)

6/30	차변) 매 입	600,000	대변) 이월상품	600,000
〃	차변) 이월상품	396,000	대변) 매 입	396,000
〃	차변) 집합손익	564,000	대변) 매 입	564,000
〃	차변) 매 출	810,000	대변) 집합손익	810,000

✎ 상기 예시의 기말 회계처리에서 기말재고액은 실지재고조사액 ₩396,000으로 회계처리하며, 그 결과 매입계정에서 산출된 매출원가 ₩564,000이 집합손익계정에 대체되고, 매출총이익이 ₩246,000으로 계산된다. 결국 감모손실이 매출원가에 포함된다.

◀ 예시 10-3 ▶ 기업회계기준법의 예시

● 상기 ◀예시 10-1▶의 계속기록법의 예시에 의해 기업회계기준의 방법에 의한 회계처리를 하시오. 단, 감모손실은 비정상적으로 발생하였다. 결산일에 3분법-총액법에 따라 마감하시오.

(기중의 회계처리)

◀예시 10-2▶와 동일함.

(기말의 회계처리)

6/30	차변) 매 입	600,000	대변) 이 월 상 품	600,000
〃	차변) 이 월 상 품	420,000	대변) 매 입	420,000
〃	차변) 재고자산감모손실	24,000	대변) 이 월 상 품	24,000
〃	차변) 집 합 손 익	540,000	대변) 매 입	540,000
〃	차변) 매 출	810,000	대변) 집 합 손 익	810,000
〃	차변) 집 합 손 익	24,000	대변) 재고자산감모손실	24,000

✎ 재고자산감모손실은 비정상적인 것으로 보고 영업외비용으로 처리하기 위해 '재고자산감모손실'의 과목으로 회계처리한 것이다. 매출원가에 감모손실액을 포함시키지 않기 위해서 매출원가 계산을 위한 기말재고액은 장부재고액인 ₩420,000으로 분개하며, 따라서 재고자산은 ₩396,000이 차기로 이월된다.

제 4 절 재고자산의 단위원가 결정방법

매출원가 또는 매출(손)익을 계산하기 위해서는 재고수량 또는 매출수량을 파악해야 하고, 여기에 단가(單價)를 적용하여 매출원가 또는 기말재고액을 계산하며 최종적으로 매출손익을 계산한다. 더욱이 기업이 취급하는 상품이 여러 종류가 있고 동시에 매입하는 시기, 장소 및 매입처에 따라 각각 그 단가가 다르기 때문에 단가를 계산해야만이 매출손익을 측정할 수 있다. 이와 같은 단가를 산정하는 방법에는 일정한 원가의 흐름(cost flow)을 가정하여 산정하기도 하고, 실제 원가의 흐름, 즉 물량의 흐름(physical flow)에 따라 산정하는 방법도 있다. 원가의 흐름을 가정하여 단가를 계산하기 위해 상품의 종류별로 상품재고장(商品在庫帳)이라는 보조원장을 작성한다. 이 보조원장은 기업체의 실정과 업종의 특성을 고려하여 주별, 월별, 분기별, 반기별 또는 회계연도별 등 정기적으로 작성한다.

기업회계기준서는 재고자산의 단위원가 결정방법으로 개별원가법, 선입선출법, 후입선출법, 평균법(총평균법, 가중평균법) 그리고 매출가격환원법 등을 선택하여 적용하도록 하고 있다. 특히 매출가격환원법은 판매가를 기준으로 평가한 기말재고금액에 구입원가, 판매가 및 판매가변동액에 근거하여 산정한 원가율을 적용하여 기말재고자산의 원가를 결정하는 방법이다. 그러나 이들 방법 중 한국채택 국제회계기준인 기업회계기준서 제1002호에서는 후입선출법을 허용하지 않고 있다.

이 방법은 실제 원가가 아닌 추정에 의한 원가결정 방법이므로 원칙적으로 많은 종류의 상품을 취급하여 실제 원가에 기초한 원가결정 방법의 사용이 곤란한 유통업종에서만 사용할 수 있다. 다만, 유통업 이외의 업종에 속한 기업이 매출가격환원법을 사용하는 예외적인 경우에는 매출가격환원법의 사용이 실제 원가에 기초한 다른 원가결정 방법을 적용하는 것보다 합리적이라는 정당한 이유와 매출가격환원법의 원가율 추정이 합리적이라는 근거를 주석으로 기재하여야 한다. 이에 대해서는 중급회계에서 다룬다.

4.1 개별원가법

개별원가법(個別原價法)은 원가의 흐름를 가정하지 않고 실제 물량의 흐름에 의해 단가를 산정하는 방법을 말한다. 즉 어떤 상품을 매출했다면 매출된 상품이 어떤 종류의 상품이며 언제 그리고 얼마에 매입된 상품인지를 파악하여 매출원가와 기말재고액을 계산하고, 나아가서 매출(손)익을 측정하는 방법이다. 따라서 고가품 · 소량을 취급하는 귀금속 또는 골동품 등을 취급하는 업종에 적합한 방법이며, 저가 · 대량의 상품을 취급하는 업종에는 적합하지 않은 방법이다.

일반적으로 상호 교환될 수 없는 재고자산항목의 원가와 특정 프로젝트별로 생산되는 재화 또는 용역의 원가는 개별원가법(개별법)을 사용하여 단위원가를 결정한다. 따라서 저가 · 대량 그리고 다종의 상품을 취급하는 업종의 경우에는 다음에 기술하는 원가의 흐름을 가정한 방법들 중 하나를 선택하여 단가를 결정하는 것이 합리적이라 할 수 있다. 개별원가법의 예를 들면 다음과 같다.

- 9/ 1 다음의 상품을 매입하였다.

  A상품 10box @₩100,000
  B상품 50개 @₩70,000
  C상품 100kg @₩10,000

- 9/30 B상품 30개를 ₩2,800,000에 매출하였다. 9/30일 현재 기말재고액과 매출원가 및 매출(손)익은 얼마인가(9/30일을 결산일로 가정함)?

위의 예에서 매출된 상품은 B상품이므로 B상품의 재고액은 20개 ₩1,400,000이며, 매출된 상품의 원가는 @₩70,000×30개＝₩2,100,000, 그리고 기말상품재고액은 A상품 ₩1,000,000＋B상품 ₩1,400,000＋C상품 ₩1,000,000＝₩3,400,000이다. 또한 매출(손)익은 매출액 ₩2,800,000－매출원가 ₩2,100,000＝₩700,000이므로 매출이익이 ₩700,000이다.

4.2 선입선출법

선입선출법(first-in first-out method: FIFO)은 먼저 기업에 유입(매입 또는 입고)된 단가의 상품이 먼저 유출(매출, 또는 출고)된다는 가정으로서 매출된 상품의 단가와 기말재고의 단가를 측정하는 방법을 말한다. 따라서 원가의 흐름 순서대로 매출 또는 출고된다고 가정하므로 매입순법이라고도 한다. 이 방법에서 잔고 또는 출고를 상품재고장에 표시할 때는 매입한 순서대로 표시한다. 복수의 단가로 매출 또는 출고되었을 때는 출고란에 복수의 단가로 매입한 순서에 따라 표시하고, 잔고도 복수의 단가로 남게 되면 동일한 방법으로 표시한다.

4.3 후입선출법

후입선출법(last-in first-out method)은 매입역법이라고도 하여 전술한 선입선출법과는 반대로 매입한 반대의 순서로 소비 또는 판매된다고 가정하는 방법이다. 모든 방법은 선입선출법과 동일하나 출고, 즉 판매나 소비가 이루어질 때만 다르다. 그러므로 물가(price level)가 지속적으로 상승하는 경우에 이 방법에 의한 재고액은 언제나 과거 낮은 가격으로 취득한 상품이 남게 되며, 최근에 매입한 상품이 매출된 상품의 원가가 된다.

4.4 가중평균법

이 방법은 재고상품이 평균적으로 소비 또는 판매된다고 가정하는 방법이다. 전술한 두 방법은 매입단가가 다른 경우 재고액(잔고)은 그 각각 다른 단가를 그대로 표시하지만, 가중평균법(이동평균법)은 이들의 매입액을 합계하고 매입수량을 합계하여 금액을 수량으로 나누어 평균단가를 산출하여 잔고를 표시하고, 매출 또는 소비될 때 이 평균단가로 매출 또는 소비되는 것으로 보는 방법이다. 그러므로 이 방법은 잔고에 표시한 단가와 다른 단가로 매입할 때마다 평균단가를 계산해야 하는 번거로움이 있다.

4.5 총평균법

총평균법은 일정기간의 매입수량을 합계하고 또 금액을 합계하여 일정기간의 평균단가를 계산하고, 상품의 소비가 평균적으로 일정한 기간을 단위로 소비 또는 판매된다고 가정하는 방법이다. 이 방법은 매입한 상품 또는 재고자산이 평균적으로 소비 또는 판매된다고 가정하는 점은 가중평균법과 같으나 일정한 기간 즉 월별, 반기별 또는 연도별로 총매입액과 수량으로 평균한 단가를 산출한다는 점이 다르다. 그러므로 상품재고장의 출고란과 잔고란에는 그 수량만을 기입했다가 일정한 기간마다 총평균단가가 산출되면 그때 단가와 이에 의한 금액을 기입한다. 이상과 같은 단가의 산정에 관한 각 방법을 예시하면 다음과 같다.

◀ 예시 10-4 ▶ 단위원가산정

● D상품 전월이월액은 2상자 @₩125이며, 10월 중 거래는 다음과 같다. 선입선출법, 후입선출법, 가중평균법, 총평균법에 따라 상품재고장을 작성하시오.

10/ 2 제주상사에서 D상품 5상자 @₩100 매입, 매입운임 ₩20지급
〃/ 8 경주상회에서 A상품 10개 @₩50, D상품 10상자 @₩120 매입
〃/15 서울산업에 D상품 10상자를 @₩200에 매출
〃/27 경기상회에서 C상품 90kg @₩30, D상품 20상자 @₩80 매입

위 자료에 의해 D상품 상품재고장을 작성하시오.

(선입선출법)

상품재고장

2001년		적 요	입 고			출 고			잔 고		
			수량	단가	금 액	수량	단가	금 액	수량	단가	금 액
10	1	전월이월	2	125	250				2	125	250
〃	2	제주상사	5	104	520				2	125	250
									5	104	520
〃	8	경주상회	10	120	1,200				2	125	250
									5	104	520
									10	120	1,200
〃	15	서울산업				2	125	250			
						5	104	520			
						3	120	360	7	120	840
〃	27	경기상회	20	80	1,600				7	120	840
									20	80	1,600
〃	30	차월이월				7	120	840			
						20	80	1,600			
			37		3,570	37		3,570			
11	1	전월이월	7	120	840				7	120	840
			20	80	1,600				20	80	1,600

(후입선출법)

상품재고장

2001년		적 요	입 고			출 고			잔 고		
			수량	단가	금 액	수량	단가	금 액	수량	단가	금 액
10	1	전월이월	2	125	250				2	125	250
〃	2	제주상사	5	104	520				2	125	250
									5	104	520
〃	8	경주상회	10	120	1,200				2	125	250
									5	104	520
									10	120	1,200
〃	15	서울산업				10	120	1,200	2	125	250
									5	104	520
〃	27	경기상회	20	80	1,600				2	125	250
									5	104	520
									20	80	1,600
〃	30	차월이월				2	125	250			
						5	104	520			
						20	80	1,600			
			37		3,570	37		3,570			
11	1	전월이월	2	125	250				2	124	250
			5	104	520				5	104	520
			20	80	1,600				20	80	1,600

(가중평균법)

상품재고장

2001년		적 요	입 고			출 고			잔 고		
			수량	단가	금 액	수량	단가	금 액	수량	단가	금 액
10	1	전월이월	2	125	250				2	125	250
〃	2	제주상사	5	104	520				7	110	770
〃	8	경주상회	10	120	1,200				17	115.88	1,970
〃	15	서울산업				10	115.88	1,158.80	7	115.88	811.2
〃	27	경기상회	20	80	1,600				27	89.30	2,411.2
〃	30	차월이월				27	89.3	2,411.2			
			37		3,570	37		3,570			
11	1	전월이월	27	89.3	2,411.2				27	89.30	2,411.2

(총평균법)

상품재고장

2001년		적 요	입 고			출 고			잔 고		
			수량	단가	금 액	수량	단가	금 액	수량	단가	금 액
10	1	전월이월	2	125	250				2		
〃	2	제주상사	5	104	520				7		
〃	8	경주상회	10	120	1,200				17		
〃	15	서울산업				10	96.48	964.8	7		
〃	27	경기상회	20	80	1,600				27	96.48	2,604.96
〃	30	차월이월				27	96.48	2,604.96			
			37		3,570	37		3,570			
11	1	전월이월	27	96.48	2,604.96				27	96.48	2,604.96

제 5 절 재고자산의 기말평가

기말 결산일이 도래하면 기말 결산일 현재의 재고자산을 평가한다. 평가란 자산의 가치를 부여하는 과정이며, 이는 결산일 현재 재고자산의 가치를 명확히 하여 재무상태표에 실현 가능한 금액을 공시하기 위한 것이다. 일반적으로 재고자산은 그 취득원가를 재무상태표 가액으로 한다. 다만, 시가가 취득원가보다 낮은 경우에는 시가로 수정하여 재무상태표에 표시한다. 재고자산을 평가하는 방법에는 원가법, 시가법, 저가법이 있다. 이 중에서 원가법은 기말 결산일 현재 재고자산의 가격이 변동하더라고 취득원가를 재무상태표 가액으로 보고하는 방법이다. 따라서 기말의 평가에 관한 별도의 회계처리를 필요로 하지 않는다.

5.1 평가방법

5.1.1 시 가 법

시가법(market value)은 재고자산의 취득원가를 시가가 상승하거나 하락할 경우 각각 수정하여 재무상태표에 표시하는 방법이다. 따라서 시가법에 의한 경우 취득원가보다 시가가 상승한 경우에는 그 차액을 재고자산평가이익계정에 대기(貸記)하고, 하락한 경우에는 차액을 재고자산평가손실계정의 차변에 기장한다. 또한 당해 금액을 각각 재고자산의 취득원가에 가감하여 재무상태표 가액으로 표시한다.

5.1.2 저 가 법

저가법(lower of cost or market: LCM)은 상기의 시가법과는 다르게 평가이익이 발생하는 경우, 즉 시가가 상승하는 경우에는 평가하지 않고 취득원가를 재무상태표 가액으로 하며, 시가가 하락한 경우에만 평가회계처리를 하는 방법이다. 즉 보수주의 회계사고에 따라 평가이익은 인식하지 않고 평가손실만을 인식하는 방법이다. 우리나라 기업회계기준서에서는 저가법에 따라 재고자산을 평가하도록 하고 있다.

저가법 또는 저가주의에 의한 평가시의 시가는 순실현가능액 및 현행대체원가를 말하며, "**순실현가능가액**(net realizable value)"은 제품이나 상품의 정상적인 영업과정에서의 추정 판매가액에서 제품을 완성하는 데 소요되는 추가적인 원가와 판매비용의 추정액을 차감한 금액을 말한다. "**현행대체원가**(current replacement cost)"는 재고자산을 현재 시점에서 매입하거나 재생산하는 데 소요되는 금액을 말한다. 제품, 상품 및 재공품은 순실현가능 가액으로 평가하고 원재료는 현행대체원가로 하며, 이를 **종목별** 또는 **조별기준**을 사용하여 평가액을 측정하도록 하고 있다. 한국채택 국제회계기준에서는 시가라 함은 재고자산의 종류에 따라 구분하지 않고 순실현가능가치를 말하며, 순실현가능가치와 장부금액과의 차액을 평가손실로 하는 저가법에 따른 회계처리를 한다.

5.2 평가손실 및 감모손실

재고자산이 판매되는 경우에는 이를 판매하여 수익을 인식한 기간에 매출원가로 인식한다. 현행 기업회계기준서에서는 재고자산의 시가가 장부금액 이하로 하락하여 발생한 재고자산평가손실을 매출원가에 가산하는 한편, 차감적 평가계정인 재고자산평가충당금의 금액은 재고자산의 차감계정으로 표시하도록 하고 있으나, 2009년부터 적용할 수 있는 새로운 기업회계기준서 제1002호에서는 현행과 같이 재고자산평가충당금계정을 설정하는 간접법이 아니라 직접법에 의해 평가손실액을 직접 재고자산계정에서 차감하고, 재고자산평가손실은 매출원가에 가산하지 않으며 이에 따라 비용처리하도록 하고 있다. 따라서 앞으로는 한국채택 국제회계기준서에 따라 회계처리해야 할 것이다. 재고자산평가손실의 발생사유는 다음과 같다.

① 손상을 입은 경우

② 재무상태표일로부터 1년 또는 정상영업주기 내에 판매되지 않았거나 생산에 투입할 수 없어 장기 체화된 경우

③ 진부화하여 정상적인 판매시장이 사라지거나 기술 및 시장 여건 등의 변화에 의해서 판매가치가 하락한 경우

④ 완성하거나 판매하는 데 필요한 원가가 상승하는 경우

◀ 예시 10-5 ▶

● 영도상사(주)의 기말 결산일 현재의 재고자산 중 의류제품의 취득원가와 시가는 다음과 같다. 기업회계기준서에 따라 저가법(조별평가, 평가계정 설정)에 의해 평가하시오.

종류(의류제품)	취득원가	시가(순실현가능액)
A	750,000	720,000
B	1,270,000	1,300,000
C	4,000,000	3,600,000
계	₩6,020,000	₩5,620,000

(평가계정 설정)

차변) 재고자산평가손실 400,000 대변) 재고자산 400,000

또한 재고자산감모손실은 장부상의 수량과 실제수량과의 차이에서 발생되며, 이의 처리는 현행 기업회계기준서에서 정상적인 것은 매출원가로, 비정상적인 것은 재고자산감모손실의 과목으로 비용처리하도록 하고 있으나, 2009년부터 적용 가능한 한국채택 국제회계기준인 기업회계기준서 제1002호에서는 전술한 재고자산평가손실과 함께 재고자산감모손실의 과목으로 포괄손익계산서에 비용으로 보고하도록 하고 있다.

◀ 예시 10-6 ▶

● 꽃쟁이식품(주)의 기말 결산일 현재 재고자산계정의 금액은 ₩220,000이었으나, 수량 차이로 인한 결산일 현재 실지재고조사액은 ₩210,000이었다.

차변) 재고자산감모손실 10,000 대변) 재 고 자 산 10,000

✎ 재고자산감모손실은 매출원가에 가산하지 않고 비용으로 처리하므로 당해 과목은 포괄손익계산서에 재고자산감모손실의 과목이 나타난다.

◀ 예시 10-7 ▶

● 2003. 12. 31 (주)버르댁이의 재고자산 관련자료는 다음과 같다. 상품매매의 기장은 3분법에 의하여 회계처리하시오.

기초재고액	당기매입액	기말재고액 (원가)	재고자산감모손실	기말재고액 (시가)
₩100,000	₩600,000	₩200,000	₩30,000	₩150,000

(감모손실)

차변) 재고자산감모손실 30,000	대변) 재 고 자 산 30,000

(평가손실)

차변) 재고자산평가손실 20,000	대변) 재 고 자 산 20,000

기말에 파악된 실지재고자산액은 ₩170,000이나 당해 재고자산의 시가(순실현가능액)가 ₩150,000이므로 재고자산평가손실액은 ₩20,000이 된다. 따라서 재무상태표의 재고자산 금액은 ₩150,000이나 포괄손익계산서에 공시되는 재고자산 기말재고액은 ₩200,000으로 표시되고 비용항목에 재고자산감모손실 ₩30,000과 재고자산평가손실 ₩30,000이 보고된다. 후술하는 부분 재무상태표와 포괄손익계산서에서 이에 관한 내용을 보여주고 있다.

상기 ◀예시 10-7▶에 대한 기말 결산일의 분개, 계정처리, 재무상태표, 포괄손익계산서의 표시를 예시하면 다음과 같다.

(분 개)

내 용	차 변		대 변	
① 기초재고	매 입	100,000	이 월 상 품	100,000
② 기말재고	이 월 상 품	200,000	매 입	200,000
③ 감모손실	재 고 자 산 감 모 손 실	30,000	이 월 상 품	30,000
④ 평가손실	재 고 자 산 평 가 손 실	20,000	이 월 상 품	20,000

⑤ 매출원가 대체	집 합 손 익	500,000	매 입	500,000
⑥ 감모손실 및 평가손실 대체	집 합 손 익	50,000	재고자산감모손실 재고자산평가손실	30,000 20,000

(부분원장-3분법, 매출계정 생략)

이월상품

전기이월	100,000	① 매 입	100,000
② 매 입	200,000	③ 재고자산감모손실	30,000
		④ 재고자산평가손실	20,000
			150,000
	300,000	차기이월	300,000
전기이월	150,000		

매 입

현 금	600,000	② 이월상품	200,000
① 이월상품	100,000	⑤ 집합손익	500,000
	700,000		700,000

재고자산감모손실

③ 이월상품	30,000	⑥ 집합손익	30,000

재고자산평가손실

③ 이월상품	20,000	⑥ 집합손익	20,000

집합손익

⑤ 매 입	500,000		
⑥ 재고자산감모손실	30,000		
⑥ 재고자산감모손실	20,000		

부분 재무상태표

과 목	금 액	
자 산 ·	·	·
·	·	·
재고자산		150,000
·		
·		

부분 포괄손익계산서

과 목	금 액	
Ⅰ. 매출액		××××
Ⅱ. 매출원가		
1. 기초상품재고액	100,000	
2. 당기매입액	600,000	
	700,000	
3. 기말상품재고액	200,000	500,000
Ⅲ. 매출총이익		×××
Ⅳ. 영업외비용		
1. 재고자산감모손실	30,000	
2. 재고자산평가손실	20,000	50,000

(분 개)

내 용	차 변		대 변	
① 기초재고	매 출 원 가	100,000	이 월 상 품	100,000
② 기말재고	이 월 상 품	200,000	매 출 원 가	200,000
③ 매입액 대체	매 출 원 가	600,000	매 입	600,000
④ 감모손실	재 고 자 산 감 모 손 실	30,000	이 월 상 품	30,000
⑤ 평가손실	재 고 자 산 평 가 손 실	20,000	이 월 상 품	20,000
⑥ 매출원가 대체	집 합 손 익	500,000	매 출 원 가	500,000
⑦ 감모손실 대체	집 합 손 익	50,000	재 고 자 산 감 모 손 실	30,000
			재 고 자 산 평 가 손 실	20,000

(부분원장-4분법, 매출계정 생략)

이월상품

전기이월	100,000	매출원가	① 100,000
② 매출원가	200,000	④ 재고자산감모손실	30,000
		⑤ 재고자산평가손실	20,000
		차기이월	150,000
	300,000		300,000
전기이월			

매　입

현　금	600,000	③ 매출원가	600,000

매출원가

① 이월상품	100,000	② 이월상품	200,000
③ 매　입	600,000	⑥ 집합손익	500,000
	700,000		700,000

재고자산감모손실

④ 이월상품	30,000	⑦ 집합손익	30,000

재고자산평가손실

⑤ 이월상품	20,000	⑦ 집합손익	20,000

집합손익

⑥ 매출원가	500,000		
⑦ 재고자산감모손실	30,000		
⑦ 재고자산평가손실	20,000		

연 습 문 제

■ [10-1] 다음 자료에 의해 재고자산의 취득원가를 계산하시오.

(자 료)

상품 특별 주문 수입액 (FOB shipping point)	₩350,000
해상보험료	₩30,000
해상운임	₩45,000
상품 하역비	₩13,000
인수운임	₩8,000
상품 취득관련 금융비용	₩22,000
상품 판매수수료	₩5,000
자사의 상품 보관창고 전기료	₩6,500

특별 주문품의 취득원가: ₩___________________

■ [10-2] 다음 거래를 분개하시오. 단, 상품매매의 기장은 3분할법에 의함.

4/12 라이브(주)는 상품 100박스 ₩370,000을 매입하고 대금은 외상으로 하였다. 단, 상품의 인수운임 ₩20,000은 현금을 지급하였다.

4/15 전기의 상품 50박스를 ₩420,000에 매출하고 대금 중 반액은 현금으로 그리고 잔액은 외상으로 하였다.

4/16 매입했던 상품 중 5박스가 결함이 있어서 반품하였다.

4/30 외상매입대금 ₩150,000을 수표를 발행하여 지급하였다.

5/10 전기 외상매출했던 상품 중 일부에 결함이 있어서 ₩5,000을 에누리해 주었다.

5/15 상품 1,000박스를 ₩4,000,000에 외상으로 매입하였다. 대금지급조건은 2/10, n/40이다.

5/25, 상품 30박스를 ₩150,000에 매출하고 대금은 약속어음을 받았다. 또한 매출시 상품인도와 관련한 운임 ₩2,500을 현금으로 지급하였다.

6/18 5/15일에 외상으로 매입했던 상품의 대금 중 반액을 수표를 발행하여 지급하였다.

(분 개)

	차 변		대 변	
4/12				
4/15				
4/16				
4/30				
5/10				
5/15				
5/25				
6/18				

■ **[10-3]** 다음 무진테이프판매(주)의 거래에 의해 선입선출법 및 가중평균법에 의해 단가를 계산하시오(3분할법에 의한 분개 포함).

9/ 2 글로벌테이프제조(주)로부터 테이프 70박스 @₩30,000을 매입하고 대금 ₩2,100,000을 수표를 발행하여 지급하였다.

9/12 인터테이프제조(주)로부터 테이프 100박스 @₩28,000을 매입하고 대금중 ₩2,000,000을 수표로 지급하고 잔액은 외상으로 하였다.

9/15 서울백화점에 테이프 80박스를 @₩48,000에 외상으로 매출하였다.

9/20 서울백화점에 매출했던 테이프에 약간의 결함이 있어서 ₩100,000을 에누리하였다.

9/21 아시아테이프제조(주)로부터 테이프 30박스 @₩32,000을 매입하고 대금은 현금을 지급하였다.

9/25 테이프 100박스를 @₩40,000에 매출하고 대금 ₩3,000,000은 수표로 받고 잔액은 외상으로 하였다.

(분 개)

	차 변	대 변
9/ 2		
9/12		
9/15		
9/20		
9/21		
9/25		

(선입선출법) **상품재고장** (무진테이프판매 · 주)

2003년		적 요	입 고			출 고			잔 고		
			수량	단가	금 액	수량	단가	금 액	수량	단가	금 액
9											

(가중평균법) **상품재고장** (무진테이프판매 · 주)

2003년		적 요	입 고			출 고			잔 고		
			수량	단가	금 액	수량	단가	금 액	수량	단가	금 액
9											

■ **[10-4]** 다음 거래에 의해 실지재고조사법에 따른 기말재고액 및 매출원가를 계산하시오(선입선출과 후입선출, 총평균을 각각 가정함).

10/ 1 전기이월 20개, @₩200

10/ 8 매입, 50개, @₩250

10/13 매입, 30개, @₩280

10/16 매출, 15개

10/23 매출, 60개

10/30 기말재고량, 25개

(실지재고조사법)

	기말재고액	매출원가
선입선출법		
후입선출법		
총평균법		

■ [10-5] 상기의 자료에 의해 계속기록법(선입선출, 후입선출, 이동평균 가정)에 의해 기말재고액과 매출원가를 계산하시오.

(계속기록법)

	기말재고액	매출원가
선입선출법		
후입선출법		
가중평균법		

■ [10-6] 다음 거래를 계속기록법에 따라 분개하시오(후입선출을 가정함).

날 짜	적 요	매 입		매 출
1/ 1	전기이월	100개	@₩1,000	
2/15	매 입	800개	@₩1,300	
3/20	매 출			600개(@₩1,700)
4/ 2	매 입	300개	@₩1,500	
5/29	매 출			400개(@₩2,000)
6/10	매 출			100개(@₩1,400)

(분 개)

날 짜	차 변		대 변	
1/ 1				
2/15				
3/20				
4/ 2				
5/29				
6/10				

■ [10-7] 다음 자료에 의해 4분법(매출원가계정 설정)으로 마감하시오. 단, 기말상품재고액 ₩300,000임.

재고자산

차변	대변
전기이월 45,000	

매 출

차변	대변
	당좌예금 550,000

매 입

차변	대변
현 금 445,000	매입할인 15,000

매출원가

차변	대변

집합손익

(마감분개)

날 짜	차 변		대 변	
12/31				
〃				
〃				
〃				
〃				

■ [10-8] 다음 자료에 의해 기말 결산일의 매출원가를 계산하고, 포괄손익계산서를 표시하시오. 단, 평가손실은 정상적인 것으로 처리하시오.

부분 포괄손익계산서

과 목	금 액	
Ⅰ. 매 출 액		
Ⅱ. 매출원가		
1. 기초상품재고액		
2. 당기매입액		
계		
3. 기말재고액		
Ⅲ. 매출총이익		

(자 료)

기초상품재고액 ₩250,000	당기매입액 ₩750,000
매입에누리 및 환입 ₩50,000	매출할인 ₩70,000
당기매출액 ₩620,000	기말상품장부재고액 ₩150,000
기말재고액순실현가능액 ₩140,000	

매출원가 ₩ ____________

■ [10-9] 다음 재무상태표와 포괄손익계산서에 의해 재고자산과 관련한 제 물음에 답하시오.

부분 재무상태표

과 목	금 액	
자 산 ·	·	·
·	·	·
재고자산		240,000
·		
·		

부분 포괄손익계산서

과 목	금 액	
Ⅰ. 매 출 액		1,540,000
Ⅱ. 매출원가		
1. 기초상품재고액	380,000	
2. 당기매입액	920,000	
계	1,300,000	
3. 기말재고액	285,000	1,015,000
Ⅲ. 매출총이익		525,000
Ⅳ. 판매비와 관리비		
1. 재고자산감모손실		45,000
2. 재고자산평가손실		10,000

기말재고액	₩
실지재고액	₩
순실현가능액	₩

■ [10-10] 다음 거래에 의해 실지재고조사법과 계속기록법에 따른 회계처리를 하시오. 단, 재고자산은 선입선출을 가정한다.

12/ 1 전기이월 10개, @₩300

12/13 매입, 100개, @₩420

12/17 매출, 70개, @₩550

12/20 매입, 40개, @₩440

12/23 매출, 60개, @₩600

12/31 기말재고실지재고조사량, 15개

(분 개)

날짜	계속기록법		실지재고조사법	
	차 변	대 변	차 변	대 변
12/13				
12/17				

12/20				
12/23				
12/31				

■ **[10-11]** 다음 재고자산에 관한 자료에 의해 실사법에 따라 2003년도의 평가에 관한 회계처리 및 부분 포괄손익계산서를 작성하시오.

(자　　료)

	2002년	2003년
당기매입액	₩100,000	₩250,000
기말재고액(원가)	₩85,000	₩120,000
기말재고액(순실현가능액)	₩13,000	₩140,000

※ 단, 2003년의 매출액은 ₩300,000, 기초상품재고액은 ₩100,000임.

(평가에 관한 회계처리)

차　　변		대　　변	

(부분 포괄손익계산서)

과　　목	금　　액	
Ⅰ. 매 출 액		
Ⅱ. 매출원가		
1. 기초상품재고액		
2. 당기매입액		
계		
3. 기말재고액		
Ⅲ. 매출총이익		

■ **[10-12]** 다음 자료에 의해 이월상품, 매입, 매출, 매입에누리 및 매입환출, 매출에누리 및 매출환입계정을 설정하여 기장하고 결산일에 원장을 마감하시오(회계기간: 1/ 1~12/31).

(자　　료)

상품 전기이월액 ₩100,000	당기매입액 ₩500,000
매입에누리 및 환출액 ₩35,000	당기매출액 ₩960,000
매출에누리 및 환입액 ₩70,000	매입운임 ₩3,000
차기이월액 ₩20,000(감모손실 ₩5,000이 차감됨)	

이월상품

매　입

매　출

매입에누리 및 환출

매출에누리 및 환입

집합손익

(마감분개)

	차　변		대　변	
①				
②				
③				
④				
⑤				
⑥				

■ [10-13] 다음 자료와 부분 잔액시산표에 의해 물음에 답하시오.

상품매매 관련 자료

1) 기초상품재고액 ₩100,000 2) 매출총이익 ₩1,080,000	3) 기말상품재고액 ₩30,000

부분 잔액시산표

자산, 비용		부채, 자본, 수익	
현 금	1,790,000	단 기 차 입 금	700,000
이 월 상 품	30,000	자 본 금	2,000,000
·		·	
매 입	495,000	매 출	1,500,000
·		·	
·		·	
	×××		×××

1) 당기매입액: ₩ ____________________

2) 매출원가: ₩ ____________________

■ **[10-14]** 다음 2003년 전반기의 상품매매에 관한 기록에 의해 반기 요약 포괄손익계산서를 작성하고, 기말재고액 및 매출원가를 계산하시오. 단, 제비용 총액은 ₩250,000이며, 원가의 흐름은 선입선출 및 후입선출을 가정하고, 기장은 실사법에 의한다. 또한 기말 재고량은 330개이다.

상품매매에 관한 내용

매 입		매 출	
1/ 1	전기이월 100개 @₩2,200	2/18	현금매출 220개 @₩3,500
2/10	외상매입 200개 @₩2,000	4/28	외상매출 300개 @₩4,000
3/17	현금매입 500개 @₩2,600	5/25	어음매출 400개 @₩3,800
5/ 8	어음매입 150개 @₩2,500		
6/15	수표매입 300개 @₩2,450		
	1,250개 ₩3,030,000		920개 ₩3,490,000

1) 기말재고액:

(1) 선입선출법: ₩ ________________, (2) 후입선출법: ₩ ________________

2) 매출원가:

(1) 선입선출법: ₩ ________________, (2) 후입선출법: ₩ ________________

3) 반기 포괄손익계산서

반기 요약 포괄손익계산서

과 목	금 액			
	선입선출법		후입선출법	
Ⅰ. 매 출 액				
Ⅱ. 매출원가				
1. 기초상품재고액				
2. 당기매입액				
계				
3. 기말상품재고액				
Ⅲ. 매출총이익				
Ⅳ. 제 비 용				
1.				
2.				
3.				
Ⅴ. 당기순이익				

■ [10-15] 다음 이월시산표와 집합손익계정에 의해 기말 수정전 잔액시산표를 추정하여 작성하고 결산 결과의 매입, 이월상품을 추정하고 완성하시오. 단, 상품의 전기이월액은 없음.

이월시산표

차 변		대 변	
현금 및 현금성자산	450,000	매 입 채 무	966,000
매 출 채 권	898,000	미 지 급 금	340,000
(대 손 충 당 금)	(8,000)	선 수 금	50,000
선 급 금	70,000	장 기 차 입 금	1,000,000
단기매매금융자산	635,000	자 본 금	2,000,000
소 액 현 금	170,000	이 월 이 익 잉 여 금	154,000
임 차 보 증 금	500,000	미 지 급 임 차 료	16,000
이 월 상 품	325,000		
비 품	2,010,000		
감 가 상 각 누 계 액	(560,000)		
선 급 보 험 료	25,000		
미 수 용 역 수 익	11,000		
	4,526,000		4,526,000

집합손익

비 용		수 익	
매 입	1,285,000	매 출	1,550,000
보 험 료	120,000	용 역 수 익	411,000
대 손 상 각 비	8,000	단기매매금융자산처분이익	88,000
감 가 상 각 비	140,000	이 월 이 익 잉 여 금	45,000
광 고 선 전 비	299,000		
임 차 료	97,000		
이 자 비 용	130,000		
단기매매금융자산평가손실	5,000		
재 고 자 산 감 모 손 실	10,000		
	2,094,000		2,094,000

이월상품

매 입

제11장
현금 및 당좌예금

제11장 현금 및 당좌예금

제 1 절 현금 및 현금성자산

1.1 현금 및 현금성자산

현금(cash)은 어떤 회계실체(會計實體)에서나 유동성자산으로서 가장 중요시하는 자산 중의 하나이다. 현금의 관리 및 이와 관련된 회계처리는 철저한 내부견제제도에 입각하여 처리하고 있다. 이와 같은 현금은 일반적으로 통화, 즉 지폐나 동전이 그 대표적이다. 그러나 회계에서는 이와 같은 현금 이외에 더 확대된 개념을 사용한다. 즉 통화대용증권(타인발행수표, 우편환증서, 송금수표 등), 당좌예금, 보통예금, 공사채 만기이표 등으로 확대된 개념이다.

우리나라는 재무상태표에 표시할 때는 '현금 및 현금성자산'으로 표시하도록 하고 있다. 여기서 현금성자산(cash equivalents)은 현금등가물로서, 큰 거래비용이 없이 현금으로 전환이 용이하고, 이자율변동에 따른 가치변동의 위험이 중요하지 않은 유가증권 및 당기손익인식금융자산으로서, 취득 당시 만기(또는 상환일)가 3개월 이내에 도래(到來)하는 것을 말한다. 그러므로 현금성자산(現金性資産)은 3개월 이내의 당기손익인식금융자산으로서 채권, 상환우선주, 환매채(RP: repurchase agreement), 양도성예금증서, 각종 수익증권 등도 포함한다.

당기손익인식금융자산은 금융기관, 신탁회사 등이 취급하는 금융상품으로서 정기예금, 정기적금, 양도성예금증서(CD: certificate of deposits) 및 기타 정형화된 상품으로서 만기가 1년 이내에 도래하는 상품을 말하며, 금융기관에 따라 다양한 금융상품을 개발하고 있다. 정형화된 금융상품은 상기에 제시된 것 이외에 어음관리구좌(CMA: cash management account), 기업어음(CP: commercial paper), 금전신탁(MT: money trust), 초단기수익증권(MMF: money market fund)

등이 있다. 이들 금융상품은 비교적 단기이나 그 기간이 초단기, 즉 3개월 이내에 현금화가 가능한 것은 현금성자산으로, 그리고 3개월 이상 1년 이내인 경우는 당기손익인식금융자산으로, 1년 이상 즉 장기금융상품의 경우는 투자자산으로 분류한다. 이러한 금융자산은 당기손익인식금융자산으로 지정해야 한다.

현금 및 현금성자산

차변	금액	대변	금액
전 기 이 월	×	현금지급액	××
현금수취액	××	차 기 이 월	×
	×××		×××
전 기 이 월	×		

1.2 현금과부족

1.2.1 의의 및 회계처리 방법

현금은 취급상의 부주의로 도난 또는 훼손(毁損)될 수도 있으며, 또한 횡령 등의 부정을 야기할 소지가 가장 많은 자산이다. 따라서 전술한 바와 같이 내부견제가 가능하게 하기 위해 현금과 관련한 업무를 2명 이상이 분장(分掌)하여 취급하도록 하는 것이 일반적이다. 그럼에도 불구하고 현금의 시재액(時在額)과 장부(현금계정 또는 현금출납장 등)잔액이 일치하지 않은 경우가 종종 있으므로 일정한 기간마다 장부잔액과 현금 시재액을 비교하여 그 원인을 파악하고 그 결과에 따라 적절한 회계처리를 해야 한다. 이때 설정하는 계정이 **현금과부족계정**(現金過不足計定)이다. 이 계정의 기장 내용은 다음 그림과 같다.

현금과부족(1)

차변	대변
원인 판명액	현금 과잉
잡이익 처리	

현금과부족(2)

차변	대변
현금 부족	원인 판명액
	잡손실 처리

그림에서와 같이 장부잔액보다 실제 잔액이 부족할 때는 현금과부족계정의 차변에, 그리고 반대로 장부잔액보다 현금 시재액이 더 많으면 현금과부족계정의 대변에 기장한다. 그리고 회계처리를 위한 분개시에 현금과부족계정의 상대쪽의 계정과목은 현금계정으로 한다. 이는 현금시재액과 장부잔액이 일치하지 않으면 일차적으로 그 실제액과 장부잔액을 일치시켜 주기 위한 것이다. 그러나 그 부족 또는 과잉의 사실은 그 원인이 밝혀질 때까지 현금과부족계정의 차변 또는 대변에 기장한다. 그러므로 현금과부족계정은 원인이 판명될 때까지 설정되는 임시계정이다. 현금의 과부족 상태를 발견했을 때 현금계정과 현금과부족계정에 기장한 후 그 원인을 조사하고 기말 결산일까지 밝혀지지 않으면 부족한 경우(현금과부족계정의 차변잔액)는 **'잡손실'**로, 과잉한 경우(현금과부족계정의 대변잔액)는 **'잡이익'**으로 처리한다. 따라서 현금과부족계정은 기말 결산일에 영(zero)의 상태가 되어 재무제표에 나타나지 않는다.

1.2.2 현금과부족 회계의 예

(1) 현금 부족의 경우(장부잔액 > 현금시재액)

◀ 예시 11-1 ▶ 현금 부족

- 3/ 5 출납계에서 현금출납장 잔액은 ₩680,000이나 현금의 시재액은 ₩620,000임을 발견하였다.
- 4/20 현금 부족액을 조사결과 ₩20,000은 소모품 구입의 기장누락이었고, ₩30,000은 접대비 지출액의 기장 누락으로 판명되었다.
- 12/31 결산일 현재 3월 5일에 발견한 현금 부족액 중 ₩10,000은 그 원인을 알 수 없다.

(회계처리)

일자	차변	금액	대변	금액
3/ 5	차변) 현금과부족	60,000	대변) 현 금	60,000
4/20	차변) 소 모 품	20,000	대변) 현금과부족	50,000
	접 대 비	30,000		
12/31	차변) 잡 손 실	10,000	대변) 현금과부족	10,000

현금과부족

일자	적요	금액	일자	적요	금액
3/ 5	현 금	60,000	4/20	제 좌	50,000
			12/31	잡 손 실	10,000

현 금

680,000	3/ 5	현금과부족	60,000

(2) 현금 과잉의 경우(장부잔액 < 현금 시재액)

◀ 예시 11-2 ▶ 현금 과잉(초과액)

- 8/ 8 출납계에서 현금출납장 잔액은 ₩770,000이나 현금의 시재액은 ₩970,000임을 발견하였다.
- 10/10 현금 과잉액을 조사결과 ₩150,000은 매출처 경북상사로부터 외상매출금 회수액으로, 그리고 ₩30,000은 (주)부산으로부터 대여금 이자 회수액으로 조사되었다.
- 12/31 결산일 현재 8월 8일에 발견한 현금 과잉금액 중 ₩20,000은 그 원인이 불명이다.

(회계처리)

8/ 8	차변) 현 금	200,000	대변) 현금과부족	200,000
10/10	차변) 현금과부족	180,000	대변) 외상매출금	150,000
			이 자 수 익	30,000
12/31	차변) 현금과부족	20,000	대변) 잡 이 익	20,000

현금과부족

10/10	제 좌	180,000	8/ 8	현 금	200,000
12/31	잡 이 익	20,000			

현 금

		770,000			
8/ 8	현금과부족	200,000			

제 2 절 당좌예금 및 제예금

2.1 당좌예금의 의의

많은 기업에서는 대금지급의 수단으로 통화대용증권인 당좌수표를 사용한다. 당좌예금은 대표적인 금융자산의 현금성자산에 속하는 것으로서 당좌예금(checking account)은 첫째, 대금 수취와 지급의 효율성을 갖는다. 많은 금액을 지급하거나 수취할 때 현금을 일일이 세어서 지급하게 되면 많은 시간과 노력이 소요되기 때문이다. 둘째, 화폐의 훼손, 도난, 분실 및 부정을 방지할 수 있다. 셋째, 당좌예금은 언제든지 현금으로 인출이 가능하다. 넷째, 각종 채권 · 채무의 결제 특히 원격지간의 결제 계좌로 용이하게 사용할 수 있다. 이와 같은 당좌거래는 거래은행과 사전에 당좌거래계약을 체결한 후에 가능하며, 일차적으로 현금을 은행에 당좌예금해야 한다.

은행에 예금된 당좌예금을 현금으로 인출(引出)하기 위해서는 수표(check)를 발행해야 하며 그 수표용지(수표책)는 거래은행으로부터 받는다. 대금의 지급수단(支給手段)으로 수표를 발행하여 교부하면 수표를 발행한 기업체는 당좌예금을 감소시키는 회계처리를 해야 한다. 실제로 은행의 당좌예금계좌에서 예금액이 인출되는 시기는 수표를 소지한 거래처가 그 수표를 은행에 제시할 때 인출되어 당좌예금이 감소되지만, 수표를 발행한 기업체는 그 수표를 발행할 때 당좌예금계정에서 감소시키는 회계처리를 한다. 그러므로 은행의 당좌예금 감소시기와 기업체의 당좌예금계정 감소시기는 다르다. 즉 기업체의 감소시기가 은행의 경우보다 앞선다는 것이다.

발행된 수표에는 당좌수표, 자기앞수표가 있다. 당좌수표는 수표의 발행인(기업체 등)이 은행과 당좌거래계약(당좌예금계약, 당좌차월계약)을 체결하고, 은행에 있는 수표자금(당좌예금잔액, 당좌차월한도액)의 범위 내에서 발행하는 형식의 수표를 말한다. 또한 자기앞수표는 수표의 발행인이 자기를 지급인으로 하여 발행한 수표로서 지급이 확실하므로 보증수표라고도 한다. 따라서 발행인과 지급인이 서로 다른 수표를 당좌수표라 하며, 수표의 발행인이며 동시에 발행인 자신이 지급인이 되는 수표는 자기앞수표(자기지시수표)라고 한다. 자기앞수표는 발행인 및 지급인이 은행인 경우가 대부분이다. 그러나 수표로서의 기능과 수표를 수취한 자의 회계처리는 동일하다.

수표의 발행은 은행의 당좌예금 잔액의 한도 내에서 가능하다. 당좌예금 잔액을 초과하여 발행된 수표는 은행에 제시되어도 지급이 거절되어 부도수표(dishonored check)가 되는 것이다. 또한 **타인이 발행한 수표를 수취했을 때는 현금을 수취하는 것과 동일**하게 회계처리한다. 타인이 발행한 수표는 은행에 제시하여 현금으로 수취해야 하기 때문이다. 우리나라의 기업회계기준에서는 당좌예금을 재무제표(재무상태표)에 보고할 때는 현금 및 현금성자산으로 보고한다. 현금 및 현금성자산으로 보고하더라도 당좌예금의 중요성을 고려하여 총계정원장에는 당좌예금계정을 설정하여 회계처리하는 것이 유용하다. 이상과 같은 당좌예금의 회계처리에 관한 내용을 제시하면 다음과 같다.

당좌예금

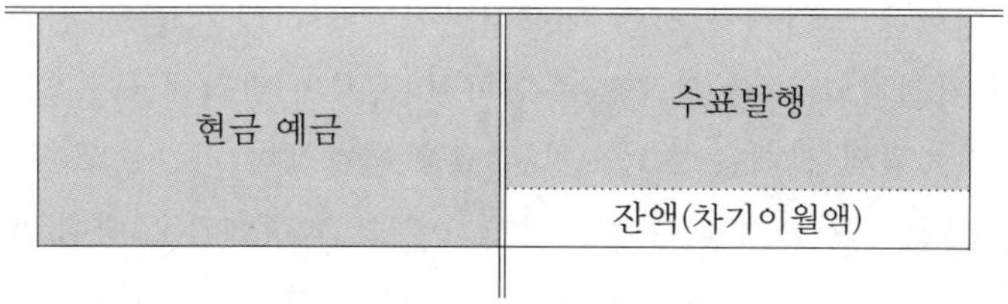

◀ 예시 11-3 ▶ 당좌예금

※ (주)무등의 다음과 같은 일련의 거래를 회계처리하시오.

- 2/18 외상매출처 (주)대성으로부터 채권 ₩180,000을 현금으로 회수하여 즉시 당좌예입하였다. 단, 당좌예금의 전기이월액은 ₩2,000,000임.
- 5/ 9 (주)무등은 사옥건물을 화재보험에 가입하고 당해연도 보험료 ₩300,000을 수표를 발행하여 지급하였다.
- 9/19 (주)무등은 추석절에 즈음하여 상품 ₩700,000을 매입하고 수표를 발행하였다.
- 10/14 기발행하였던 약속어음 ₩500,000의 만기가 도래하여 당좌수표를 발행하여 지급하였다.

(회계처리)

날짜	차변	금액	대변	금액
2/18	차변) 당 좌 예 금	180,000	대변) 외상매출금	180,000
5/ 9	차변) 보 험 료	300,000	대변) 당 좌 예 금	300,000
9/19	차변) 매 입	700,000	대변) 당 좌 예 금	700,000
10/14	차변) 지 급 어 금	500,000	대변) 당 좌 예 금	500,000

상기의 ◀예시 11-3▶에서 당좌예금계정의 기장내용을 보이면 다음과 같다.

당좌예금

날짜	적요	금액	날짜	적요	금액
1/ 1	전기이월	2,000,000	5/ 9	보 험 료	300,000
2/18	외상매출금	180,000	9/19	매 입	700,000
			10/14	지급어음	500,000

2.2 당좌차월

2.2.1 당좌차월의 의의

수표의 발행은 당좌예금 잔액 내에서만이 가능하다는 점을 전술하였다. 그러나 때로는 기업체의 여러 사정으로 인하여 적시에 당좌예금에 입금하지 못한 상태에서 당좌예금의 잔액을 초과하여 수표를 발행해야 하는 경우도 있다. 당좌예금의 잔액을 초과한 금액의 수표를 발행하여도 그 수표가 은행에 제시될 때 은행이 지급거절을 하지 않는 경우도 있다. 즉 부도수표로 처리되지 않고 수표대금이 지급되는 경우가 있는데 이는 사전에 거래 은행과 당좌차월(當座借越) 계약(契約)을 체결한 경우이다.

회사는 사전에 은행과 당좌차월 계약을 체결하고, 계약을 체결할 때 은행은 기업체의 재무상태 및 신용상태 등을 고려하여 차월한도를 설정한다. 그러므로 기업체는 당좌차월 한도 내에서 당좌예금 잔액을 초과하여 수표를 발행할 수 있다. 이때 당좌차월(bank overdraft account), 즉 예금잔액을 초과하여 발행된 수표금액은 은행으로부터 차입한 것이 되므로 기업체의 유동부채가 된다. 물론 차월액에 대한 이자비용이 발생하며, 은행은 기업체가 추후에 당좌예금에 현금을 입금하면 당좌차월액은 자동적으로 인출해 간다.

2.2.2 당좌차월의 회계처리

당좌차월의 회계처리 방법은 두 가지가 있다. 즉 기존의 당좌예금계정을 사용하여 회계처리하는 방법(혼합계정법)과 독립적으로 **당좌차월계정**을 추가로 설정하여 회계처리하는 방법이 있다. 이 두 가지의 방법 중 후자가 더욱 명확한 회계처리 방법이라 할 수 있다.

(1) 혼합계정법(제1법)

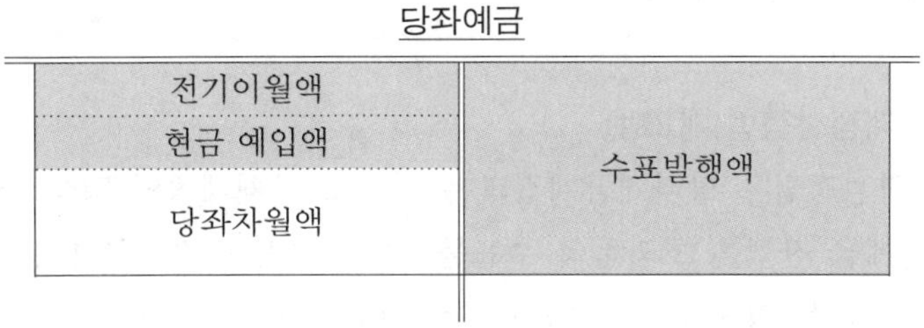

이 방법은 당좌예금계정을 이용하여 회계처리하는 방법으로써 당좌예금계정이 차변의 합계가 많으면(차변잔액) 전통적인 자산계정으로서 당좌예금계정의 역할을 하고, 당좌예금계정의 대변의 합계가 많으면(대변잔액) 당좌예금계정은 부채계정인 당좌차월계정의 역할을 하도록 하는 방법이다. 그럴 경우 당좌예금계정은 자산계정인 동시에 부채계정이 되므로 혼합계정(混合計定)이라 한다. 이를 도시하면 앞의 그림과 같다.

◀ 예시 11-4 ▶ 당좌차월

- 4/ 4 상품을 매입하고 대금 ₩2,500,000을 수표를 발행하여 지급하였다. 단, 당좌예금계정 잔액은 ₩200,000이며, 당좌차월 한도액은 ₩20,000,000임.
- 7/20 거래처 구원상사로부터 매출채권 ₩3,800,000을 당사의 당좌예금계좌에 입금하였다는 통지를 받았다.
- 7/21 은행으로부터 당좌차월이자 ₩64,500을 인출하였음을 통지받음.

(회계처리)

4/ 4	차변) 매　　입	2,500,000	대변) 당좌예금	2,500,000
7/20	차변) 당좌예금	3,800,000	대변) 매출채권	3,800,000
7/21	차변) 이자비용	64,500	대변) 당좌예금	64,500

당좌예금

		200,000	4/ 4	매　　입	2,500,000
7/20	매출채권	3,800,000	7/21	이자비용	64,500

✎ 위의 당좌예금계정 내용을 보면, 4월 4일 현재 당좌차월이 ₩2,300,000으로 인식되며, 만일 4월 4일이 결산일이라면 재무상태표에 부채로 '당좌차월 2,300,000'이 보고된

다. 7월 20일 현재는 자산으로서 당좌예금 잔액이 ₩1,500,000이 되며, 7월 21일 현재는 당좌예금 잔액이 ₩1,435,500이다.

(2) 독립계정설정법(제 2 법)

독립계정설정법은 당좌예금계정과는 별도로 부채계정인 **당좌차월계정**을 설정하여 당좌예금 잔액을 초과하여 수표를 발행할 때, 당좌예금계정의 대변에 기장하여 당좌예금을 영(zero)을 만들고, 당좌예금 잔액을 초과한 부분은 부채로서 당좌차월계정의 대변에 기장한다. 후에 당좌예금에 입금할 때는 부채인 당좌차월을 우선적으로 감소시키고 나머지만 당좌예금의 증가로 기록한다. 혼합계정법의 거래 예를 이용하여 회계처리와 계정내용을 보이면 다음과 같다.

당좌예금

차변		대변	
당좌예금 잔액(1)	××	수표발행(2)	×××
당좌예입액(3)	××		

(1) 당좌예금 잔액 ××
(2) 수표발행액 ×××
(3) 당좌예입액 ×××

당좌차월

차변			대변	
예입(3)	차월액 상환	×	수표발행(2)	×

◀ 예시 11-5 ▶ 독립계정법

※ 상기 ◀ 예시 11-4 ▶에 의함.

(회계처리)

4/ 4	차변) 매 입	2,500,000	대변)	당좌예금	200,000
				당좌차월	2,300,000
7/20	차변) 당좌차월	2,300,000	대변)	매출채권	3,800,000
	당좌예금	1,500,000			
7/21	차변) 이자비용	64,500	대변)	당좌예금	64,500

당좌예금

		200,000	4/ 4	매 입	200,000
7/20	매출채권	1,500,000	7/21	이자비용	64,500

당좌차월

7/20	매출채권	2,300,000	4/ 4	매 입	2,300,000

✎ 제2법은 당좌예금 잔액을 초과한 당좌차월액을 당좌예금계정과는 별도로 부채계정인 당좌차월계정을 설정하고, 이 계정의 대변에 당좌차월액 ₩2,300,000을 기입하고, 당좌예금계정의 대변에는 당좌예금잔액 ₩200,000만 감소시킨다. 그러므로 자산계정인 당좌예금계정은 4월 4일 현재 영(zero)이 된다. 7월 20일에 현금 ₩3,800,000이 입금되었으므로 이 중에서 7월 20일의 당좌차월 ₩2,300,000을 상환하고 나머지 ₩1,500,000은 당좌예금계정 차변에 기장된다. 그러므로 7월 20일 현재 당좌차월은 영이다.

2.3 은행계정조정표

2.3.1 은행계정조정표의 의의

당좌거래와 관련하여 은행계정조정표(statement of bank reconciliation)를 일정한 기간 단위별로 작성해야 할 필요가 있다. 전술한 바와 같이 은행과 회사의 당좌예금계정에 기장하는 시점이 차이가 있기 때문에 상호간의 예금잔액에 차이가 있으며 그 원인을 조사하여 상호 조정하고, 회사는 그에 따른 회계처리를 해야 한다. 또한 은행과 회사의 장부기장의 시점 차이를 악용하여 부정행위를 하는 경우도 있을 수 있으므로 조정표를 더욱 작성할 필요가 있게 된다. 물론 최근에는 정보처리시스템의 발전으로 인해 컴퓨터를 통해 그 차이를 용이하게 확인 또는 조정하기도 하나 여전히 **은행계정조정표**(銀行計定調整表)를 작성해야 할 필요는 존재한다.

은행계정조정표를 작성하기 위해서는 은행의 잔액증명서(殘額證明書)가 필요하므로 일정한 기간마다(보통 1개월 단위) 은행잔액증명서(bank statement) 발급을 요청하고, 이 증명서의 금액과 회사의 장부잔액과를 비교하여 은행과 긴밀한 협조 아래 그 차이를 조정해 간다. 은행과 회사간의 장부잔액 차이를 발생시키는 사항들은 대체로 다음과 같다.

① 회사가 발행한 수표가 은행에 제시되지 않은 경우

② 은행에서 발생한 비용(수수료, 이자 등)이 회사에 그 통지가 미달한 경우
③ 거래처로부터 당좌이체액이 회사에 통지가 미달한 경우
④ 추심 의뢰한 채권이 입금되었으나 회사에는 그 사실이 통지되지 않음.
⑤ 예입한 수표가 부도수표인 경우
⑥ 은행과 회사 상호간의 기장오류
⑦ 은행의 입금일자와 회사의 예입일자의 상이 등

2.3.2 은행계정조정표 작성

◀ 예시 11-6 ▶ 은행계정조정표

● 5/31 2001. 5/31일 현재 은행잔액증명서의 당좌예금 잔액은 ₩910,000이며, 회사의 당좌예금계정의 잔액은 ₩700,000이다. 따라서 그 차이 원인을 조사한 결과 다음 사실이 밝혀졌다.

1) 회사가 발행한 수표의 미인출액 ₩280,000
2) 당좌차월이자 발생액 ₩50,000
3) 현금 ₩200,000을 예입했으나 은행은 6월 1일자로 입금됨.
4) 회사는 외상매출금 현금 회수액 ₩756,000을 당좌예입했으나 ₩586,000으로 기장됨.
5) 받을어음 이자 추심액 ₩10,000이 입금되었으나 은행측으로부터 회사에 통지 미달함.

위 자료에 의해 2001. 5. 31일자의 은행계정조정표를 작성하시오.

은행계정조정표
(2001년 5월 31일)

회사잔액	700,000	은행잔액	910,000
가 산: 1. 기장오류	170,000	가 산: 1. 미기록 예금	200,000
2. 추심이자	10,000	차 감: 1. 미인출 수표	280,000
차 감: 1. 차월이자	50,000		
계	830,000	계	830,000

은행계정조정표의 작성이 완료되면 그 조정표에 따라 회계처리를 하여 당좌예금계정 등을 바로 잡아야 한다. 이때 은행측의 조정내용은 회계처리의 대상이 아니고 회사측의 조정내용에 대해서만 회계처리하면 아래와 같다. 은행측은 은

행에서 회계처리할 것이기 때문이다.

차변)	당좌예금	180,000	대변)	외상매출금	170,000
				이 자 수 익	10,000
차변)	이자비용	50,000	대변)	당 좌 예 금	50,000

2.4 제 예 금

○○예금

차변	대변
전기이월액	현금 인출액
현금 예입액	
이자발생액	차기이월액(B/S 표시액)

은행에의 예금은 은행에 따라 매우 다양하다. 전통적으로 정기예금(적금), 통지예금, 별단예금 등 다양하다. 아무튼 이러한 예금은 회사의 필요에 의해 현금으로 인출할 수 있는 자산으로서 일종의 금융상품이다. 따라서 그 회계처리는 전기의 당좌예금과 크게 다른 점은 없으며 수표를 발행하지 않는다는 점만 다르다. 또한 제예금에서 발생된 이자수익은 별도로 처리하지 않은 한 제예금의 증가로 기장한다.

제 3 절 소액현금

3.1 소액현금의 의의

전술한 바와 같이 회사는 은행에의 당좌예금이 여러 가지 효용성 및 위험 등으로 인해 가능한 회사 내부에 현금을 보관하려 하지 않는다. 즉 도난(盜難), 분실(紛失), 부정(不正) 등의 이유로 현금을 모두 당좌예금하고 현금이 필요하면 수표를 발행하여 인출한다. 그러나 회사에서는 소모품을 구입하든지 여비교통비, 통신비 또는 소액의 접대비 지출을 위해 소액의 현금, 즉 소액현금(petty cash)이 필요하게 된다. 소액의 물품을 구입하여 각 부서에 공급하는 용도계에서는 일정한 규모의 현금을 보관하면서 사용하는 것이 더 효율적이다.

따라서 용도계는 출납계에 소액의 현금을 요청하게 되고 출납계는 일정한 내부승인 절차를 거쳐 수표를 발행하여 용도계에 전도하게 된다. 출납계는 회계계에 전도의 사실을 보고하고 회계계에서는 이를 회계처리하게 된다. 한편 용도계는 전도받은 수표를 은행에 제시하여 현금으로 인출하여 일정한 기간 동안 사용하고, 그에 대한 '소액현금 지출보고서'를 회계계에 제출하며, 회계계는 그 지출보고서에 따라 회계처리한다. 또한 용도계는 필요한 만큼의 소액현금을 경리계에 요청하여 소액현금을 전도받게 된다.

3.2 소액현금전도제도

소액현금을 전도하는 방법에는 수시자금전도제도와 정액자금전도제도가 있다. 전자는 용도계로부터 전도의 요청이 있을 때마다 수시로 전도하는 방식이다. 용도계로부터 요청이 수시로 이루어지고 그에 따른 수표발행 및 전도를 하는 것은 번거롭고 비효율적인 면이 있다. 따라서 과거의 경험에 비추어 용도계가 일정한 기간 동안(대부분 1개월) 사용할 일정한 규모의 소액현금을 정하고(정액자금) 매월 초에 그 사용액만큼의 소액현금을 전도하여 보충함으로써 월초에는 언제나 정액자금이 확보되도록 하는 방법이다. 그러므로 용도계는 매월 말에 소액현금 지출보고서를 제출하고, 경리계는 용도계의 요청이 없더라도 소액현금 사용액만큼을 자동적으로 전도하게 된다. 이를 정액자금전도제도(petty cash imprest system)라 한다.

소액현금

차변	대변
전기이월액	소액현금지출보고액
당기전도액	잔액(차기이월액)

소액현금제도(petty cash system)를 사용하게 되면 소액현금계정(少額現金計定)을 설정하여 회계처리한다. 소액현금을 전도했을 때 소액현금계정에 차기(借記)하고 용도계로부터 지출보고가 있을 때 소액현금계정에 대기(貸記)하며, 소액현금지출보고서의 내용에 따라 해당 비용계정을 설정하여 비용발생을 기장한다.

한편 용도계는 보조기입장으로서 소액현금출납장을 작성하며, 이 보조기입장에 근거하여 소액현금지출보고서를 작성하여 보고한다.

3.3 정액자금전도제도

정액자금전도제도를 채택하는 기업체는 지출보고를 받으면 동시에 보고서와 동액의 소액현금을 수표를 발행하여 보충해 주기 때문에 소액현금계정에 대기하지 않고 대변은 당좌예금으로 회계처리한다. 그러므로 정액자금전도제도를 채택하는 기업체의 소액현금계정은 최초에 소액현금을 전도할 때 그리고 정액자금을 변경 · 조정하는 경우에 차기(借記) 또는 대기(貸記)하는 것을 제외하고는 소액현금계정에 기장이 이루어지지 않는다. 상기의 그림은 소액현금계정의 기장 내용을 나타낸 것이다. 회계처리 및 기장의 예시는 다음과 같다.

3.4 회계처리의 예

◀예시 11-7▶ 소액현금

- 8/ 1 용도계의 소액현금을 과거의 경험에 의해 정액자금을 ₩200,000으로 하고 수표 #12를 발행하여 전도하였다.
- 8/31 월말에 아래와 같은 소액현금출납장에 근거하여 소액현금지출보고서를 작성하고 경리계에 보고함과 동시에 지출액과 동액의 금액을 요청하여 수표 #35를 전도받았다. 소액현금지출보고서의 내용은 문방구대 ₩95,000, 전보료 ₩5,000, 접대용 담배 및 차류 ₩30,000, 택시비 ₩15,000이다.

(회계처리)

8/ 1	차변) 소액현금	200,000		대변) 당좌예금	200,000
8/31	차변) 소모품비	95,000		대변) 당좌예금	145,000
	통 신 비	5,000			
	교 통 비	15,000			
	잡 비	30,000			

소액현금출납장

수 입	2001년		적 요	지 출	지출내역				잔 액
					소모품비	통신비	교통비	잡 비	
200,000	8	1	수표 #12						200,000
	〃	2	문방구	95,000	95,000				105,000
	8	10	전보료	5,000		5,000			100,000
	〃	15	택시비	15,000			15,000		85,000
	〃	25	담배, 차류	30,000				30,000	55,000
				145,000	95,000	5,000	15,000	30,000	
145,000	〃	31	수표 #35						200,000
	〃	〃	차월이월	200,000					
345,000				345,000					
200,000	9	1	전월이월						200,000

연 습 문 제

■ [11-1] 다음 거래를 분개하고 현금계정 및 현금과부족계정을 기입하시오.

9/ 3 현금의 시재액이 ₩350,000이며 현금계정의 잔액은 ₩450,000임을 발견하였다.

9/ 5 위의 계정 잔액과 시재액의 차이를 조사한 결과 거래처에 대한 매입채무 상환액 ₩80,000이 기장 누락되었음이 조사되었다.

12/31 위 현금과부족계정의 잔액은 결산일까지 조사하였으나 판명되지 않았다.

(대체분개)

	차 변	대 변
9/ 3		
9/ 5		
12/31		

현 금

450,000	

현금과부족

■ [11-2] 다음 거래를 분개하고 소액현금계정에 전기하시오. 단, 정액자금전도제도에 의함.

10/ 1 소액현금에 관해서 정액자금전도제도를 채택하고 과거의 경험에 따라 정액자금을 ₩200,000으로 정하고 수표를 발행하여 용도계에 전도하였다.

10/30 월말이 되어 용도계로부터 다음과 같은 소액현금지출보고를 받았다. 동시에 정액자금을 충당하기 위해 수표를 발행하여 전도하였다.

(소액현금지출 내역)

여비 지급 ₩70,000

통신비 지급 ₩20,000

소모품 구입 ₩60,000 계 ₩150,000

(분 개)

	차 변	대 변
10/ 1		
10/30		

소액현금

■ [11-3] 다음을 분개하고 당좌예금 및 당좌차월계정을 기입하시오.

10/ 1 현금 ₩350,000을 거래 은행에 당좌예입하였다.

10/10 비품을 구입하고 대금 ₩170,000을 수표를 발행하여 지급하였다.

10/19 상품 ₩400,000을 매입하고 대금은 수표를 발행하여 지급하였다. 단, 은행과 당좌차월계약이 체결되어 있음.

10/25 매출처로부터 매출채권 ₩700,000을 입금하였다는 통지를 받았다.

10/30 은행으로부터 당좌차월이자 ₩15,000이 발생하였음을 통지받았다.

(분 개)

	차 변	대 변
10/ 1		
10/10		
10/19		
10/25		
10/30		

당좌예금

당좌차월

■ [11-4] 2003년 12월 31일 은행잔액증명서의 당좌예금 잔액은 ₩1,391,000이고, 회사의 당좌예금계정 잔액은 ₩1,093,000이다. 이의 차이 원인을 은행과 협력하에

조사한 결과 다음과 같았다. 은행계정조정표를 작성하고 이 조정표에 의해 관련 분개를 하시오.

(조사 결과)

1. 매입채무 상환시에 수표를 발행했던 ₩230,000이 아직 인출되지 않음.
2. 당좌차월이자 ₩32,000이 은행으로부터 통지받지 못함.
3. 거래처로부터 매출채권 ₩300,000을 거래 은행에 입금하였으나 이를 은행으로부터 통지받지 못함.
4. 현금 ₩540,000을 은행에 예입하였으나 ₩450,000으로 회사측의 기장 오류가 있었다.
5. 12월 31일에 예입한 현금 ₩290,000이 은행의 마감 시간을 넘겨 은행측은 2004년 1월 1일자로 입금 처리되었다.

은행계정조정표

(2003년 12월 31일)

회사잔액	₩1,093,000	은행잔액	₩1,391,000
가 산:		가 산:	
차 감:		차 감:	
계		계	

(분 개)

차 변	대 변

■ **[11-5]** 12월 31일 영지프랜트(주)의 당좌예금 잔액은 ₩1,372,300이고 동 일자의 은행잔액증명성의 잔액은 ₩1,779,800이다. 다음의 자료에 의해 은행계정조정표를 작성하시오.

(자 료)

1. 상품을 매입하고 대금 ₩335,000을 수표를 발행하여 지급하였으나 아직 은행에서 인출되지 않음
2. 은행에 추심 의뢰한 어음 ₩450,000이 추심되었으나 회사에 통지되지 않음.

3. 회사에서 입금한 ₩756,000이 은행은 ₩576,000으로 기장 오류됨.
4. 은행수수료 ₩30,500이 통지되지 않음.
5. 이자비용 ₩167,000이 발생하여 은행에서 인출되었으나 회사에 통지되지 않음.

은행계정조정표
(2003년 12월 31일)

회사잔액	₩1,372,300	은행잔액	₩1,779,800
가 산:		가 산:	
차 감:		차 감:	
계		계	

■ [11-6] 다음 담양기계(주)의 일련 거래를 분개하시오.

11/ 1 경리과에서는 용도계에 소액현금 수표를 발행하여 ₩150,000을 전도하였다. 단, 당 회사는 수시자금전도제도를 채택함.

11/ 7 현금계정 잔액은 ₩150,000이며 현금 시재액은 ₩650,000임을 확인하였다.

11/10 상품 ₩720,000을 매입하고 대금은 수표를 발행하여 지급하였다. 단, 당좌예금 잔액은 ₩500,000이며 당좌차월 계약이 체결되어 있음.

11/20 현금 시재액과 현금계정의 차이를 조사한 결과 ₩200,000은 미수한 비품처분대금의 기장 누락이고, ₩280,000은 계약금 수취액의 기장 누락임이 판명됨.

11/22 매출처로부터의 매출채권 ₩440,000을 회수하여 즉시 당좌예금하였다.

11/30 용도계로부터 다음과 같은 소액현금지출보고가 있었다.

접대비 지급액 ₩60,000
소모품 구입액 ₩50,000
전기료 지급액 ₩10,000

(분 개)

	차 변	대 변
11/ 1		
11/ 7		
11/10		
11/20		
11/22		
11/30		

■ **[11-7]** 다음 부분원장의 계정의 기입에 의해 거래를 추정하시오.

(부분원장)

당좌예금

1/ 1	전 기 이 월	450,000	3/ 5	기 계 장 치	650,000
2/10	외상매출금	280,000	4/20	매 입	80,000
5/15	제 좌	140,000	6/17	소 모 품	50,000
6/23	제 좌	404,000	6/28	비 품	476,000

당좌차월

5/15	제 좌	645,000	4/20	매 입	645,000
			6/28	비 품	24,000

받을어음

1/ 1	전 기 이 월	1,300,000	5/15	제 좌	780,000
			6/23	당 좌 예 금	400,000

이자수익

			5/15	제 좌	5,000
			6/23	당 좌 예 금	4,000

(거래추정)

	거래추정 내용
2/10	
3/ 5	
4/20	
5/15	
6/17	
6/23	
6/28	

■ **[11-8]** 다음 거래를 분개하시오.

(거 래)

1/31 현금 ₩500,000을 우리은행에 정기예금하였다. 정기예금의 연 이자율은 6%이며, 이자는 분기 말마다 수취하기로 하였으며, 정기예금의 만기일은 2007. 1. 20일이다.

2/22 매출채권 ₩250,000을 회수하여 보통예금에 입금하였다.
3/31 상기의 정기예금의 이자를 현금으로 수취하였다.
4/ 2 보통예금 중 ₩200,000을 현금으로 인출하였다.
6/29 거래처에 대한 매출채권 ₩700,000을 양도성예금증서 ₩500,000과 현금 ₩200,000으로 받았다.
6/30 상기의 정기예금에 대한 이자 수취일이 되어 이를 현금으로 수취하여 당좌예금하였다.
7/10 상품 ₩500,000을 매입하고 대금은 전기의 양도성예금증서로 지급하였다.
7/15 초단기수익증권에 투자하고 그 대금 ₩200,000을 현금으로 지급하였다.

(분 개)

	차 변	대 변
1/31		
2/22		
3/31		
4/ 2		
6/29		
6/30		
7/10		
7/15		

■ **[11-9]** 다음 일련의 거래를 분개하시오.

7/10 대풍물산(주)는 현금 ₩10,000,000 중 ₩7,000,000은 정기예금, 그리고 잔액은 당좌예금하였다. 1억원 한도의 당좌차월계약을 체결하였으며(차월이율: 연 3%), 또한 정기예금이율은 연 7%이며 매년 말 지급하기로 함.
8/10 거래처로부터 판매용 상품 ₩350,000을 매입하고 대금은 수표를 발행하여 지급하였다.
9/20 사무용 건물 ₩12,000,000을 구입하고 대금은 수표를 발행하여 지급하였다.
10/16 정기예금 중 ₩3,000,000을 현금으로 인출하였다.
11/10 상품을 ₩5,000,000에 매출하고 대금은 수표로 받아 즉시 당좌예금하였다.
12/31 거래은행으로부터 차월이자와 정기예금이자를 정산하여 당좌예금에서 가감하였다는 통지를 받았다(이자는 월할계산하시오).

(분 개)

	차 변		대 변	
7/10				
8/10				
9/20				
10/16				
11/10				
12/31				

■ [11-10] 2003년 12월 31일 수정 전 부분 잔액시산표와 수정사항에 의해 재무상태표를 작성하시오. 재무상태표는 약식에 의함.

부분 잔액시산표

자 산		부채 및 자본	
현금 및 현금성자산	370,000	매입채무	680,000
매도가능금융자산	1,334,000	미지급금	1,450,000
매출채권	780,000	대손충당금	43,000
대여금	1,200,000	감가상각누계액	1,700,000
상품	130,000	자본금	12,000,000
소모품	25,000	이익잉여금	6,000
비품	7,280,000	·	
차량운반구	5,440,000	·	
현금과부족	320,000	·	
·		·	

(수정사항)

1) 기말상품재고액 ₩334,000
2) 보험료 미경과액 ₩170,000
3) 매출채권에 대한 3%의 대손을 예상함.
4) 당기 감가상각액 ₩98,000을 계상함.

■ [11-11] 다음 현금출납장에 의해 분개를 추정하시오.

현금출납장

날짜		적 요	수 입	지 출	잔 액
8	1	전월이월	720,000		720,000
〃	2	K상회 매출채권 회수	248,000		968,000
〃	7	사무용 컴퓨터 1대 구입		795,000	173,000
〃	10	상품 @₩7,000, 80개 수표 및 현금 매입		173,000	0
〃	14	수표발행 현금 ₩300,000 인출	300,000		300,000

〃	20	건물 임차료 지급		85,000	215,000
〃	25	양도성예금증서 취득(1년내 처분목적)		200,000	15,000
〃	27	상품 매출	534,000		549,000
〃	29	문방구 등 사무용품 구입		150,000	399,000
〃	30	차입금이자 지급		90,000	309,000
〃	31	차월이월		309,000	
			1,802,000	1,802,000	
9	1	전월이월	309,000		309,000

날짜	차 변		대 변	
8/ 2				
8/ 7				
8/10				
8/14				
8/20				
8/25				
8/27				
8/29				
8/30				

■ **[11-12]** 다음 일련의 거래를 분개하시오.

1/ 1 현금 ₩1,500,000을 정기예금하다. 연이율 10%, 6/30, 12.31 이자수취, 기간 3년

2/20 상품 ₩2,000,000을 매입하고 대금은 수표를 발행하여 지급하다. 단 당좌예금 잔액은 ₩1,500,000이며, 당좌차월계약이 채결되어 있고 차월이자율은 연5%이다.

3/20 발행했던 약속어음 ₩500,000의 만기가 되어 그 이자 ₩10,000과 함께 수표를 발행하여 지급하다.

6/30 정기예금의 이자를 현금으로 받다.

7/20 상품을 ₩2,500,000에 매출하고 대금은 현금으로 받아 즉시 당좌예입하다. 동시에 차월이자도 정산함.

8/20 정기예금을 해약하고 그 원리금을 회수하여 당좌예입하다.

날짜	차 변		대 변	
1/ 1				
2/20				
3/20				
6/20				
7/20				
8/20				

■ [11-13] 다음 은행계정조정표에 의해 거래를 추정하고 분개하시오.

은행계정조정표

(2004년 12월 31일)

은행의 잔액	₩784,000	회사의 잔액	694,400
1. 가 산		1. 가 산	
1) 발행수표 미인출	275,000	1) 매출채권 추심	422,000
2) 예금 미기록	100,000	2) 매도가능금융자산처분 (원가 ₩150,000)	155,000
2. 차 감		2. 차 감	
1) 기장오류	81,600	1) 당좌차월이자	194,000
	1,077,400		1,077,400

■ [11-14] 다음 당좌예금출납장에 의해 분개를 추정하시오.

당좌예금출납장

날짜		적 요	예 입	인 출	잔 액
9	1	전월이월	500,000		500,000
〃	6	상품매입 @₩10,000 30Box		300,000	200,000
〃	9	R상사에 대한 매출채권 회수	700,000		900,000
〃	10	소액현금 전도		72,500	827,500
〃	15	사무용 컴퓨터 1대 구입		272,000	555,500
〃	20	주식 취득(단기 처분 목적)		433,000	122,500
〃	22	T상사의 매입채무 상환		120,000	2,500
〃	25	토지 장부금액 처분	1,284,000		1,286,500
〃	27	기계장치 취득		800,000	486,500
〃	30	차월이월		486,500	
			2,484,000	2,484,000	
10	1	전월이월	486,500		486,500

날짜	차 변		대 변	
9/ 6				
9/ 9				
9/10				
9/15				
9/20				
9/22				
9/25				
9/27				

■ **[11-15]** 다음 12월 31일 현재의 추가 거래 및 수정사항과 잔액시산표에 의해 수정 후 잔액시산표를 작성하시오.

잔액시산표

차 변		대 변	
현금 및 현금성자산	550,000	매입채무	830,000
소액현금	190,000	선수금	90,000
정기예금	1,300,000	단기차입금	718,000
보통예금	280,000	자본금	1,000,000
당좌예금	645,000	이월이익잉여금	1,400,000
매출채권	376,000	매출	3,756,000
대여금	1,000,000	이자수익	50,000
상품	1,005,000	유형자산처분이익	770,000
소모품	34,000	가수금	60,000
현금과부족	63,000		
가지급금	150,000		
비품	2,000,000		
매입	920,000		
대손상각비	31,000		
감가상각비	80,000		
이자비용	18,000		
소모품비	25,000		
잡비	7,000		
	8,674,000		8,674,000

(추가거래 및 수정사항)

1) 비품 ₩700,000을 취득하고 대금은 수표를 발행하여 지급하다.

2) 정기예금이자 발생액 ₩15,000을 정기예금에 가산하다.

3) 다음과 같은 소액현금 지출보고를 받고 즉시 수표를 발행하여 전도하다.

소 모 품 ₩70,000

접 대 비 ₩60,000

수도광열비 ₩30,000

4) 출장사원이 귀사하여 다음과 같은 보고를 함.

(1) 송금액은 매출채권 회수액 ₩50,000과 매출계약금 ₩10,000

(2) 지출액은 교통통신비 ₩100,000, 매입계약금 ₩30,000, 잔액은 현금으로 입금함.

1. 분　　개

번호	차 변		대 변	
1)				
2)				
3)				
4)				

2. 잔액시산표(수정 후)

차 변		대 변	

제12장
당기손익인식금융자산

제12장 당기손익인식금융자산

제 1 절 당기손익인식금융자산

1.1 금융상품의 정의 및 종류

금융상품이란 거래당사자 일방에게 금융자산을 발생시키고 동시에 다른 거래상대방에게 금융부채나 지분상품을 발생시키는 모든 계약을 금융상품이라 한다. 따라서 금융상품은 금융자산, 금융부채 및 지분상품을 통괄한 용어라 할 수 있다. 기업회계기준서 제1032호 '금융상품: 표시'에서는 금융자산의 정의에서 다음의 종류를 금융자산으로 열거하고 있다.

(1) 현금

(2) 다른 기업의 지분상품

(3) 다음 중 하나에 해당하는 계약상 권리

① 거래상대방에게서 현금 등 금융자산을 수취할 계약상 권리

② 잠재적으로 유리한 조건으로 거래상대방과 금융자산이나 금융부채를 교환하기로 한 계약상 권리

(4) 기업 자신의 지분상품(이하 '자기지분상품'이라 한다)으로 결제되거나 결제될 수 있는 다음 중 하나의 계약

① 수취할 자기지분상품의 수량이 변동 가능한 비파생상품

② 확정 수량의 자기지분상품에 대하여 확정금액의 현금 등 금융자산을 교환하여 결제하는 방법이 아닌 방법으로 결제되거나 결제될 수 있는 파생상품. 이 경우에 자기지분상품을 미래에 수취하거나 인도하기 위한 계약 자체는 자기지분상품에 해당하지 않는다.

1.2 금융자산의 범주 및 지정요건

1.2.1 금융자산의 범주

금융자산은 다음과 같이 네 가지 범주로 분류하여 인식측정하고 이를 재무상태표에 보고한다.

〈금융자산의 네 가지 범주〉
당기손익인식금융자산
대여금 및 수취채권
매도가능금융자산
만기보유금융자산

1.2.2 당기손익인식금융자산의 지정요건

위 네 가지 범주 중 기업회계기준서 제1039호에서의 당기손익인식금융자산은 다음 중 하나의 조건을 충족하는 경우의 금융자산이라고 정의하고 있다.

⑴ 단기매매항목으로 분류된다. 금융자산이나 금융부채는 다음 중 하나에 해당하면 단기매매항목으로 분류된다.

① 주로 단기간 내에 매각하거나 재매입할 목적으로 취득하거나 부담한다.

② 최근의 실제 운용형태가 단기적 이익획득 목적이라는 증거가 있으며, 그리고 공동으로 관리되는 특정 금융상품 포트폴리오의 일부이다.

③ 파생상품이다(다만, 금융보증계약인 파생상품이나 위험회피수단으로 지정되고 위험회피에 효과적인 파생상품은 제외한다).

⑵ 최초 인식시점에 당기손익인식항목으로 지정한다. 따라서 다음 중 하나 이상을 충족하여 더 목적적합한 정보를 제공하는 경우에만 당기손익인식항목으로 지정할 수 있다.

① 당기손익인식항목으로 지정하면, 서로 다른 기준에 따라 자산이나 부채를 측정하거나 그에 따른 손익을 인식함으로써 발생할 수 있는 인식이나 측정상의 불일치('회계불일치'라 불리기도 한다)가 제거되거나 상당히 감소된다.

② 문서화된 위험관리전략이나 투자전략에 따라, 금융상품집합(금융자산, 금융부채 또는 금융자산과 금융부채의 조합으로 구성된 집합)을 공정가치기준으로 관리하고 그 성과를 평가하며 그 정보를 이사회, 대표이사 등 주요 경영진에게 공정

가치기준에 근거하여 내부적으로 제공한다.

파생금융자산은 당기손익인식금융자산으로서 위험회피목적이 아닌 파생상품을 말한다. 이 파생상품은 다음의 세 가지 특성을 모두 가진 금융상품이나 기타계약으로서,

(1) 기초변수의 변동에 따라 가치가 변동한다. 기초변수는 이자율, 금융상품가격, 일반상품가격, 환율, 가격 또는 비율의 지수, 신용등급이나 신용지수 또는 기타 변수를 말한다. 다만, 비금융변수의 경우에는 계약의 당사자에게 특정되지 아니하여야 한다.

(2) 최초 계약시 순투자금액이 필요하지 않거나 시장요소의 변동에 유사한 영향을 받을 것으로 기대되는 다른 유형의 계약보다 적은 순투자금액이 필요하다.

(3) 미래에 결제되며, 일반적으로 차액결제가 가능한 것이다.

이러한 파생상품 거래는 선물, 선도, 스왑(통화스왑, 이자율스왑), 옵션계약에 의한다. 이에 대해서는 회계원리 수준을 초과한 것이므로 구체적인 설명은 생략한다.

또한 보유한 금융상품이 활성거래시장에서 공시되는 시장가격이 없고 공정가치를 신뢰성 있게 측정할 수 없는 경우에는 당기손익인식항목으로 지정할 수 없다. 단기매매항목의 경우는 위의 네 가지 범주 중 단기매매금융자산에 해당하는 것이며, 이는 단기간(short term) 보유하는 투기성 금융자산이 여기에 해당한다. 이 외는 반드시 그 보유기간이 단기일 필요는 없으며 당기손익인식금융자산으로 지정하면 당해 금융자산으로부터 발생한 손익은 당기의 손익으로 인식해야 한다.

1.3 당기손익인식금융자산의 구분표시

당기손익인식금융자산은 전술한 네 가지 범주 중 하나의 분류항목으로서 기업회계기준서 제1107호에서는 이를 당기손익인식금융자산과 단기매매금융자산으로 구분하여 재무상태표에 표시하도록 하고 있다. 당기손익인식금융자산은 반드시 활성거래시장에서 공시가격이 있는 자산이어야 하고, 또한 단기매매금융자산은 당기손익인식금융자산으로 지정한 자산이어야 하며, 단기간 내에 처분할 목적으로 취득한 금융자산이다. 단기매매금융자산의 대표적인 자산은 유가증권(securities)이 있다. 이의 지정요건은 상기의 '1.2 금융자산의 범주'에서 정의한 바 있다.

1.4 당기손익인식금융자산의 인식 · 측정

당기손익인식금융자산의 인식을 위해서는 당해 금융자산의 최초 취득원가의 측정, 공정가치에 의한 기말 측정 등의 문제가 있다. 기업회계기준서 제1039호, '금융자산: 인식 측정'에서는 최초 측정시 취득시점의 공정가치로 측정하도록 하고 있다. 취득시점에서 발생된 거래원가(각종 거래 수수료 등)는 최초 인식점이 속하는 기간의 비용으로 처리하며, 전통적인 취득원가 결정에서와 같이 취득가격에 거래원가를 가산하지는 않는다.

당기손익인식금융자산 이외의 금융자산에 대한 최초의 측정시에는 관련 거래원가를 취득시점의 공정가치(취득가격)에 가산하여 측정한다. 또한 당해 금융자산의 손상에 대한 객관적인 증거가 있는 경우에는 손상차손을 당기손익으로 인식한다.

당기손익인식금융자산은 공정가치로 평가한다. 공정가치란 합리적인 판단력과 거래 의사가 있는 독립된 당사자 사이의 거래에서 자산이 교환되거나 부채가 결제될 수 있는 금액을 말한다. 당기손익인식금융자산의 취득시점뿐만 아니라 보유기간 동안에 변동된 공정가치에 의해 매 회계기간 말에 평가하고 이를 재무상태표에 보고 하도록 하고 있으며, 동시에 공정가치와 장부금액과의 차이, 즉 발생한 평가손실 또는 평가이익은 평가시점이 속하는 회계연도의 포괄손익계산서에 보고하도록 하고 있다.

당기손익인식금융자산에 대한 손익의 인식은 후술하는 단기매매금융자산의 경우와 동일하므로 이에 대한 예시는 단기매매금융자산의 회계처리 예시로 대신하며, 여기에서는 파생금융상품에 대한 간단한 예시만을 제시하기로 한다.

1.5 파생금융상품

1.5.1 파생금융상품의 정의

파생금융상품(financial derivatives or derivatives)은 파생금융자산과 파생금융부채를 일괄하여 표현하는 용어로서, 기업회계기준서 제1039호에서는 다음의 세 가지 특성을 모두 가진 금융상품이나 기타 계약으로 정의하고 있다. 여기에서의 개념설명 및 간단한 예시는 후술하는 당기손익인식금융부채의 경우에도 적용하고, 당기손익인식금융부채에서는 이에 대한 기술을 생략한다.

⑴ 기초변수의 변동에 따라 가치가 변동한다. 기초변수는 이자율, 금융상품 가격, 일반상품 가격, 환율, 가격 또는 비율의 지수, 신용등급이나 신용지수 또는 기타 변수를 말한다. 다만, 비금융변수의 경우에는 계약의 당사자에게 특정되지 아니하여야 한다.

⑵ 최초계약시 순투자금액이 필요하지 않거나 시장요소의 변동에 유사한 영향을 받을 것으로 기대되는 다른 유형의 계약보다 적은 순투자금액이 필요하다.

⑶ 미래에 결제된다.

1.5.2 파생금융상품의 회계처리

파생금융상품은 기초변수(이자율, 환율, 금융상품 가격, 일반상품 가격, 가격 또는 비율의 지수, 신용등급 또는 신용지수 등) 및 계약단위의 수량을 기초로 하며, 최초 계약시 순투자금액이 일반적으로 필요 없거나 중요하지 않을 정도의 적은 순투자금액을 필요로 하며, 미래에 결제(차액결제가 가능 포함)된다는 특성을 갖는다.

이는 계약체결일과 매 결산일에 공정가치로 평가한다. 그러나 계약체결시에는 파생금융상품의 공정가치는 '0'이다. 이 거래는 양 당사자가 미래의 변수 변동에 의해 손익을 인식하려는 것이므로 계약체결시에는 권리와 의무가 '0'인 상태로 계약을 체결하기 때문이며, 미래에 가치가 변동됨으로 인해 권리와 의무, 즉 자산과 부채가 존재하게 된다. 인식된 자산과 부채는 매 결산일에 공정가치로 평가하여 파생금융상품의 장부금액을 조정한 금액을 재무상태표에 보고함과 동시에 발생한 평가손익은 당기손익으로 인식하여 포괄손익계산서에 보고한다.

당해 파생금융상품은 재무상태표에 보고할 때 전술한 금융상품의 네 가지 범주 중 하나로 인식할 수 있으나, 최초 인식시점에 당기손익인식금융자산 또는 부채로 지정하여 인식하거나 이 당기손익인식금융상품(자산)에서 분리하여 단기매매금융자산 또는 부채로 분류하여 보고한다. 다만 위험회피에 효과적인 부분은 제외하며, 공정가치 이자율변동 위험회피의 경우에 한해서는 금융자산 또는 금융부채 다음에 별도 함목으로 보고한다.

◀ 예시 12-1 ▶ 파생금융상품-매매목적

A회사는 원화의 평가절하를 예상하고 다음과 같은 통화선도거래계약을 체결하였다.

계약체결일: 2008. 10. 1, 계약기간: 5개월(2008. 10. 1~2009. 2. 28)
계약조건: US$100를 약정통화선도환율 ₩1,200 : US$1로 매입하기로 함. 2008. 12. 31 현재 할인율 연 6%
(환율자료)

일 자	현물환율(₩/$)	통화선도환율(₩/$)
2008. 10. 1	1,180	1,200(만기 6개월)
2008. 12. 31	1,190	1,210(만기 3개월)
2009. 2. 28	1,150	

● 2008. 10. 1 회계처리 없음

✎ 본래 계약체결일 당일에는 자산부채의 금액이 일치한다. 그러므로 선도거래의 공정가치는 계약체결일은 ₩0이다.

● 2008. 12. 31

차변) 통 화 선 도	990	대변) 통화선도평가이익	990

✎ $\$100 \times (₩1{,}210 - ₩1{,}200) = ₩1{,}000$, $₩1{,}000/(1+0.06)^{60/366} = ₩990$

통화선도는 파생금융상품으로서 위험회피대상항목과 함께 지정된 자산이며, 당기손익인식금융자산 또는 단기매매금융자산으로 지정하여 재무상태표에 표시하며, 평가이익은 당기손익으로 포괄손익계산서에 표시한다.

● 2009. 2. 28

차변) 현 금	115,000	대변) 현 금	120,000
통화선도거래손실	5,990	통 화 선 도	990

✎ $\$100 \times ₩1{,}150 = ₩115{,}000$

1.6 위험회피회계

1.6.1 위험회피의 유형 및 적용조건

위험회피는 기초자산, 부채의 공정가치 변동으로 인한 손익(위험)을 상쇄하기 위한 그 회피수단인 파생금융상품을 이용하는 계약을 체결하여 그 목적을 실현하고자 하는 것이다. 이 위험회피의 유형은 공정가치 위험회피와 현금흐름 위험회피 및 해외사업장순투자 위험회피로 나누어서 유형에 따라 회계처리를 다르게 한다.

공정가치 위험회피란 특정위험에 기인하고 당기손익에 영향을 줄 수 있는 것으로서, 이미 인식된 자산이나 부채 또는 미인식된 확정계약의 전체 또는 일부의 공정가치 변동에 대한 위험회피이며, 현금흐름 위험회피는 특정위험에 기인하고 당기손익에 영향을 줄 수 있는 것으로서, 인식된 자산이나 부채 또는 발생가능성이 매우 높은 예상거래의 현금흐름 변동에 대한 위험회피이다. 인식된 부채에서 발생한 미래현금흐름의 변동의 예로는 변동금리부 채권 · 채무에서 발생한 미래이자수취(지급)액을 들 수 있다. 해외사업장순투자의 위험회피는 공정가치 위험회피 또는 현금흐름 위험회피를 적용할 수 있다. 위험회피회계를 위해서는 관련 자산 및 부채에 대한 위험회피수단을 지정을 해야 한다. 다음의 조건을 모두 충족하는 위험회피 관계에 대해서만 위험회피회계를 적용할 수 있다.

⑴ 위험회피의 개시시점에 위험회피관계, 위험관리목적 및 위험회피전략을 공식적으로 지정하고 문서화한다. 이 문서에는 위험회피수단, 위험회피대상항목, 회피대상위험의 성격 및 회피대상위험으로 인한 위험회피대상항목의 공정가치나 현금흐름의 변동위험을 위험회피수단이 상쇄하는 효과를 평가하는 방법 등을 포함하여야 한다.

⑵ 회피대상위험으로 인한 공정가치나 현금흐름의 변동을 상쇄하는 데 있어 높은 위험회피효과를 기대할 수 있다.

⑶ 현금흐름 위험회피에서 위험회피대상 예상거래는 발생가능성이 매우 높아야 한다.

⑷ 위험회피효과를 신뢰성 있게 측정할 수 있다.

⑸ 위험회피효과를 위험회피기간에 계속적으로 평가하며 위험회피로 지정된 재무보고기간 전체에 걸쳐 실제로 높은 위험회피효과가 있었는지 결정하여야 한다.

1.6.2 위험회피 회계

위험회피대상항목은 인식된 자산이나 부채, 미인식 확정계약, 발생가능성이 매우 높은 예상거래 또는 해외사업장순투자가 될 수 있다. 다음 항목은 위험회피대상항목이 될 수 있다.

⑴ 하나의 자산, 부채, 확정계약, 발생가능성이 매우 높은 예상거래 또는 해외사업장순투자

⑵ 유사한 위험의 특성을 갖는 자산, 부채, 확정계약, 발생가능성이 매우 높은 예상거래 또는 해외사업장순투자의 집합

⑶ 포트폴리오 이자율 위험회피에서 회피대상위험(이자율 위험만 가능)을 공유하고 있는 금융자산이나 금융부채의 포트폴리오 중 일부이다.

1. 공정가치 위험회피

공정가치 위험회피는 특정위험에 기인하고 당기손익에 영향을 줄 수 있는 것으로서, 인식된 자산이나 부채 또는 미인식된 확정계약의 전체 또는 일부의 **공정가치 변동**에 대한 위험의 회피로서, 공정가치 위험회피를 위한 위험회피수단으로 지정된 파생금융상품의 재측정에 따른 공정가치의 변동을 당기손익으로 인식하여 당해기간의 포괄손익계산서에 보고한다. 비파생금융상품을 위험회피수단으로 지정한 경우에는 외화위험회피에만 지정할 수 있으며 이 **환율변동손익**을 당기손익으로 인식한다. 또한 위험 발생으로 인한 위험회피대상항목(자산 또는 부채)의 평가손익은 위험회피대상항목의 장부금액을 조정한 후 재무상태표에 보고하고, 동시에 그 손익을 당기손익으로 인식하여 포괄손익계산서에 보고한다. 위험회피대상항목 중 이자율 위험회피대상항목에 한하여 별도 항목으로 재무상태표에 보고, 즉 금융자산이나 금융부채의 다음항목으로 보고한다. 또한 당해 손익은 기타포괄손익누계액으로 보고한다.

2. 현금흐름 위험회피

현금흐름 위험회피는 특정위험에 기인하고 당기손익에 영향을 줄 수 있는 것으로서, 인식된 자산이나 부채 또는 발생가능성이 매우 높은 **예상거래의 현금흐름 변동**에 대한 위험회피를 말한다. 현금흐름 위험회피를 위한 위험회피수단인 파생금융상품 평가손익은 위험회피에 효과적인 부분은 기타포괄손익으로 인식하며, 위험회피수단 중 비효과적인 부분은 **당기손**익으로 인식한다. 해외사업장순투자의 경우도 마찬가지로 처리한다.

효과적 또는 비효적인 부분은 현금흐름 위험회피대상항목의 평가손익과 이와 관련된 파생금융상품의 평가손익과의 차액은 위험회피에 비효과적인 것이며, 현금흐름 위험회피대상항목의 평가손익과 파생금융상품의 평가손익이 상계되는 부분은 효과적인 것이다. 이에 대한 자세한 내용은 회계원리 수준을 넘는 것이므로 생략하고 여기서는 간단한 예시만 제시하겠다.

◀ 예시 12-2 ▶ 공정가치 위험회피

(주)대륙무역은 2008. 11. 1 US$100 상품을 수출하고 대금은 5개월 후에 받기로 하다. 한편 (주)대륙무역은 수출대금(US$)의 원화(₩)에 대한 환율변동으로 인한 위험을 회피하기 위해 다음과 같은 통화선도거래 계약을 체결하였다.

● 2008년 결산일(12/31) 현재 할인율: 연 6%

계약체결일: 2008. 11. 1, 계약기간: 5개월(2008. 11. 1~2009. 3. 31)
계약조건: US$100을 ₩1,150 : US$1(통화선도환율)로 매도하기로 함
(환 율)

일 자	현물환율(₩ : US$)	통화선도환율(₩ : US$)
2008. 11. 1	1,100 : 1	1,150 : 1(만기 6개월)
2008. 12. 31	1,080 : 1	1,120 : 1(만기 3개월)
2009. 3. 31	1,180 : 1	

● 2008. 11. 1(계약일)

차변) 매 출 채 권	110,000	대변) 매 출	110,000

✎ $100×₩1,100=₩110,000
계약체결일 현재 약정환율과 선도환율이 $1 : ₩1,150이므로 공정가치와의 차액은 ₩0이다. 그러므로 통화선도거래에 대한 회계처리는 없다.

● 2008. 12. 31(결산일-일반회계)

차변) 외화환산손실	2,000	대변) 매 출 채 권	2,000

✎ $100×(₩1,080−₩1,100)=₩2,000

● 2008. 12. 31(결산일-통화선도거래)

차변) 통 화 선 도	2,957*	대변) 통화선도평가이익	2,957

* US$미지급 변동 $100×(₩1,120−₩1,150)=−₩3,000
통화선도평가이익−₩3,000/$(1+0.06)^{91/366}$=−₩2,957

● 2009. 3. 31(거래 종료일-통화선도거래)

차변)			대변)		
	현금	115,000		현금($)	118,000
	통화선도거래손실	5,957		통화선도	2,957

✎ US$100×1,180=₩118,000

제 2 절 단기매매금융자산

2.1 유가증권의 의의 및 분류

단기매매금융자산의 대표적 자산에는 유가증권 또는 파생금융자산이 있다. 유가증권은 가치가 화체된 증서로서 매매의 대상, 즉 교환가치를 지니는 증권이며 그 증권면에 가치가 표상되어 있다. 기업은 여유 자금 또는 특별한 목적으로 조달·형성된 자금으로 유가증권을 취득한다. 유가증권을 취득하는 목적은 일시적으로 여유 자금을 활용하여 이득을 수취할 목적과 특정한 기업의 유가증권(有價證券)을 취득하여 보유함으로써 배당수익(配當收益) 또는 이자를 수취할 목적 및 특정 기업체를 지배·종속시킬 목적 등에 의해 취득한다.

이와 같은 "유가증권"은 재산권을 나타내는 증권을 말하며, 실물이 발행된 경우도 있고, 명부에 등록만 되어 있을 수도 있다. 유가증권은 적절한 액면금액 단위로 분할되고 시장에서 거래되거나 투자의 대상이 된다고 정의하고 있다. 이와 같은 유가증권은 지분증권(持分證券)과 채무증권(債務證券)을 포함한 개념이다.

지분증권은 회사, 조합 또는 기금 등의 순자산에 대한 소유지분을 나타내는 유가증권(예: 보통주, 우선주, 수익증권 또는 자산유동화출자증권[1])과 일정금액으로 소유지분을 취득할 수 있는 권리(예: 신주인수권 또는 콜옵션) 또는 소유지분을 처분할 수 있는 권리(예: 풋옵션)를 나타내는 유가증권 및 이와 유사한 유가증권을 말한다.

---

1) 자산유동화에 관한 법률은 금융기관과 일반기업의 자금조달을 원활하게 하여 재무구조의 건전성을 높이고 장기적인 주택자금의 안정적인 공급을 통하여 주택금융기반을 확충하기 위하여 자산유동화전문회사(자산유동화업무를 전업으로 하는 외국법인을 포함)를 설립하도록 하고, 자산유동화전문회사 및 신탁업법에 의한 신탁회사(신탁업무를 겸영하는 은행을 포함)는 자산보유자로부터 유동화자산을 양도받아 이를 기초로 유동화증권을 발행하고, 당해 유동화자산의 관리·운용·처분에 의한 수익이나 차입금 등으로 유동화증권의 원리금 또는 배당금을 지급한다.

채무증권은 증권 발행자에 대하여 금전을 청구할 수 있는 권리를 표시하는 유가증권 및 이와 유사한 유가증권을 말한다. 채무증권은 국채증권, 공채증권(지방채 포함), 사채증권(전환사채 포함), 특별법에 의해 설립된 법인이 발행한 채권과 출자증권, 자산유동화채권 등이 포함된다. 그러나 창고증권, 화물상환증, 선하증권 등은 포함하지 않는다.

금융자산(유가증권)은 당기손익인식금융자산, 단기매매금융자산, 매도가능금융자산 및 만기보유금융자산 중 하나로 분류한다. 유가증권의 분류기준은 경영자가 유가증권 취득시의 실제적인 보유 의도와 능력 및 지정에 의한 보유 증권을 분류하며, 그 분류 내용에 따라 과목과 평가방법을 다르게 하여 회계처리한다. 즉 단기간 내의 매매차익을 목적으로 취득하고 매매가 빈번한 증권은 단기매매금융자산으로 분류하며 최초 취득시 단기손익인식금융자산으로 지정해야 한다. 만기까지 보유할 의도와 능력이 있는 증권을 취득한 경우는 만기보유금융자산으로 분류한다. 단기매매금융자산이나 만기보유금융자산으로 분류되지 아니하는 유가증권은 매도가능금융자산으로 분류한다. 특히 보유기간이 장기(1년 이상 또는 만기)이더라도 당기손익인식금융자산으로 지정할 수 있다.

만기가 확정된 채무증권으로서 상환금액이 확정되었거나 확정이 가능한 채무증권을 만기까지 보유할 적극적인 의도와 능력이 있는 경우에는 만기보유금융자산으로 분류한다. 그러나 당 회계연도와 직전 2개 회계연도 중에, 만기보유금융자산을 만기일 전에 매도하였거나 발행자에게 중도상환권을 행사한 사실이 있는 경우, 또는 만기보유금융자산의 분류를 매도가능금융자산으로 변경한 사실이 있다면, 보유중이거나 신규로 취득하는 모든 채무증권은 만기보유금융자산으로 분류할 수 없다. 보유기간이 만기까지 또는 1년 이상이더라도 최초 인식시점에서 당기손익인식금융자산으로 지정할 수 있다. 매도가능금융자산 및 만기보유금융자산에 관한 회계처리는 후술하는 비유동금융자산에서 기술한다.

2.2 단기매매금융자산의 재분류

금융자산(유가증권)의 보유의도와 보유능력 및 지정 여부에 변화가 있는 경우에는 그 분류를 변경해야 한다. 단기매매금융자산은 다른 금융자산 과목으로 분류 변경할 수 없으며, 다른 금융자산 과목의 경우에도 단기매매금융자산으로 분류변경을 할 수 없는 것이 원칙이나, 2008년 국제적인 금융위기로 인해 각국의 요구에 국제회계기준위원회는 이의 재분류를 허용할 예정에 있다. 따라서 현행

기업회계기준서 「제8호, 유가증권」에서는, 드문 상황에서 더 이상 단기간 내의 매매차익을 목적으로 보유하지 않는 단기매매금융자산은 매도가능금융자산이나 만기보유금융자산으로 재분류할 수 있다고 규정하고 있다. 또한 단기매매금융자산이 활성거래시장을 상실한 경우에는 매도가능금융자산으로 분류하여야 한다. 한편 매도가능금융자산은 만기보유금융자산으로 분류변경할 수 있으며, 만기보유금융자산은 매도가능금융자산으로 분류변경할 수 있다. 그러므로 원칙적으로는 금융자산(유가증권)의 재분류를 허용하는 과목은 만기보유금융자산과 매도가능금융자산이다. 분류변경시에는 당해 금융자산을 평가하며 이를 당기손익으로 인식한다.

2.3 단기매매금융자산의 최초인식

2.3.1 취득원가 결정

단기매매금융자산의 취득시의 취득원가는 취득을 위하여 제공한 대가의 시장가격(취득시점의 공정가치)에 의해 측정한다. 당해 거래에서 발생한 거래원가는 취득일이 속하는 기간의 비용으로 인식한다는 점은 전술한 바와 같다. 단기매매금융자산의 취득원가는 당해 금융자산의 취득시점의 공정가치를 초과할 수 없다. 또한 단기매매금융자산의 원가를 결정할 때에는 개별법, 가중평균원가법(이동평균법) 또는 다른 합리적인 방법을 사용하되, 동일한 방법을 매기 계속 적용한다.

유가증권을 취득하면 단기매매금융자산계정을 설정하고 이 계정에 차기(借記)한다. 이때 차기할 금액을 취득원가라 하며, 단기매매금융자산의 취득과 관련한 부대비용(附帶費用), 유가증권 취득수수료(중개인 수수료 등), 증권거래소 수수료, 세금 등은 비용처리한다. 단기매매금융자산의 기장 내용에 대한 그림과 유가증권의 취득에 관한 예시를 참고하기 바란다. 최초 인식 후 파생상품자산을 포함한 금융자산은 공정가치로 측정한다. 여기서 공정가치는 매도 등에서 발생할 수 있는 거래원가를 차감하지 않은 금액이다.

단기매매금융자산

차변	대변
전기이월액	단기매매금융자산 처분
단기매매금융자산 취득	잔액(차기이월액)

◀ 예시 12-3 ▶ 단기매매금융자산 취득

● 8/12 (주)허풍의 주식 100주(액면 ₩10,000)를 (주)대신증권을 통해 주당 ₩12,000에 취득하고, 취득수수료 ₩50,000과 함께 수표를 발행하여 지급하였다. 이 유가증권은 단기매매차익을 위한 목적으로 취득한 것이다.

차변)		대변)	
단기매매금융자산	1,250,000	당좌예금	1,250,000
증권수수료	50,000		

2.3.2 단기매매금융자산의 단위원가 산정

여러 종류의 유가증권을 수 회에 걸쳐 취득할 때, 유가증권의 단가(單價)를 산정하는 방법에는 개별법, 가중평균법, 기타 합리적 방법을 종목별로 적용하여 산정한다. 왜냐하면 유가증권은 동일 종목이라 하더라도 취득하는 시점에 따라 그 취득단가가 다르기 때문이다. 전기와 같은 방법으로 산정한 단가를 적용하여 처분시 처분된 유가증권의 원가로 한다. 가중평균법은 새로운 유가증권을 취득할 때마다 직전의 잔액과 새로 취득한 유가증권을 가산한 것을 그 취득수량으로 나누어 단가를 계산하는 방법이다. 가중평균법에 의한 단가산정의 방법을 예시하면 다음과 같다.

◀ 예시 12-4 ▶ 단기매매금융자산 단위원가 산정

● 8월 동안 (주)광양 주식의 취득 및 처분에 관한 거래는 다음과 같다.

8/ 6	100주 단가 ₩1,000 취득
8/12	300주 단가 ₩1,300 취득
8/20	400주 단가 ₩1,200 취득
8/25	600주 처분
8/28	200주 단가 ₩1,000 취득

위 자료에 의해 가중평균법에 의한 단가를 산정하시오.

가중평균법

2001		취득			처분			잔고		
		수량	단가	금액	수량	단가	금액	수량	단가	금액
8	6	100	1,000	100,000				100	1,000	100,000
〃	12	300	1,300	390,000				400	1,225	490,000
〃	20	400	1,200	480,000				800	1,212.5	970,000
〃	25				600	1,212.5	727,500	200	1,212.5	242,500
〃	28	200	1,000	200,000				400	1,106.25	442,500

제 3 절 단기매매금융자산 손익인식

3.1 보유중 손익

단기매매금융자산으로부터 발생하는 수익은 배당금수익과 이자수익의 두 종류가 있으며, 이는 당기의 손익으로 처리한다. 지분증권으로부터는 배당금수익 그리고 채무증권으로부터는 이자수익이 발생한다. 또한 최초 취득 이후 기말에 공정가치에 의한 평가를 하며 평가손익이 인식된다.

◀ 예시 12-5 ▶ 단기매매금융자산의 수익

(1) 지분증권의 수익

- 4/17 국지메카니즘(주)는 (주)아시안테크닉의 보통주 350,000주(1주 액면 ₩50,000, 지분비율 17%)에 대한 현금배당금 ₩875,000,000을 당좌수표로 영수하였다. 이 주식은 단기매매금융자산으로 지정됨.

차변) 현 금 875,000,000	대변) 배당금수익 875,000,000

(2) 채무증권의 수익

- 12/31 오필승코리아(주)는 소유하고 있던 대부유전개발(주) 발행 사채 액면 ₩72,000,000(표시이자율 연 10%, 이자지급일 매년 12월 31일)에 대한 이자 ₩7,200,000 중 ₩5,000,000을 현금으로 영수하였다. 잔액은 1개월 후에 받기로 하였으며, 당해 사채는 당기손익인식금융자산으로 분류하였음.

차변) 현 금	5,000,000	대변) 이자수익	7,200,000
미수이자수익	2,200,000		

3.2 단기매매금융자산의 공정가치 측정

기말 결산일이 되면 단기매매금융자산에 대한 적절한 평가를 하여 이를 재무상태표 가액으로 표시함으로써 회계정보이용자들에게 목적적합한 정보를 제공할 수 있다. 따라서 기업회계기준서는 단기매매금융자산은 공정가치(fair value)[2]로 평가하도록 하고 있다. 시장성 있는 유가증권은 시장가격(활성거래시장의 가격고시액)을 공정가치로 보며 시장가격은 재무상태표일 현재의 종가로 한다.[3]

공정가치는 유가증권을 보유하는 기업이 계속 존속한다는 가정하에 성립하는 가격이다. 따라서 청산이나 주요 사업의 중단에 따라 강요되거나 불리한 조건의 매각거래에서 형성되는 가격은 공정가치로 볼 수 없다. 그러나 현금을 확보하기 위하여 단기매매금융자산을 시급히 처분하여야 하는 상황과 같이 단기매매금융자산 보유기업의 재무적 상황이 공정가치의 결정에 영향을 미치는 경우도 있으며, 이러한 경우 처분가액은 공정가치로 볼 수 있다.

3.3 단기매매금융자산 평가에 관한 회계처리

직접법은 단기매매금융자산의 장부금액과 기말 평가액을 비교한 결과 평가액이 장부금액에 미달하는 경우에는 평가손실이 발생하며, 그 반대의 경우는 평가이익이 발생한다. 평가손실이 발생하는 경우에는 그 손실액을 직접 당해 단기매매금융자산계정에서 차감하고 평가손실을 인식하며, 반대의 경우는 평가이익을 인식함과 동시에 그 증가된 만큼의 금액을 당해 단기매매금융자산계정에 가산하는 방법이다.

---

2) 시장가격은 재무상태표일 현재의 종가로 한다. 다만, 재무상태표일 현재의 종가가 없으며 재무상태표일과 해당 유가증권의 직전 거래일 사이에 중요한 경제적 상황의 변화가 없는 경우에는 직전 거래일의 종가로 할 수 있다. 중요한 경제적 상황의 변화가 있는 경우에는 그 변화의 영향을 직전 거래일의 종가에 적절히 반영하여 공정가치를 추정한다.

3) 한국증권거래소가 개설한 유가증권시장, 한국증권업협회가 운영하는 중개시장(KOSDAQ; Korea Securities Dealers Association), 또는 공신력 있는 외국 증권거래시장(뉴욕증권거래소, 런던증권거래소 등)에서 거래되는 유가증권은 시장성 있는 유가증권으로 본다.

간접법은 단기매매금융자산의 기말 평가시에 손익을 인식하는 것은 미실현 손익을 인식하는 것이므로, 단기매매금융자산의 처분 등으로 인한 손익의 실현 이전에는 해당 유가증권의 장부금액을 직접 증감시키지 않는 방법이다. 따라서 장부금액과 평가액과의 차액을 단기매매금융자산계정에 직접 가감하는 회계처리를 하는 대신 유가증권에 부가 또는 차감하는 평가계정인 유가증권조정, 공정가치조정, 유가증권평가조정 등의 적절한 계정과목을 설정하여 회계처리할 수 있다.

그렇게 함으로써 단기매매금융자산의 장부금액은 취득원가를 계속 유지하게 되며, 재무상태표에는 평가계정의 금액을 단기매매금융자산계정에 부가 또는 차감하는 형식으로 기재하게 된다. 당해 유가증권이 양도(처분)될 때 평가계정을 소멸시켜 처분손익에 반영함으로써 실현손익을 인식하게 된다. 회계처리를 예시하면 다음과 같다.

(1) 장부금액 < 공정가치일 때

차변) 단기매매금융자산 ××× 대변) 단기매매금융자산평가이익 ×××

(평가이익) 단기매매금융자산

차변	대변
전기이월액	당기처분액
당기취득액	잔액(차기이월액) (재무상태표 가액)
평가이익액(가산액)	

(2) 장부금액 > 공정가치일 때

차변) 단기매매금융자산평가손실 ××× 대변) 단기매매금융자산 ×××

(평가손실) 단기매매금융자산

차변	대변
전기이월액	평가손실액(차감액)
당기취득액	잔액(차기이월액) (재무상태표 가액)

제 4 절 단기매매금융자산 평가방법

4.1 원 가 법

원가법은 기말 결산일 현재 단기매매금융자산의 가치가 변동되어도 취득 당시의 원가를 재무상태표 가액으로 하는 방법이다. 이는 다른 평가방법에 의한 방법보다는 그 평가액이 검증 가능하다는 장점을 갖는 방법이다. 그러나 단기매매금융자산의 기말 가액을 적절히 표시하지 못한다는 단점이 있다. 따라서 이 방법에서는 기말 결산일에 별도의 회계처리가 없다.

4.2 저 가 법

저가법(lower of cost or market)은 보수주의 회계관습에 따라 평가하는 방법으로서 장부금액과 공정가치를 비교하여 낮은 가격으로 평가한 금액을 재무상태표에 표시하는 방법이다. 따라서 저가법에서는 평가이익은 인식하지 않으며 평가손실만을 인식하게 되어 자산의 가격을 낮게 기록하고 그 결과 이익을 낮게 보고하는 효과를 갖는다.

4.3 공정가치법

공정가치법(fair value method)은 기업회계기준서에서 제시하고 있는 방법으로써, 단기매매금융자산의 취득 이후 기말 결산일에 단기매매금융자산의 시장가격 변동에 대한 평가가 이루어져야 한다. 기업회계기준서에서는 결산일 현재의 공정가치를 기준으로 평가하고, 그 장부금액과 공정가치(평가액)와의 차액인 평가손익을 당기손익으로 인식한다.

보유하고 있는 단기매매금융자산의 공정가치 변동액을 당기손익에 포함하는 이유는, 그 경제적 효과를 당기순이익에 반영함으로써 보다 유용한 회계정보를 제공할 수 있기 때문이다. 공정가치의 변동이 미실현손익임에도 불구하고 이를 당기손익에 포함시키는 것은 공정가치의 변동이 발생한 회계기간에 그 효과를 보고함으로써 현재의 주주들에게 주주지분의 변동과 그 성과에 대하여 적절한 보고를 할 수 있기 때문이며, 보다 더 목적적합한 재무정보를 제공하기 위함이다. 평가손익 발생시 회계처리 과목은 '단기매매금융자산평가(손)익'으로 한다.

4.4 지 분 법

기업회계기준은 유가증권 중 특정 회사의 주식을 20% 이상 취득한 경우에 지분법을 택하여 회계처리하도록 하고 있으며, 과목의 분류도 지분법적용투자주식 또는 관계기업투자주식으로 분류 설정한다. 이에 대해서는 후술하는 비유동금융자산에서 다루기로 한다. 또한 단기매매금융자산의 경우는 지분법에 의한 회계처리를 하지 않으며, 매도가능금융자산의 경우 가능한 평가방법이다.

◀ 예시 12-6 ▶ 단기매매금융자산 평가 (1)

● 12/31 8/7일에 매입하여 보유하고 있던 유가증권(단기매매금융자산)의 장부금액과 공정가치는 다음의 자료와 같다. 공정가치법으로 평가하시오.

증권의 종류	장부금액	공정가치
A주식	280,000	290,000
B주식	550,000	500,000
C주식	750,000	500,000
계	₩1,580,000	₩1,290,000

(회계처리)

12/31 차변) 단기매매금융자산 평가손실 290,000 대변) 단기매매금융자산 290,000

단기매매금융자산

8/7	당좌예금	1,580,000	12/31	단기매매금융자산평가손실	290,000
			〃	차 기 이 월	1,290,000
		1,580,000			1,580,000
1/1	전기이월	1,290,000			

◀ 예시 12-7 ▶ 단기매매금융자산 평가 (2)

● 2002. 12/31 2002. 4. 16일에 취득했던 (주)영광과 (주)메트로의 사채에 대한 자료는 다음과 같다. 기말 결산일인 12월 31일의 회계처리를 하시오.

증권의 종류	장부금액	공정가치
(주)영광 사채	5,650,000	6,050,000
(주)메트로 사채	7,200,000	7,100,000
계	12,850,000	13,150,000

(회계처리)

차변) 단기매매금융자산 300,000 대변) 단기매매금융자산 평가이익 300,000

단기매매금융자산

4/16	당좌예금	12,850,000	12/31	차 기 이 월	13,150,000
12/31	단기매매금융자산평가이익	300,000			
		1,3150,000			13,150,000
1/ 1	전기이월	13,150,000			

제 5 절 금융자산의 제거

5.1 금융자산의 제거

5.1.1 제거조건

보유하고 있던 금융자산(유가증권)의 현금흐름에 대한 계약상의 권리가 소멸하거나 금융자산을 양도함으로써 금융자산을 장부상에서 제거한다. 금융자산을 양도한 경우는 금융자산의 현금흐름을 수취할 계약상 권리를 양도한 경우이다. 또한 금융자산 양도자는 금융자산의 소유에 따른 위험과 보상의 보유 정도를 평가하여 다음과 같이 회계처리한다.

(1) 양도자가 금융자산의 소유에 따른 위험과 보상의 대부분을 이전하면, 당해 금융자산을 제거하고 양도함으로써 발생하거나 보유하게 된 권리와 의무를 각각 자산과 부채로 인식한다.

(2) 양도자가 금융자산의 소유에 따른 위험과 보상의 대부분을 보유하면, 당해 금융자산을 계속하여 인식한다.

⑶ 양도자가 금융자산의 소유에 따른 위험과 보상의 대부분을 보유하지도 아니하고 이전하지도 아니하면, 양도자가 당해 금융자산을 통제하는지를 결정하여 다음과 같이 회계처리한다.

① 양도자가 금융자산을 통제하고 있지 아니하면, 당해 금융자산을 제거하고 양도함으로써 발생하거나 보유하게 된 권리와 의무를 각각 자산과 부채로 인식한다.

② 양도자가 금융자산을 통제하고 있다면, 당해 금융자산에 대하여 지속적으로 관여하는 정도까지 당해 금융자산을 계속하여 인식한다.

5.1.2 위험 · 보상의 계속 보유

제거 조건을 충족하지 못하는 양도는 양도자가 양도자산의 소유에 따른 위험과 보상의 대부분을 보유하고 있기 때문에 양도자산이 제거되지 않는다면, 그 양도자산 전체를 계속하여 인식하며 수취한 대가를 금융부채로 인식한다. 양도자는 후속기간에 양도자산에서 발생하는 모든 수익과 금융부채에서 발생하는 모든 비용을 인식한다.

양도자가 양도자산의 소유에 따른 위험과 보상의 대부분을 보유하지도 아니하고 이전하지도 아니하며, 양도자가 양도자산을 통제하고 있다면, 그 양도자산에 대하여 지속적으로 관여하는 정도까지 그 양도자산을 계속하여 인식한다. 금융자산의 정형화된 매입이나 매도는 매매일 또는 결제일에 인식하거나 제거한다. 결과적으로 금융자산의 양도로 금융자산 보유자가 금융자산의 통제를 상실한[4] 때에는 그 금융자산을 장부상에서 제거한다.

5.1.3 통제권 상실

유가증권의 통제를 상실하지 않고 유가증권을 양도하는 경우는 유가증권을 담보로 제공하고 차입하는 거래로 본다. 따라서 이는 재무상태표에 계속 보고해야 한다. 유가증권의 양도에 의해 유가증권의 통제권을 상실하는 경우는 주로 대가를 받고 처분하거나, 다른 자산과 교환하는 경우가 일반적이다.

어떤 경우에도 유가증권에 대한 통제를 상실한 때에는 아래의 ①과 ②의 차이 금액을 실현보유손익으로서 단기매매금융자산처분손실 또는 단기매매금융자산처분이익으로 하여 당기손익으로 처리한다. 즉, 유가증권은 양도시점에 실현

4) 유가증권의 통제를 상실한 경우란 유가증권의 경제적 효익을 획득할 수 있는 권리를 전부 실현한 때, 그 권리가 만료된 때, 또는 그 권리를 처분한 때를 말한다.

된 것으로 보며, 보유 유가증권의 일부분이 통제권이 상실된 경우에는 상실된 부분에 비례하여 실현손익에 대한 인식액을 측정한다.

> ① 유가증권을 양도한 대가로 받았거나 받을 금액
> ② 유가증권의 장부금액

단기매매금융자산에 대한 통제를 상실한 경우란 단기매매금융자산의 경제적 효익을 획득할 수 있는 권리를 전부 실현한 때, 그 권리가 만료된 때, 또는 그 권리를 처분한 때를 말한다. 단기매매금융자산의 양도에 따른 실현손익을 인식하기 위해 양도한 단기매매금융자산의 원가를 결정할 때에는 개별법, 가중평균원가법 또는 다른 합리적인 방법을 사용하되, 동일한 방법을 매기 계속 적용한다 함은 전술한 바와 같다.

5.2 단기매매금융자산처분손익 인식

취득한 단기매매금융자산은 적절한 단기간 내에 처분하게 되는데 처분된 단기매매금융자산의 취득원가(또는 장부금액)를 단기매매금융자산계정에 대기(貸記)하여 제거하고 처분가액과 취득원가(또는 장부금액)와의 차액을 '단기매매금융자산처분이익 또는 단기매매금융자산처분손실'로 하여 당기손익으로 처리한다. 당기손익인식금융자산으로 지정된 경우에도 회계처리는 동일하며, 당기손익인식금융자산처분(손)익계정을 설정하여 회계처리하며, 단기매매금융자산처분(손)익과 함께 처분(양도)이 이루어진 연도가 속하는 기간의 당기손익으로 처리한다.

◀ 예시 12-8 ▶ 금융자산의 양도

(1) 단기매매금융자산(주식) 양도

● 10/ 8 (주)무등프랜트는 보유하고 있던 (주)허풍의 단기매매차익 목적의 주식 80주(장부금액 ₩960,000)를 주당 ₩15,000에 처분하고 대금은 수표로 받았다.

차변) 현 금	1,200,000	대변) 단기매매금융자산	960,000
		단기매매금융자산처분이익	240,000

⑵ 단기매매금융자산(사채) 양도

● 12/10 (주)고려무역은 보유하고 있던 대한해양탐사(주)의 사채 액면 ₩500,000 (장부금액 ₩420,000)을 ₩400,000에 처분하고 대금은 당좌수표로 받았다.

차변)		대변)	
현금	400,000	단기매매금융자산	420,000
단기매매금융자산처분손실	20,000		

● 12/18 (주)무등프랜트는 보유하고 있던 단기매매금융자산 중 (주)허풍의 사채(액면 ₩1,000,000)를 만기일에 수표로 상환받았다.

차변)		대변)	
현금	1,000,000	단기매매금융자산	1,000,000

연 습 문 제

■ [12-1] 다음을 간단히 설명하시오.

(1) 지분증권의 의의 및 종류

(2) 채무증권의 의의 및 종류

(3) 유가증권의 과목 분류기준과 유가증권의 분류상의 종류

(4) 단기매매금융자산의 의의

(5) 유가증권의 평가기준

(6) 유가증권의 단가산정 방법

■ [12-2] 다음 거래를 분개하시오.

(1) 영진주식회사의 주식 20주 @₩12,000을 취득하고 대금은 수표를 발행하여 지급하였다. 단, 당해 주식은 1년 내에 처분할 목적임.

(2) Cornfield Co. Ltd.의 주식 50주 @₩45,000에 현금으로 취득하였다. 단, 당해 주식은 1년 후에 처분할 계획임.

(3) 도로공채 30권을 @₩8,000에 현금으로 취득하였으며, 단기간 내에 처분할 목적임.

(4) 굴지건설(주)가 발행한 사채 100권을 @₩50,000에 취득하고 대금은 당좌수표를 발행하여 지급하였다. 단, 당해 사채는 만기까지 이자수익을 수취할 목적으로 취득한 것임.

(5) 영진주식회사의 주식 80주를 추가로 취득하고 대금 @₩11,000을 수표를 발행하여 지급하였다.

(분 개)

	차 변	대 변
(1)		
(2)		
(3)		
(4)		
(5)		

■ [12-3] 다음의 일련의 거래를 분개하고 금융자산계정에 전기하시오.

11/ 1 현대 미케닉스사의 사채 액면 ₩10,000,000을 조선무역상사로부터 2003년 11월 1일에 ₩7,800,000에 취득하고 대금은 수표를 발행하여 지급하였으

며, 경과이자는 현금으로 지급하였다. 단, 당해 사채의 발행일자는 1월 1일이며 이자지급일은 12월 31일이다. 또한 액면이자율은 연 10%이다. 단, 단기매매목적으로 투자함.

11/10 뷰티 로드마킹사의 주식 100주 @₩35,000을 취득하고 증권수수료 ₩20,000과 함께 수표를 발행하여 지급하였다. 단, 당해 주식은 단기투자 목적이다.

12/15 뷰티 로드마킹사의 주식 50주를 주당 ₩50,000에 처분하고 대금은 수표로 영수하였다.

12/19 현대 미케닉스사의 사채 50%를 ₩5,000,000에 처분하고 경과이자와 함께 당좌수표로 영수하였다.

12/20 태백에너지(주)의 주식 10주를 주당 200,000에 취득하고 증권수수료 등 부대비용 ₩43,000과 함께 수표를 발행하여 지급하였다. 투자는 단기자금 운용 목적으로 이루어졌다.

12/31 현대 미케닉스사로부터 사채이자 ₩500,000을 현금으로 영수하였다.

(분 개)

	차 변	대 변
11/ 1		
11/10		
12/15		
12/19		
12/20		
12/31		

(2) 계정에의 기장

( )

■ **[12-4]** 다음 거래를 분개하시오(일련의 거래임).

6/22 부시엔조이(주) 발행 주식 300주를 주당 ₩20,000에 취득하고 부대비용 ₩60,000과 함께 현금으로 지급하였다. 단기투자 목적으로 취득함.

10/ 1 파월장비(주) 발행 사채 액면 ₩30,000,000을 ₩27,000,000에 취득하고 대금은 수표를 발행하여 지급하였다. 단기간 보유할 목적임.

10/13 부시엔조이(주) 주식 20주를 주당 ₩32,000에 처분하고 대금은 수표로 영수하였다.

11/20 파월장비(주)의 사채 액면 ₩10,000,000을 ₩8,700,000에 처분하고 대금은 현금으로 영수하였다.

12/31 결산일에 전기 주식을 공정가치을 측정하기 위해 증권거래소의 종가를 확인한 결과 주당 ₩20,700이었다.

12/31 상기 사채의 기말 결산일 현재 공정시장가액은 ₩18,000,000이었다.

(분 개)

	차 변	대 변
6/22		
10/ 1		
10/13		
11/20		
12/31		
12/31		

■ **[12-5]** 다음 보유 주식(단기투자 목적)을 원가법, 저가법, 공정가치법으로 각각 기말평가를 하고, 공정가치법에 의한 평가시의 계정에 전기하시오. 단, 모든 주식은 단기투자 목적으로 취득한 것임. 대금결제는 모두 현금으로 함.

보유 주식의 취득원가 및 공정시장가액

취득일	발행회사	취득원가	공정시장가액
2/10	월드케미칼(주)	34,500,000	33,100,000
7/19	무진기계(주)	6,500,000	7,000,000
9/28	하이웨이교통(주)	3,000,000	2,700,000
10/28	창조미건축(주)	48,000,000	50,000,000
	계	₩92,000,000	₩92,800,000

(1) 평가회계처리

	차 변	대 변
원 가 법		
저 가 법		
공정가치법		

(2) 계정에의 기장(공정가치법)

( )

( )

■ [12-6] 다음 유가증권계정과 수정 후 잔액시산표를 참고하여 4/13, 8/20, 12/31일의 거래를 추정하시오.

매도가능금융자산

1/ 1	전기이월	950,000	8/20	현 금	4,000,000
4/13	당좌예금	3,360,000			

잔액시산표(수정 후)
(2003년 12월 31일)

현금 및 현금성자산	550,000	단 기 차 입 금	210,000
·	·	매 입 채 무	140,000
매도가능금융자산	280,000	·	·
·	·	·	·
·	·	자 본 금	10,000,000
매도가능금융자산평가손실	30,000	이 익 잉 여 금	5,000,000
·	·	매도가능금융자산처분이익	700,000
·	·	·	·
	××××		××××

(거래추정)

4/13	
8/20	
12/31	

■ [12-7] 다음 결산일 현재의 자료에 의해 저가법으로 평가하시오. 단, 기업회계기준에 의하여 아래의 증권은 단기매매금융자산으로 분류된 것임.

(자 료)

종 목	원 가	공정가치(결산일)
A주식	550,000	510,000
B사채	770,000	740,000
C국채	990,000	1,000,000
계	₩2,310,000	₩2,250,000

(저가법 평가시의 회계처리)

	차 변	대 변
12/31		

■ [12-8] (주)정도는 2003년 1월 5일에 다음과 같은 유가증권을 취득하였으며, 구체적인 내용은 다음과 같다. 단, 유가증권은 단기매매목적으로 취득한 것이며, 공정가치법에 의해 평가함.

유가증권 취득 내역 및 공정가치

유가증권 종류	수 량	취득원가 (주당가격)	2003. 12. 31 (주당가격)	2004. 3. 10 처분
주식(갑)	1,000주	₩15,000	₩35,000	현금처분 @₩20,000
주식(을)	500주	₩50,000	₩45,000	
사채(A)	10권	₩500,000	₩400,000	
사채(B)	20권	₩200,000	₩230,000	

1) 2003년 1월 5일

차변) 대변)

2) 2003년 12월 31일

차변) 대변)

3) 2004년 3월 10일

차변) 대변)

■ [12-9] (주)사무엘자동차는 (주)한민족철강의 주식을 취득한 바 있다. 기말 결산일에 공정가치에 의해 평가해야 하므로 공정가치의 선택을 하고자 한다. 적절한 공정가치를 선택하여 평가한 결과 당해 유가증권의 재무상태표 가액은 얼마인가?

1) 2003년 4월 10일 주식 100주 주당 ₩10,000

2) 결산일의 공정가치:

한국증권거래소 결산일 종가	증권업협회 고시가격	공인감정평가사의 감정가격
1주당 금액: ₩13,000	1주당 금액: ₩15,000	1주당 금액: ₩11,000

재무상태표 가액: ₩____________________

■ [12-10] 다음 유가증권을 저가법과 공정가치법에 의한 재무상태표 가액을 비교 표시하시오. 단, 단기매매목적으로 취득한 것임.

유가증권 취득 내역 및 공정가치

유가증권 종류	수 량	취득원가	2003. 12. 31(공정가치)
(주)진도 주식	700주	@₩20,000	@₩30,000
(주)해양 주식	250주	@₩25,000	@₩21,000
(주)영샘 사채	20권	@₩300,000	@₩270,000
(주)갑수 사채	50권	@₩150,000	@₩170,000

(2003년 12월 31일 재무상태표 가액)

과 목	저 가 법	공정가치법
단기매매금융자산	₩	₩

■ [12-11] 다음 거래를 일자별로 분개하고 매도가능금융자산의 재무상태표 표시 가액을 쓰시오.

10/ 2 계림상사(주)는 유휴자금을 단기간 운용할 목적으로 다음과 같은 주식에 현금 투자하였다. 공정가치법에 의해 평가함.

A주식 100주 주당 ₩15,000, 비용 ₩10,500

B주식 150주 주당 ₩13,500, 비용 ₩11,500

C주식 170주 주당 ₩7,000, 비용 ₩8,500

10/16 B주식으로부터 배당금 ₩60,000을 현금으로 수취하다.

11/20 상기 A주식 50주를 주당 ₩18,000에 처분하고 대금은 당좌수표로 받다.

12/31 상기 주식의 공정시장가격은 다음과 같다.

A주식 @₩13,000

B주식 @₩17,500

C주식 @₩7,500

날짜	차 변		대 변	
10/ 2				
10/16				
11/20				
12/31				
재무상태표 가액		₩		

■ **[12-12]** 다음과 같은 K상사의 주식의 취득과 관련한 거래에 의해 날짜순으로 분개하고, 매도가능금융자산의 재무상태표 보고액을 쓰시오. 기업회계기준에 의함.

2003. 6/20 취득(₩780,000)

2003. 12/31 평가(결산일 현재 공정가치 ₩747,000)

2004. 3/25 주식배당액(100주, ₩480,000)

날 짜	차 변		대 변	
2003. 6/20				
2003. 12/31				
2004. 3/25				
재무상태표 가액		₩		

■ **[12-13]** 유휴자금의 일시적 운용을 위한 다음의 증권관련 거래를 분개하고 결산일인 12월 31일 현재 당기손익은 얼마인가? 단 당해거래 이외의 비용총액은 ₩720,000이며, 수익총액은 ₩1,070,000이다. 저가법에 의함.

3/20 전년도에 취득했던 Dream Cyber(주) 주식 200주(장부금액 ₩2,300,000)에 대한 배당금 ₩100,000을 현금으로 수취하다.

6/18 Young상사(주)의 주식 1,000주를 주당 ₩5,600에 수표를 발행하여 취득하다.

7/ 1 OK상사(주)의 사채 액면 ₩1,000,000(상환기간 5년, 연이자율 7%, 이자지급일 12/31)을 ₩950,000에 취득하고 대금은 현금을 지급하다.

12/31 상기 증권의 증권거래소 결산일 직전일의 종가는 다음과 같다.
Dream Cyber(주): 주당 ₩11,000
Young상사(주): 주당 ₩5,000
OK상사(주): ₩965,000

날짜	차 변		대 변	
3/20				
6/18				
7/ 1				
12/31				
당기순손실		₩		

■ **[12-14]** 다음 주식에 관한 자료에 의해 저가법, 시가법, 원가법에 의한 수익 또는 비용의 증감액을 쓰시오.

	취득원가	결산일의 공정시가
	A주식 300주 주당 ₩ 8,000	주당 ₩ 8,500

B주식 500주 주당 ₩12,000 주당 ₩14,500

C주식 50주 주당 ₩52,000 주당 ₩51,000

평가방법	수익 · 비용	
	증 가 액	감 소 액
저 가 법		
시 가 법		
원 가 법		

■ [12-15] 부분 잔액시산표와 추가정보에 의해 이를 반영한 부분 잔액시산표를 작성하시오.

차 변		대 변	
현금 및 현금등가물	957,500	매 입 채 무	388,000
소 액 현 금	250,000	단 기 차 입 금	1,700,000
현 금 과 부 족	372,000	자 본 금	5,000,000
단기매매금융자산	1,450,000	·	
·		매 출	7,300,000
매 입	3,700,000	이 자 수 익	615,000
이 자 비 용	480,000	유형자산처분이익	835,000
·		·	
·		·	

(추가정보)

1) 소액현금 지출보고서 내용(수시자금전도제도)

 문방구 ₩64,000

 교통통신비 ₩38,500

 수도광열비 ₩27,000

2) 결산일 현재 현금과부족 원인 발견내용

 (1) 단기 처분목적의 주식 ₩120,000의 취득 내용이 기장누락

 (2) 이자비용 ₩75,000의 기장누락

 (3) 단기차입금 상환액 ₩100,000의 기장누락

3) 주식의 결산일 직전일의 종가: ₩1,365,000

(부분 잔액시산표)

차 변		대 변	

제13장
수취채권 및 채무

제13장 수취채권 및 채무

제1절 대 여 금

1.1 대여금의 정의

기업회계기준서 제1039호에서는 대여금을 지급금액이 확정되었거나 확정될 수 있으며 활성거래시장에서 가격이 공시되지 않은 비파생금융자산[1]이라고 정의하고 있으며, 다음 경우의 비파생금융자산은 제외하도록 하고 있다.

(1) 즉시 또는 단기간 내에 매각할 의도가 있는 금융자산(이 경우 단기매매항목으로 분류한다)과 최초 인식시점에 당기손익인식항목으로 지정한 금융자산

(2) 최초 인식시점에 매도가능금융자산으로 지정한 금융자산

(3) 채무자의 신용악화를 제외한 다른 이유 때문에 최초 투자액의 대부분을 회수하지 못할 수도 있는 금융자산. 이 경우에는 매도가능금융자산으로 분류하여야 한다.

기업은 여유자금을 여러 방안을 고려하여 운용하며, 부동산 투자, 유가증권 등 기타의 금융자산에 투자 등을 고려하게 된다. 금융자산인 대여금은 최초 발생시에 금융상품의 네 가지 범주(당기손익인식금융자산, 대여금 및 수취채권, 매도가능금융자산, 만기보유금융자산) 중 당기손익인식금융자산으로 지정하거나, 아니면 다

---

1) 파생상품은 다음 세 가지 특성을 모두 가진 금융상품 또는 계약을 말한다.

(1) 기초변수의 변동에 따라 가치가 변동한다. 기초변수는 이자율, 금융상품가격, 일반상품가격, 환율, 가격 또는 비율의 지수, 신용등급이나 신용지수 또는 기타 변수를 말한다. 다만, 비금융변수의 경우에는 계약의 당사자에게 특정되지 아니하여야 한다.

(2) 최초 계약시 순투자금액이 필요하지 않거나 시장요소의 변동에 유사한 영향을 받을 것으로 기대되는 다른 유형의 계약보다 적은 순투자금액이 필요하다.

(3) 미래에 결제된다.

른 범주의 금융자산과 구분하여, 독립적인 '대여금 및 수취채권' 등의 과목으로 재무상태표에 표시해야 한다. 당기손익인식금융자산으로 지정하기 위해서는 기술한 바와 같이 활성거래시장에서 가격이 공시되는 경우이어야 한다. 당기손익인식금융자산의 지정 요건은 다음 요건 중 하나의 요건을 충족해야 지정할 수 있도록 하고 있다.

(1) 단기매매항목으로 분류된다.

금융자산이나 금융부채는 다음 중 하나에 해당하면 단기매매항목으로 분류된다.

① 주로 단기간 내에 매각하거나 재매입할 목적으로 취득하거나 부담한다.

② 최근의 실제 운용형태가 단기적 이익획득 목적이라는 증거가 있으며, 그리고 공동으로 관리되는 특정 금융상품 포트폴리오의 일부이다.

③ 파생상품이다(다만, 위험회피수단으로 지정되고 위험회피에 효과적인 파생상품은 제외한다).

(2) 최초 인식시점에 당기손익인식항목으로 지정한다.

다음 중 하나 이상을 충족하여 더 목적적합한 정보를 제공하는 경우에만 당기손익인식항목으로 지정할 수 있다.

① 당기손익인식항목으로 지정하면, 서로 다른 기준에 따라 자산이나 부채를 측정하거나 그에 따른 손익을 인식함으로써 발생할 수 있는 인식이나 측정상의 불일치가 제거되거나 상당히 감소된다.

② 문서화된 위험관리전략이나 투자전략에 따라, 금융상품 집합(금융자산, 금융부채 또는 금융자산과 금융부채의 조합으로 구성된 집합)을 공정가치기준으로 관리하고 그 성과를 평가하며 그 정보를 이사회, 대표이사 등 주요 경영진에게 공정가치기준에 근거하여 내부적으로 제공한다.

1.2 대여금의 평가 및 손익인식

대여에 관한 의사결정은 수익성 및 투자의 위험성을 고려하여 의사결정을 한다. 단기대여금(短期貸與金)은 여유자금의 일부를 개인 또는 다른 법인에게 대여하는 것으로서 여기에는 일정한 기간, 이자율 등에 관한 약정을 한다. 주된 수익은 일정한 기간 동안 약정된 이자율에 의한 이자를 수취하는 것이 목적이다. 또한 대여하는 기간이 단기인 경우에 단기대여금이라 한다. 1년기준(one year rule)에 의해 대여기간이 1년 이내이면 단기대여금이라 하며 유동자산으로 분류할 수 있으며, 그 기간이 1년을 초과하면 장기대여금으로서 투자자산으로 분류할 수 있다. 총계정원장의 대여금 계정 기장내용은 아래의 그림과 같다.

대 여 금

대여한 금액	상환받은 금액(회수액)
	잔액(차기이월액)

1.2.1 대여금의 최초 측정

대여금의 최초 인식은 일정한 자금을 대여했을 때이다. 자금을 대여할 때에는 대여액의 규모, 대여기간(만기일), 이자율, 이자지급일 등을 약정한다. 대여할 때 그 계약의 내용을 명확히 하기 위해 증서(대여 약정서, 차용증서, 어음) 등을 수수한다. 특히 어음을 받고 대여하는 경우는 다른 증서에 의한 대여의 경우보다 당해 채권의 자유로운 양도 등 때문에 더 유용할 수 있다. 대여시에 회계처리는 위의 그림에서와 같이 대여금계정의 차변에 기장하고, 만기가 되어 회수되었을 때에는 대기(貸記)하며, 기말 결산일 현재의 잔액은 차기이월하고 이를 재무상태표에 표시한다.

◀ 예시 13-1 ▶ 대여금의 발생(취득)

● 2008. 10. 1 (주)영원상사는 영도물산에게 현금 ₩5,000,000을 대여하였다. 만기일: 2009. 3. 31, 연이율: 7%, 이자 지급일: 만기일

2008. 10. 1 (주)영원상사 - 대여일

차변) 대 여 금 5,000,000	대변) 현 금 5,000,000

2008. 12. 31 (주)영원상사 - 결산일

차변) 미수이자수익 87,500	대변) 이자수익 87,500

₩5,000,000×0.07=₩350,000, ₩350,000×3/12=₩87,500

● 2008. 10. 1 (주)글로벌테크는 (주)지구자원에게 현금 ₩6,000,000을 대여하고, 그 증서로 6개월 만기 약속어음을 받다. 만기일: 2009. 3. 31, 연이자율 10%, 이자지급일: 만기일

2008. 10. 1 (주)글로벌테크 - 대여일

차변) 대 여 금 6,000,000	대변) 현 금 6,000,000

2008. 12. 31 (주)글로벌테크 - 결산일

차변) 미수이자수익 150,000	대변) 이자수익 150,000

₩6,000,000×0.1=₩600,000, ₩600,000×3/12=₩150,000

상기 예시의 (1) 2008. 10. 1에 대여채권이 ₩5,000,000이 발생(취득)되었다. 또한 (1) 및 (2)에서 결산일의 회계처리는 대여채권 발생일로부터 결산일까지 3개월 경과분에 대한 이자수익이 발생했으므로 이를 재무제표에 반영하기 위한 회계처리이다. 따라서 결산일에는 대여일로부터 결산일까지 경과기간에 대한 이자수익 ₩87,500, ₩150,000을 인식한다.

대여기간이 단기인 경우 만기의 가치(명목금액)와 만기가치의 현재가치와의 차이가 중요하지 않은 경우이다. 만약 명목가액과 현재가치와의 차이가 중요하다면 대여채권 ₩5,000,000이 발생하며, 동시에 실제 대여한 금액은 현재가치 상당액이 지급되고 만기에 대여채권이 회수될 것이다.

전통적으로 기간이 단기인 경우 현재가치와 명목가치와의 차이가 중요하지 않아서 그 정보를 이용하는 회계정보이용자의 의사결정에 중요할 정도의 영향을 미치지 않으므로 현재가치로 측정하지 않는 것이 일반적이다.

그러나 기업회계기준서 제1039호에서는 금융자산 취득 후 유효이자율에 의한 상각후원가로 평가하도록 하고 있다. 따라서 취득시 대여금의 만기가치에 대한 현재시점의 가치를 계산하고 명목가액과 현재가치와의 차이를 현재가치할인차금의 과목으로 인식한다. 대여금의 명목가액에서 현재가치할인차금을 차감한 장부금액이 재무상태표에 표시되도록 하고, 당해 현재가치할인차금은 유효이자율법에 의해 상각하여 대여금을 조정하며 동시에 이자수익(유효이자)을 인식한다.

1.2.2 어음대여

전술한 바와 같이 자금을 대여할 때 그 증서로 어음을 받고 대여하는 경우이다. 이때의 어음은 이자부어음 또는 무이자부어음이 있으며 전자는 어음금액에 대한 이자를 별도로 지급할 것이 표시된 어음이며, 후자는 없는 경우이다. 따라서 어음에 대한 현재가치를 계산할 때 이자부어음인 경우는 어음의 액면금액과 이자액에 대한 현금흐름에 대한 현재가치를 각각 계산하여 합산해야 한다. 무이자부어음인 경우는 액면의 현금흐름에 대해서만 계산하면 된다. 이에 대한 예시는 다음과 같으며 더욱 구체적인 것은 중급회계에서 학습하기를 바란다.

◀ 예시 13-2 ▶ 어음대여

● 2008. 10. 1 (주)글로벌테크는 (주)리만브라더스에게 현금 ₩4,954,950을 대여하고, 그 증서로 약속어음 액면 ₩5,000,000을 받다. 만기일: 2009. 9. 30, 연이자율 10%, 대여일 현재 시장이자율은 연 11%, 이자지급일: 만기일

2008. 10. 1 대여시의 회계처리

차변)	대 여 금	5,000,000	대변)	현 금	4,954,950
				현재가치할인차금	45,050

1년, 11%의 단일금액현재가치: 0.9009
₩5,000,000×0.9009=₩4,504,500(액면 현재가치),
₩5,000,000×0.1=₩500,000
₩500,000×0.9009=₩450,450(이자의 현재가치),
₩4,504,500+₩450,450=₩4,954,950(대여금의 실질가치),
₩5,000,000−₩4,954,950=₩45,050(현재가치할인차금)

(주)글로벌테크는 만기에 ₩5,000,000을 회수하기로 하고 대여일에 현금 ₩4,954,950을 대여하였다. 어음상의 채권 ₩5,000,000을 현재가치로 계산하면 ₩4,954,950이 계산되어 이 금액을 현금으로 대여한 것이다. 따라서 현재가치할인차금 ₩45,450이 인식되고 이 금액은 추후 이자를 수취할 때 또는 결산일에 상각하여 이자수익으로 인식한다. 동시에 대여금의 장부금액이 매년 조정(증가)된다.

1.2.3 평가 및 손익인식

기업회계기준서 제1039호에서 금융자산은 공정가치를 측정하는 것을 원칙으로 한다고 규정하고 있으며 대여금 및 수취채권은 유효이자율법을 사용하여 평가한다고 규정하고 있다. 따라서 결산일 및 이자 수취일에 유효이자율법에 의해 대여금의 장부금액을 조정하고 동시에 이자수익을 인식한다.

유효이자율법이란 유효이자율에 의해 손익을 인식하는 방법을 말한다. 유효

◀ 예시 13-3 ▶ 대여금 평가 및 손익인식

〈예시 13-2〉 어음대여, (주)글로벌테크

● 2008. 12. 31 결산일의 회계처리

차변) 미 수 이 자 수 익 125,000	대변) 이자수익 136,261
현재가치할인차금 11,261	

₩4,954,950×0.11=₩545,045, ₩545,045×3/12=₩136,261
₩5,000,000×0.1=₩500,000×3/12=₩125,000
₩136,261−₩125,000=₩11,261

〈예시 13-2〉 현재가치할인차금 상각표

년월일	유효이자	현금이자	차금상각액	차금잔액	장부잔액
2008. 10. 1				45,050	4,954,950
2008. 12. 31	136,261*	125,000	11,261	33,789	4,966,211
2008. 9. 30	408,789**	375,000	33,789	0	5,000,000

*₩4,954,950×0.11=₩545,045, ₩545,045×3/12=₩136,261
**이 금액은 조정된 것임. 현재가치계수가 소수로 나타나서 조정이 필요함.

이자율은 실질이자율이라고도 하며 명목이자율과 대립되는 용어이다. 유효이자율이란 채권 · 채무자의 실질적인 수익률 및 이자 부담률을 말한다. 유효이자율법에 의해 계산된 이자를 유효이자라 하며, 채권자 입장에서 이자수익으로, 채무자 입장에서 이자비용으로 인식되는 금액이다. 유효이자율법에 의한 유효이자의 계산은 대여금의 장부금액(명목금액이 아님)에 유효이자율을 곱하여 계산한다. 유효이자와 명목이자와의 차액은 현재가치할인차금의 상각액이며 이 금액은 대여금의 장부금액에 가산된다. 따라서 대여금의 장부금액은 매년 증가하고 만기일이 되면 명목금액과 일치하게 된다. 명목이자란 대여채권(어음의 금액)으로 표시된 금액(명목금액)에 이자율을 적용하여 계산한 이자를 말한다.

〈예시 13-2〉에 의한 결산일 및 이자 수취일의 회계처리는 〈예시 13-3〉과 같다. 여기에서 2008. 12. 31 결산일에는 대여일로부터 3개월이 경과한 후 결산일이 되었으므로 현금이자는 아직 수취하지 않았지만 3개월분의 발생이자를 인식하며, 이자수익은 유효이자(실질 이자수익)를 인식한다. 그 밖의 자세하고 구체적인 문제는 회계원리에서 다루지 않기로 한다. 부분 재무상태표의 표시 내용은 다음과 같다.

(주)글로벌테크, 부분 재무상태표
(2008년 12월 31일)

과 목	금 액	
금융자산		
대 여 금	5,000,000	
현재가치할인차금*	33,789	4,966,211

*유효이자, 4,954,950×0.11=₩545,045, ₩545,045×3/12=₩136,261
명목이자(표시이자), ₩5,000,000×0.1=₩500,000, ₩500,000×3/12=₩125,000
현재가치할인차금 상각액, ₩136,261−₩125,000=₩11,261
현재가치할인차금 잔액, ₩45,050−₩11,261=₩33,789
대여금 장부금액, ₩4,954,950+₩11,261=₩4,966,211

1.3 대손 · 손상의 인식

기업회계기준서 제1039호에서는 공정가치로 평가하지 않고 상각후원가로 평가하는 금융자산에 대해 손상검토를 하여 장부금액을 수정하고 손상차손을 인식하도록 하고 있다. 대여금 및 후술하는 매출채권을 포함한 수취채권 등의 금융자산은 매 결산일에 손상 및 대손에 관한 회계처리를 하여 포괄손익계산서와 재무상태표에 반영해야 한다.

손상 및 대손의 객관적인 사건이 발생했을 때 손상 또는 대손을 매 결산일에 검토한 후 이를 인식하도록 기업회계기준서에서는 대손과 손상을 함께 기술하고 있다. 따라서 금융자산의 종류에 따라 손상차손 또는 대손상각비로 처리한다. 매각(처분)을 통해 현금흐름이 유입되는 금융자산은 손상차손, 현금의 회수를 통해 결제되는 금융자산은 대손상각비로 처리해야 할 것이다. 본 장에서의 대여금과 후술하는 매출채권에 대해서는 대손상각비를 인식해야 할 것이다. 객관적인 사건의 예는 후술하는 매출채권에 제시되어 있다.

대손과 관련한 객관적 사건의 발생으로 인해 미래의 현금흐름에 영향을 미치는 경우에만 대손을 인식한다. 대손이 발생했을 경우 대손상각비를 인식함과 동시에 대여금을 장부에서 제거해야 하며 이를 당기손익으로 인식한다. 이에 관한 자세한 내용은 후술하는 매출채권에서 다루기로 하고 여기에서는 간단한 예시만 제시하고자 한다.

상기의 예시에서 2008년 12월 31일의 대여금의 상각후원가가 ₩6,763,523이라고 제시되어 있다. 그러나 대손에 관한 객관적인 사건인 부도가 발생하여 미래

◀ 예시 13-4 ▶ 손상 및 대손 회계처리

1. 대손 인식

2008. 12. 31, (주)전진사랑은 (주)MB보수건설에 대여하였으나(대여금: ₩7,000,000, 대여일: 2008. 1. 1, 이자율: 연 10%, 만기일: 2010. 12. 31, 대여일 현재 유효이자율: 12%), 손상여부를 검토한바, 최근 (주)MB보수건설의 영업실적이 악화되어 부도가 되었다. 향후 만기일에 회수가능한 대여금은 ₩5,000,000이며 , 이자는 향후 2년간 연 5%만이 수취할 것으로 예상되었다. 단, 2008. 12. 31 현재 대여금의 장부금액: ₩6,763,523이다.

차변) 대손상각비 2,354,998	대변) 대 여 금 2,354,998

2. 손상 인식

(주)민주장비는 보유하고 있던 (주)MB바이러스의 사채 장부금액 ₩3,000,000이 있으나, 이 (주)MB바이러스가 지구상에서 사라져버렸다.

차변) 손상차손 3,000,000	대변) 매도가능금융자산 3,000,000

에 현금흐름액이 변동되었다. 즉 향후 2년이 경과하면 회수할 대여금(원금)이 ₩7,000,000이 회수되는 것이 아니라 ₩5,000,000이 회수될 것이고, 이자수익도 연 10%에서 연 5%로 낮아졌다.

따라서 대여금과 관련한 미래의 현금흐름의 현재가치를 측정한 결과, 2008. 12. 31 현재 대여금의 현재가치는 ₩5,000,000 * 0.7972(2년, 12% 단일금액현가)=₩3,986,000이고 이자수익의 현재가치는 (₩5,000,000 * 0.05) * 1.6901(2년, 12% 정상연금현가)=₩422,525이다. 따라서 대여금과 이자수익의 현재가치를 합하면 ₩3,986,000+₩422,525=₩4,408,525의 미래 현금흐름의 현재가치가 계산된다. 그러므로 2008년 12월 31일의 대여금 장부금액과 현금흐름 측정액과의 차액 ₩2,354,998(대손발생액: ₩6,763,523−₩4,408,525)이 계산되어 이를 대손처리하게 된다.

제 2 절 매출채권

2.1 매출채권의 정의

매출채권은 금융자산의 네 가지 범주 중 하나로 재무상태표에 표시되는 항목이다. 만일 활성 거래시장에서 가격이 고시되는 경우에는 회사의 선택에 의해 당기손익인식금융자산으로 분류하여 회계처리하고 보고할 수도 있고, 당기손익인식금융자산에 포함하지 않고 독립적인 매출채권으로 처리할 수도 있다. 매출채권은 기업의 주요 영업활동 과정, 즉 일반적 상거래에서 발생된 영업상의 채권이며, 외상매출금과 받을어음으로 구성되는 것이다. 일반적으로 이 채권은 단기간에 회수되는 채권으로서 1년 이내의 기간에 유동화, 즉 현금으로 회수된다.

그러나 예외적으로 일반적 상거래에 기초하여 발생된 채권이라 하더라도 그 회수기간을 1년 이상으로 상대 거래처와 약정한 경우는 일반적 상거래에서 이탈한 금전대차거래로 간주하여 투자자산의 개념을 갖는다. 매출채권은 유동자산으로 분류되며, 특히 매출채권은 유동자산 중에서도 금융자산의 세부 항목으로 분류한다.

이 매출채권은 재무상태표에 표시하여 보고할 때 매출채권(trade receivable)으로 통합하여 표시하거나 외상매출금, 받을어음으로 분리하여 보고할 수 있다. 재무상태표에 표시되는 항목을 반드시 총계정원장에 설정하여 회계처리해야 하는 것은 아니다. 비록 매출채권으로 통합하여 재무상태표에 표시 · 보고하더라도 총계정원장에는 외상매출금, 받을어음계정을 설정하여 회계처리하는 것이 바람직하며, 회계정보를 분석할 때 유용하다. 매출채권에 대한 회계처리 내용은 할인, 대손 또는 손상문제, 상각후원가 문제, 보조원장의 사용문제, 어음채권 회계처리문제, 양도(처분) 문제 등의 여러 내용이 있으나 본 장에서는 회계원리 수준에 적합한 내용만을 기술하기로 한다.

2.2 외상매출금

상품을 매출하고 그 대금을 후일에 받기로 한 경우를 외상매출금(account receivable)이라 한다. 외상매출의 경우 거래 상대방의 신용에 기초하여 외상매출 계약을 채결하고 계약서를 작성하면 된다. 이 계약서에는 외상대금, 회수 약정일, 이자문제, 할인 조건, 반품여부 등의 내용이 포함된다. 회계처리와 관련하여 주의해야 하는 것은 할인조건이 있는 경우이다.

2.2.1 거래할인

할인에는 거래할인과 현금할인이 있으며, 전자는 표시가격으로부터 일정한 금액을 할인한 가격으로 판매하는 것으로서, 이 판매가격을 송장가격(invoice price)이라 한다. 이 금액이 실제 판매가격이 된다. 일반적으로 거래할인은 판매시에 회계처리를 하지 않는다. 왜냐하면 거래할인이란 표시가격을 송장가격으로 바꾸어 표시하면 경쟁업체에 거래정보, 특히 가격정보가 누출되기 때문에 표시가격을 실제의 판매가격으로 표시하지 않고, 그보다 많은 금액으로 가격을 표시해 두고 판매시에는 일정한 금액을 낮춘 송장가격으로 하여 판매하는 경우가 많다.

2.2.2 현금할인

송장가격으로부터 일정한 금액을 할인한 것을 현금할인이라 한다. 일반적으로 할인이라 할 때는 현금할인을 말한다. 현금할인은 외상기간, 즉 상대방에 대한 약정한 신용기간을 단축시킴으로써 자금의 회전을 빨리 해야 할 필요가 있는 경우에 현금할인 조건으로 외상판매하게 된다. 이와 같은 현금할인의 경우 매매계약서에 표시하는 형태는 '5/10 n/30' 등으로 표시한다. 이는 외상기간 30일이며 10일 이내에 대금이 결제되면 5%를 할인해 준다는 의미이다. 현금할인의 경우 회계처리하는 방법에는 총액법과 순액법이 있으나 이는 중급회계에서 다룬다. 외상매출금 및 외상매입금의 기장 내용은 다음 그림과 같다.

외상매출금

차변	대변
전기이월액	대금회수액
외상매출액	잔액(차기이월액) (B/S표시액)

2.3 통제계정과 보조원장

2.3.1 인명계정

외상으로 매매거래를 할 경우에 거래처의 수가 많지 않은 경우에는 총계정원장에 거래처 이름을 계정과목으로 하는 '인명계정(人名計定)'을 설정하여 거래처별로 회계처리하는 것이 편리하다. 따라서 총계정원장에는 외상매출금 및 외상매입금계정 대신 거래처 이름을 사용한 계정을 만들어서 매출채권 · 채무를 기장한다. 이때 인명계정의 잔액이 차변(차변잔액)에 있으면 매출채권으로서 자산계정이며, 반대로 대변잔액이면 부채로서 매입채무가 된다.

차변) 무등상사 ×××	대변) 매 출 ×××

무등상사

차변	대변
전기이월액	당기회수액
외상매출액	잔액(차기이월액) (B/S표시액)

2.3.2 통제계정과 보조원장

전술한 바와 같이 총계정원장에 인명계정을 설정하여 회계처리를 하는 경우에는 거래처의 수가 많지 않을 경우에 타당한 방법이다. 거래처의 수가 많을 때는 총계정원장에 인명계정을 설정하는 것이 비효율적이므로 그 대신 외상매출금을 설정하여 회계처리한다. 그러나 각 거래처별 내역을 상세하게 알 수 없으므로 보조원장을 작성하여 거기에 인명계정을 설정하고 거래처별 상세한 내용을 기장하면 된다.

보조원장은 총계정원장을 보충 · 보조하는 장부로서 총계정원장의 형식을 갖는다 하여 보조원장이라 한다. 총계정원장의 외상매출금계정을 보조하는 원장이 '매출처원장(賣出處元帳)'이다. 이때 총계정원장에 설정된 외상매출금을 통제계정(統制計定)이라 한다. 외상매출금계정은 매출처원장의 각 인명계정을 총괄 · 통제한다. 따라서 각각의 보조원장의 인명계정 잔액을 합계한 것이 통제계정인 외상매출금과 일치하게 된다.

◀ 예시 13-5 ▶ 통제계정

- 4/15 무정산장에 ₩500,000, 영남상회에 ₩1,000,000 그리고 (주)회충상사에 ₩150,000의 상품을 매출하고 대금은 외상으로 하였다.
- 7/15 무정산장으로부터 ₩5,000, 영남상회로부터 15,000, (주)회충상사로부터 ₩100,000을 외상매출대금의 일부로 현금을 회수하였다.

(회계처리)

4/15	차변) 외상매출금	1,650,000		대변) 매 출	1,650,000
7/15	차변) 현 금	120,000		대변) 외상매출금	120,000

부분 총계정원장

외상매출금

매 출	1,650,000	현 금	120,000

(매출처원장)

무정산장

500,000	5,000

영남상회

1,000,000	15,000

(주)회충상사

150,000	100,000

2.4 어음상의 채권

일반적 상거래에서 발생하는 채권을 매출채권이라 하고, 이에는 외상매출금과 받을어음이 있다. 외상매출은 매매 당사자 간의 계약에 의한 대금지급에 대한 약속행위(約束行爲)로서 차후에 법률적인 문제가 발생할 때 그 계약서가 증거자료가 되며, 또한 발생된 매출채권을 타인에게 양도하거나 담보 등으로 제시할 수도 있다. 그러나 외상매출에 의한 외상채권은 후술하는 어음상의 채권에 비하여 타인에게 양도하거나 현금화하기가 용이하지는 않다.

한편 어음상의 채권은 어음수표법에 따른 법률행위(法律行爲)에 의해 발행된 것으로서 전술한 외상매출금보다는 채권의 유통 및 현금화가 용이함과 동시에 법률적인 보호를 더 받을 수 있으며, 이 어음수표법을 위반한 경우는 형사처벌의 대상이 되기도 한다. 이러한 어음상의 채권을 받을어음(notes receivables)이라는 과목으로 회계처리한다. 일반적 상거래 이외의 거래에서 발행된 어음상의 채권·채무는 받을어음이라 하지 않고 융통어음(融通어음)이라 하여 어음대여금 또는 대여금, 어음미수금 또는 미수금 등으로 회계처리한다.

2.4.1 어음의 종류

어음의 종류에는 약속어음(約束어음)과 환어음(換어음)이 있다. 약속어음의 당사자는 2명으로서, 이는 어느 일방이 다른 일방에게 일정한 일자에 일정한 금액을 지급할 것을 약속하는 내용을 어음장에 표시하여 발행된 어음이다. 그러므로 약속어음의 발행자는 채무자가 되며 그 어음상의 채무를 매입채무 또는 지급어음이라는 과목으로 회계처리하고, 약속어음을 소지(所持)한 자는 매출채권 또는 받을어음이라는 과목으로 회계처리하는 채권자가 된다.

환어음은 주로 당사자가 원격지(遠隔地)에 있는 경우에 많이 발행되는(수출 등) 어음으로서 관계자들은 3인이다. 이는 어느 일방이 다른 일방에게 일정한 날짜에 일정한 금액을 지급할 것을 제3자에게 지시하는 경우에 발행되는 어음을 말한다. 그러므로 발행인은 약속어음과 같이 채무자가 아니며 지시인(指示人)이고, 제3자가 지급인이며, 소지인은 수취인이 된다.

어느 일방과 다른 일방 사이에는 사전에 채권 · 채무관계가 존재하고 있으므로 제3자에게 지급할 것을 지시할 수 있는 것이며, 발행된 환어음을 발행인 또는 소지인이 어음상의 지급인인 다른 일방에게 어음에 표시한 금액과 날짜에 지급을 이행할 것인가 여부를 확인받아야 하는데 이를 인수(引受)라 한다. 인수의 행위는 어음 면의 인수란(引受欄)에 날인함으로써 이루어진다. 이 인수인이 바로 어음상의 채무자로서 지급어음이란 회계처리를 하게 된다. 여기에서는 주로 약속어음에 관하여서 기술하고자 한다.

2.4.2 어음상의 채권 기장

다음 그림에서와 같이 약속어음을 수취하여 소지(所持)하고 있으면 받을어음계정의 차변에 기장하여 채권으로서 자산증가를 나타내고, 그리고 만기일에 소지한 어음의 대금을 수취하면 받을어음계정의 대변에 기장하여 자산 감소를 기장한다. 이에 관한 회계처리의 예는 다음과 같다.

받을어음

차변	대변
약속어음의 수취	어음대금의 회수 또는 양도
	잔액(차기이월액)

◀ 예시 13-6 ▶ 어음상의 채권

● 8/10 (주)조선건설은 광양제철(주)로부터 철근 100톤 ₩50,000,000을 매입하고 대금은 3개월 만기 약속어음 #54를 발행하여 교부하였다. 이에 의해 양측의 회계처리를 하시오.

(광양제철(채권자) 회계처리)

차변) 받을어음 50,000,000	대변) 매 출 50,000,000

참고: (조선건설(채권자) 회계처리)

차변) 매 입	50,000,000	대변) 지급어음	50,000,000

2.4.3 배서양도 및 할인

어음상의 채권자인 어음 소지인은 소지하고 있는 어음을 지급수단으로 사용하기 위해 배서양도(背書讓渡)할 수 있다. 배서양도란 어음의 뒷면 배서란에 양도의 사실을 기입하여 타인에게 현금대신 양도하는 것을 말한다. 뒷면에 기입한다 하여 배서라 하며 이면에 기입하여 양도한다고 하여 이서양도(裏書讓渡)라고도 한다. 배서양도는 만기일 이전에 이루어지는 것이며, 어음의 할인도 만기일 이전에 이루어지는 것이다. 할인이란 만기일 이전에 어음을 유동화, 즉 현금으로 전환시키기 위해 금융기관에 일정한 할인료(할인일로부터 만기일까지의 이자)를 공제한 실수금(實受金)을 현금으로 수취하는 것을 말한다. 할인의 경우에도 할인을 위한 배서를 한다.

매출채권 등(금융자산)을 타인에게 양도 또는 할인하는 경우 당해 채권의 권리와 의무가 양도인과 분리되어 실질적으로 이전되는 때에는 동 금액을 매출채권에서 차감하고, 그 외의 경우에는 매출채권을 담보로 제공하는 것으로 본다. 후자 즉 담보로 제공하는 것으로 보는 경우는 차입거래(借入去來)로 보고 회계처리하고, 전자 즉 실질적인 양도는 매각거래(賣却去來)로 보고 회계처리한다.

매각이냐 차입이냐의 판단에 의해 매각거래로 보는 경우에는 받을어음계정의 대변에 기장함과 동시에 만기까지의 이자를 '매출채권양도손실'로 처리하고, 차입거래로 보는 경우는 '단기차입금'계정을 설정하여 부채증가로 기록함과 동시에 만기까지의 이자는 비용계정인 '이자비용'계정으로 처리한다. 회계처리의 예는 다음과 같다.

◀ 예시 13-7 ▶ 어음채권의 양도 · 할인

● 9/20 광양제철(주)는 (주)조선건설로부터 8/20에 받은 약속어음 ₩50,000,000을 광주은행에서 할인하고(할인율 연 5%), 할인료 ₩625,000을 공제한 실수금 ₩49,375,000은 즉시 당좌예금하다(차입거래로 판단함). 어음 만기일 : 12/20

차변)			대변)	
	당좌예금	49,475,000	단기차입금	50,000,000
	이자비용*	625,000		

✎ 매각거래로 판단되는 경우에는 매출채권양도손실계정으로 처리하고 대변은 받을어음으로 처리함.

● 9/10 수북산업(주)로부터 판매용 컴퓨터 10대 ₩30,000,000을 매입하고 대금은 소지하고 있던 대구물산(주)로부터 받은 어음 ₩30,000,000을 배서양도하였다(매각거래로 판단됨).

차변) 매 입 30,000,000 대변) 받을어음 30,000,000

2.4.4 보조기입장

총계정원장의 보조기입장으로서 받을어음기입장과 지급어음기입장을 작성한다. 이는 총계정원장의 받을어음계정의 내용을 상세하게 기록하여 그 내용을 수시로 파악하고 또한 채권 또는 채무를 관리하는 데 유용하게 한다. 이의 양식은 다음과 같다.

받을어음기입장

2001년		적 요	금 액	어음 종류	어음 번호	지급인	발행인	발행일	만기일	지급 장소	전 말		
											월	일	적 요

2.5 매출채권의 측정 · 평가

2.5.1 매출채권의 측정

어음상의 채권을 포함한 매출채권의 최초 인식시에는 공정가치로 측정하여 인식한다. 그러나 일반적으로 매출채권은 공정가치의 가격이 고시되는 활성거래시장이 존재하지 않기 때문에 그 공정가치를 알 수 없다. 따라서 다른 평가모형에 의해 측정해야 하는데, 일반적으로 현금흐름할인모형에 의해 현재가치로 측정한다. 그러나 매출채권은 영업순환주기 내에 발생 및 소멸되는 일반적 상거래에서 발생하는 것이기 때문에 그 기간이 1년 이내의 단기이다. 그러므로 어음의 명목금액(액면금액)과 현재가치와의 차이가 중요하지 않은 것이 일반적이다.

즉 회계정보이용자의 경제적 의사결정 결과에 중요한 차이를 가져오지 않은 것이다. 따라서 현재가치로 측정하지 않으며, 현재가치로 측정된다면 그 현재가치 금액이 어음채무 발생일의 공정가치라 할 수 있다. 최초 인식 후의 측정은 유효이자율법에 의한 상각후원가를 측정하고 이에 따라 이자수익 및 재무상태표에 기록할 매출채권의 금액이 결정된다. 그 예시는 〈예시 13-8〉과 같으며, 2008. 12. 31 (주)광우고기의 부분 재무상태표는 아래와 같다.

◀ 예시 13-8 ▶ 매출채권의 측정

● 2008. 5. 10 (주)수정식품은 상품을 매출하고 그 대금 ₩500,000은 외상으로 하다. 회수약정일은 2008. 7. 10이다.

차변) 외상매출금 5,000,000	대변) 매 출 500,000

✎ 외상기간이 단기이므로 현재가치와 차이가 중요하지 않으며, 매출액 ₩500,000은 매출일 현재의 공정가치이다.

● 2008. 1. 1 (주)광우고기는 미국산 뼈있는 쇠고기를 매출하고 그 대금은 액면 ₩4,000,000의 2년 만기 무이자부약속어음을 받다. 매출일 현재 시장이자율은 연 6%이다.

차변) 받을어음 4,000,000	대변) 매 출 2,989,200
	현재가치할인차금 1,010,800

✎ ₩4,000,000×0.7473=₩2,989,200, ₩4,000,000−₩2,989,200=₩1,010,800
단일금액현재가치(2년, 6%): 0.7473

● 2008. 12. 31. 결산일 회계처리(이자수익 및 상각후원가 측정)

차변) 현재가치할인차금 179,352	대변) 이자수익 179,352

✎ ₩2,989,200×0.06=₩179,352(할인차금 상각액 및 이자수익)
따라서 상각후원가는 ₩2,989,200+₩179,352=₩3,168,552(재무상태표 표시액)
현재가치할인차금 잔액: ₩1,010,800−₩179,352=₩831,448

부분 재무상태표
(2008년 12월 31일)

과 목	금 액	
금융자산		
매출채권	4,000,000	
현재가치할인차금	831,448	3,168,552

2.5.2 매출채권의 평가

매출채권은 기말 결산일에 평가하고 그 결과를 재무상태표와 포괄손익계산서에 보고한다. 즉, 매출채권의 평가는 재무상태표에 당해 매출채권을 실현가능액으로 표시하고, 또한 수익 · 비용의 대응원칙에 의한 적절한 기간손익을 측정하기 위한 것이다. 기말 결산일에 매출채권을 평가하기 위해서는 발생된 대손(貸損)을 인식하여 대손상각비로 처리한다. 이때 대손이란 채권의 회수불능액을 말하며, 이 평가와 관련하여 설정되는 계정과목은 '대손상각비(bad debt expenses)'와 경우에 따라서는 '대손충당금(allowance for doubtful accounts)'계정을 설정한다.

2.5.3 손상 또는 대손의 측정

기업회계기준서 제1039호에서는 금융자산(또는 금융자산의 집합)의 손상 발생에 대한 객관적인 증거가 있는지를 매 보고기간 말에 평가하고, 그러한 증거가 있는 경우 상각후원가를 장부금액으로 하는 금융자산, 원가를 장부금액으로 하는 금융자산 및 매도가능금융자산은 손상차손을 인식한다. 또한 공정가치를 신뢰성 있게 측정할 수 없어서 공정가치를 장부금액으로 하지 않는 지분상품이나, 공시가격이 없는 이러한 지분상품과 연계되어 있으며 그 지분상품의 인도로 결제되어야 하는 파생상품자산에 대하여 손상발생의 객관적인 증거가 있다면 손상차손을 인식하도록 하고 있다.

상각후원가를 장부금액으로 하는 대여금 및 수취채권이나 만기보유금융자산에서 손상이 발생하였다는 객관적 증거가 있는 경우, 손상차손은 당해 자산의 장부금액과 최초의 유효이자율(최초 인식시점에 계산된 유효이자율)로 할인한 추정미래현금흐름의 현재가치의 차이로 측정한다. 당기손익인식금융자산으로 인식하지 않은 대여금 및 수취채권 상각후원가로 평가하도록 하므로 기말에 손상 및 대손을 인식하여 당해 자산을 평가해야 한다.

상각후원가로 평가하는 금융자산 중에서 수취채권의 경우는 대손이라 하고, 그 밖의 금융자산(매도가능금융자산, 만기보유금융자산, 파생상품자산 등)은 손상이라는 용어를 사용하며 그 회계처리는 동일하다. 기말 결산일 현재 채권의 잔액 중 대손으로 처리해야 할 경우는 객관적인 사건(이하 손상사건)[2]이 발생한 경우만 허

2) 객관적인 증거에는 당해 금융자산의 보유자의 주의를 끄는 다음 손상사건에 대한 관측가능한 자료가 포함된다.

용한다. 한국채택 국제회계기준인 기업회계기준서 제1039호에서는 예상손실을 인식하지 않는다는 원칙에 따라 대손이 예상되는 금액에 대해 대손처리를 하지 않으며, 대손에 대한 구체적이고 객관적인 사건이 발생했을 때 대손에 관한 회계처리를 한다. 기업회계기준서에서는 발생주의에 기초하여 대손이라는 객관적인 사유 발생시 인식하며, 단순히 예상손실을 추정하여 대손회계처리를 하지 않는다.

기업회계기준서에서는 발생주의에 입각한 대손의 회계처리를 허용하고 있으며, 전통적으로 결산일 현재의 매출채권 잔액에 대한 과거의 경험적 확률에 의해 대손을 예상하고 이를 충당금으로 설정하고 한편으로는 대손상각비를 인식하는 회계처리를 하지 않는다. 회계처리 방법은 원칙적으로 직접법에 의한 회계처리를 허용하고 있으며, 일부 충당금법(간접법)도 인정하고 있다.

대손의 발생액 인식은 객관적인 증거(손상사건)가 발생했을 때 인식하며, 이로 인해 미래의 현금흐름 현재가치에 영향을 미치는 경우에 한하여 허용하고 있다. 미래의 현금흐름 현재가치를 측정할 때 사용되는 유효이자율은 매출채권 발생(취득)시에 적용했던 유효이자율(역사 유효이자율)을 사용하여 측정하도록 하고 있다.

2.5.4 대손발생 회계

매출채권에 대한 대손의 객관적인 사실이 발생하면 이에 근거하여 매출채권을 평가(미래의 현금흐름)하고 이와 관련된 회계처리를 한 후 그 결과를 재무상태표 및 포괄손익계산서에 보고해야 한다. 대손에 관한 회계처리는 직접법과 간접법이 있으며 기업회계기준서 제1039호에서는 직접법을 원칙으로 하고 있다는 점은 전술한 바와 같다.

---

(1) 금융자산의 발행자나 지급의무자의 유의적인 재무적 어려움

(2) 이자지급이나 원금상환의 불이행이나 지연과 같은 계약 위반

(3) 차입자의 재무적 어려움에 관련된 경제적 또는 법률적 이유로 인한 당초 차입조건의 불가피한 완화

(4) 차입자의 파산이나 기타 재무구조조정의 가능성이 높은 상태가 됨

(5) 재무적 어려움으로 당해 금융자산에 대한 활성시장의 소멸

(6) 금융자산의 집합에 포함된 개별 금융자산의 추정미래현금흐름의 감소를 식별할 수는 없지만, 최초인식 후 당해 금융자산 집합의 추정미래현금흐름에 측정가능한 감소가 있다는 것을 시사하는 관측 가능한 자료로서 이러한 자료의 예는 다음과 같다.

① 금융자산의 집합에 포함된 차입자의 지급능력의 악화. 예를 들면, 연체횟수가 증가하거나, 신용한도에 도달하고 매월 최소금액을 상환하는 신용카드 차입자의 수가 증가한 경우

② 금융자산의 집합에 포함된 자산에 대한 채무불이행과 상관관계가 있는 국가나 지역의 경제상황(예: 차입자 거주 지역의 실업률 증가, 관련 지역의 담보자산 가격 하락, 석유생산자에게 제공한 대여금의 경우 석유가격의 하락, 차입자에게 영향을 미치는 산업상황의 악화 등).

(1) 간 접 법

기말 결산일 현재 채권의 잔액 중 회수불능의 위험이 발생한 매출채권에 대한 미래 현금흐름 현재가치를 측정하여 장부금액과 비교하고 그 차액을 대손상각비와 대손충당금으로 회계처리한다. 대손이 발생한 객관적 사건이 발생했으나 절차상 또는 법률적인 절차가 남아 있는 경우(소송제기, 법정관리 신청, 화의절차 개시 등) 최종적으로 당해 사건이 종결될 때까지 대손충당금을 설정한다.

이때 전기에 설정했던 대손충당금의 잔액이 있으면 당기에 발생한 금액에서 그 잔액을 차감한 금액만 추가로 계상하여 회계처리한다. 만일 기말 결산일 현재 대손충당금 잔액이 기말 결산일 현재의 채권 잔액에 대한 대손발생액보다 많을 때는 대손충당금 설정액을 초과한 전기의 충당금 잔액을 환입하여 당기손익으로 처리한다. 대손상각비는 비용이며, 대손충당금환입은 수익계정이다. 대손충당금은 일종의 평가성충당금으로서 재무상태표에 표시할 때는 당해 매출채권에서 대손충당금을 차감하는 형식으로 표시한다. 이에 대한 예시는 다음과 같다.

◀ 예시 13-8 ▶ 대손발생(1)

● 2008. 12. 31 결산일 현재 외상매출금과 받을어음의 잔액 ₩2,300,000에 대한 부도로 인해 채권의 회수가능액(현금흐름 현가)이 ₩1,500,000으로 측정되었다. 단, 대손충당금 잔액이 ₩600,000이 있다.

차변) 대손상각비 200,000 대변) 대손충당금 200,000

✎ 대손충당금계정의 잔액이 이미 ₩600,000이 있으므로 추가로 ₩200,000을 설정하면 당기 말의 충당금계정 잔액은 당기의 대손발생액 ₩800,000이 되어 차기로 이월된다.

대손상각비

08.12/31	대손충당금	200,000	08.12/31	집합손익	200,000

✎ 대손상각비 ₩800,000을 집합손익계정에 대체하는 분개는 생략함.

대손충당금

08.12/31	차기이월	800,000	07.12/31	전기이월	600,000
			08.12/31	대손상각비	200,000
		800,000			800,000
			09. 1/ 1	전기이월	800,000

부분 재무상태표

과 목	금 액	
금융자산		
매출채권	2,300,000	
대손충당금	800,000	1,500,000

◀ 예시 13-9 ▶ 대손발생(2)

2008. 12. 31 말 결산일 현재 외상매출금과 받을어음의 잔액 ₩2,300,000에 대한 부도로 인해 채권의 회수가능액(현금흐름 현가)이 ₩1,500,000으로 측정되었다. 단, 대손충당금 잔액이 ₩900,000이 있다.

차변) 대손충당금 100,000 대변) 대손충당금환입 100,000

대손상각비

	0		

2002년 12월 31일의 대손상각비 회계처리는 없음.

대손충당금

08.12/31	대손충당금환입	100,000	07.12/31	전기이월	900,000
08.12/31	차기이월	800,000			
		900,000			900,000
			09. 1/ 1	전기이월	800,000

부분 재무상태표

과 목	금 액	
금융자산		
매출채권	2,300,000	
대손충당금	800,000	1,500,000

(2) 직 접 법

직접법은 당기 대손발생액을 해당 매출채권 또는 통합하지 않고 외상매출금 및 받을어음계정을 설정한 경우는 당해 외상매출금 또는 받을어음계정에서 직접 차감하고, 그 순액을 재무상태표에 표시하는 방법이다. 상기 〈13-8〉의 예시를 직접법에 의하면 다음과 같다.

◀ 예시 13-10 ▶ 대손인식

● 〈예시 13-8〉

차변) 대손상각비 800,000 대변) 매출채권 800,000

대손상각비

08.12/31	매출채권	800,000	08.12/31	집합손익	800,000

2002년 12월 31일의 대손상각비 회계처리는 없음.

매출채권

		2,300,000	08.12/31	대손상각비	800,000
			08.12/31	차기이월	1,500,000
		2,300,000			2,300,000
09.12/31	전기이월	1,500,000			

2.5.5 손상 및 대손 환입

상각후원가 및 원가로 측정하는 금융자산 또는 후술하는 매도가능금융자산에 대한 손상 및 대손을 인식한 후속기간에 대손 및 손상과 관련한 객관적 사실이 해소된 경우는 이미 인식한 손상을 환입한다. 그러나 지분상품에 대한 손상은 환입하지 않는다. 대손 및 손상의 환입은 당기손익으로 처리한다. 이에 대한 자세한 회계처리는 생략한다. 전술한 제 1 절 대여금을 참고하기 바란다.

제 3 절 기타채권 · 채무

기타채권 · 채무에는 미수금, 선급금, 가지급금, 미수수익, 선급비용, 미지급금, 선수금, 가수금, 선수수익, 예수금 등이 있다. 이 중에 가지급금, 선급금, 선급비용, 가지급금, 미결산 등은 금융자산이 아니며, 금융자산은 미수금, 미수수익이다. 금융자산은 계약상의 권리 · 의무로서 발생되어야 하며, 그 권리 · 의무의 실행으로 인한 현금 등의 다른 금융자산을 회수 · 지급할 자산이다.

선급비용이나 선급금 등은 권리는 발생했으나 권리의 실행 결과 현금 등의 다른 금융자산을 수취하는 것이 아닌 용역을 제공받는 것이므로 금융자산이 아니다. 또한 가지급금이나 예수금 등은 계약상의 권리가 아니므로 금융자산이 아니다. 미지급금은 금융부채이며 선수수익, 선수금, 가수금, 예수금, 미결산 등은 비금융부채이며, 그 이유는 금융자산의 경우와 같다. 본 장에서는 금융자산에 대한 것이지만 간단한 것이므로 이들 기타채무도 함께 기술한다.

3.1 미수금 · 미지급금

일반적 상거래 이외, 즉 기업의 주요 영업목적 활동 이외에서 발생된 채권을 처리하는 계정이 금융자산으로서 미수금(other receivables)이다. 주로 상품매매 이외의 활동에서 발생되는 경우로서 미수금은 수취채권으로서 자산계정이다. 추후 약정일에 대금을 수취하면 미수금은 소멸한다. 미수금은 사용중인 유형자산을 처분하고 아직 그 대금을 수취하지 않았거나, 유가증권 등을 처분하고 대금을 아직 영수하지 않은 경우 등에서 발생한다. 미지급금은 미수금의 상대편에서 회계처리해야 할 금융부채이다.

미 수 금

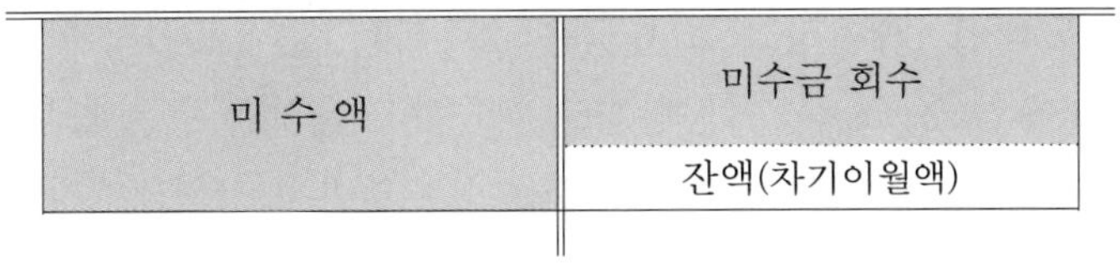

미지급금

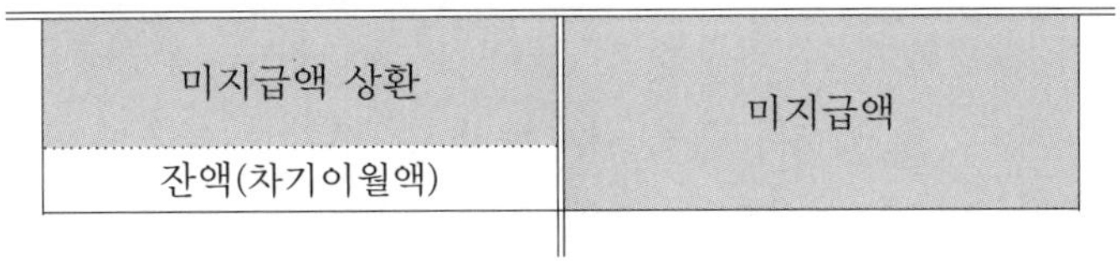

◀ 예시 13-11 ▶ 미수금 · 미지급금

● 8/20 사무용 건물을 취득하고 대금 ₩70,000,000 중 반액은 수표를 발행하여 지급하고 잔액은 6개월 후에 지급하기로 하였다.

(회계처리)

차변) 건 물	70,000,000	대변) 당좌예금	35,000,000
		미지급금	35,000,000

● 12/ 3 사용중이던 사무용 컴퓨터를 최신형으로 교체했던바, 구형의 컴퓨터를 ₩5,600,000에 처분하고 그 대금은 3개월 후에 수취하기로 하였다. 단, 당해 자산의 장부금액은 ₩4,800,000임.

(회계처리)

차변) 미 수 금	5,600,000	대변) 비 품	5,800,000
		유형자산 처분이익	800,000

3.2 선급금 · 선수금

기업의 재고자산 판매나 용역제공이 기업의 영업목적이라면 이들 판매나 제공은 기업의 주요활동이며 이 거래를 일반적 상거래라 한다. 상품매매업을 하는 경우는 상품을 매입 · 매출하고 그 대금을 수수하는 일이 중심적 활동이다. 이때 재화(goods)나 용역(service)을 제공받기로 계약하고 계약금 또는 착수금으로 일부의 금액을 미리 지급하기도 한다. 따라서, 이는 일반적 상거래에서 발생된 채권이다.

미리 일정한 금액을 지급함으로써 약정된 일자에 약정된 재화나 용역을 제공받을 권리가 발생하며 이 권리를 선급금으로 처리한다. 선급금은 일반적으로 공사계약이나 제조 · 판매업의 경우 착수금 또는 계약금 등으로 미리 주고받은 경우에 나타난다. 이 선급금은 약정일에 재화나 용역을 제공받으면 재화나 용역의 재공대가로 대체된다.

선수금은 재화나 용역을 제공하기로 약정하고 재화나 용역을 제공 전에 수취한 금융부채로서 선급금과 대응되는 계정이다. 추후 재화나 용역을 제공하면 제공대가로 대체된다. 선급금 · 선수금은 결제과정에서 재화 또는 용역이 결제수단이므로, 현금 또는 다른 금융자산으로 결제되는 금융자산이 아니다.

선 급 금

차변	대변
선 급 액	재화 · 용역의 인수
	잔액(차기이월액)

선 수 금

차변	대변
재화 · 용역의 제공	선 수 액
잔액(차기이월액)	

◀ 예시 13-12 ▶ 선급금 · 선수금

- 5/ 8 (주)무등은 영주상사로부터 상품 ₩7,500,000의 주문을 받고 그 계약금으로 ₩500,000을 영주상사의 당좌수표로 받았다.
- 8/12 (주)무등은 상기 상품을 발송함과 동시에 대금 ₩7,000,000을 영주상사의 당좌수표로 수취하다.

(회계처리)

– (주)무등 –

일자	차변	금액	대변	금액
5/ 8	현 금	500,000	선 수 금	500,000
8/12	선 수 금	500,000	매 출	7,500,000
	현 금	7,000,000		

– 영주상사 –

일자	차변	금액	대변	금액
5/ 8	선 급 금	500,000	당좌예금	500,000
8/12	매 입	7,500,000	선 급 금	500,000
			당좌예금	7,000,000

3.3 가지급금 · 가수금 · 미결산

가지급금은 부득이 현금 등의 지출이 있었으나 그 지출의 과목이 불명확하고 또한 금액이 명확히 얼마로 확정될 것인가를 알 수 없을 때 자산계정으로서 가지급금(suspense payments)계정을 설정하여 회계처리하며, 한편 현금의 수취는 있었으나 어떤 명목의 현금인지 아직 불명확한 경우에 부채로서 가수금(suspense receipts)계정을 설정하여 회계처리한다.

가지급금은 주로 사원이 출장을 갈 때 나타난다. 사원이 출장을 갈 때 출장비를 지급해야 하는데, 그 출장비가 정확히 얼마일지 또는 어떤 명목으로 지출될지를 현재로서는 알 수 없는 경우 우선 개략적으로 계산한 금액, 즉 출장비 개산액(槪算額)을 지급하게 되고 이를 가지급금(假支給金)으로 회계처리한다. 한편으로 출장중인 사원 또는 거래처로부터 회사에 송금을 하였는데 그 송금액이 어떤 송금인지를 알 수 없을 때, 일차적으로 가수금(假受金)으로 회계처리한다. 가수금 및 가지급금으로 회계처리한 후 출장에서 귀사한 사원으로부터 출장비 지출보고를 받거나 또는 거래처로부터 송금내역이 확인되었을 때 확인된 내용대로 회계처리한다.

그러므로 가수금 및 가지급금계정은 확인될 때까지 설정하는 가계정(假計定)이다. 결산일까지 확인되지 않은 경우는 확인하여 확인된 것으로 명확히 처리해야 한다. 우리나라는 명확하지 않은 과목을 재무제표에 계상하는 것을 억제하고 있으므로 결산일에는 반드시 그 내역을 확인해야 한다. 그렇게 되면 가수금 · 가지급금계정은 전술한 현금과부족계정과 마찬가지로 결산일까지만 존속하게 된다. 가지급금 및 가수금계정의 기장내용 및 그 사례를 예시하면 다음과 같다.

가지급금

개산액 지급	가지급액의 지출확인
	잔액(차기이월액)

가 수 금

가수금의 내역 확인	불명확한 자금 수취
잔액(차기이월액)	

◀ 예시 13-13 ▶ 가지급금 · 가수금

- 6/20 관광상품을 생산 및 판매를 목적으로 하는 죽향(주)는 시장조사 및 판매촉진활동을 위해 사원을 제주지방에 보내면서 출장비 개산액 ₩1,500,000을 수표를 발행하여 지급하였다.
- 9/ 5 출장중인 사원으로부터 ₩700,000이 송금되어 왔다.
- 9/30 출장중인 사원이 귀사하여 출장보고 및 출장비 지출보고를 다음과 같이 하였다.

1) 9/ 5일의 송금액 ₩700,000은 계약금으로 받은 것임.
2) 출장비 내역: 여비교통비 ₩450,000, 접대비 ₩650,000,
통신비 ₩50,000, 현금 반환액 ₩350,000

(회계처리)

일자	차변	금액	대변	금액
6/20	가지급금	1,500,000	당좌예금	1,500,000
9/ 5	현금	700,000	가수금	700,000
9/30	여비교통비	450,000	가지급금	1,500,000
	통신비	50,000	선수금	700,000
	접대비	650,000		
	현금	350,000		
	가수금	700,000		

미결산계정(temporary accounts)은 전술한 가지급금 또는 가수금계정과 같은 성격의 계정으로서 가계정(假計定)이다. 어떤 회계사상(accounting events)이 발생하여 일정한 권리가 발생하였으나, 그 사건이 종결되지 않아서 명확한 금액과 내역을 알 수 없을 때 설정되는 계정이다. 그러므로 그 내역이 명확히 확인되면 확인된 내역대로 회계처리하고 미결산계정은 소멸된다. 이러한 경우의 예로 보험에 부보된 경우를 들 수 있다.

소유하고 있는 건물을 화재보험에 가입하였는데 부보된 건물에 보험사고(화재)가 발생하면 회사는 즉시 보험회사에 사고의 사실을 고지(告知)함과 동시에 보험금을 청구한다. 보험금은 적어도 건물의 장부금액을 청구하지만 보험회사는 청구액을 그대로 수용하지 않고 일차적으로 심사하여 최종적으로 보험금을 결정하고 지급한다. 이러한 경우 회사는 보험금을 청구할 때 미결산계정을 설정하고 보험금지급액이 확정되어 통지받거나 또는 영수할 때 미결산계정은 소멸된다. 그 예는 다음과 같다.

미 결 산

차변	대변
미확정 사건 발생 (과목, 금액)	사건의 확정 (과목, 금액)
	잔액(차기이월액)

◀ 예시 13-14 ▶ 미 결 산

- 1/10 제일화재(주)와 본사 건물을 화재보험계약을 체결하였다. 연 보험료는 ₩200,000이며, 화재 발생시 회사에 귀책사유가 없는 한 보험금 지급액은 건물의 장부금액을 원칙으로 할 것을 약정함.
- 5/10 건물에 화재가 발생하여 즉시 보험회사에 알리고 동시에 보험금을 청구하다. 당해 건물의 장부금액은 ₩78,000,000임.
- 8/16 보험회사로부터 상기의 소실된 건물에 대한 보험금을 ₩70,000,000을 지급할 것을 통지받았다.
- 8/20 상기의 보험금을 수표로 영수하였다.

(회계처리)

일자	차변	금액	대변	금액
1/10	회계처리 없음.			
5/10	차변) 미 결 산	78,000,000	대변) 건 물	78,000,000
8/16	차변) 미 수 금	70,000,000	대변) 미 결 산	78,000,000
	화재손실	8,000,000		
8/20	차변) 현 금	70,000,000	대변) 미 수 금	70,000,000

3.4 예수금 · 상품권선수금

3.4.1 예 수 금

예수금은 소유권이 타인 또는 타 기관에 있는 자금을 수취하여 보유하고 있는 경우 부채계정인 예수금계정에서 처리한다. 예수금계정은 전술한 가수금과는 다르게 임시계정은 아니며, 예수된 자금을 원소유주에게 반환하거나 원소유주가 원하는 기관 또는 개인에게 지급했을 때 예수금계정은 소멸된다. 이 예수금은 여러 종류가 있는데 금액이 크고 중요한 경우에는 '○○예수금'이라고 구분되는 명칭을 붙여서 계정과목을 설정한다.

이러한 예수금은 소득세예수금, 의료보험예수금, 조합비예수금, 영업보증예수금 등이 있다. 예를 들면 소득세예수금은 세법상 급여를 지급하는 기관이 원천징수하게 되어 있어서, 급여를 지급할 때 급여액에서 소득세를 공제하여 보관하고 있다가 세무서에 종업원을 대신하여 납부하는 것이다. 따라서 급여에서 공제한 금액의 소유권자는 종업원이다. 그러므로 세무서에 납부할 때까지는 '소득세예수금'으로 처리하고, 납부했을 때 예수금을 감소시킨다.

3.4.2 상품권선수금

상품권(商品券)은 백화점 등의 도·소매업자가 상품대금을 미리 받고 이를 증명하는 일종의 유가증권(회계에서는 유가증권으로 회계처리하지 않음)인 상품권을 발행하며, 차후에 발행된 상품권을 제시하면 상품 또는 용역을 제공한다. 이 상품권의 종류는 크게 물품상품권과 용역상품권이 있으며, 이의 회계처리는 상품권의 발행시에 상품권선수금(商品券先受金)이란 과목(비금융부채)을 설정하여 회계처리하고, 상품권이 제시되어 회수되고 해당하는 상품 또는 용역을 인도하면 상품권선수금계정에 차기(借記)하여 그만큼 감소시킨다. 한편 상품권이 회수되면 그만큼 수익이 실현된 것으로 보고 매출수익으로 인식한다.

상품권을 할인하여 발행하는 경우에는 상품권의 액면금액을 상품권선수금에 기장하고, 할인액은 상품권할인액계정으로 회계처리하여 이를 상품권선수금계정의 차감계정으로 표시하며, 실현(상품권이 회수)되었을 때 매출에누리계정에 대체하여 매출수익에서 차감하도록 한다.

또한 상품 또는 용역의 제공이 지체되거나 불가능할 때 그리고 상품을 제공하고 남은 잔액을 환급할 때에도 상품권선수금과 상계처리한다. 물품상품권 또는 용역상품권의 물품 · 용역제공이 지체되거나 불가능함으로 인해 현금을 상환하는 경우, 또는 상품권과 교환하여 물품 등을 판매한 후 잔액을 환급하여 주는 경우에는 현금을 상환하는 때 또는 물품 등의 판매 후 잔액을 환급할 때 상품권선수금과 상계한다.

상품권의 유효기간이 경과하였으나 상법상 소멸시효(消滅時效)가 완성되지 않은 경우에는 유효기간이 경과된 시점에서 상품권에 명시된 비율(즉 현금, 물품 또는 용역을 상환, 제공하겠다는 비율을 제외하고)에 따라 유효기간경과이익(영업외수익)으로 인식함을 원칙으로 하고, 잔액은 후에 상법상의 소멸시효가 완성된 경우에는 소멸시효가 완성된 시점에서 잔액을 유효기간경과이익으로 인식하여야 한다.

마지막으로 상품권의 유효기간이 경과하거나 상법상의 소멸시효가 완성되면 상품권에 명시된 비율에 따라 일정한 공탁금을 예치해야 하며, 예치된 공탁금은 상품권공탁금의 과목으로 하여 유동자산 또는 투자자산 항목으로 보고한다. 예치된 공탁금을 제외한 상품권선수금은 유효기간경과이익으로 회계처리하고, 공탁금을 회수했을 때 상품권공탁금계정에 대기(貸記)하는 한편, 나머지(공탁금 예치분에 해당한 금액) 전액을 유효기간경과이익으로 인식함과 동시에 상품권선수금계정에 차기(借記)한다(기업회계기준 등에 관한 해석 35-37 참조).

3.5 기타채권의 대손인식

기타의 채권에 대해서도 기말 결산일에 매출채권과 마찬가지로 평가하여야 한다. 채권을 평가(評價)함으로 말미암아 각각의 채권이 재무상태표에 명확하게 표시되게 함으로써 회계정보이용자에게 명확한 재무상태(財務狀態)의 정보를 제공할 수 있게 한다. 그러므로 기타채권(其他債權)에 대해서도 기말 결산일 현재 대손에 관한 객관적인 사건이 발생했을 때 대손회계처리를 해야 한다. 이에 대한 회계처리도 매출채권과 동일하다.

연 습 문 제

[13-1] 다음을 통제계정 및 인명계정을 설정하여 분개하시오.

10/ 2 명성철강(주)에 상품 ₩860,000을 외상으로 매출하였다.
10/12 명성철강(주)로부터 매출채권 ₩500,000을 당좌수표로 회수하였다.
10/15 명성철강(주)에 외상매출했던 상품 중 ₩100,000이 환입되었다.
10/20 건국건설(주)로부터 철강 원재료 ₩500,000을 외상으로 매입하였다.
10/25 건국건설(주)에 대한 매입채무 중 ₩400,000을 상환하고 이 중 ₩15,000을 할인받았다.
10/26 한라유통(주)에 상품 ₩200,000을 외상으로 매출하였다.
10/27 영주상사에 상품 ₩100,000을 매출하고 ₩50,000은 현금으로 영수하였다.
10/28 패션슈퍼몰(주)로부터 상품 ₩900,000을 매입하고 반액은 현금을 지급하고 잔액은 외상으로 하였다.

(분 개)

날짜	통제계정		인명계정	
	차 변	대 변	차 변	대 변
10/ 2				
10/12				
10/15				
10/20				
10/25				
10/26				
10/27				
10/28				

[13-2] 월드샤핑(주)의 일련의 상품 매매거래는 다음과 같다. 이를 분개하시오.

11/ 3 월드케미칼(주)에 상품 ₩1,650,000을 외상매출하였다. 할인조건은 5/10, n/30이다.
11/12 프레스기계(주)로부터 상품 ₩3,000,000을 외상으로 매입하고, 할인조건은 2/20, n/60으로 하였다.

11/13 월드케미칼(주)의 매출채권을 모두 현금으로 회수하였다.

11/20 태양에너지상사에 상품 ₩700,000을 매출하고 대금 중 ₩300,000은 현금으로 받고 잔액은 3개월 후에 받기로 하였다.

11/28 프레스기계(주)에 매입채무 중 1/2을 현금으로 상환하였다.

(분 개)

날짜	차 변		대 변	
11/ 3				
11/12				
11/13				
11/20				
11/28				

■ **[13-3]** 퓨쳐트랙(주)의 어음채권 · 채무거래는 다음과 같다. 이를 분개하시오.

8/ 5 무진덕석설비(주)에 제품 ₩900,000을 매출하고 대금은 약속어음으로 영수하였다.

8/10 무등장태기계(주)로부터 제조용 원자재 ₩4,700,000을 매입하고 대금 중 ₩700,000은 현금을 지급하고 잔액은 3개월 만기의 약속어음을 발행하여 교부하였다.

8/14 천지멍석(주)에 제품 ₩7,000,000을 매출하고 3개월 만기의 약속어음을 받았다.

8/19 전기의 천지멍석(주) 발행 어음 ₩7,000,000을 거래은행에서 할인받고 할인료를 차감한 실수금은 당좌예입하였다. 단, 당해 할인어음에 대한 할인료는 3%이다. 당해 할인은 차입거래로 봄.

8/22 부시땅자원(주)로부터 원자재 ₩1,300,000을 매입하고, 대금 중 ₩900,000은 소지하고 있던 무진덕석설비(주) 발행 약속어음을 배서양도하고 잔액은 수표를 발행하여 지급하였다. 어음의 양도는 매각거래로 판단함.

8/23 무등장태기계(주)에 발행했던 약속어음을 만기일 이전에 모두 수표를 발행하여 상환하였다.

(분 개)

날짜	차 변		대 변	
8/ 5				
8/10				
8/14				
8/19				
8/22				
8/23				

[13-4] 다음 매출채권의 기말 평가에 관한 회계처리를 하시오.

> 2002. 12/31 결산일 현재 매출채권 총액이 ₩37,000,000이며, 채무자의 유동성 등으로 부도가 발생하여 약 5%에 해당하는 금액의 대손이 발생하였다.
>
> 2003. 5/17 대성물산(주)에 상품 ₩7,000,000을 공급하였으며 대금은 2개월 후에 받기로 하였다.
>
> 2003. 8/ 1 대성물산(주)의 매출채권 중 ₩900,000을 대손처리하였다.
>
> 2003. 9/12 성산유통에 상품 ₩3,350,000을 매출하고 대금 중 ₩350,000은 현금으로 받고 잔액은 약속어음을 받았다.
>
> 2003. 12/31 결산일 현재 매출채권을 평가한 결과 성산유통이 재무구조악화로 인해 매출채권 잔액에 대해 10%의 대손이 발생하였다.

(1) 분 개

날짜	차 변		대 변	
2002. 12/31				
2003. 5/17				
8/ 1				
9/12				
12/31				

(2) 대손충당금계정 기장

대손충당금

■ [13-5] 다음 기타채권에 대한 분개를 하시오.

5/ 3 서울지역 거래처를 방문하여 거래처 관리를 하기 위해 사원 출장을 계획하고 여비 개산액 ₩350,000을 현금으로 지급하였다.

5/ 7 출장간 사원이 출장지로부터 ₩500,000을 송금해 왔으며 당해 송금액은 상품매출 계약을 체결하고 계약금으로 영수한 것임을 보고해 왔다.

5/21 출장지로부터 ₩150,000이 송금되어 왔으며 그 내역은 보고받지 못하였다.

5/24 사원이 출장지로부터 귀사하여 출장 복명을 함과 동시에 여비 개산액의 정산을 다음과 같이 하였다.

여비 개산액 정산 내역

내 역	금 액	
여비 개산액		₩350,000
여비교통비	₩180,000	
접 대 비	₩70,000	
계약금 지급액	₩80,000	
잡 비	₩20,000	₩350,000
잔 액(초과액)		₩0
송금액 ₩150,000은 매출채권 회수액		

(분 개)

날짜	차 변		대 변	
5/ 3				
5/ 7				
5/21				
5/24				

■ [13-6] 다음 분개를 통해 거래를 추정하시오.

(분 개)

	차 변		대 변	
1)	미 수 금	450,000	비 품	300,000
			유형자산처분이익	150,000
2)	지급어음	90,000	현 금	100,000
	이자비용	10,000		
3)	대손상각비	75,000	매출채권	75,000

4)	가 수 금	82,000	현 금	1,426,000
5)	급 여	1,500,000	소득세예수금	74,000

	거래추정의 내용
1)	
2)	
3)	
4)	
5)	

■ [13-7] 다음을 분개하시오.

1) 상품의 매입을 주문하고 그 계약금으로 ₩240,000을 수표를 발행하여 지급하였다.
2) 차입금 ₩1,700,000과 그 이자 ₩85,000을 수표를 발행하여 지급하였다.
3) 종업원이 출장을 가게 되어 출장여비 개산액 ₩300,000을 현금으로 지급하였다.
4) 주문했던 상품 ₩850,000을 인수하고 대금은 수표를 발행하여 지급하였다. 단, 주문시 계약금 지급액 ₩50,000이 있음.
5) 기계장치의 제작을 주문받고 그 착수금으로 ₩720,000을 당좌수표로 받았다.
6) 종업원이 출장지에서 돌아와서 출장 복명을 하고 출장비를 정산하였으며, 그 정산 내용은 다음과 같다. 회계처리하시오.

내 역	금 액
여비 개산액 지출내용: 여비 · 교통비 접 대 비	₩170,000 ₩56,000 ₩40,000
정산액(현금 반환액)	₩74,000
출장지에서 송금 내용 (총 ₩310,000)	1) 상품 주문 계약금 ₩30,000 2) 매출채권 회수액 ₩280,000

(분 개)

	차 변		대 변	
1)				
2)				
3)				
4)				
5)				
6)				

■ [13-8] 다음을 분개하시오.

1) 전자재료 대리점 계약을 체결하고 영업보증금으로 ₩34,000,000을 수표를 발행하여 지급하였다.
2) 상품권 발행액 중에서 ₩550,000이 회수되어 상품 ₩480,000을 인도하고 잔금은 현금으로 지급하였다.
3) 주문받았던 상품 ₩730,000을 매출하고 대금은 현금으로 받았다. 단, 주문시 계약금 ₩100,000을 받았다.
4) 기계장치 ₩5,500,000을 구입하고 대금 중 ₩4,000,000을 수표를 발행하여 지급하고 잔액은 3개월 후에 지급하기로 하였다.
5) 2003. 9. 1일에 현금 ₩10,000,000을 대여하였다. 대여기간은 4년이며 매년 말에 연 ₩7%의 이자를 수취하는 조건이다. 대여일 및 첫 이자 수취일의 회계처리를 하시오.
6) 2003. 4. 1에 소지하고 있던 약속어음 ₩3,000,000을 은행에서 할인하고 할인료를 차감한 실수금은 즉시 당좌예금하였다. 단, 할인료는 연 10%이며 당해 어음의 만기일은 2003. 8. 1일이며, 당해 거래는 차입거래로 간주된다.
7) 2002. 5. 20일에 대손처리하였던 약속어음 대금 ₩100,000이 2003. 3. 8일에 현금으로 회수되어 즉시 당좌예금하였다.

(분 개)

	차 변		대 변	
1)				
2)				
3)				
4)				
5)				
6)				
7)				

■ [13-9] 다음 거래를 인명계정, 통제계정 및 관련 보조원장을 설정하여 회계처리하고 계정기입 및 마감을 하시오. 결산일은 6/30 및 12/31(연2회). 통제계정명은 매출채권으로 함.

3/ 6 담양상사로부터 상품 ₩2,550,000을 현금매입하다.

3/12 영새미상사에 상품을 매출하고 대금 ₩820,000은 외상으로 하다.

3/26 바끄네상사에 상품 ₩600,000을 매출하고 대금은 외상으로 하다.

4/10 영새미상사의 외상매출금 중 ₩350,000을 당좌수표로 영수하다.

5/20 상주상회에 상품 ₩480,000을 매출하고 약속어음을 받다(기간: 3개월).

6/15 바끄네상사의 외상매출금 ₩600,000을 현금으로 회수하다.

6/21 상주상회의 어음을 은행에서 할인하고 실수금은 당좌예금하다(할인율: 0.7%), 단 당해 거래는 매각거래 요건을 충족함.

1) 분 개

날짜	차 변		대 변	
3/6				
3/12				
3/26				
4/10				
5/20				
6/15				
6/21				

2) 총계정원장

매출채권

3) 매출처원장

영새미상사

바끄네상사

상주상회

■ [13-10] 다음 거래를 인명계정, 통제계정 및 관련 보조원장을 설정하여 회계처리하고 계정기입 및 마감을 하시오. 결산일은 6/30 및 12/31(연2회). 통제계정명은 매입채무로 함.

7/ 2 상품 ₩3,450,000을 서울상회로부터 외상으로 매입하다.

7/20 남아상사(주)로부터 상품 ₩2,000,000을 매입하고 대금은 3개월 약속어음을 발행하여 교부하다.

8/16 서울상회의 외상채무 ₩1,450,000을 현금으로 지급하다.

9/10 광명상사에서 상품 ₩1,000,000을 외상으로 매입하다. 할인조건: 2/10, n/30

9/15 광명상사에 대한 매입채무 반액을 수표를 발행하여 지급하다.

10/ 5 부천상사로부터 상품 ₩450,000을 매입하고 소지하고 있던 약속어음을 배서양도하다.

11/25 서울상회에 대한 매입채무 ₩700,000을 수표를 발행하여 지급하다.

1) 분　개

날짜	차 변		대 변	

2) 총계정원장

매입채무

3) 매입처원장

서울상회

남아상사(주)

광명상사

부천상사

■ [13-11] 다음 거래를 분개 하시오.

3/27 천지상사와 상품 매입계약을 채결하고 그 계약금으로 현금 ₩50,000을 지급하다.

4/ 4 명지상회와 상품 매출계약을 채결하고 계약금으로 ₩70,000을 현금으로 영수하다.

4/10 백두빌딩(주)와 건물 신축계약을 채결하고 착수금으로 ₩1,000,000을 수표를 발행하여 지급하다.

5/20 천지상사로부터 상품 ₩900,000을 인수하고 대금은 수표를 발행하여 지급하다. 또한 인수운임 ₩17,000을 현금으로 지급하다.

10/ 7 명지상회에 상품 ₩2,700,000을 인도하고 대금은 수표로 받다.

12/ 5 백두빌딩(주)로부터 발주했던 신축건물 ₩8,000,000을 인수하고 그 대금을 당좌수표로 지급하다.

(분 개)

날짜	차 변		대 변	

■ **[13-12]** 다음을 분개하시오.

11/ 2 대관령상사에 상품을 매출하고 대금 ₩6,300,000을 3개월 약속어음을 수취하다. 매출시 운임 ₩40,000을 현금으로 지급하다.

11/16 대관령상사의 어음을 은행에서 할인하고 할인료 5%를 차감한 실수금은 당좌예금 하다. 단 당해 거래는 매각거래 요건을 충족하지 못함.

11/21 평양상사로부터 상품을 매입하고 대금 ₩2,500,000은 소지하고 있던 약속어음을 배서양도하다. 매각거래로 간주함.

11/23 수안상회에 상품 ₩5,000,000을 매출하고 반액은 약속어음 그리고 잔액은 현금으로 지급하다.

12/20 전기 평양상사로부터 배서 양도한 어음이 부도가 되었다는 통지와 함께 대금을 청구해 오다. 따라서 어음대금과 경과이자 ₩50,000 및 소구비용 ₩10,000을 수표를 발행하여 지급하다.

(분　　개)

날짜	차 변		대 변	

■ **[13-13]** 2003. 1/ 1 영원상사(주)에 기계장치 ₩28,000,000을 매출하고 대금은 2년 후를 만기일로 한 약속어음을 수취하다. 단, 이자율은 연6%이며, 유효이자율은 연9%이고, 이자지급일은 12/31일이다. 결산일이 12월 31일일 때 다음 물음에 답하시오. 2년 9% 단일금액 현가: 0.8427, 정상연금 현가: 1.7591

(물　　음)

1) 매출시 회계처리

2) 결산일(2003. 12/31)의 회계처리

3) 2004. 1/ 1에 상기 어음 중 ₩14,000,000을 수표로 영수하다

4) 2004. 12/31 회계처리

5) 현재가치할인차금 상각표 작성

(회계처리)

날짜	차 변		대 변	
2003. 1/ 1				
2003. 12/31				

2004. 1/ 1				
2004. 12/31				

(현재가치할인차금 상각표)

날 짜	유효이자	현금이자	현재가치할인 차금 상각액	현재가치할인 차금 잔액	장부잔액
2003. 1/ 1					
2003. 12/31					
2004. 12/31					
2004. 1/ 1					

■ **[13-14]** 2004. 1/ 1에 기계장치 ₩10,000,000을 취득하고 대금은 4년 후에 지급하기로 하다. 단, 유사한 채권 · 채무이자율은 연12%, 결산일은 12/31이다. 다음 물음에 답하시오. 12% 4년 단일금액 현가: 0.6355, 정상연금 현가: 3.0373

(물 음)

1) 취득시(2004. 1/ 1)의 회계처리
2) 결산일(2004. 12/31)의 회계처리
3) 2004. 12/31의 재무상태표 표시
   (기계장치 잔존가치 ₩500,000, 내용연수 10년, 정액법 상각)
4) 2005. 12/31의 회계처리
5) 현재가치할인차금 상각표 작성

1) 회계처리

날짜	차 변		대 변	
2003. 1/ 1				
2003. 12/31				
2005. 12/31				

2) 현재가치할인차금 상각표

날 짜	유효이자	현금이자	현재가치할인 차금 상각액	현재가치할인 차금 잔액	장부잔액
2004. 12/31					
2005. 12/31					
2006. 12/31					
2007. 12/31					
2008. 12/31					

3) 부분 재무상태표(2004. 12. 31)

과 목	금 액

■ [13-15] 다음 수정 전 부분 잔액시산표와 추가정보에 의해 재무상태표를 작성하시오(비용과 수익은 제외됨).

1) 부분 잔액시산표

차 변		대 변	
현금 및 현금성자산	294,000	매입채무	195,500
단기금융상품	820,000	선수금	244,500
단기매매금융자산	335,000	장기차입금	1,180,000
매출채권	644,000	장기미지급금	1,800,000
대손충당금	(20,000)	현재가치할인차금	(54,000)
선급금	150,000	자본금	1,000,000
이월상품	208,000	이월이익잉여금	725,000
비품	1,300,000		
감가상각가누계액	(260,000)		
기계장치	2,000,000		
감가상각누계액	(380,000)		
.	.	.	.
.	.	.	.
.	.	.	.

2) 추가정보

(1) 기말상품 재고액 ₩130,000

(2) 매출채권 중에 포함된 어음채권 ₩200,000이 부도가 되어 청구하다. 단, 청구제비용 ₩5,000을 현금으로 지급함.

(3) 매출채권의 2% 대손을 추정함.

(4) 이전에 계약금 ₩50,000을 지급하고 매입계약을 채결한 바 있는 경지상사로부터 상품 ₩300,000을 인수하다.

(5) 감가상각비 계상액:
비 품 ₩130,000, 기계장치 ₩160,000

(6) 장기미지급금 관련 채권채무의 이자율은 연1.5%이다.

재무상태표

과 목	금 액	

제14장
비유동금융자산

제14장 비유동금융자산

제1절 비유동금융자산의 의의 및 종류

1.1 비유동금융자산의 의의

투자란 기업의 유휴자금을 이식(利殖)할 목적, 즉 투자수익을 수취할 목적으로 자산을 취득하는 행위를 말한다. 유휴자금을 활용하여 자산의 증식을 꾀하거나 타 회사를 지배 · 종속시킬 목적으로 주식 및 사채 등 금융자산을 취득하기도 하고 영업상의 목적으로 일정한 금액을 예치하는 경우도 있다. 구체적으로는 일정기간 대여하거나, 타사의 주식이나 채권을 취득, 토지 및 건물 등의 취득, 금융상품의 취득 등 다양한 형태로 투자가 이루어진다. 또한 투자의 기간도 1년 이내의 단기투자와 1년 이상의 장기투자하기도 한다.

1.2 비유동금융자산의 종류

비유동금융자산은 금융자산으로서 장기투자목적으로 보유하는 금융자산이다. 이의 종류는 그 분류방법에 따라 여러 가지로 분류할 수 있으나 장기투자증권(매도가능증권, 만기보유증권), 지분법적용투자주식, 정기예금, 정기적금, 장기성매출채권, 장기미수금, 임차보증금 등이 있다. 투자부동산, 이연법인세자산 등은 금융자산이 아니므로 여기에서는 생략한다.

1.2.1 장기투자증권

장기투자증권은 지분증권인 투자주식 및 채무증권인 사채를 포함한 투자채권이다. 투자주식은 배당금수익 등의 장기적 이식 목적과 타 회사의 경영권을 획득할 목적으로 주식을 취득하는 경우가 있다. 이 장기투자증권은 단기투자자산과 다르게 증권의 시장성 유무가 투자자산의 분류시에 고려되는 것은 아니다. 시장성 유무와 관계없이 증권의 보유의도 및 보유능력에 따라 투자기간이 장기이면 장기투자증권으로 재무제표에 보고한다. 기업회계기준서에서는 단기매매금융자산에 해당되지 않은 것은 **매도가능금융자산** 또는 **만기보유금융자산**으로 보고하도록 하고 있으며, 필요에 따라 이 두 과목을 통합하여 **장기투자증권**으로 보고할 수도 있게 하였다.

1.2.2 장기금융상품, 장기대여금

장기금융상품은 유동자산에 속하지 않은 금융상품으로서 정형화된 금융상품이다. 이는 금융기관에 예치한 예금 중 요구불예금을 제외한 장기 예치금으로서, 퇴직금예치금, 감채기금예치금, 정기예금, 정기적금 등이 대표적인 것이며, 그밖에 투자회사 등에 투자한 금융상품에 장기간 투자한 수익증권 등의 장기금융상품이다. 정형화된 금융상품이란 금융기관이 불특정 다수인의 투자자를 대상으로 개발 · 판매한 상품을 말한다. 또한 1년 이상 장기로 대여한 경우의 장기대여금도 투자의 성격이 명확하므로 투자자산으로 분류한다.

1.2.3 지분법적용투자주식

지분증권인 주식에 장기 투자할 경우는 장기투자증권 항목에 '매도가능금융자산'의 과목으로 기재하지만, 주식을 소유함으로 인해 피투자회사에 중대한 영향력(소유비율이 20% 이상)을 행사할 수 있는 경우에는 '지분법적용투자주식'의 과목으로 분류하여 기재한다. 이의 구체적인 회계처리는 중급회계에서 공부한다.

1.3 장기투자증권의 분류

1.3.1 과목의 분류

장기투자증권은 **매도가능금융자산**과 **만기보유금융자산**으로 분류하여 보고한다. 전술한 바와 같이 유동자산으로 분류하는 경우에는 단기투자자산 등의 과목으로 통합하여 재무상태표에 표시할 수 있다. 유가증권의 분류기준은 경영자가 유가증권 취득시의 실제적인 보유 의도와 능력에 따라 보유증권을 분류하며, 그 분류내용에 따라 과목과 평가방법 및 처분의 회계처리를 다르게 한다.

만기까지 보유할 의도와 능력이 있는 증권을 취득한 경우는 **만기보유금융자**

산으로 분류한다. 단기매매금융자산이나 만기보유금융자산으로 분류되지 아니하는 유가증권은 **매도가능금융자산**으로 분류한다. 만기가 확정된 채무증권으로서 상환금액이 확정되었거나 확정이 가능한 채무증권을 만기까지 보유할 적극적인 의도와 능력이 있는 경우에는 만기보유금융자산으로 분류한다. 그러나 당 회계연도와 직전 2개 회계연도 중에 만기보유금융자산을 만기일 전에 매도하였거나 발행자가 중도상환권을 행사한 사실이 있는 경우, 또는 만기보유금융자산의 분류를 매도가능금융자산으로 변경한 사실이 있다면, **보유중이거나 신규로 취득하는 모든 채무증권**은 만기보유금융자산으로 분류할 수 없다.

표 14-1 장기투자증권의 과목 분류

분류 과목	보유 의도	공시 항목
만기보유금융자산	만기까지 보유할 의도와 능력이 있는 경우	투자자산 또는 비유동금융자산
매도가능금융자산	단기매매차익의 목적도 아니며, 만기까지 보유할 의도가 없는 경우	투자자산 또는 비유동금융자산

1.3.2 장기투자증권의 재분류

매도가능금융자산과 만기보유금융자산은 보유하는 의도에 따라 분류하며 보유기간 중에 보유의도가 변경된 경우에 그 과목 분류를 변경할 수 있다. 즉 만기보유금융자산으로 보유하다가 일부를 매도한 경우에는 나머지 다른 만기보유금융자산은 매도가능금융자산으로 재분류하며, 매도가능금융자산으로 보유하다가 보유하는 의도가 만기까지 보유하고자 하는 경우에는 만기보유금융자산으로 재분류한다. 따라서 매도가능금융자산과 만기보유금융자산의 상호간에는 재분류할 수 있으나 단기매매금융자산으로 재분류하는 것은 허용하지 않고 있다. 또한 단기매매금융자산에서 만기보유 또는 매도가능금융자산으로 재분류할 수도 있다. 다만, 단기매매금융자산이 시장성을 상실한 경우에는 매도가능금융자산으로 분

표 14-2 유가증권의 재분류

<table>
<tr><th>재분류 전 과목</th><th>재분류 후 과목</th><th>재분류 사유 및 규제</th><th colspan="2">재무제표 표시항목</th></tr>
<tr><td rowspan="2">단기매매금융자산</td><td>매도가능금융자산</td><td>시장성 상실 및 보유의도 변경</td><td rowspan="4">투자자산</td><td rowspan="4">장기투자증권 등으로 통합 표시 가능</td></tr>
<tr><td>만기보유금융자산</td><td>보유의도 변경</td></tr>
<tr><td>매도가능금융자산</td><td>만기보유금융자산</td><td rowspan="2">단기매매금융자산으로 재분류 불허</td></tr>
<tr><td>만기보유금융자산</td><td>매도가능금융자산</td></tr>
</table>

류하여야 한다.

1.3.3 재무제표 표시

재무상태표일로부터 1년 내에 만기가 도래하거나 또는 매도 등에 의하여 처분할 것이 거의 확실한 매도가능금융자산과, 재무상태표일로부터 1년 내에 만기가 도래하는 만기보유금융자산은 유동자산으로 분류한다. 매도가능금융자산과 만기보유금융자산을 투자자산 또는 비유동금융자산으로 분류하는 경우에는 장기투자증권 등의 과목으로 통합하여 표시할 수 있다. 유동자산으로 분류하는 경우에는 단기투자자산 등의 과목으로 통합하여 재무상태표에 표시할 수 있다.

제 2 절 장기투자증권의 취득

2.1 매도가능금융자산 취득

장기투자증권의 취득은 그것이 지분증권이거나 채무증권이거나 그 취득시의 취득원가 결정방식은 동일하며, 다만 보유의도에 따라 만기보유금융자산과 매도가능금융자산으로 분류하여 보고할 뿐이다. 그러나 지분증권은 장기투자의 목적이면 매도가능금융자산으로 분류되며 만기보유금융자산으로 분류되지는 않는다. 왜냐하면 지분증권은 만기가 없는 것이기 때문이다. 그러므로 만기보유금융자산은 만기가 있는 채무증권이 이에 해당된다. 채무증권은 매도가능금융자산으로서 지분증권과 취득원가의 결정은 동일하지만 취득 대가의 지급액은 후술하는 만기보유금융자산과 마찬가지로 경과이자가 가산되어 지급된다.

타 회사의 지분증권 및 채무증권 등을 1년 이상 장기로 보유할 의도를 갖고 취득한 것이면 그 **취득금액과 부대비용**(附帶費用)이 매도가능금융자산의 취득원가가 된다. 취득의 대가로 현금 이외의 자산을 제공한 경우에는 제공한 자산의 시장가격을 취득원가로 한다. 그러나 제공한 자산의 시장가격이 없는 경우는 취득한 자산의 시장가격을 취득원가로 한다. 또한 기업회계기준서에서는 여러 종류의 주식을 수 차에 걸쳐 취득한 경우는 개별법, 총평균법 및 이동평균법에 의해 단위당 원가를 결정하도록 하고 있다.

매도가능금융자산

① 매입가액 ② 제비용 지급액	양도액(처분액)
	잔액(차기이월액)

◀ 예시 14-1 ▶ 매도가능금융자산의 취득

● 2001. 1. 1 영원(주)는 천지(주)의 주식 80주(15%)를 주당 ₩13,000에 취득하고 대금은 수표를 발행하여 지급하였다. 또한 증권거래 수수료 ₩12,000을 현금으로 지급하였다. 단, 당해 취득주식은 장기투자의 목적으로 취득한 것이다.

차변)	매도가능금융자산	1,052,000	대변)	당좌예금	1,040,000
				현 금	12,000

● 2002. 7. 1 무정농산(주)는 김제농산유통(주)로부터 명품물산(주) 발행 사채(액면 ₩2,000,000, 표시이자율 연 10%, 발행일 2002. 1. 1, 만기일 2007. 12. 31)를 당좌수표 ₩2,060,000(경과이자 ₩100,000 포함)을 발행하여 지급하고 취득하였다. 단, 당해 사채는 매도가능금융자산으로 분류된다.

차변)	매도가능금융자산	1,960,000	대변)	당좌예금	2,060,000
	미 수 이 자 수 익	100,000			

✎ ₩2,000,000 × 0.1 = ₩200,000, ₩200,000 × $\frac{1}{2}$ = ₩100,000 → 경과이자

2.2 만기보유금융자산 취득

채무증권은 일정한 금액을 장기간 제공하고 매 이자지급일에 확정된 이자를 수취하며 만기일에 그 원금을 상환받는 증권으로서, 만기까지 보유할 의도로 취득한 것이면 만기보유금융자산, 그렇지 않으면 매도가능금융자산으로 회계처리한다. 채무증권의 취득원가 결정에서도 주식의 경우와 같이 결정하나, 지분증권과 다른 점은 취득일의 회계처리 및 취득대가의 지급에 있어서 경과이자의 문제가 추가되어 지급된다는 점이다. 즉 직전 이자지급일 이후 취득일까지의 기간에 해당하는 이자를 계산하여 채무증권의 전 소유자에게 지급하고 이를 미수이자수익으로 회계처리해야 한다. 이 미수이자수익은 취득원가에는 포함되지 않는다.

미수이자수익은 취득 후 채권의 발행회사(또는 기관)로부터 이자의 지급일에 수취하게 된다.

만기보유금융자산

취득원가 ① 매입가액 ② 제비용 지급액	증권매도액 만기회수액
	잔액(차기이월액)

◀ 예시 14-2 ▶ 만기보유금융자산의 취득

● 2001. 7. 1 국제(주)는 영남(주)가 2001. 1. 1일에 발행한 사채 액면 ₩100,000을 (주)대구상사로부터 ₩94,542에 취득하고 대금은 현금을 지급하였다. 당해 사채의 만기일은 2006. 12. 31일이며, 표시이자율 10%, 시장이자율 13%, 이자지급일은 매년 말이다. 단, 이 증권은 만기까지 보유할 목적으로 취득한 것임.

차변)	만기보유금융자산	89,542	대변)	현 금	94,542
	미 수 이 자 수 익	5,000			

미수이자수익(1/1-6/30): $\frac{(100,000 \times 0.1)}{2} = 5,000$

취득원가: ₩94,542 − ₩5,000 = ₩89,542

제 3 절 매도가능금융자산의 기말평가

3.1 지분증권의 기말평가 및 수익인식

지분증권은 취득 후 보유하는 기간 동안의 회계처리는 당해 주식의 시장성 여부와 피투자회사(또는 관계회사)에 대해 중대한 영향력을 행사할 수 있는지 여부에 따라 회계처리가 다르다. 기업회계기준서는[1] 시장성이 있는 지분증권은 지분법의 대상이 되는 지분증권을 제외하고는 **공정가치법**(fair value method)으로 평가한 금액을 재무상태표 금액으로 하도록 규정하고 있다. 그러나 시장성이 없

1) 기업회계기준 제59조, 기업회계기준 등에 관한 해석 42-59.

는 지분증권은 취득원가를 재무상태표 가액으로 하도록 하고 있다. 지분법의 대상이 되는 지분증권은 시장성 유무에 관계없이 피투자회사에 대한 중대한 영향력을 행사할 수 있는 경우(지분율 20% 이상)는 **지분법**(持分法)에 의해 평가하고 이를 재무상태표 금액으로 하도록 규정하고 있다.

3.1.1 원 가 법

원가법(cost method)은 역사적 원가인 취득원가를 재무상태표 가액으로 하는 방법이다. 따라서 공정시장가치의 변동이 있더라도 당해 증권의 취득원가를 증감하지 않는 방법이다. 따라서 이 원가를 기준으로 평가하는 경우에는 기말에 별도의 평가에 관한 회계처리가 없다. 다만 기업회계기준서에서는 전술한 바와 같이 시장성이 없는 지분증권으로서 매도가능금융자산의 공정가치를 합리적으로 결정할 수 없는 경우에만 원가기준에 의한 평가를 하도록 하고 있다.

매도가능금융자산(원가법)

차변	대변
취득원가	처 분 액
	잔액(차기이월액)

3.1.2 공정가치법

매도가능금융자산은 그 종류의 구분 없이 지분증권 및 채무증권 모두를 공정가치으로 평가한 금액을 재무상태표 금액으로 하는 것을 원칙으로 하는 방법이며 이는 기업회계기준서에서 채택하고 있는 방법이다. 즉 재무상태표일 현재의 공정가치가 장부금액과 다른 경우 그 공정가치를 재무상태표 가액으로 하는 것을 말한다. 기업회계기준서에서는 그 차액을 **매도가능금융자산평가이익**(손실) 과목으로 하여 **기타포괄손익누계액** 항목으로 처리하도록 하고, 당기손익으로 처리하지 않도록 하였다. 즉 장부금액을 공정가치가 초과한 경우는 평가이익, 공정가치가 장부금액에 미달하는 경우는 평가손실로 인식하여 자본에 부가 또는 차감하는 기타포괄손익누계액 항목으로 보고한다.

다만, 매도가능금융자산 중 시장성이 없는 지분증권의 공정가치를 신뢰성 있게 측정할 수 없는 경우는 취득원가로 평가하도록 한다는 점은 전술한 바와 같다. 또한 채무증권의 경우 시장가격은 없으나 미래현금흐름을 합리적으로 추정할 수 있고, 공신력 있는 독립된 신용평가기관이 평가한 신용등급이 있는 경우에

는 신용평가등급을 적절히 감안한 할인율을 사용하여 평가한 금액을 공정가치로 본다.[2)]

매도가능금융자산

① 취득원가 ② 공정가치 상승액 (평가이익액)	① 처 분 액 ② 공정가치 하락액 (평가손실액)
	잔액(차기이월액)

3.1.3 지 분 법

기업회계기준에서는 전술한 공정가치 평가의 원칙에도 불구하고 피투자회사에 대한 지분비율이 20% 이상 등으로서 피투자회사(관계기업)에 대한 중대한 영향력을 행사할 수 있는 경우는 지분법(equity method)에 의해 평가하도록 하였다. 이 방법은 지분액의 변동에 따라 장기투자증권의 장부금액을 증감시키는 방법으로서, 피투자회사(관계기업)의 순자산액에 대한 지분액과 지분법적용투자주식(또는 관계기업투자주식)의 장부금액을 일치시키는 방법이다.

지분법적용투자주식의 장부금액과 피투자회사에 대한 지분액과의 차이가 당기순(손)익으로 인하여 발생한 경우 그 차액을 **지분법**(손)익으로 하여 당기손익으로 처리하도록 하고 있으며, 그 차이가 이익잉여금 증감으로 인한 경우는 이익잉여금의 증가 또는 감소로, 그리고 자본잉여금 또는 자본조정의 증감으로 인한 경우는 자본잉여금 또는 자본조정의 증가 또는 감소로 처리하도록 하고 있다. 한편 배당금을 수취했을 때는 지분법적용투자주식의 금액을 수취한 금액만큼 감액처리한다. 이는 피투자회사가 배당금을 지급함으로써 그 순자산액이 감소되고 그로 인해 투자회사의 지분액이 그만큼 감소되기 때문이다.

지분법적용투자주식

① 취득원가 ② 지분법이익	① 지분법손실 ② 배당금 수취액 ③ 처 분 액
	잔액(차기이월액)

2) 상기의 방법에 의한 미래현금흐름도 추정하기가 곤란한 경우에는 일반적으로 합리적이라고 인정되는 평가모형을 이용하여 공정가치를 결정할 수 있다.

◀ 예시 14-3 ▶ 매도가능금융자산(지분증권) 기말평가

- 2002. 1. 1 극동자원(주)는 백두에너지(주) 발행 주식 100주(30%)를 주당 ₩33,000에 수표를 발행하여 취득하였다. 또한 증권수수료 ₩10,000을 현금으로 지급하였다.
- 2002. 12. 31 결산일이 도래하여 당해 투자주식을 평가하였다. 결산일 현재 백두에너지(주)의 주식 공정가치는 주당 ₩35,000이며, 당기순이익 ₩1,500,000이 보고됨.
- 2003. 4. 20 배당금 ₩300,000을 현금으로 수취하였다.

2002. 1. 1 (취득일)

원가법:	차변)	매도가능금융자산	3,310,000	대변)	당좌예금	3,300,000
공 정: 가치법			상기와 동일		현 금	10,000
지분법:	차변)	지분법적용투자주식	3,310,000	대변)	당좌예금	3,310,000

2002. 12. 31 (결산일)

원가법:			회계처리 없음			
공 정: 가치법	차변)	매도가능금융자산	190,000	대변)	매도가능금융자산 평 가 이 익	190,000*
지분법:	차변)	지분법적용투자주식	450,000	대변)	지 분 법 이 익	450,000**

* (₩35,000 − ₩33,100) × 100주 = ₩190,000

** 당기순이익 ₩1,500,000 × 지분비율 30% = ₩450,000

2003. 4. 20 (회계처리)

원가법:	차변)	현 금	300,000	대변)	배당금수익	300,000
공 정: 가치법	차변)	현 금	300,000	대변)	배당금수익	300,000
지분법:	차변)	현 금	300,000	대변)	지분법적용투자주식	300,000

3.2 만기보유금융자산의 상각후취득원가와 수익인식

만기보유금융자산

① 취득원가 ② 유효이자율법에 의한 가산액	① 유효이자율법에 의한 차감액
	잔액(차기이월액)

만기보유금융자산의 보유기간 동안의 기말 회계처리는 만기보유금융자산의 상각후취득원가와 이자수익의 인식에 관한 회계처리가 있다. 만기보유금융자산의 취득시에 액면금액과 취득원가가 다를 때 그 차액을 상각조정하여 만기보유금융자산의 상각후취득원가 결정과 당해 증권으로부터의 이자수익의 인식에 관한 회계처리가 그것이다. 기업회계기준서는 취득시 취득원가와 액면금액이 다른 경우 그 차액을 상환기간에 걸쳐 매 결산일에 **유효이자율법**을 적용하여 취득원가에 가감한 상각후취득원가를 결정하여 재무상태표에 보고하고, 동시에 유효이자율에 의한 유효이자수익을 인식하여 포괄손익계산서에 보고하도록 하고 있다.

◀ 예시 14-4 ▶ 만기보유금융자산-유효이자율법

● 2002. 1. 1 Universal Project Co. Ltd.는 Inter-consultant Co. Ltd. 발행 사채 액면 ₩10,000,000(만기일 2006. 12. 31, 표시이자율 연 10%, 유효이자율 연 14%, 매년 말 이자지급)을 ₩8,627,100에 현금 매입하였다. 기말 결산일인 2002. 12. 31에 표시이자 ₩1,000,000을 현금으로 수취하였다. 취득시 및 유효이자율법에 의한 상각후취득원가를 계산하여 회계처리하시오. 단, 당해 사채권은 만기보유목적으로 취득하였다.

2002. 1. 1 (취득시)

차변)	만기보유금융자산	8,627,100	대변)	현 금	8,627,100

2002. 12. 31 (상각후취득원가 및 이자수익 인식)

차변)	현 금	1,000,000	대변)	만기보유금융자산	1,207,794
	만기보유금융자산	207,794		이 자 수 익	

✎ 2002. 12. 31일 만기보유금융자산의 상각후취득원가: ₩8,627,100 + ₩207,779
2002. 12. 31일의 이자수익의 포괄손익계산서 보고액: ₩1,207,794

◀ 예시 14-4 ▶의 회계처리는 유효이자율법에 의한 만기보유금융자산의 가감조정액에 관해서만 회계처리한 것이다. 매 결산일에 취득시 액면금액과 취득원가와의 차액 ₩1,372,900을 상기와 같은 방법으로 매기 상각 조정하여 취득원가를 조정하고, 동시에 이자수익을 인식함으로써 차액은 점차 감소(상각)되어 만기일에는 '0'이 된다. 한편 상각액만큼씩 만기보유금융자산에 가산되어 만기일에 만기보유금융자산의 장부금액은 사채의 액면금액 ₩10,000,000과 일치하게 된다(유효이자수익 계산표 참조).

표 14-3 유효이자수익 계산표(유효이자율법)

날 짜	① 유효이자 수 익	② 현금이자 수 취 익	액면금액-취득금액		⑤ 장부금액
			③ 상각액	④ 잔 액	
2002. 1. 1.				1,372,900	8,627,100
2002. 12. 31.	1,207,794.0	1,000,000	207,794	1,165,106	8,834,894
2003. 12. 31.	1,236,885.1	1,000,000	236,885	928,221	9,071,779
2004. 12. 31.	1,270,049.0	1,000,000	270,049	658,172	9,341,828
2005. 12. 31.	1,307,855.9	1,000,000	307,856	350,316	9,649,684
2006. 12. 31.	1,350,316.7*	1,000,000	350,316	0	10,000,000

* 마지막 연도인 2006년의 유효이자는 조정한 것임. 본래는 정확하게 '0'이 되지만, 소수점 계산 때문에 정확하지 않을 수도 있기 때문임. 단일금액 ₩1의 현재가치(5년, 14%): 0.5194, 정상연금 ₩1의 현재가치(5년, 14%): 3.4331, 발행가: (10,000,000×1.5194)+(1,000,000×3.4331) =8,627,100

① 만기보유금융자산이자수익은 유효이자로서 포괄손익계산서에 보고될 이자수익이다.

유효이자수익 = 기초장부금액 × 유효이자율

② 현금이자 수취액 = 액면금액 × 액면이자율
③ 상각조정액 = 유효이자수익 즉 유가증권이자수익 − 액면이자
④ 차금잔액 = 액면금액 − 장부금액, 또는 직전 차금잔액 − 당해연도 상각조정액
⑤ 장부금액 = 기초장부금액 + 상각조정액 또는 액면금액 − 차금잔액

제 4 절 장기투자증권의 처분

4.1 매도가능금융자산의 처분

보유하고 있던 투자주식을 처분할 경우는 동 투자주식의 장부금액과 처분액

과의 차액을 **매도가능금융자산처분**(손)익의 과목으로 회계처리하며 동 과목은 포괄손익계산서의 영업외손익 항목으로 분류하여 보고한다. 매도가능금융자산처분(손)익의 금액은 기말평가를 어떤 평가기준의 방법에 의해 평가했느냐에 따라 다르다. 즉 원가법과 지분법에 의하여 회계처리한 경우에는 언급한 바와 같이 매도가능금융자산의 장부금액과 처분액과의 차액을 처분손익으로 계산하지만, 공정가치법에 의한 경우에는 장부금액과 처분액과의 차액을 처분손익으로 인식한다. 그러나[3] 기타포괄손익누계액 항목에 누적기록되어 있는 미실현손익, 즉 **매도가능금융자산평가**(손)익이 있으면 이의 금액 중 당해 처분증권에 해당하는 비율만큼의 금액을 가감하여 실현손익인 **매도가능금융자산처분**(손)익을 인식한다. 즉 매도가능금융자산평가이익은 처분액에 가산하고, 평가손실은 처분액에서 차감하여 처분손익을 계산한다. 다음의 자료에 의해 각각의 회계처리 예시를 보이면 아래와 같다.

4.1.1 공정가치법평가의 경우 처분

다음의 ◀예시 14-5▶에서 매도가능금융자산을 주당 ₩98,000에 취득한 후 기말의 평가에서 주당 ₩7,000이 증가되어 투자유가증권의 장부금액이 ₩5,250,000(₩105,000 × 50주 = ₩5,250,000)이 되었다. 그러나 이를 2002. 4. 1일에 25주를 주당 ₩96,000에 처분하였으므로 처분액 ₩2,400,000(₩96,000 × 25주)과 장부금액 ₩2,625,000$\left(\frac{₩5,250,000 \times 25}{50}\right)$의 차액이 ₩225,000(손실액)이 계산되나, 이 금액이 온전히 실현손실인 처분손실로 인식되어서는 안 된다.

왜냐하면 매도가능금융자산평가이익 ₩350,000이 기타포괄손익누계액 항목으로 누적·이월되어 있기 때문이다. 이 평가이익 중 당해 주식의 처분이 25주/50주이므로 평가이익 ₩350,000 중 50%의 금액 ₩175,000이 처분액에 가산되어 투자유가증권처분손실은 (₩2,400,000 + ₩175,000) − ₩2,625,000 = −₩50,000이 된다. 즉 본래의 처분손실 ₩225,000에서 매도가능금융자산평가이익 ₩350,000 중 처분액에 상당한 평가이익 50%인 ₩175,000을 차감하면 실현손실인 **매도가능금융자산처분손실 ₩50,000**이 된다. 따라서 기타포괄손익누계액 항목에 매도가능금융자산평가이익계정의 잔액은 ₩175,000이 된다. 처분손실계산시 차감된 ₩175,000은 처분으로 인해 실현된 것으로 본다. 즉 기타포괄손익누계액에 기록된 평가이익 ₩350,000 중 ₩175,000이 당기손익에 반영되는 것이다.

3) 다음의 가)에서 나)를 차감하여 처분손익을 계산함.
가) 유가증권을 양도한 대가로 받았거나 받을 금액
나) 유가증권의 장부금액

◀ 예시 14-5 ▶ 공정가치법평가의 경우(1)-평가이익이 있는 경우

- 2001. 1. 1 영지(주)의 주식(1주 액면 100,000) 50주(30%)를 주당 ₩98,000에 현금으로 취득하였다.
- 2001. 12. 31 영지(주) 주식의 공정시가는 1주당 ₩105,000이다. 또한 당기순이익 ₩100,000이 포괄손익계산서에 보고됨.
- 2002. 4. 1 영지(주)의 주식 25주를 주당 ₩96,000에 처분하고 대금은 수표로 받음.
- 2001. 1. 1, 2001. 12. 31 및 2002. 4. 1의 회계처리는? 공정가치법에 의함.

2001. 1. 1 회계처리(취득시)

차변)	매도가능금융자산	4,900,000	대변)	현 금	4,900,000

2002. 12. 31 회계처리(기말평가시)

차변)	매도가능금융자산	350,000	대변)	매도가능금융자산 평 가 이 익	350,000

2002. 4. 1 회계처리(처분시)

차변)	현 금	2,400,000	대변)	매도가능금융자산	2,625,000
	매도가능금융자산 평 가 이 익	175,000			
	매도가능금융자산 처 분 손 실	50,000			

₩2,625,000 − (₩2,400,000 + ₩175,000) = ₩50,000
₩4,900,000 + 350,000 = ₩5,250,000 × 25/50 = ₩2,625,000

위의 ◀예시 14-5▶에서 처분액이 주당 ₩120,000에 처분되었다고 가정하자. 그러면 처분액은 ₩3,000,000(₩120,000 × 25주)과 장부금액 ₩2,625,000과의 차액은 ₩375,000의 처분이익이 계산된다. 그러나 이 금액의 전액이 처분이익으로 보고되어서는 안 된다. 왜냐하면 기타포괄손익누계액 항목으로 매도가능금융자산평가이익이 ₩350,000이 있기 때문이다. 그러므로 이 중 50%인 ₩175,000을 처분액 ₩3,000,000에 가산한 ₩3,175,000과 장부금액 ₩2,625,000과의 차액 ₩550,000, 즉 본래의 처분이익 ₩375,000과 매도가능금융자산평가이익 중 처분주식수에 상당한 평가이익 ₩175,000을 가산한 ₩550,000의 평가이익이 계산되어 다음과 같이 회계처리된다.

차변)	현 금	3,000,000	대변)	매도가능금융자산	2,625,000
	매도가능금융자산평가이익	175,000		매도가능금융자산처분이익	550,000

(₩3,000,000 + ₩175,000) − ₩2,625,000 = ₩550,000

◀ 예시 14-6 ▶ 공정가치법평가의 경우(2)-평가손실이 있는 경우

● 2002. 11. 18 보유하고 있던 (주)허풍의 매도가능금융자산인 주식 80주 (장부금액 ₩960,000)를 주당 ₩15,000에 처분하고 대금은 수표로 받았다. 단, 매도가능금융자산평가손실의 잔액 ₩80,000이 있다.

차변)	현 금	1,200,000	대변)	매도가능금융자산	960,000
				매도가능금융자산평가손실	80,000
				매도가능금융자산처분이익	160,000

처분액과 장부금액과의 차이 ₩240,000에서 평가손실 잔액 ₩80,000을 차감하면 실현이익은 ₩160,000이 된다.

4.1.2 원가법평가의 경우 처분

상기의 ◀예시 14-5▶의 문제에 의한 원가법에서는 아래의 예시에서와 같이 2001. 12. 31일의 기말평가는 취득원가를 재무상태표 가액으로 하므로 회계처리가 없으며, 2002년에 이월되는 투자주식은 취득원가 ₩4,900,000이 이월되고 이 중 $\frac{1}{2}$이 처분되었으므로 원가 ₩2,450,000과 처분액 ₩96,000×25주 = ₩2,400,000과의 차액 ₩50,000을 처분손실로 인식한다. 이에 대한 회계처리는 ◀예시14-7▶과 같다.

◀ 예시 14-7 ▶ 원가법평가의 경우

◀ 예시 14-5 ▶에 의해 원가법에 따른 기말평가를 회계처리하시오.

2001. 1. 1 회계처리(취득시)

차변)	매도가능금융자산	4,900,000	대변)	현 금	4,900,000

2001. 12. 31 회계처리(기말평가 및 순이익보고시)

회계처리 없음

2002. 4. 1 회계처리(처분시)

차변)	현금	2,400,000	대변)	매도가능금융자산	2,450,000
	매도가능금융자산 처분손실	50,000			

4.1.3 지분법평가의 경우 처분

아래 ◀예시 14-8▶의 지분법 회계처리에서는 2001. 12. 31일에 당기순이익 ₩100,000에 대한 30%의 지분액(持分額) ₩30,000만큼 증가되므로 매도가능금융자산계정이 취득액 ₩4,900,000 + 지분법평가이익 ₩30,000 = ₩4,930,000으로 증가되어 이월되고, 한편으로는 지분법평가이익 ₩30,000이 2001년의 포괄손익계산서에 반영되어 보고된다. 따라서 장부금액 ₩4,930,000의 $\frac{1}{2}$인 ₩2,465,000과 처분액 ₩2,400,000(₩96,000×25주)과의 차액 ₩65,000이 처분손실로 인식된다. 공정가치법에서와 같이 평가손익의 가감처리를 하지 않는다. 왜냐하면 지분법에서는 매도가능금융자산평가이익이 계상되지 않고 지분법평가(손)익이라는 당기손익 항목으로 처리하기 때문이다.

◀예시 14-8▶ 지분법평가의 경우

◀예시 14-5▶에 의해 지분법에 따른 기말평가 및 처분에 관한 회계처리를 하시오. 단, 지분비율은 30%이며, 2001. 12. 31일에 당기순이익 ₩100,000이 포괄손익계산서에 보고됨.

2001. 1. 1 회계처리(취득시)

차변)	지분법적용투자주식	4,900,000	대변)	현금	4,900,000

2001. 12. 31 회계처리(순이익의 보고시)

차변)	지분법적용투자주식	30,000	대변)	지분법이익	30,000

₩100,000 × 0.3 = ₩30,000(영업외수익 항목)

2002. 4. 1. 회계처리(처분시)

차변)	현금	2,400,000	대변)	지분법적용투자주식	2,465,000
	지분법적용투자주식처분손실	65,000			

$(₩4,900,000+₩30,000)\times\frac{25}{50}=₩2,465,000$
$₩2,400,000-₩2,465,000=-₩65,000$

4.2 만기보유금융자산의 처분 및 만기회수

만기보유금융자산을 중도에 처분하면 처분시까지의 상각후취득원가와 처분액과의 차액을 처분손익으로 인식한다. 그러나 만기보유금융자산의 일부를 처분하는 경우는 나머지 만기보유금융자산은 그 과목분류를 매도가능금융자산으로 변경해야 하며, 변경된 증권을 변경시점 현재의 공정가치로 평가하여 평가손익을 인식해야 한다. 변경 후 만기보유금융자산의 과목은 만기보유금융자산에서 매도가능금융자산으로 재분류되며 그 이후는 매도가능금융자산의 회계처리 방법에 따라 처리해야 한다.

그러나 만기보유금융자산을 중도에 매각처분하지 않고 취득시의 보유 의도대로 만기까지 보유하고 있다가 만기일에 상환받게 되면 상환금액은 만기일 현재의 장부금액(액면금액)을 상환받는다. 왜냐하면 취득시의 액면금액과 취득원가와 차액을 만기일에 걸쳐 유효이자율법에 따라 상각하기 때문에 만기일이 되면 그 차액이 모두 상각되어 장부금액에 가감되었으므로, 장부금액은 액면금액과 일치하게 된다. 따라서 만기일에 상환받는 경우는 아무런 손익을 인식하지 않는다. 중도처분으로 인한 과목의 분류변경에 관해서는 심화학습을 참조바람.

◀ 예시 14-9 ▶ 만기보유금융자산의 중도처분

- 2002. 1. 1 (주)조선은 서울백화점(주) 발행 사채(액면이자율 연 10%, 만기일 2006. 12. 31 이자지급일 매년 12. 31, 액면 ₩200,000)를 ₩165,400에 수표를 발행하여 취득하였다. 당해 사채의 취득 당시의 유효이자율은 연 15%이다. 또한 만기까지 보유할 의도를 갖고 취득한 것임.
- 2002. 12. 31 이자를 현금으로 수취함.
- 2003. 1. 1 전기의 서울백화점(주)의 사채 중 20%를 ₩80,000에 처분하고 대금은 수표로 받았다. 처분시 당해 증권의 공정가치는 장부금액과 일치하였다.

2002. 1. 1 회계처리(취득시)

차변) 만기보유금융자산	165,400	대변) 당 좌 예 금	165,400

2002. 12. 31 회계처리(이자수취 및 차액상각)

차변)			대변)		
차변)	현 금	20,000	대변)	만기보유금융자산	24,810
	만기보유금융자산	4,810		이 자 수 익	

✎ ₩165,400 × 0.15 = ₩24,810(유효이자수익, P/L 보고 이자수익)
₩24,810 − (₩200,000 × 0.1) = ₩4,810(조정상각액)

2003. 1. 1 회계처리(처분시)

차변)			대변)		
차변)	현 금	80,000	대변)	만기보유금융자산	34,042
				만기보유금융자산	45,958
				처 분 이 익	

✎ (₩165,400 + ₩4,810) × 20% = ₩34,042, ₩80,000 − ₩34,042 = ₩45,958

연 습 문 제

■ [14-1] 다음 각각을 분개하시오. 대금결제는 수표로 함.

1) 만기까지 보유할 의도를 갖고 증권시장에서 사채 액면 ₩100,000을 ₩97,000에 취득하였다(연이율 5%, 매년 말 수취, 상환기간 3년).
2) 증권시장에서 경영권 획득을 위해 주식 100주(1주당 액면 ₩10,000)를 주당 ₩13,000에 취득하였다.
3) 일시적인 유휴자금의 운용을 위해 주식 50주를 주당 ₩250,000에 취득하였다.
4) 상기 1)의 사채에 대한 이자를 수취하였다.
5) 상기 2)의 주식이 결산일 현재 공정가치가 주당 ₩15,000으로 상승하였다.
6) 상기 3)의 주식을 주당 ₩270,000에 처분하였다.

(분 개)

번호	차 변		대 변	
1)				
2)				
3)				
4)				
5)				
6)				

■ [14-2] 2003년 3월 20일에 매도가능금융자산으로 분류되는 주식을 ₩350,000에 취득한 바 있다. 매년도 말의 거래가 다음과 같을 때 분개하시오. 모든 거래는 수표로 이루어짐.

(자 료)

2003. 12. 31	주식의 공정가치가 ₩370,000이다.
2004. 12. 31	주식의 공정가치가 ₩340,000이다.
2005. 3. 17	상기 주식의 절반을 ₩200,000에 처분하였다.
2005. 12. 31	주식의 공정가치가 ₩200,000이다.
2006. 6. 20	상기 주식 모두를 ₩200,000에 처분하였다.

(분 개)

날짜	차 변		대 변	
2003. 12/31				
2004. 12/31				
2005. 3/17				
2005. 12/31				
2006. 6/20				

■ **[14-3]** 2003. 1. 1일에 굴지상사는 영세상사의 사채 액면 ₩1,000,000을 ₩890,000에 취득하고 부대수수료 ₩4,520을 수표를 발행하여 지급하였다. 당해 구입한 사채의 표시이자율 연 10%(매년 말 지급), 유효이자율 연 13%이며 만기일은 2007. 12. 31일이다. 2003. 1. 1, 2003. 12. 31 및 2005. 12. 31일의 회계처리는? 13% 단일금액 현가: 0.5428, 13% 정상연금 현가: 3.5172. 만기보유목적으로 취득한 것임.

날짜	차 변		대 변	
2003. 1/ 1				
2003. 12/31				
2005. 12/31				

■ **[14-4]** 2003년 말 결산일 현재 다음 지분증권(매도가능금융자산으로 분류됨)의 재무상태표 가액은 얼마인가? 기업회계기준에 의함.

종 류	취득원가	공정가치
주식 갑	840,000	820,000
주식 을	360,000	400,000
주식 병	1,330,000	1,310,000

재무상태표 금액: ₩________________

■ **[14-5]** 다음 2003년의 자료에 지분법, 공정가치법에 따른 회계처리를 하시오.

1) 2003. 1. 10 (주)영광은 (주)딴나라의 주식 500주를(액면 ₩20,000) 주당 ₩23,000에 수표를 발행하여 취득하였다. (주)딴나라에 대한 35%의 주식을 취득함.

2) 2003. 12. 31 당해 주식의 증권거래소의 공정시가는 주당 ₩22,000이다. 지분법에 따른 기말평가 및 처분에 관한 회계처리를 하시오. 단, 2003. 12.

31일의 (주)딴나라의 포괄손익계산서에 당기순이익 ₩100,000이 보고됨.

3) 2004. 5. 20 (주)딴나라의 주식 80%를 ₩9,300,000에 처분하고 대금은 수표를 받았다.

날짜	차 변		대 변	
2003. 1/10				
2003. 12/31				
2004. 5/20				

■ **[14-6]** 다음 2003년 12월 31일 결산 후 부분 잔액시산표의 내용은 다음과 같다.

2004. 3. 12 매도가능금융자산의 50%를 처분하고 대금 ₩2,100,000은 현금으로 받아 즉시 당좌예입하였다. 처분손익 계산과 분개를 하시오.

결산후잔액시산표

과 목	금 액	과 목	금 액
·	·	·	·
단기매매금융자산	730,000	사 채	30,000,000
매도가능금융자산	4,250,000	·	·
만기보유금융자산	7,700,000	기타포괄손익누계액	
·		매도가능금융자산평가이익	280,000
매도가능금융자산처분손실	130,000	·	·
·	·	·	·

매도가능금융자산처분(손)익: ₩ ____________________

(분 개)

날짜	차 변		대 변	
2004. 3/12				

■ **[14-7]** 2003. 7. 1 갈채(주)는 만기까지 보유할 목적으로 (주)환희가 발행한 다음 조건의 사채에 ₩39,000,000을 투자하였으며 관련 비용 ₩22,800을 현금으로 지급하였다. 갈채(주)의 매년도 재무상태표상 기록할 만기보유금융자산의 가액과 포괄손익계산서에 기록할 이자수익을 계산하기 위한 상각표를 작성하고 2003. 12. 31일의 분개를 하시오.

(조 건)

1) 투자액 ₩39,022,800(액면 ₩40,000,000)

2) 만기일 2006. 7. 1

3) 표시이자율 연 10%(매년 말 수취)

4) 발행시의 유효이자율 연 11%(비용을 고려한 것임)

(상 각 표)

날 짜	유효이자	이자수취액	상 각 액	장부금액
2003. 12/31				
2004. 12/31				
2005. 12/31				
2006. 6/30				

(분 개)

날짜	차 변		대 변	
2003. 12/31				

■ [14-8] 2003. 5. 7 (주)클린턴은 장기투자의 목적으로 (주)부시의 주식 100주(발행주식의 50%)를 주당 ₩9,250에 취득하고 대금은 수표를 발행하여 지급하였다. 2003. 12. 31일 (주)부시의 재무상태표가 다음과 같다. 2003. 12. 31일의 (주)클린턴이 행할 회계처리는?

재무상태표

(2003. 12. 31) (주)부 시

과 목	금 액	과 목	금 액
제 자 산	2,580,000	제 부 채	640,000
		자 본	
		자본금	1,000,000
		자본잉여금	850,000
		당기순이익	90,000
	2,580,000		2,580,000

(분 개)

차 변		대 변	

■ [14-9] 2004. 1/1 망쪼한구(주)에 현금 ₩20,000,000을 장기 대여하다. 대여조건: 5년 5%, 매년 말 이자수취. 다음 물음에 답하시오.

(물 음)

1) 2004. 1/1의 회계처리

2) 2004년 결산일의 회계처리

3) 2005. 1/1에 상기 대여금 중 ₩10,000,000을 회수하여 당좌예금하다.

4) 2005. 12/31의 회계처리

날짜	차 변		대 변	
2004. 1/ 1				
2004. 12/31				
2005. 1/ 1				
2005. 12/31				

■ **[14-10]** 다음을 분개하시오.

1) 회사의 본사사옥을 신축이전하고 전화를 개설하였다. 전화 개설관련 비용 ₩2,400,000을 수표를 발행하여 지급하다.
2) K광고기업은 광고용 설비, 재료의 유통회사인 유턴상사와 체인계약을 채결하고 그 보증금 ₩5,000,000을 수표를 발행하여 예치하다.
3) 동양건설(주)는 건설장비 포크레인을 영월현장에서 사용하기 위해 영월장비(주)로부터 1년간 임차하고 월 임차료 ₩1,000,000과 보증금 ₩3,000,000을 현금으로 지급하다.
4) K-Mart는 부산영업소를 개설하기로 하고 목표 입지에 소재한 Y건설 소유의 건물을 사용할 권리를 취득하였다. 따라서 그 사용 대가로 월 ₩100,000을 지급하기로 하고, 전세금 ₩50,000,000과 함께 수표를 발행하여 지급하였다.
5) Y투자회사에 종업원 퇴직금 지급에 대비하여 현금 ₩5,000,000을 연 10%의 수익을 보장하는 금융상품에 투자하였다.

(분 개)

번호	차 변		대 변	
1)				
2)				
3)				
4)				
5)				

■ **[14-11]** 2004/ 1/1 조선설비(주)는 대형 환경설비 ₩65,000,000을 고려산업(주)에 매출하고 대금은 3년 후에 일시불로 영수하기로 하다. 단, 당해 채권채무의 시장이자율은 연 10%이며, 3년 10%의 단일금액 ₩1의 현가는 0.7513, 정상연금 현

가는 2.4868이다.

(물　　음)

1) 2004. 1/ 1의 회계처리

2) 2004. 12/31(결산일) 회계처리

3) 2004. 12/31의 재무상태표 표시

4) 2005. 6/30에 고려산업의 자금사정 호전으로 채권 전액을 상환받아 당좌예금하다.

(분　　개)

날짜	차　　변		대　　변	
2004. 1/1				
2004. 12/31				
2005. 6/30				

(부분 재무상태표)

과　　목	금　　액	

■ [14-12] 2004. 1/ 1 상품 ₩15,000,000을 매출하고 현금 ₩5,000,000과 장기성 이자부어음 ₩10,000,000을 받다. 당해 어음의 만기는 2년 후이며, 연이율 5%이며 유효이자율은 연 8%, 이자수취일은 매년 6월 30일이다. 2년 8% 단일금액 ₩1의 현가: 0,8573, 정상연금현가: 1.7833. 이자는 현금으로 수취함.

(물　　음)

1) 2004. 1/ 1의 회계처리

2) 2004. 6/30(이자수취)의 회계처리

3) 2004. 12/31(결산일) 회계처리

4) 2005. 1/ 1에 채권의 반액이 회수되어 당좌예금하다.

(분　　개)

날짜	차　　변		대　　변	
2004. 1/ 1				
2004. 6/30				
2004. 12/31				
2005. 1/ 1				

■ **[14-13]** 2005. 1/ 1에 만기보유 목적으로 사채 액면 ₩1,000,000(표시이율 연 10%, 유효이율 연 13%, 매년 말 이자수취, 상환기간 7년)을 취득하고 수표를 발행하여 지급하다. 7년 13% 단일금액 ₩1의 현가: 0.4251, 정상연금현가: 4.9976. 이자는 현금으로 수취함.

(물 음)

1) 2005. 1/ 1의 사채의 취득금액은?

2) 2005. 12/31(결산일)의 회계처리

3) 2007. 1/ 1에 사채를 ₩980,000에 처분하고 대금은 당좌수표로 받다.

(분 개)

날짜	차 변		대 변	
2005. 1/ 1				
2005. 12/31				
2007. 1/ 1				

■ **[14-14]** 다음은 장기보유 목적의 증권과 관련된 거래이다. 이를 분개하시오.

2004. 1/ 1 K상사의 발행사채를 ₩473,757에 현금으로 취득하다. 액면 ₩500,000, 표시이율 연 5%, 유효이율 연 7%, 3년만기, 매년 말 이자수취)
3년 7% 단일금액 ₩1의 현가: 0.8163, 정상연금현가: 2.6243

2004. 12/31 K상사 사채의 공정시가가 ₩460,157이다.

2005. 1/ 1 위 K상사의 사채를 ₩495,000에 처분하고 대금은 당좌예금하다.

2006. 1/ 1 증권대리점으로부터 A주식을 ₩1,800,000에 현금으로 취득하였다. 대리점 수수료 ₩15,000은 현금지급하다. 당해 증권은 장기간 보유할 목적이다.

2006. 12/31 상기 주식 공정시가는 ₩1,600,000이다.

2007. 1/ 1 위 주식을 ₩1,750,000에 처분하고 대금은 현금으로 수취하다.

(분 개)

날짜	차 변		대 변	
2004. 1/ 1				
2004. 12/31				
2005. 1/ 1				
2006. 1/ 1				
2006. 12/31				
2007. 1/ 1				

■ [14-15] 다음 결산일 현재 총계정원장의 계정잔액에 의해 물음에 답하시오.

단기매매금융자산	600,000	단기매매금융자산평가이익	100,000
매도가능금융자산	700,000	만기보유금융자산손상차손	120,000
만기보유금융자산	800,000	매도가능금융자산평가이익	80,000

(물 음)

1) 매도가능금융자산의 취득원가는?

2) 단기매매금융자산의 반액을 ₩400,000에 처분하고 대금은 수표로 받다.

3) 매도가능금융자산 전액을 처분하고 대금 ₩900,000을 현금으로 수취하다.

4) 만기보유금융자산의 시가가 ₩20,000 회복되다.

(분 개)

번호	차 변		대 변	
1)	₩			
2)				
3)				
4)				

심 화 학 습

금융자산손상차손 · 재분류

Ⅰ. 금융자산손상차손

금융자산(또는 금융자산의 집합)의 손상 발생에 대한 객관적인 증거가 있는지를 매 보고기간 말에 평가하고, 그러한 증거가 있는 경우 상각후원가를 장부금액으로 하는 금융자산, 원가를 장부금액으로 하는 금융자산 및 매도가능금융자산은 각각 손상차손을 인식한다. 따라서 최초 인식 후 하나 이상의 사건(이하 '손상사건'이라 한다)이 발생한 결과 손상되었다는 객관적인 증거가 있으며, 그 손상사건이 신뢰성 있게 추정할 수 있는 금융자산(또는 금융자산의 집합)의 추정미래현금흐름에 영향을 미친 경우에만, 당해 금융자산(또는 금융자산의 집합)은 손상된 것이며 손상차손이 발생한 것이다.

미래 사건의 결과로 예상되는 손상차손은 아무리 발생가능성이 높다 하더라도 인식하지 아니한다. 금융상품이 더 이상 공개적으로 거래되지 않아 활성시장이 소멸하더라도 그것이 반드시 손상의 증거가 되는 것은 아니다. 신용등급이 하락한 사실 자체는 손상의 증거가 되지 않지만 이용가능한 그 밖의 정보를 함께 고려하는 경우에는 손상의 증거가 될 수도 있다. 금융자산의 공정가치가 원가나 상각후원가 이하로 하락한 사실이 반드시 손상의 증거가 되는 것은 아니다(예: 무위험이자율의 상승으로 채무상품의 공정가치가 하락한 경우).

손상에 관한 객관적인 사건의 유형 이외에 지분상품에서 손상이 발생하였다는 객관적인 증거는 발행자가 영업하는 기술 · 시장 · 경제 · 법률 환경에서 발생한 변화 중 불리한 영향을 미치는 유의적인 변화에 대한 정보를 포함하고 지분상품의 원가가 회복되지 아니할 수 있다는 사실을 의미한다. 또한 지분상품의 공정가치가 원가 이하로 유의적으로 또는 지속적으로 하락하는 경우는 손상이 발생하였다는 객관적인 증거가 된다. 금융자산(또는 금융자산의 집합)이 손상되었다는 객관적인 증거에는 당해 금융자산의 보유자의 주의를 끄는 다음의 손상사건에 대한 관측 가능한 자료가 포함된다.

(1) 금융자산의 발행자나 지급의무자의 유의적인 재무적 어려움

(2) 이자지급이나 원금상환의 불이행이나 지연과 같은 계약 위반

(3) 차입자의 재무적 어려움에 관련된 경제적 또는 법률적 이유로 인한 당초 차입조건의 불가피한 완화

(4) 차입자의 파산이나 기타 재무구조조정의 가능성이 높은 상태가 됨

(5) 재무적 어려움으로 당해 금융자산에 대한 활성시장의 소멸

(6) 금융자산의 집합에 포함된 개별 금융자산의 추정미래현금흐름의 감소를 식별할 수는 없지만, 최초 인식 후 당해 금융자산 집합의 추정미래현금흐름에 측정가능한 감소가 있다는 것을 시사하는 관측가능한 자료. 이러한 자료의 예는 다음과 같다.

① 금융자산의 집합에 포함된 차입자의 지급능력의 악화. 예를 들면, 연체횟수가 증가하거나, 신용한도에 도달하고 매월 최소금액을 상환하는 신용카드 차입자의 수가 증가한 경우

② 금융자산의 집합에 포함된 자산에 대한 채무불이행과 상관관계가 있는 국가나 지역의 경제상황(예: 차입자 거주 지역의 실업률 증가, 관련 지역의 담보자산가격 하락, 석유생산자에게 제공한 대여금의 경우 석유가격의 하락, 차입자에게 영향을 미치는 산업상황의 악화 등)

II. 상각후원가를 장부금액으로 하는 금융자산

상각후원가를 장부금액으로 하는 대여금 및 수취채권이나 매도가능금융자산 중 채무상품(채무증권), 만기보유금융자산에서 손상이 발생하였다는 객관적 증거가 있는 경우, 손상차손은 당해 자산의 장부금액과 최초의 유효이자율(최초 인식시점에 계산된 유효이자율)로 할인한 추정미래현금흐름의 현재가치의 차이로 측정한다. 이 경우 아직 발생하지 아니한 미래의 대손은 미래예상현금흐름에 포함하지 아니한다. 손상차손은 당해 자산의 장부금액에서 직접 차감하거나 손상차손누계액계정을 사용하여 차감하고 당기손익으로 인식한다.

개별적으로 유의적인 금융자산의 경우 우선적으로 손상발생의 객관적인 증거가 있는지를 개별적으로 검토하며, 개별적으로 유의적이지 않은 금융자산의

경우 개별적으로 또는 집합적으로 검토한다. 개별적으로 검토한 금융자산에 손상발생의 객관적인 증거가 없다면, 그 금융자산의 유의성에 관계없이 유사한 신용위험의 특성을 가진 금융자산의 집합에 포함하여 집합적으로 손상여부를 검토한다. 개별적으로 손상검토를 하여 손상차손을 인식하거나 기존 손상차손을 계속 인식하는 경우, 해당 자산은 집합적인 손상검토에 포함하지 아니한다.

1. 상각후원가 평가자산의 손상차손의 환입

후속기간 중 손상차손의 금액이 감소하고 그 감소가 손상을 인식한 후에 발생한 사건과 객관적으로 관련된 경우(예: 채무자의 신용등급 향상)에는 이미 인식한 손상차손을 직접 환입하거나 손상차손누계액을 조정하여 환입한다. 회복 후 장부금액은 당초 손상을 인식하지 않았다면 회복일 현재 인식하였을 상각후원가를 초과하지 않도록 한다. 환입한 금액은 당기손익으로 인식한다.

2. 원가를 장부금액으로 하는 금융자산

공정가치를 신뢰성 있게 측정할 수 없어서 공정가치를 장부금액으로 하지 않는, 공시가격이 없는 지분상품이나, 공시가격이 없는 이러한 지분상품과 연계되어 있으며 그 지분상품의 인도로 결제되어야 하는 파생상품자산에 대하여 손상발생의 객관적인 증거가 있다면, 손상차손은 유사한 금융자산의 현행 시장수익률로 할인한 추정미래현금흐름의 현재가치와 장부금액의 차이로 측정한다. 이러한 손상차손은 환입하지 아니한다.

Ⅲ. 매도가능금융자산

공정가치 감소액을 기타포괄손익으로 인식하는 매도가능금융자산에 대하여 손상발생의 객관적인 증거가 있는 경우, 기타포괄손익으로 인식한 누적손실은 당해 자산이 제거되지 않더라도 재분류조정으로 자본에서 당기손익으로 재분류한다. 자본에서 당기손익으로 재분류하는 누적손실은 다음의 (1)에서 (2)를 차감한 금액이다.

⑴ 공정가치가 취득원가(원금 상환액과 상각액 반영 후 순액)에 미달하는 금액
⑵ 이전 기간에 이미 당기손익으로 인식한 당해 금융자산의 손상차손

후속기간에 매도가능지분상품에 대하여 당기손익으로 인식한 손상차손은 당기손익으로 환입하지 아니하며, 매도가능채무상품의 공정가치가 증가하고 그 증가가 손상차손을 인식한 후에 발생한 사건과 객관적으로 관련된 경우에는 환입하여 당기손익으로 인식한다. 만기보유금융자산이나 대여금 및 수취채권에 대한 손상액은 미래현금흐름의 현재가치로 측정하여 장부금액과의 차액을 대손(손상) 처리한다.

◀ 예시 14-10 ▶ 손상차손 인식

● 2008. 12. 31 (주)2MB토건이 보유하고 있던 매도가능지분상품의 결산일 현재 장부금액이 ₩1,200,000이며, 공정가치가 ₩1,300,000이어서 공정가치로 평가하다.

차변)	매도가능금융자산	100,000	대변)	매도가능금융자산 평가이익	100,000

✎ 기타포괄손익누계액의 항목으로 재무상태표에 보고함.

● 2009. 8. 4 (주)2MB토건이 부도가 발생하여 상기의 금융자산의 공정가치가 1,000,000이 되어 손상차손을 인식하다.

차변)	매도가능금융자산 평가이익(재분류조정)	100,000	대변)	매도가능금융자산	300,000
	매도가능금융자산 손상차손	200,000			

✎ 재분류조정은 재무상태표 및 포괄손익계산서의 매도가능금융자산평가이익에서 차감하는 형식으로 보고한다.

● 2008. 12. 31 (주)민주는 (주)재오운하가 발행한 사채를 장기보유 목적으로 ₩5,000,000에 취득하였던 바 있으나 당해 사채를 공정가치 ₩4,500,000으로 평가하다. 이 금액은 장기간 회복될 가능성이 없다. 단, 이 금융상품의 상각후원가는 ₩4,900,000이다.

차변)	매도가능증권 평가손실	400,000*	대변)	매도가능금융자산	400,000

* 기타포괄손익누계액.

● 2009. 10. 1 (주)재오운하가 부도가 발생하여 상기의 금융상품의 공정가치가 ₩3,500,000이 되었다.

차변)	매도가능금융자산 손 상 차 손	1,400,000	대변)	매도가능금융자산 매도가능금융자산 평가손실(재분류조정)	1,000,000 400,000

◀예시 14-11▶ 손상차손 환입

● 2010. 12. 31 〈예시 14-10〉의 (주)재오운하는 법정관리 신청을 하여 법원으로부터 허가받음으로 인해 이 회사가 발행한 금융상품에 대한 손상이 완화되어 전에 인식한 손상차손 중 ₩400,000을 환입하다.

차변)	매도가능금융자산	400,000	대변)	매도가능금융자산 손 상 차 손 환 입	400,000

● 2010. 12. 31 〈예시 14-10〉의 (주)2MB토건의 유동성이 회복되어 정상영업을 하게 되고 그로 인해 당해 회사의 신용등급이 상향 조정되었다. 이로 인해 기 인식했던 손상차손이 모두 회복되었다.

회계처리 없음(환입하지 않음)

Ⅳ. 유가증권의 재분류

1. 재 분 류

유가증권의 보유의도와 보유능력에 변화가 있는 경우에는 그 분류를 변경해야 한다. 즉 단기매매금융자산은 다른 유가증권과목으로 분류변경할 수 있으나, 다른 유가증권 과목은 단기매매금융자산으로 분류변경을 할 수 없다. 단기매매금융자산이 시장성을 상실한 경우에는 매도가능금융자산으로 분류하여야 한다. 한편 매도가능금융자산은 만기보유금융자산으로 분류변경할 수 있으며, 만기보유금융자산은 매도가능금융자산으로 분류변경할 수 있다. 따라서 유가증권의 재분

류를 원칙적으로 허용하는 과목은 만기보유금융자산과 매도가능금융자산이다.[4)]

2. 재무제표 표시

재무상태표일로부터 1년 내에 만기가 도래하거나 또는 매도 등에 의하여 처분할 것이 거의 확실한 매도가능금융자산과, 재무상태표일로부터 1년 내에 만기가 도래하는 만기보유금융자산은 유동자산으로 분류한다. 매도가능금융자산과 만기보유금융자산을 투자자산으로 분류하는 경우에는 장기투자증권 등의 과목으로 통합하여 표시할 수 있고, 유동자산으로 분류하는 경우에는 단기투자자산 등의 과목으로 통합하여 재무상태표에 표시할 수 있다.

표 14-4 유가증권의 재분류

<table>
<tr><th>재분류 전 과목</th><th>재분류 후 과목</th><th>재분류 사유 및 규제</th><th colspan="2">재무제표 표시항목</th></tr>
<tr><td rowspan="2">단기매매금융자산</td><td>매도가능금융자산</td><td>시장성 상실 및 보유의도 변경</td><td rowspan="4">투자자산</td><td rowspan="4">장기투자증권 등으로 통합 표시 가능</td></tr>
<tr><td>만기보유금융자산</td><td>보유의도 변경</td></tr>
<tr><td>매도가능금융자산</td><td>만기보유금융자산</td><td rowspan="2">단기매매금융자산으로 재분류 불허</td></tr>
<tr><td>만기보유금융자산</td><td>매도가능금융자산</td></tr>
</table>

3. 재분류로 인한 미실현손익의 처리

유가증권과목의 분류를 변경할 때에는 분류변경일 현재의 공정가치로 평가한 후 변경한다. 유가증권 분류변경에 따른 평가 후의 미실현보유손익(평가손익) 잔액은 다음과 같이 처리한다.

(1) 만기보유금융자산으로부터 매도가능금융자산으로 분류변경하는 경우에, 유가증권 분류변경에 따른 평가에서 발생하는 공정가치와 장부금액의 차이 금액은 자본항목으로 처리한다.

(2) 매도가능금융자산에서 만기보유금융자산으로 분류변경하는 경우에는 다음과 같이 처리한다.

① 분류변경을 위한 평가시점까지 발생한 매도가능금융자산의 미실현보유손

4) 한국채택 국제회계기준에서는 단기매매금융자산으로 또는 다른 금융자산에서 재분류를 허용하지 않고 있으나, 금년(2008년) 세계적인 금융위기로 인해 각국의 요청에 따라 이를 허용하기로 개정하였다.

익 잔액은 계속 자본항목으로 처리하고, 그 금액은 만기까지의 잔여 기간에 걸쳐서 유효이자율법을 적용하여 상각하며 각 기간의 이자수익에 가감한다.

② 만기보유금융자산으로 분류변경된 매도가능금융자산의 만기액면금액과 분류변경일 현재의 공정가치와의 차이는, 유효이자율법에 의하여 그 채무증권의 만기일까지의 잔여기간에 걸쳐서 상각하며 각 기간의 이자수익에 가감한다.

◀ 예시 14-12 ▶ 과목의 분류변경에 관한 회계처리

- 2003. 1. 1 한국자원개발(주)는 Marine Survey Co. Ltd. 발행 보통사채(액면 ₩30,000,000, 액면이자율 연 10%, 만기일 2008. 12. 31, 매년 말 이자지급, 유효이자율 15%)를 ₩24,322,500에 수표를 발행하여 취득했다. 이 증권은 만기까지 보유할 목적으로 취득함.
- 2004. 1. 1 Marine Survey Co. Ltd.의 사채 중 40%를 보유목적의 변경에 따라 ₩15,000,000에 처분하고 대금은 현금으로 영수하였다. 단, 당해 사채의 공정시장가치는 장부금액과 동일함.

2004. 1. 1일의 회계처리는?

2004. 1. 1 회계처리(처분시)

차변)		대변)	
현 금	15,000,000	만기보유금융자산	9,988,350
		만기보유금융자산 처 분 이 익	5,011,650

₩24,322,500 × 0.15 = ₩3,648,375 → 유효이자수익
₩3,648,375 − ₩3,000,000 = ₩648,375 → 취득원가 가산 조정액
(₩24,322,500 + ₩648,375) × 40% = ₩9,988,350 → 상각후취득원가의 40%
₩15,000,000 − ₩9,988,350 = ₩5,011,650 → 처분이익

2004. 1. 1 회계처리(매도가능금융자산으로 분류변경)

차변)		대변)	
매도가능금융자산	14,982,525	만기보유금융자산	14,982,525

(₩24,322,500 + ₩648,375) × 60% = 14,982,525

위 예시에서는 40%를 처분하였고 나머지 60%의 사채는 만기까지 보유하였으며, 2004년 1월 1일에 만기보유금융자산의 일부를 매각한 후 장부금액과 공정가치가 일치하였고, 이 금액이 매도가능금융자산으로 분류변경되었다. 만약 위 예시에서 만기보유금융자산을 중도에 일부를 처분하지 않았다면 과목의 분류를

변경하지 않으며, 만기일에 상환받을 때 액면금액을 상환받게 되며 또한 처분손익도 인식되지 않는다. 왜냐하면 상각후취득원가가 만기일에는 액면금액과 일치하게 되기 때문이다. 따라서 다음과 같이 회계처리한다.

차변) 현 금	30,000,000	대변) 만기보유금융자산	30,000,000

위의 분류변경의 예시는 만기보유금융자산에서 매도가능금융자산으로 변경된 경우로서 변경일 현재의 공정가치와 장부금액이 일치하므로 평가손익을 인식할 필요가 없으나, 장부금액과 공정가치의 차이가 있다면 그 차액을 미실현보유손익으로서 매도가능금융자산평가(손)익으로 하여 자본항목에 누적 이월하여 보고한다.

그러나 반대로 매도가능금융자산에서 만기보유금융자산으로 분류변경되는 경우에는, 변경시(처분에 의한 변경) 장부금액과 공정가치가 다를 때 그 차액을 매도가능금융자산평가이익 또는 매도가능금융자산평가손실의 과목으로 기타포괄손익누계액 항목에 기록하고 잔여 만기일까지 유효이자율법으로 상각해야 한다. 또한 만기금액과 공정가치와의 차액 역시 잔여기간 동안 유효이자율법으로 상각해야 한다.

표 14-5 분류변경시 미실현보유손익의 처리 요약

변경 전	변경 후	평가기준	평가손익처리	평가 후 처리
매도가능금융자산	만기보유금융자산	장부금액-공정가치	자본항목	① 유효이자율법으로 잔여기간 동안 상각
	만기보유금융자산	공정가치-만기금액	자본항목	② 유효이자율법으로 잔여기간 동안 상각
만기보유금융자산	매도가능금융자산	장부금액-공정가치	자본항목	누적하여 이월함
단기매매금융자산	매도가능금융자산, 만기보유금융자산	장부금액-공정가치	당기손익	상기 과목과 동일

제15장
유형 · 무형자산

제15장 유형 · 무형자산

제 1 절 유형자산

비유동자산(noncurrent assets)은 1년 이상 장기에 걸쳐서 기업에 제공하는 용역잠재력(service potential)을 갖는 자산으로서, 우리나라 기업회계기준에서는 유형자산, 무형자산, 투자자산으로 분류하여 재무상태표를 작성하도록 하고 있다. 유형 · 무형자산은 그 실체를 갖는지 여부에 의해 분류한 것이며, 그러한 차원에서 투자자산도 실체가 없는 것이므로 무형자산으로 볼 수도 있겠으나, 유형 · 무형자산은 장기간에 걸쳐 기업에서 사용함으로 인해 용역(service)을 제공하는 것이지만, 투자자산은 사용하는 것이 아니라 보유함으로 인해 기업에 효익(benefit)을 제공하는 자산이므로 무형자산과는 다르다 할 수 있다.

유형자산(tangible assets)은 실체가 존재하는 자산으로서, 토지, 건물, 비품, 차량운반구, 기계장치, 구축물 등이 여기에 해당된다. 이들은 내구성(耐久性) 자산으로서 장기간 기업이 보유하며 이를 이용함으로써 그 자산으로부터 효익을 제공받는다. 유형자산의 회계처리의 중요한 내용은 취득원가의 결정과 이의 기말평가 그리고 처분에 관한 회계처리이다. 이들에 관하여 구체적으로 고찰하면 다음과 같다.

1.1 유형자산의 취득

1.1.1 취득원가 측정

유형자산의 취득원가를 측정하는 것은 다른 자산과 마찬가지로 구입대가로 지급한 금액과 구입에 소요되는 제비용이 가산되어 측정된다. 제비용은 중개수수료, 등기비용, 인수비용, 취득세, 인지세, 장치비용, 시운전비 그리고 금융비용 등이다. 즉 이들 비용은 유형자산을 의도된 목적에 사용할 수 있는 상태에 놓이기까지의 모든 비용 지출액을 포함한다.

유형자산을 취득하는 방법에는 외부로부터 구입하는 방법과 자가건설에 의해 취득하는 방법이 있다. 자가건설의 경우에는 기업이 필요로 하는 유형자산을 직접 건설 및 제작하는 경우로서 건설 및 제작에 소요되는 모든 재료비, 노무비, 경비를 포함한 가액이 취득원가를 구성한다.

토지, 건물, 기계장치 및 구축물 등의 취득원가는 구입에 의한 취득이든지 자가건설에 의해 취득하든지 당해 자산의 구입액 또는 건설원가, 부동산 소개료, 등기비용, 취득세 등의 세금과 공과 등이 취득원가를 구성하며, 이들 자산을 의도된 용도에 사용할 수 있는 상태에 놓일 때까지 발생한 금융비용이 추가된다. 기계장치 등은 구입가액과 이와 관련하여 발생한 제비용 지출액 및 세금공과금 및 금융비용이 포함되며 나아가서 당해 자산을 의도된 장소에 장치할 때 지출된 장치비용 및 시운전비 지출액이 취득원가로 측정된다.

유형자산

① 매입, 제조, 건설, 개발비 지출액	처 분 액
② 제비용, 금융비용	잔액(차기이월액)

1.1.2 금융비용의 처리

유형자산을 제조(제작), 매입, 건설, 개발에 의해 취득할 때 발생하는 금융비용으로서, 금융비용이란 부족한 자금을 차입할 경우에 그 차입금에 대한 이자비용 발생액을 말하며, 이 비용은 일반적으로 영업외비용으로 처리한다. 그러나 이 비용은 유형자산을 취득하여 의도된 용도에 사용하기까지 필연적으로 발생되는 것이므로 그 원가성(原價性)이 인정되어 취득원가에 포함시킨다.

이 금융비용을 확대하여 차입자금에서 직접 발생된 이자비용뿐만 아니라, 유사한 금융비용도 취득원가를 구성하는 금융비용의 범주에 포함시키고 있다. 유사한 금융비용이란 사채할인발행차금 상각액, 현재가치할인차금 상각액, 외환차손, 외화환산손실 및 리스이용자의 금융리스 이자비용 등을 말한다.

1.2 유형자산의 평가

1.2.1 감가상각의 의의

감가상각(depreciation)이란 일반적으로 가치(물리적 가치) 감소액을 장부에서 제거한다는 의미로 해석되고 있으나, 회계학에서는 이보다 더 넓은 개념으로 사용된다. 회계학에서는 물리적 가치감소뿐만 아니라 더 넓은 개념으로서의 경제적 가치감소의 의미를 갖는 것으로서, 감가상각을 하는 본질적인 의미는 일정한 기간의 손익을 결정하는 데 두고 있다.

유형자산을 기업활동에 사용함으로써 유형자산이 기업의 수익을 창출하는 데 공헌한 것이며 그 공헌가치 또는 희생가치를 감가상각비란 명목으로 회계처리하는 것이다. 따라서 유형자산을 사용함으로써 공헌 또는 희생가치 발생액을 측정하고 그 측정액을 수익에 대응시킴으로써 당기의 순손익을 계산하는 것이다. 그러므로 감가상각(減價償却)의 본질은 발생주의 회계사고에 기초한 **'원가의 배분과정'**이라고 정의한다. 즉 취득한 원가를 유효 내용연수 동안 각 기간에 비용으로 배분하는 것이다. 이와 같은 감가상각의 감가원인은 일반적으로 다음과 같다.

〈감가의 원인〉

감가원인	물리적 감가	파손, 마모, 풍화작용, 부식 등 자연작용
	기능적 감가 (경제적 감가)	부적응, 구식 진부화, 경쟁품 출현(life cycle 단축) 등

1.2.2 감가상각비의 계산요소

감가상각을 위한 **감가상각비**의 측정은 합리적인 방법에 의해 측정한다. 단순한 추정, 주관적인 판단에 의존할 경우에는 이에 따른 이익조작의 가능성이 존재하므로 감가상각비의 정확한 측정은 가능하지 않지만, 명확하고 합리적인 방법을 사용하여 측정한다. 감가상각비를 측정하기 위한 요소는 취득원가, 잔존가치 및 내용연수의 세 가지 요소이다.

취득원가(取得原價)란 당해 유형자산을 의도된 용도에 사용할 수 있기까지 지출한 금액이며, **내용연수**(耐用年數)란 유형자산의 수명으로서 반드시 물리적인 수명만을 말하지 않고 경제적인 수명을 포함한 개념이다. 어떤 자산은 그 자산의 특성상 물리적인 내용연수보다 경제적 내용연수가 짧은 경우가 있다. 이는 기술의 비약적인 발전에 따라 새로운 기능을 갖는 제품이 출현함으로써 물리적으로는 수 년간 더 사용할 수 있지만, 경제적으로는 경쟁관계를 고려할 때 그 수명이 다하였다고 볼 수 있는 것이다. 즉 제품의 라이프 사이클(life-cycle)이 짧은 분야의 유형자산은 그 경제적 수명도 물리적 수명과는 다르게 짧다. 마지막으로 **잔존가치**(殘存價値)란 유형자산의 내용연수가 완료되고 난 후에 본래의 용도에는 사용할 수 없으나 다른 용도로 대체 가능한 경우 그 가치 등을 말한다.

1.2.3 감가상각비 계산방법

이와 같은 요소들에 의해 감가상각비를 측정하는 방법에는 정액법, 정률법, 생산량(또는 작업시간)비례법 등이 있다. 이 방법들 중에서 기업이 보유하는 유형자산의 특성 및 기업의 환경에 비추어 적절한 방법을 선택하여 계산한다. 선택된 방법은 정당한 이유가 없다면 계속해서 사용해야 한다.

(1) **정액법**(straight-line method)

정액법은 직선법이라고도 하는 방법으로서 매 회계연도마다 일정한 금액을 감가상각하는 것이다. 그러므로 매년 효익을 일정하게 제공하는 유형자산의 경우에 적합하며, 손익계산시에 수익에 대응되는 비용 중 감가상각비는 매년 동일한 금액으로 인식한다. 따라서 인식된 감가상각비는 매 회계연도마다 변함 없이 일정하며 그래프로 그리면 직선이라 하여 직선법(直線法)이라고도 하는 것이다. 이의 계산식은 다음과 같다.

$$\text{연 상각액} = \frac{(\text{취득원가} - \text{잔존가치})}{\text{내용연수}}$$

예를 들면, 2001년 1월 1일에 기계장치를 취득하였다. 이 기계의 취득원가는 ₩4,000,000, 잔존가치 ₩400,000이며, 내용연수 5년으로 추정할 경우 매년 상각할 감가상각비의 계산과 감가상각표는 다음과 같다.

$$\frac{(₩4{,}000{,}000 - ₩400{,}000)}{5\text{년}} = ₩720{,}000$$

〈감가상각표〉

내용 / 연도	기초장부금액	감가상각액	감가상각 누 계 액	기말장부금액
2001년	4,000,000	720,000	720,000	3,280,000
2002년	3,280,000	720,000	1,440,000	2,560,000
2003년	2,560,000	720,000	2,160,000	1,840,000
2004년	1,840,000	720,000	2,880,000	1,120,000
2005년	1,120,000	720,000	3,600,000	400,000

(2) 정률법(fixed-rate method)

정률법은 매년 균등한 금액을 감가상각하는 정액법과는 다르게 매년 일정한 비율, 즉 동일한 비율을 상각하는 것이다. 매년 일정한 비율을 유형자산의 장부금액에 곱하여 계산하므로 감가상각비는 내용연수가 진행될수록 점차 체감되어 가며, 초기에 많은 금액을 상각하고 나중에는 적은 금액의 감가상각을 하게 된다. 따라서 정률법(定率法)을 체감상각법 또는 가속상각법이라고도 한다. 이의 계산식은 다음과 같다. 정액법의 예에 의한 상각표는 다음과 같다.

연 도	유형자산 장부금액
1	$c-cr=c(1-r)$
2	$\{c(1-r)\}-\{c(1-r)\}r=c(1-r)^2$
3	$\{c(1-r)^2\}-\{c(1-r)^2\}r=c(1-r)^3$
·	· · ·
n	$\{c(1-r)^{n-1}\}-\{c(1-r)^{n-1}\}r=c(1-r)^n=S$
	$(1-r)^n=\frac{s}{c}$
	$1-r=\sqrt[n]{\frac{s}{c}}$
	$r=1-\sqrt[n]{\frac{s}{c}}=1-\left(\frac{s}{c}\right)^{\frac{1}{n}}$
	※ c: 취득원가, s: 잔존가치, n:내용연수

✎ 연 상각률 $=1-\sqrt[n]{\frac{\text{잔존가치}}{\text{취득원가}}}$

연 감가상각액 = 유형자산 장부금액 × 연 상각률

유형자산 장부금액 = 취득원가 − 감가상각누계액

정률의 계산; $1-\sqrt[5]{\frac{400,000}{4,000,000}}=0.3690427$

〈감가상각표〉

연도 \ 내용	기초장부금액	감가상각액*	감가상각 누 계 액	기말장부금액**
2001년	4,000,000	1,476,000	1,476,000	2,524,000
2002년	2,524,000	931,356	2,407,356	1,592,644
2003년	1,592,644	587,686	2,995,042	1,004,958
2004년	1,004,958	370,830	3,365,872	634,128
2005년	634,128	234,128	3,600,000	400,000

* 4,000,000 × 0.369 = 1,476,000, 2,524,000 × 0.369 = 931,356

** 4,000,000 − 1,476,000 = 2,524,000, 2,524,000 − 931,356 = 1,592,644

(3) 생산량비례법(units-of-production method)

생산량비례법(生産量比例法)은 유형자산의 가치가 생산량에 비례하여 감소하는 경우에 적합한 방법이다. 매장된 지하자원을 추출하는 광업 등에서 적합한 방법이다. 생산량에 비례하여 매장량이 체감되는 경우와 유사하게 작업시간에 비례하여 가치감소 또는 효익의 제공이 감소되는 자동차, 비행기 등과 같은 유형자산에서는 작업시간비례법(作業時間比例法)으로 감가상각할 수가 있다. 이에 대한 계산식은 다음과 같다.

$$\text{연 상각액} = (\text{취득원가} - \text{잔존가치}) \times \left(\frac{\text{당연도 생산량}}{\text{예정총생산량}}\right)$$

$$\text{연 상각액} = (\text{취득원가} - \text{잔존가치}) \times \left(\frac{\text{당연도 작업시간}}{\text{예정총작업시간}}\right)$$

예를 들면, 1/ 1 취득원가 ₩5,000,000, 잔존가치 ₩200,000, 예정총생산량 1,000톤의 천연자원을 취득하였으며, 당해연도 생산량 100톤일 경우 감가상각비는 ₩480,000이다. $(₩5,000,000 - ₩200,000) \times \left(\frac{100\text{톤}}{1,000\text{톤}}\right) = ₩480,000.$

1.2.4 감가상각의 회계처리

감가상각비를 당해 유형자산에서 직접 차감하느냐, 아니면 간접적으로 차감하느냐에 따라서 직접법과 간접법이 있다.

(1) 직 접 법

직접법은 계산된 감가상각비를 직접 유형자산계정의 대변에 기장하여 차감하는 방법으로서 재무상태표에 당해 유형자산의 표시는 감가상각비를 차감한 순액이 기록된다. 이를 회계처리하면(상기의 정액법에 의함) 다음과 같다.

차변) 감가상각비 720,000 대변) 기계장치 720,000

기계장치

6/12	현 금	4,000,000	12/31	감가상각비	720,000
			12/31	차기이월	3,280,000
		4,000,000			4,000,000
1/ 1	전기이월	3,280,000			

감가상각비

12/31	기계장치	720,000	12/31	집합손익	720,000

(2) 간 접 법

간접법은 해당 유형자산계정에서 감가상각비를 직접 차감하지 않고 '감가상각누계액'계정에 기입하고 이를 유형자산에서 차감하는 형식으로 기재하여 간접적으로 차감하는 방법이다. 따라서 유형자산계정은 언제나 취득원가가 기장되어 이 금액으로 이월기입과 개시기입이 반복된다. 한편 감가상각누계액계정의 잔액은 매년 누계(累計)되어 증가된다. 이 감가상각누계액계정은 유형자산계정에 대한 평가계정이다. 상기의 예에 의한 회계처리 및 기장내용은 다음과 같다. 이 방법은 전기의 직접법에 비하여 회계원칙, 즉 총액주의에 부합되는 앞선 방법이라 할 수 있다.

차변) 감가상각비 720,000 대변) 감가상각누계액 720,000

기계장치

6/12	현 금	4,000,000	12/31	차기이월	4,000,000
1/ 1	전기이월	4,000,000			

감가상각누계액

12/31	차기이월	720,000	12/31	감가상각비	720,000
			1/ 1	전기이월	720,000

감가상각비

12/31	감가상각누계액	720,000	12/31	집합손익	720,000

부분 재무상태표

과 목	금 액	
·		
기 계 장 치	4,000,000	
감 가 상 각 누 계 액	720,000	3,280,000
·		
·		

1.3 유형자산의 취득 후 지출

자산의 본질은 당해 기업에 대해 미래에 경제적 효익(economic benefits)을 제공하는 것이라는 것을 전술하였다. 따라서 내구적 자산인 유형자산은 장기간에 걸쳐서 그 경제적 효익(經濟的 效益)을 특정 기업에 제공한다. 그러나 경제적 효익이 본래의 의도한 대로 제공되도록 하기 위해서는 당해 자산의 유지 · 관리를 소홀히 해서는 안 되며, 한편으로는 본래의 용도를 더욱 증진시키거나 본래의 내용연수를 증대시켜야 할 필요가 있게 된다. 이와 같이 유형자산을 취득한 이후에 행해지는 모든 활동에는 일정한 지출이 수반되게 된다. 이러한 지출이 있을 경우에 그 지출의 효익이 어떤 것이냐에 따라서 자본적 지출과 수익적 지출로 분류하여 회계처리하는 것이다.

1.3.1 자본적 지출

자본적 지출(capital expenditure)이란 자본을 형성하는 지출, 즉 자본을 증대시키는 지출로서, 유형자산의 가치를 증대시키고 또한 내용연수를 연장시키는 효과를 갖는 지출이다. 따라서 당해 지출액을 자본화(capitalization)하는 회계처리를 한다. 자본화(資本化)란 지출을 비용처리하지 않고 자산화, 즉 자산증가의 회계처리를 한다는 것이다. 자산화함으로써 자산이 증가하며 그만큼 자본이 증가하게 되므로 자본화란 용어를 사용하며, 이에 관한 지출을 자본적 지출(資本的 支出)이라 한다. 이는 재무상태표등식을 이용하면 이해할 수 있다. 이러한 지출에는 개축, 증축, 개량, 승강기 설치, 구조변경, 일정한 규모 이상의 대수선 등이 여기에 해당한다. 예를 들면 다음과 같다.

◀ 예시 15-1 ▶ 자본적 지출

- 2002. 11. 4 건물 1층을 증축하고 그 증축비 ₩5,000,000을 수표를 발행하여 지급하였다.

차변) 건 물 5,000,000	대변) 당좌예금 5,000,000

1.3.2 수익적 지출

수익적 지출(revenue expenditure)이란 지출의 효과가 당해 유형자산의 본래 능률이 유지될 수 있도록 하기 위한 지출로서, 이의 효과는 본래의 능률 유지, 원상의 회복 등의 효과를 갖는 지출이다. 여기에는 일상적인 수선, 마모된 벨트, 부품 등의 교체, 파손된 유리 교체, 벽면의 도장 등이 있다. 수익적 지출이란 표현은 당해 지출액이 수익에 대응되는 비용의 지출이란 의미에서 수익적 지출(收益的 支出)이란 용어를 사용한다. 따라서 수익적 지출로 판단되는 경우에는 비용발생의 회계처리를 한다. 예를 들면 다음과 같다.

◀ 예시 15-2 ▶ 수익적 지출

- 2002. 12. 5 사용중인 기계의 회전축이 마모되어 교체를 하고 그 대금 ₩700,000을 현금으로 지급하였다.

차변) 수 선 비 700,000	대변) 현 금 700,000

1.4 유형자산의 처분

본래 유형자산은 오랜 기간 동안 영업활동에 사용할 목적으로 보유하는 내구적(耐久的) 자산이다. 이러한 유형자산은 그 유효 내용연수가 다 되었거나, 아직 내용연수는 많이 남아 있으나, 그 자산이 당해 기업체에 부적합하면 처분하게 된다. 유형자산의 처분시에는 유형자산의 장부금액을 장부에서 제거함과 동시에 당해 유형자산에 대한 감가상각누계액을 제거하며 그 결과 유형자산처분손익이 인식된다. 유형자산처분손익은 다음과 같이 계산된다. 처분에 관한 예는 다음과 같다.

유형자산의 처분금액 − 당해 유형자산의 장부금액 = 유형자산처분(손)익
유형자산의 취득원가 − 당해 처분자산의 감가상각누계액 = 장부금액

◀ 예시 15-3 ▶ 유형자산 처분

● 10/18 사용중인 건물 ₩7,000,000을 ₩4,500,000에 처분하고 대금 중 ₩3,000,000은 당좌수표로 받고 잔액은 3개월 후에 수취하기로 하였다. 단, 처분되는 건물의 감가상각누계액은 ₩3,400,000이다.

차변)	현금	3,000,000	대변)	건물	7,000,000
	미수금	1,500,000		유형자산처분이익	900,000
	감가상각누계액	3,400,000			

장부금액: ₩7,000,000 − ₩3,400,000 = ₩3,600,000
처분이익: ₩4,500,000 − ₩3,600,000 = ₩900,000

● 12/13 건물을 ₩3,500,000에 처분하고 대금은 현금으로 수취하였다. 취득원가 및 감가상각누계액은 상기와 같음.

차변)	현금	3,500,000	대변)	건물	7,000,000
	감가상각누계액	3,400,000			
	유형자산처분손실	100,000			

1.5 유형자산의 제각

유형자산을 내용연수 동안 사용한 후 경제적 효익이 모두 소진되면 이를 장부상에서 제거하는 회계처리를 해야 한다. 이를 제각(除却)이라 한다. 내용연수가 아직 남아 있지만 추정했던 잔존가치가 기업에 아무런 경제적 효익을 제공하지 못할 것으로 판단되는 경우에도 유형자산을 제각처리한다. 이때 발생하는 손실

을 **유형자산제각손실**(有形資産除却損失)계정으로 처리하여 영업외비용 또는 특별손실로 포괄손익계산서에 보고한다.

◀ 예시 15-4 ▶ 유형자산제각

● 2002. 11. 8 사용중인 기계 ₩5,000,000의 내용연수(10년)가 다 되어 당해 기계를 제각처리하였다. 단, 감가상각누계액은 ₩4,000,000임.

차변)	감가상각누계액	4,000,000	대변)	기 계	5,000,000
	유형자산제각손실	1,000,000			

제 2 절 무형자산

무형자산(intangible assets)은 물리적인 실체를 갖지 않은 자산으로서 미래에 경제적 효익을 제공하는 것이며, 당해 무형자산이 기업에 제공하는 효익의 기간은 비교적 장기이다. 이러한 무형자산은 크게 두 가지로 분류하여 영업상의 권리와 법률상의 권리로 분류된다. 전자는 영업활동의 과정에서 발생하며, 후자는 법률적으로 보장되는 경제적 효익을 취득한 것이다. 영업상의 권리로서 대표적인 것이 영업권(good-will)이며, 법률상의 효익으로서 권리는 **산업재산권, 라이선스와 프랜차이즈, 저작권, 컴퓨터 소프트웨어, 임차권리금, 어업권, 광업권, 차지권, 개발비** 등이 있다.

무형자산은 대가를 지급하고 취득되었거나 취득을 위해 지출한 금액으로 측정하여 회계처리하며, 그렇게 함으로써 자의적인 무형자산의 측정을 방지하여 신뢰성 있는 회계정보를 제공하도록 하는 것이다. 재무제표에 무형자산으로 인식하기 위한 요건으로서, 식별 가능성, 자원에 대한 통제 및 미래의 경제적 효익 존재 등의 세 가지를 들 수 있다. 이와 같은 요건에 따라서 영업권은 영업활동 과정에서 발생하지만 자기회사에서 발생된 영업권은 자산으로 인식하지 않는다. 이러한 영업권을 자기발생영업권 또는 자기창설영업권이라 한다.

2.1 무형자산의 취득

무형자산의 취득시 취득원가는 다른 자산의 취득원가 결정방식과 동일하게 결정된다. 즉 대가로 지출한 취득대가와 그 취득을 위한 부대비용을 가산한 금액이 취득원가로 결정된다. 부대비용에는 각종 수수료, 법률비용, 특허권 출원료 등이다. 무형자산의 취득에 소요된 각종 비용 지출액을 집계하며 동시에 당해 무형자산의 취득과 관련한 장기 차입금에 대한 발생이자액도 자본화하여 무형자산의 취득원가에 합산한다.

2.1.1 영업권(good-will)

(1) 영업권 발생

전술한 바와 같이 영업상의 권리로서 대표적인 무형자산은 영업권(營業權)이 있다. 이는 영업활동 과정에서 생성된 권리로서, 동종 유사한 타 기업체보다는 훨씬 많은 초과수익을 올릴 수 있는 것을 영업권이라 한다. 이는 영업활동 과정에서 발생하는 것으로서, 영업상의 know-how, 입지적 조건, 독자적인 기술, 우수한 인적 자원 확보 등을 원인으로 하여 발생한다.

그러나 발생된 영업권의 인식을 일반적으로 인정된 회계원칙에서는 거부되고 있다. 왜냐하면 자의적인 측정 및 보고를 허락하게 되어서 측정의 신뢰성을 저해하기 때문이다. 따라서 영업 전부 또는 일부를 양수하거나 취득한 경우(인수 · 합병)에 그 대가로 지급된 금액만을 영업권의 취득원가로 계상한다.

(2) 영업권 측정방법

영업권은 타 기업체를 인수 · 합병할 때 나타나는 자산으로서, 피합병회사의 순자산액을 인수 · 합병시의 공정가치로 평가하여 피합병회사의 지분소유자에게 지급할 대가를 결정한다. 피합병회사의 자산을 공정가치로 평가할 때 영업권의 측정도 함께 이루어진다. 그러므로 피합병회사의 순자산금액은 영업권을 포함한 자산총액에서 부채총액을 차감하여 계산된다. 이와 같이 계산된 순자산금액에 상당하는 금액이 인수 · 합병대가가 된다. 인수 · 합병대가로 지급할 금액은 인수 · 합병 당사자간의 협상력에 영향을 받지만, 이론상 영업권의 발생 여부를 어떻게 측정하느냐에 영향을 받기도 한다. 이론상 영업권을 측정하는 방법은 연매법, 초과이익환원법 등이 있다.

1) 연 매 법

연매법은 초과이익의 발생이 계속될 기간을 초과이익에 곱하여 측정하는 간단한 방법이다. 이때 계속될 기간은 추정치(estimates)에 의한다. 또한 초과이익은 동종 업종의 평균이익률(또는 정상이익률)에 의한 정상이익을[1] 계산하고, 당해 회사의 과거 일정기간의 순이익을 평균한 평균순이익과 비교하여 그 차액인 초과이익을 계산하고 이 금액에 일정기간(초과이익이 계속될 기간)을 곱하여 영업권을 산출한다.

초과이익 × 기간 = 영업권

2) 초과이익환원법

초과이익환원법은 초과이익에 일정한 환원율(또는 할인율, 내부수익률 등)로 나누어 영업권을 산출한다. 예를 들면, 영업권평가회사의 순자산 ₩2,000,000, 정상이익률 10%, 평가회사의 평균순이익 ₩210,000, 할인율을 15%라 하면 영업권은 다음과 같다.

₩2,000,000 × 0.1 = 200,000(정상이익)

₩210,000 − ₩200,000 = ₩10,000　　₩10,000 ÷ 0.15 = ₩66,667

◀ 예시 15-5 ▶ 영업권 취득

● 2001. 1. 1　정아유통(주)은 다음과 같은 요약 재무상태표를 갖는 K통상(주)를 ₩12,000,000에 매수하고 대금은 수표를 발행하여 지급하였다.

K통상(주)　　　　요약 재무상태표

차 변		대 변	
자 산	10,500,000	부 채	500,000
		자 본	10,000,000
	10,500,000		10,500,000

차변)	자 산	10,500,000	대변) 부 채	500,000
	영 업 권	2,000,000	당좌예금	12,000,000

1) 영업권 평가회사의 순자산금액 × 정상이익률 = 정상이익.

2.1.2 산업재산권

산업재산권(産業財産權)에는 산업에 필요한 무형의 권리로서의 경제적 효익을 제공하는 것으로서 법률상 그 효익을 향유할 권리가 장기간 보장되는 것을 말한다. 여기에는 **특허권**, **실용신안권**, **의장권**, **상표권** 등이 있다. 특허권은 독자적인 전혀 새로운 물질 또는 상품을 개발하여 특허를 출원한 경우 지출된 비용을 자본화한 것이다.

새로운 발견을 위해 연구 · 개발활동을 하는데, 이때 발생된 연구비는 판매비와 관리비로 처리하고, 개발에 소요된 지출액은 **개발비**라는 무형자산으로 처리한다. 개발이 완료된 것은 특허출원을 하여 특허청에 등록하게 되는데, 이때 발생된 비용이 **특허권**(特許權)의 취득원가가 된다.

◀ 예시 15-6 ▶ 특 허 권

● 2002. 10. 20 연구 · 개발활동의 결과가 성공적이어서 이를 특허 출원하고 특허권 취득과 관련된 직접비용 ₩1,500,000을 수표를 발행하여 지급하였다.

차변) 특 허 권 1,500,000	대변) 당좌예금 1,500,000

실용신안권은 기존의 제품을 사용하기에 편리하도록 고안 · 개량하여 당해 자산을 독자적으로 생산 · 판매할 수 있는 권리이며, **의장권**은 기존의 제품 또는 상품의 도안(圖案), 색상 등을 독자적으로 개발하여 등록하고 권리를 취득한 것을 말하며, **상표권**은 독자적으로 당해 회사의 상품임을 표상(表象)하는 도안 또는 문자를 개발하여 등록했을 때 취득하는 권리이다. 이러한 권리는 유관 기관에 등록함으로써 당해 권리로부터 경제적인 효익을 향유할 수 있는 것이다. 이들의 취득원가는 등록하기까지의 모든 비용 지출액이다.

2.1.3 광업권, 어업권, 차지권(지상권 포함) 등

광업권은 일정한 해역 또는 지역에서 지하자원 등을 독자적으로 채굴 · 판매할 수 있는 권리이며, **어업권**(입어권 포함)은 일정한 해역에서 수산물을 포획하거나 생산할 수 있는 권리, 그리고 **차지권**은 타인의 토지를 사용 · 수익하며 동시에 토지 위의 지상물건(地上物件)을 사용하고 효익을 얻을 수 있는 권리를 말한다.

이들의 권리를 취득하기 위해서는 일정한 금액의 지출이 수반되는 것이며, 이 지출된 비용이 당해 자산의 취득원가가 된다. 또한 권리를 취득한 후에 광물의 존재 여부를 확인하기 위한 지출인 탐사원가와 확인된 광물의 개발을 위한 지출액인 개발원가가 광업권 또는 어업권의 취득원가에 포함된다.

2.1.4 개 발 비

회사는 연구 · 개발을 위한 계획을 수립하고 이 활동을 위한 비용의 지출을 한다. 연구 · 개발활동이 이루어지지 않으면 기업은 경쟁에서 열위에 처하게 되기 때문이다. 기업회계기준 및 해석에서는 이에 관한 구체적인 규정[2]을 하고 있다. 여기에서 연구비란 새로운 과학적 · 기술적 지식이나 이해를 얻기 위한 독창적이고 계획적인 조사활동을 말하며, 개발이란 새로운 또는 현저히 개량된 재료, 장치, 제품, 공정, 시스템, 용역을 생산하기 위하여 연구결과나 기타 지식을 계획적으로 적용하는 활동으로서 상업적인 생산을 시작하기 이전의 활동을 말한다. 이러한 활동에는 막대한 자금의 지출이 이루어진다. 이러한 지출 가운데서 연구활동에 관한 지출은 연구비라는 과목으로 판매비와 관리비로 처리하며, 개발활동에 관한 지출은 자본화하여 무형자산인 개발비로 회계처리한다. 이러한 연구 · 개발비 충족요건은 다음과 같다.

다음의 요건을 충족한 경우는 개발비로 그렇지 못하는 경우는 경상개발비로 하여 판매비와 관리비 또는 제조원가로 회계처리한다.

① 제품 등이 명확히 정의되고 개발과 관련된 비용을 개별적으로 식별하여 측정 가능한 경우

② 제품 등의 생산이 기술적으로 실현 가능하다는 사실을 입증할 수 있는 경우

③ 당해 기업이 제품 등을 생산하여 판매 또는 사용하려는 의도가 있는 경우

④ 제품이 시장에 존재하거나, 제품 등이 내부 사용 목적이라면 당해 기업에 유용하다는 사실을 입증할 수 있는 경우

⑤ 개발 과제를 완료하고 제품 등을 판매 또는 사용하는 데 필요한 기술적 · 금전적 자원을 충분히 확보할 수 있는 경우

---

2) 기업회계기준 제43조, 기업회계기준 등에 관한 해석 44-20.

◀ 예시 15-7 ▶ 개 발 비

2001. 1. 1 (주)드림키는 음성인식시스템에 의한 키의 개발을 위한 프로젝트를 입안 · 착수하였으며, 이와 관련하여 인건비 ₩30,000,000과 재료비 및 감가상각비를 포함한 기타 잡비 ₩7,000,000을 수표로 지급하였다.

차변) 개 발 비 37,000,000	대변) 당좌예금 37,000,000

2.2 무형자산의 상각

무형자산은 장기간에 걸쳐서 특정 기업에 경제적 효익을 제공하지만, 그 경제적 효익은 시간이 경과하거나 환경의 변화 등으로 인해 감소되어 간다. 그러므로 기업은 기말 결산일에 즈음하여 당해 자산을 평가한다. 여기에서 평가란 당해 자산의 가치를 측정하는 것이나, 오늘날은 당해 자산이 기업의 수익창출에 어느 정도 희생 · 공헌하였는가를 측정하는 행위이다. 즉 기간손익을 결정과정에서 수익에 대응할 비용의 금액을 측정하기 위해 평가를 하는 것이다.

이러한 점에서 무형자산의 평가는 유형자산의 감가상각과 같은 것이다. 그러나 무형자산은 실체를 갖지 않은 자산이므로 그 효익제공의 기간이 불확실할 수도 있다.

따라서 상각(償却)이라는 방식으로 무형자산의 장부금액을 감소시키고, 한편 그 상각액은 포괄손익계산서의 비용으로 보고하게 된다. 대부분의 무형자산은 유형자산의 경우와 다르게 잔존가치가 제로(zero)이며, 당해 상각액만큼 직접 장부금액에서 차감하여 순액으로 보고한다. 즉 상각에 관한 회계처리가 간접법이 아닌 직접법에 의해 이루어진다는 것이다. 또한 상각 기간은 당해 무형자산과 관련된 법률(특허권법, 광업법, 수산업법 또는 세법 등)에서 정하고 있는 기간 동안 상각하는 것이 원칙이지만, 무형의 자산이기 때문에 가능한 빠른 기간 동안 상각하는 것이 일반적이다.

2008.12.31 현재 기업회계기준서에서는 20년 기간 내에서 회사가 정한 기간 동안 상각하도록 하고 있다. 한국채택 국제회계기준서 제1038호는 내용연수가 유한한 무형자산의 상각은 그 유한기간 동안(회사가 정할 수 있음) 정액법, 채감잔액법(정률법), 생산량비례법, 기타 합리적인 방법 중 경제적 효익이 소비되는 형

태에 적합한 방법을 선택하여 계속 적용하도록 하고 있다. 경제적 효익이 소비되는 형태를 신뢰성 있게 결정할 수 없는 경우에는 정액법에 의하도록 하고 있다. 그러나 내용연수가 비한정인 무형자산은 상각하지 않는다. 특히 영업권은 내용연수를 한정할 수 없으므로 상각하지 않고, 매년 말 당해 영업권에 대한 손상을 검토하고 손상이 발생하면 그 금액을 상각한다.

2.2.1 영업권의 상각

영업권의 상각에 관해서는 이론(異論)이 있다. 즉 상각론과 비상각론이 그것이다. 상각론은 유형자산과 같이 시간이 경과함에 따라 경제적 효익이 희생되어 가고 또한 무형의 자산이므로 희생(또는 감소)분을 상각해야 한다는 주장인 반면, 비상각론은 영업권은 영업활동을 수행하는 기간이 길어질수록 노하우(know-how)가 쌓여 오히려 영업권이 증대되어 간다는 논리로 주장되는 것이다. 그러나 상각론이 지배적이며 우리나라 기업회계기준서도 이에 따르고 있다. **영업권상각**은 비용으로 하여 포괄손익계산서에 보고한다.

◀ 예시 15-8 ▶ 영업권상각

● 2001. 12. 31 정아유통(주)는 영업권 ₩2,000,000에 ₩400,000의 손상이 발생하여 이를 상각하기로 하였다. 2001. 12. 31일의 영업권상각에 관한 회계처리를 하시오.

차변) 영업권상각	400,000	대변) 영 업 권	400,000

$\frac{₩2,000,000}{5년} = ₩400,000$

2.2.2 기타 무형자산상각

기타 무형자산인 광업권, 어업권, 차지권 등의 상각은 정액법으로 계산하며, 그 기장방법은 영업권의 경우와 같이 직접법으로 기장하여 재무상태표에는 순액으로 보고한다. 또한 당해 무형자산상각액은 포괄손익계산서에 비용으로 보고한다. 개발비로 회계처리하여 일정한 기간 동안 상각하다가 개발이 성공하여 특허를 출원하고 특허권을 획득했을 경우, 특허출원과 관련한 지출액은 특허권의 취득원가로 하여 일정기간 상각한다. 또한 개발비의 상각 잔액은 본래대로 상각해 간다. 주의할 점은 개발비 미상각액을 특허권 취득원가에 포함시키지 않는 점이다.

◀ 예시 15-9 ▶ 기타 무형자산상각

● 2001. 12. 31 상기의 〈개발비 회계처리 예시〉에서의 개발비 ₩37,000,000을 향후 5년간 상각하기로 하였다. 이의 회계처리를 하시오.

차변) 개발비상각	7,400,000	대변) 개 발 비	7,400,000

$\frac{₩37,000,000}{5년} = ₩7,400,000$

2.3 무형자산의 처분

무형자산도 다른 유형의 자산과 동일하게 처분할 수 있다. 따라서 무형자산의 장부금액과 처분액과의 차액을 **무형자산처분손실** 또는 **무형자산처분이익**으로 회계처리한다.

◀ 예시 15-10 ▶ 무형자산 처분

2002. 3. 4 보유하여 사용하고 있던 특허권(장부금액 ₩8,000,000)을 영업정책상의 목적으로 (주)Dream Cyber에 매각하기로 하였다. 매각대금은 ₩7,500,000이며 대금은 당좌수표로 받았다.

차변) 현 금	7,500,000	대변) 특 허 권	8,000,000
무형자산처분손실	500,000		

2.4 평가모형 및 손상차손

2.4.1 재평가모형

기업회계기준서에 따르면, 유형자산의 평가는 원가모형이나 재평가모형 중 선택하여 유형자산의 분류별로 동일하게 적용하도록 하고 있다. 원가모형에 의하면 기말 결산일에 장부금액을 그대로 재무상태표에 표시하면 되므로 별도의 회계처리를 하지 않는다. 그러나 원가모형에 의하더라도 매 결산일에 감가상각누계액 및 손상차손누계액에 관련된 회계처리를 하며, 매년 잔존가치와 내용연수를 검토하여 수정해야 한다. 이때의 회계처리는 회계추정변경으로 보고 전진법으로 회계처리한다.

재평가모형에 의하면 공정가치가 변동될 때 유형자산의 공정가치에서 감가상각누계액과 손상차손누계액은 차감하여 재평가금액을 장부금액(재무상태표 금액)으로 하는 방법이다. 재평가 결과 증가할 경우는 재평가잉여금으로 하여 기타포괄손익누계액으로 처리한다. 감소될 경우에는 그 감소액을 재평가손실로 하여 당기손익으로 처리한다. 이에 대한 더 자세한 내용은 회계원리에서 다루지 않는다.

2.4.2 손상차손

자산에 대한 손상차손이 발생하였는지를 매년 검토하여 손상차손을 인식한다. 재고자산, 건설계약에서 발생한 자산, 이연법인세자산, 종업원급여에서 발생한 자산, 금융상품(별도로 손상인식), 공정가치로 측정하는 투자부동산 등을 제외한 자산에 대하여 매년 손상의 징후가 발생하면 손상검토를 하여 손상차손을 인식한다.

내용연수가 한정되지 않은 무형자산(예: 영업권)의 경우는 의무적으로 손상의 징후 발생여부와 관계없이 매년 손상검토를 하여야 한다. 무형자산은 전통적으로 행하여 왔던 상각을 하지 않는다. 대신 손상검토를 위해 사전에 사업결합에서 취득한 영업권을 각 현금창출단위 또는 집단에 배분하고 그 현금창출단위 또는 집단에 대한 손상검토를 하여 영업권을 감액한다.

손상검토의 결과 회수가능액이 장부금액에 미달한 금액은 손상차손으로 하여 당기손익으로 처리한다. 회수가능액의 측정은 순공정가치와 사용가치(미래현금흐름의 현재가치) 중 큰 금액으로 한다. 손상차손을 인식한 후 손상의 징후가 감소되거나 소멸되면 손상차손환입을 한다. 그 한도는 과거 인식한 손상차손을 한도로 한다. 상각자산의 경우는 손상차손을 인식하지 않을 경우의 장부금액을 한도로 한다. 구체적인 내용이나 예시는 회계원리 수준에서 다루지 않는다.

제 3 절 생물자산 · 수확물

3.1 생물자산의 정의

농림어업활동, 즉 판매목적 또는 수확물이나 추가적인 생물자산으로의 전환목적으로 생물자산의 생물적 변환과 수확을 관리하는 활동과 관련된 회계처리를 위한 것으로서, 이 활동과정에서 보유하는 생물자산은 살아있는 동물이나 식물을 말한다. 생물자산의 수확이란 생물자산에서 수확물의 분리 또는 생물자산의 생장 과정의 중지를 의미하며, 수확물은 생물자산에서 수확한 생산물을 말한다. 수확물은 생물적 변환, 즉 생물자산에 질적 또는 양적 변화를 일으키는 성장, 퇴화, 생산 그리고 생식 과정을 통해 이루어지며, 이러한 변환과정을 용이하게 또는 일정한 수준까지 도달되도록 하는 활동이 농림어업활동의 주요 활동이다.

농림어업활동은 예를 들어, 목축, 조림, 일년생이나 다년생 곡물 등의 재배, 과수재배와 농원경작, 화훼원예, 양식(양어 포함)과 같은 다양한 활동을 포함한다. 이러한 다양한 활동의 공통적인 특성은, 생물적 변환을 할 수 있는 능력이 있으며, 변환관리활동으로 인해 생물적 변환의 발생과정에 필요한 조건(예: 영양 수준, 수분, 온도, 비옥도, 조도)을 향상시키거나 적어도 유지시켜 생물적 변환을 용이하게 한다. 이러한 관리는 농림어업활동을 다른 활동과 구분하는 기준이 되며, 원양어업, 천연림 벌채 등과 같이 관리하지 않은 자원을 수확하는 것은 농림어업활동에 해당하지 않는다.

표 15-1 생물자산, 수확물, 수확 후 가공품

생물자산	수확물	수확 후 가공품
양	양 모	모사, 양탄자
조림지의 나무	원 목	목 재
식 물	면 화	실, 의류
	수확한 사탕수수	설 탕
젖 소	우 유	치 즈
돼 지	돈 육	소시지, 햄
관 목	잎	차, 담배
과 수	수확한 과일	과일 가공품
포도나무	포 도	포 도 주

3.2 생물자산의 인식 · 평가

생물자산은 다른 자산의 인식과 같이 다음의 조건이 모두 충족되는 경우에 한하여 생물자산이나 수확물을 인식한다.

① 과거사건의 결과로 자산을 통제한다.

② 자산과 관련된 미래 경제적 효익의 유입가능성이 높다.

③ 자산의 공정가치나 원가를 신뢰성 있게 측정할 수 있다.

생물자산은 최초 인식시점에 공정가치에서 추정 매각 부대원가를 차감한 순공정가치로 측정하며, 매 보고기간 말(결산일)에 순공정가치로 평가한다. 단 공정가치를 알 수 없을 때, 즉 신뢰성 있게 측정할 수 없고, 시장결정가격이나 가치를 구할 수 없으며, 대체적 추정치를 신뢰성 있게 측정할 수 없는 경우에는, 원가법 즉 취득원가에서 감가상각누계액 및 손상차손누계액을 차감한 금액으로 한다. 이후 공정가치를 신뢰성 있게 측정할 수 있을 때는 순공정가치로 측정 · 평가한다.

생물자산에서 수확된 수확물은 수확시점에 순공정가치로 측정하여야 한다. 이 후 수확물은 전술한 재고자산 회계처리와 동일하게 회계처리한다. 생물자산을 최초 인식시점에 순공정가치로 인식하여 발생하는 평가손익과 생물자산의 순공정가치 변동으로 발생하는 평가손익은 발생한 기간의 당기손익에 반영한다. 생물자산의 순공정가치를 산정할 때에 추정 매각부대원가를 차감하기 때문에 생물자산의 최초 인식시점에 손실이 발생할 수 있다.

송아지가 태어나는 경우와 같이 생물자산의 최초 인식시점에 이익이 발생할 수도 있다. 수확물의 경우도 최초 인식시점에 순공정가치로 인식하여 발생하는 평가손익은 발생한 기간의 당기손익에 반영한다. 수확의 결과로 수확물의 최초 인식시점에 평가손익이 발생할 수 있다. 순공정가치로 측정하는 생물자산과 관련된 정부보조금에 다른 조건이 없는 경우에는 수취할 수 있게 되는 시점에, 조건이 있는 경우에는 조건을 충족하는 시점에만 수익으로 인식한다. 수확 후 가공품은 원가회계과정을 통한 전환원가(제품 제조원가)를 재무상태표에 표시하는 것은 일반회계와 동일하다.

◀ 예시 15-11 ▶ 생물자산, 수확물

(1) (주)원시임업은 임야 1,500,000 m^2의 토지와 나무(입목) 각각 1억원, ₩5,000,000에 취득하고 대금은 수표를 발행하여 지급하였다. 단, 입목의 공정가치는 ₩5,500,000이며, 매각부대원가는 ₩1,500,000으로 추정된다.

차변)	토 지	100,000,000	대변)	당 좌 예 금	105,000,000
	입 목	4,000,000			
	입목평가손실	1,000,000			

공정가치 ₩5,500,000－매각부대원가 ₩1,500,000＝₩4,000,000
취득금액 ₩5,000,000－순공정가치 ₩4,000,000＝₩1,000,000(평가손실, 당기손익)

(2) 결산일에 즈음하여 당해 입목을 순공정가치로 평가하다. 결산일 현재 입목의 공정시장가치는 ₩6,500,000이며 매가부대원가는 ₩1,200,000으로 추정된다.

차변) 입 목 1,300,000	대변) 입목평가이익 1,300,000

공정가치 ₩6,500,000－매각부대원가 ₩1,200,000= 순공정가치 ₩5,300,000
순공정가치 ₩5,300,000－장부금액 ₩4,000,000=₩1,300,000(평가이익, 당기손익)

제 4 절 투자부동산

4.1 투자부동산의 정의

투자부동산은 임대수익이나 시세차익을 목적으로 보유하는 토지, 건물 등을 말한다. 운용리스로 제공한 건물이나 토지가 포함되며, 부동산에 대한 장래의 사용 목적을 정하지 못하고 있는 부동산도 투자부동산에 해당하고, 또한 금융리스에서 리스이용자가 보유하는 투자부동산, 운용리스로 리스이용자에게 제공하는 리스제공자의 투자부동산이 여기에 포함된다.

정상적인 영업과정에서 판매하기 위한 부동산이나 이를 위해 건설, 개발중인 부동산, 자가사용부동산은 투자부동산에서 제외한다. 단, 투자부동산으로 사용할 목적으로 건설, 개발중인 부동산은 건설, 개발 완료시까지는 유형자산으로 회계처리한다. 투자부동산은 기본적으로 투자부동산에서 발생하는 미래 경제적 효익의 유입가능성이 높고, 그 원가를 신뢰성 있게 측정할 수 있을 때 자산으로 인식된다. 결국 재화의 생산이나 용역의 제공 또는 관리 목적으로 보유하거나 정상적인 영업과정에서 판매하는 부동산은 투자부동산에서 제외한다.

4.2 측정 및 평가

투자부동산의 최초의 측정(취득시의 측정)은 구입가격에 부대비용을 가산하여 측정하여 투자부동산을 인식한다. 최초의 인식 후는 유형자산의 경우와 같이 당해 공정가치가 변동되면, 원가모형이나 재평가모형 중 회사의 선택에 의해 평가한다. 다만 또한 운용리스에서 리스이용자가 보유하는 부동산이 투자부동산의 정의를 충족하는 경우는 공정가치모형(재평가모형)에 의해 평가해야 한다. 원가모형은 상각자산의 경우는 감가상각누계액과 손상차손누계액을 차감한 원가를 재무상태표의 금액으로 하며, 공정가치모형은 공정가치의 변동에 따라 평가손익을 인식하고 그 손익을 당기손익으로 인식한다. 당기손익으로 인식하는 점에서는 유형자산의 경우와 다르다. 재평가모형에 의할 경우는 공정가치를 신뢰성 있게 측정할 수 있다는 것을 가정한 것이나, 그 공정가치를 신뢰성 있게 측정할 수 없는 경우는 원가모형에 의한다.

◀예시 15-12▶ 투자부동산의 취득 및 공정가치모형

(1) (주)KK리스회사는 담양화학에 대형 컴퓨터를 연 리스료 ₩100,000을 받기로 하고 4년간 운용리스로 제공하였다. 이를 위해 컴퓨터 제조회사로부터 대형컴퓨터를 1억원에 현금 매입하였다.

차변) 투자컴퓨터	100,000,000	대변) 현 금	100,000,000

(2) (주)KK리스회사는 상기 컴퓨터를 공정가치모형에 의해 평가하다. 결산일 현재 공정가치는 ₩97,000,000이다.

차변) 투자컴퓨터평가손실*	3,000,000	대변) 투자컴퓨터	3,000,000

* 당기손익으로 처리함.

(3) (주)성가전은 시세차익을 목적으로 건물 ₩5,000,000을 취득하고, 그 대금은 수표를 발행하여 지급하다. 단, 동 건물의 취득세 및 중개료 ₩850,000을 현금으로 지급하다.

차변) 투 자 건 물	5,850,000	대변) 당 좌 예 금	5,000,000
		현 금	850,000

(4) (주)성가전은 상기 건물을 공정가치모형에 의해 평가하다. 단, 동 건물의 공정가치는 ₩6,000,000이다.

차변) 투 자 건 물	150,000	대변) 투자건물평가이익*	150,000

* 당기손익으로 처리함.

연 습 문 제

■ [15-1] 다음 거래를 분개하시오.

1) 건물 ₩100,000,000을 취득하고 등기료 및 중개료 ₩1,000,000과 함께 현금을 지급하였다. 동시에 취득세 ₩300,000을 현금으로 납부하였다.
2) 기계 ₩25,000,000을 취득하고 대금은 수표를 발행하여 지급하였다. 또한 기계의 운반비 ₩100,000, 시운전비 ₩200,000은 현금으로 지급하였다.
3) 토지를 취득하고 취득액 ₩50,000,000, 중개료와 등기료 ₩700,000 및 정지비 ₩130,000과 함께 수표를 발행하여 지급하였다.
4) 판매용 PC 2대를 업무용으로 대체하였다. 당해 PC의 매입액은 ₩1,700,000이며, 설치비 ₩100,000을 현금으로 지급하였다.
5) 해안에 입지한 공장 부지의 안벽공사를 수행하고 재료비 ₩2,000,000과 인건비 ₩1,000,000을 수표를 발행하여 지급하였다.

(분 개)

번호	차 변		대 변	
1)				
2)				
3)				
4)				
5)				

■ [15-2] 2003. 7. 1 (주)칼빈기계는 절삭기 ₩60,000,000을 취득한 바 있다. 당해 건물의 내용연수는 4년이며, 잔존가치는 ₩1,000,000이다. 회계연도는 1월 1일부터 12월 31일이다. 2003년 12월 31일의 정액법 및 정률법에 의한 감가상각 분개와 정률법에 의한 경우의 감가상각누계액계정에 기장하시오. 또한 4년 동안의 감가상각비 계산표를 작성하시오. 정률은 0.6407이다.

(분 개)

정 률 법		정 액 법	

감가상각누계액

〈감가상각비 계산표-정률법〉

날 짜	감가상각비	감가상각누계액	장부금액
			₩60,000,000
2003. 12/21			
2004. 12/31			
2005. 12/31			
2006. 12/31			
2007. 6/30			

■ [15-3] 다음 거래를 분개하고 계정에 기장하시오. 결산일은 12월 31일이다.

4/ 1 보유하고 있던 건물을 ₩3,000,000(취득원가 ₩8,500,000, 감가상각누계액 ₩5,270,000)에 처분하고 대금 중 반액은 현금으로 받고 잔액은 2개월 후에 영수하기로 하였다.

5/10 토지 ₩16,500,000을 ₩17,000,000에 처분하고 대금 중 ₩10,000,000은 당좌수표로 받고 잔액은 현금으로 영수하였다.

10/ 7 사용중인 사무용 건물의 감가상각이 완료되고 더 이상 사용할 수 없어서 제각처리하였다. 건물의 취득원가 ₩70,000,000, 잔존가치 1,000,000임.

11/12 사무용 386컴퓨터를 ₩50,000(취득원가 ₩3,000,000, 감가상각누계액 ₩1,700,000)에 처분하고 현금을 영수하였다.

12/20 소유하고 있던 차량운반구(취득원가 ₩7,000,000, 감가상각누계액 ₩700,000)를 타인이 소유하고 있던 기계와 교환하였다. 교환으로 제공된 차량운반구의 공정가치는 ₩6,500,000이다.

(분 개)

날짜	차 변		대 변	
4/ 1				
5/10				
10/ 7				
11/12				
12/20				

■ [15-4] 다음 자료를 수익적 지출과 자본적 지출로 분류하시오.

(자 료)

1) 컴퓨터 매입액	6) 소프트웨어 구입비
2) 토지구입 중개료	7) 기계장치 시운전비
3) 건물 매입 후 사용 전 수선비	8) 기계설비 개발을 위한 자료 구입비
4) 특허권 출원료	9) 비품 구입 후의 수선비
5) 소프트웨어 개발비용	10) 대규모 정기 선박 수리비

(수익적 지출과 자본적 지출 분류)

수익적 지출		자본적 지출	
번호		번호	

■ [15-5] 다음 무형자산에 관한 거래를 분개하시오. 결산일: 6/30, 12/31.

1/25 다음과 같은 재무상태를 갖는 (주)태양을 인수 · 합병하고 (주)태양에 합병대가 ₩9,800,000을 수표를 발행하여 지급하였다. 무형자산은 5년 정액법으로 상각한다.

재무상태표 (주)태양

제 자 산	36,000,000	제 부 채	26,900,000
		자 본	9,100,000
	36,000,000		36,000,000

2/ 9 월드 뱅크(주)는 장부의 자동 검색 소프트웨어가 필요하여 이를 개발하고 개발비 ₩10,000,000을 수표를 발행하여 지급하였으며, 동시에 특허를 출원하였다. 특허권 출원료 ₩2,300,000을 수표를 발행하여 지급하였다. 무형자산은 4년 정액법으로 상각한다.

3/18 Cyber-Dream Co. Ltd.는 기밀유지의 필요성에 따라서 출입통제 소프트웨어를 구입하고 그 대금 ₩6,000,000을 수표를 발행하여 지급하였다. 동시에 이의 설치비 ₩300,000은 현금으로 지급하였다. 무형자산은 10년 정액법으로 상각한다.

4/11 다음의 재무상태표를 갖는 (주)대양해운을 인수 · 합병하고 합병대가로 현금 ₩75,000,000을 지급하였다. 부의 영업권은 미래의 손실과 관련된 것이다.

재무상태표 (Cyber-Dream)

제 자 산	98,600,000	제 부 채	16,600,000
		자 본	82,000,000
	98,600,000		98,600,000

5/15 Life Pharmacology Co. Ltd.는 약성 분리추출 특허권을 취득하고 대금 ₩8,700,000을 수표를 발행하여 지급하였다. 무형자산은 8년, 정액법으로 상각한다.

6/30일의 무형자산과 관련한 결산일의 회계처리를 하시오.

(분 개)

날짜	차 변		대 변	
1/25				
2/ 9				
3/18				
4/11				
5/15				
6/30				

■ **[15-6]** (주)먹자판세상은 다음 재무상태표를 갖는 칠성랜드(주)를 인수하고 그 대가를 (주)먹자판세상의 주식 600주(액면 ₩300,000)를 발행하여 칠성랜드(주)측에 교부하였다. 인수시의 회계처리를 하시오.

재무상태표 칠성랜드(주)

현 금	236,000	단기차입금	5,000,000
재 고 자 산	4,350,000	매 입 채 무	3,000,000
비 품	7,600,000	장기차입금	4,950,000
차량운반구	12,000,000	자 본 금	120,000,000
특 허 권	2,450,000	자본잉여금	29,000,000
건 물	58,000,000	이익잉여금	486,000
토 지	77,800,000		
	162,436,000		162,436,000

(분 개)

차 변		대 변	

■ [15-7] 만나드림(주)는 다음 재무상태표와 같은 재무상태를 갖는 베드로프레스(주)를 합병계약을 하기 위해 베드로프레스(주)의 영업권을 측정하고자 한다. 다음과 같은 재무상태표와 추가정보에 의해 초과이익환원법에 의한 영업권을 계산하여 회계처리 하시오. 그 대가는 계산된 영업권가액에 피합병회사의 순자산액을 가산한 금액으로서, 수표를 발행하여 지급함.

재무상태표 베드로프레스(주)

제 자 산	4,825,000	제 부 채	825,000
		자 본	4,000,000
	4,825,000		4,825,000

(추가정보)

1) 동종산업의 정상이익률: 8%
2) 베드로프레스의 최근 5년간 평균순이익 ₩2,300,000
3) 할인율: 12%

(분 개)

차 변		대 변	

■ [15-8] 다음 자료에 의해 결산일 현재의 기계장치의 장부금액 계산과 다음의 계정에 기입하시오. 단, 당해 회사는 모든 기계장치의 감가상각은 정액법으로 하며, 내용연수 10년, 잔존가치는 '0'으로 한다(회계연도: 1/1~12/31).

7/ 1	주정 발효기를 ₩7,200,000에 취득하고 이 대금은 10개월 분할로 지급하기로 하였다. 수입시 수입관세 ₩720,000과 함께 취득대금의 일부 ₩2,200,000을 수표를 발행하여 지급하였다.

7/ 5	당 기계장치를 당해 회사의 공장으로 반입하는데 반입비 ₩150,000을 현금으로 지급하였다.
7/13	상기 기계장치를 설치와 관련한 인건비 ₩80,000을 현금으로 지급하였다.
11/15	기계장치의 시운전을 성공적으로 완수하고, 시운전을 위한 제반 경비 ₩50,000을 현금으로 지급하였으며, 익일부터 제품생산에 착수하였다.
11/27	기계장치의 연결관이 파손되어 이를 수선하고 현금 ₩13,000을 현금으로 지급하였다.

12/31일의 기계장치 장부금액: ₩ ________________

기계장치

기계장치 감가상각누계액

■ **[15-9]** 조선케미칼(주)는 다음과 같은 재무상태를 갖는 나라(주)를 인수 · 합병하고 그 대금 ₩20,000,000을 수표를 발행하여 지급하였다. 인수합병에 관한 회계처리를 하시오.

재무상태표 나라(주)

제 자 산	72,000,000	제 부 채	50,000,000
		자 본	22,000,000
	72,000,000		72,000,000

(회계처리)

차 변	대 변

■ **[15-10]** 다음 무형자산에 관한 일련의 거래를 회계처리하시오.

2003. 7. 1 월드소프트(주)는 소프트웨어에 관한 특허권을 ₩7,500,000에 취득하고 대금은 수표를 발행하였다. 당해 특허권은 유효기간이 10년이며,

정액법으로 상각한다.

2003. 12. 31(결산일) 상기 특허권을 상각하였다.

2008. 6. 30 상기 특허권의 절반을 ₩3,000,000에 처분하고 대금은 수표를 받았다.

2008. 12. 31일의 결산일에 특허권의 재무상태표 금액은 얼마인가?

(회계처리)

날짜	차 변		대 변	
2003. 7/1				
2003. 12/31				
2008. 6/30				
2008. 12/31				

■ [15-11] 다음 유형자산에 관한 일련의 거래를 회계처리하시오.

2000. 7. 1 건물 2동(棟) ₩70,000,000을 수표를 발행하여 취득하고, 건물 취득시에 등기비 등 제비용과 수선비 등의 비용 ₩200,000은 수표를 발행하여 지급하였다. 당해 건물의 내용연수는 10년이며 잔존가치은 ₩1,200,000으로 추정된다.

2000. 12. 31(결산일) 감가상각비를 정액법으로 계상하였다.

2005. 6. 30 건물 1동을 처분하고 그 대금 ₩35,000,000을 당좌수표로 받았다.

2005. 12. 31일의 감가상각비를 계상하고, 건물의 재무상태표 내용을 표시하시오.

(회계처리)

날짜	차 변		대 변	
2000. 7/1				
2000. 12/31				
2005. 6/30				
2005. 12/31				

부분 재무상태표

과 목	금 액	
유형자산 건 물		

■ [15-12] 2004. 1/1 무정자원탐사(주)는 남해 제1광구의 석유탐사 결과 성공하

여 개발하였으며, 이에 총 ₩500,000,000의 비용이 지출되었다. 석유의 매장량은 총 5,000,000만 배럴로 추정된다. 다음 물음에 답하시오.

1) 2004/ 1/1, 탐사 및 개발비 지출시의 회계처리를 하시오.

2) 2004. 12/31의 회계처리를 하시오. 단, 당해연도에 50,000배럴을 채유하였다.

번호	차 변	대 변
1)		
2)		

■ **[15-13]** 2005. 1/1, 이기조 등은 이기조월드메디칼(주)를 설립하고 영업에 착수하였다. 거래 내용 중 다음의 거래를 분개하시오. 각종 무형자산의 상각은 10년으로 한다.

2005. 1/ 1 이기조월드메디칼(주)는 각종 의료장비 ₩70,000,000을 구입하고 그 대금을 수표를 발행하여 지급하다. 당해 장비의 내용연수는 20년이고, 잔존가치는 ₩2,500,000이며, 정액법으로 상각한다.

2006. 4/20 병원의 이미지 제고와 대외홍보를 위해 CIP(corporate identification program; 기업이미지전략)계획을 수립하고 조선디자인(주)에 의뢰하였다. 용역비 ₩1,000,000을 현금으로 지급함.

2006. 10/15 조선디자인(주)로부터 용역결과(병원 마크, 의사 및 간호사 유니폼, 환자복, 각종 서류의 양식 및 서체, 로고타입 등)를 인수하고 이를 등록하였으며 당해 등록비 ₩2,500,000을 수표를 발행하여 지급하였다.

날짜	차 변		대 변	
2005. 1/ 1				
2005. 12/31				
2006. 4/20				
2006. 10/15				
2006. 12/31				

■ **[15-14]** 다음을 분개하시오.

1) 창대산업은 산업장비의 개발을 위해 기존 장비의 시험 및 관련 특허품들을 조사 · 분석하였으며 이에 대한 재료비, 인건비 등의 비용 ₩500,000을 수표를 발행하여 지급하였다.

2) 굴지건설(주)는 철골재료를 사용하여 건설을 수행하고 있다. 당해연도에 기존 철골의 결함이 있어서 새로운 보완 재료를 개발하기로 하고 이를 시험 · 분석하

였다. 관련비용 ₩100,000을 현금으로 지급하였다.

3) 코리아 파워(주)는 생산공정 시스템을 시험연구한 결과 새로운 시스템 개발의 필요성을 인식하고 5개년 계획으로 개발에 착수하였다. 2005년 1월 1일에 개발에 관련된 기계장치를 구입하여 설치하고 대금 ₩1,500,000을 수표를 발행하여 지급하였다.

4) 2005년 7월 1일에 개발 재료, 인건비 등 ₩2,400,000을 수표를 발행하여 지급하였다.

5) 상기 7월 1일 이후 2005년 12월 31일 결산일이 도래하였다. 이 회사의 모든 무형자산은 5년간 상각하기로 결정한 바 있다.

(분 개)

	차 변		대 변	
1)				
2)				
3)				
4)				
5)				

■ [15-15] 다음 부분 잔액시산표와 추가정보에 의해 이월시산표를 작성하시오.

1) 부분 잔액시산표

차 변		대 변	
현금과 현금성자산	3,618,000	매 입 채 무	921,500
매 출 채 권	330,000	선 수 금	190,000
대 손 충 당 금	(30,000)	미 지 급 금	270,000
단기매매금융자산	626,000	단 기 차 입 금	1,390,000
현 금 과 부 족	40,000	장 기 차 입 금	970,000
선 급 금	120,000	자 본 금	13,000,000
이 월 상 품	600,000	이 월 이 익 잉 여 금	642,500
기 계 장 치	980,000	·	
감 가 상 각 누 계 액	(120,000)	·	
특 허 권	1,250,000	·	
광 업 권	3,600,000	·	
개 발 비	9,000,000	·	
영 업 권	400,000	·	
·		·	
·		·	

2) 추가정보

(1) 기말상품재고액 ₩100,000

(2) 기계장치 당기상각액 ₩45,000

(3) 특허권 잔존 내용연수 8년

(4) 석유 총 매장량 100,000배럴, 당해연도 채유량 5,000배럴

(5) 당해연도 7월 1일에 개발비 투자 결과 특허를 출원하여 특허등록이 되었다. 특허 출원과 관련하여 제경비 ₩1,850,000을 1개월 후에 지급하기로 했으며, 당해 특허권은 향후 10년간 상각한다.

(6) 개발비 잔존 상각연수 6년

(7) 영업권의 상각연도는 마지막 연도임.

(8) 당기 대손 추정액 ₩36,000

(9) 매출이 계약된 상품 ₩720,000을 인도하고 대금은 1개월 후에 받기로 하였다. 또한 운임 ₩10,000을 현금으로 지급하였다.

이월시산표

차 변		대 변	

제 5 부

재무자원의 원천 · 현금흐름표

Do nothing out of selfish ambition or vain conceit, but in humility consider others better than yourselves. Each of you should look not only to your own interests, but also to the interests of others.

– Philippians 2:3, 4 –

아무 일에든지 다툼이나 허영으로 하지 말고 오직 겸손한 마음으로 각각 자기보다 남을 낫게 여기고, 각각 자기 일을 돌아볼 뿐더러 또한 각각 다른 사람들의 일을 돌아보아 나의 기쁨을 충만케 하라.

제16장
금융부채 · 충당부채

제16장 금융부채 · 충당부채

제1절 금융부채의 정의 및 구성 내용

1.1 금융부채의 정의

부채는 자본과 함께 기업 재무자원의 원천을 구성하는 것으로서 그 구체적 원천이 채권자이면 부채로, 소유주이면 자본으로 인식하여 재무상태표에 공시한다. 또한 부채와 자본은 지분으로 표현하기도 한다. 즉 부채는 채권자지분, 자본은 소유주지분이라 하기도 하며, 기업의 자원에 대한 청구권으로 이해하기도 한다. 즉 부채를 채권자청구권, 자본을 소유주청구권(주주청구권)이라고도 한다. 따라서 이러한 부채의 개념은 전술한 개념체계에서와 같이 과거 사건에 의하여 발생하였으며 경제적 효익이 내재된 자원이 기업으로부터 유출됨으로써 이행될 것으로 기대되는 현재의무를 말한다. 구체적으로 기업회계기준서 제1039호에서 부채 중 금융부채를 다음과 같이 정의 및 분류하고 있다.

(1) 다음 중 하나에 해당하는 계약상 의무

① 거래상대방에게 현금 등 금융자산을 인도하기로 한 계약상 의무

② 잠재적으로 불리한 조건으로 거래상대방과 금융자산이나 금융부채를 교환하기로 한 계약상 의무

(2) 자기지분상품으로 결제되거나 결제될 수 있는 다음 중 하나의 계약

① 인도할 자기지분상품의 수량이 변동 가능한 비파생상품

② 확정 수량의 자기지분상품에 대하여 확정 금액의 현금 등 금융자산을 교환하여 결제하는 방법이 아닌 방법으로 결제되거나 결제될 수 있는 파생상품

자기지분상품을 미래에 수취하거나 인도하기 위한 계약인 금융상품은 금융

부채에 포함되지 않는다. 따라서 금융부채는 기본적으로 계약에 의해 발생해야 하며, 그 결제가 현금이나 다른 금융상품으로 결제되는 경우의 부채라 할 수 있다. 이 방법이 아니라면 부채이면서도 금융부채에 해당되지 않는다. 금융상품이 아닌 재화나 용역으로 결제되는 경우가 그 예이다.

1.2 당기손익인식금융부채 분류 및 측정

1.2.1 당기손익인식금융부채 분류

당기손익인식금융부채는 다음 중 하나의 조건을 충족하는 금융부채를 말한다.

(1) 단기매매항목으로 분류된다. 다음 중 하나에 해당하면 단기매매항목으로 분류된다.

① 주로 단기간 내에 매각하거나 재매입할 목적으로 취득하거나 부담한다.

② 최초 인식시점에, 최근의 실제 운용형태가 단기적 이익획득 목적이라는 증거가 있으며, 그리고 공동으로 관리되는 특정 금융상품 포트폴리오의 일부이다.

③ 파생상품이다(금융보증계약인 파생상품이나 위험회피수단으로 지정되고 위험회피에 효과적인 파생상품은 제외).

(2) 최초 인식시점에 당기손익인식항목으로 지정한다. 다음 중 하나 이상을 충족하여 더 목적적합한 정보를 제공하는 경우에만 당기손익인식항목으로 지정할 수 있다.

① 당기손익인식항목으로 지정하면, 서로 다른 기준에 따라 자산이나 부채를 측정하거나 그에 따른 손익을 인식함으로써 발생할 수 있는 인식이나 측정상의 회계불일치가 제거되거나 유의적으로 감소된다.

② 문서화된 위험관리전략이나 투자전략에 따라, 금융상품집합(금융자산, 금융부채 또는 금융자산과 금융부채의 조합으로 구성된 집합)을 공정가치기준으로 관리하고 그 성과를 평가하며 그 정보를 이사회, 대표이사 등 주요 경영진에게 공정가치기준에 근거하여 내부적으로 제공한다. 그러나 보유한 지분상품이 활성시장에서 공시되는 시장가격이 없고 공정가치를 신뢰성 있게 측정할 수 없는 경우에는 당기손익인식항목으로 지정할 수 없다.

따라서 당기손익인식금융부채로 지정할 수 있는 것은 그 상환기간이 단기 또는 장기에 관계없이 지정할 수 있다. 특별히 상기의 (1)에 해당되는 경우는 단기매매금융부채의 과목으로 당기손익인식금융부채와 분리하여 보고하도록 하고 있다. 단기매매금융부채의 예는 다음과 같다.

(1) 위험회피수단으로 회계처리하지 아니하는 파생상품부채

(2) 공매자(차입한 금융자산을 매도하고 아직 보유하고 있지 아니한 자)가 차입한 금융자산을 인도할 의무

(3) 단기간 내에 재매입할 의도로 발행하는 금융부채(예: 공정가치 변동에 따라 발행자가 단기간 내에 재매입할 수 있으며 공시가격이 있는 채무상품)

(4) 최근의 실제 운용형태가 단기적 이익획득 목적이라는 증거가 있으며, 그리고 공동으로 관리되는 특정 금융상품 포트폴리오의 일부인 금융부채

금융부채가 단기매매활동의 자금조달에 사용된다는 사실만으로는 당해 부채를 단기매매금융부채로 분류할 수 없으며, 활성거래시장에서 가격이 고시되지 않은 금융부채는 당기손익인식금융부채로 지정할 수가 없다. 그러한 경우에는 별개의 독립된 금융부채 구성 항목으로 보고한다. 차입금이나 매입채무도 당기손익인식금융부채로 지정할 수 있으나, 이는 활성거래시장에서 그 가격이 고시되지 않은 것이 일반적이다. 따라서 이들 금융부채는 금융부채의 별개의 구성 항목으로 인식하고 보고해야 한다.

1.2.2 당기손익인식금융부채 최초 측정

금융자산이나 금융부채는 최초 인식시 공정가치로 측정한다. 다만, 당기손익인식금융자산(당기손익인식금융부채)이 아닌 경우 당해 금융부채의 발행과 직접 관련되는 거래원가는 최초 인식하는 공정가치에 차감하여 측정한다.

1.2.3 후속측정

최초 인식 후 모든 금융부채는 유효이자율법을 사용하여 상각후원가로 측정한다. 다만, 다음의 금융부채는 제외한다.

(1) 당기손익인식금융부채

파생상품부채를 포함한 이러한 부채는 공정가치로 측정한다. 다만, 공시가격이 없고 공정가치를 신뢰성 있게 측정할 수 없는 지분상품과 연계되어 있으며 그 지분상품의 인도로 결제되어야 하는 파생상품부채는 원가로 측정한다.

(2) 금융자산의 양도가 제거 조건을 충족하지 못하거나 지속적인 관여[1]로 인해 발생하는 금융부채는 양도자산이 공정가치로 측정되는 경우에는 공정가치로, 상각후원가로 측정하는 경우에는 상각후원가로 측정한다.

(3) 시장이자율보다 낮은 이자율로 대출하기로 한 약정

(4) 위험회피대상항목으로 지정된 금융부채는 위험회피회계에 따라 회계처리한다.

공정가치를 측정할 때, 공정가치의 최선의 추정치는 활성시장에서 공시되는 가격이다. 금융상품에 대한 활성시장이 없다면 현금흐름할인방법 등의 평가기법을 사용하여 측정한다. 금융기관에서의 요구불 특성을 가진 금융부채(예: 요구불예금)의 공정가치는 요구하면 지급할 금액을 지급을 요구할 수 있는 최초일로부터 할인한 금액 이상이어야 한다. 이상과 같은 단기매매금융부채 또는 당기손익인식금융부채에 대한 사례는 회계원리의 수준을 넘는 것이므로 생략하고 여기에서는 이와 같은 금융상품의 개념 및 분류 내용과 측정상의 개념설명으로 만족하기로 한다. 파생금융부채는 전술한 파생금융상품의 설명으로 대체한다.

제2절 차 입 금

기업의 필요 자금을 조달하는 방법은 직접금융(direct financing) 또는 간접금융(indirect financing)에 의해 조달한다. 전자는 채권자나 지분투자자들로부터 직접 조달하는 방식으로서 사채의 발행 또는 주식발행의 방법을 취한다. 후자는 다른 기관으로부터 간접조달하는 방법이다. 일반적으로 금융기관은 기업이 필요한 자금을 금융상품 취득자들로부터 수취한 자금을 모아서 대출해 주므로 차입자 입장에서는 금융기관을 통해 자금을 조달하는 간접금융이다.

차입금은 장기차입하기도 하고 단기차입하기도 하며, 이 차입금에 대한 활성거래시장이 존재한다면 당기손익인식금융부채로 지정하여 인식할 수도 있음은 전술한 바와 같으나 일반적으로 별도의 금융부채로 인식한다.

차입금의 최초 인식은 공정가치로 인식하도록 하고 있으나 공정가치가 없다면 현금흐름현재가치 등의 평가모형에 의해 측정한다. 최초 측정 후는 상각후원

1) 양도자가 양도자산의 소유에 따른 위험과 보상의 대부분을 보유하지도 아니하고 이전하지도 아니하며, 양도자가 양도자산을 통제하고 있다면, 그 양도자산에 대하여 지속적으로 관여하는 정도까지 그 양도자산을 계속하여 인식한다.

가로 측정하여 재무상태표에 보고한다. 상각후원가로 측정한다 하더라도 그 기간이 단기인 경우 명목가액과 상각후원가와의 차이가 중요하지 않다고 보기 때문에 유효이자율에 의한 상각후원가를 측정하지 않는 것이 일반적이다. 그러나 차입기간이 1년 이상 장기인 경우는 상각후원가로 측정하고 동시에 이자비용을 인식해야 한다.

◀ 예시 16-1 ▶ 단기차입

● 2008. 10. 1 (주)정의산업은 민족은행에서 회사 운용자금 ₩600,000을 차입하다. 만기일 2009. 3. 31, 연 10%, 이자는 만기일에 원금과 함께 지급하기로 약정함.

차변) 현 금	600,000	대변) 단 기 차 입 금	600,000

● 2008. 12. 31 결산일에 이자비용 발생액을 인식하다.

차변) 이 자 비 용	15,000	대변) 미지급이자비용	15,000

✎ ₩600,000 × 0.1 = ₩60,000 × 3/12 = ₩15,000, 3개월, 10/1-12/31

● 2009. 3. 31 만기일이 되어 상기의 차입금과 이자를 수표를 발행하여 지급하다.

차변) 차 입 금	600,000		
미지급이자비용	15,000	대변) 당 좌 예 금	630,000
이 자 비 용*	15,000		

* ₩600,000 × 0.1 = ₩60,000 × 3/12 = ₩15,000, 3개월, 1/1-3/31

◀ 예시 16-2 ▶ 장기차입

● 2008. 10. 1 (주)배신재오운하는 회사의 자금이 고갈상태에 있어서 종업원의 급여를 지급할 자금이 턱없이 부족하다. 따라서 거래하고 있는 (주)구라이트뱅크로부터 ₩9,000,000을 차입하고 현금 ₩8,780,130을 영수하다. 연이자율 10%, 매년 말 지급, 만기일 2011. 9. 30, 차입당시 시장이자율은 연 11%이다.

차변) 현 금	8,780,130	대변) 단 기 차 입 금	9,000,000
현재가치할인차금	219,870		

● 2008. 12. 31 차입금에 대한 이자비용을 인식하다.

차변) 이 자 비 용	241,454	대변) 현 금	225,000
		현재가치할인차금	16,454

✎ ₩8,780,130×.11=₩965,814, ₩965,814×3/12=₩241,454
₩241,452−(₩900,000×3/12)=16,454

✎ 차입금 장부금액, ₩8,780,130+₩16,454=₩8,796,584

● 2009. 12. 31 이자비용 지급 및 이를 인식하다.

차변) 이 자 비 용	967,624	대변) 현 금	900,000
		현재가치할인차금	67,624

✎ ₩8,796,584×0.11=₩967,624, ₩967,624−₩900,000=₩67,624

상기 ◀예시 16-2▶에서 구라이트뱅크에서 ₩9,000,000을 차입할 때 현금으로 영수한 금액은 ₩8,780,130이다. 이는 구라이트뱅크의 요구 수익률(유효이자율) 11%를 보장받기 위한 것이다. 이는 구라이트뱅크가 명목상 수취하는 이자수익은 연 10%인 데 반하여, 시장이자율은 연 11%이기 때문이다. 따라서 ₩8,780,130이 차입당시의 공정가치라 할 수 있다.

기업회계기준서에서는 최초 인식은 공정가치로 하도록 제시하고 있으므로 현금흐름현재가치모형에 의해 현재가치를 계산하면, 원금 ₩9,000,000×0.7312=₩6,580,800이며, 매년 지급하는 현금이자(명목이자)는 액면금액에 약정이자율 10%를 계산하면 ₩900,000이며 이 금액은 매년 지급하게 되므로 이의 정상연금 현재가치를 계산하면 ₩900,000×2.4437=₩2,199,330이다. 따라서 원금의 현재가치와 이자의 현재가치를 합계한 금액이 ₩8,780,130이 된다. 2008년 결산일에는 차입일로부터 3개월이 경과했으므로 3개월분 이자비용을 인식하면 된다. 이때 이자비용은 유효이자율 11%를 적용한 유효이자율법으로 계산한 금액이다. 따라서 차입금의 장부금액은 ₩8,796,584이며 이 금액을 **상각후원가**라 한다. 유효이자율은 기초 장부금액에 유효이자율을 곱하여 계산한다. 2008. 12. 31의 차입금과 관련한 부분 재무상태표는 다음과 같다.

부분 재무상태표

2008년 12월 31일

과 목	금 액	
금융부채		
장기차입금	9,000,000	
현재가치할인차금	203,416	8,796,584

제3절 매입채무

기업의 주요 영업활동 과정, 즉 일반적 상거래에서 발생된 채무를 매입채무(買入債務)라 한다. 이에는 외상매입금과 지급어음이 있다. 이 매입채무는 단기의 채무로서 1년 이내의 기간에 유동화, 즉 현금으로 결제되는 것으로서 일반적으로 유동부채에 해당된다. 왜냐하면 매입채무는 일반적 상거래에서 발생하는 채무로 그 기간이 영업순환기간 내에서 발생하기 때문이다.

기업회계기준서에서는 이 채무를 금융부채로 인식하도록 하고 있으며, 당기손익인식금융부채로도 지정할 수 있다. 재무상태표에 표시하여 보고할 때 매입채무(trade payable)로 통합표시할 수 있으며, 그렇더라도 총계정원장에도 반드시 매입채무의 계정을 설정할 필요는 없다. 총계정원장에 외상매출금, 받을어음과 함께 외상매입금, 지급어음계정을 설정하여 회계처리하는 것이 추후 회계장부의 식별 및 분석에 유용하다.

3.1 외상매입금

상품을 매출하고 그 대금을 후일에 지급하기로 한 경우를 외상매입이라 하며, 이를 외상매입금(account payable)이라는 과목으로 회계처리한다. 외상매입금의 회계처리는 외상매출금과 상대적이므로 부채로 처리하면 된다. 외상매입금을 인식할 때도 매출채권의 경우와 같이 상대적으로 할인조건에 따라 적절한 회계처리를 해야 한다.

할인에는 거래할인과 현금할인이 있으며, 전자는 표시가격으로부터 일정한 금액을 할인한 가격으로 매입하는 것으로서, 후자의 금액을 송장가격(invoice price)이라 한다. 이 금액이 실제 매입가격이 된다. 일반적으로 거래할인은 회계처리 대상이 되지 않는다. 왜냐하면 거래할인이란 표시가격을 송장가격으로 바꾸어 표시하면 경쟁업체에 거래정보, 특히 가격정보가 누출되기 때문에 표시가격을 실제의 판매가격으로 표시하지 않고, 그보다 많은 금액으로 가격을 표시해 두기 때문이며, 실제 매입가격은 이 표시가격으로부터 할인한 금액, 즉 송장가격으로 매입하기 때문이다.

현금할인 송장가격으로부터 일정한 금액을 할인한 것을 현금할인이라 한다. 일반적으로 할인이라 할 때는 현금할인을 말한다. 현금할인은 외상기간, 즉 매출자로부터의 신용기간을 단축시킴으로써 자금의 회전을 빨리 해야 할 필요가 있는 경우에 현금할인 조건으로 외상판매하게 된다. 이와 같은 현금할인의 경우 매매계약서에 표시하는 형태는 '5/10 n/30' 등으로 표시한다. 이는 외상기간 30일이며 10일 이내에 대금이 결제되면 5%를 할인해 준다는 의미이다. 여기에서 n은 외상기간 종료일 현재의 순액(net), 즉 총 매입액에서 매입에누리 및 환출액을 차감한 금액을 지급한다는 의미이다. 현금할인의 회계처리 방법에는 총액법과 순액법이 있으나 이는 중급회계에서 다룬다. 외상매입금의 기장 내용은 다음 그림과 같다.

외상매입금

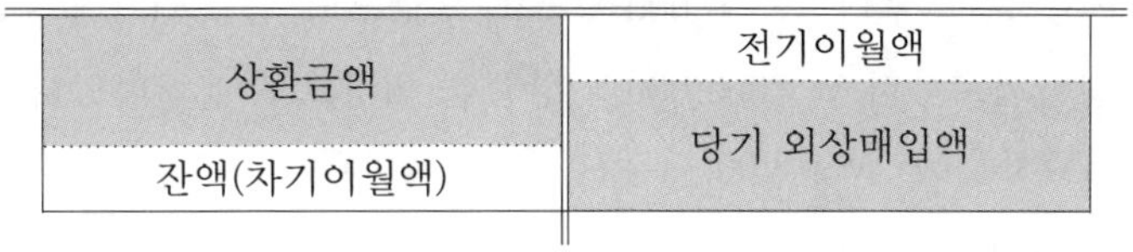

3.2 통제계정과 보조원장

3.2.1 인명계정

전술한 금융자산의 매출채권에서와 같이 외상으로 매매거래를 할 경우에 거래처의 수가 많지 않은 경우에는 총계정원장에 거래처 이름을 계정과목으로 하는 '인명계정(人名計定)'을 설정하여 거래처별로 회계처리하는 것이 편리하다. 따라서 총계정원장에는 외상매입금계정 대신 거래처명을 사용한 계정을 만들어서 매입채무를 기장한다. 이때 인명계정의 잔액이 차변잔액이면 매출채권으로서 자산계정이며, 반대로 대변잔액이면 부채로서 매입채무가 된다.

차변) 매　　입 ×××	대변) 담양상사 ×××

3.2.2 통제계정과 보조원장

전술한 바와 같이 총계정원장에 인명계정을 설정하여 회계처리를 하는 경우에는 거래처의 수가 많지 않을 경우에 타당한 방법이다. 거래처의 수가 많을 때는 총계정원장에 인명계정을 설정하는 것이 비효율적이므로 그 대신 외상매입금계정을 설정하여 회계처리한다. 그러나 각 거래처별 내역을 상세하게 알 수 없으므로 보조원장을 작성하여 거기에 인명계정을 설정하고 거래처별 상세한 내용을 기장하면 된다.

보조원장은 총계정원장을 보조하는 장부로서 총계정원장의 형식을 갖는다 하여 보조원장이라 한다. 총계정원장의 외상매입금계정에는 보조원장으로서 '매입처원장(買入處元帳)'이 있다. 이때 총계정원장에 설정된 외상매입금계정을 통제계정(統制計定)이라 한다. 외상매입금계정은 매입처원장의 각 인명계정을 총괄·통제한다. 즉 각각의 보조원장의 인명계정 잔액을 합계한 것이 통제계정인 외상매입금의 잔액과 각각 일치하게 된다.

◀ 예시 16-3 ▶ 통제계정

- 4/20 (주)서울로부터 ₩300,000, (주)대우로부터 ₩1,200,000 그리고 영월상회로부터 ₩1,000,000의 상품을 외상으로 매입하였다.
- 7/20 (주)서울에 ₩50,000, (주)대우에 ₩300,000 그리고 영월상회에 ₩150,000의 외상대금을 현금으로 상환하였다.

(회계처리)

일자	차변	금액	대변	금액
4/20	차변) 매　　입	2,500,000	대변) 외상매입금	2,500,000
7/20	차변) 외상매입금	500,000	대변) 현　　금	120,000

(부분 총계정원장)

외상매입금

7/20	현　금	2,500,000	4/20	매　입	2,500,000

(매입처원장)

(주)서울		(주)대우		영월상회	
50,000	300,000	300,000	1,200,000	150,000	1,000,000

3.3 어음상의 채무

일반적 상거래에서 발생하는 채무를 매입채무라 하며, 이에는 외상매입금과 지급어음이 있다. 외상매입은 매매 당사자간의 계약에 의한 대금지급에 대한 약속행위(約束行爲)로서 차후에 법률적인 문제가 발생할 때 그 계약서가 증거자료가 된다. 어음의 종류와 채권 · 채무관계는 제13장에서 기술하였다. 이 어음상의 채무는 약속어음의 발행자 또는 환어음의 인수인이 발행했을 때 또는 환어음의 인수행위를 했을 때 발행인 또는 환어음의 인수인에게 발생한다.

어음의 발행은 일정한 서식의 어음장에 내용을 기재함으로써 이루어진다. 약속어음이나 환어음의 기재내용은 어음수표법에 규정되어 있으며, 액면금액, 발행일, 만기일, 이자율, 이자지급일 등과 발행자의 서명 · 날인 등이 그 기재 내용이다. 이러한 어음상의 채무를 지급어음(notes payables)이라는 과목으로 회계처리한다. 일반적 상거래 이외의 거래에서 발행된 어음상의 채무는 지급어음이라 하지 않고 융통어음(融通어음)이라 하여 어음대여금 및 어음차입금 등의 과목으로 회계처리한다.

3.3.1 어음상 채무의 기장

다음 그림에서와 같이 약속어음을 수취하여 소지(所持)하고 있으면 받을어음계정의 차변에 기장하여 채권으로서 자산증가를 나타내고, 그리고 만기일에 소지한 어음의 대금을 수취하면 받을어음계정의 대변에 기장하여 자산감소를 기장한다. 이와 반대인 약속어음의 발행인측에서는 그 어음을 발행하여 채권자에게 교부하면 지급어음계정의 대변에 기장하여 어음상의 채무로서 부채증가를 기장하고, 만기일에 그 대금을 지급하면 지급어음계정의 차변에 기장하여 부채를 감소시킨다. 이에 관한 회계처리의 예는 다음과 같다.

지급어음

차변	대변
어음대금 지급액	전기이월액
잔액(차기이월액)	약속어음 발행액

3.3.2 보조기입장

총계정원장의 보조기입장으로서 지급어음기입장을 작성한다. 이는 총계정원장 지급어음계정의 내용을 상세하게 기록하여 그 내용을 수시로 파악하고, 당해 어음채무를 관리하는 데 유용하게 한다. 이들의 양식은 다음과 같다. 기입장 양식에서 '전말'은 어음상 채무의 결과처리를 기록하는 것이다. 주로 결제일을 기록한다.

지급어음기입장

2001년		적 요	금 액	어음종류	어음번호	지급인	발행인	발행일	만기일	지급장소	전 말		
											월	일	적 요

3.4 매입채무의 측정

어음상의 채무는 어음상의 채권과 같이 최초 인식시에는 공정가치로 측정하여 인식한다. 그러나 일반적으로 어음상채무의 공정가치의 가격이 고시되는 활성거래시장이 존재하지 않기 때문에 그 공정가치를 알 수 없다. 따라서 다른 평가모형에 의해 측정해야 하는데 일반적으로 현금흐름할인모형에 의해 현재가치로 측정한다. 그러나 어음상의 채권은 영업순환주기 내에 발생 및 소멸되는 일반적 상거래에서 발생하는 것이기 때문에 그 기간이 1년 이내의 단기이다. 그러므로 어음의 명목금액(액면금액)과 현재가치와의 차이가 중요하지 않은 것이 일반적이다. 따라서 현재가치로 측정하지 않으며, 현재가치로 측정된다면 그 현재가치 금액이 어음채무 발생일의 공정가치라 할 수 있다. 최초 인식 후의 측정은 유효이자율법에 의한 상각후원가를 측정하고 이에 따라 이자비용 및 재무상태표에 기록할 어음상채무가 계산되며 부분 재무상태표의 표시는 다음과 같다.

◀ 예시 16-4 ▶ 매입채무의 측정

● 2008. 1. 10 (주)미친괴기식품은 뼈 있는 쇠고기를 매입하고 매입대금 ₩750,000을 외상으로 하다. 지급약정일은 2008. 5. 5.

차변) 매 입	750,000	대변) 외 상 매 입 금	750,000

✎ 외상매입액 ₩750,000이 매입일 현재의 공정가치이다.

● 2008. 1. 1 (주)안미친고기는 미국산 뼈 없는 쇠고기를 매입하고 그 대금은 액면 ₩7,500,000의 3년 만기 무이자부약속어음을 발행하여 교부하다. 매입일 현재 시장이자율은 연 8%이다.

차변) 매 입	5,953,500	대변) 지 급 어 음	7,500,000
현재가치할인차금	1,546,500		

✎ ₩7,500,000×0.7938=₩5,953,500, ₩7,500,000−₩5,953,500=₩1,546,500
단일금액현재가치(3년, 8%): 0.7938

● 2008. 12. 31 결산일 회계처리(이자수익 및 상각후원가측정)

차변) 이 자 비 용	476,280	대변) 현재가치할인차금	476,280

✎ ₩5,953,500×0.08=₩476,280(할인차금상각액 및 이자비용),
따라서 상각후원가는 ₩5,953,500+₩476,280=₩6,429,780(재무상태표 표시액)
현재가치할인차금잔액: 1,546,500−₩476,280=₩1,070,220

<u>부분 재무상태표</u>

(2008년 12월 31일)

과 목	금 액	
금융부채		
지급어음	7,500,000	
현재가치할인차금	1,070,220	6,429,780

제 4 절 사채 · 비유동금융부채

4.1 비유동금융부채의 의의 및 종류

4.1.1 비유동금융부채의 의의

부채의 본질은 '특정 실체의 의무로부터 발생하는 미래의 경제적 효익의 희생'이다. 따라서 비유동금융부채는 기업체의 의무로부터 발생한 장기의 미래시점에 부담해야 하는 경제적 효익의 희생이라 할 수 있다. 회계에서는 비유동(非流動)과 유동(流動)의 분류기준으로서 1년 기준(one year rule)을 사용한다. 그러므로 비유동금융부채는 그 상환일(만기일)이 1년 이상인 부채로서 장기간 후에 경제적 효익을 희생할 것을 말한다. 비유동금융부채(noncurrent financial liabilities)는 기업의 입장에서 유동부채에 비해 장기간에 걸쳐 금융의 혜택을 누릴 수 있는 타인자본이다.

이러한 비유동금융부채는 거액의 이자비용이 발생하고, 일정기간 후에 거액의 자금 유출을 부담해야 하는 것이므로 장래 기업의 현금흐름, 수익성, 매년 발생되는 이자비용 및 기타 부채조달의 조건 등을 고려하여 결정해야 한다. 비유동금융부채를 제공한 채권자는 기업에 자본을 제공한 주체이지만 주식에 투자한 주주와는 다르게 경영에 참여할 권리가 없다.

그러나 비유동금융부채 특히 사채와 같은 부채의 조달은 기업이 부담하는 이자비용 등의 문제로 인해 주주에게 불리한 영향을 미칠 수 있다는 점도 고려해야 한다. 따라서 부채의 조달을 위한 주주총회 또는 이사회 등의 의결절차 등의 복잡한 절차를 밟아야 한다.

4.1.2 비유동금융부채의 종류

이와 같은 비유동금융부채에는 **장기차입금, 장기성매입채무, 사채, 퇴직급여충당부채, 이연법인세부채** 등이 있다. 장기차입금은 신용기관인 은행 등으로부터 자금을 차입한 것으로서 그 상환기간이 1년 이상 장기인 부채를 말한다. 장기성매입채무는 본래는 일반적 상거래에서 발생된 매입채무이지만 그 기간이 장기이므로 일반적 상거래에서 이탈한 장기 금전대차거래로 간주하여 비유동금융부채로 분류한다. 퇴직급여충당부채는 비유동금융부채로서 장래 종업원의 퇴직시에 지급할 금액을 대비하기 위해 설정한 금액이며 동시에 수익에 대응할 퇴직급여비용을 인식하기 위한 것이다.

본질적으로 퇴직급여충당부채는 수익에 대응할 비용의 배분을 위한 발생주의 회계사고(accounting thoughts)에 따라 설정되는 것으로 보아야 옳지만, 충당부채가 장기간에 걸쳐 사용되므로 비유동금융부채로 분류한다. 이연법인세부채는 법인세법상의 익금 및 손금과 회계상의 수익 및 비용이 불일치(일시적 차이)함으로 인해 법인세 기간배분을 위해 설정되는 것으로서, 기업이 미래 과세소득에 가산하여 지급해야 할 법인세효과를 이연법인세부채라 한다. 이상의 여러 종류 중에서 본장에서는 주로 사채와 퇴직급여충당부채를 중심으로 기술하고자 한다.

4.2 사채의 의의 및 종류

4.2.1 사채의 의의

사채(bond)는 기업의 재무적 자원(financial resources)의 주요 조달원천으로서 비유동금융부채의 대표적인 것이다. 사채는 주식의 발행과 마찬가지로 증권을 발행하여 기업이 필요한 자금을 조달하는 채무로서 회사가 부담하는 채무를 말한다. 차입금은 주로 금융기관으로부터 자금을 조달하는 간접금융이지만 사채는 채권자(투자자)로부터 직접 자금을 조달하는 직접금융의 전형적인 것이다. 또한 사채가 주식과 다른 점은 경영에 참여하지 못한다는 점이며, 또한 주식은 기업에 유입된 자금이 영원히 기업의 수명과 함께 하여 기업에 공헌하지만, 사채의 경우는 주식에 의한 자금과는 다르게 일정한 기간 동안만 기업체에 체류하면서 기업에 공헌하는 점이 다르다.

4.2.2 사채의 종류

사채는 그 발행조건에 따라 여러 가지가 있다. 그 종류를 열거하면, 전환사채, 신주인수권부사채, 담보부사채, 무담보부사채, 보증사채와 무보증사채, 만기상환사채, 수시상환사채 및 연속상환사채 등이 있다. 우선 전환사채(convertible bonds)는 일정한 조건이 충족되면 보통주로 전환할 것을 전환사채권자가 청구할 수 있는 사채이며, 신주인수권부사채(bonds with stock warrants)는 역시 사채권자에 의해 일정조건이 충족되었을 때, 신주를 인수할 수 있는 권리를 갖는 사채이다. 이 두 종류의 차이점은 전환사채는 전환권을 행사하면 기 투자된 사채의 금액이 보통주자본금으로 바뀌게 되어 사채권자는 별도의 주식대금을 납입하지 않고, 기업체의 입장에서는 사채로서의 부채는 감소하고 자본이 증가한다. 신주인수권부사채는 인수권의 행사로 인해 인수한 주식대금을 별도로 납입하여 주주의 자격을 취득하고, 신주인수권부사채는 신주인수권이 없는 상태로 유지되어 부채에는 영향이 없다.

담보부사채(secured bonds)는 사채발행의 근거로 담보가 제공되어 있는 사채이며, 무담보부사채는 사채 발행액에 대한 담보가 제공되어 있지 않은 사채로서 주로 우량기업에서 발행한다. 보증사채(guaranteed bonds)는 제3자 즉 은행, 신용보증기금, 보증보험사, 증권회사 등이 당해 사채에 대한 원리금 상환을 보증하는 사채이며, 무보증사채는 보증이 없이 발행된 사채를 말한다. 또한 사채 상환시기에 따른 분류로서, 만기상환사채는 사채의 만기일에 사채를 상환하는 사채이며, 수시상환사채(隨時償還社債)는 만기일 이전에 사채 발행회사의 선택에 의해 임의로 상환하는 사채 그리고 연속상환사채(serial bonds)는 발행일로부터 만기일까지의 기간 동안 매년 원리금을 연속적으로 상환해 가는 사채를 말한다.

4.3 사채의 발행금액 결정

4.3.1 발행방법 및 발행금액에 따른 분류

사채의 발행방법에 따라 직접발행과 간접발행이 있다. 직접발행은 사채발행에 따른 제반 사무를 회사가 직접 담당하여 수행하는 방법이다. 즉 회사가 사채권 인쇄비, 광고비, 사채발행사무소 유지비, 금융자산신고서 작성, 사채청약서 작성, 사업설명, 사채발행 및 교부 등의 업무를 회사가 직접 부담하고 실행하여 사채를 발행하는 방법이다. 간접발행은 직접발행에서 오는 사채발행의 비전문성, 비용의 증대 및 복잡성 등으로 인해 제3자 즉 금융기관, 증권회사 등에 위탁하여 발행하는 방법을 말한다.

사채의 발행금액에 따른 분류로는 액면발행, 할인발행 및 할증발행이 있다. 액면발행은 사채권에 표시된 금액으로 납입을 받아 발행하는 것이며, 할인발행은 액면 이하의 금액을 납입받아 발행하는 방법이고 할증발행은 액면 이상의 금액으로 발행하는 것을 말한다.

4.3.2 사채발행금액의 결정

(1) 사채발행금액의 결정요소

사채는 현금흐름, 기간, 할인율의 세 가지 요소로 발행금액이 결정된다. 현금흐름은 사채 권면(券面)에 표시된 액면금액과 매년 지급되는 사채이자비용이다. 액면금액은 일정한 기간 후에 사채권자에게 상환할 금액이며, 사채이자비용은 매년 일정한 금액을 지급한다. 기간은 상환기간, 즉 사채라고 하는 장기부채의 사용기간을 말하며 발행일로부터 만기일까지의 기간이다. 할인율은 당해 사채로부터 부담해야 하는 실질이자율을 말한다. 이는 유효이자율이라고도 하며 일반적으로 시장이자율을 사용한다. 이상의 세 가지의 요소에 의해 현재가치를 측정하고 이 측정된 현재가치가 사채의 발행금액이 된다. 주로 실질이자율을 얼마로 하여 현재가치를 계산할 것인가에 따라 발행금액이 결정되는 것이다. 여기에서 현재가치는 화폐의 시간가치를 계산한 것을 말한다.

(2) 사채발행금액의 결정

사채의 발행금액의 결정은 사채의 액면금액의 현재가치와 매기에 지급하는 사채이자비용의 현재가치의 합으로 결정된다. 즉 일정한 기간 후에 상환하게 될 사채액면 금액의 현재시점(발행시점)의 가치와 매년 정기적으로 사채권자에게 지급하는 이자(액면이자 또는 표시이자)의 합에 대한 발행시점의 현재가치를 합하여 발행금액을 결정한다. 따라서 사채의 발행금액 결정에서 중요한 요소는 발행시점의 시장이자율(실질 또는 유효이자율)의 높고 낮음이며 이에 따라 발행금액이 다르게 결정된다.

아래의 예에서 사채의 발행금액 결정은 만기에 상환하게 될 미래시점의 ₩100,000(5년 후의 금액)에 대한 현재시점의 가치와 매년 액면이자 ₩10,000을 연속적으로 지급할 경우 상환기간 5년 동안의 이자지급 총액의 현재가치를 합한 금액을 발행금액으로 한다. 결국은 시장이자율이 액면이자율(또는 표시이자율)과 어떻게 다른가에 따라 발행금액이 다르게 측정된다는 사실을 알 수 있다. 표시이자율과 시장이자율이 동일한 10%인 경우는 발행금액이 액면금액과 동일한 **액면발행**을 하고, 액면이자율보다 낮은 9%일 경우는 액면 이상의 **할증발행**을 하며, 액면이자율보다 높은 시장이자율인 경우는 **할인발행**을 하게 된다.

◀ 예시 16-5 ▶ 사채발행금액 결정

● 2002. 1. 1 사채액면 ₩100,000, 사채이자율 10%, 상환일 2006. 12. 31일인 사채를 발행하였다. 단, 사채 발행시의 시장이자율이 9%, 10%, 12%일 때 사채 발행금액은 얼마인가?

(1) 시장이자율 9%인 경우

사채액면; ₩100,000 × 0.64993[2] = ₩64,993

사채이자; ₩10,000[3] × 3.88965[4] = ₩38,897

발행금액; ₩64,993 + ₩38,897 = ₩103,890

(2) 시장이자율 10%인 경우

사채액면; ₩100,000 × 0.62092 = ₩62,092

사채이자; ₩10,000 × 3.79079 = ₩37,908

발행금액; ₩62,092 + ₩37,908 = ₩100,000

(3) 시장이자율 12%인 경우

사채액면; ₩100,000 × 0.56743 = ₩56,743

사채이자; ₩10,000 × 3.60478 = ₩36,048

발행금액; ₩56,743 + ₩36,048 = ₩92,791

(3) 사채발행 회계처리

1) 할인발행

액면 이하로 할인하여 발행하는 경우는 사채의 표시이자율보다 유효이자율이 높은 경우이다. 상식적으로 사채에 투자하여 매년 10%의 이자를 받는 것보다는 더 높은 시장이자율을 갖는 일반시장의 투자처에 투자하여 수익을 올릴 것이므로 그에 대한 대책으로써 액면 이하로 발행하게 된다. 이때 할인발행액은 일종의 이자의 선급액이라 할 수 있으며, 이 금액을 **사채할인발행차금**이라는 과목으로 회계처리하고 사채에서 차감하는 형식으로 재무상태표에 보고한다. 그러므로 사채할인발행차금계정의 성격은 선급비용 성격을 갖는 자산이라기보다는 사채에서 차감하는 차감적 평가계정이라 할 수 있다. 다음의 예시에서 보는 바와 같이 표시이자율이 10%인 데 비해 시장이자율은 14%로 높기 때문에 ₩927,550을 할인하여 발행한다. 이 금액을 사채할인발행차금으로 회계처리한다.

◀ 예시 16-6 ▶ 사채발행-할인발행(1)

● 2003. 1. 1 유승유통(주)는 사업의 확장을 위한 자금의 수요에 대비하기 위해 사채를 발행하고 납입금은 현금으로 받았다. 사채의 액면금액

2) 현금흐름액 ₩1의 현재가치.
3) 액면 ₩100,000 × 0.1(연 이자율) = ₩10,000.
4) 정상연금 ₩1의 현재가치.

은 ₩5,000,000이며, 사채이자율: 연 10%, 이자지급일: 매년 말, 만기일: 2010. 12. 31(8년), 사채발행 당시의 시장이자율은 연 14%임.

(회계처리)

차변) 현 금	4,072,450	대변) 사 채	5,000,000
사채할인발행차금	927,550		

₩5,000,000 × 0.3506 = ₩1,753,000
(₩5,000,000 × 0.1)4.6389 = ₩2,319,450
₩1,753,000 + ₩2,319,450 = ₩4,072,450, ₩5,000,000 − ₩4,072,450 = ₩927,550

2) 할증발행

전술한 할인발행의 경우와는 달리 시장이자율이 표시이자율보다 낮은 경우는 투자가들은 모두 사채에 투자하여 많은 이자수익을 올리려 할 것이다. 다음의 예시에서는 표시이자율이 10%인 데 비하여 시장이자율이 더 낮은 9%이므로 액면 이상의 높은 가액으로 발행하게 된다. 본 예시에서는 ₩194,350을 할증하여 발행한 것이다. 이 금액을 **사채할증발행차금**의 과목으로 회계처리하여 사채의 액면금액에 가산하는 형식으로 재무상태표에 보고한다. 이러한 차감 또는 가산하는 형식의 보고방식은 회계원칙의 하나인 총액주의에 따른 보고방식이다.

◀ 예시 16-7 ▶ 사채발행 - 할증발행(2)

● 2002. 1. 1 기조산업(주)는 공장의 확장을 위한 자금의 수요에 대비하기 위해 사채를 발행하고 납입금은 현금으로 받았다. 사채의 액면금액은 ₩5,000,000이며, 사채이자율: 연 10%, 이자지급일: 매년 말, 만기일: 2006. 12. 31, 사채발행 당시의 시장이자율은 연 9%임.

(회계처리)

차변) 현 금	5,194,350	대변) 사 채	5,000,000
		사채할증발행차금	194,350

₩5,000,000 × 0.6499 = ₩3,249,500
(₩5,000,000 × 0.1)3.8897 = ₩1,944,850
₩3,249,500 + ₩1,944,850 = ₩5,194,350, ₩5,194,350 − ₩5,000,000 = ₩194,350

3) 회계처리

전기와 같은 방법에 의해 일차적으로 사채발행금액이 결정되면 당해 사채발행금액에서 **사채발행수수료**와 **사채발행과 관련한 제비용**을 차감한 후의 가액을 사채발행금액으로 최종 결정하고 이 금액과 액면금액과의 차액을 사채할인발행차금 또는 사채할증발행차금의 과목으로 회계처리하며, 이 금액(차금)을 사채 액면금액에서 차감 또는 부가하는 형식으로 재무상태표에 보고한다. 또한 일차적인 사채발행금액을 결정할 때 사용한 시장이자율(유효이자율)에 의해 사채할인발행차금 또는 사채할증발행차금의 상각 또는 환입하는 것이 아니라 새로 산출한 유효이자율을 적용한 유효이자율법에 따라 상각 또는 환입액을 계산하고 회계처리한다. 이때의 새로운 유효이자율의 계산은 시행착오법(trial and error method)에 따라 계산한다.

◀ 예시 16-8 ▶ 사채발행금액과 유효이자율

● 2003. 1. 1 시온무역(주)는 해외시장 개척을 위한 자금소요에 충당하기 위해 다음의 조건으로 사채를 발행하고 납입금은 현금으로 수취하였다.

발행조건: 사채액면 ₩100,000, 액면이자율 연 10%, 매년 말 이자지급, 만기일: 2007. 12. 31(기간 5년), 사채발행과 관련한 직접비용 ₩6,517이 지급되었으며 사채발행시의 시장이자율은 12%임.

(사채발행금액 결정)

₩100,000 × 0.5674(12% 현재가치) = ₩56,740
₩10,000 × 3.6048(12% 연금현가) = ₩36,048
₩56,740 + ₩36,048 = ₩92,788
₩92,788 − ₩6,517 = ₩86,271 → 발행금액

(유효이자율 계산)

$$₩86,271 = \left\{\frac{100,000}{(1+r)^5}\right\} + \left\{\frac{10,000}{(1+r)} + \frac{10,000}{(1+r)^2} + \frac{10,000}{(1+r)^3} + \frac{10,000}{(1+r)^4} + \frac{10,000}{(1+r)^5}\right\}$$

$= \{₩100,000 \times (r\%,\ 5\text{년 현가계수})\} + \{₩10,000 \times (r\%,\ 5\text{년 연금현가계수})\}$

$r = 14\%$

상기의 계산식은 액면금액 ₩100,000의 현재가치 및 매기 지급하는 액면이자 ₩10,000의 연금현재가치의 합이 발행금액 ₩86,271에 일치되도록 하는 유효이자율을 계산하기 위한 것이다. 그러므로 두 가지 종류의 현재가치를 계산하는 데 있어서 공통적으로 사용하는 이자율이 구하고자 하는 유효이자율 r이다. 상기의 식을 일치하는 이자율은 14%이다. 따라서, 액면금액과 발행금액 ₩86,271과의 차액 ₩13,729(사채할인발행차금)은 새로 계산된 유효이자율 14%를 사용한 유효이자율법을 적용하여 상각액을 계산한다. 이 금액은 최초의 할인발행차금(비용을 고려하지 않은 경우) ₩7,212과 비용 ₩6,517을 합한 금액이다.

₩100,000 × 0.5194 = ₩51,940
₩10,000 × 3.4331 = ₩34,331
₩51,940 + ₩34,331 = ₩86,271, ₩100,000 − ₩86,271 = ₩13,729

4.3.3 사채발행차금 및 사채이자비용의 인식

사채발행차금은 사채의 발행시에 할증발행차금 및 할인발행차금을 말하며, 사채의 발행시에 할증발행차금 및 할인발행차금은 사채이자비용과 관련하여 나타난 과목이다. 이것 이외에 매년 약정된 기일에 지급하는 사채이자비용이 있다. 따라서 사채이자의 인식은 이 두 가지를 고려하여 인식한다. 즉 인식할 사채이자비용은 매기 지급하는 액면이자가 아닌 유효이자를 인식하며, 이 금액이 포괄손익계산서에 **사채이자비용**으로 보고된다. 사채발행차금의 회계처리는 일정한 방법에 의해 상각하거나 이익으로 환입하는 회계처리를 한다. 일반적으로 가장 간편한 방법은 정액법이며, 우리나라 기업회계기준에서는 **유효이자율법**(effective interest rate method)을 채택하고 있다.

정액법은 사채발행차금을 상환기간으로 나누어 매 회계연도마다 동일한 금액을 상각 또는 환입하는 방법이다. 유효이자율법은 매 회계연도마다 동일금액을 상각 또는 환입하는 것이 아니라, 매년 일정한 비율을 매년 초의 장부금액에 곱하여 상각 또는 환입하는 방법이다. 어떤 방법에 의하더라도 사채발행차금계정의 상대 과목은 **'사채이자비용'**으로 회계처리한다. 장부금액(사채 − 사채할인발행차금 또는 + 사채할증발행차금)에 유효이자율, 즉 시장이자율을 곱하여 계산한 금액이 유효이자로서 포괄손익계산서에 보고될 사채이자비용이다. 이 유효이자는 표시이자와 차금의 상각액으로 구성되어 있다.

◀ 예시 16-9 ▶ 사채할인발행차금 상각-유효이자율법

상기의 ◀ 예시 16-6 ▶ 에 의한 차금상각을 예시하면 다음과 같다. 단, 사채발행 관련 제비용이 발생하지 않았다고 전제함.

2003. 12. 31 (회계처리)

차변) 사채이자비용 570,143	대변) 현 금 500,000
	사채할인발행차금 70,143

(유효이자율법, 사채할인발행차금 상각표)

날 짜	유효이자	표시이자	상각액	차금잔액	장부잔액
2003. 1. 1				927,550	4,072,450
2003. 12. 31	570,143	500,000	70,143	857,407	4,142,593
2004. 12. 31	579,963	500,000	79,963	777,444	4,222,556
2005. 12. 31	591,158	500,000	91,158	686,286	4,313,714
2006. 12. 31	603,920	500,000	103,920	582,366	4,417,634
2010. 12. 31	675,516	500,000	174,883*	0	5,000,000

1) 유효이자: 기초장부잔액 × 시장이자율
2) 표시이자: 사채액면 × 표시이자율
3) 상 각 액: 표시이자 − 유효이자
4) 할인차금잔액: 차금기초잔액 − 당기상각액
5) 장부잔액: 기초장부잔액 + 상각액, 또는 사채액면금액 − 사채할인발행차금잔액

* 2010년의 사채할인발행차금 상각액은 2009년의 기초장부잔액 ₩4,825,117 × 0.14 = ₩675,516(유효이자)이며, ₩675,516 − ₩500,000(액면이자) = ₩175,516이나 마지막 연도에 조정하기 위해 ₩174,883을 상각하고 액면금액 ₩5,000,000이 되게 한다.

4.4 사채의 상환

사채의 상환 방법에는 만기일에 상환하는 방법과 만기 이전에 상환하는 방법이 있으며, 전자를 만기상환, 후자를 수시상환 또는 조기상환이라고 한다. 또한 사채상환 시점에 거액의 상환자금을 조달하기란 기업의 입장에서 큰 부담이 되므로 이에 대한 방안으로서 사전에 일정한 규모의 감채기금(bond sinking fund)을 운용하여 그 기금에 의해 사채를 상환하는 방법을 사용하기도 한다. 한편 사채의 상환과 동일한 효과를 갖는 방법도 있다. 즉 자기사채를 취득하는 것이다. 자기사채는 여유자금을 일시적으로 운용하여 자기사채를 취득하면 기업의 입장

에서는 이자비용의 부담을 줄일 수 있기 때문에 취득한다. 기업회계기준에서는 자기사채를 취득하는 경우에는 이에 상당하는 액면금액과 사채발행차금 등을 계정과목에서 직접 차감하고 그 취득 경위 등은 주석으로 기재하도록 하고 있다. 그러므로 자기사채의 취득은 사채의 상환과 동일하게 회계처리해야 한다.

4.4.1 만기상환

만기상환은 사채의 발행조건에 제시된 만기일이 도래하여 상환하는 방법을 말하며, 이 시점에서 사채발행차금을 상각 또는 환입하여 왔기 때문에 사채의 장부금액은 액면금액과 일치하게 되어 있다. 따라서 만기 상환시는 상환손익이 발생하지 않는 것이 원칙이다.

다음의 ◀예시 16-10▶에서 사채 10권을 시장이자율 12%로 측정된 발행금액에서 사채발행비 1권당 ₩2,848을 차감한 가액으로 발행하였다. 따라서 발행금액은 다음과 같이 ₩910,750이며, 사채할인발행차금이 ₩89,250이다. 사채할인발행차금 ₩89,250을 유효이자율법으로 상각하기 위해서는 유효이자율을 12%를 사용해서는 안 되며 새로운 유효이자율을 측정하여 사용해야 한다. 왜냐하면 본래 시장이자율 12%를 이용하여 사채의 발행금액이 ₩939,230으로 측정되었으나, 이 발행금액에서 사채발행비 ₩28,480(₩2,848 × 10)을 차감하여 사채의 발행금액이 ₩910,750으로 조정되었으므로, 사채이자비용 및 사채할인발행차금의 상각시에 시장이자율 12%를 사용하여 유효이자율법을 적용할 수가 없으며, 이는 당해 사채발행비 등을 고려했을 때 실질적인 이자비용 부담률이 12%가 아니기 때문이다. 그러므로 조정된 발행금액 ₩910,750과 액면의 현재가치 및 액면이자의 연금현재가치의 합을 일치시키는 유효이자율을 새로이 계산해야 한다. 아래와 같이 다시 계산된 유효이자율은 13%이다.

(발행금액 계산)

₩1,000,000 × 0.6355 = ₩635,500 … (4년 12%, 단일금액 ₩1의 현가: 0.6355)

₩100,000 × 3.0373 = ₩303,730 … (4년 12%, 정상연금 ₩1의 현가: 3.0373)

₩635,500 + ₩303,730 = ₩939,230

₩939,230 − ₩28,480 = ₩910,750

₩1,000,000 − ₩910,750 = ₩89,250

또는

₩1,000,000 − ₩939,230 = ₩60,770(비용을 고려치 않은 경우의 차금)

₩60,770 + ₩28,480(비용) = ₩89,250(사채할인발행차금)

₩1,000,000 − ₩89,250 = ₩910,750

(유효이자율 측정)

₩910,750 = (₩1,000,000 × 4년, $r\%$, 단일금액 ₩1의 현재가치)

+ (₩100,000 × 4년, $r\%$, 연금 ₩1의 현재가치)

$\therefore\ r = 13\%$

◀ 예시 16-10 ▶ 만기상환

(1) 2003. 1. 1 시온상사(주)는 기업경영 다각화를 위한 소요자금을 조달하기 위해 사채 1권당 액면 ₩100,000을 다음 조건으로 10권을 발행하고 납입금은 현금으로 영수하였다. 또한 사채발행 관련 제비용은 1권당 ₩2,848이 발생하였다(사채발행 조건: 만기일 2006. 12. 31(4년), 액면이자율 연 10%, 발행 당시 시장이자율 연 12%).

(2) 2006. 12. 31 상기 사채의 만기일에 수표를 발행하여 상환하였다.

2003. 1. 1 (회계처리)

차변)	현 금	910,750	대변)	사 채	1,000,000
	사채할인발행차금	89,250			

2006. 12. 31 (만기상환, 회계처리)

차변)	사 채	1,000,000	대변)	당 좌 예 금	1,000,000

4.4.2 수시상환

만기 이전에 사채를 상환하는 것을 수시상환 또는 조기상환이라 한다. 수시상환의 회계처리에서 만기상환과 다른 점은 사채발행차금의 미상각액 또는 미환입액의 처리와 사채상환손익의 인식 문제에 있다. 만기상환의 경우에는 상환기간 동안 사채발행차금을 상각 또는 환입하기 때문에 만기일에는 차금의 잔액이 '0'이 되어 액면금액과 장부금액이 일치하게 된다. 그러므로 사채상환손실 또는 이익을 인식할 필요가 없다.

그러나 수시상환의 경우는 중도에 매입 등의 방법에 의해 상환하는 것이기 때문에 아직 만기가 남아 있어서 사채발행차금의 잔액도 남아 있게 된다. 이 차금의 잔액은 상환시에 전액 상각하거나 환입한다. 사채를 만기 이전에 전액을 상환하지 않고 부분 상환할 경우는 사채발행차금을 전액 상각 또는 환입하지 않고 상환부분에 해당하는 부분만을 전액 상각 또는 환입한다. 또한 **사채상환손실** 또는 이익은 사채의 장부금액과 상환액과의 차액에 의해 계산한다.

◀예시 16-11▶ 수시상환

◀예시 16-10▶에 의함.

- (1) 2003. 1. 1 상기 예시와 동일
- (2) 2004. 1. 1 상기 사채의 1/2을 ₩450,000에 매입상환하였다.

(2003. 1. 1 회계처리)-생략
(2004. 1. 1 (매입상환), 회계처리)

차변)	사 채	500,000	대변)	당좌예금	450,000
				사채할인발행차금	35,426
				사채상환이익	14,574

상기의 예시에서 2004. 1. 1일 현재의 사채할인발행차금의 잔액은 ₩70,852이므로 장부금액은 ₩929,148이다. 즉, 2003. 12. 31일에 사채할인발행차금 ₩18,398[5] 을 상각했으므로 총 할인발행차금 ₩89,250에서 ₩18,398을 차감하면 차금잔액은 ₩70,852이다. 따라서 장부잔액은 ₩1,000,000 − ₩70,852 = ₩929,148이 된다. 본 예시에서 1/2을 상환한 것이므로 장부잔액 ₩929,148의 1/2은 ₩464,574이며, 이 금액과 매입상환액 ₩450,000과의 차액 ₩14,574이 **사채상환이익**으로 인식된다. 또한 사채할인발행차금 잔액 ₩70,852 중 상환액에 해당한 1/2의 차금잔액은 ₩35,426이다.

5) ₩910,750 × 0.13 = ₩118,398, ₩118,398 − 액면이자(₩100,000) = ₩18,398.

제 5 절 충당부채

5.1 충당부채의 인식 · 측정

5.1.1 충당부채의 인식

충당부채는 비금융부채로서 장래 지출을 해야 할 의무가 현재시점에 존재하나 그 금액과 지출의 시기가 불확실하며, 미래의 경제적 사상(economic events)이 발생함으로써 확정되는 자산이다. 충당부채는 과거사건에 의해 발생했으나 기업이 전적으로 통제할 수 없는 하나 이상의 불확실한 미래사건의 발생 여부에 의해서만 그 존재가 확인되는 잠재적 자산으로서의 우발자산과 구별되며 이는 재무제표에 인식되지 않으며 충당부채만이 인식된다.

이 충당부채는 퇴직급여충당부채, 제품보증충당부채, 구조조정충당부채, 손해배상충당부채, 복구충당부채, 손실부담충당부채, 하자보수충당부채, 채무보증충당부채, 경품충당부채, 포인트적립충당부채, 마일리지충당부채 등 다양하다. 본 절에서는 제품보증충당부채 및 퇴직급여충당부채에 대해서만 기술한다. 기업회계기준서 제1037호에서는 충당부채는 다음의 인식요건을 모두 충족하는 경우에 인식하도록 하고 있다.

① 과거사건이나 거래의 결과로 현재의무가 존재한다.
② 당해 의무를 이행하기 위하여 자원이 유출될 가능성이 매우 높다.
③ 그 의무의 이행에 소요되는 금액을 신뢰성 있게 추정할 수 있다.

미래의 예상 영업손실은 부채의 정의에 부합하지 아니할 뿐만 아니라 충당부채의 인식요건을 충족시키지 못하므로 충당부채로 인식하지 아니한다.

5.1.2 충당부채의 측정

충당부채로 인식하는 금액은 회피할 수 없는 현재의무의 이행에 소요되는 지출에 대한 최선의 추정치이어야 한다. 이 최선의 추정치는 기업이 현재의무를 직접 이행하거나 이해관계가 없는 제 3 자에게 이전시키는 경우에 합리적으로 지급하여야 하는 금액이다. 그러나 충당부채의 명목금액과 현재가치의 차이가 중요한 경우에는 의무를 이행하기 위하여 예상되는 지출액의 현재가치로 평가하며, 매 재무상태표일마다 그 잔액을 검토하고, 재무상태표일 현재 최선의 추정치를 반영하여 증감 · 조정한다. 또한 충당부채의 이행이 단기간 내에 이루어지면 유동부채로, 장기간에 걸쳐 이루어지면 비유동부채로 보고할 수 있다.

만일 상황변동으로 인하여 더 이상 충당부채의 인식요건을 충족하지 아니하게 되면, 관련 충당부채는 환입하여 당기손익에 반영한다. 이 경우 당해 충당부채의 현재가치 평가에 사용한 할인율은 변동되지 않는 것으로 보고 당초에 사용한 할인율을 계속 적용한다. 충당부채를 현재가치로 평가하여 표시하는 경우에는 장부금액을 유효이자율법으로 기간 경과에 따라 증가시키고 해당 증가 금액은 당기비용으로 인식한다. 이의 회계처리는 다음과 같다.

(1) 충당부채의 인식

차변)	××비용	×××	대변)	××충당부채	

(2) 지출이 이행될 때

차변)	××충당부채	×××	대변)	현 금	×××

(3) 충당부채 > 지출액

차변)	××충당부채	×××	대변)	현 금	××
				××충당부채환입	×

(4) 충당부채 < 지출액

차변)	××충당부채	×××	대변)	현 금	××××
	××비용	×			

5.1.3 우발부채 · 우발자산

우발부채는 다음의 ① 또는 ②에 해당하는 잠재적인 부채를 말하며, 부채로 인식하지 아니한다.

① 과거사건은 발생하였으나 기업이 전적으로 통제할 수 없는 하나 또는 그 이상의 불확실한 미래사건의 발생 여부에 의하여서만 그 존재여부가 확인되는

잠재적인 의무

② 과거사건이나 거래의 결과로 발생한 현재의무이지만 그 의무를 이행하기 위하여 자원이 유출될 가능성이 매우 높지가 않거나, 또는 그 가능성은 매우 높으나 당해 의무를 이행하여야 할 금액을 신뢰성 있게 추정할 수 없는 경우

우발부채는 의무를 이행하기 위하여 자원이 유출될 가능성이 아주 낮지 않는 경우 유형별로 그 성격을 주석에 설명하고 가능하면 우발부채의 추정금액, 자원의 유출금액 및 시기와 관련된 불확실성 정도, 제3자에 의한 변제의 가능성을 주석에 기재한다. 한편, 자원의 유입 가능성이 매우 높은 우발자산은 그 성격을 주석에 설명하고, 가능하면 우발자산의 추정금액도 포함하여 주석에 기재한다.

5.2 제품보증충당부채

상품 또는 제품을 판매할 경우 판매 전략의 일환으로 판매된 제품 또는 상품의 성능, 품질 등을 보증하는 보증부판매를 하는 경우에 판매 기업은 미래 시점에 품질, 성능 등에 대한 결함이 발생하여 매입자로부터 보증을 요구받으면 이에 대한 보증채무를 이행해야 한다. 따라서 보증부판매가 이루어진 기간에 제품보증충당부채(또는 판매보증충당부채)를 인식해야 한다. 그 후 미래에 실재 결함이 발생하여 보증이 이루인 경우에 그 지출액에 대한 충당부채를 감소시키는 회계처리를 하고 보증부판매가 계속적이지 않은 경우, 즉 더 이상 충당부채의 인식요건을 충족하지 아니하게 되면 충당부채의 잔액은 당기손익으로 환입한다.

◀ 예시 16-12 ▶ 제품보증충당부채

● 2008. 12. 31 (주)조선전자는 자동면도기를 제조 판매하는 회사이다. 판매 전략의 일환으로 보증부판매를 2008년에 한하여 한시적으로 실시하였다(보증 시효일: 2009. 12. 31). 2008년도 말 결산일에 보증부판매액은 총 ₩10,000,000이며, 과거의 보증부판매의 경우 평균 10%의 보증수리의 요청이 있는 것으로 확인되어 판매액의 10%의 충당부채를 계상하다.

차변) 제 품 보 증 비	1,000,000	대변) 제품보증충당부채	1,000,000

● 2009. 1. 20 2008년 보증부판매 후 제품의 결함이 있어서 매입자로부터 보증수리 요청이 있어서, 보증수리하고 그 비용 ₩700,000을 수표를 발행하여 지급하다.

차변)	제품보증충당부채	700,000	대변)	당 좌 예 금	700,000

● 2009. 12. 31 결산일 현재 2008년에 보증부판매의 시효일이 되어 더 이상 보증이 이루어지지 않게 되어 충당부채의 잔액 ₩300,000을 당기손익으로 환입하다.

차변)	제품보증충당부채	300,000	대변)	제품보증충당부채환입	300,000

5.3 퇴직급여충당부채

5.3.1 퇴직급여제도

퇴직급여제도는 미래 종업원에게 퇴직급여를 지급하는 근거가 되는 공식·비공식적 협약으로서, 미래 퇴직시 지급하는 종업원급여를 퇴직급여라 한다. 종업원과의 협약에 따라 미래에 지급할 종업원급여와 교환하여 종업원이 근무용역을 제공하는 때에 부채를 인식하며, 동시에 종업원이 제공한 근무용역에서 발생하는 경제적 효익을 기업이 소비할 때 비용을 인식한다. 이전에는 퇴직급여 및 충당부채를 청산개념에 의해 인식했으나 새로운 기준서에서는 발생주의 개념에 의해 인식한다.

퇴직급여제도에는 확정기여제도와 확정급여제도가 있으며, 전자는 기업이 별개의 실체(기금)에 고정 기여금을 납부하여야 하고, 그 기금이 당기와 과거기간에 제공된 종업원 근무용역과 관련된 모든 종업원급여를 지급할 수 있을 정도로 충분한 자산을 보유하지 못하더라도 기업에게는 추가로 기여금을 납부해야 하는 법적의무나 의제의무가 없는 퇴직급여제도이며, 확정급여제도는 확정기여제도 이외의 모든 퇴직급여제도로서, ① 기업의 의무는 약정한 급여를 전·현직종업원에게 지급하는 것이다. ② 기업이 보험 수리적 위험과 투자위험을 실질적으로 부담한다. 보험 수리적 실적이나 투자실적이 예상보다 저조하다면 기업의 의무는 증가할 수 있다. 보험 수리적 위험은 보험 수리적 가정에 기초한 실제급여액이 기대급여액을 초과할 위험이다.

확정기여제도는 ① 기업의 법적의무나 의제의무는 기업이 기금에 출연하기로 약정한 금액으로 한정된다. 종업원이 받을 퇴직급여액은 기업과 종업원이 퇴직급여제도나 보험회사에 출연하는 기여금과 그 기여금에서 발생하는 투자수익에 따라 결정된다. ② 따라서 보험 수리적 위험(실제급여액이 기대급여액에 미치지 못할 위험)과 투자위험(기여금을 재원으로 투자한 자산이 기대급여액을 지급하는 데 충분하지 못하게 될 위험)은 종업원이 부담한다. 따라서 이 제도는 기업이 보험 수리적 가정(퇴직 전이나 퇴직 후의 사망률, 이직률, 신체 장애율 및 조기퇴직률, 피부양자가 있는 종업원의 비율, 할인율, 미래의 임금과 급여 수준, 의료급여의 경우 미래 의료원가, 사외적립자산의 기대수익률 등)을 세울 필요가 없는 단순한 방법이다.

5.3.2 확정기여제도의 인식 · 측정

확정기여제도에서 퇴직급여의 인식과 측정은 일정기간 종업원이 근무용역을 제공하였을 때 기업은 그 근무용역과 교환하여 확정기여제도에 납부해야 할 기여금을 다음과 같이 인식한다. 이미 납부한 기여금을 차감한 후 부채(미지급비용)로 인식한다. 이미 납부한 기여금이 보고기간 말 이전에 제공된 근무용역에 대해 납부하여야 하는 기여금을 초과하는 경우에는 초과 기여금 때문에 미래 지급액이 감소하거나 현금이 환급되는 만큼을 자산(선급비용)으로 인식한다. 확정기여제도에 대한 기여금 전부나 일부의 납부기일이 종업원의 근무용역이 제공된 회계기간의 말부터 12개월 이내에 도래하지 않는 경우에는 할인율(국공채 시장이자율 또는 우량회사채의 시장수익률)을 사용하여 할인한다.

◀ 예시 16-13 ▶ 확정기여제도

● 2008. 10. 1 (주)글로벌정유는 종업원과 퇴직급여에 대하여 확정기여제도를 채택하기로 약정하고, (주)KK보험사에 매년 말 확정기여금 ₩1,500,000을 불입하기로 하고 이 중 ₩1,000,000을 불입하고 나머지는 연말에 불입하기로 하다.

차변)	퇴 직 급 여	1,500,000	대변)	현 금	1,000,000
				퇴직기여금미지급금	500,000

● 2008 퇴직급여기금 미지급액을 현금으로 불입하다.

차변) 퇴직기여금미지급금 500,000	대변) 현　　금 500,000

5.3.3 확정급여제도의 인식 · 측정

확정급여제도의 회계처리는 채무와 비용의 측정에 보험 수리적 가정에 의하며, 보험 수리적 손익을 인식하고, 사외 적립자산이 있으면 이를 공정가치로 평가하는 문제가 있다. 또한 채무(퇴직급여충당부채)는 종업원이 관련 근무용역을 제공한 후 오랜 기간이 지나서야 결제될 수 있으므로 할인된 금액으로 측정한다. 기금이 적립되는 확정급여제도의 경우에는 그 기금에서 종업원급여가 지급된다. 또 지급기일이 도래한 급여의 지급가능성은 기금의 재무상태와 투자성과뿐만 아니라 기금자산의 부족분을 보전할 수 있는 기업의 능력과 의도에도 달려있다.

따라서 기업이 실질적으로 제도와 관련된 보험 수리적 위험과 투자위험을 부담한다. 결과적으로 확정급여제도와 관련하여 인식하는 비용은 반드시 당해 기간에 지급기일이 도래한 기여금만을 의미하는 것은 아니다. 퇴직급여는 일시금 또는 연금제도를 선택할 수 있다. 재무상태표에 보고할 때는 퇴직급여충당부채에서 퇴직연금운용자산을 차감하는 형식으로 보고한다. 본 절에서는 이에 대한 간단한 예시를 제시한다.

◀ 예시 16-14 ▶ 확정급여제도

● 2008. 10. 1 (주)오바마는 종업원과 퇴직급여를 확정급여제도에 의한 연금제도를 채택하기로 약정하고 (주)아시아보험사의 퇴직연금기금에 매년 말 일정금액을 불입하기로 하고, 금년 말 현재 보험 수리적 가정 등에 의해 측정한 당기 발생 퇴직급여금이 ₩2,000,000이다. 이 금액을 (주)아시아보험사에 현금으로 납부하다. 2008. 12. 31에 퇴직연금운용을 위해 위 퇴직급여금을 (주)아시아보험사에 불입하다. 2009. 4. 30에 종업원이 퇴직하여 그 연금 ₩500,000을 현금으로 지급하다. 현재가치 측정은 생략한다.

(1) 퇴직급여 발생액(2008. 12. 31)

차변) 퇴 직 급 여 2,000,000	대변) 퇴직급여충당부채 2,000,000

(2) 기금 불입시(2008. 12. 31)

차변) 퇴직연금운용자산	2,000,000	대변) 현 금	2,000,000

(3) 퇴직연금 지급시(2009. 4. 30)

차변) 퇴직급여충당부채	500,000	대변) 퇴직연금운용자산	500,000

연 습 문 제

■ [16-1] 다음 자료에 의해 화폐의 시간가치를 계산하시오.

1) (주)구원상사는 소년소녀 가장의 생활 및 학자금을 지원하기 위해 매년 이익금의 일부인 ₩28,800,000씩 5년 장기적금을 불입하기로 하였다. 적립시 계약이율은 연 7%이다. 적립금 불입 만료일인 5년 후의 적립금은 얼마인가?

₩ ______________________

2) (주)대지는 기술자문 용역제공을 사업목적으로 하는 회사인데, 2003. 1. 1일에 석유탐사(주)와 용역계약을 체결하였다. 용역계약의 체결 결과 매년도 말에 2010년 12월 31일까지 용역료 ₩1,500,000씩을 수취하기로 하였다. 매년도에 수취할 용역료 총액의 현재가치는 얼마인가? 단, 계약일 현재 시장이자율은 연 8%이다.

₩ ______________________

3) (주)월드프랜트는 프랜트 건설 수주를 하고 당해 프랜트의 건설을 2003년 12월 31일에 완료한 후 발주자에게 인도하였다. 이 건설대금 총액 ₩56,700,000,000 중 ₩46,700,000,000은 당일에 당좌수표로 받고 잔액은 이자부약속어음을 받았다. 이 어음의 표시이율은 연 10%이며 당해 채권과 유사한 시장이자율은 연 12%이고 어음의 만기일은 2008년 12월 31일이다. 이 장기매출채권의 장부금액은 얼마인가?

₩ ______________________

4) 기계장치를 구입하기로 하고 판매처와 구입가격 협상을 하기 위해 이 기계로부터 받게 될 미래의 경제적 효익을 기초로 하여 구입가격을 제시하기로 하였다. 이 기계의 내용연수는 10년으로 추정하였으며, 기계로부터 받을 매년도의 경제적 효익을 ₩300,000으로 추정하였다. 구입협상을 행하는 연도의 시장이자율이 연 5%라면 구입시 지급가능액을 얼마로 제시해야 하는가?

₩ ______________________

■ [16-2] 사채의 발행방법, 발행금액 결정 및 유효이자율법을 쓰시오.

■ [16-3] 다음 자료에 의한 사채의 발행금액은 얼마인가?

(자　　료)

1) 사채 액면금액　₩1,000,000

2) 사채의 표시이자율 연 5%, 매년 말 지급조건
3) 사채발행일: 2003. 1. 1, 만기일: 2007. 12. 31
4) 사채발행시의 시장이자율 연 7%

계산과정: ______________

발행금액: ₩ ______________

■ [16-4] 다음 조건으로 사채를 발행할 경우 사채발행액은?

(조 건)

1) 사채 액면: ₩8,500,000

2) 표시이자율: 연 6%, 매년 말 지급조건

3) 사채발행일의 유효이자율: 연 4%

4) 사채 상환기간: 2003. 1. 1 ~ 2008. 12. 31

사채발행액: ₩ ______________

■ [16-5] 다음 자료에 의해 매 결산일에 인식할 사채이자비용의 계산을 위한 유효이자율을 계산하시오.

(자 료)

1) 사채 액면: ₩8,000,000
2) 표시이율: 연 3%, 시장이자율: 연 5%, 이자지급일: 매년 말
3) 사채상환기간: 2001. 1. 1 ~ 2010. 12. 31
4) 사채발행비: ₩530,784

유효이자율: ______________ %

■ [16-6] 2003. 7. 1 (주)세계는 사채 액면 ₩5,000,000을 발행하고 납입금은 현금으로 받아 당좌예금하였다. 사채의 표시이자율 연 10%, 만기일 2009. 6. 30, 발행시의 시장이자율 연 12%이다. 2003. 7. 1, 2003. 12. 31, 2004. 12. 31일의 회계처리 및 2004. 12. 31일의 부분 재무상태표를 표시하시오. 단, 이자지급일은 매년 말임.

날짜	차 변		대 변	
2003. 7/ 1				
2003. 12/31				
2004. 12/31				

부분 재무상태표

내 역	금 액	
·	·	
부 채		
사 채	5,000,000	
사채할인발행차금		

■ **[16-7]** (주)모랄에셋은 2003. 1. 1일에 사채 액면 ₩7,500,000을 발행하고 납입금은 현금으로 수취하였다. 사채의 표시이자율은 연 7%, 유효이자율 연 6%이고, 만기일은 2007. 12. 31일이다. 2003. 1. 1, 2003. 12. 31일의 회계처리 및 2003. 12. 31일의 재무상태표를 표시하시오.

날짜	차 변		대 변	
2003. 1/ 1				
2003. 12/31				

부분 재무상태표

(2003. 12. 31)

내 역	금 액	
·	·	
부 채		
사 채	7,500,000	

■ **[16-8]** 다음을 회계처리하시오.

1) 2003. 12. 31 (주)나눔은 기말 결산일에 당해 연도의 퇴직급여충당부채를 설정하였다. 단, 당해 연도 말 현재의 전 종업원이 당기 퇴직급여 발생액은 ₩589,000,000이며, 퇴직급여충당부채계정의 잔액은 ₩587,500,000이다. 이의 분개는?

2) 2003. 4. 1 (주)에셋인베스트는 광주은행으로부터 현금 ₩55,500,000을 장기차입하였다. 차입조건: 연 이자율 10%, 상환기간 2009. 3. 31, 시장이자율: 연 12%

번호	차 변		대 변	
1)				
2)				

■ [16-9] 2003. 1. 1 (주)구원은 판매용 컴퓨터 10대 ₩25,000,000을 매입하고 대금은 5년 후에 일시불로 지급하기로 하였다. 매입 당시 유사한 채무의 이자율이 연 8%로 파악되었다. 2003. 1. 1, 2003. 12. 31일의 회계처리 및 2003. 12. 31일의 부분 재무상태표를 표시하시오.

부분 재무상태표
(2003. 12. 31)

내 역	금 액	
·	·	
부 채		
1.		

날짜	차 변		대 변	
2003. 1/ 1				
2003. 12/31				

■ [16-10] 드림(주)는 프랜트 용역을 수주하고 그 자금으로 자기자금의 일부와 사채자금을 조달하여 사용하기로 하였다. 따라서, 2000. 1. 1일에 사채 액면 ₩700,000,000을 발행한 바 있다. 사채 발행조건: 만기일 2005. 12. 31, 표시이자율 연 10%, 발행시 유효이자율 연 13%. 자금 사정이 호전되어 2002. 12. 31일에 전기 사채 액면 반액인 ₩350,000,000을 ₩300,000,000에 현금으로 상환하였다. 사채 상환일인 2002. 12. 31일의 회계처리는?

날짜	차 변		대 변	
2002. 12/31				

■ [16-11] 다음 일련의 거래에 의한 물음에 답하시오.

2003. 1/ 1 알프스트레블(주)는 사채 액면 ₩50,000,000을 다음 조건으로 발행하고 납입금은 당좌수표로 영수하였다. 발행금액의 결정액과 회계처리를 하시오.

발행조건: 만기일 2003. 1/1～2008. 12/31(수시상환 가능), 표시이자율 연 10%, 유효이자율 연 13%, 매년 말 이자수취

1) 발행금액: ₩ ______________________

2) 회계처리:

차 변		대 변	

2005. 1/ 1 알프스트레블(주)의 자금사정이 호전되어 발행 사채의 50%를 ₩24,000,000에 현금으로 상환하였다. 회계처리는?

차 변		대 변	

2005. 5/20 알프스트레블(주)는 상품 ₩18,000,000을 매입하고 대금은 거래처와 협의하여 5년 만기 이자부약속어음을 발행하여 교부하였다. 당해 어음에 대한 이자율은 연 5%이며, 매년 말 지급하기로 하였다. 회계처리하시오. 단, 유사채권 · 채무 이자율은 연 7%이다.

차 변		대 변	

2007. 1/1 알프스트레블(주)는 상기 이자부어음의 금액 중 일부인 ₩4,500,000을 현금으로 지급하고 어음금액을 ₩13,500,000으로 재작성하여 교부하였다(다른 조건은 동일함).

차 변		대 변	

■ **[16-12]** 2004. 1/1, 상품 ₩2,000,000을 매입하고 상환기간 3년의 이자부약속어음을 발행하여 교부하다. 표시이자율: 연 6%, 유효이자율: 연 8%, 매년 말 이자지급, 3년 8%, ₩1의 단일금액 현가: 0.7938, 정상연금 현가: 2.5771

(물 음)

1) 2004. 1/ 1 매입시 회계처리

2) 2004. 12/31 결산일 회계처리

3) 2005. 1/ 1 상기 어음의 반액을 ₩985,000에 상환하다. 회계처리는?

날짜	차 변		대 변	
2004. 1/ 1				
2004. 12/31				
2005. 1/ 1				

■ **[16-13]** 다음 거래를 회계처리하시오.

2004. 1/ 1 미국 Callbank로부터 $100,000를 차입하다. 이자율은 연 3%이며 매년 말 지급하기로 하다. 환율 $1: ₩1,000

2004. 12/31 이자지급 및 결산일에 행할 분개. 환율 $1: ₩1,200

2005. 1/ 1 상기 차입금 반액($50,000)을 수표를 발행하여 상환하다. 환율 $1: ₩1,100

날짜	차 변		대 변	
2004. 1/ 1				
2004. 12/31				
2005. 1/ 1				

■ **[16-14]** 다음을 회계처리 하시오.

2005. 12/31 종업원의 퇴직급여충당부채를 설정하다.
당기 말 퇴직금 추계액 ₩5,000,000
전기 말 퇴직금 추계액 ₩4,600,000
당기 중 퇴직금 지급액 ₩300,000

2006. 4/10 종업원 퇴직금 ₩170,000을 현금으로 지급하다.

날짜	차 변		대 변	
2005. 12/31				
2006. 4/10				

■ **[16-15]** 다음 기말 결산 직전의 계정 잔액이다. 결산일 회계처리시의 현금의 순증(감)액 및 당기순손익의 증(감)액을 계산하시오. 모든 결제는 현금결제임.

(계정잔액)

과 목	금 액	표시이자율(년)	유효이자율(년)
사 채	1,000,000	10%	12%
사채할인발행차금	50,000		

장기미지급금 현재가치할인차금	850,000 43,000	5%	8%
장기할부매출채권 현재가치할인차금	2,500,000 370,000	--	10%
장기성받을어음 현재가치할인차금	1,200,000 140,000	6%	9%

(물 음)

1) 현금 증(감): ₩ ____________________

2) 당기순손익 증(감)액: ₩ ____________________

3) 장부금액: 자산: ₩ ____________________

부채: ₩ ____________________

제17장
자본회계

- 제 1 절 자본의 의의 및 분류
- 제 2 절 자 본 금
- 제 3 절 자본잉여금 및 이익잉여금
- 제 4 절 자본변동표

제17장 자본회계

제 1 절 자본의 의의 및 분류

1.1 자본의 의의

자본은 기업의 재무자원의 원천 중에서 소유주로부터 제공된 기업 재무자원의 원천을 나타내는 것이다. 즉 자산총액에서 채권자로부터 제공받은 자원, 즉 부채총액을 차감한 부분이 자본(capital)이다. 이 자본은 소유주, 즉 자본주의 몫이며 자본주의 지분을 의미하므로 자본주지분 또는 소유주지분(owners' equity)이라고도 한다. 또한 자본은 자산총액에서 부채총액을 차감한 것이라는 의미로 순자산(net assets)이라고도 하며, 특히 주식회사의 경우는 주주지분(stockholders' equity)이라고도 한다. 따라서 자본은 소유주 또는 주주가 기업에 대해 최종적으로 청구할 수 있는 청구권을 나타내므로 후순위청구권이라는 의미로 잔여지분청구권이라고도 한다.

1.2 자본의 분류

여러 의미를 갖는 그리고 여러 용어로 표시되는 자본에 대해서 우리나라 기업회계기준은 자본금, 자본잉여금, 이익잉여금, 자본조정, 기타포괄손익누계액으로 분류하여 재무상태표에 공시하도록 하고 있다. 자본금은 법정자본금을, 자본잉여금은 자본거래에서 발생된 잉여금을 그리고 이익잉여금은 손익거래, 즉 영업활동 결과의 잉여금을 말한다. 그리고 확정적은 아니나 자본의 증감 사항은 자본조정으로 분류하여 표시하도록 하고 있다. 이와 같은 자본의 분류내용은 다음과 같다.

자 본 금	자본잉여금	이익잉여금	자본조정	기타포괄손익누계액
1. 보통주자본금 2. 우선주자본금	1. 주식발행초과금 2. 감자차익 3. 기타 자본잉여금	1. 이익준비금 2. 기업합리화적립금 3. 재무구조개선적립금 4. 사업확장적립금 5. 감채적립금 6. 결손보전적립금 7. 신축적립금 8. …………… 9. 차기이월이익잉여금	1. 주식할인발행차금 2. 배당건설이자 3. 자기주식 4. 미교부주식배당금 5. 감자차손 6. 주식선택권 7. 국고보조금 8. ……………	1. 매도가능금융자산 평가손익 2. 해외사업환산손익 3. 현금흐름위험회피 파생상품평가손익 4. 재평가잉여금

제2절 자 본 금

2.1 개인기업의 자본금

개인기업의 경우 개인 소유주가 투자한 자본금에 대한 회계처리에서 법인조직형태의 경우에 비해서 엄격성이 완화된 회계처리를 한다. 특히 자본금의 입·출이 자유로우며 그에 따른 회계처리가 허용되고 있다. 개인기업의 자본금계정을 도시하면 다음과 같다.

자 본 금

인 출 액	출자금액 손익계정에서 대체액
잔액(차기이월액)	

개인기업의 경우는 영업활동의 결과 발생한 당기순(손)익을 손익계정에서 자본금계정으로 별도의 절차 없이 대체하여 자본금을 증가시키고, 기업주의 필요 및 영업 방침에 따라서 투자된 자본금을 인출하기도 하며, 또한 인출한 자본금을 다시 반환하기도 한다. 이와 같은 자본금의 인출 및 반환의 회계처리를 위해서

자본금계정 이외에 **인출금계정**을 설정하여 회계처리하기도 한다. 이 인출금계정은 자본금계정에 대한 차감적 성격을 갖는 평가계정이다.

◀ 예시 17-1 ▶ 개인기업 자본금

(1) 2002. 7. 1 이최고씨는 의류 유통업을 위한 최고유통상사를 설립하고 현금 ₩150,000,000을 출자하여 영업을 시작하였다.

차변) 현 금	150,000,000	대변) 자 본 금	150,000,000

(2) 2002. 11. 10 기업주 이최고씨는 당해 유통업의 영업전망이 불확실하다고 판단하여 영업규모를 축소하기로 하고 출자한 자본금 중에서 ₩100,000,000을 인출하였다.

차변) 인 출 금	100,000,000	대변) 현 금	100,000,000

인출금계정을 설정하는 대신 직접 자본금계정 차변에 기록하기도 함.

(3) 2002. 12. 31 최고유통상사는 결산결과 당기순이익 ₩10,700,000이 계산되어 집합손익계정에서 자본금계정에 대체하였다.

차변) 집 합 손 익	10,700,000	대변) 자 본 금	10,700,000

(4) 2003. 8. 6 이최고씨는 인출한 금액 중 ₩70,000,000을 반환하였다.

차변) 현 금	70,000,000	대변) 인 출 금	70,000,000

2.2 주식회사의 자본금

주식회사의 조직형태는 소유와 경영의 분리를 가능하게 하는 오늘날의 대표적인 회사의 형태이다. 이 같은 주식회사의 자본금은 5천만원 이상이어야 하며, 이 자본금은 1주당 액면금액을 ₩100 이상의 균일한 다수의 주식으로 분할하여 발행함으로써 조달되는 것이다. 따라서 자본금의 조달을 위해서는 주식의 발행절차가 필수적이며, 이를 위해서 회사가 발행할 주식의 수와 설립시에 발행할 주식의 수를 정관에 정하도록 상법에 규정하고 있다. 이와 같은 주식발행제도를 수권자본제도(authorized capital system)라 한다. 발행한 주식을 인수한(취득한) 투자자는 주주의 자격을 획득하게 되며 주주는 주주총회를 통하여 경영에 참여하고 동시에 이익을 배당받을 수 있다. 그러므로 주주는 기업체가 보유한 자원에 대해 주식의 소유비율에 해당하는 만큼의 지분권(또는 청구권)을 최종적으로 갖게 되는 잔여지분권자(殘餘持分權者)라 할 수 있다.

자 본 금

차변	대변
감 자 액	주식발행액(액면금액) 신주발행액
잔액(차기이월액)	

2.2.1 주식의 종류

주식의 종류는 크게 보통주와 우선주로 분류한다. 전통적으로 주주 또는 잔여지분권자를 말할 때는 보통주(common stock)를 말한다. 우선주(preferred stock)는 보통주에 우선하여 배당을 받을 수 있는 권리가 주어진 주식을 말한다. 보통주나 우선주나 모두 배당을 받을 수 있지만, 그 순위는 우선주가 보통주에 앞선다. 그러나 일반적으로 우선주는 경영에 참여할 수 없으며 보통주만이 경영에 참여할 수 있다. 우선주는 그 발행조건에 따라, 누적적 우선주(cumulative preferred stock)와 참가적 우선주(participating preferred stock) 그리고 전환우선주(convertible preferred stock)가 있다.

누적적 우선주(累積的 優先株)는 당기 이전에 순손실이 발생하여 약정된 배당금을 지급하지 못했을 경우 당기 이후에 순이익을 보고하게 되면 당기 이전에 지급하지 못한 배당금까지 누적하여 배당받을 수 있는 우선주이며, 그렇지 못하는 우선주를 비누적적 우선주라 한다. 참가적 우선주(參加的 優先株)는 약정된 우선주 배당금 이외에 남은 이익을 보통주 배당시 참여하여 배당받을 수 있는 우선주이다. 마지막으로 전환우선주는 전환우선주로 납입된 우선주 자본금이 우선주주(優先株主)의 전환권 행사로 인해 보통주로 전환할 수 있는 권리가 부여된 우선주이다.

2.2.2 주식발행

주식의 발행은 주식회사의 정관에 정한 회사가 발행할 주식총수의 1/4 이상을 설립시에 발행해야 하며 설립 후에 회사의 필요에 의해 정관에 정한 수권자본의 일부를 추가로 발행할 수 있다. 이때 추가로 발행하는 주식을 신주(新株)라 한다. 주식의 발행시 회사의 사업내용, 전망, 영업실적 등이 고려된 시장상황에 따라 액면, 즉 주권(株券)에 기재된 금액, 액면 이상 그리고 액면 이하로 발행하게 된다. 액면금액(par value)으로 발행하는 것을 액면발행(額面發行), 액면 이상으로 발행하는 것을 할증발행(割增發行), 그리고 액면 이하로 발행하는 것을 할인발행(割引發行)이라 한다. 이 중에서 특히 할인발행은 상법의 자본충실의 원칙 및 채권자보호의 취지에서 원칙적으로 금하고 있다.

주식의 발행절차는 회사가 직접 발행업무를 담당하는 직접발행과 제3자, 즉 증권회사 등에 위탁하여 발행하는 간접발행이 있다. 일반적으로 간접발행이 많이 이루어지고 있다. 또한 주식 발행시에 사전에 일정 규모의 청약금을 받고 후에 주식을 발행하는 청약에 의한 주식발행 방법도 있다. 이때 청약금으로 납입된 금액을 **'주식청약증거금'**이라 하며, 신주의 납입금으로 충당될 금액은 자본금 다음에 기재하여 자본으로 보고한다.

2.2.3 주식발행의 회계처리(설립시, 신주발행시)

(1) 액면발행

액면발행은 주권에 기재된 금액과 동일한 금액으로 발행하는 방법으로서, 주식 인수대금으로 납입되는 금액과 회계상 자본금으로 표시되어 처리하는 금액이 일치된다. 기업체는 주식을 발행하면 대변의 과목은 **'자본금'**으로 회계처리한다. 이 자본금을 법정자본금이라고도 하며 자본금으로 표시된 금액에 상당하는 자원을 확보해야 하며, 회계담당자 또는 기업체는 임의대로 자본금을 증감하는 회계처리를 해서는 안 되고 증감하기 위해서는 이사회 또는 주주총회의 의결 등의 일정한 절차를 밟아야 한다.

◀ 예시 17-2 ▶ 액면발행

● 2002. 1. 1 샬롬기계(주)는 신주 100주를 주당 액면 ₩15,000에 발행하기로 하고 그 납입금은 당좌수표로 영수하였다.

차변) 현 금	1,500,000	대변) 자 본 금	1,500,000

(2) 할증발행

할증발행은 액면금액을 초과한 금액으로 주식을 발행하는 것을 말한다. 따라서 회계처리시에 액면에 해당하는 금액은 법정자본금으로서 '자본금'으로 회계처리하며, 액면을 초과하는 금액은 **'주식발행초과금'**의 과목으로 대기(貸記)한다. 주식발행초과금은 주식투자자, 즉 주주가 납입한 금액이지만 법정자본금으로 표시할 수 없고, 그 대신 자본잉여금의 항목으로 표시되는 자본준비금에 해당하는 것이다.

◀ 예시 17-3 ▶ 할증발행

● 2002. 1. 1 이레통상주식회사의 이사회에서는 사업확장을 위해 신주 500주를 발행하기로 의결한바, 당해 주식을 1주당 ₩25,000(1주 액면 ₩20,000)에 발행하고 납입금은 현금으로 영수하였다.

차변)			대변)		
	현 금	12,500,000		자 본 금	10,000,000
				주식발행초과금	2,500,000

(3) 할인발행

할인발행은 우리나라의 상법에서는 원칙적으로 허용되지 않고 예외적인 특수한 경우에만 인정되는 것이다. 이는 발행금액이 액면 이하인 경우로서 액면과 발행금액과의 차액은 **'주식할인발행차금'**[1]으로 차기(借記)한다. 주식할인발행차금은 일차적으로 주식발행초과금과 상계처리하고, 잔액이 있으면 그 금액은 차감적 자본조정 항목으로 표시한다.

◀ 예시 17-4 ▶ 할인발행

● 2002. 1. 1 닛시석유개발(주)는 이사회의 결의에 따라 신주 300주를 주당 ₩15,000(1주 액면 ₩20,000)에 발행하고 납입금은 현금으로 수취하였다.

차변)			대변)		
	현 금	4,500,000		자 본 금	6,000,000
	주식할인발행차금	1,500,000			

(4) 주식발행비

주식을 발행할 때 주식발행과 관련한 지출액이 주식발행비(stock issuance costs)이다. 이는 주식발행 수수료, 주권인쇄비, 등록비, 광고비 등이 이에 해당한다. 이 금액을 비용으로 처리하거나 이연자산으로 처리할 수도 있으나, 실질적으

1) 주식할인발행차금은 자본에서 차감 조정되는 항목으로서 주식발행초과금이 있으면 먼저 상계하고 잔액은 3년 이내의 기간 동안 균등상각한다.

로는 주식발행에 의한 납입금의 실질적인 감소를 가져오는 것이므로 납입자본에서 차감하는 것이 합리적이다. 우리나라 기업회계기준에서는 자본에서 차감하도록 하고 있다. 따라서 주식발행비는 납입자본 및 주식발행초과금에서 차감하며, 만일 발행비가 주식발행초과금을 초과한 경우는 그 금액을 주식할인발행차금으로 처리해야 한다.

◀ 예시 17-5 ▶ 주식발행비

● 2002. 1. 1 (주)세계는 이사회의 결의에 따라 증자하기로 하고 주식 1,000주(1주 액면 ₩10,000)를 주당 ₩15,000에 발행하고 납입금은 현금으로 수취하였다. 또한 주식의 발행시에 주식발행비 ₩100,000을 현금으로 지급하였다.

차변)	현 금	14,900,000	대변)	자 본 금	10,000,000
				주식발행초과금	4,900,000

본래 납입액은 ₩15,000,000이며 주식발행초과금은 ₩5,000,000이나 주식발행비가 ₩100,000 지출되었으므로 이를 차감하여 각각 ₩14,900,000, ₩4,900,000이다.

제 3 절 자본잉여금 및 이익잉여금

3.1 자본잉여금

3.1.1 자본잉여금의 의의

자본잉여금(capital surplus)은 준자본금(準資本金)으로서 **주식발행초과금, 감자차익, 자기주식처분이익** 등이 이에 해당한다. 자본잉여금은 자본의 증감거래, 즉 자본거래를 통해 형성된 잉여금으로서 법정자본금(액면금액에 해당하는 금액)으로 기록할 수 없으나, 실질적으로 자본투자가(주주)에 의해 납입된 금액이므로 자본잉여금 항목으로 분류하여 처리한다. 자본잉여금은 주주 등의 투자가에 의해 형성된 것이므로 자본금과 동일하게 영구적으로 기업에 유보(留保)되어 영업활동에 활용되며, 임의로 이익배당 등의 재원으로 사용해서는 안 된다. 따라서 자본잉여금은 자본전입 및 결손보전 이외에는 처분할 수 없는 것이다.

3.1.2 주식발행초과금

주식발행초과금은 액면금액을 초과하여 주식을 발행했을 경우 납입된 금액 중 액면금액에 해당하는 금액은 자본금으로, 그리고 액면금액을 초과하는 금액은 자본잉여금인 주식발행초과금(paid-in capital in excess of par value)이라는 과목으로 처리한다. 구체적인 예시는 전술한 주식발행에서 다루었으므로 여기서는 생략한다.

3.1.3 감자차익

감자차익은 결손금이 누적되거나 자본의 잠식 상태에 있을 때 자본을 감소시키는 것으로서, **형식적 감자**와 **실질적 감자**가 있다. 전자는 감소시키는 주식의 대금을 주주에게 환급해 주지 않는 경우로서 누적된 결손을 보전하기 위해서 이루어진다. 이의 방법으로는 주식금액을 절삭(切削)하거나, 주식병합(株式倂合)의 방법을 택한다. 후자는 기업의 사업전망 등을 고려할 때, 영업을 축소할 필요가 있는 경우에 자본을 감소하고 그 주식대금을 주주에게 지급해 주는 것을 말한다. 이를 위해 시장에서 자기회사의 주식을 매입하여 소각하는 형식을 취하는 것이 일반적이다.

◀ 예시 17-6 ▶ 형식적 감자

● 3/17 (주)전진은 결손금이 누적되어 당해 결손을 보전하기 위해 주금을 절삭하기로 하였다. 당해 결손금은 ₩120,000,000이며, 1주 액면 ₩10,000을 ₩5,000으로 절삭함. 당해 회사의 발행주식수는 30,000주이다.

(회계처리)

차변)	자 본 금	150,000,000	대변)	이월결손금	120,000,000
				감 자 차 익	30,000,000

✎ 1주 액면 ₩10,000을 ₩5,000으로 절삭했으므로 발행주식수는 동일하나 1주의 액면금액이 ₩5,000으로 감소되었다. 따라서 감소액은 ₩5,000 × 30,000주 = ₩150,000,00이다.

● 4/27 (주)평화는 누적되어 온 결손금 ₩80,000,000을 보전하기 위해 주식 2주를 1주로 병합하기로 하였다. 당해 회사의 발행주식수는 10,000주이며 1주의 액면은 ₩20,000이다.

(회계처리)

차변) 자 본 금	100,000,000	대변) 이월결손금	80,000,000
		감 자 차 익	20,000,000

✎ 상기의 예는 액면금액은 동일하나 주식수가 절반인 5,000주로 감소하였다. 따라서 자본 감소액은 5,000주 × ₩20,000 = ₩100,000,000이다.

3.1.4 자기주식처분이익

자기주식처분이익은 채권의 회수과정에서 취득하거나, 시장에서 자기주식의 주가관리 목적 등을 위해 취득하였다가 이를 처분(재발행)했을 때 그 처분가액이 취득금액보다 높을 경우 그 차액을 **자기주식처분이익**이라 한다.

◀ 예시 17-7 ▶ 자기주식처분이익

- 7/20 (주)영도는 자기주식 100주를 1주당 ₩50,000에 현금으로 취득하였다.
- 9/10 상기의 주식 중 50주를 1주당 ₩60,000에 처분하고 대금은 당좌수표로 받았다.

7/20	차변) 자기주식	5,000,000	대변) 현 금	5,000,000
9/10	차변) 현 금	3,000,000	대변) 자 기 주 식	2,500,000
			자기주식처분이익	500,000

3.1.5 자본전입 - 형식적 증자

자본을 증가시키는 방법은 **형식적 증자**와 **실질적 증자**가 있다. 실질적 증자는 주식발행 대금을 납입받음으로써 자본금을 증가시키는 것이며, 형식적 증자는 실질적 증자와 대응되는 개념으로서 주주로부터 그 주식대금을 납입받지 않고 무상으로 주식을 교부하여 자본금을 증가시키는 방법을 말한다. 이러한 형식적 증자를 위해 자본을 전입하게 된다.

자본전입(資本轉入)이란 이미 형성되어 있는 주식발행초과금 등의 자본잉여금의 일부 또는 전부를 자본금으로 편입시키는 절차를 자본전입이라 한다. 자본에 전입할 경우 자본잉여금은 감소한 반면 자본금은 증가하게 된다. 따라서 주식회사의 경우 자본금은 모두 주식이 발행되는 것이므로 자본전입의 경우에도 전입된 금액만큼 신주가 발행되어야 한다. 주식발행초과금을 자본전입하는 예시를 하면 다음과 같다.

◀ 예시 17-8 ▶ 자본전입

● 2002. 7. 20 이레통상(주)는 이사회에서 주식발행초과금 중 ₩2,000,000을 자본에 전입하기로 의결하고, 기존 주주들의 주식소유비율에 따라 주식 100주를 발행하여 배정하였다. 발행금액은 액면 ₩20,000이다.

(회계처리)

차변)	주식발행초과금	2,000,000	대변)	자 본 금	2,000,000

3.2 이익잉여금

집합손익

비용총액	수익총액
당기순이익 (이월이익잉여금에 대체)	

이월이익잉여금

처 분 액 (이익준비금) (기타법정적립금) (임의적립금)	전기이월이익잉여금
차기이월이익잉여금	집합손익에서 대체액 (당기순이익)

3.2.1 이익잉여금의 성격

이익잉여금(retained earnings)은 손익거래, 즉 영업활동 결과 발생한 순이익의 일부가 처분되지 않고 기업 내부에 유보된 금액을 말하며, **법정적립금, 임의적립금, 미처분이익잉여금** 등이 있다. 이익잉여금은 그 발생원천이 전술한 자본잉여금과 다르며, 또한 법률적인 특별한 제한이 있는 경우를 제외하고는 기업이 임의로 처분이 가능하다는 점에서 자본잉여금과 다르다. 특별한 제한이 있는 경우는 법정적립금인 이익준비금과 기타 법정적립금으로서 상법, 세법, 상장법인재무관리규정 등에 의해 그 적립과 처분이 제한되어 있다.

3.2.2 이익잉여금의 처분

이익잉여금은 전기로부터 이월된 전기이월미처분이익잉여금과 당기순이익을 합하고 기타 이익잉여금의 당기 증감액을 가감한 미처분이익잉여금을 이사회의 결의에 의해 처분하고 최종적으로는 주주총회에서 승인을 받음으로써 처분이 확정된다. 처분의 내용은 법정적립금(이익준비금, 재무구조개선적립금, 기업합리화적립금 등), 임의적립금, 배당금 등으로 처분된다.

(1) 이익준비금

이익준비금은 상법 제458조에 규정된 것으로서, 매 결산기에 현금배당액의 $\frac{1}{10}$ 이상의 금액을 자본금의 $\frac{1}{2}$에 도달할 때까지 적립하도록 규정한 것이며, 이의 처분은 자본전입 및 결손보전(缺損補塡) 이외에는 사용할 수 없게 되어 있다. 따라서 당기순손실이 발행한 경우는 적립되지 않는 것이다.

(2) 임의적립금

임의적립금(voluntary reserves)은 회사가 임의적으로 특정의 목적을 위해 적립하여 기업 내부에 유보시키는 적립금으로서, 그 목적하는 바에 따라 신축적립금, 사업확장적립금, 재해손실적립금, 결손보전적립금, 해외시장개척적립금, 배당평균적립금, 감채적립금, 별도적립금 등 다양하다.

임의적립금은 그 사용 목적에 따라 회계처리가 다르다. 즉 신축적립금, 사업확장적립금, 감채적립금 등은 적립금을 사용한 결과 기업의 자산 등의 자본재의 획득이나 순자산의 감소를 방어하는 결과를 가져온다. 따라서 적립하는 목적이 도달되면 당해 임의적립금은 별도적립금계정에 대체하며, 이러한 적립금을 **적극적 적립금**이라 한다. 한편 **소극적 적립금**은 장래의 손실 또는 비용의 지출에 대비할 목적으로 자금을 기업 내에 유보한 것이므로, 실제 지출 등이 이루어질 경우 그 지출액에 상당한 임의적립금을 감소시킨다.

(3) 배 당 금

배당(dividends)은 주주에게 투자액에 대한 대가로 이익잉여금의 일부를 배분하는 것이다. 배당에는 현금배당, 주식배당, 현물배당 등이 있다. 현금배당의 경우 배당이 선언되면 당해 금액을 **미지급배당금**계정에 대기(貸記)하고, 실제 배당금이 지급되면 미지급배당금계정에 차기(借記)하여 감소시킨다. 따라서 미지급배당금은 부채계정이다.

또한 배당금을 현금에 의한 배당이 아닌 주식으로 배당하는 경우도 있다. 주식배당을 한 경우는 주주총회의 결의일에 **미교부주식배당금**으로 회계처리한다. 그러나 이익잉여금처분계산서에 포함된 배당은 재무상태표에 미지급배당금 또는 미교부주식배당액을 부채로 표시하지 않는다. 재무상태표에는 이익잉여금처분전의 재무상태를 표시해야 하기 때문이다.

◀ 예시 17-9 ▶ 이익의 처분

- (1) 2002. 12. 31 이사회에서는 전기이월이익잉여금 ₩500,000과 당기순이익 ₩8,000,000의 합계인 처분전이익잉여금 ₩8,500,000을 다음과 같이 처분하기로 하였다.
  -처분내용-
  이익준비금 ₩500,000, 신축적립금 ₩2,5000,000,
  결손보전적립금 ₩700,000, 현금배당금 ₩4,000,000
- (2) 2003. 4. 8 현금배당금 ₩4,000,000을 수표를 발행하여 지급하였다.

(2002. 12. 31)

차변)	이월이익잉여금	7,700,000	대변)	이익준비금	500,000
				신축적립금	2,500,000
				결손보전적립금	700,000
				미지급배당금	4,000,000

(2003. 4. 8)

차변)	미지급배당금	4,000,000	대변)	당 좌 예 금	4,000,000

(계정처리)

집합손익

12/31	비용 총액	200,000	12/31	수익 총액	8,200,000
〃	이월이익잉여금	8,000,000			

이월이익잉여금

12/31	이익준비금	500,000	1/ 1	전기이월이익잉여금	500,000
〃	신축적립금	2,500,000	12/31	집합손익	8,000,000
〃	결손보전적립금	700,000			
〃	미지급배당금	4,000,000			
〃	차기이월이익잉여금	800,000			

이익준비금

12/31	차기이월	500,000	12/31	이월이익잉여금	500,000

신축적립금

12/31	차기이월	2,500,000	12/31	이월이익잉여금	2,500,000

결손보전적립금

12/31	차기이월	700,000	12/31	이월이익잉여금	700,000

미지급배당금

12/31	차기이월	4,000,000	12/31	이월이익잉여금	4,000,000
2003. 4/8	현 금	4,000,000	2003. 1/1	전 기 이 월	4,000,000

✎ 상기의 이익준비금은 법정적립금이고, 신축적립금, 결손보전적립금은 임의적립금으로서 자본계정이며, 미지급배당금은 부채계정이다.

3.3 이월결손금

손익계산의 결과 당기순손실이 발생하면 전기이월이익잉여금과 상계한 후 잔액이 음(마이너스)인 경우는 이월결손금계정에 대체한다. 이월결손금계정은 이월이익잉여금과 반대로 자본의 차감 항목으로서, 회계정보이용자에게 결손금의 규모와 결손금의 처리 내용을 보고하게 된다.

이월결손금(accumulated deficit)은 기업회계기준에서 규정하고 있는 결손금 처리순서에 따라 처리한다. 이에 관한 구체적인 계정체계와 회계처리는 다음과 같다.

집합손익

차변	대변
비용총액	수익총액
	당기순손실 (이월결손금에 대체)

이월결손금

차변	대변
전기이월결손금	처 리 액
집합손익에서 대체액 (당기순손실)	차기이월결손금

◀ 예시 17-10 ▶ 당기순손실 발생시 회계처리

- (A) 2002.12.31 결산의 결과 당기순손실이 ₩700,000 발생하였다. 단, 전기이월이익잉여금 잔액이 ₩200,000임.
- (B) 2002.12.31 결산의 결과 당기순손실이 ₩700,000 발생하였다. 단, 전기이월이익잉여금 잔액이 ₩900,000임.

(A) 2002. 12. 31

차변)	이익잉여금	200,000	대변)	집 합 손 익	700,000
	이월결손금	500,000			

(B) 2002. 12. 31

차변)	이익잉여금	700,000	대변)	집 합 손 익	700,000

✎ 상기 (B)의 경우는 전기이월이익잉여금의 잔액이 당기순손실 ₩700,000보다 ₩200,000이 많으므로 이월결손금계정에 대체할 금액은 없고, 대신 이월이익잉여금계정 잔액이 ₩200,000으로 감소된다.

제 4 절 자본변동표

기업회계기준서 제21호 재무제표의 작성과 표시 I 에서는 자본에 포함되는 모든 항목의 변동내용에 관한 정보를 공시하도록 하고 있다. 따라서 자본을 구성하는 자본금, 자본잉여금, 자본조정, 기타포괄손익누계액 그리고 이익잉여금에 관한 크기와 증감 내역을 자본변동표라는 보고서에 포괄적인 정보를 보고하도록 하고 있다. 이의 구체적인 작성 방법은 중급회계에서 다루기로 하고 다음과 같은 자본변동표의 양식만을 예시하기로 한다.

자 본 변 동 표

제×기 20××년 ×월 ×일부터 20××년 ×월 ×일까지

제×기 20××년 ×월 ×일부터 20××년 ×월 ×일까지

회사명: ________________ (단위: 원)

구 분	자본금	자 본 잉여금	자본조정	기타포괄 손익누계액	이 익 잉여금	총 계
20××.×.×(보고금액)	×××	×××	×××	×××	×××	×××
회계정책변경누적효과					(×××)	(×××)
전기오류수정					(×××)	(×××)
수정후 이익잉여금					×××	×××
연차배당					(×××)	(×××)
처분후 이익잉여금					×××	×××
중간배당					(×××)	(×××)
유상 증자(감자)	×××	×××				×××
당기순이익(손실)					×××	×××
자기주식 취득			(×××)			(×××)
해외사업환산손익				(×××)		(×××)
20××.×.×	×××	×××	×××	×××	×××	×××
20××.×.×(보고금액)	×××	×××	×××	×××	×××	×××
회계정책변경누적효과					(×××)	(×××)
전기오류수정					(×××)	(×××)
수정후 이익잉여금					×××	×××
연차배당					(×××)	(×××)
처분후 이익잉여금					×××	×××
중간배당					(×××)	(×××)
유상 증자(감자)	×××	×××				×××
당기순이익(손실)					×××	×××
자기주식 취득			(×××)			(×××)
매도가능금융자산평가손익				×××		×××
20××.×.×	×××	×××	×××	×××	×××	×××

연 습 문 제

■ [17-1] 자본의 본질 및 그 종류를 기술하시오.

■ [17-2] 재무상태표의 대변에 기록되는 항목은 무엇인가?

■ [17-3] 자본잉여금과 이익잉여금의 차이를 기술하시오.

■ [17-4] 이익준비금의 의의 및 적립해야 할 금액 및 그 용도는?

■ [17-5] 형식적 증자와 형식적 감자에 대해 기술하시오.

■ [17-6] 개인기업인 호남유통상사(주)의 결산일 현재 손익계정은 다음과 같다. 이를 분개하고 마감하시오.

광고선전비	
현 금 450,000	

여비교통비	
현 금 80,000	

소모품비	
당좌예금 70,000	

급 여	
당좌예금 900,000	

이자수익	
	현 금 700,000

임 대 료	
	당좌예금 760,000

상품매출이익	
	제 좌 980,000

( )	

(대체분개)

번호	차 변		대 변	
비용				
수익				

■ [17-7] 다음 Corea(주)의 2003년 3월 20일의 이익처분에 관한 거래를 분개하시오.

2003. 12/31 결산일에 집합손익계정의 차변 합계는 ₩34,550,000이고 대변 합계는 ₩71,600,000이다.

2004. 3/20 주주총회에서 전기의 이익잉여금을 다음과 같이 처분하기로 결정하였다.

1) 상법에 정한 이익준비금 설정
2) 사업확장적립금 ₩1,000,000
3) 배당평균적립금 ₩2,500,000
4) 결손보전적립금 ₩1,500,000
5) 배당금결의액 ₩26,000,000

2004. 4/10 배당금 ₩26,000,000을 수표를 발행하여 지급하였다.

(회계처리)

날짜	차 변		대 변	
2003. 12/31				
2004. 3/20				
2004. 4/10				

■ [17-8] 다음 자본과 관련한 거래를 회계처리하시오.

1) 주식 액면 ₩10,000을 주당 ₩13,000에 100주를 발행하고 납입금은 현금으로 영수하였다. 또한 주식발행비 ₩50,000을 현금으로 지급함.
2) 1,000주의 주식 액면 ₩10,000을 주당 ₩9,500에 발행하고 납입금은 현금으로 수취하였다.
3) 주주총회에서 5%의 배당을 결의하였다(자본금 ₩500,000,000, 1주 액면 ₩20,000).
4) 전기의 배당금을 수표를 발행하여 지급하였다.
5) 주주총회에서 주식발행초과금 ₩9,000,000을 자본에 전입하기로 하고 주주에게 450주(1주 액면 ₩20,000)를 발행하여 무상으로 교부하였다.

(회계처리)

번호	차 변		대 변	
1)				
2)				
3)				
4)				
5)				

■ **[17-9]** 다음을 회계처리하시오.

2003. 8/20 월드메디신(주)는 화재로 인해 기계장치 ₩30,000,000과 재고자산 ₩500,000이 소실되었다. 당해 회사는 6년 전부터 적립해 온 재해손실적립금이 ₩42,000,000이 있다.

2003. 10/ 8 (주)태양에너지는 계획하여 추진해 온 건물을 취득하고 그 취득대금 ₩55,000,000을 수표를 발행하여 지급하였다. 단, 당해 건물 취득을 위해 적립하였던 신축적립금 ₩70,000,000이 있다.

2003. 12/31 (주)정도산업은 상법에 의한 이익준비금 ₩720,000을 적립하였다.

2004. 4/ 7 (주)네트워크는 전년도의 결손액 ₩8,500,000을 배당평균적립금으로 보전하기로 결정하였다. 배당평균적립금 잔액은 ₩10,000,000이다.

(회계처리)

날짜	차 변		대 변	
2003. 8/20				
10/ 8				
12/31				
2004. 4/ 7				

■ **[17-10]** 개인기업체인 풍성상사의 2003 회계연도의 거래 내용은 다음과 같다. 이를 회계처리하시오.

1/ 6 광주 김인자씨는 2003년 개인기업체인 풍성상사를 설립하고 자본금으로 현금 ₩3,000,000과 차입금 ₩1,000,000 및 건물 ₩10,000,000을 출자하여 유통업을 개시하였다.

3/10 (주)광주은행과 당좌거래 계약을 체결하고 현금 ₩3,500,000을 당좌예금하였다.

3/20 소유주인 김인자씨가 풍성상사에 출자했던 자금 중 현금 ₩500,000을 개인의 필요에 의해 인출하였다.

10/10 소유주가 이전에 인출하였던 자금 ₩500,000을 반환하였고, 사업의 확장이 필요하게 되어 현금 ₩4,000,000을 추가출자하였다.

12/31 풍성상사의 결산 결과 집합손익계정의 대변잔액이 ₩2,850,000으로 계산되었다.

(회계처리)

날짜	차 변		대 변	
1/ 6				
3/10				
3/20				
10/10				
12/31				

■ **[17-11]** 다음 이천에너지(주)의 2003년 거래를 분개하시오.

3/12 이천에너지(주)의 주주총회에서 현금배당 ₩7,000,000과 주식배당액 ₩25,000,000(1주 액면 ₩5,000, 5,000주)을 의결하다.

6/ 8 현금배당액을 수표를 발행하여 지급하고, 주식 5,000주를 발행하여 기존주주의 주식소유비율에 따라 교부하였다.

10/ 5 이천에너지(주)는 영새미멸치(주)에 대한 매출채권 ₩600,000을 회수하는 과정에서 부득이 자기주식 150주를 취득하였다.

10/10 전기의 자기주식을 ₩670,000에 처분하고 대금은 당좌수표로 받다.

12/31 결산일에 즈음하여 손익계산을 한 결과 집합손익계정의 대변잔액이 ₩1,700,000으로 계산되었다.

(분 개)

날짜	차 변		대 변	
3/12				
6/ 8				
10/ 5				
10/10				
12/31				

■ [17-12] 다음을 분개하시오.

1) 포천건설(주)는 결손금이 ₩4,400,000으로 누적되어 이를 보전하기로 하고, 결손보전적립금 ₩1,000,000, 배당평균적립금 ₩3,400,000을 이입하여 결손을 보전하였다.

2) 여주관광(주)는 경기의 불황이 지속되어 영업을 유지하기가 어렵다는 것을 인식하고, 주주총회에서 영업규모를 축소하기 위해 자본을 주주의 주식소유비율에 따라 총 200주(1주 액면 ₩10,000)의 주식대금을 수표를 발행하여 환급하였다.

3) 비봉자원(주)는 (주)천리만리의 주식을 장기투자 목적으로 소유하고 있는 바, 비봉자원(주)로부터 30주의 주식을 배당받다(1주액면 ₩10,000).

4) 성일(주)는 이월결손금 ₩10,000,000을 보전하기 위해 자본금 ₩11,000,000을 무상으로 감자하다.

날짜	차 변		대 변	
1)				
2)				
3)				
4)				

■ [17-13] 성지스포츠(주)는 2005. 1/1에 경영을 다각화하기 위해 우리나라에서는 생소한 영역을 개척하고자 한다. 따라서 주식 1,000주(1주 액면 ₩20,000)을 주당 ₩17,500에 발행하고 납입금은 현금으로 수취하였다. 주식발행일과 결산일(12/31)의 회계처리를 하시오. 기업회계기준에 의함.

(분 개)

날짜	차 변		대 변	
2005. 1/ 1				
2005. 12/31				

■ [17-14] 다음을 회계처리하시오.

1) 서울캐미칼(주)는 결손금 ₩7,230,000을 보전하기 위해 주식 1주 액면 ₩10,000을 주당 ₩5,000으로 감소시키기로 하였다. 당해 기업의 발행주식 총수는 1,500주이다.

2) 이익처분 내용은 다음과 같다.

(1) 처분전이익잉여금 ₩5,000,000

(2) 처분 내용: 현금배당액 ₩1,000,000

이익준비금-상법에서 규정하고 있는 최소의 금액
신축적립금 ₩1,200,000
시장개척적립금 ₩500,000
재해손실적립금 ₩300,000

3) 영광수산(주)는 결산 결과 집합손익계정 차변잔액이 ₩1,950,000이다. 단, 이월이익잉여금 계정의 잔액은 ₩820,000이다.
4) 대륙통신(주)는 이월결손금 ₩3,000,000을 보전하기 위해 결손보전적립금을 이입하여 보전하였다. 결손보전적립금계정의 잔액은 ₩3,700,000이다.
5) (주)겟세마네가구는 사업확장을 위해 사업확장적립금을 이입하여 공장을 신축하였다. 사업확장적립금은 ₩10,000,000이며, 신축한 공장의 취득원가는 ₩8,000,000이다. 모든 결제는 현금으로 한다.

(분 개)

번호	차 변		대 변	
1)				
2)				
3)				
4)				
5)				

제18장
현금흐름표

제18장 현금흐름표

제1절 현금흐름 정보의 유용성

1.1 발생주의와 현금흐름

현금흐름(cash flow)이란 일정기간 동안의 현금유입액과 현금유출을 줄여서 사용하는 말이며, 현금흐름표에서 현금의 유입액과 유출액을 비교하여 순현금흐름의 증가 또는 감소를 계산하여 보고한다. 발생주의(accrual basis)란 수익과 비용을 인식할 때 현금의 수입 · 지출을 기준으로 인식하는 것이 아니라, 특정 실체의 재화나 용역의 변동을 야기시키는 원인이 발생한 기간에 인식하여 보고하는 것을 말한다. 이는 수익과 비용의 인식과정에 반드시 재화나 용역의 변동(증감)에 대한 결과가 현금의 수입 또는 지출을 필요 요건으로 하지 않는다는 것이다. 따라서 현재 또는 장래기간에 현금흐름을 가져올 거래나 사건 자체가 발생한 기간(시점)에 인식하는 것이 발생주의이다.

그러므로 발생주의에 기초하여 작성된 재무재표를 통하여 자금의 흐름을 평가하는 데는 완전성이 결여된다. 특히 포괄손익계산서에 보고되는 당기순이익은 일정기간에 유입된 현금흐름을 반영한 것은 아니다. 왜냐하면 현금의 수입과 지출만을 기초로 하여 수익과 비용으로 인식하여 손익계산을 하는 것이 아니라 수익과 비용의 발생사실에 기초하여 수익과 비용을 인식하고 손익계산을 하기 때문이다.

발생주의는 수익과 비용의 발생 사실로 인해 현재 수입 또는 지출한 현금뿐만 아니라 미래에 수입될 현금 또는 지출할 현금까지도 포함하여 인식하고 이를 토대로 포괄손익계산서를 작성한다. 그러므로 극단적으로 표현하면 오늘날의 손익계산은 수익과 비용을 현금의 수입 · 지출 이외에 발생 사실을 기초로 조작한

계산서라고 해도 과언이 아니다. 왜 그렇게 해야 하는가에 대한 구체적 언급은 생략하기로 하며, 그 중 하나만을 언급한다면, 발생주의는 일정기간의 성과(업적)와 기업의 수익력을 평가하는 데 유용하며 현금주의는 그렇지 못하기 때문이다. 한편 전통적인 재무제표는 미래의 현금흐름을 예측하는 데 보조적인 정보를 제공할 수는 있어도 완전하고 직접적인 현금흐름의 평가에는 온전한 역할을 하지 못하는 것이어서 현금흐름 정보에 대한 필요성이 대두한 것이다.

1.2 현금흐름 정보의 유용성

1.2.1 과거 · 현재 · 미래의 현금흐름 평가

일반적으로 현금흐름의 회계정보는 발생주의 회계자료(재무상태표, 포괄손익계산서, 이익잉여금처분계산서 등)의 결과를 현금주의로 전환하여 획득한다. 발생주의 회계자료는 근본적으로 역사적 자료(historical data)이다. 역사적 자료를 기초로 하여 측정한 현금흐름 정보는 역사적 정보라 할 수 있으며, 이를 통하여 과거의 현금흐름을 확인 · 평가하며, 동시에 현금흐름표 작성일 현재의 순현금흐름(net cash flow)을 파악할 수 있게 한다. 나아가서 이 현금흐름 정보를 이용하여 미래의 현금흐름을 예측할 수 있게 한다. 역사적 자료에 의해 미래를 예측하는 것은 현금흐름 정보 이외의 회계정보와 같이 예외적인 경우를 제외하고는 과거의 사상(events)이 미래에도 계속될 것이라는 가정하에 성립되는 것이다.

1.2.2 회계이익과 순현금흐름의 차이 원인분석

현금흐름표를 작성함으로 인해 회계상의 당기순이익(발생주의 당기순이익)이 실제 순현금흐름과 상이하게 될 경우 그 이유를 설명해 준다. 즉 어떤 원천에서 현금흐름이 얼마이고 어느 용도에 현금유출이 얼마만큼 이루어졌는가를 보여주는 것이 현금흐름표이므로 현금흐름표의 내용을 분석함으로써 회계상의 이익과 차이 원인을 파악할 수 있다.

1.2.3 투자 및 부채상환능력 평가

현금흐름표에 의해 미래의 현금흐름 정보를 얻을 수 있으므로 현금의 유출을 수반하는 투자활동을 계획하고 집행할 수 있으며, 미래에 상환할 부채에 대한 자금의 확보계획 및 집행을 가능하게 하고, 동시에 당해 기업의 투자 및 부채의 상환 등에 관한 기업의 능력을 평가할 수 있는 것이다.

1.2.4 배당금 지급능력 평가

많은 회계정보이용자 중에서 큰 비중을 차지하는 이용자 집단이 채권자 및 투자자이다. 특히 투자자의 경우 주요 관심사는 여러 가지가 있겠으나, 그 중에서 투자에 대한 배당금 예측과 미래 배당흐름을 평가하기 위한 정보를 요구하게 된다. 이에 대한 요구를 충족시켜 주기 위한 한 부분이 현금흐름 정보이다. 회계이익이 아무리 많은 금액으로 보고되었더라도 현금흐름이 양호하지 못한 경우는 배당금 지급에 장애를 받게 되는 것이기 때문이다.

1.2.5 재무능력 평가

기업의 재무능력이란 유동성 및 재무적 탄력성 등을 말하는 것으로서, 현금흐름 정보는 기업이 보유하는 자산을 현금 등의 자금으로 얼마나 신속하게 전환가능한가를 말하는 유동성과 기업이 예상치 못하는 재무적 사건에 직면하여 얼마나 신속히 대응할 수 있는가를 나타내는 재무적 탄력성(financial flexibility)을 평가하는 데 유용하다. 아무리 재무상태가 양호한 기업일지라도 재무적 유동성이 낮으면, 특히 직접적인 지급수단인 현금이 부족하면 기업은 흑자도산의 위험을 감수해야 하므로 현금흐름의 정보는 중요한 정보의 하나인 것이다.

제 2 절 주요 자금개념

현금흐름표와 관련하여 자금개념을 명확히 해야 할 필요가 있다. 왜냐하면 자금개념을 어떻게 정의하느냐에 따라서 현금흐름의 분석과 이를 통한 현금흐름표의 작성 내용이 다르게 나타나기 때문이다. 자금(fund)이란 광의로는 기업이 자본으로 사용하는 금전을 말하며 협의로는 사용처에 따라서 설비자금, 운전자금으로 분류되기도 한다. 기업은 충분한 자금이 확보되어야 원활한 기업활동을 영위할 수 있다. 따라서 기업과 이해관계를 갖는 많은 회계정보이용자들은 이 자금에 관한 정보를 필요로 한다. 즉 자금의 조달원천은 어디이며, 조달된 자금은 어떻게 운용되었는가에 관한 정보를 필요로 한다.

전통적으로 기업실체는 회계정보이용자들의 정보욕구를 충족시키기 위해 부속명세서로서 자금운용표, 기본재무제표로서의 재무상태변동표, 그리고 현재는 현금흐름표를 작성하여 공시하고 있다. 부속명세서 또는 기본재무제표작성시 사용하는 자금개념으로는 현금, 현금 및 현금성자산, 순운전자본, 총재무자원 등 다양한 자금개념을 사용할 수 있으며, 전통적으로 가장 많이 이용되어 왔던 자금개념은 순운전자본이다. 현금흐름표 이전의 재무상태변동표의 작성시에는 총재무자원개념(유동 · 비유동항목을 포함한 자금개념)에 의하였고, 현재는 현금 및 현금성자산 개념에 의해 현금흐름표를 작성하고 있다. 순운전자본, 현금, 현금 및 현금성자산에 대해 고찰하면 다음과 같다.

2.1 순운전자본

전통적으로 자금개념을 대표하는 것으로 순운전자본을 들고 있다. 순운전자본(net working capital)이란 기업활동시 운영자금으로 사용되는 자금으로써 **'유동자산 − 유동부채 = 순운전자본'**으로 계산한다. 이 개념에 의한 자금흐름표, 자금보고서, 재무상태변동표 등의 회계보고서를 작성할 경우는 순운전자본(유동항목)에 영향을 미치는 거래요소들을 분석하여 작성한다. 그러나 유동항목 상호간의 결합거래나 비유동항목의 상호간에 결합된 거래 및 자본항목 상호간에 결합된 거래는 순운전자본에 영향을 미치지 않으므로 운전자본 개념의 자금보고서에서는 제외된다.

이러한 개념에 의해 작성되는 각종 보고서가 회계정보이용자들의 정보욕구, 즉 재무유동성, 재무탄력성 등의 평가와 최종적으로는 지급능력 여부, 기업 도산 예측 등을 평가하는 데 유용하지만 한계점도 내포하고 있다는 점이 지적되어 왔다. 한 예를 들면 순운전자본이 현금이 아닌 재고자산, 매출채권 등의 유동항목으로 구성되어 있다면 그 재고자산 등을 판매하여 현금으로 전환하여 지급수단으로 사용할 수 있으나 재고자산, 매출채권 등이 용이하게 현금 등의 지급수단으로 전환할 수 없다면 운전자본이 충분한 것으로 보고되어도 기업부도를 막을 수는 없게 된다는 점이다. 따라서 운전자본을 자금개념으로 한 자금보고서는 기업 도산 등의 예측에 미흡한 측면이 있다. 더욱이 총재무자원 개념에 의한 재무상태변동표 정보는 전술한 운전자본 개념의 경우보다 지급능력 등 유동성 창출능력을 평가하는 데 있어서 많은 문제점이 제시되어 왔다.

2.2 현금 · 현금 및 현금성자산

2.2.1 현　금

자금개념을 순운전자본을 자금개념으로 하는 경우보다 가장 협의로 정의한 자금개념이 현금이다. 이는 영업활동 과정에서 운영자금으로 직접 사용 가능한 현금, 즉 즉시적 지급수단으로 사용할 수 있는 현금만을 자금으로 보는 것이다. 이 경우 순운전자본 개념의 유동항목이 아닌 유동항목 중에서도 현금자금의 증감에 영향을 미치는 거래만을 분석하여 현금유입의 원천과 현금유출의 내용을 자금보고서, 현금흐름표 등을 통하여 보고하게 된다. 유동 · 비유동항목의 증감이 있더라도 현금에 영향을 미치지 못한 요소들은 분석에서 제외된다.

2.2.2 현금 및 현금성자산

현금 및 현금성자산(cash and cash equivalents)을 자금개념으로 하는 것은 가장 협의의 자금인 즉시적 지급수단으로 사용 가능한 현금자금뿐만 아니라, 신속한 지급수단으로 사용 가능한 항목까지로 확대한 것이다. 비록 현금이 아니더라도 가까운 장래에 지급수단으로 사용하는 데 문제가 없는 항목을 포함한 것이다. 이 현금 및 현금성자산의 자금개념이 현재 우리나라의 현금흐름표 작성시에 사용하는 자금개념이다.

여기에서 현금성자산이란 현금과 동등한 가치와 동등한 기능을 할 수 있는 단기적 유동자산을 말한다. 이는 3개월 이내의 단기금융상품으로서, 취득당시 만기가 3개월 이내에 도래하는 채권, 상환우선주, 환매채, 양도성예금증서, 각종 수익증권 등을 말한다.

당좌차월은 은행으로부터 일시적인 차입이므로 재무활동에 해당하지만 이는 금융기관의 요구에 따라 즉시 상환해야 하는 것이므로 현금관리의 일부를 구성한다. 따라서 당좌차월은 현금 및 현금성자산의 구성요소가 되므로 현금성자산에서 차감하여 현금흐름표를 작성 · 보고한다. 또한 현금흐름표에 현금 및 현금성자산의 구성내용과 금액을 보고해야 한다.

제3절 발생항목의 현금주의 전환

3.1 수익 · 비용항목

현금흐름 정보의 산출을 위해 재무상태표, 포괄손익계산서, 이익잉여금처분계산서 등의 재무제표가 전통적으로 이용되어 왔다. 이 중에서 영업활동과 관련한 현금흐름 정보를 획득하기 위해서 포괄손익계산서 정보가 그 중심적 역할을

해 왔다. 일정기간의 순현금흐름 정보를 파악하기 위한 대용치로서 포괄손익계산서의 당기순이익 또는 당기순손실 정보가 이용되어 왔으나, 이는 전술한 바와 같이 온전한 현금흐름 정보를 제공하지는 못한다. 따라서 포괄손익계산서의 수익과 비용을 현금주의로 조정하고 또한 영업활동과 관련된 자산·부채에 의한 조정을 하여 현금주의 당기순이익을 측정함으로써 영업활동으로 인한 현금흐름을 보고해야 한다. 이와 같은 조정을 위해서는 전술한 현금주의 회계와 발생주의 회계의 이해와 그 인식상의 차이점을 잘 파악해 두어야 한다. 또한 각각 개별적인 수익 및 비용항목의 조정에 관하여서도 충분한 이해가 있어야 한다. 이를 구체적으로 고찰하면 다음과 같다.

3.1.1 수익항목

(1) 매출수익의 인식

표 18-1 발생주의와 현금주의의 인식 차이

관련 거래 내용	발생주의 매출 인식	현금주의 매출 인식
선 수 금	×	○
현 금 매 출	○	○
외 상 매 출	○	×
매출채권 회수	×	○

(2) 매출수익의 조정

표 18-2 매출수익의 조정

	조 정*	
발생주의 매출 (P/L상의 매출액)	+선수금 증가 (−선수금 감소) −매출채권 증가 (+매출채권 감소)	⇒ 현금주의 매출

* 조정항목은 현금흐름표 작성시 '영업활동으로 인한 자산·부채의 변동'항목으로 열거하여 보고한다.

(3) 제수익의 인식

표 18-3 제수익의 인식 차이

관련 거래 내용	발생주의 제수익 인식	현금주의 제수익 인식
현 금 수 입	○	○
미수수익 증가	○	×
미수수익 감소	×	○
선수수익 증가	×	○
선수수익 감소	○	×

(4) 제수익의 조정

표 18-4 제수익의 조정

	조 정*	
발생주의 제수익 (P/L상의 제수익)	+선수수익 증가 (−선수수익 감소) −미수수익 증가 (+미수수익 감소)	⇒ 현금주의 제수익

* 조정항목은 현금흐름표 작성시 '영업활동으로 인한 자산 · 부채의 변동'항목으로 열거하여 보고한다.

3.1.2 비용항목의 인식

(1) 매입액의 인식

표 18-5 매입액의 인식 차이

관련 거래 내용	발생주의 매입 인식	현금주의 매입 인식
현 금 매 입	○	○
매입채무 증가	○	×
매입채무 상환	×	○
선급금 지급	×	○
선급금 감소	○	×

(2) 매입의 조정

표 18-6 **매입액의 조정**

	조 정*	
발생주의 매입 (P/L상의 매입액)	+선급금 증가 (−선급금 감소) −매입채무 증가 (+매입채무 감소)	⇒ 현금주의 매입

* 조정항목은 현금흐름표 작성시 '영업활동으로 인한 자산 · 부채의 변동'항목으로 열거하여 보고한다.

(3) 제비용의 인식

표 18-7 **제비용의 인식 차이**

관련 거래 내용	발생주의 비용 인식	현금주의 비용 인식
현 금 지 급	○	○
비용 선급액	×	○
비용 선급액 감소	○	×
비용 미지급액	○	×
비용 미지급액 지급	×	○

(4) 제비용의 조정

표 18-8 **제비용의 조정**

	조 정*	
발생주의 제비용 (P/L상의 제비용)	+선급비용 증가 (−선급비용 감소) −미급비용 증가 (+미급비용 감소)	⇒ 현금주의 제비용

*조정항목은 현금흐름표 작성시 '영업활동으로 인한 자산 · 부채의 변동'항목으로 열거하여 보고한다.

(5) 매출원가의 조정

1) 매출원가 계산식과 계산 예

매출원가=재고자산 기초재고액+재고자산 당기매입액−기말재고자산

표 18-9 매출원가 계산

자 료	과 목	금 액	비 고
자료 1	전기이월액	₩100,000*	재고자산 감소액 ₩50,000
	당기매입액	₩500,000	
	차기이월액	₩ 50,000*	
	매 출 원 가	₩550,000	
자료 2	전기이월액	₩100,000*	재고자산 증가액 ₩80,000
	당기매입액	₩500,000	
	차기이월액	₩180,000*	
	매 출 원 가	₩420,000	

* 전기이월액과 차기이월액을 비교하여 재고자산 감소 또는 증가액이 계산된다.

매출원가의 계산식은 위와 같으며, 이 계산식에 의해 매출원가를 계산하면 [표 18-9]와 같다. [표 18-9]에서 '자료 1'과 '자료 2'의 매출원가 계산결과를 보면 각각 ₩550,000과 ₩420,000이다. '자료 1'에서 기초재고액인 전기이월액과 기말재고액인 차기이월액을 비교하면 기말재고액이 기초재고액보다 ₩50,000이 감소한 것을 알 수 있다. 이 감소액 ₩50,000을 당기매입액(현금매입을 가정함) ₩500,000에 가산하면 매출원가 ₩550,000과 일치함을 알 수 있다.

한편, '자료 2'에서는 기초재고액보다 기말의 재고자산이 ₩80,000 증가하였으며 이를 당기매입액 ₩500,000에서 차감하면 매출원가 ₩420,000과 일치한다. 따라서 위의 매출원가 계산식을 다음과 같이 정리할 수가 있다. 즉 매입액에 재고자산 증감액을 가감하여 매출원가를 계산할 수 있으며, 따라서 매출원가는 재고자산 증감액에 의해 결정된다는 것을 알 수 있다.

매출원가 = 재고자산 당기매입액 − 재고자산 증가액

또는

매출원가 = 재고자산 당기매입액 + 재고자산 감소액

[표 18-10]에서와 같이 발생주의 매출원가를 조정하기 위한 항목은 재고자산 증감액과 매입채무 증감액 그리고 선급금 증감액이다. 먼저 재고자산 증감액을 발생주의 매출원가에 가감하는 것은 [표 18-9]의 '자료 1 및 2'에서 고찰한 바 있다. 현금주의에서의 매출원가는 현금매입액에 의해 결정되어야 하며, 재고자산의 증감에 의해 그 금액이 영향을 받아서는 안 된다. 따라서 발생주의 매출원

2) 매출원가 조정

표 18-10 매출원가 조정

	조 정*	
발생주의 매출원가 (P/L상의 매출원가)	+재고자산 증가 (−재고자산 감소) −매입채무 증가 (+매입채무 감소) +선급금 증가 (−선급금 감소)	⇒ 현금주의 매출원가

* 조정항목은 현금흐름표 작성시 '영업활동으로 인한 자산·부채의 변동'항목으로 열거하여 보고한다.

가 계산시 당기매입액에 가감했던 재고자산 증가액 또는 감소액은 발생주의 매출원가의 계산시와는 반대로 가산 또는 차감하여야 한다.

다음으로 매입채무 증감액을 가감하는 것은 매출원가 계산식에서의 당기매입액이 현금매입액뿐만 아니라 외상매입액이 포함되어 있으므로 이를 조정하기 위한 것이다. 외상으로 매입한 것, 즉 매입채무 증가액은 현금지급에 의한 매입이 아니기 때문에 발생주의 회계상 매입으로 회계처리했던 것에서 차감함으로써 현금주의 회계상의 매입액이 계산된다. 매입채무 감소액(매입채무 상환)은 발생주의 매입액에는 포함시키지 않으나, 매입채무를 상환할 때(매입채무 감소)에 비로소 현금의 지급이 이루어지므로 매입으로 회계처리하는 것이 현금주의 회계이기 때문에 매입채무 감소액은 가산한다.

마지막으로, 선급금 증감액을 가감한 것은 매출원가 계산식에서의 발생주의 당기매입액을 조정하기 위한 것이다. [표 18-6]에서 선급금 증가액은 가산하고, 감소액은 차감하여 현금주의 매입액을 계산한다고 하였다. 선급금이란 재고자산의 매입을 위해 계약금 또는 착수금 등으로 미리 지급한 금액으로서, 선급금 증가액은 재고자산 매입을 위한 현금지급액이며 이는 현금의 지급이 이루어졌으므로 현금주의 회계에서는 매입으로 인식하며, 선급금 감소액은 발생주의 회계에서 선급금 지급시 매입으로 인식하지 않고 선급금이란 유동자산으로 기록하였다가 실제 물품이 인수되었을 때, 선급금계정에서 매입계정으로 대체되어 선급금이 감소되는 것을 말한다.

따라서 현금주의 회계에서는 선급금 지급시 매입으로 처리하여 선급금이란 과목이 설정되지 않으나, 발생주의 회계에서는 선급금 지급시 매입으로 처리하지 않고 선급금계정에 기록해 두었다가 물품이 입고되었을 때, 매입액에 가산되므로 발생주의 회계에서의 매입액으로 미계상된 선급금 증가액을 현금주의에서는 매입액에 가산하여 매입액을 증가시켜야 하며, 선급금 감소에 따른 매입액의 증가액을 차감하여 현금주의 매입액을 계산한다.

3.1.3 현금유입 · 유출이 없는 수익 · 비용의 조정

(1) 현금유출이 없는 비용 조정

발생주의 회계에서는 현금유출 · 유입이 없는 비용 및 수익도 수익 · 비용으로 인식하여 당기순손익을 결정한다. 그러나 현금주의에서는 수익과 비용의 발생사실을 중요시하여 손익을 계산하지 않고 현금의 지출과 수입에 중점을 두어 손익을 인식한다. 그러므로 [표 18-11]에서와 같이 발생주의 손익계산의 결과인 당기순이익에 현금유출이 없는 비용을 가산하여 현금주의 당기순손익을 측정해야 한다.

표 18-11 현금유출이 없는 비용 조정

	현금유출이 없는 비용	
발생주의 비용총액 +	<u>영업활동</u> 감가상각비 무형자산상각비 대손상각비 단기매매금융자산평가손실 퇴직급여충당부채전입액 현재가치할인차금상각 사채할인발행차금상각액 기 타 <u>투자 · 재무활동</u> 단기매매금융자산처분손실 유형자산처분손실 투자자산처분손실 사채상환손실 등	= 현금주의 비용총액

감가상각비의 경우 예를 들면, 일정기간의 수익총액 ₩7,000,000, 비용총액 ₩3,000,000(감가상각비 ₩150,000 포함)이라면, 포괄손익계산서에서의 당기순이익은 ₩4,000,000으로 계산되어 보고된다. 감가상각에 관한 회계처리는 다음과

같다.

차변) 감가상각비 150,000	대변) 감가상각누계액 150,000

위의 회계처리에서 보듯이(대변과목에 유의) 감가상각비의 경우는 현금의 지출이 없음에도 불구하고, 발생주의에서는 유형자산이 일정기간 기업의 영업활동에 용역잠재력, 즉 경제적 효익을 제공하였으므로 그 제공(희생된)된 경제적 효익을 합리적인 방법에 의해 ₩150,000을 계산하여 감가상각비라는 과목으로 포괄손익계산서에 보고하는 것이다. 그러나 현금주의에서는 일정기간의 영업활동으로 인한 순현금흐름이 얼마인가를 계산해야 하므로 현금수지가 없는 항목을 당기순손익 계산에서 제외해야 하는 것이다.

따라서 감가상각비 계상액만큼의 현금지출이 없었으므로 발생주의 회계에서의 감가상각비 ₩150,000을 다시 가산하여 현금주의 당기순이익 ₩4,150,000을 계산해야 한다. 사실 발생주의 회계의 포괄손익계산서에서 당기순이익 ₩4,000,000이 보고된다고 하여 당기의 순현금유익액이 ₩4,000,000인 것은 아니다. 왜냐하면 전술한 바와 같이 현금의 수지가 없는 수익 · 비용을 포함하여 당기순이익을 측정했기 때문이다. 그 밖에 대손상각비, 무형자산상각비 등도 동일한 논리로 가산한다.

단기매매금융자산처분손실의 경우 기중에 단기매매금융자산(취득원가 ₩250,000)을 ₩200,000에 현금을 받고 처분했다면 다음과 같이 회계처리된다.

차변)	현 금	200,000	대변) 단기매매금융자산	250,000
	단기매매금융자산처분손실	50,000		

단기매매금융자산의 취득 및 처분의 활동은 투자활동으로서, 상기의 회계처리에서 보듯이 단기매매금융자산을 처분하고 손실이 ₩50,000이 발생하였으나 그에 상당한 현금의 지출은 없다. 따라서 현금주의 당기순이익을 측정하기 위해서는 발생주의 당기순이익에 ₩50,000을 가산해야 한다. 그 밖에 투자자산처분손실, 유형자산처분손실 등의 경우도 마찬가지이다.

그러나 **사채상환손실**의 경우는 다른 논리로 가산한다. 즉 영업활동으로 인한 현금흐름과 재무활동으로 인한 현금흐름의 계산시 이중계산을 막기 위한 것이다. 본래 사채상환은 재무활동이므로 '재무활동으로 인한 현금흐름'의 계산시에 현금유출액으로 계산되므로 포괄손익계산서의 당기순이익 계산시 차감했던 사채상환손실은 '영업활동으로 인한 현금흐름'의 계산시에 다시 가산하여 당기순이익을 증가시켜야 한다. 그렇지 않으면 이중 차감이 된다. 다음과 같은 분개의 예를 들어보자.

차변)	사 채	1,000,000	대변)	사채할인발행차금	150,000
	사채상환손실	50,000		현 금	900,000

상기의 회계처리는 사채 액면 ₩1,000,000을 ₩900,000에 매입상환한 거래의 예이다. 사채의 장부금액은 액면금액 ₩1,000,000에서 미상각사채할인발행차금 ₩150,000을 차감한 ₩850,000이다. 따라서 장부금액보다 ₩50,000이 초과되어 상환된 것이므로, 사채상환손실이 발생한 것이다. 이 회계처리의 내용에 의해 현금흐름표의 '재무활동으로 인한 현금유출액'의 항목에 사채의 상환 ₩900,000으로 현금의 감소가 표시된다.

한편, 현금흐름표의 '영업활동으로 인한 현금흐름'은 포괄손익계산서상의 당기순이익을 조정하여 계산하게 되는데, 포괄손익계산서상의 당기순이익을 계산할 때 이미 사채상환손실을 차감하여 계산한 것이므로 이를 가산 조정하지 않으면 이중 차감하는 결과가 된다. 즉 포괄손익계산서의 당기순이익 계산시에 사채상환손실 ₩50,000이 차감되었는 데도, 재무활동으로 인한 현금유출액 ₩900,000에 포함되어(상환손익이 계상되지 않으려면 ₩850,000에 처분해야 함) 현금흐름액 ₩50,000이 이중으로 감소되는 결과를 낳게 된다. 결국 총 ₩950,000의 현금흐름액이 감소하게 된다. 따라서 사채상환손실은 재무활동으로 인한 현금유출액에 포함하여 차감 표시하므로 영업활동으로 인한 현금흐름의 측정에서는 포괄손익계산서상의 당기순이익 계산시에 차감했던 사채상환손실액 ₩50,000을 다시 가산해야 한다.

(2) 현금유입이 없는 수익 조정

현금유입이 없는 수익의 경우는 전술한 현금유출이 없는 비용의 경우와 반대의 논리로 생각하면 된다. 현금주의에서 현금의 유입이 없는 경우는 수익으로 인식하지 않기 때문에, 포괄손익계산서에 보고된 현금유입이 없는 수익을 당기순이익에서 차감해야 현금주의에 의한 당기순이익을 계산할 수 있다. 다음 표는 이를 요약한 것이다.

표 18-12 **현금유입이 없는 수익 조정**

	현금유입이 없는 수익	
발생주의 수익총액 −	영업활동 사채할인발행차금환입액 단기매매금융자산평가이익 대손충당금환입 단기매매금융자산처분이익 투자 · 재무활동 유형자산처분이익 투자자산처분이익 사채상환이익 등	= 현금주의 수익총액

상기의 [표 18-12]에서 사채상환이익은 다음의 회계처리에서 보는 바와 같이 현금의 유입이 없는 수익으로 보고 당기순이익에서 차감해야 한다. 유형자산처분이익 및 투자자산처분이익은 전술한 사채상환손실의 경우와 같이 '영업활동으로 인한 현금흐름'과 '투자활동으로 인한 현금흐름'에 각각 현금유입으로 가산되는 것을 조정하지 않으면 이중으로 가산하는 셈이 된다. 그러므로 영업활동으로 인한 현금흐름 항목의 당기순이익에서만 차감하면 된다. 다시 말해서 포괄손익계산서상의 당기순이익 계산시 처분이익을 가산하여 계산했으므로, 이를 차감하여 영업활동으로 인한 현금흐름을 계산하고, '투자활동으로 인한 현금흐름'의 투자활동으로 인한 현금유입 항목에 유형자산처분액 및 투자자산처분액으로 하여 가산하는 것이다.

차변)	현 금	××××	대변)	사 채	××
				사채할인발행차금	×
				사 채 상 환 이 익	×

3.2 현금주의 당기순이익의 계산

포괄손익계산서 당기순이익 = 매출 + 기타 수익 − 매출원가 − 기타 비용

포괄손익계산서 당기순이익 = 매출 [+선수금 증가 −선수금 감소 −매출채권 증가 +매출채권 감소] + 기타 수익 [+선수수익 증가 −선수수익 감소 −미수수익 증가 +미수수익 감소]

− 매출원가 [+재고자산 증가 −재고자산 감소 −매입채무 증가 +매입채무 감소 +선급금 증가 −선급금 감소] − 기타 비용 [+선급비용 증가 −선급비용 감소 −미급비용 증가 +미급비용 감소]

+ 현금유출이 없는 비용 − 현금유입이 없는 수익

상기의 식에서 괄호를 풀면 다음과 같다.

= 매출 +선수금 증가 −선수금 감소 −매출채권 증가 +매출채권 감소 + 기타 수익 +선수수익 증가 −선수수익 감소 −미수수익 증가 +미수수익 감소

− 매출원가 −재고자산 증가 +재고자산 감소 +매입채무 증가 −매입채무 감소 −선급금 증가 +선급금 감소 − 기타 비용 −선급비용 증가 +선급비용 감소 +미급비용 증가 −미급비용 감소

+ 현금유출이 없는 비용 − 현금유입이 없는 수익

따라서 이를 간접법에 의한 현금흐름표 작성시 포괄손익계산서 당기순이익에 가감하여 영업활동으로 인한 현금흐름을 계산한다. 이 조정 내용은 현금흐름표의 '영업활동으로 인한 자산 · 부채의 변동'항목에 열거되어 작성되는 항목들이다.

발생주의 당기순이익

+선수금 증가	또는	−선수금 감소
−매출채권 증가	또는	+매출채권 감소
+선수수익 증가	또는	−선수수익 감소
−미수수익 증가	또는	+미수수익 감소
−재고자산 증가	또는	+재고자산 감소
+매입채무 증가	또는	−매입채무 감소
−선급금 증가	또는	+선급금 감소
−선급비용 증가	또는	+선급비용 감소
+미급비용 증가	또는	−미급비용 감소

= 현금주의 당기순이익

3.3 수익과 비용의 조정

현금흐름표의 작성, 특히 간접법의 경우는 비교재무상태표, 포괄손익계산서, 이익잉여금처분계산서 등의 자료를 기초로 하여 작성한다. 다음 자료에 의해 매출액, 제수익, 매입액, 매출원가, 제비용 등의 각 개별 수익 · 비용항목들의 조정내용과 포괄손익계산서의 당기순이익에 가감할 '영업활동으로 인한 자산 · 부채 변동' 내용을 계산하여 보자.

3.3.1 예시 자료

부분 포괄손익계산서

과 목	금 액	
Ⅰ. 매출액		54,720,000
Ⅱ. 매출원가		41,964,000
1. 기초상품재고액	29,680,000	
2. 당기매입액	50,434,000	
3. 기말상품재고액	38,150,000	
Ⅲ. 매출총이익		12,756,000
Ⅳ. 판매비와 관리비		1,360,000
Ⅴ. 영업외수익(기타 수익)		5,080,000
Ⅵ. 영업외비용(기타 비용)		988,000
Ⅶ. 당기순이익		15,488,000

부분 재무상태표

과 목	금 액		과 목	금 액	
	제51기	제52기		제51기	제52기
Ⅰ. 유동자산			Ⅰ. 유동부채		
1. 현금 및 현금등가물	98,990,000	48,870,000	1. 매입채무	6,730,000	7,200,000
			2. 단기차입금	12,950,000	10,900,000
2. 매출채권	9,256,700	767,000	3. 선 수 금	396,000	106,000
3. 선 급 금	360,000	450,000	4. 미지급보험료	280,000	420,000
4. 선급이자비용	270,000	170,000	5. 선수이자수익	765,000	700,000
6. 미수이자수익	165,000	298,000	6.		
7. 재고자산	15,987,000	38,150,000	Ⅱ. 비유동부채		
8.			·		
Ⅱ. 비유동자산			Ⅲ. 자 본		
·			·		

상기의 부분 비교재무상태표와 포괄손익계산서의 '자료'에 의해 현금흐름표 작성을 위한 다음의 계산 예 (1)~(5)까지는 각각 항목별로 발생주의에서 현금주의 금액으로 조정하는 내용이며, '3.3.3'은 현금흐름표의 작성시 당기순이익에 가감할 영업활동으로 인한 자산 · 부채의 변동내용을 예시한 것이다.

3.3.2 개별 손익의 조정

(1) 매출액 조정

매출액 ₩54,720,000 + 매출채권 감소 ₩8,489,700 − 선수금 감소 ₩290,000
= ₩62,919,700

(2) 제수익 조정

제수익 ₩5,080,000 − 선수수익 감소 ₩65,000 − 미수수익 증가 ₩133,000
= ₩4,882,000

(3) 매입액 조정

당기매입액 ₩50,434,000 + 선급금 증가 ₩90,000 − 매입채무 증가 ₩470,000
= ₩50,054,000

(4) 제비용 조정

제비용 ₩988,000 − 선급비용 감소 ₩100,000 − 미급비용 증가 ₩140,000
= ₩748,000

(5) 매출원가 조정

매출원가 ₩41,964,000 + 재고자산 증가 ₩22,163,000 − 매입채무 증가 ₩470,000 + 선급금 증가 ₩90,000 = ₩63,747,000

3.3.3 영업활동으로 인한 자산 · 부채의 변동항목의 조정

발생주의 당기순이익 ₩15,488,000

+ 매출채권 감소	8,489,700
− 선수금 감소	290,000
− 재고자산 증가	22,163,000
+ 매입채무 증가	470,000
− 선급금 증가	90,000
− 선수수익 감소	65,000
− 미수수익 증가	133,000
+ 선급비용 감소	100,000
+ 미급비용 증가	140,000

= 현금주의 당기순이익 ₩1,946,700

제 4 절 현금흐름표 작성

4.1 현금흐름표의 구조

현금흐름표의 구조는 발생주의와 현금주의의 차이를 고려하여 발생주의 재무제표를 분석 · 조정하여 영업활동, 투자활동, 재무활동으로 인한 현금흐름을 측정하여 순현금흐름, 즉 현금의 증가 또는 감소액을 계산하고, 이 결과에 비교재무상태표의 현금 또는 총계정원장의 현금계정 등을 통해 기초현금(전기이월액)을 가산하여 기말현금(차기이월액)에 일치시킴으로써 현금흐름표를 완성한다. 현금흐름의 분석결과와 재무제표 등을 통한 현금의 증감의 결과는 일치하게 되며, 일치 여부에 의해 현금흐름표 작성결과의 정확성 여부를 검증한다. 다음에 보이는 현금흐름표의 구조에서와 같이 현금흐름표는 영업활동, 투자활동, 재무활동의 세 가지의 활동으로 구분하여 현금흐름을 측정한다. 이의 활동을 구체적으로 기술하면 다음과 같다.

〈현금흐름표의 구조〉

내용(분석 결과)		내용(재무상태표)			
Ⅰ. 영업활동으로 인한 현금흐름 Ⅱ. 투자활동으로 인한 현금흐름 Ⅲ. 재무활동으로 인한 현금흐름	증(감)	+	Ⅳ. 기초의 현금	=	Ⅴ. 기말의 현금

4.1.1 영업활동

영업활동(operating activities)이란 회사가 목적으로 하는 주된 활동과 직접적으로 관련된 활동으로 재무활동과 투자활동에 포함되지 않는 활동으로서, 재화의 생산, 매입, 매출 등의 수익 창출활동과 관련된 활동을 말한다. 이러한 활동의 결과를 측정하여 당기순손익을 결정하게 된다. 따라서 이자의 지급 또는 이자수익의 수취, 배당금 수취 등은 엄격하게는 영업활동에는 속하지 않으며 투자 및 재무활동에 속하지만 이들은 당기순이익계산 항목이므로 영업활동에 포함시킨다.

4.1.2 투자활동

투자활동(investing activities)은 기업이 미래의 경제적 효익을 향유하기 위하여 각종 자산을 취득하고 처분하는 활동을 말한다. 따라서 자금의 대여 및 회수, 유가증권의 취득 및 처분, 유형자산의 취득 및 처분, 투자자산의 취득 및 처분 등의 활동이 그 중심이 된다.

4.1.3 재무활동

재무활동(financing activities)은 기업이 필요로 하는 자금의 조달 또는 상환과 관련된 활동이다. 현금의 차입 및 상환, 당좌차월, 사채의 발행 및 상환, 주식의 발행 및 유상감자, 자기주식 취득 및 처분 등의 활동이 여기에 해당된다.

4.2 작성방법

4.2.1 직 접 법

현금흐름표(직접법)

제51기 2001년 1월 1일부터 2001년 12월 31일까지

제52기 2002년 1월 1일부터 2002년 12월 31일까지

회사명: ____________________ (단위: 원)

과 목	제×-1기		제×-2기	
	금 액		금 액	
Ⅰ. 영업활동으로 인한 현금흐름				
가. 매출 등의 수익활동으로부터의 유입액				
나. 매입 및 종업원에 대한 유출액				
다. 이자수익유입액				
라. 배당금수익유입액				
마. 이자비용유출액				
바. 미지급법인세의 지급				
사.		×××		×××
Ⅱ. 투자활동으로 인한 현금흐름				
1. 투자활동으로 인한 현금유입액				
가. 단기금융상품의 처분				
나. 토지의 처분				
다.				
2. 투자활동으로 인한 현금유출액				
가. 현금의 단기대여				
나. 단기금융상품의 취득				
다.		×××		×××
Ⅲ. 재무활동으로 인한 현금흐름				
1. 재무활동으로 인한 현금유입액				
가. 단기차입금의 차입				
나. 사채의 발행				
다. 보통주의 발행				
라.				
2. 재무활동으로 인한 현금유출액				
가. 단기차입금의 상환				
나. 사채의 상환				
다. 유상감자				

라.		×××		×××
Ⅳ. 현금의 증가(감소)(Ⅰ+Ⅱ+Ⅲ)		×××		×××
Ⅴ. 기초의 현금		×××		×××
Ⅵ. 기말의 현금		×××		×××

상기의 양식은 기업회계기준에서 제시하고 있는 직접법의 양식을 요약한 것이다. 직접법은 재무제표, 총계정원장 및 증빙자료를 통해 직접 현금의 유입 및 유출액을 추적 · 분석한다. 현금유입액은 원천별로 분류하여 기재하고, 현금유출액은 용도별로 기재하여 작성한다. 직접법은 간접법에 비해 직접 증빙자료를 통해 추적 · 분석하기 때문에 시간, 노력 및 비용이 많이 소비되는 단점이 있다.

4.2.2 간 접 법

간접법은 발생주의 회계의 결과인 비교재무상태표, 포괄손익계산서, 이익잉여금처분계산서 등을 통하여 현금의 유입 및 유출을 추적 · 분석하여 작성한다. 먼저 포괄손익계산서상의 당기순이익을 가감 조정하여 영업활동으로 인한 현금흐름을 계산한다. 이는 포괄손익계산서의 기재항목인 모든 수익 및 비용과 재무상태표상의 영업활동으로 인한 자산 · 부채의 변동내용을 분석대상으로 하여 작성한다. 즉, 포괄손익계산서의 당기순이익으로부터 가감 조정하여 작성하는 점이 직접법의 경우와 다르다.

현금흐름표(간접법)

제51기 2001년 1월 1일부터 2001년 12월 31일까지

제52기 2002년 1월 1일부터 2002년 12월 31일까지

회사명: ______________ (단위: 원)

과 목	제51기		제52기	
	금 액		금 액	
Ⅰ. 영업활동으로 인한 현금흐름				
1. 당기순이익(손실)				
2. 현금의 유출이 없는 비용 가산				
가. 감가상각비				
나.				
3. 현금의 유입이 없는 수익 차감				
가. 사채상환이익				
나.				
4. 영업활동으로 인한 자산 · 부채의 변동				

가. 재고자산증가(감소)				
나.		×××		×××
Ⅱ. 투자활동으로 인한 현금흐름				
1. 투자활동으로 인한 현금의 유입액				
가. 단기금융상품의 처분				
나.				
2. 투자활동으로 인한 현금의 유출액				
가. 유가증권의 취득				
나.		×××		×××
Ⅲ. 재무활동으로 인한 현금흐름				
1. 재무활동으로 인한 현금유입액				
가. 단기차입금의 차입				
나.				
2. 재무활동으로 인한 현금유출액				
가. 사채의 상환				
나.		×××		×××
Ⅳ. 현금의 증가(감소)(Ⅰ+Ⅱ+Ⅲ)		×××		×××
Ⅴ. 기초의 현금		×××		×××
Ⅵ. 기말의 현금		×××		×××

그러나 투자 및 재무활동으로 인한 현금흐름은 직접법과 동일한 방법으로 작성한다. 발생주의와 현금주의 회계에 대한 이해가 잘 되어 있는 회계 전문가의 입장에서는 직접법보다 간접법이 시간, 노력 및 비용을 덜 소비하고 용이하게 작성할 수 있으므로 많은 기업들이 직접법보다는 간접법을 선호하고 있다. 여기에서는 직접법에 의한 구체적 방법은 생략하고 간접법을 중심으로 기술하고자 한다.

4.2.3 분석방법 및 예시

간접법에 의한 현금흐름표 작성시 분석방법은 정산표법과 T계정분석법이 있다. 그러나 정산표법은 정산표라는 양식에 T계정분석법의 원리를 이용하여 작성하는 방법이므로 근본적으로는 T계정분석법과 그 원리에 있어서는 다르지 않다. 그러므로 여기에서는 정산표법은 생략하고 T계정분석법을 중심으로 고찰하기로 한다.

T계정분석법은 약식 계정형식인 T계정을 이용하여 분석하는 방법이다. 이 분석을 위해 재무상태표에 제시된 현금 및 현금성자산을 제외한 과목의 금액을 T계정의 차변 또는 대변에 전기와 당기의 금액을 기재하고 이를 분석한다. 자산

계정은 그 차변에 전기(전기이월액)의 금액을 그리고 대변에는 기말(차기이월액)의 금액을 기재하고, 부채와 자본계정의 대변에 전기(전기이월액)의 금액을, 차변에 기말(차기이월액)의 금액을 기재한 후 분석을 시작한다.

T계정의 분석결과는 분석을 위해 새로 설정한 **현금흐름계정**에 분개의 과정을 통하여 차변 또는 대변에 대체기입한다. 다음으로는 (1) 현금흐름계정의 차변(현금의 유입) 또는 대변(현금의 유출)에 대체기입된 내용을 현금흐름표 양식에 대입하여 기재한 후, 그 결과를 **현금의 증**(감)으로 표시하고, 마지막으로 (2) 현금흐름표 양식의 말미에 현금계정의 전기이월액을 **기초의 현금**으로 표시하여 전술한 (1)의 결과에 합산함으로써 차기이월액인 **기말의 현금**에 일치시킨다. 이 일치 여부에 의해 현금흐름표의 현금의 증(감)액의 정확성 여부를 판단한다는 것은 전술한 바와 같다. T계정분석의 간단한 예를 들어 보자.

◀ 예시 18-1 ▶ T계정분석의 예(1)

※ 다음 자료에 의해 T계정분석을 하시오.

과 목	제51기	제52기
감가상각누계액	₩20,000	₩30,000
건 물	₩820,000	₩720,000

〈추가정보〉

건물 ₩200,000(감가상각누계액 ₩15,000)을 ₩320,000에 처분하고 현금을 받음.

상기 예를 분석하기 위해서 제시된 각 계정의 비교금액과 추가정보를 고려한 분개 및 추정분개와 현금흐름계정을 포함한 각 계정에 대체기입하면서 현금흐름의 증감내용을 분석해 간다. 그 과정을 제시하면 다음과 같다.

(1) 분 개

	차변	금액		대변	금액
①	차변) 현금흐름-투자 (건물처분액)	320,000	대변)	건 물	200,000
				유형자산처분이익	135,000
	감가상각누계액	15,000			

건물을 처분하고 현금을 받았으므로 현금계정 대신 현금흐름(유입)계정의 차변에 대체한다. 분석에서 모든 현금의 지급 또는 지출액의 분개는 그 과목을 **현금흐름**으로 하고, 추후 현금흐름표 작성을 용이하게 하기 위해 영업활동, 투자활동, 재무활동 등으로 미리 구분해 두기 위해 영업, **투자**, **재무** 등으로 표시해 둔다.

② 차변)	유형자산처분이익	135,000	대변) **현금흐름-영업** (현금유입이 없는 수익)	135,000

유형자산처분이익을 현금흐름계정의 대변에 대체하며, 이 계정의 대변에 대체기입함으로써 현금흐름표의 당기순이익에서 차감되도록 한다. 왜냐하면 유형자산처분이익은 현금유입이 없는 수익이기 때문이다. 상기 ①의 대변과목 분개에서 '유형자산처분이익계정'을 설정하지 않고 '**현금흐름**(유형자산처분이익)'이라고 분개하여 곧바로 현금흐름계정 대변에 대체기입되도록 하기도 한다.

③ 차변)	건 물	100,000	대변) **현금흐름-투자** (건물취득)	100,000

건물계정은 상기의 분석을 위한 분개 ①, ②에 의한 대체기입을 한 후에도 대변과 차변의 합계가 일치되지 않고 차변이 ₩100,000이 부족하다. 이로 인해 차변기입액, 즉 건물의 취득액이 ₩100,000이 있음을 추정할 수 있다. 따라서 이를 위해 위 ③과 같이 분개를 하고 대체기입한다.

④ 차변)	**현금흐름-영업** (감가상각비)	25,000	대변) 감가상각누계액	25,000

감가상각누계액계정 역시 필요한 분개와 대체기입이 완료되었는 데도 대차가 일치하지 않는다. 이는 아직 분석이 완료되지 않았음을 의미한다. 감가상각누계액계정의 대변금액이 ₩25,000 부족하다는 것은 기말 결산일에 계상한 감가상각비 ₩25,000이라는 것을 추정할 수 있다. 따라서 당기말에 감가상각비 계상액 ₩25,000을 위 ④와 같이 추정하여 회계처리한다.

위의 분개 역시 전술한 ①의 분개와 같이 차변과목을 '**감가상각비**'라고 분개하고 감가상각비계정 차변에 대체한 후, 이 계정에서 '**차변) 현금흐름**(감가상각비-영업) 25,000 대변) 감가상각비 25,000'라고 다시 대체분개하여 현금흐름계정의 차변에 기입함으로써 결국 현금흐름표의 영업활동으로 인한 현금흐름 항목의 현금유출이 없는 비용에 '감가상각비 25,000'이라고 대체기입되도록 한다. 그러나 실무적 편의에 따라서 감가상각비계정을 세워 대체하는 것을 생략하고 곧바로 현금흐름계정으로 대체하는 것이 바람직하다고 본다. 이상의 분개과정에서 보는 바와 같이 현금과 비용 및 수익에 관한 과목대신 '현금흐름'으로 분개하는 것이 바람직하다.

(2) T 계 정

건 물

차변	금액	대변	금액
기 초	820,000	기 말	720,000
③ 현금흐름-투자 (건물취득액)	100,000	① 제 좌	200,000
	920,000		920,000

감가상각누계액

차변	금액	대변	금액
기 말	30,000	기 초	20,000
① 제 좌	15,000	④ 현금흐름-영업	25,000
	45,000		45,000

유형자산처분이익

차변	금액	대변	금액
② 현금흐름-영업	135,000	제 좌	135,000

현금흐름

현금유입		현금유출	
(영업활동)		(영업활동)	
④ 감가상각비	25,000	② 유형자산처분이익	135,000
(투자활동)		(투자활동)	
① 건물처분액	320,000	③ 유형자산취득	100,000
(재무활동)		(재무활동)	

✎ 상기의 내용은 현금흐름표의 기재 내용의 일부분을 분석한 것이다. 현금흐름계정의 내용을 현금흐름표의 양식에 대입하여 기입하면 현금흐름표가 작성된다. 또한 현금흐름계정의 기입에서 상대쪽 과목대신 그 내용을 간단히 기술하는 것이 바람직하다. 이는 후에 현금흐름표 양식에 대입하여 작성하기 용이하도록 하기 위한 것이다.

◀ 예시 18-2 ▶ T계정분석의 예(2)

※ 다음 자료에 의해 T계정분석을 하시오.

과 목	제51기	제52기
미지급이자비용	₩350,000	₩280,000
매 출 채 권	₩6,200,000	₩7,350,000
대 손 충 당 금	₩125,000	₩188,000

〈추가정보〉

1. 당기중 매출채권 회수불능액 ₩50,000임.
2. 당기 외상매출액 ₩1,800,000임.

(3) 분 개

1) 미지급금계정을 보면 기초는 ₩350,000, 기말은 ₩280,000으로 기말이 ₩70,000 감소되었음을 알 수 있다. 따라서 이 금액은 미지급금을 지급하기 위해 현금 ₩70,000을 사용하였음을 추정할 수 있다. 이 현금유출액 ₩70,000을 현금흐름표에 기재하기 위해 아래 ①과 같이 분개한다. 이자비용의 지급은 본래 재무활동에 속하지만 이자비용은 비용으로서 포괄손익계산서의 비용항목에 기입해 영업성적인 당기순(손)익을 계산하므로, '영업활동으로 인한 현금흐름'을 계산하기 위해 당기순이익에서 조정하여야 한다. 이를 위해 직접법에서는 '이자비용유출액 ×××'으로, 그리고 간접법에서는 '영업활동으로 인한 자산 · 부채의 변동' 항목에 '미지급이자비용 감소'의 내용으로 기재한다.

① 차변)	미지급이자비용	70,000	대변) 현금흐름-영업 (미지급이자비용 감소)	70,000

2) 아래의 회계처리는 〈추가정보〉 1.의 회수불능액에 관한 것이다. 보는 바와 같이 현금흐름계정과는 관련이 없는 회계처리이며, 아래 ③의 경우는 〈추가정보〉 2.에 관한 매출채권 증가의 회계처리이다.

② 차변)	대손충당금	50,000	대변) 매 출 채 권	50,000

③ 차변) 매 출 채 권	1,800,000	대변) 현금흐름 - 영업 (매출채권 증가)	1,800,000

3) 지금까지 대손충당금계정에 기초, 기말의 금액과 ②의 회계처리 결과를 대체기입하였으나 이 계정의 대차의 금액이 일치하지 않는다. 이는 아직 분석이 완전히 끝나지 않았음을 의미하므로, 관련 추가정보가 또 있는지 확인하고 없으면 추정에 의존해야 한다. 본 예에서는 관련 정보가 더 이상 없으므로 대차의 차액 ₩113,000(대변부족액)을 추정하여 회계처리하면 ④와 같다. 이 분개는 기말에 대손추정액 ₩113,000을 계상한 것이다. 그러므로 대손상각비 ₩113,000은 현금유출이 없는 비용이므로 당기순이익에 가산되도록 하기 위해 현금흐름계정의 차변에 대체기입한다.

④ 차변) 현금흐름 - 영업 (대손상각비)	113,000	대변) 대손충당금	113,000

4) 매출채권계정 기입내용을 보면, 비교재무상태표에 의한 기초, 기말의 금액과 ②, ③의 내용이 대체기입되었다. 그러나 이 계정 역시 대변의 합계금액이 ₩600,000 부족함으로써 대차의 금액이 일치하지 않는다. 매출채권계정의 대변에 기입하는 경우는 매출채권의 회수불능액이나 매출채권의 회수액이다. 본 예시에서는 매출채권의 회수에 의한 매출채권 감소로 추정해야 한다. 이 감소액은 현금흐름계정의 차변에 대체기입되고 이를 통한 현금흐름표의 '영업활동으로 인한 자산 · 부채의 변동'항목에 매출채권의 감소로 기입하여 당기순이익에 가산한다.

⑤ 차변) 현금흐름 - 영업 (매출채권 감소)	600,000	대변) 매 출 채 권	600,000

(4) T 계 정

미지급이자비용

차변	금액	대변	금액
기 말	280,000	기 초	350,000
① 현금흐름 - 영업 (미급이자 감소)	70,000		
	350,000		350,000

매출채권

기 초	6,200,000	기 말	7,350,000
③ 현금흐름-영업	1,800,000	② 대손충당금	50,000
(매출채권 증가)		⑤ 현금흐름-영업	600,000
		(매출채권 감소)	
	8,000,000		8,000,000

대손충당금

기 말	188,000	기 초	125,000
② 매출채권	50,000	④ 현금흐름-영업	113,000
		(대손상각비)	
	238,000		238,000

현금흐름

현금유입		현금유출	
(영업활동)		(영업활동)	
④ 대손상각비	113,000	① 미지급이자 감소	70,000
⑤ 매출채권 감소	600,000	③ 매출채권 증가	1,800,000
(투자활동)		(투자활동)	
(재무활동)		(재무활동)	

연 습 문 제

■ [18-1] 발생주의의 의의 및 현금흐름과의 관계를 설명하시오.

■ [18-2] 현금흐름 정보의 유용성을 설명하시오.

■ [18-3] 기업의 활동을 분류하고 설명하시오.

■ [18-4] 순운전자본의 의의 및 계산방법을 설명하시오.

■ [18-5] 2004년 말 총계정원장의 다음 각 계정잔액에 의해 현금주의 매출액을 계산하시오.

재무상태표계정 잔액			포괄손익계산서계정 잔액	
과 목	2003. 12. 31.	2004. 12. 31.		
외상매출금	150,000	230,000	매 출	2,600,000
받을어음	350,000	100,000		
선 수 금	170,000	20,000		
선 급 금	350,000	120,000		

현금주의 매출액: ₩ ____________

■ [18-6] 다음 결산일의 각 계정 잔액에 의해 현금주의 매출원가를 계산하시오.

포괄손익계산서 금액		재무상태표 금액		
		과 목	2003년	2004년
매출원가	1,350,000	재고자산	750,000	700,000
		선 급 금	270,000	70,000
		매입채무	480,000	140,000
		선급비용	130,000	150,000

현금주의 매출원가: ₩ ____________

■ [18-7] 다음 계정 잔액에 의해 현금주의 비용과 수익총액을 계산하시오.

포괄손익계산서 금액		재무상태표 금액		
		과 목	2003년	2004년
비용총액	350,000	선급비용	130,000	180,000
수익총액	1,300,000	미급비용	630,000	520,000

		선수수익	260,000	390,000
		미수수익	500,000	620,000

현금주의 비용총액: ₩ ______________

현금주의 수익총액: ₩ ______________

■ [18-8] 다음 결산일 현재의 집합손익계정과 추가정보에 의해 현금주의 당기순이익을 계산하시오.

집합손익

차 변		대 변	
매입(매출원가)	3,550,000	매 출	7,250,000
급 여	550,000	이 자 수 익	920,000
보 험 료	127,000	임 대 료	220,000
광고선전비	150,000	유형자산처분익	190,000
감가상각비	15,000		
대손상각비	13,000		
이 자 비 용	75,000		
당기순이익	4,100,000		
	8,580,000		8,580,000

(추가정보)

1) 기초상품재고액 ₩100,000, 기말상품재고액 ₩80,000

3) 전기 매입채무 ₩700,000, 당기 매입채무 ₩400,000

5) 전기 선급보험료 ₩30,000, 당기 선급보험료 ₩10,000

영업활동으로 인한 현금흐름: ₩ ______________

■ [18-9] 다음 자료에 의해 현금주의 당기순이익을 계산하시오.

과 목	금 액	과 목	금 액
당 기 순 이 익	5,000,000	유 형 자 산 처 분 손	250,000
감 가 상 각 비	95,000	단기매매금융자산평가익	76,000
대 손 상 각 비	42,000	투 자 자 산 처 분 익	350,000

현금주의 당기순이익: ₩ ______________

■ [18-10] 다음 자료에 의해 영업활동으로 인한 현금흐름을 계산하시오.

과 목	금 액	과 목	금 액
당 기 순 이 익	8,500,000	유 형 자 산 처 분 익	620,000
감 가 상 각 비	250,000	단 기 매 매 금 융 자 산	85,000
대 손 상 각 비	50,000	평 가 손	
비유동부채상환손	340,000	무 형 자 산 상 각 비	100,000

영업활동으로 인한 현금흐름: ₩ ________

■ [18-11] 다음 2003년과 당기인 2004년의 부분 재무상태표 금액에 의해 영업활동으로 인한 현금흐름을 측정시의 자산 · 부채 변동액을 계산하시오.

부분 재무상태표 금액

과 목	2003년	2004년
매출채권	700,000	850,000
매입채무	1,500,000	1,800,000
재고자산	230,000	75,000
선급비용	28,000	25,000
선 급 금	540,000	280,000
미수수익	370,000	400,000
선 수 금	32,000	60,000

영업활동 관련 자산 · 부채의 변동액: 증(감) ₩ ________

■ [18-12] 다음 결산일 현재의 부분 재무상태표와 추가정보에 의해 투자 및 재무활동으로 인한 현금흐름을 계산하시오.

부분 재무상태표

과 목	제1기	제2기	과 목	제1기	제2기
·	·	·	·	·	·
·	·	·	·	·	·
매도가능금융자산	860,000	920,000	장 기 차 입 금	30,000,000	17,000,000
비 품	3,750,000	9,500,000	사 채	50,000,000	84,000,000
차 량 운 반 구	7,000,000	10,000,000	자 본 금	100,000,000	150,000,000
대 여 금	6,350,000	7,500,000	감가상각누계액	1,640,000	1,920,000
·	·	·	·	·	·
·	·	·	·	·	·

(추가정보)

1) 기중에 비품을 ₩600,000(취득원가 ₩1,000,000, 감가상각누계액 ₩200,000)에 처분하고 대금은 수표로 영수하였다.

2) 기중에 장기차입금 ₩20,000,000을 현금으로 상환하였다.

(투자 및 재무활동으로 인한 현금흐름)

행태 / 활동	현금유입		현금유출		순현금 흐름
투자활동					
재무활동					

■ [18-13] 다음 재무상태표, 포괄손익계산서 및 추가적 정보에 의해 현금흐름표를 작성하시오. T계정분석에 의해 간접법으로 작성할 것.

요약 재무상태표

자 산			부채 및 자본		
과 목	2003년	2004년	과 목	2003년	2004년
현 금	3,720,000	1,372,000	장 기 차 입 금	6,000,000	2,150,000
매 출 채 권	2,630,000	2,294,500	매 입 채 무	7,316,000	6,000,000
재 고 자 산	2,650,000	2,908,000	선 수 이 자	80,000	90,000
미수임대료	340,000	570,000	감가상각누계액	1,478,000	1,697,500
선급보험료	264,000	223,000	대 손 충 당 금	550,000	720,000
대 여 금	6,000,000	1,500,000	자 본 금	8,000,000	9,500,000
비 품	3,150,000	4,150,000	자 본 잉 여 금	450,000	450,000
기 계 장 치	3,440,000	5,440,000	이월이익잉여금	2,120,000	1,950,000
차량운반구	3,800,000	4,100,000			
	25,994,000	22,557,500		25,994,000	22,557,500

요약 포괄손익계산서

과 목	금 액	
Ⅰ. 매 출 액		95,290,000
Ⅱ. 매출원가		94,742,000
1. 기초상품재고액	2,650,000	
2. 당기매입액	95,000,000	
계	97,650,000	
3. 기말상품재고액	2,908,000	
Ⅲ. 매출총이익		548,000
Ⅳ. 제 수 익		10,040,000
1. 이자수익	420,000	
2. 용역수익	9,370,000	
3. 잡 수 익	250,000	
Ⅴ. 제 비 용		10,358,000
1. 급 여	6,150,000	

2. 광고선전비	2,220,000	
3. 보 험 료	350,500	
4. 감가상각비	369,500	
5. 대손상각비	170,000	
6. 접 대 비	548,000	
7. 이자비용	200,000	
8. 유형자산처분손실	350,000	
Ⅵ. 당기순이익		230,000

(추가정보)

1) 당기순이익 ₩230,000
2) 배당금선언액 및 지급액 ₩400,000
3) 차량운반구 취득 ₩2,300,000
4) 차량운반구 처분액 ₩1,500,000(취득원가 ₩2,000,000, 감가상각누계액 ₩150,000)
5) 대여금 회수액 ₩4,500,000
6) 장기차입금 상환액 ₩3,850,000
7) 유상증자액 ₩1,500,000
8) 기타 사항에 관하여는 추정하시오.

현금흐름표

과 목	금 액	
Ⅰ. 영업활동으로 인한 현금흐름		
1. 당 기 순 이 익		
2. 현금유출이 없는 비용 가산		
3. 현금유입이 없는 수익 차감		
4. 영업활동으로 인한 자산 · 부채의 변동		
Ⅱ. 투자활동으로 인한 현금흐름		
가. 투자활동으로 인한 현금유입액		

나. 투자활동으로 인한 현금유출액		
Ⅲ. 재무활동으로 인한 현금흐름		
가. 재무활동으로 인한 현금유입액		
나. 재무활동으로 인한 현금유입액		
Ⅳ. 현금의 증가(감소)		
Ⅴ. 기초의 현금		
Ⅵ. 기말의 현금		

■ [18-14] 다음은 2004년 12월 31 현재 자산 · 부채 변동액을 제외한 손익의 가감 · 조정 후의 당기순이익 ₩1,948,000과 자산 · 부채 변동내용에 의해 영업활동으로 인한 현금흐름을 계산하시오.

자산 · 부채 변동 내용

과 목	2003년 12월 31일	2004년 12월 31일
재고자산	745,000	282,000
매입채무	1,320,500	420,000
매출채권	594,000	377,000
선급금	120,000	243,000
미지급급여	917,000	950,000
선급이자비용	322,000	22,000
선수이자수익	640,000	580,000

영업활동으로 인한 현금흐름: (   ) ₩

■ [18-15] 다음 손익내용과 자산 · 부채 내용에 의해 2005년 12월 31일의 부분 영업활동으로 인한 현금흐름표를 작성하시오.

1) 손익내용

과 목	금 액	과 목	금 액
당 기 순 이 익	3,624,000	감 가 상 각 비	643,000
단기매매금융자산평가이익	183,000	대 손 상 각 비	170,000
유 형 자 산 처 분 이 익	799,000	단기매매금융자산처분손실	35,000
투 자 자 산 처 분 이 익	121,500	지 분 법 평 가 이 익	950,000
고 정 부 채 상 환 손 실	330,000	채 무 면 제 이 익	620,000
매도가능금융자산처분이익	700,000	유 형 자 산 처 분 손 실	613,000
영 업 권 상 각	45,000		

2) 자산 · 부채 내용

과 목	2004년 12월 31일	2005년 12월 31일
재 고 자 산	365,000	33,700
매 출 채 권	127,000	722,000
매 입 채 무	485,000	78,000
미 지 급 급 여	555,000	411,000
선 급 임 차 료	115,000	60,000
미 지 급 이 자 비 용	298,000	405,000

3) 영업활동으로 인한 현금흐름표

과 목	금 액		
Ⅰ. 영업활동으로 인한 현금흐름 1. 당기순이익 2. 현금 유출이 없는 비용 가산 3. 현금 유입이 없는 수익 차감 4. 자산 · 부채의 변동			

심●화●학●습

현금흐름표 작성 - 종합

※ 다음 비교 재무상태표 및 포괄손익계산서와 추가정보에 의해 T계정분석 및 현금흐름표를 작성하시오.

[자 료]

요약 재무상태표

과 목	제51기	제52기	과 목	제51기	제52기
현 금	1,300,000	9,570,000	단기차입금	3,400,000	2,530,000
단기매매금융자산	630,000	430,000	매입채무	1,500,000	4,700,000
대 여 금	1,000,000	1,200,000	선 수 금	280,000	160,000
매출채권	4,400,000	6,000,000	미지급배당금	700,000	900,000
(대손충당금)	(200,000)	(270,000)	미지급급료	350,000	370,000
선 급 금	70,000	30,000	선수이자수익	667,000	670,000
선급보험료	17,000	20,000	장기차입금	0	2,500,000
재고자산	980,000	720,000	자 본 금	3,500,000	2,000,000
투자자산	500,000	-	임의적립금	-	4,390,000
비 품	2,600,000	1,700,000	이월이익잉여금	100,000	480,000
(감가상각누계액)	(800,000)	(700,000)			
	10,497,000	18,700,000		10,497,000	18,700,000

부분 포괄손익계산서

과 목	금 액	
Ⅰ. 매 출 액		23,965,000
Ⅱ. 매출원가		17,760,000
1. 기초상품재고액	980,000	
2. 당기매입액	17,500,000	
3. 기말상품재고액	720,000	
Ⅲ. 매출총이익		6,205,000
Ⅳ. 제 수 익		840,000

1. 이자수익	790,000	
2. 투자자산처분이익	50,000	
V. 제 비 용		1,375,000
1. 급료	627,000	
2. 보험료	330,000	
3. 감가상각비	40,000	
4. 교통 · 통신비	150,000	
5. 대손상각비	198,000	
6. 이자비용	30,000	
VI. 당기순이익		5,670,000

〈추가정보〉

1. 비품(취득원가 ₩1,000,000, 감가상각누계액 ₩140,000)을 ₩760,000에 처분하고 대금을 현금으로 수취함.
2. 기중에 매출채권 ₩128,000이 회수불능됨.
3. 당기의 배당결의액은 ₩900,000, 나머지는 각종 적립금으로 사내에 유보함, 배당금지급액 ₩700,000(제51기).
4. 투자자산 ₩500,000을 ₩550,000에 현금을 받고 처분함.

(1) 분 개

① 차변)	현금흐름-영업 (당기순이익)	5,670,000	대변)	이월이익잉여금	5,670,000

② 차변)	이월이익잉여금	5,290,000	대변)	미지급배당금	900,000
				임의적립금	4,390,000

③ 차변)	미지급배당금	700,000	대변)	현금흐름-재무 (배당금지급)	700,000

✎ 배당금지급은 재무활동과 관련한 현금유출이다. 그러나 배당금수취는 배당금수익이라는 항목으로 포괄손익계산서에 기재되어 당기순이익을 계산한 것이므로, 영업활동으로 인한 현금흐름에 표시되어야 한다. 배당금수익은 투자액에 대한 배당금의 수취액이므로 본래는 투자활동으로 인한 현금유입으로 처리해야 하지만, 배당금의 지급은 비용발생회계가 이루어지지 않으나 배당금의 수취는 배당금수익이라는 수익발생회계가 이루어지기 때문이다.

	차변)		대변)	
④	현금흐름-투자 (비품처분)	760,000	비　　　품	1,000,000
	감가상각누계액	140,000		
	현금흐름-영업 (유형자산처분손실)	100,000		

	차변)		대변)	
⑤	현금흐름-영업 (감가상각비)	40,000	감가상각누계액	40,000

	차변)		대변)	
⑥	비　　　품	100,000	현금흐름-투자 (비품의 취득)	100,000

	차변)		대변)	
⑦	대손충당금	128,000	매출채권	128,000

	차변)		대변)	
⑧	현금흐름-영업 (대손상각비)	198,000	대손충당금	198,000

	차변)		대변)	
⑨	현금흐름-투자 (투자자산처분)	550,000	투자자산	500,000
			현금흐름-영업 (투자자산처분이익)	50,000

	차변)		대변)	
⑩	현금흐름-투자 (단기매매금융자산처분)	200,000	단기매매금융자산	200,000

	차변)		대변)	
⑪	대 여 금	200,000	현금흐름-투자 (현 금 대 여)	200,000

	차변)		대변)	
⑫	매출채권	1,728,000	현금흐름-영업 (매출채권 증가)	1,728,000

	차변)		대변)	
⑬	현금흐름-영업 (선급금 감소)	40,000	선 급 금	40,000

⑭ 차변) 선급보험료 3,000 대변) 현금흐름-영업 3,000
(선급보험료 증가)

⑮ 차변) 현금흐름-영업 260,000 대변) 재고자산 260,000
(재고자산 감소)

⑯ 차변) 단기차입금 870,000 대변) 현금흐름-재무 870,000
(단기차입금상환)

⑰ 차변) 현금흐름-영업 3,200,000 대변) 매입채무 3,200,000
(매입채무 증가)

⑱ 차변) 선 수 금 120,000 대변) 현금흐름-영업 120,000
(선수금 감소)

⑲ 차변) 현금흐름-영업 20,000 대변) 미지급급료 20,000
(미지급급료 증가)

⑳ 차변) 현금흐름-영업 3,000 대변) 선수이자수익 3,000
(선수이자수익 증가)

㉑ 차변) 현금흐름-재무 2,500,000 대변) 장기차입금 2,500,000
(장기차입)

㉒ 차변) 자 본 금 1,500,000 대변) 현금흐름-재무 1,500,000
(유상감자)

✎ 상기의 분개 중 ⑤, ⑥, ⑧, ⑩~㉒의 분개는 T계정분석 과정에서 추정된 사항을 분개한 것임.

(2) T 계 정

이월이익잉여금

차변	금액	대변	금액
기 말	480,000	기 초	100,000
② 제 좌	5,290,000	① 현금흐름-영업	5,670,000
	5,770,000		5,770,000

단기매매금융자산

차변	금액	대변	금액
기 초	630,000	기 말	430,000
		⑩ 현금흐름-영업	200,000
	630,000		630,000

대 여 금

차변	금액	대변	금액
기 초	1,000,000	기 말	1,200,000
⑪ 현금흐름-재무	200,000		
	1,200,000		1,200,000

매출채권

차변	금액	대변	금액
기 초	4,400,000	기 말	6,000,000
⑫ 현금흐름-영업	1,728,000	⑦ 대손충당금	128,000
	6,128,000		6,128,000

대손충당금

차변	금액	대변	금액
기 말	270,000	기 초	200,000
⑦ 매출채권	128,000	⑧ 현금흐름-영업	198,000
	398,000		398,000

선 급 금

차변	금액	대변	금액
기 초	70,000	기 말	30,000
		⑬ 현금흐름-영업	40,000
	70,000		70,000

선급보험료

차변	금액	대변	금액
기 초	17,000	기 말	20,000
⑭ 현금흐름-영업	3,000		
	20,000		20,000

재고자산

차변	금액	대변	금액
기 초	980,000	기 말	720,000
		⑮ 현금흐름-영업	260,000
	980,000		980,000

투자자산

차변	금액	대변	금액
기 초	500,000	기 말	0
		⑨ 현금흐름-투자	500,000
	500,000		500,000

비 품

차변	금액	대변	금액
기 초	2,600,000	기 말	1,700,000
⑥ 현금흐름-투자	100,000	④ 제 좌	1,000,000
	2,700,000		2,700,000

감가상각누계액

차변	금액	대변	금액
기 말	700,000	기 초	800,000
④ 비 품	140,000	⑤ 현금흐름-영업	40,000
	840,000		840,000

단기차입금

차변	금액	대변	금액
기 말	2,530,000	기 초	3,400,000
⑯ 현금흐름-재무	870,000		
	3,400,000		3,400,000

매입채무

기 말	4,700,000	기 초	1,500,000
		⑰ 현금흐름-영업	3,200,000
	4,700,000		4,700,000

선 수 금

기 말	160,000	기 초	280,000
⑱ 현금흐름-영업	120,000		
	280,000		280,000

선수이자수익

기 말	670,000	기 초	667,000
		⑳ 현금흐름-영업	3,000
	670,000		670,000

미지급급료

기 말	370,000	기 초	350,000
		⑲ 현금흐름-영업	20,000
	370,000		370,000

미지급배당금

기 말	900,000	기 초	700,000
③ 현금흐름-재무	700,000	② 이월이익잉여금	900,000
	1,600,000		1,600,000

장기차입금

기 말	2,500,000	기 초	0
		㉑ 현금흐름-재무	2,500,000
	2,500,000		2,500,000

자 본 금

기 말	2,000,000	기 초	3,500,000
㉒ 현금흐름-재무	1,500,000		
	3,500,000		3,500,000

임의적립금

기 말	4,390,000	기 초	0
		② 이월이익잉여금	4,390,000
	4,390,000		4,390,000

현금흐름

현금유입		현금유출	
(영업활동)		(영업활동)	
① 당기순이익	5,670,000	⑨ 투자자산처분이익	50,000
④ 유형자산처분손실	100,000	⑫ 매출채권 증가	1,728,000
⑤ 감가상각비	40,000	⑭ 선급보험료 증가	3,000
⑧ 대손상각비	198,000	⑱ 선수금 감소	120,000
⑬ 선급금 감소	40,000		
⑮ 재고자산 감소	260,000		
⑰ 매입채무 증가	3,200,000		
⑲ 미지급급료 증가	20,000		
⑳ 선수이자수익 증가	3,000		
(투자활동)		(투자활동)	
④ 비품의 처분	760,000	⑥ 비품의 취득	100,000
⑨ 투자자산의 처분	550,000	⑪ 현금의 대여	200,000
⑩ 단기매매금융자산처분	200,000		
(재무활동)		(재무활동)	
㉑ 장기차입	2,500,000	③ 배당금지급	700,000
		⑯ 단기차입금상환	870,000
		㉒ 유상감자	1,500,000
		현금의 증가	8,270,000
	13,541,000		13,541,000

✎ 현금흐름계정은 T계정분석의 결과가 집약된 것이다. 현금흐름계정의 차변합계, 즉 현금유입액은 ₩13,541,000이며 현금유출액(대변합계)은 ₩5,271,000이다. 현금유입액이 유출액보다 ₩8,270,000 많다. 그러므로 당기의 현금 순증가액은 ₩8,270,000이며, 이 금액은 재무상태표 제51기의 현금 ₩1,300,000과 제52기의 현금 ₩9,570,000과의 차액인 ₩8,270,000과도 정확히 일치한다. 이로써 현금흐름표 작성을 위한 T계정분석은 정확히 이루어진 것으로 본다. 이상과 같은 결과, 즉 현금흐름계정의 내용은 현금흐름표의 양식에 대입하여 최종적으로 현금흐름표를 작성한다.

(3) 현금흐름표 작성

현금흐름표(간접법)

제52기 2001년 1월 1일부터 2001년 12월 31일까지

회사명: ________________ (단위: 원)

과 목	금 액		
Ⅰ. 영업활동으로 인한 현금흐름			
1. 당기순이익		5,670,000	
2. 현금유출이 없는 비용 가산			
가. 감가상각비	40,000		
나. 대손상각비	198,000		
다. 유형자산처분손실	100,000	338,000	
3. 현금유입이 없는 수익 차감			
가. 투자자산처분이익	(50,000)	(50,000)	
4. 영업활동으로 인한 자산 · 부채의 변동			
가. 매출채권 증가	(1,728,000)		
나. 선급보험료 증가	(3,000)		
다. 매입채무 증가	3,200,000		
라. 미지급급료 증가	20,000		
마. 선수이자수익 증가	3,000		
바. 선급금 감소	40,000		
사. 재고자산 감소	260,000		
아. 선수금 감소	(120,000)	1,672,000	7,630,000
Ⅱ. 투자활동으로 인한 현금흐름			
1. 투자활동으로 인한 현금유입액			
가. 비품의 처분액	760,000		
나. 투자자산의 처분액	550,000		
다. 단기매매금융자산처분손실액	200,000	1,510,000	
2. 투자활동으로 인한 현금유출액			
가. 비품의 취득	(100,000)	(300,000)	1,210,000

나. 현금의 대여	(200,000)		
Ⅲ. 재무활동으로 인한 현금흐름			
1. 재무활동으로 인한 현금유입액			
가. 장기차입액	2,500,000	2,500,000	
2. 재무활동으로 인한 현금유출액			
가. 배당금지급액	(700,000)		
나. 현금의 대여	(200,000)		
다. 단기차입금의 상환액	(870,000)		
라. 유상감자	(1,500,000)	(3,070,000)	(570,000)
Ⅳ. 현금의 증가(Ⅰ + Ⅱ + Ⅲ)			8,270,000
Ⅴ. 기초의 현금			1,300,000
Ⅵ. 기말의 현금			9,570,000

Principles of Financial Accounting

부　　록

화폐의 시간가치표

You, therefore, have no excuse, you who pass judgement on someone else, for at whatever point you judge the other, you are condemning yourself, because you who pass judgment do the same things.

– Romans 2:1 –

그러므로 남을 판단하는 사람아 물론 누구든지 핑계치 못할 것은 남을 판단하는 것으로 네가 너를 정죄함이니 판단하는 네가 같은 일을 행함이니라.

화폐의 시간가치표

[단일금액 ₩1의 미래가치] $FV = (1+r)^t$ t: 기간, r: 이자율

t \ r	1%	2%	3%	4%	5%	6%	7%	8%	9%	10%
1	1.0100	1.0200	1.0300	1.0400	1.0500	1.0600	1.0700	1.0800	1.0900	1.1000
2	1.0201	1.0404	1.0609	1.0816	1.1025	1.1236	1.1449	1.1664	1.1881	1.2100
3	1.0303	1.0612	1.0927	1.1249	1.1576	1.1910	1.2250	1.2597	1.2950	1.3310
4	1.0406	1.0824	1.1255	1.1699	1.2155	1.2625	1.3108	1.3605	1.4116	1.4641
5	1.0510	1.1041	1.1593	1.2167	1.2763	1.3382	1.4026	1.4693	1.5386	1.6105
6	1.0615	1.1262	1.1941	1.2653	1.3401	1.4185	1.5007	1.5869	1.6771	1.7716
7	1.0721	1.1487	1.2299	1.3159	1.4071	1.5036	1.6058	1.7138	1.8280	1.9487
8	1.0829	1.1717	1.2668	1.3686	1.4775	1.5938	1.7182	1.8509	1.9926	2.1436
9	1.0937	1.1951	1.3048	1.4233	1.5513	1.6895	1.8385	1.9990	2.1719	2.3579
10	1.1046	1.2190	1.3439	1.4802	1.6289	1.7908	1.9672	2.1589	2.3674	2.5937
11	1.1157	1.2434	1.3842	1.5395	1.7103	1.8983	2.1049	2.3316	2.5804	2.8531
12	1.1268	1.2682	1.4258	1.6010	1.7959	2.0122	2.2522	2.5182	2.8127	3.1384
13	1.1381	1.2936	1.4685	1.6651	1.8856	2.1329	2.4098	2.7196	3.0658	3.4523
14	1.1495	1.3195	1.5126	1.7317	1.9799	2.2609	2.5785	2.9372	3.3417	3.7975
15	1.1610	1.3459	1.5580	1.8009	2.0789	2.3966	2.7590	3.1722	3.6425	4.1772
16	1.1726	1.3728	1.6047	1.8730	2.1829	2.5404	2.9522	3.4259	3.9703	4.5950
17	1.1843	1.4002	1.6528	1.9479	2.2920	2.6928	3.1588	3.7000	4.3276	5.0545
18	1.1961	1.4282	1.7024	2.0258	2.4066	2.8543	3.3799	3.9960	4.7171	5.5599
19	1.2081	1.4568	1.7535	2.1068	2.5270	3.0256	3.6165	4.3157	5.1417	6.1159
20	1.2202	1.4859	1.8061	2.1911	2.6533	3.2071	3.8697	4.6610	5.6044	6.7275
21	1.2324	1.5157	1.8603	2.2788	2.7860	3.3996	4.1406	5.0338	6.1088	7.4002
22	1.2447	1.5460	1.9161	2.3699	2.9253	3.6035	4.4304	5.4365	6.6586	8.1403
23	1.2572	1.5769	1.9736	2.4647	3.0715	3.8197	4.7405	5.8715	7.2579	8.9543
24	1.2697	1.6084	2.0328	2.5633	3.2251	4.0489	5.0724	6.3412	7.9111	9.8497
25	1.2824	1.6406	2.0938	2.6658	3.3864	4.2919	5.4274	6.8485	8.6231	10.835
26	1.2953	1.6734	21.566	2.7725	3.5557	4.5494	5.8074	7.3964	9.3992	11.918
27	1.3082	1.7069	2.2213	2.8834	3.7335	4.8223	6.2139	7.9881	10.245	13.110
28	1.3213	1.7410	2.2879	2.9987	3.9201	5.1117	6.6488	8.6271	11.167	14.421
29	1.3345	1.7758	2.3566	3.1187	4.1161	5.4183	7.1143	9.3173	12.172	15.863
30	1.3478	1.8114	2.4273	3.2434	4.3219	5.7435	7.6123	10.063	13.268	17.449
35	1.4166	1.9999	2.8139	3.9461	5.5160	7.6861	10.676	14.785	20.414	28.102
40	1.4889	2.2080	3.2620	4.8010	7.0400	10.286	14.974	21.725	31.409	45.259
45	1.5648	2.4379	3.7816	5.8412	8.9850	13.765	21.002	31.920	48.327	72.891
50	1.6446	2.6916	4.3839	7.1067	11.467	18.420	29.457	46.902	74.358	117.39
60	1.8167	3.2810	5.8916	10.520	18.679	32.988	57.946	101.26	176.03	304.48

[단일금액 ₩1의 미래가치]

t \ r	11%	12%	13%	14%	15%	16%	17%	18%	19%	20%
1	1.1100	1.1200	1.1300	1.1400	1.1500	1.1600	1.1700	1.1800	1.1900	1.2000
2	1.2321	1.2544	1.2769	1.2996	1.3225	1.3456	1.3689	1.3924	1.4161	1.4400
3	1.3676	1.4049	1.4429	1.4815	1.5209	1.5609	1.6016	1.6430	1.6852	1.7280
4	1.5180	1.5735	1.6305	1.6890	1.7490	1.8106	1.8739	1.9388	2.0053	2.0736
5	**1.6851**	**1.7623**	**1.8424**	**1.9254**	**2.0114**	**2.1003**	**2.1924**	**2.2878**	**2.3864**	**2.4883**
6	1.8704	1.9738	2.0820	2.1950	2.3131	2.4364	2.5652	2.6996	2.8398	2.9860
7	2.0762	2.2107	2.3526	2.5023	2.6600	2.8262	3.0012	3.1855	3.3793	3.5832
8	2.3045	2.4760	2.6584	2.8526	3.0590	3.2784	3.5115	3.7589	4.0214	4.2998
9	2.5580	2.7731	3.0040	3.2519	3.5179	3.8030	4.1084	4.4355	4.7854	5.1598
10	**2.8394**	**3.1058**	**3.3946**	**3.7072**	**4.0456**	**4.4114**	**4.8068**	**5.2338**	**5.6947**	**6.1917**
11	3.1518	3.4785	3.8359	4.2262	4.6524	5.1173	5.6240	6.1759	6.7767	7.4301
12	3.4985	3.8960	4.3345	4.8179	5.3503	5.9360	6.5801	7.2876	8.0642	8.9161
13	3.8833	4.3635	4.8980	5.4924	6.1528	6.8858	7.6987	8.5994	9.5964	10.699
14	4.3104	4.8871	5.5348	6.2613	7.0757	7.9875	9.0075	10.147	11.420	12.839
15	**4.7846**	**5.4736**	**6.2543**	**7.1379**	**8.1371**	**9.2655**	**10.539**	**11.974**	**13.589**	**15.407**
16	5.3109	6.1304	7.0673	8.1372	9.3576	10.748	12.330	14.129	16.172	18.488
17	5.8951	6.8660	7.9861	9.2765	10.761	12.468	14.427	16.672	19.244	22.186
18	6.5436	7.6900	9.0243	10.575	12.375	14.463	16.879	19.673	22.901	26.623
19	7.2633	8.6128	10.197	12.056	14.232	16.777	19.748	23.214	27.252	31.948
20	**8.0623**	**9.6463**	**11.523**	**13.743**	**16.367**	**19.461**	**23.106**	**27.393**	**32.429**	**38.338**
21	8.9492	10.804	13.021	15.668	18.822	22.574	27.034	32.324	38.591	46.005
22	9.9336	12.100	14.714	17.861	21.645	26.186	31.629	38.142	45.923	55.206
23	11.026	13.522	16.626	20.362	24.891	30.376	37.006	45.008	54.648	66.247
24	12.239	15.179	18.788	23.212	28.625	35.236	43.297	53.109	65.032	79.497
25	**13.586**	**17.000**	**21.231**	**26.462**	**32.919**	**40.874**	**50.658**	**62.669**	**77.388**	**95.396**
26	15.080	19.040	23.991	30.167	37.857	47.414	59.270	73.949	92.092	114.48
27	16.738	21.325	27.109	34.390	34.535	55.000	69.345	87.260	109.56	137.37
28	18.580	23.884	30.634	39.204	50.066	63.800	81.134	102.97	130.41	164.84
29	20.624	26.750	34.617	44.693	57.575	74.009	94.927	121.50	155.19	197.81
30	**22.892**	**29.960**	**39.116**	**50.950**	**66.212**	**85.850**	**111.06**	**143.37**	**184.67**	**237.38**
35	38.575	52.800	72.068	98.100	133.18	180.31	243.56	327.99	440.70	590.67
40	65.001	93.051	132.78	188.88	267.86	378.72	533.86	750.38	1051.6	1469.8
45	109.53	163.99	244.64	363.68	538.77	795.44	1170.5	1716.7	2509.6	3657.3
50	184.56	289.00	450.74	700.23	1083.7	1670.7	2566.2	3927.4	5988.9	9100.4
60	**524.06**	**897.60**	**1530.1**	**2595.9**	**4384.0**	**7370.2**	**12335.**	**20555.**	**34105.**	**56348.**

[정상연금 ₩1의 미래가치]

$$FVa=\sum_{t=1}^{t}(1+r)^{t-1}$$

t \ r	1%	2%	3%	4%	5%	6%	7%	8%	9%	10%
1	1.0000	1.0000	1.0000	1.0000	1.0000	1.0000	1.0000	1.0000	1.0000	1.0000
2	2.0100	2.0200	2.0300	2.0400	2.0500	2.0600	2.0700	2.0800	2.0900	2.1000
3	3.0301	3.0604	3.0909	3.1216	3.1525	3.1836	3.2149	3.2464	3.2781	3.3100
4	4.0604	4.1216	4.1836	4.2465	4.3101	4.3746	4.4399	4.5061	4.5731	4.6410
5	**5.1010**	**5.2040**	**5.3091**	**5.4163**	**5.5256**	**5.6371**	**5.7507**	**5.8666**	**5.9847**	**6.1051**
6	6.1520	6.3081	6.4684	6.6330	6.8019	6.9753	7.1533	7.3359	7.5233	7.7156
7	7.2135	7.4343	7.6625	7.8983	8.1420	8.3938	8.6540	8.9228	9.2004	9.4872
8	8.2857	8.5830	8.8932	9.2142	9.5491	9.8975	10.260	10.637	11.028	11.436
9	9.3685	9.7546	10.159	10.583	11.027	11.491	11.978	12.488	13.021	13.570
10	**10.462**	**10.950**	**11.464**	**12.006**	**12.578**	**13.181**	**13.816**	**14.487**	**15.193**	**15.937**
11	11.567	12.169	12.808	13.486	14.207	14.972	15.784	16.645	17.560	18.531
12	12.683	13.412	14.192	15.026	15.917	16.870	17.888	18.977	20.141	21.384
13	13.809	14.680	15.618	16.627	17.713	18.882	20.141	21.495	22.953	24.523
14	14.947	15.974	17.086	18.292	19.599	21.015	22.550	24.215	26.019	27.975
15	**16.097**	**17.293**	**18.599**	**20.024**	**21.579**	**23.276**	**25.129**	**27.152**	**29.361**	**31.772**
16	17.258	18.639	20.157	21.825	23.657	25.673	27.888	30.324	33.003	35.950
17	18.430	20.012	21.762	23.698	25.840	28.213	30.840	33.750	36.974	40.545
18	19.615	21.412	23.414	25.645	28.132	30.906	33.999	37.450	41.301	45.599
19	20.811	22.841	25.117	27.671	30.539	33.760	37.379	41.446	46.018	51.159
20	**22.019**	**24.297**	**26.870**	**29.778**	**33.066**	**36.786**	**40.995**	**45.762**	**51.160**	**57.275**
21	23.239	25.783	28.676	31.969	35.719	39.993	44.865	50.423	56.765	64.002
22	24.472	27.299	30.537	34.248	38.505	43.392	49.006	55.457	62.873	71.403
23	25.716	28.845	32.453	36.618	41.430	46.996	53.436	60.893	69.532	79.543
24	26.973	30.422	34.426	39.083	44.502	50.816	58.177	66.765	76.790	88.497
25	**28.243**	**32.030**	**36.459**	**41.646**	**47.727**	**54.865**	**63.249**	**73.106**	**84.701**	**98.347**
26	29.526	33.671	38.553	44.312	51.113	59.156	68.676	79.954	93.324	109.18
27	30.821	35.344	40.710	47.084	54.669	63.706	74.484	87.351	102.72	121.10
28	32.129	37051	42.931	49.968	58.403	68.528	80.698	95.339	112.97	134.21
29	33.450	38.792	45.219	52.966	62.323	73.640	87.347	103.97	124.14	148.63
30	**34.785**	**40.568**	**47.575**	**56.085**	**66.439**	**79.058**	**94.461**	**113.28**	**136.31**	**164.497**
35	41.660	49.994	60.462	73.652	90.320	111.43	138.24	172.32	215.71	271.02
40	48.886	60.402	75.401	95.026	120.80	154.76	199.64	259.06	337.88	442.59
45	56.481	71.893	92.720	121.03	159.70	212.74	285.75	386.51	525.86	718.90
50	64.463	84.579	112.80	152.67	209.35	290.34	406.53	573.77	815.08	1163.9
60	**81.670**	**114.05**	**163.05**	**237.99**	**353.58**	**533.13**	**813.52**	**1253.2**	**1944.8**	**3034.8**

[정상연금 ₩1의 미래가치]

t \ r	11%	12%	13%	14%	15%	16%	17%	18%	19%	20%
1	1.0000	1.0000	1.0000	1.0000	1.0000	1.0000	1.0000	1.0000	1.0000	1.0000
2	2.1100	2.1200	2.1300	2.1400	2.1500	2.1600	2.1700	2.1800	2.1900	2.2000
3	3.3421	3.3744	3.4069	3.4396	3.4725	3.5056	3.5389	3.5724	3.6061	3.6400
4	4.7097	4.7793	4.8498	4.9211	4.9934	5.0665	5.1405	5.2154	5.2913	5.3680
5	**6.2278**	**6.3528**	**6.4803**	**6.6101**	**6.7424**	**6.8771**	**7.0144**	**7.1542**	**7.2966**	**7.4416**
6	7.9130	8.1152	8.3230	8.5355	8.7537	8.9775	9.2068	9.4420	9.6830	9.9299
7	9.7830	10.089	10.405	10.730	11.067	11.414	11.772	12.142	12.523	12.916
8	11.859	12.300	12.757	13.233	13.727	14.240	14.773	15.327	15.902	16.499
9	14.163	14.776	15.416	16.085	16.786	17.519	18.285	19.086	19.923	20.799
10	**16.722**	**17.549**	**18.419**	**19.337**	**20.304**	**21.321**	**22.393**	**23.521**	**24.709**	**25.959**
11	19.561	20.655	21.814	23.045	24.349	25.733	27.199	28.755	30.404	32.150
12	22.713	24.133	25.650	27.271	29.002	30.850	32.823	34.931	37.180	39.581
13	26.211	28.029	29.984	32.089	34.352	36.786	39.404	42.219	45.244	48.497
14	30.095	32.393	34.883	37.581	40.505	43.672	47.103	50.818	54.841	58.196
15	**34.405**	**37.280**	**40.418**	**43842**	**47.580**	**51.660**	**56.110**	**60.965**	**66.261**	**72.035**
16	39.199	42.753	46.672	50.980	55.717	60.925	66.649	72.939	79.850	87.442
17	44.501	48.884	53.739	59.118	65.075	71.673	78.979	87.068	96.022	105.93
18	50.396	55.750	61.725	68.394	75.836	84.141	93.406	103.74	115.26	128.12
19	56.939	63.440	70.749	78.969	88.212	98.603	110.29	123.41	138.16	154.74
20	**64.203**	**72.052**	**80.947**	**91.025**	**102.44**	**115.38**	**130.03**	**146.63**	**165.42**	**186.69**
21	72.265	81.699	92.469	104.77	118.81	134.84	153.14	174.02	197.85	225.03
22	81.214	92.503	105.49	120.44	137.63	157.41	180.17	206.34	236.44	271.03
23	91.148	104.60	120.20	138.30	159.28	183.60	211.80	244.49	282.36	326.24
24	102.17	118.16	136.83	158.66	184.17	213.98	248.81	289.49	337.01	392.48
25	**114.41**	**133.33**	**155.62**	**181.87**	**212.79**	**249.21**	**292.21**	**342.60**	**402.04**	**471.98**
26	127.99	150.33	176.85	208.33	245.71	290.09	342.76	405.27	497.43	567.38
27	143.08	169.37	200.84	238.50	283.57	337.50	402.03	479.22	571.52	681.85
28	159.82	190.70	227.95	272.89	327.10	392.50	471.38	566.48	681.11	819.22
29	178.39	214.58	258.58	312.09	3.7717	456.30	552.51	669.45	811.52	984.07
30	**199.02**	**241.33**	**293.19**	**356.79**	**434.75**	**530.31**	**647.44**	**790.95**	**966.71**	**1181.9**
35	341.59	431.66	546.68	693.57	881.17	1120.7	1426.4	1816.7	2314.2	2948.3
40	581.83	76709	1013.7	1342.0	1779.1	2360.8	3134.5	4163.2	5529.8	7343.9
45	986.64	1358.3	1874.2	2590.6	3585.1	4965.3	6879.2	9531.6	13203.	18281.
50	1668.7	2400.0	3459.5	4994.5	7217.7	10436.	15089.	21813.	31515.	45497.
60	**4755.1**	**7471.6**	**11762.**	**18535.**	**29220.**	**46057.**	**72555.**	**114189.**	**179494.**	**281737.**

[단일금액 ₩1의 현재가치]

$$PV=\frac{1}{(1+r)^t}$$

t \ r	1%	2%	3%	4%	5%	6%	7%	8%	9%	10%
1	0.9901	0.9804	0.9709	0.9615	0.9524	0.9434	0.9346	0.9259	0.9174	0.9091
2	0.9803	0.9612	0.9426	0.9246	0.9070	0.8900	0.8734	0.8573	0.8417	0.8264
3	0.9706	0.9423	0.9151	0.8890	0.8638	0.8396	0.8163	0.7938	0.7722	0.7513
4	0.9610	0.9238	0.8885	0.8548	0.8227	0.7921	0.7629	0.7350	0.7084	0.6830
5	**0.9515**	**0.9057**	**0.8626**	**0.8219**	**0.7835**	**0.7473**	**0.7130**	**0.6806**	**0.6499**	**0.6209**
6	0.9420	0.8880	0.8375	0.7903	0.7462	0.7050	0.6663	0.6302	0.5963	0.5645
7	0.9327	0.8706	0.8131	0.7599	0.7107	0.6651	0.6227	0.5835	0.5470	0.5132
8	0.9235	0.8535	0.7894	0.7307	0.6768	0.6274	0.5820	0.5403	0.5019	0.4665
9	0.9143	0.8368	0.7664	0.7026	0.6446	0.5919	0.5439	0.5002	0.4604	0.4241
10	**0.9053**	**0.8203**	**0.7441**	**0.6756**	**0.6139**	**0.5584**	**0.5083**	**0.4632**	**0.4224**	**0.3855**
11	0.8963	0.8043	0.7224	0.6496	0.5847	0.5268	0.4751	0.4289	0.3875	0.3505
12	0.8874	0.7885	0.7014	0.6246	0.5568	0.4970	0.4440	0.3971	0.3555	0.3186
13	0.8787	0.7730	0.6810	0.6006	0.5303	0.4688	0.4150	0.3677	0.3262	0.2897
14	0.8700	0.7579	0.6611	0.5775	0.5051	0.4423	0.3878	0.3405	0.2992	0.2633
15	**0.8613**	**0.7430**	**0.6419**	**0.5553**	**0.4810**	**0.4173**	**0.3624**	**0.3152**	**0.2745**	**0.2394**
16	0.8528	0.7284	0.6232	0.5339	0.4581	0.3936	0.3387	0.2919	0.2519	0.2176
17	0.8444	0.7142	0.6050	0.5134	0.4346	0.3714	0.3166	0.2703	0.2311	0.1978
18	0.8360	0.7002	0.5874	0.4936	0.4155	0.3503	0.2959	0.2502	0.2120	0.1799
19	0.8277	0.6864	0.5703	0.4746	0.3957	0.3305	0.2765	0.2317	0.1945	0.1635
20	**0.8195**	**0.6730**	**0.5537**	**0.4564**	**0.3769**	**0.3118**	**0.2584**	**0.2145**	**0.1784**	**0.1486**
21	0.8114	0.6598	0.5375	0.4388	0.3589	0.2942	0.2415	0.1987	0.1637	0.1351
22	0.8034	0.6468	0.5219	0.4220	0.3418	0.2775	0.2257	0.1839	0.1502	0.1228
23	0.7954	0.6342	0.5067	0.4057	0.3256	0.2618	0.2109	0.1703	0.1378	0.1117
24	0.7876	0.6217	0.4919	0.3901	0.3101	0.2470	0.1971	0.1577	0.1264	0.1015
25	**0.7798**	**0.6095**	**0.4776**	**0.3751**	**0.2953**	**0.2330**	**0.1842**	**0.1460**	**0.1160**	**0.0923**
26	0.7720	0.5976	0.4637	0.3604	0.2812	0.2198	0.1722	0.1352	0.1064	0.0839
27	0.7644	0.5859	0.4502	0.3468	0.2678	0.2074	0.1609	0.1252	0.0976	0.0763
28	0.7568	0.5744	0.4371	0.3335	0.2551	0.1956	0.1504	0.1159	0.0895	0.0693
29	0.7493	0.5631	0.4243	0.3207	0.2429	0.1846	0.1406	0.1073	0.0822	0.0630
30	**0.7419**	**0.5521**	**0.4120**	**0.3083**	**0.2314**	**0.1741**	**0.1314**	**0.0994**	**0.0754**	**0.0573**
35	0.7059	0.5000	0.3554	0.2534	0.1813	0.1301	0.0937	0.0676	0.0490	0.0356
40	0.6717	0.4529	0.3066	0.2083	0.1420	0.0972	0.0668	0.0460	0.0318	0.0221
45	0.6391	0.4102	0.2644	0.1712	0.1113	0.0727	0.0476	0.0313	0.0207	0.0137
50	0.6080	0.3715	0.2281	0.1407	0.0872	0.0543	0.0339	0.0213	0.0134	0.0085
60	**0.5504**	**0.3048**	**0.1697**	**0.0951**	**0.0535**	**0.0303**	**0.0173**	**0.0099**	**0.0057**	**0.0033**

[단일금액 ₩1의 현재가치]

t \ r	11%	12%	13%	14%	15%	16%	17%	18%	19%	20%
1	0.9009	0.8929	0.8850	0.8772	0.8696	0.8621	0.8547	0.8475	0.8403	0.8333
2	0.8116	0.7972	0.7831	0.7695	0.7561	0.7432	0.7305	0.7182	0.7062	0.6944
3	0.7312	0.7118	0.6931	0.6750	0.6575	0.6407	0.6244	0.6086	0.5934	0.5787
4	0.6587	0.6355	0.6133	0.5921	0.5718	0.5523	0.5337	0.5158	0.4987	0.4823
5	**0.5935**	**0.5674**	**0.5428**	**0.5194**	**0.4972**	**0.4761**	**0.4561**	**0.4371**	**0.4190**	**0.4019**
6	0.5346	0.5066	0.4803	0.4556	0.4323	0.4104	0.3998	0.3704	0.3521	0.3349
7	0.4817	0.4523	0.4251	0.3996	0.3759	0.3538	0.3332	0.3139	0.2959	0.2791
8	0.4339	0.4039	0.3762	0.3506	0.3269	0.3050	0.2848	0.2660	0.2487	0.2326
9	0.3909	0.3606	0.3329	0.3075	0.2843	0.2630	0.2434	0.2255	0.2090	0.1938
10	**0.3522**	**0.3220**	**0.2946**	**0.2697**	**0.2472**	**0.2267**	**0.2080**	**0.1911**	**0.1756**	**0.1615**
11	0.3173	0.2875	0.2607	0.2366	0.2149	0.1954	0.1773	0.1619	0.1476	0.1346
12	0.2858	0.2567	0.2307	0.2076	0.1869	0.1685	0.1520	0.1372	0.1240	0.1122
13	0.2575	0.2292	0.2042	0.1821	0.1625	0.1452	0.1299	0.1163	0.1042	0.0935
14	0.2320	0.2046	0.1807	0.1597	0.1413	0.1252	0.1110	0.0985	0.0876	0.0779
15	**0.2090**	**0.1827**	**0.1599**	**0.1401**	**0.1229**	**0.1079**	**0.0949**	**0.0649**	**0.0736**	**0.0649**
16	0.1883	0.1631	0.1415	0.1229	0.1069	0.0930	0.0811	0.0708	0.0618	0.0541
17	0.1696	0.1456	0.1252	0.1078	0.0929	0.0802	0.0693	0.0600	0.0520	0.0451
18	0.1523	0.1300	0.1103	0.0946	0.0808	0.0691	0.0592	0.0508	0.0437	0.0376
19	0.1377	0.1161	0.0981	0.0829	0.0703	0.0596	0.0506	0.0431	0.0367	0.0313
20	**0.1240**	**0.1037**	**0.0863**	**0.0728**	**0.0611**	**0.0514**	**0.0433**	**0.0365**	**0.0303**	**0.0261**
21	0.1117	0.0926	0.0768	0.0638	0.0531	0.0443	0.0370	0.0309	0.0259	0.0217
22	0.1007	0.0826	0.0680	0.0560	0.0462	0.0382	0.0316	0.0262	0.0218	0.0181
23	0.0907	0.0738	0.0601	0.0491	0.0402	0.0329	0.0270	0.0222	0.0183	0.0151
24	0.0817	0.0659	0.0532	0.0431	0.0349	0.0284	0.231	0.0188	0.0154	0.0126
25	**0.0736**	**0.0588**	**0.0471**	**0.0378**	**0.0304**	**0.0245**	**0.197**	**0.0160**	**0.0129**	**0.0105**
26	0.0663	19.040	0.0417	30.167	37.857	47.414	0.0169	73.949	0.0109	0.0087
27	0.0597	21.325	0.0369	34.390	34.535	55.000	0.0144	87.260	0.0091	0.0073
28	0.0538	23.884	0.0325	39.204	50.066	63.800	0.0123	102.97	0.0077	0.0061
29	0.0485	26.750	0.0289	44.693	57.575	74.009	0.0105	121.50	0.0064	0.0051
30	**0.0437**	**0.0334**	**0.0256**	**0.0196**	**0.0151**	**0.0116**	**0.0090**	**0.0070**	**0.0054**	**0.0042**
35	0.0259	0.0189	0.0139	0.0102	0.0075	0.0055	0.0041	0.0030	0.0023	0.0017
40	0.0154	0.0107	0.0075	0.0053	0.0037	0.0026	0.0019	0.0013	0.0010	0.0007
45	0.0091	0.0061	0.0041	0.0027	0.0019	0.0013	0.0009	0.0006	0.0004	0.0003
50	0.0054	0.0035	0.0022	0.0014	0.0009	0.0006	0.0004	0.0003	0.0002	0.0001
60	**0.0019**	**0.0011**	**0.0007**	**0.0004**	**0.0002**	**0.0001**	**0.00008**	**0.00005**	**0.00003**	**0.00002**

[정상연금 ₩1의 현재가치]

$$PVa = \sum_{t=1}^{t} [(1+r)^{-t}]$$

t \ r	1%	2%	3%	4%	5%	6%	7%	8%	9%	10%
1	0.9901	0.9804	0.9709	0.9615	0.9524	0.9434	0.9346	0.9259	0.9174	0.9091
2	1.9704	1.9416	1.9135	1.8861	1.8594	1.8334	1.8080	1.7833	1.7591	1.7355
3	2.9410	2.8839	2.8286	2.7751	2.7232	2.6730	2.6243	2.5771	2.5313	2.4869
4	3.9020	3.8077	3.7171	3.6299	3.5460	3.4651	3.3872	3.3121	3.2397	3.1699
5	**4.8534**	**4.7135**	**4.5797**	**4.4518**	**4.3295**	**4.2124**	**4.1002**	**3.9927**	**3.8897**	**3.7908**
6	5.7955	5.6014	5.4172	5.2421	5.0757	4.9173	4.7665	4.6229	4.4859	4.3553
7	6.7282	6.4720	6.2303	6.0021	5.7864	5.5824	5.3893	5.2064	5.0330	4.8684
8	7.6517	7.3255	7.0197	6.7327	6.4632	6.2098	5.9713	5.7466	5.5348	5.3349
9	8.5660	8.1622	7.7861	7.4353	7.1078	6.8017	6.5152	6.2469	5.9952	5.7590
10	**9.4713**	**8.9826**	**8.5302**	**8.1109**	**7.7217**	**7.3601**	**7.0236**	**6.7101**	**6.4177**	**6.1446**
11	10.3676	9.7868	9.2526	8.7605	8.3064	7.8869	7.4987	7.1390	6.8052	6.4951
12	11.2551	10.5753	9.9540	9.3851	8.8633	8.3838	7.9427	7.5361	7.1607	6.8137
13	12.1337	11.3484	10.6350	9.9856	9.3936	8.8527	8.3577	7.9038	7.4869	7.1034
14	13.0037	12.1062	11.2961	10.5631	9.8986	9.2950	8.7455	8.2442	7.7862	7.3667
15	**13.8651**	**12.8493**	**11.9379**	**11.1184**	**10.3797**	**9.7122**	**9.1079**	**8.5595**	**8.0607**	**7.6061**
16	14.7179	13.5777	12.5611	11.6523	10.8378	10.1059	9.4466	8.8514	8.3126	7.8237
17	15.5623	14.2919	13.1661	12.1657	11.2741	10.4773	9.7632	9.1216	8.5436	8.0216
18	16.3983	14.9920	13.7535	12.6593	11.6896	10.8276	10.0591	9.3719	8.7556	8.2014
19	17.2260	15.6785	14.3238	13.1339	12.0853	11.1581	10.3356	9.6036	8.9501	8.3649
20	**18.0456**	**16.3514**	**14.8775**	**13.5903**	**12.4622**	**11.4699**	**10.5940**	**9.8181**	**9.1285**	**8.5136**
21	18.8570	17.0112	15.4150	14.0292	12.8212	11.7641	10.8355	10.0168	9.2922	8.6487
22	19.6604	17.6580	15.9369	14.4511	13.1630	12.0416	11.0612	10.2007	9.4424	8.7715
23	20.4558	18.2922	16.4436	14.8568	13.4886	12.3034	11.2722	10.3741	9.5802	8.8832
24	21.2434	18.9139	16.9355	15.2470	13.7986	12.5504	11.4693	10.5288	9.7066	8.9847
25	**22.0232**	**19.5235**	**17.4131**	**15.6221**	**14.0939**	**12.7834**	**11.6536**	**10.6748**	**9.8226**	**9.0770**
26	22.795	20.121	17.877	15.983	14.375	13.003	11.826	10.810	9.9290	9.1609
27	23.560	30.707	18.327	16.330	14.643	13.210	11.987	10.935	10.027	9.2372
28	24.316	21.281	18.764	16.663	14.898	13.406	12.137	11.051	10.116	9.3066
29	25.066	21.844	19.188	16.984	15.141	13591	12.278	11.158	10.198	9.3696
30	**25.808**	**22.397**	**19.600**	**17.292**	**15.373**	**13.765**	**12.409**	**11.258**	**10.274**	**9.4269**
35	29.409	24.999	21.487	18.665	16.374	14.498	12.948	11.655	10.567	9.6442
40	32.835	27.356	23.115	49.793	17.159	15.046	13.332	11.925	10.757	9.7791
45	36.095	29.490	24.519	20.720	17.774	15.456	13.605	12.108	10.881	9.8628
50	39.196	31.424	25.730	21.482	18.256	15.762	13.801	12.233	10.962	9.9148
60	**44.955**	**34.761**	**27.676**	**22.623**	**18.929**	**16.161**	**14.039**	**12.376**	**11.048**	**9.9671**

[정상연금 ₩1의 현재가치]

t \ r	11%	12%	13%	14%	15%	16%	17%	18%	19%	20%
1	0.9009	0.8929	0.8850	0.8772	0.8696	0.8621	0.8547	0.8475	0.8403	0.8333
2	1.7125	1.6901	1.6681	1.6467	1.6257	1.6052	1.5852	1.5656	1.5465	1.5278
3	2.4437	2.4018	2.3612	2.3216	2.2832	2.2459	2.2096	2.1743	2.1399	2.1065
4	3.1024	3.0373	2.9745	2.9137	2.8550	2.7982	2.7432	2.6901	2.6386	2.5887
5	**3.6959**	**3.6048**	**3.5172**	**3.4331**	**3.3522**	**3.2743**	**3.1993**	**3.1272**	**3.0576**	**2.9906**
6	4.2305	4.1114	3.9975	3.8887	3.7845	3.6847	3.5892	3.4976	3.4098	3.3255
7	4.7122	4.5638	4.4226	4.2883	4.1604	4.0386	3.9224	3.8115	3.7057	3.6046
8	5.1462	4.9676	4.7988	4.6389	4.4873	4.3436	4.2072	4.0776	3.9544	3.8372
9	5.5370	5.3282	5.1317	4.9464	4.7716	4.6065	4.4509	4.3030	4.1633	4.0310
10	**5.8892**	**5.6502**	**5.4262**	**5.2161**	**5.0188**	**4.8332**	**4.6586**	**4.4941**	**4.3389**	**4.1925**
11	6.2065	5.9377	5.6869	5.4527	5.2337	5.0286	4.8364	4.6560	4.4865	4.3271
12	6.4924	6.1944	5.9176	5.6603	5.4206	5.1971	4.9884	4.7932	4.6105	4.4392
13	6.7499	6.4235	6.1218	5.8424	5.5831	5.3423	5.1183	4.9095	4.7147	4.5327
14	6.9810	6.6282	6.3025	6.0021	5.7245	5.4675	5.2293	5.0081	4.8023	4.610
15	**7.1909**	**6.8109**	**6.4624**	**6.1422**	**5.8474**	**5.5755**	**5.3242**	**5.0916**	**4.8759**	**4.6755**
16	7.3792	6.9740	6.6039	6.2651	5.9542	5.6685	5.4053	5.1624	4.9377	4.7296
17	7.5488	7.1196	6.7291	6.3729	6.0472	5.7487	5.4746	5.2223	4.9897	4.7746
18	7.7016	7.2497	6.8399	6.4674	6.1280	5.8178	5.5339	5.2732	5.0333	4.8122
19	7.8393	7.3658	6.9380	6.5504	6.1982	5.8775	5.5845	5.3162	5.0700	4.8435
20	**7.9633**	**7.4694**	**7.0248**	**6.6231**	**6.2593**	**5.9288**	**5.6278**	**5.3527**	**5.1009**	**4.8696**
21	8.0751	7.5620	7.1015	6.6870	6.3125	5.9731	5.6648	5.3837	5.1263	4.8913
22	8.1757	7.6446	7.1695	6.7429	6.3587	6.0113	5.6964	5.4099	5.1486	4.9094
23	8.2664	7.7184	7.2297	6.7921	6.3988	6.0442	5.7234	5.4321	5.1668	4.9245
24	8.3481	7.7843	7.2829	6.8351	6.4338	6.0726	6.7465	5.4509	5.1822	4.9371
25	**8.4217**	**7.8431**	**7.3300**	**6.8729**	**6.4641**	**6.0971**	**5.7662**	**5.4669**	**5.1951**	**4.9476**
26	8.4881	7.8957	7.3717	6.9061	6.4906	6.1182	5.7831	5.4804	5.2060	4.9563
27	8.5478	7.9426	7.4086	6.9352	6.5135	6.1364	5.7975	5.4919	5.2151	4.9636
28	8.6016	7.9844	7.4412	6.9607	6.5335	6.1520	5.8099	5.5016	5.2223	4.9697
29	8.6501	8.0218	7.4701	6.9830	6.5509	6.1656	5.8204	5.5093	5.2292	4.9747
30	**8.6938**	**8.0552**	**7.4957**	**7.0027**	**6.5660**	**6.1772**	**5.8294**	**5.5168**	**5.2347**	**4.9789**
35	8.8552	8.1755	7.5856	7.0700	6.6166	6.2153	5.8582	5.5386	5.2512	4.9915
40	8.9511	8.2438	7.6344	7.1050	6.6418	6.2335	5.8713	5.5482	5.2582	4.9966
45	9.0079	8.2825	7.6609	7.1232	6.6543	6.2421	5.8773	5.5523	5.2611	4.9986
50	9.0417	8.3045	7.6572	7.1327	6.6605	6.2463	5.8801	5.5541	5.2623	4.9995
60	**9.0736**	**8.3240**	**7.6873**	**7.1301**	**6.6651**	**6.2491**	**5.8819**	**5.5553**	**5.2630**	**4.9999**

[이상연금 ₩1의 현재가치]

$$PVad=\sum_{t=1}^{t}\left[\frac{1}{(1+r)^{t-1}}\right]$$

t \ r	1%	2%	3%	4%	5%	6%	7%	8%	9%	10%
1	1.0000	1.0000	1.0000	1.0000	1.0000	1.0000	1.0000	1.0000	1.0000	1.0000
2	1.9901	1.9804	1.9709	1.9615	1.9524	1.9434	1.9346	1.9259	1.9174	1.9091
3	2.9704	2.9416	2.9135	2.8861	2.8594	2.8334	2.8080	2.7833	2.7591	2.7355
4	3.9410	3.8839	3.8286	3.7751	3.7233	3.6730	3.6243	3.5771	3.5313	3.4869
5	4.9020	4.8078	4.7171	4.6220	4.5460	4.4651	4.3872	4.3121	4.2397	4.1699
6	5.8534	5.7135	5.5797	5.4518	5.3295	5.2124	5.1002	4.9927	4.8897	4.7908
7	6.7955	6.6014	6.4172	6.2421	6.0757	5.9173	5.7665	5.6229	5.4859	5.3553
8	7.7282	7.4720	7.2303	7.0021	6.7864	6.5824	6.3893	6.2064	6.0330	5.8684
9	8.6517	8.3255	8.0197	7.7327	7.4632	7.2098	6.9713	6.7466	6.5348	6.3349
10	9.5660	9.1622	8.7861	8.4353	8.1078	7.8017	7.5152	7.2469	6.9953	6.7590
11	10.4713	9.9826	9.5302	9.1109	8.7217	8.3601	8.0236	7.7101	7.4177	7.1446
12	11.3676	10.7869	10.2526	9.7605	9.3064	8.8869	8.4987	8.1390	7.8052	7.4951
13	12.2551	11.5753	10.9540	10.3851	9.8633	9.3838	8.9427	8.5361	8.1607	7.8137
14	13.1337	12.3484	11.6350	10.9857	10.3936	9.8527	9.3577	8.9038	8.4869	8.1034
15	14.0037	13.1063	12.2961	11.5631	10.8986	10.2950	9.7455	9.2442	8.7862	8.3667
16	14.8651	13.8493	12.9380	12.1184	11.3797	10.7123	10.1079	9.5595	9.0607	8.6061
17	15.7179	14.5777	13.5611	12.6523	11.8378	11.1059	10.4467	9.8514	9.3126	8.8237
18	16.5623	15.2919	14.1661	13.1657	12.2741	11.4773	10.7632	10.1216	9.5436	9.0216
19	17.3983	15.9920	14.7535	13.6593	12.6896	11.8276	11.0591	10.3719	9.7556	9.2014
20	18.2260	16.6785	15.3238	14.1340	13.0853	12.1581	11.3356	10.6036	9.9501	9.3649
21	19.0456	17.3514	15.8775	14.5903	13.4622	12.4699	11.5940	10.8182	10.1286	9.5136
22	19.8570	18.0112	16.4150	15.0292	13.8212	12.7641	11.8355	11.0168	10.2922	9.6487
23	20.6604	18.6581	16.9369	15.4511	14.1630	13.0416	12.0612	11.2007	10.4424	9.7715
24	21.4558	19.2922	17.4436	15.8568	14.4886	13.3034	12.2722	11.3711	10.5802	9.8832
25	22.2434	19.9139	17.9355	16.2470	14.7986	13.5504	12.4693	11.5288	10.7066	9.9847
26	23.0232	20.5235	18.4132	16.6221	15.0939	13.7834	12.6536	11.6748	10.8226	10.0770
27	23.7952	21.1210	18.8768	16.9828	15.3752	14.0032	12.8258	11.8100	10.9290	10.1610
28	24.5596	21.7069	19.3270	17.3296	15.6430	14.2105	12.9867	11.9352	11.0266	10.2372
29	25.3164	22.2813	19.7641	17.6631	15.8981	14.4062	13.1371	12.0511	11.1161	10.3066
30	26.0658	22.8444	20.1885	17.9837	16.1411	14.5907	13.2777	12.1584	11.1983	10.3696
35	29.7027	25.4986	22.1318	19.4112	17.1929	15.3681	13.8540	12.5869	11.5179	10.6086
40	33.1630	27.9026	23.8082	20.5845	18.0170	15.9491	14.2649	12.8786	11.7255	10.7570
45	36.4555	30.0800	25.2543	21.5488	18.6628	16.3832	14.5579	13.0771	11.8605	10.8491
50	39.5881	32.0521	26.5017	22.3415	19.1687	14.7076	14.7668	13.2122	11.9482	10.9063
60	45.4046	35.4561	28.5058	23.5284	19.8757	17.1311	15.0129	13.3667	12.0423	10.9639

[이상연금 ₩1의 현재가치]

t \ r	11%	12%	13%	14%	15%	16%	17%	18%	19%	20%
1	1.0000	1.0000	1.0000	1.0000	1.0000	1.0000	1.0000	1.0000	1.0000	1.0000
2	1.9009	1.8929	1.8850	1.8772	1.8696	1.8621	1.8547	1.8475	1.8403	1.8333
3	2.7125	2.6901	2.6681	2.6467	2.6257	2.6052	2.5852	2.5656	2.5465	2.5278
4	3.4437	3.4018	3.3612	3.3217	3.2832	3.2459	3.2096	3.1743	2.1399	3.1065
5	4.1025	4.0374	3.9745	3.9137	3.8550	3.7982	3.7432	3.6901	3.6386	3.5887
6	4.6959	4.6048	4.5172	4.4331	4.3522	4.2743	4.1994	4.1272	4.0576	3.9906
7	5.2305	5.1114	4.9976	4.8887	4.7845	4.6847	4.5892	4.4976	4.4098	4.3255
8	5.7122	5.5638	5.4226	5.2883	5.1604	5.0386	4.9224	4.8115	4.7057	4.6046
9	6.1461	5.9676	5.7988	5.6389	5.4873	5.3436	5.2072	5.0776	4.9544	4.8372
10	6.5371	6.3283	6.1317	5.9464	5.7716	5.6065	5.4506	5.3030	5.1633	5.0310
11	6.8892	6.6502	6.4246	6.2161	6.0188	5.8332	5.6586	5.4941	5.3389	5.1925
12	7.2065	6.9377	6.6869	6.4527	6.2337	6.0286	5.8364	5.6560	5.4865	5.3271
13	7.4924	7.1944	6.9177	6.6603	6.4206	6.1971	5.9884	5.7932	5.6105	5.4392
14	7.7499	7.4236	7.1218	6.8424	6.5832	6.3423	6.1183	5.9095	5.7147	5.5327
15	7.9819	7.6282	7.3025	7.0021	6.7245	6.4675	6.2293	6.0081	5.8023	5.6106
16	8.1909	7.8109	7.4624	7.1422	6.8474	6.5755	6.3242	6.0916	5.8759	5.6755
17	8.3792	7.9740	7.6039	7.2651	6.9542	6.6685	6.4053	6.1624	5.9378	5.7296
18	8.5488	8.1196	7.7291	7.3729	7.0472	6.7588	6.4746	6.2223	5.9897	5.7746
19	8.7016	8.2497	7.8399	7.4674	7.1280	6.8179	6.5339	6.2732	6.0333	5.8122
20	8.8393	8.3658	7.9380	7.5504	7.1982	6.8775	6.5845	6.3162	6.0700	5.8435
21	8.9633	8.4694	8.0248	7.6231	7.2593	6.9288	6.6277	6.3528	6.1009	5.8696
22	9.0751	8.5620	8.1016	7.6870	7.3125	6.9731	6.6648	6.3837	6.1268	5.8913
23	9.1757	8.6447	8.1695	7.7429	7.3587	7.0113	6.6964	6.4099	6.1486	5.9094
24	9.2664	8.7184	8.2297	7.7921	7.3988	7.0443	6.7234	6.4321	6.1669	5.9245
25	9.3481	8.7843	8.2829	7.8351	7.4338	7.0726	6.7365	6.4510	6.1822	5.9371
26	9.4217	8.8431	8.3300	7.8729	7.4642	7.0971	6.7662	6.4669	6.1915	5.9476
27	9.4881	8.8957	8.3717	7.9061	7.4906	7.1182	6.7831	6.4804	6.2060	5.9563
28	9.5478	8.9426	8.4086	7.9352	7.5135	7.1364	6.7975	6.4919	6.2151	5.9636
29	9.6016	8.9844	8.4412	7.9607	7.5335	7.1520	6.8099	6.5016	6.2228	5.9697
30	9.6501	9.0218	8.4701	7.9830	7.5509	7.1656	6.8204	6.5098	6.2292	5.9747
35	9.8293	9.1562	8.5717	8.0599	7.6091	7.2098	6.8541	6.5356	6.2490	5.9899
40	9.9357	9.2330	8.6268	8.0998	7.6381	7.2309	6.8695	6.5468	6.2572	5.9959
45	9.9988	9.2764	8.6568	8.1205	7.6524	7.2409	6.8765	6.5517	6.2607	5.9984
50	10.0362	9.3010	8.6730	8.1312	7.6596	7.2457	6.8797	6.5539	6.2621	5.9993
60	10.0717	9.3229	8.6866	8.1397	7.6649	7.2490	6.8818	6.5552	6.2630	5.9999

찾아보기

[ㅇ]

[ㅈ]

[공저자약력]

김 기 평
경영학 박사

[저서 및 논문]
조세법과 세무회계(세학사)
재무회계원리, 공저(박영사)
연구개발비의 정보효과에 관한 연구 외 다수

김 문 태
경영학 박사

[저서 및 논문]
Controlling Effects of Corporate Bonds Grading System on Earnings Management
순이익 수치의 비정상 분포를 통한 이익관리의 고찰 외 다수

김 승 용
경영학 박사

[저서 및 논문]
경영수학(조선대학교 출판부)
Service Efforts and Accomplishments(Jeongja Namoo Co.)
재무회계원리, 공저(박영사)
활동기준원가(ABC)를 활용한 대학교육간접원가 배분에 관한 연구 외 다수

김 안 규
경영학 박사

[저서 및 논문]
꼭 알아야 할 IMF 회계상식, 공저(율곡출판사)
회계원리, 공저(무역경영사)
회계원리, 공저(율곡출판사)
재무회계원리, 공저(박영사)
재무정보를 이용한 EVA 측정에 관한 연구 외 다수

박 길 영
박사과정 수료

[저서 및 논문]
고급회계(두리문화사)
재무회계원리, 공저(박영사)

이 춘 의
경영학 박사

[저서 및 논문]
The Taste of Cornfield(Chosun Univ. Press)
재무회계규제법(조선대학교 출판부)
재무회계원리(박영사)
재무회계원리, 공저(박영사)
경제적 부가가치의 한계성에 관한 연구 외 다수

조 승 제
경영학 박사

[저서 및 논문]
회계용어사전(조선대학교 출판부)
Readings in Management Accounting(Chosun Univ. Press)
재무회계원리, 공저(박영사)
산학협력단회계의 문제점 및 개선방안 외 다수

글로벌
재무회계원리

2009年 3月 10日 初版發行
2010年 2月 10日 重版發行

共著者 이춘의 외
發行人 安 鍾 萬
發行處 (株) 博 英 社
서울特別市 鍾路區 平洞 13-31番地
電話 (733)6771 FAX (736)4818
登錄 1959. 3. 11. 제300-1959-1호(倫)

www.pakyoungsa.co.kr e-mail: pys@pakyoungsa.co.kr

定 價 35,000원

ISBN 978-89-7189-000-4
해답 및 해설집 별매